3판

COGNITIVE PSYCHOLOGY

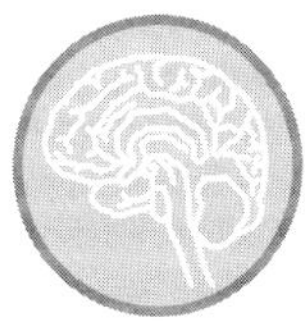

인지심리학

이정모 · 강은주 · 김민식 · 감기택 · 김정오 · 박태진
김성일 · 신현정 · 이광오 · 김영진 · 이재호 · 도경수
이영애 · 박주용 · 곽호완 · 박창호 · 이재식 공저

학지사

3판 서문

인지심리학 교재가 번역서만 있던 10년 전 상황에서, 인지심리학의 여러 분야들을 전공하며 가르치고 있던 교수 여러분이 합심하여 번역서가 아닌 공동저서로 우리말로 쓴 인지심리학 저서를 만들어 내기로 작정하고 『인지심리학』 책을 국내 최초로 출판한 것이 1999년 봄이었고, 이 책을 보완하여 개정판을 낸 것이 2003년 2월이었습니다.

그 후 5년여의 세월이 흐르고, 인지심리학의 여러 영역에서 많은 새로운 연구결과들이 쌓였고 중요한 변화들이 있었습니다. 중요한 변화의 하나는 심리학, 인지과학에서 신경과학적 접근이 더욱 강해져서 인지심리학의 여러 분야에서 많은 학생들이나 연구자들이 인지신경심리학적 접근에 관심을 갖고 연구를 하게 되었다는 것입니다. 다른 하나는 인지심리학을 핵심학문으로 하고 있는 인지과학이 세계 미래 융합과학기술의 4대 핵심축의 하나가 되어 인지심리학의 응용의 중요성에 대한 인식이 대폭 증가되었다는 것입니다.

자연과학적 심리학의 전형인 인지심리학은 제자리에 머물러 있지 않고 계속 방법론적 세련화와 이론적 재구성을 통하여 인지 현상을, 더 넓게는 인간의 마음을 더 잘 설명하고자 노력해 왔습니다. 이러한 변화에 부응하고 최근의 연구결과를 참고하여 최신화하며 책의 틀을 다소 재구성하여 독자들이 보다 쉽게 접하고, 그러면서도 최근의 인지심리 연구가 충분히 소개된 그러한 책을 만들고자 이 3판을 만들게 되었습니다. 자연히 이 3판에는 이전 판의 내용 구성과는 다소 차이가 있습니다.

3판에서 이전의 개정판과는 다른 중요한 변화를 살펴보면 다음과 같습니다.

먼저 인지신경심리학의 중요성을 고려하여 2장 '뇌와 인지' 내용을, 다년간

fMRI 등의 뇌영상방법을 사용하여 뇌를 연구해 온 인지신경 분야 전문가인 강은주 교수에게 부탁하여 전반적으로 재구성했습니다. 개정판과는 내용 구성이나 설명 방식에서 차이가 있음을 발견하실 것입니다.

다음으로 기억 관련 장들을 전면 재구성했습니다. 개정판에서는 기억 관련 장들이 3개 장으로 구성되어 있었는데, 3판에서는 기억 관련 장들을 4개 장으로 늘렸습니다. 이것은 인지심리학 및 인지과학의 핵심의 하나가 '표상'이라는 점을 고려한 것이었습니다. 개정판에서는 기억 관련 장들이 5장 '기억', 6장 '지식 표상', 7장 '특수기억과 일상적 기억'의 3개 장으로 구성되어 있던 것이, 이 3판에서는 5장 '기억', 6장 '기억 과정', 7장 '개념과 지식표상', 8장 '지식의 조직'의 4개 장으로 확장, 재구성되어 기억의 과정적 측면과 개념 지식구조의 중요성을 강조하였습니다.

언어 관련 장들도 재구성되었는데, 개정판에서는 8장 '언어 I: 이해' 9장 '언어 II: 산출, 언어와 사고, 장애'로 구성되어 있던 것을 3판에서는 9장 '언어의 지각과 이해', 10장 '언어의 산출과 장애'로 재구성하였습니다. 사고 관련 장들도 개정판에서는 10장 '개념, 범주, 추리, 의사결정', 11장 '문제해결', 12장 '지능과 창의성'으로 구성되었던 것이 3판에서는 11장 '추리와 의사결정', 12장 '문제해결과 전문성', 13장 '지능과 창의성'으로 체제를 재구성하였습니다.

다음으로 개정판에 있던 13장 '정서와 인지'는 삭제되었습니다. 개정판이 출간된 이후에 정서심리학 번역서들이 출간되어 이 책에서 정서 부분을 부각시켜 소개할 필요성이 줄었기 때문입니다. 14장의 '인지심리학의 응용'은 최근의 인지심리학의 응용 추세와 한국심리학회의 인지학습심리사 제도의 추진 등을 고려하여 그 체제를 재구성했습니다. 'HCI'가 별도의 주요 절로 격상되고, 개정판에는 없던 '인지학습과학' 내용이 새로운 주요 절로 추가되었습니다.

이외에도 각 장별로 중요한 변화들이 있었습니다. 1장 '인지심리학의 서론'에서는 최근의 인지과학적 변화의 추세를 도입하여 내용이 재구성되었고, 3장 '형태재인'에서는 최근에 각광을 받는 주제인 형태재인 장애 관련 내용이 별도의 주요 절로 첨가되어 재구성되었고, 4장 '주의와 인지'에서는 '주의의 일반적 특성'을 별도의 주요 절로 추가하고 내용 전반적 업데이트 및 재구성이 이루어졌습니다.

이러한 굵직한 변화 이외에도 이전 판에 못지않은 노력들이 이루어졌습니다. 인지심리학 관련 국내외 최근의 이론과 연구논문을 참고하고 도입하여 내용을 최신화하고 재구성하려는 노력이 각 장에서 전반적으로 이루어졌습니다. 보다 새로운 참고문헌, 그림, 표, 읽을거리, 자료 사이트 등이 추가되고, 가능한 한 보다 읽기 편한 형태로 책을 저술하려는 노력들이 진행되었습니다.

이 책을 읽는 전략은 개정판과 마찬가지입니다. 1, 2, 5, 6장을 먼저 읽어 보시고 그 후에는 어느 장이나 관심 가는 장을 읽으시면 될 것입니다. 아직도 학술 용어 번역어가 완벽히 통일되지는 않았지만 개정판이 출간될 때보다는 사정이 많이 좋아졌으며, 한국심리학회 홈페이지의(http://www.koreanpsychology.or.kr/) [심리학 정보] 메뉴를 보면 왼쪽 아래에 별도로 [학술용어검색] 창이 있습니다. 여기에서 영문 또는 한글 단어를 입력하여 검색하시면 그 단어에 상응하는 한글 또는 영문을 볼 수 있습니다.

끝으로, 이 3판을 위해 여러 가지로 불편을 감내하시고 집필해 주신 필진 여러 선생님들에게 감사를 드립니다. 원고 수합과 편집 관련 여러 가지 수고를 해 주신 신현정 교수님, 도경수 교수님의 도움이 없이는 이 책이 완성되지 못했을 것입니다. 감사드립니다. 또한 좋은 책으로 다시 태어나도록 기획하고 여러 가지로 인내하고 수고해 주신 이세희 과장님을 비롯한 학지사 편집진의 여러분들, 그리고 이 책에 대하여 그간에 좋은 호응을 보내주신 심리학 및 인접 분야 많은 선생님들과 학생 여러분들에게 깊은 감사를 드립니다.

2009년

이정모

개정판 서문

인지심리학의 초판이 1999년 4월에 출판된 이후 4년이 흘렀습니다. 그동안 이 책은 번역서가 아닌 국내 인지심리학자들에 의해 편찬된 유일한 저술서로서 국내의 심리학 전공 학생들과 연구자들, 그리고 관련 학문 분야의 사람들에게 광범위한 인지심리학 분야를 소개함과 아울러 기초 자료를 제공하는 중요한 참고서적으로서 사랑을 받아 왔습니다. 또한 이 책의 인세 전부가 한국심리학회 산하 한국실험심리학회의 학술기금으로 사용되어 심리학 관련 학술지 발간과 학회의 발전에 밑거름이 되어 왔으며, 더구나 지난 2002년도에는 한국학술원의 우수학술도서로 선정되는 영예를 얻기도 하였습니다.

이러한 독자들의 사랑과 학술적 영예에도 불구하고 저자들은 초판에 만족할 수가 없었습니다. 그 이유는 지난 4년 동안 인지심리학은 국내외에서 많은 발전을 거듭하였으며, 새로운 실험 결과들이 축적되고, 참신한 이론들이 제시되었기 때문입니다. 가장 큰 변화라고 한다면 인지심리학과 신경과학의 접목이 이루어 낸 인지신경심리학, 인지신경과학의 괄목할 만한 발전이었고, 이에 못지않게 응용인지심리학의 발전도 컸습니다. 다른 한편으로는 여러 대학에서 초판을 가지고 강의하신 선생님들과 학생들이 이 책의 난해한 부분, 미흡한 부분들에 대하여 다양한 지적을 해 주셨습니다. 그리고 보다 쉽고 친절한 내용의 개정판을 요청하여 왔습니다.

이러한 학문적 변화와 독자들의 요청에 우리 저자들은 개정판을 출간하기로 계획하였으며, 학술원 우수도서로 선정된 사실은 저자들로 하여금 보다 더 좋은 책을 빨리 만들어야겠다는 생각을 굳히고 적극 추진하게 하였습니다. 그렇게 하여 저자들의 수개월에 걸친 노력 끝에 이 개정판이 만들어졌습니다.

이 개정판은 초판의 체제를 대체로 유지하였지만 다음과 같은 주요 변화가 있었습니다. 첫째, 저자들의 일부 교체가 있었습니다. 감기택, 박창호, 이재식, 이건효 선생님이 새로운 저자로 참여하셨습니다. 둘째, 총 15개 장으로 구성되었던 내용이 14개 장으로 줄었습니다. 초판의 '신경망과 인지' 장은 내용이 인지심리학 비전공자에게는 다소 심화된 수준이라는 지적이 있어서 제외하였습니다. 셋째, 인지심리학의 응용을 다룬 제14장을 대폭 수정, 확대하였습니다. 응용인지심리학의 분야를 공학심리학, 인지공학, HCI(인간과 컴퓨터 상호작용) 및 사이버공간 심리학의 분야들로 확대하고 네 분의 선생님들이 이 장을 완전히 새로 집필하였습니다. 넷째, 이외에도 제2장, 제3장, 제5장, 제9장의 저자가 일부 바뀌었고 그에 따라 내용 틀이 바뀌었습니다.

모든 장에서 초판보다 더 최신의 이론과 참고문헌을 도입하여 내용을 최신화하고, 가능한 한 국내 연구를 많이 인용하려는 노력을 하였습니다. 그런 면에서 모든 장의 내용이 초판과는 상당히 달라졌다고 할 수 있습니다. 각 장의 틀이 초판과 상당히 많이 달라진 장은 제2장 뇌와 인지, 제3장 형태재인, 제5장 기억, 제9장 언어 II, 제10장 개념, 범주, 추리, 의사결정, 제12장 지능과 창의성, 제13장 정서와 인지, 그리고 위에서 언급한 14장 인지심리학의 응용 장들입니다. 이 중의 몇 장은 저자가 새로 집필한다는 생각으로 쓰신 내용입니다.

이 장들을 포함하여 다른 장에서도 세부 내용이 많이 최신화되고 재구성되고 보다 쉽게 기술되었으며, 새로운 참고문헌, 그림, 표, 생각상자, 읽을거리, 자료 사이트 등이 추가되었습니다. 초판보다 더 다양하고 최신의 내용과 읽기 편한 형태로 새로 태어났음을 아시게 될 것입니다.

이 책을 읽는 전략은 초판과 마찬가지입니다. 제1장, 제2장, 제5장, 제6장을 읽으신 후에는 어느 장이나 관심이 가시는 장을 먼저 읽어도 무방합니다. 각 장을 읽기 전에 목차와 장 말미에 주어진 요약 부분을 먼저 읽고 본문을 읽기 바랍니다. 초판 머리말도 한번 읽어 보시기 바랍니다.

개정판으로 출간하지만, 아직도 학자들 간의 의견 차이로 인하여 전문용어의 번역에 있어 통일되지 않은 부분이 있음을 사과드립니다. 사용 용어에 대하여 의문이 있으신 분은 한국심리학회 인정 공식 번역어 및 관련 용어를 제공하는 한국심리학회 사이트 심리학 학술용어 검색창 http://www.koreanpsychology.org/korpsy.php을 이용하시기 바랍니다.

이 개정판이 출간되기까지 여러분의 노력과 도움이 있었습니다. 집필진 여러 선생님들이 연구로 바쁘심에도 불구하고 각 장을 새롭게 고쳐 써 주고 복잡한 수정작업을 기일 내에 끝내주셨습니다. 그분들에 못지않게 큰 수고를 해 주신 분이 편집 전체를 총 지휘하신 성균관대 김미라 박사님이십니다. 김미라 박사님의 끊임없는 수고와 시간 할애가 없었더라면 이 책이 이렇게 좋은 형태로 빠르게 나올 수가 없었을 것입니다. 또한 이 책의 편집 단계마다 여러 가지 행정일과 원고수정을 꼼꼼하게 도와준 노진경, 유현주, 박주화, 정광희, 류수옥, 황혜란, 이은주, 김소원, 조유라 등의 성균관대 대학원생들이 있었습니다. 모두에게 감사드립니다. 또한 인지심리학 책 개정판의 제작을 적극적으로 이끌어 주신 학지사 김진환 사장님, 그리고 가장 많은 수고를 하신 학지사 편집부의 정채영 과장님에게 깊은 감사를 드립니다.

초판과 마찬가지로 이 책의 인세는 전액이 한국실험인지심리학회의 학술기금으로 쓰입니다. 이 책이 아직도 미흡한 점이 있지만, 앞으로 보다 더 좋은 책으로 거듭나도록 계속 노력할 것을 다짐합니다.

2003년 2월

이정모

＊ 이 책과 관련하여 문의, 도움 말씀을 주실 분은 다음 주소로 알려 주시기 바랍니다.
＊ 전자우편: metapsy@hanmail.net(이정모)

초판 서문

20세기 후반에 정보처리적 패러다임으로서 등장한 인지심리학은 심리학뿐만 아니라 주변 학문들을 변화시켰다. 인지심리학의 보는 틀과 개념, 이론, 연구방법, 경험적 사실은 심리학 각 분야에 패러다임적 변화를 가져왔고, 심리학의 인접 분야에도 많은 영향을 주었다. 인지심리학은 종합과학인 인지과학의 기초를 놓았고, 심리철학, 인공지능학, 신경과학, 언어학, 교육학, 인류학뿐만 아니라 정치학, 행정학, 법학, 경제학, 뇌과학, 미학, 음악학, 건축학 등의 학문에 영향을 미치고 있다.

이러한 폭넓은 영향을 지니는 인지심리학이란 도대체 무엇인가? 인지심리학은 자연현상의 하나인 인간 인지현상을 실험, 컴퓨터시뮬레이션 등의 방법을 사용하여 과학적으로 연구하는 자연과학의 하나다. 이러한 인지심리학의 연구주제는 다양하다. 이러한 연구주제들에 대하여 그 내용이 무엇이며 어떻게 연구되며, 어떠한 연구 결과들이 축적되었는가를 기술하고, 그를 통해 인간의 마음에 대한 과학적 설명과 이해를 제시하고자 하는 것이 이 책의 목적이다.

이 책은 심리학 및 인접 분야의 대학생, 대학원생, 전문가들에게 인지심리학을 소개하기 위하여 18인의 인지심리학자들이 실제 강의 경험을 바탕으로 하여 엮은 책이다. 그동안 국내에는 인지심리학의 번역서는 있었지만 저서는 없었다. 그런 이유의 하나는 인지심리학의 영역이 방대하다는 것이다. 한 사람이 모든 영역을 다 기술하는 저서를 만든다는 것은 힘에 벅찬 일이었다. 그래서 국내 인지심리학자들은 인지심리학의 각 영역을 나누어 맡아 저술하기로 의견을 모으고, 2년여의 준비기간을 거쳐 이 책을 펴내게 되었다. 초벌 가판이 반년 전에 완성되어서 이를 실제 강의에 사용한 후에 수정을 거쳐 금년에 이 책을 출간한 것이다.

이 책의 내용을 제시된 순서대로 차례로 읽어도 좋지만 꼭 그럴 필요는 없다. 제1장 인지심리학: 과학적 접근, 제2장 뇌와 인지, 제5장 기억, 제6장 지식표상의 네 개 장을 읽은 후에는 어느 장이나 독자의 관심이 가는 장을 선택적으로 읽어도 좋다. 각 장에는 본문 내용을 더 깊이 생각해 볼 수 있는 장인 '생각상자' 가 중간중간에 제시되어 있어 독자의 이해를 돕고 있다. 또한 각 장의 끝에는 그 장에 대한 요약과 그 장에서 나온 주요 용어들의 목록이 제시되어 각 장의 내용에 대한 독자들의 이해의 정리를 돕고 있다. 각 장을 읽은 후 그 장의 내용에 대해 더 알고 싶어하는 사람은 각 장 끝에 제시된 읽을거리와 참고문헌을 찾아 더 공부할 수도 있을 것이다.

이 책의 내용은 아직 미흡한 부분들이 있다. 외래어의 번역어에 통일을 기하였으나, 국내에서 30여 년간 학자들 간에 서로 다른 번역어를 사용해 왔던 관행을 완전히 깨기는 힘들었음을 인정한다. 또 책의 어떤 장들의 경우에는 학부생들에게는 조금 어렵게 기술된 부분들이 있다. 그러나 한 가지 독자들이 알고 있어야 할 것은 인지심리학은 다른 심리학들과는 달리 용어나 이론, 실험 절차들이 일상생활에서 쓰이지 않는 것들이 많아 그렇지, 일단 낯선 용어나 이론, 실험 절차가 친숙해지면 별로 어렵지 않은 내용이라는 점이다. 인지심리학을 공부함과 더불어 컴퓨터과학(전산학) 개론을 공부하여 그쪽의 용어와 개념들을 익혀 놓으면 인지심리학의 이해는 훨씬 쉬울 것이다.

이 책이 탄생하기까지 도움을 준 여러분들이 있다. 첫째는 여러 가지 어려운 상황 중에서도 각 장의 집필을 맡으시고, 편집진의 까다롭고 중복되고 귀찮은 요구에 대해 불평 없이 끝까지 집필과 수정작업을 계속해 주신 집필진 선생님 여러분에게 감사를 드린다. 다음으로 후반에 이르러 제반 편집작업을 총지휘하고 많은 수작업을 해 주신 이재호 선생님께 감사드린다. 이 분이 아니면 이 책이 이 정도로 잘 편집되어 빠른 시기에 나올 수 없었을 것이다.

또한 이 책의 초판과 최종판 원고의 수합, 타자, 교정, 집필진에의 메일 송수신 등의 일을 도맡아 준 성균관대학교 대학원 인지 전공팀의 성경제, 이남석, 그리고 원고의 미세한 부분까지 교정을 보아 준 양경혜, 유현주, 이병화, 전문기, 정재학, 이한율, 강혜진에게 감사한다. 이들의 도움이 없이는 이 책의 출간은 힘들었을 것이다. 또한 표지 도안을 승낙하시고 좋은 표지를 만들어 주신 지상현 교수님께 감사드린다. 그리고 책 내의 그림들을 그려 준 연세대의 장근영에게도 감사한다. 무엇보다도 인지심리학 저서의 출간을 쾌히 승낙하시고 지원해 주신 학지사 김진환 사장님께 감사드리며, 책의 세세한 부분까지 일일이 살펴보시고 도움을 주신 학지사의 강찬석 편집부장님께도 감사드린다.

끝으로 이 책의 판매 인세는 집필진에게 돌아가는 것이 아니라 전액이 한국실험/인지심리학회의 학술기금으로 쓰임을 기억해 주시기 바란다. 이러한 결정을 승인해 준 집필진 여러분, 그리고 학지사 사장님, 한국실험/인지심리학회 이사진에게 감사드린다. 이 책의 출간이 인지심리학에 관심 있는 수많은 학도들에게 자극과 도움이 되고 한국 인지심리학계에 도움이 되도록 계속 보완하여 더 좋은 책을 만들어 갈 것을 약속드린다.

1999년 3월

이정모

차례

⑤ 기 억 165

⑥ 기억 과정 203

7 개념과 지식표상 253

8 지식의 조직 297

9 언어의 지각과 이해 327

10 언어의 산출과 장애 379

11 추리와 의사결정 413

12 문제해결과 전문성 445

13 지능과 창의성 469

제1장

인지심리학의 서론

1. 인지심리학의 정의
2. 인지심리학의 형성 역사
3. 정보처리적 보는 틀과 인지심리학
4. 인지심리학의 접근 틀
5. 인지심리학의 방법론
6. 인지심리학의 연구 영역
7. 인지심리학이 인접 분야에 준 영향과 최근의 변화
8. 요약

제1장

인지심리학의 서론

1. 인지심리학의 정의

우리 인간 삶의 많은 부분은 마음의 작용에 의하여 이루어지고 있다. 이 책의 글자를 읽어서 이해하는 경우나 길에서 친구를 알아보는 경우와 같이 우리는 감각기관을 통하여 들어오는 각종 환경자극을 인식하여 알고, 그 대상들과 일상생활의 사건들을 기억하여 알며, 말을 하거나 글을 쓰며 또 이해하기도 한다. 또한 여러 상황에서 각종 판단을 하며 문제를 해결해 나가기도 한다. 또한 우리 자신의 감정적 느낌의 내용도 알며, 그에 따라 행동하기도 하며, 악기를 연주한다거나, 자동차를 운전한다거나, 워드프로세서를 사용한다거나 하는 고도의 기술도 수행할 줄 안다. 이러한 것들 모두 다 마음의 작용에 의해 이루어지는 것이다.

과연 이러한 마음의 작용은 어떻게 이루어지는 것일까? 말하는 사람과 이해하는 사람은 어떻게 말을 하고 이해할 수 있는 것일까? 사람의 얼굴이건, 글자이건 간에 대상의 정체와 의미는 어떻게 지각되는 것일까? 사고를 한다는 것은 무엇을 어떻게 하는 것일까? 언어는 어떻게 이해되고 또 사건들은 어떻게 기억되는가? 이러한 것들이 인지심리학의 중심 물음들이다.

인지심리학은 넓은 의미로 정의하자면 '인간의 마음이 어떻게 작용하는가'를 연구하는 학문이다. 그러나 이러한 정의는 너무 포괄적이어서 심리학 전체의 연구 문제들을 모두 지칭하는 의미를 지니게 된다. 이러한 정의보다는 더 좁은 의미의 정의가 일반적으로 받아들여지고 있다. 좁은 의미에서의 인지심리학은 인간의 마음이 어떻게 환경과 자신에 대한 앎을, 지식을 갖게 되는가, 그리고 그러한 지식을 어떻게 활용하여 생활 장면에서 마주치는 각종의 과제들을 수행해 내는가 하는 문제를 다루는 심리학의 한 분야이다. 인간이 지식을 생성하고 활용하는 인지 과정들은 두뇌의 물리적 특성에 의해 가능한 것이며, 따라서 인지를 연구하는 인지심리학은 자연히 물리학이나 생물학, 생리학에서와 같이 실험 및 가설검증과 같은 과학적 방법을 사용하여 연구하는 과학이다.

인지심리학에서는 인간의 마음의 주 특성을 인지(認知, 앎, cognition)라고 본다. 인간은 일상생활에서 각종 대상을 인식하고 주의하고 기억하고 학습하고, 언어를 사용하고 생각하고 느껴서 감정을 갖게 되고, 문제들을 해결하고, 여러 가지 숙련된 행위를 해낸다. 이러한 모든 것이 어떤 형태로든 일종의 앎과 관련되어 있다.

이러한 각종 생활 장면에서의 마음의 작용과 관련되는 앎이란, 다른 말로 표현한다면 환경에 대한 '지식' 또는 '정보'의 문제라고 할 수 있다. '한글'이라는 단어를 한글이라는 의미로 알 때의 그 앎도 정보요, 친구의 얼굴들을 기억하고 구별해서 안다면 그 얼굴의 기억도 정보요, '3+2=5'를 알고 있다면 그것도 정보이며, 슬픔과 기쁨을 구별하여 안다면 그것도 정보를 아는 것이다. 그렇다면 인지심리학은 인간 한 사람 한 사람이 자기 자신과 세상에 대한 각종 앎을, 정보를 어떻게 얻는지, 어떻게 낱개의 단편적인 정보가 조직화된 지식으로 변환되는지, 그리고 어떻게 각종 정보가 기억에 저장되며, 어떻게 그 지식이 우리의 사고와 행동을 결정짓는 데 쓰이는가를 다루는 '앎'의 학문이라고 할 수 있다.

그런데 우리가 이러한 앎, 정보를 다룬다고 할 때, 실제 대상을 그대로 우리 머릿속으로 가져와서 다루는 것이 아니다. 실제 대상을 우리의 뇌가 다룰 수 있는 어떤 상징이나 다른 형태로 변환하여 재구성, 재표현하여 다룬다. 이러한 점에서 우리의 마음이 다루는 이러한 앎, 정보를 '표상(表象, representations)'이라 한다. 다시 말하여 실물 자체를 우리 머릿속에 가져오는 것이 아니라 다시(re-) 나타낸(presentation) 결과가 우리 마음의 내용이기 때문이다. 예를 들어, 우리가 사랑하는 사람을 생각한다고 할 때, 머릿속에 사랑하는 사람의 실물이 들어 있는 것이 아니라 그 사람에 대한 심상(image)이라든가, 다듬어진 생각이나 언어화된 일화나 감정에 대한 기억이 들어 있는 것이다. 즉, 실제의 대상이 아니라 다시 나타내어 추상화된 어떤 내용이 상징으로, 표상으로 마음속에 들어 있는 것이다.

[그림 1-1] 표상의 예

이와 같이 각종 환경 자극에서 그 자극이 지니는 의미 또는 정보의 내용을 심적 표상(mental representation)으로 다시 구성하여 보유, 변환, 산출, 활용하는 심리적 과정들을 인지 과정(cognitive processes)이라 한다(물론 이러한 명료한 표상이 없이 이루어지는 인지 과정도 있다는 입장도 있다). 이러한 인지 과정, 즉 대상에 대한 주의, 대상의 정체 파악(이를 인지심리학에서는 형태재인(pattern recognition)이라 한다), 학습, 기억, 언어 이해 및 산출 그리고 추리, 판단, 결정, 문제해결 등의 각종 사고, 지능, 의식, 정서 등의 심리적 과정들이 인지심리학의 연구주제가 된다. 그리고 이러한 과정들이 처리하는 대상인 표상, 즉 기억 속에 들어 있는 지식의, 즉 정보의 구조와 내용도 중심 연구주제가 된다.

이러한 우리의 일상을 살펴보면, 우리는 환경의 각종 상황 및 자극과 마주치면서 우리의 마음은 쉬지 않고 끊임없이 작동하며 환경에 적응하기 위하여 정보를 처리하며, 각종 앎을 생성하고 활용하며, 행동해 나간다는 것을 알 수 있다. 우리가 여러 자극이나 상황에 대하여, 그리고 언어에 대한 앎이 전혀 없거나, 새로운 앎을 얻을 수 없다면 어떻게 될까? 우리는 전혀 정상적 인간으로 기능하지 못할 것이다. 앎이 없이는 우리가 정상적 삶을 살 수 없다는 현상은, 뇌손상으로 인해 기억상실증에 걸려 자신이 누구인지도 모르며 가족도 알아보지 못하는 사람이나, 단순한 대상을 알아채지도 못하거나, 말을 제대로 이해하거나 말할 수 없는 사람들을 보면 잘 알 수 있다.

생각상자

일상생활 속의 인지 과정

인지 과정의 부분들이 구체적으로 일상생활에서 어떻게 나타나는가를 예를 들어 생각해 보자.

어떤 한 사람이 친구와 만나기로 하고 집을 나서서 만날 장소로 간다고 하자. 그는 먼저 만날 시간과 장소를 기억하고 있어야 하고, 또 장소에 대해 마음속으로 어떤 형태의 지도를 지니고 있어야 한다(기억과 지식표상). 그 장소가 잘 아는 지역이 아니라면 그곳을 가기 위하여 어떻게 해야 할지를 생각해 내어 그곳에 도달해야 한다(문제해결). 버스를 탈지, 아니면 어떤 교통수단이 제일 좋을지, 버스를 탄다면 몇 번 버스를 타야 할지를 결정해야 한다(판단과 결정). 버스를 타기 위하여 기다리는 동안 지나가는 각종 차량에 대하여 주의를 할 수 있어야 한다(주의). 그리고 계속 오는 버스와 일반 승용차나 택시를 구별하여 지각할 줄 알아야 하고(지각), 같은 버스라도 자신의 목적지까지 가는 버스의 번호를 기억하였다가, 그 번호의 버스를 바로 알아볼 수 있어야 한다(형태재인(대상 정체 인식)). 버스에서 또 다른 친구를 만났다면 그 친구에게 적절한 말을 걸고 그의 말을 이해하며 이야기를 나눌 수 있어야 한다(언어 이해와 산출). 버스 운전사가 라디오도 듣고, 옆 손님과 이야기를 하면서도 급히 끼어드는 승용차들을 쉽게 피하며 운전해 내는 능력(숙련 기술)에 대하여 감탄하며, 어떻게 그런 기술들을 배웠을까(학습)에 대하여 감탄할 수 있다. 버스에서 내린 후에, 친구가 커피나 한잔 하고 가자고 한 것을 자기가 거절했을 때에, 함께 안 간다고 그 친구가 비꼬는 말을 한다면, 그러한 표현의 의미를 파악할 수 있어야 하고(추리와 언어이해), 그에 따라 일어나는 친구의, 그리고 자신의 감정이(정서) 무엇인지를 알아야 하고, 그에 따른 행동의 선택을 해야 한다(행위 선택).

그렇다면 도대체 이러한 정보처리적 과정으로서의 우리의 마음은 어떻게 작용하는 것일까? 우리의 앎은 어떻게 습득되고 어떻게 보유되었다가 어떻게 활용되는 것이며, 앎에 의해 어떤 양식으로 우리의 행동이 결정되는 것일까? 그리고 이러한 현상들은 어떻게 탐구하고 설명할 수 있을까?

생각상자

인지: 능동적 앎의 과정

인지심리학의 주제인 '인지'란 상식적으로 사용하는 개념인 '인식'과는 어떻게 다를까? 일반적으로 사용하는 인식(認識)이란 개념은 다소 수동적인 수용(受容) 과정으로서의 앎의 과정을 지칭한다고 볼 수 있으며, 문제를 해결한다든지, 말을 한다든지, 의지(意志)를 낸다든지 하는 등의 능동적 지적 과정들과 감정적 앎, 학습, 신체감각-운동의 통제 등의 측면을 다 포괄하지 못하는 좁은 의미의 개념으로 일반인들이 사용하고 있다고 하겠다. 그에 반하여 인지(認知, cognition)라는 개념은 이러한 모든 측면들을 포괄하며, 능동적 지적 과정이 강조되는 보다 넓은 의미의 개념으로 사용된다. 그리고 지정의(知情意)의 '情'이 인지에 상당히 의존하는 것이기에, '인지'의 개념은 '知'와 '意'를 포괄하며, '情'의 상당 부분도 포함하는 넓은 의미의 개념이다. 또한 20세기 초의 논리학자, 철학자들은 흔히 '인지'라는 개념을 참과 거짓을 확인할 수 있는 명제에 대한 앎으로 주로 사용한 데 반하여, 인지심리학에서 그렇지 않은 앎도 포함한, 마음의 과정 전반을 지칭하는 넓은 의미로 사용하여 왔다.

2. 인지심리학의 형성 역사

마음이란 어떤 구조를 가지고 있고 어떻게 작용하는가 하는 물음은 인간이 예로부터 반복해서 던져 온 물음이다. 이러한 물음을 던지고 그에 대한 해답을 구하는 노력은 희랍 시대에 들어와서야 체계적 시도가 시작되었고, 그들의 뒤를 이어 유럽의 철학자들이 인간의 마음에 대한 보다 조직적인 분석을 제기하였다. 그러나 그들은 심리적 현상을 주관적으로 분류하고 사변적으로 기술하는 데 그쳤고, 마음의 과정에 대한 경험적, 객관적 분석 및 설명을 하지 못하였다.

인간의 마음에 대한 체계적 이해가 이와 같이 여러 세기를 거쳐서 사변적 고찰에 머무르고 있는 동안 다른 한편에서는 물리학, 화학, 천문학, 생물학 등이 점진적으로 철학에서 독립하여 실험과학으로서의 자연과학이 형성되고 체계적이며 경험적인 연구가 활발히 진행되고 있었다. 그러나 이러한 자연과학적 방법을 인간에게 적용하여 마음의 과정이 어떻게 이루어지는가를 체계적으로 탐구하고 설명하려는 시도는 이루어지지 않았다. 그것은 인간이 인간 자신에 대하여 지니고 있었던 생각 때문이었다고 하겠다. 즉, 인간은 자신의 마음을 신의 특성을 지니고 있는 신비한 것으로 생각하였고, 따라서 인간의 마음이 작용하는 과정은 다른 자연 현상처럼 객관화, 대상화하고 자연과학적 방법을 적용하여 분석하고 연구할 수는 없다고 생각하였던 것이다. 따라서 심리적 현상에는 과학의 기본 특성인 실험방법이나 수학적 개념의 적용이 불가하다는 것이 18세기의 지배적인 생각이었다.

이러한 그릇된 통념은 19세기 초에 들어와 깨어지기 시작하였다. 심리학자 J. F. Herbart는 생각의 기본 단위인 관념의 연합 과정에 수학적 공식을 적용할 수 있음을 보였으며, E. Weber, G. Fechner, H. Helmholtz 등의 실험물리학자들은 감각 및 지각을 중심으로 심리현상을 물리학이나 생리학 실험에서처럼 대상화하여 정신물리학(심리물리학, psychophysics)과 같은 객관적인 실험방법에 의해 연구할 수 있으며, 또한 수량화할 수 있음을 보였다. 이러한 배경에서 W. Wundt는 1879년 최초의 심리학 실험실을 창설하고, 철학의 내성법 및 물리학과 생리학 등의 실험법을 적용하여 인간 의식의 작용과 구조특성에 대한 물음들을 체계적으로 연구할 수 있음을 보여 주었고, 심리학을 독립된 실험과학으로서 출발시켰다.

1) 인지심리학의 형성 배경: 심리학 내의 움직임

(1) 구조주의 심리학

실험심리학을 창시한 Wundt와 그의 제자들이 19세기 후반부터 이룬 구조주의(구성주의, structuralism) 심리학은 심리학의 연구대상이 의식내용이며, 복잡한 의식내용을 그 바탕이 되는 감각경험 요소로 분해하고 이를 다시 통합하여 이해할 수 있다는 것을 강조하여, 앎의 과정이 심리학의 중요문제이며, 연구가 가능함을 보여 주었다. 그들은 의식 분석 방법이나 반응시간 계측법을 사용하여 심적 활동을 추론하려했다. 그런데 그들의 연구방법은 실험실에서 자극을 제시하는 과정에서는 엄밀한 자연과학적 실험법을 사용하였지만, 그러한 실험조건하에서 일어나는 심적 과정을 분석하는 단계에서는 철학에서 물려받은 내성(introspection)법도 사용하였다. 그 당시의 학자들이 내성법을 세련화하였지만, 이 방법은 객관성이 부족하였다. 이와 같은 방법론의 미흡 때문에 앎의 과정을 포함한 심적 과정에 대한 구조주의 심리학자들의 연구는 여러 가지 문제에 봉착하였고 불충분한 설명을 제시하는 데 그쳤다.

(2) 행동주의 심리학

이러한 구조주의에 반발하여 방법론적 엄밀성을 주장하고 등장한 것이 J. B. Watson을 중심으로 한 행동주의(behaviorism) 심리학이다. 이들은 내성법은 과학적 방법이 될 수 없다고 주장하며 관찰할 수 있는 현상만을 객관적 실험방법에 의해 기술하는 것을 심리학의 기본방법으로 간주하였다. 따라서 그들은 구조주의자들이 흔히 사용했던 인지, 관념, 감각, 사고, 심상 등과 같은 심적 개념을 심리학에서 추방하려고 했으며, 인지 과정을 도외시하고 외적으로 관찰 가능한(자극-반응의 조건형성) 과정에 의해 모든 것을 설명하려 하였다. 이러한 극단적 견해는 후에 다소 완화되어 언어와 사고에 관한 연구가 다소 이루어졌다. 그러나 이들 연구도 의미 요소가 제거된 자료인 무의미 철자 등을 사용하여 자극과 반응의 조건형성으로 사고와 언어행동을 설명하려 하였다. 이러한 이론들은 실제로 설명하고자 하는 현상과의 거리가 너무나 떨어져 있음이 드러났고 대안적 접근이 필요함이 인식되었다. 이러한 자각은 심리학 안에서는 언어학습과 기억에 관한 연구를 중심으로 강하게 일어났다.

(3) 20세기 초기의 유럽의 인지심리 연구

행동주의의 영향을 덜 받은 유럽에서는 20세기 초에 인지주의적 개념과 경험적 연구가 비교적 뚜렷한 형태로 부상하였다. 그 대표적 연구의 하나가 1930년대의 F. Bartlett를 중심으로 한 기억 및 사고 연구이다. Bartlett는 기억이 수동적 재생과정이 아니라 능동적 구성 및 재구성 과정임을 기억실험을 통해 보였고, 사고도 여러 가지 신념과 태도 등에 의해 구성되는 것임을 보였다. 그리고 능동적 구성으로서의 마음의 개념과, 이러한 능동적 구성을 결정하는 요소로서 문화요인, 사전지식 또는 스키마(도식, schema)의 중요성을 부각시켰다. 또한 J. Piaget는 지적 발달의 조작적 측면들을 강조하면서 인지 과정, 인지구조, 생득적 지식 등의 측면들을 부각시켰으며, 사고와 지능에 관한 경험적, 이론적 연구의 발전을 자극시켰다. 소련의 L. S. Vygotsky도 인간의 사고가 개인의 발달 과정에서 문화사회적 요인의 영향을 크게 받음을 지적하여 행동주의와는 다른 접근을 시도하였다.

2) 인접 학문의 영향: 인지과학의 등장

심리학에서 정보처리적 보는 틀이 형성될 수 있었던 결정적 배경은 인접 학문들에서의 정보처리적 · 인지적 관점의 부상이었다. 이러한 흐름의 첫째는 철학과 수학에서의 형식 이론과 계산(computation)이론의 발달이었다. 특히 수학자 A. Turing은 1930년대에 '튜링 기계' 이론을 제시하여 신비하고 과학적 연구가 불가능하다고 생각해 온 수학문제를 풀 때의 사고 과정들을 엄밀히 형식화할 수 있는 가능성을 제시하였다. 이후에 디지털 컴퓨터가 발달하고, 컴퓨터와 기계, 계산에 대한 이론이 발전함에 따라 정보처리적 관점 형성의 기운이 성숙하였다. 컴퓨터 프로그램을 2진법의 형식체계로 표현 가능하다는 이론이 출현하고, Shannon의 정보이론의 제시, 그리고 두뇌는 하나의 논리기계로 간주할 수 있으며, 신경세포 간의 작용을 명제논리체계로 표현할 수 있다는 McCulloch와 Pitts의 생각, Wiener 등의 인공두뇌학(cybernetics)이론, 인지적 능력이 강조된 N. Chomsky의 언어이론의 대두 등이 이러한 배경을 이루었다(이정모, 2001, 제5장 참조).

(1) 컴퓨터와 마음의 유추

이러한 배경에서 H. A. Simon과 A. Newell은 단순한 숫자의 조작기계로만 생각하던 컴퓨터를 숫자의 계산 수준을 넘어서 범용(汎用) 목적의 상징(기호)조작체계로 볼 수 있으며, 한 걸음 더 나아가 인간의 마음도 컴퓨터와 같이 상징조작체계로서 개념화할 수 있음을 깨달았다. 동일한 정보처리 원칙을 구현한다고 본다면, 컴퓨터라는 한 체계는 다른 한 상징조작체계인 인간의 마음의 작용을 충분히 모사(simulate)할 수 있다고 볼 수 있고, 따라서 인간의 마음의 내용과 과정을 컴퓨터 유추 개념과 컴퓨터 모의실험(시뮬레이션)을 통해 명확한 구조와 절차로 기술할 수 있으리라는 가능성이 제시된 것이다. 컴퓨터와 인간의 마음의 이러한 공통 특징인 상징(기호)조작 과정이란 본질적으로 입력된 자극 내용에서 정보를 추출, 조작하여 출력하는 정보처리 과정이라고 간주할 수 있는 것이며, 이러한 정보처리 과정을 내포하고 있는 마음과 컴퓨터는 정보처리체계(information processing system: IPS)라는 점이 같다고 할 수 있는 것이다.

[그림 1-2] 1978년도 노벨 경제학상 수상자 인지심리학자 H. A. Simon 교수

생각상자

인지과학이란 무엇인가?

1950년대 이후 인류사회의 특징은 컴퓨터에 바탕을 둔 정보사회라는 점이다. 이러한 정보사회의 발전이 가능했던 것은 단순한 숫자 계산기에 지나지 않았던 계산기를 각종 상징을 처리하고 데이터를 저장하고 문제를 해결하는, 그리고 인간의 지능을 흉내내는 형태의 컴퓨터라는 도구로 발전시킨 발상의 개념적 전환 덕분이다. 이러한 변화가 어떻게 이루어졌는가? 그것은 단순히 전자공학도들이 계산기를 공학적으로 발전시킨 덕분이 아니라 그 배경의 바탕이론이 되는 정보처리이론, 계산이론, 지능이론을 인간의 마음과 두뇌의 특성과 연결지어 과학자들이 발전시켰기 때문이다. 그러면 어떠한 과학자들이 이러한 이론을 발전시켰으며, 그들을 통틀어 무슨 과학자라고 하는가? 인지심리학자, 인공지능학자, 심리철학자, 언어학자, 신경과학자, 이론수학자, 인류학자 등이 발전시켰으며, 이들이 형성시킨 새로운 이론적 틀의 총체를 인지주의 또는 인지적 패러다임이라 하며, 이들이 서로 연결되어 연구하는 다학문적인, 학제적인 학문을 인지과학(認知科學, cognitive science)이라 한다.

인지과학은 '마음' 을 과학적 탐구와 설명의 초점으로 삼고, 이러한 마음을 가능하게 하는 두뇌와, 두뇌의 원리가 구현된 체계이며 또 마음의 확장체인 컴퓨터와, 또 마음의 작용에 의해 이루어진 각종 도구와 인공물들을 연결하여, 이들의 공통분모는 무엇인가, 마음의 특성들이 컴퓨터 등의 다른 대상들에서 어떻게 구현될 수 있는가를 묻고, 그리고 그에서 얻어지는 개념적 틀에 의해 인간과 컴퓨터를 포함하는 세상을 설명하는 방식을 재구성하려는 새로운 학문이다.

이러한 인지과학은 본질적으로 종합과학일 수밖에 없게 된다. 종래의 인문과학, 사회과학, 자연과학의 분류체계는 인지과학 시대에는 맞지 않는 낡은 분류체계이다. 인지과학은 이러한 시대에 뒤진 낡은 학문 분류체계를 허무는, 이를 뛰어넘는 미래지향적인 새로운 다학문적 종합과학이다. 현재 우리가 누리고 있는 인터넷 등의 컴퓨터와 관련된 각종 정보체계의 소프트웨어적 편리함의 이론적 바탕과 실용적 응용들이 인지과학적 연구에서 나오는 것이다. 수학과 물리학이 자연과학과 기술사회의 기초 학문인 것과 마찬가지의 역할을, 지식-정보과학, 지식-정보화 사회에서 담당하는 학문이 바로 다름 아닌 '인지과학' 인 것이다.

이러한 새로운 생각들과 연구 결과들이 1956년 MIT에서 개최된 정보이론 심포지엄을 기폭제로 하여 종합되어 인지주의(cognitivism) 또는 정보처리적 접근(information processing approach)이라는 새로운 과학적 패러다임이 형성된 것이다(Gardner, 1985). 이렇게 새로 형성된 인지적 패러다임을 구체화하며 그 순수 이론적 · 응용적 의의와 가능성을 탐구하는 새로운 종합과학이 인지과학이며, 그 핵심 학문으로 부상한 것이 인지심리학인 것이다.

(2) 정보처리적 접근과 인지심리학의 출발

이러한 생각을 바탕으로 하여 1950년대 후반에 J. Bruner 등을 중심으로 하버드 대학교에 '인지연구센터' 가 설립되었고, Newell, Shaw 및 Simon(1958) 등이 정보처리체계를 구체적으로 개념화하였고, 이러한 배경을 종합하여 1967년 U. Neisser 가 『인지심리학』이라는 책을 출간함으로써 인지심리학은 정식으로 명명되고, 그 틀이 갖추어져 심리학의 한 주요 분야로 발전하게 되었다.

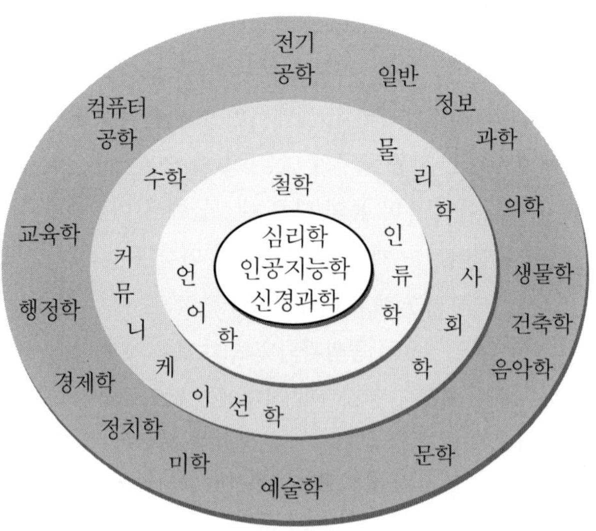

[그림 1-3] 인지과학의 관련 학문

3. 정보처리적 보는 틀과 인지심리학

그렇다면 인지심리학은 마음의 문제를 어떻게 접근하는가? 어떠한 입장에서 마음 현상을 관찰하고 분석하고 설명하려 하는가?

심리학에서 연구해야 할 인간의 마음이란 눈으로 보거나 또는 손으로 직접 만져볼 수 있는 것은 아니다. 어떠한 특정 상황하에서만 그것이 존재함과 그 특성을 드러내 보인다. 따라서 심리학자는 이러한 상황조건을 찾고, 거기에서 마음이 어떻게 그 모습을 드러내는가를 찾아 관찰하고, 여기에서 마음의 내용을 추론하여 설명하지 않으면 안 된다.

비유를 들어 생각해 보자. 영국의 첩보원 007이 이라크의 영토 내에 잠입하여 이라크의 어떤 군사기지가 무엇을 하는 곳인가를 탐지하는 사명을 띠고 있다고 하자. 그는 자신의 얼굴 생김새와 언어가 이라크인과 달라 자신의 신분이 금방 노출되기 때문에 이라크의 군사기지 안으로 들어갈 수 없는 처지다. 그가 할 수 있는 일의 하나는 그 군사기지의 근처의 산에 올라가서, 그 기지를 망원경과 고도의 통신장비를 사용하여 탐지하는 일일 것이다. 그 기지에 어떤 종류의 사람들이, 얼마나 많이 들어가고 나오는가, 어떤 종류의 물품들이 들어가고 나오는가, 어떤 종류의 통신들이 얼마만한 양으로 이루어지는가, 일정한 시기에 얼마만큼의 전력과 다른 에너지들이 소모되는가 등을 탐지하여야 할 것이다. 그 첩보원이 유능하다면 일부러 어떤

[그림 1-4] 스파이 007의 접근방법

정보를 흘러 들어가게 한다든가, 화재나 기타 소동을 유발시켜 그 기지 내에서 어떤 유형의 반응이 일어나는가를 살펴보아야 한다. 이러한 관찰, 조작, 탐지 등의 일련의 조처를 통해 얻은 정보를 종합하여 그 첩보원은 그 기지에 대한 종합적인 보고를 작성할 수 있고, 그 군사기지의 기능, 구조, 활동 과정들을 추론하여 판단할 수 있다.

이러한 접근 방법은 기상을 관찰한다든지, 심해의 물리적 현상을 탐지한다든지, 아주 미세한 어떤 생명체나 물리적 현상을 관찰하는 자연과학자들이 사용하는 방법과 기본적으로 같은 방법이다. 현상에 대한 직접적 접근이 어려운 경우에는 과학자들은 이러한 방법을 통하여 연구대상의 본질에 대한 추론을 하게 되는 것이다.

심리학도 마찬가지다. 마음을 눈으로 보거나 손으로 만져 볼 수 없기에, 심리학자들은 어떤 상황조건을 설정하여 놓고, 그 조건하에서 마음이 어떻게 드러나는가를 관찰하여 마음의 본질을 추정할 수 있는 것이다. 마음을 드러나게 하는 상황조건들을 자극(stimulus) 또는 마음에 작용하여 어떤 영향을 끼친다는 점에서 입력(input)이라 하고, 이에 대해 마음이 작용하여 그 작용의 양상을 통해 마음의 본질이 어떠한 종류로 밖으로 나타내어진 형태를 반응(response) 또는 출력(output)이라고 본다면, 우리는 자극과 반응 또는 입력과 출력 사이의 관계에서 마음의 내용을 추론하여 찾아내야 할 것이다.

실제 현실에 있어서 마음에 작용하는 물리적 또는 심리적 조건인 자극 또는 입력을 (I)라 하고, 이 자극 또는 입력을 받아 이에 작용하는 인간의 마음을 (M)이라 하며, 그 경험의 결과로 인간이 어떠한 형태의 반응 또는 출력을 내어놓는 것을 (O)라 한다면, 심리학의 과제는 $M = f\ (I \times O)$의 관계에서 간접적으로 추론하고 하겠다.

이와 같이 추론함에 있어서 (I)와 (O) 사이에 있는 마음 (M)은 어떠한 보는 틀을 지니고 접근해야 한다. 정보처리적 인지심리학은, 마음이란 것은 환경자극에서부터 정보를 추출하고, 처리하며, 그 결과를 상징구조로써 저장하고, 그 저장된 정보를 활용하여 처리결과를 반응으로써 산출해 내는 정보처리적 목적체계로 본다. 즉, 입력 (I)와 출력 (O) 사이에서 해석하고 조직하며 결정하고 스스로를 모니터링하는 상징조작체계(symbol manipulation system, 기호조작체계)로 보는 것이다.

마음을 이러한 정보처리체계(information processing system: IPS)라 한다면, 정보처리적 인지심리학에서는 입력정보(I′)와 그에 따른 출력반응(O′) 사이에 개재하는 정보처리체계(IPS′)의 특성에서 마음의 특성을 추론하려는 것이다.

정보처리이론은 한 걸음 더 나아가서 마음이라는 정보처리체계(IPS)를 여러 개의 처리 구조(structure)와 처리 과정들(processes)의 통합체로서 본다. 처리 구조라는 개념은 대체로 정보처리체계 내의 구성요소를 의미하는 것이다. 처리 과정이란 이러한 구성요소 내의 기능 또는 구조요소들 간의 정적 내지 동적 관계성을 의미하며, 구조요소들에 근거하여 정보가 실제로 처리되는 활동들을 지칭한다. 인간의 심리적 내용을 입력과 출력사이의 관계에서 나타나는 정보처리체계의 구조(S′)와 처리 과정(P′)들의 상호작용 관계의 총합으로 보자는 것이다.

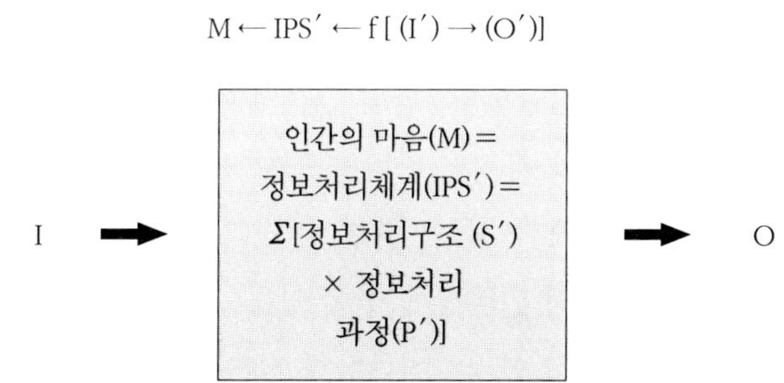

[그림 1-5] 마음에 대한 정보처리이론의 보는 틀

정보처리적 인지심리학은 마음에 대한 보는 틀을 이와 같이 상정하고 나서, 정보처리체계로서의 마음의 각 단계에서 어떠한 정보처리 과정이 일어나는가, 각 과정들은 어떻게 상호작용하는가를 묻고, 다음으로 각 단계별 과정에서 어떠한 정보 구조, 즉 표상 구조가 관련되는가를 규명하려 한다. 따라서 심리적 사건은 정보의 내용 및 정보를 처리하는 사건으로 개념화되는 것이다.

이러한 배경 위에서 정보처리적 인지심리학은 인간의 앎의 심리적 과정, 즉 인지과정(cognitive processes)을 중심으로 수행해 나간다. 그 까닭은 정보처리의 본질이 자극의 의미를 파악하거나 부여하며 이를 정보로서 활용하며 그 결과를 내어놓는 과정, 곧 각종 앎을 획득하고 활용하는 과정이기 때문이다. 따라서 정보처리적 인지심리학은 '인간은 어떻게 아는가?' 하는 물음에 중점을 두고 심리현상 전반의 문제들을 이와 연관시켜 기술·설명하려고 한다.

4. 인지심리학의 접근 틀

이러한 보는 틀의 바탕에서 마음의 문제, 인지의 문제를 탐구하는 인지심리학자들은 그 주제를 과학적으로 접근할 때 하나의 방식으로 접근하는 것이 아니라 몇 가지의 다른 접근을 적용한다. 이 접근들을 크게 나누어 실험인지적 접근, 신경인지적 접근, 계산적 접근로 생각하여 볼 수 있다(Eysenck & Keane, 2005).

마음의 문제, 인지의 문제를 전통적인 심리학의 실험실 실험방법에 따라 자극을 제시하고 그에 따른 인지적 · 행동적 반응을 살펴서 마음의, 인지의 작동 과정을 설명하려는 것이 실험인지적 접근이다. 한편 인간의 마음(인지)의 작용은 근본적으로 뇌와 신경계의 신경적 구조와 과정에 바탕을 두고 있기 때문에 뇌의 신경적 구조와 과정을 밝힘으로써 마음의 메커니즘을 밝힐 수 있다고 보고, 여러 가지 신경과학적 방법을 사용하여 인지 과정의 밑바탕에 놓여 있는 신경적 특성을 밝혀내어 마음의 특성을 설명하려 하는 접근이 인지신경과학적 접근이다. 특히 뇌손상 환자의 신경적 특성을 탐구하여 이상인과 정상인의 인지 과정의 특성을 밝혀내는 것에 강조를 두고 있는 심리학의 분야를 인지신경심리학이라고 한다. 제3의 접근은 계산인지과학적 접근으로, 인간의 마음과 인지의 작동과정을 컴퓨터과학의 계산적 방법을 적용하여 모델링하고 모의실험(시뮬레이션)함을 통하여 밝히려는 시도다. 인공지능 연구에서처럼 문제해결적 사고나 지각, 기억 또는 언어이해 과정 등을 상징체계적 또는 신경망적 모델을 통하여 모델링하여 인지이론을 발전시키려 하는 접근이 이에 해당한다.

5. 인지심리학의 방법론

인지심리학의 연구방법은 기존의 다른 자연과학의 경험과학들과 마찬가지로 주로 실험 위주의 방법론을 사용하며, 인지과학의 발전과 더불어 새로 형성된 다른 연구방법들을 이에 추가하여 사용한다.

1) 실험법

심리학이 철학에서 독립하여 당시의 독일의 실험생리학과 물리학의 실험방법론을 도입하여 경험과학으로서 출발한 이래, 실험실 실험법은 심리학의 주 연구법이 되었고, 이 연구법은 실증주의를 강조했던 행동주의 심리학을 통하여 전수되어 인지심리학의 주 방법이 되었다. 동물행동 중심으로 실험실 연구를 진행해 왔던 행동주의 심리학과는 달리, 인지심리학은 인간을 대상으로 하는 실험연구 기법을 발전시켰고, 인간 실험에서 고려되어야 할 수많은 변인들에 대한 이론과 기법을 세련화하였다.

심리학 실험의 구체적 예들은 이 책의 제2장에서부터 해당 주제와 관련하여 상세히 소개되어 있다. 인지심리학 실험의 일반적인 형태는 다음과 같다. 먼저 방음, 조명 통제 등으로 주변환경 상황이 일정하게 통제된 실험실에서 피험자에게 자극순간노출기(tachistoscope), 컴퓨터 등의 기기를 사용하여 언어자극, 시각도형자극, 청각자극, 정서적 자극 또는 문제상황자극 등을 제시하고, 이에 대한 피험자들의 반응을 컴퓨터 키보드 또는 시청각 기기 등을 통해 수집하여, 이를 컴퓨터 등에서 정밀 측정치로 바꾸고, 그런 후에 이에 대한 통계적 분석을 통하여 실험가설을 검증한다. 많은 경우 인접 학문인 생리학, 물리학, 생물학, 기계공학 등의 일부 영역들의 실험과 거의 같은 실험기구나 분석방법을 사용한다. 즉, 이들 인접 분야의

[그림 1-6] 심리학 실험실 모습

실험연구와 인지심리학적 실험연구가 방법론에서 차이와 경계선이 없는 경우가 많다.

그런데 인지심리학에서는 이러한 기본적 연구방법의 실시 과정에서 이전의 심리학이나 다른 경험과학의 방법들과는 다음과 같이 조금 다른 측면에 강조를 두고 추가적 기법을 개발하여 사용하게 되었다.

2) 기타 강조와 방법

첫째는 앞서 언급한 바와 같이 심리시간 분석법(심리計時法, mental chronometry)의 사용을 강조한다는 것이다. 반응시간(reaction time)법이라 불리는 이 방법은 자극 상황(과제)이 질적으로 달라짐에 따라 인간의 정보처리시간(속도)이 달라진다는 생각에서 출발하여, 실험실 상황에서 피험자들에게 여러 가지 인지과제를 제시하고, 과제 상황이 달라짐에 따라 일어나는 반응시간을 측정하여, 반응시간의 차이에서 특정 인지적 · 심리적 구조 또는 과정의 특성을 추론하는 방법이다. 이 방법은 인지심리학 연구방법의 기본을 이루고 있다.

둘째는 뇌와 인지의 관계를 탐구하는 인지신경연구 방법을 사용한다는 점이다. 뇌파측정법(EEG, ERP), 뇌의 단층촬영법(CAT, MRI), 뇌혈류의 신진대사 측정(PET) 및 뇌의 생화학적 반응측정법 등이 주요 측정 및 연구분석 방법으로 사용되고 있다.

이 외에도 인지심리학자들은 이론 검증을 위해 실험실 실험을 할 뿐만 아니라 인공지능 연구에서의 모의실험과 마찬가지의 컴퓨터 시뮬레이션 방법을 사용한다. 또한 현장에 대한 자연관찰법도 사용한다. 인지심리학의 이러한 방법론적인 특징들은 앞서 설명한 인지심리학의 일반 특성과 더불어, 인지심리학에서 무엇을 어떻게 연구할 것인가와, 인지 과정을 실제로 어떻게 분석 · 연구할 것인가를 결정한다.

6. 인지심리학의 연구 영역

인지심리학은 마음의 정보처리와 관련된 모든 고등심리 과정에 대한 이해와 설명을 다룬다. 인지 과정은 환경의 정보가 감각기관에 입력되어 행동으로 출력되기까지의 모든 과정들을 포함한다. 이들 각각의 과정들은 독립적인 기능을 지니고 있지만 서로 밀접한 관련을 지니고 있다. 인지심리학의 연구는 이러한 하위 인지 과정들이 어떤 특성을 지니고 있으며, 서로 어떤 상호관계를 지니면서 인간의 마음을 구성하고 있는지를 밝히고자 한다. 이러한 인지심리학의 하위 연구 영역들을 다음과 같이 구분하여 볼 수 있다.

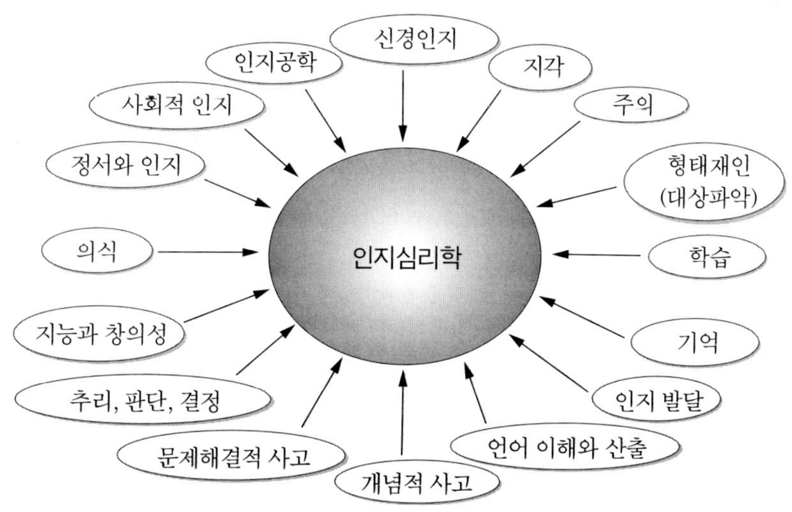

[그림 1-7] 인지심리학의 연구 영역

1) 신경인지(neuro-cognition)

인지 과정의 특성을 이해하기 위하여는 뇌를 비롯한 신경계의 생리적, 생물적 특성들에 대한 연구가 기반이 되어야 한다. 그 이유는 모든 인지 과정은 뇌와 신경계에서 일어나는 생리, 생물적 과정을 수반하기 때문이다. 따라서 인지심리학자, 생리심리학자, 생물심리학자는 신경과학자와 공동으로 뇌를 비롯한 신경계의 특성과, 그러한 특성이 특정 인지 과정과 어떠한 관련을 지니고 있는가를 연구한다. 뇌 손상을 당한 사람이 기억을 못한다든지, 자기 부인이나 친척들의 얼굴을 인식하지 못한다든지, 말을 이해하지 못한다든지 하는 문제는 이러한 신경생리적 · 신경생물적 연구를 통해서 그 메커니즘을 밝힐 수 있다. 이러한 인지심리학의 분야를 인지신경심리학(cognitive neuropsychology)이라고 부른다.

생각상자

심봉사는 눈을 뜨자마자 심청이를 알아볼 수가 있었을까?

장님이 눈을 뜨자마자 대상을 지각할 수 있을까? 이러한 의문은 17세기 철학자들도 던진 물음이었지만, 그 해답은 인지신경심리학자들의 경험적 연구에 의해서만 대답 가능하였다.

영국의 심리학자 R. L. Gregory가 그의 동료와 연구한 개안수술을 한 어른의 경우를 살펴보자(Gregory, 1972). 환자 S. B.는 맹인으로 52세에 개안 수술을 하였다. 수술하기 이전에 그는 맹인으로서 비교적 활동적이고 지적인 사람이었다. 그는 걸어다니기를 좋아하였고, 또 자전거까지도 탔고, 맹인용 흰 지팡이를 잘 안 갖고 다닐 정도로 활동이 많은 사람이었다. 물건도 잘 만들고, 세차도 하며, 여러 가지 일을 하였다. 드디어 안구 기증에 의해 개안 수술을 하게 되었다.

수술 후 눈의 붕대를 풀자, 그는 개안을 시술한 의사(그가 맹인으로서 익히 알던 의사)의 목소리를 들었다. 그는 소리가 나는 방향으로 얼굴을 돌렸다. 그러나 그는 의사의 얼굴을 볼 수 없었다. "의사 선생님 어디 계세요?" 하고 그는 물었다. 그는 정상인이 눈을 감았다 뜨면 대상을 보고 인식하듯이 대상을 볼 수는 없었다. 의사의 얼굴이 눈의 망막에 비추어지고 이 정보가 시각중추로 제대로 가는데도 불구하고 대상을 볼 수가 없었던 것이다.

며칠이 지나면서 그는 대상을 알아보기 시작했다. 그러나 이상한 현상들이 나타났다. 그는 높은 층의 병실(땅에서부터 자기 키의 10배 이상의 높이의 방)에 있으면서도 창문으로 몸을 내리면 자신의 발이 바로 땅에 닿을 수 있다고 생각했다. 만져 보지 않고는 거리 추정이 잘 안 되는 것이었다. 그는 하늘의 달을 보고는 매우 놀라워했다. 달이 하늘에 있는 것이 아니라 창문에 어떤 물체가 반사된 것으로 생각했고, 달이 초생달(quartermoon)이었는데 'quartermoon'은 케이크를 열십자로 4등분한 모양의 달로 생각했었다고 말했다. 그는 점자에서(손가락으로 촉감을 통해) 배운 글자인 대문자로 쓰인 글들은 쉽게 읽었지만, 점자에서 촉각으로 배운 글이 아닌 소문자 영어글은 그저 한두 단어 읽는 것도 힘들어했다. 또한 대상들을 그림으로 그리라고 했을 때, 이전에 맹인으로서 촉감을 통해 알지 못했던 것은 그리기 힘들어했다. 영국의 버스들은 한국의 트럭처럼 엔진 부분이 별도로 운전석 앞쪽 밖으로 튀어나와 있다. 맹인으로서 이 사람은 버스를 수없이 탔었다. 그러나 엔진 부분을 손대어 경험하지는 못했었다. 이 사람에게 개안 후에 버스를 그리라고 했더니 앞머리(엔진 부분)가 없는 버스를 그렸다. 개안 6개월 후에도, 1년 후에도 버스의 앞머리는 그림에 나타나지 않았다. 촉감을 통해서 과거에 경험하지 않은 것은 통합된 지식의 표현으로 잘 나타나지 않았다. 그는 또한 밝은 색깔을 좋아했고, 건물이나 물건들의 페인트 색깔이 바래거나 흠집이 있거나 하는 것에 대해 정서적으로 참지 못하는 반응을 보였다. 그는 세상 대상의 색깔들이 자기가 맹인으로서 생각했던 것보다 산뜻하지 않다고 말했다. 그는 맹인으로서 자기가 놓쳤던 일 등에 대한 생각으로 점차 우울증에 빠졌고, 오랫동안 밤에도 불을 안 켜고 지냈다. 결국 그는 개안 후 3년 만에 우울증으로 사망했다. 심봉사가 눈을 뜨자마자, "청아!" 하고 심청이를 알아보았다는 것은 인지심리학적으로는 말이 안 되는 소리일 수 있다(심청이의 목소리로 알아챘다면 몰라도).

2) 지각

소리를 듣는다든지, 어둠 속에서 물체를 본다든지, 피부에 닿는 차가운 온도를 느낀다는 등의 실생활의 상황에서 환경의 정보를 인간이 알기 위해서는 일정한 강도의 물리적 에너지가 필요하다. 너무 약한 불빛이나 너무 약한 소리는 우리가 보거나 들을 수 없다. 감각기관이 활동할 수 있는 문턱 값인 일정한 역치(threshold) 이상의 에너지가 제공되면 감각정보의 처리가 일어난다. 감각정보는 수많은 신경뉴런의 활동에 의해서 일어나며, 감각정보의 확인을 위해서는 낱개 신경뉴런의 활동을 통합하고 해석하는 과정이 일어나야 한다. 감각정보의 통합과 해석을 수행하는 과정을 지각(perception) 과정이라 한다. 지각은 감각, 주의, 의식, 형태재인 및 기억 등의 과정과 밀접한 관련이 있다.

3) 주의

길을 걸어가며 눈에 보이는 많은 사람들 중에서도 잘생긴 이성의 얼굴만 눈에 들어온다든지, 음악을 틀어 놓고도 공부를 할 수 있다든지, 운전하면서 보행자를 조심한다든지 하는 일상의 상황에서 개입되는 주의(attention) 과정은 본질적으로 사람이 보다 깊은 정보처리를 할 수 있도록 어떤 특정 정보를 선택하고 의식 속에 유지시키는 기능을 한다. 감각기관에는 상당히 많은 양의 감각정보가 계속해서 입력되지만 순간적으로 이들의 대부분이 상실된다. 그 까닭은 인간의 주의 과정의 용량 제한성(capacity limitation)이라는 특성 때문이다. 주의에 대한 인지심리학적 연구에서는 주의 용량(범위), 주의의 자동화, 주의의 지속성, 주의의 억제기제, 주의와 지각, 주의와 기억의 관계, 주의와 정서 또는 동기, 행위 실수(action slips)와 같은 문제들이 연구된다.

4) 형태재인

대상인식 과정이라고도 하는 형태재인(pattern recognition) 과정은 지각 과정의 한 하위 과정이다. 사람의 얼굴을 인식한다든지, 글자를 인식한다든지, 말의 내용을 인식한다든지 하는 대상의 정체를 파악하는 과정이 형태재인 과정이다. 형태재인은 지각된 내용, 즉 지각적 표상에 의미를 부여하는 과정이다. 이러한 형태재인 과정에 대한 연구는 신경생리 기제와 주의, 기억 등의 인지 과정과 연계되어야 충분한 설명을 제공할 수 있다.

5) 학습

학습은 일반적으로 지식과 행동이 새로운 경험에 의해서 비교적 영속적으로 변화되는 것을 가리킨다. 대상의 범주를 학습하기, 언어를 습득하기, 학교에서 새 지식 배우기, 자전거 타기 배우기, 인터넷 기술 배우기 등이 모두 학습 과정에 의존하다. 1960년대 이전에는 동물의 조건형성 학습에 대한 연구가 심리학에서 강조되었지만 1980년대 이후에는 인공지능 및 로보틱스 연구에서 학습이 강조되며, 학교 장면이나 산업체 인력 교육 등에 인지심리적 원리를 적용하여 학습을 연구하고 실제 장면에 적용하려는 노력들이 활발해지면서 인지학습(cognitive learning)의 중요성이 강조되고 있다. 최근에는 미래 인류사회의 중요한 과제가 인간능력의 향상임이 인정되면서, 인지학습을 통한 인지능력의 향상(cognitive enhancement)이 미래 테크놀로지의 중요한 주제로 등장하고 있다.

6) 기억

기억은 인간의 각종 정보처리가 일어나는 마음의 자리인 동시에 그 정보가 표상으로 저장되는 기능적 구조이다. 컴퓨터에서 메모리가 핵심 구조이듯이, 기억은 인지심리학에서 가장 중요한 구조이며 과정이다. 기억에 관한 인지심리학적 연구에서는 기억의 자료 구조와 처리 구조 또는 체계들을 어떻게 나누어 볼 수 있는가, 그 정보처리과정적 특성은 무엇인가, 그리고 자료 구조(data structure)라고 할 수 있는 표상 구조의 특성은 무엇인가 등이 주요 연구 문제로 다루어지고 있다. 이외에도 기억의 신경생물적 기초, 기억상실증 및 기억이상, 기억술, 기억과 다른 인지 과정과의 관계 등의 문제가 연구되고 있다. 기억 연구에서 던져지는 중심 물음의 하나는 지식표상 특성이다. 언어적 지식, 행동적 지식, 기술지식 등 각종 지식들이 기억 속에 어떠한 구조로 표상되는가 하는 문제가 인지심리학과 인공지능학의 중요한 연구주제이다. 장노년기의 기억 변화와 이의 개선에 대한 연구가 최근에 인지심리학의 주요 주제로 부각되고 있다.

7) 언어의 이해 및 산출

언어의 문법적 구조와 언어능력의 일반적 문제는 언어학에서 주로 다루는 문제이지만, 말과 글을 이해하고 산출해 내는 과정, 즉 언어정보처리 과정은 인지심리학의 주요 연구문제이다. 언어의 처리 과정은 이해와 산출 과정으로 구분된다. 언어의 이해는 단순히 낱개 단어들의 사전적 의미를 조합하면 되는 것이 아니라, 그를 넘어서서 각종의 세상 지식이 동원되고 적용되며 이해자 나름대로 추론하고 해석되는 과정들이 포함된다. 언어산출의 연구에서는 말 또는 글을 산출하려는 의도의 생성, 계획, 수정 및 재편집, 발성기관(수화의 경우는 손의 운동기관)과의 연결 및 조정 과정, 말실수 특성 등의 문제가 연구된다. 최근에는 언어가 어떻게 진화하여 왔는가 하는 주제가 진화심리학과 인지심리학, 언어학과 연결되어 탐구되고 있다.

8) 문제해결

인지심리학에서는 '사고' 라는 용어를 사용하기를 회피한다. 왜냐하면 상식적 의미의 사고라는 개념은 앞에서 논한 형태재인(대상파악) 과정, 각종의 기억 과정, 주의 과정, 언어이해 과정, 정서적 느낌 과정들을 모두 포함하고 있기 때문이다. 따라서 인지심리학에서는 상식적 의미의 사고라는 포괄적 개념 대신 개념적 사고, 추리, 판단과 결정, 문제해결, 창의성 등의 비교적 좁은 그러나 명확히 규정된 의미의 개념들을 사용한다.

문제해결이란 장래 취업 분야를 결정한다든지, 바둑에서 승리를 해야 한다든지, 학교에서 집까지 가장 빠른 길로 가야 한다든지 하는 상황에서 일어나는 어떠한 목표를 지향하는 일련의 인지적 처리 또는 조작의 과정이다. 문제해결 연구에서는 문제 과제의 표상 과정, 문제해결 관련 정보들 사이의 탐색과정, 해결을 위한 규칙 또는 전략의 형성과 이들의 적용 과정, 지식의 역할, 전문가와 초보자의 차이 등의 문제가 연구된다.

[그림 1-8] 문제해결의 한 예: 전문가와 초심자의 바둑 두기

9) 개념적 사고

인간의 인지는 세상에 대한 의미를 다룬다. 인지체계에서 의미를 구성하는 과정이 개념 형성 과정이다. 이 영역의 연구에서는 아동들이나 어른에게 있어서 각종 개념들이 어떻게 획득되며, 개념들이 어떠한 구조로 기억에 표상되는가, 개념적 사고에서 가장 중요한 것은 범주의 개념인데, 범주란 어떻게 구성되어 있으며, 범주 명칭과 그 범주의 예들과는 어떠한 관계가 있는가 등이 연구된다. 개념적 사고는 기억에서의 지식표상의 문제와 밀접한 관련이 있다.

10) 추리, 판단과 결정

[그림 1-9] 2002년도 노벨 경제학 수상자 카네만 교수

추리 과정의 연구에서는 인간의 연역적 · 귀납적 추리가 어떠한 정보처리 과정에 의해 일어나는가, 형식논리 규칙에 따라 일어나는가, 아니면 다른 원리에 의해 일어나는가를 밝히는 데 초점을 두고 있다. 인지심리학자들은 추리 과정의 일반적 원리, 추리의 오류 특성, 그리고 추리의 오류를 일으키는 제반 요인들, 예를 들어 기억이 주는 제약, 지식이나 신념에 따른 편향적 추리, 지식과 맥락 등의 요인들이 영향을 주는 과정적 특성에 대하여 연구한다.

판단과 결정(decision making)에 대한 연구에서는 확률적 상황, 불확실한 선택적 상황에 대한 판단과 의사결정의 인지 과정적 특성들을 귀납적 추리와 연관지어 연구된다. 추리에서와 마찬가지로 일어나는 오류와 편향의 특성들이 중점적으로 연구된다. 이는 최근에 경제학 등 심리학의 주변 학문에 가장 큰 영향을 준 분야 중의 하나이다.

11) 지능과 창의성

이 영역에서는 인간의 지능은 과연 무엇인가? 인간의 지능은 어떻게 정의될 수 있는가? 지능의 차이가 어떤 인지 과정의 차이를 반영하는가? 지능이란 고정된 단일한 실체인가? 아니면 맥락에 따라 변할 수 있는 것이며, 다원적 독립적 인지능력들의 종합체인가? 전문가와 일반인들의 지능은 어떠한 차이가 있는가? 영재란 어떠한 인지적 능력을 지닌 사람인가? 수학, 과학적 능력이란 어떠한 인지 기능을 지칭하는 것인가? 창의적 사고란 무엇인가? 창의적 사고를 하는 과정은 무엇인가? 창의적 사고에 미치는 제약들은 무엇인가? 등에 대한 연구가 진행된다.

12) 정서와 인지

인간의 인지 과정이 수행되는 동안에 정서의 개입은 자동적이며 필수적이라는 데 정서의 중요성이 있다. 정서의 연구에서는 정서의 분류체계를 어떻게 설정할 것인가? 정서와 인지는 어떤 것이 우선적으로 작용하는가? 정서도 인지와 동일한 표상체계를 지니는가? 정서를 계산적 · 정보처리적 관점에서 어떻게 이론화, 모델링할 수 있는가? 정서의 유형과 인지는 어떤 관계가 있는가? 인지의 과정적 특성이나 지식구조 특성은 정서에 어떠한 영향을 주는가? 정서와 언어, 정서와 기억은 어떠한 관계가 있는가? 정서는 인지에 긍정적 · 부정적으로 어떻게 작용하는가? 정서적 장애가 있는 경우의 인지 과정은 어떠한가 등이 탐구된다.

13) 사회적 인지

사회적 인지에 관한 연구에서는 특정한 사회 상황에서 일어나는 개인의 지각, 기억, 원인귀인(歸因, attribution) 등의 문제를 다룬다. 물리적 대상의 인지보다는 다른 사람에 대한 인지와 개인이 집단에 포함될 때 나타나는 집단적 인지에 대해서도 다루고 있다. 타인에 대한 인상의 형성 과정, 기억 과정은 어떻게 이루어지는가? 사건의 인과적 귀인 과정은 어떻게 일어나는가? 사회적 사건의 기억은 어떻게 형성, 변화되는가? 개인과 집단의 행동이 어떻게 다른가? 개인의 태도나 믿음이 상황지각과 행동에 미치는 효과는 무엇인가 등이 주요 연구문제이다. 이러한 사회적 인지의 문제는 인지사회심리학에서 주로 연구되고 있다. 이 책에서는 이 주제를 다루지 않는다.

14) 인지발달

인간의 인지는 환경과 지식의 상호작용에 의해서 계속적인 변화가 일어난다. 생애의 발달 과정을 통해서 인지의 역동적인 변화를 관찰함으로써 인지의 또 다른 특성을 발견할 수 있다. 인지의 하위 과정들이 유아, 성인, 노년으로 변화하면서 동일한 변화 과정을 거치는가? 어떤 연령 단계에서 특정한 인지가 발생하는가? 연령이 증가하면서 어떤 인지능력이 감퇴되는가? 어린아이 시기에 언어는 어떻게 습득되는가 등이 이 영역의 주요 연구문제가 된다. 이 책에서는 이 주제는 다루어지지 않는다.

15) 의식

의식이란 외부환경의 자극들에 대해, 그리고 기억, 사고, 신체적 감각 등의 인지적 현상에 대해 자각하고 있음이라고 할 수 있다. 의식에는 하의식, 수면 상태, 꿈, 최면 상태, 명상, 일반 의식 상태 등의 여러 수준들이 있을 수 있다. 의식에 대한 인지심리학적 연구는 현재 주로 주의와 기억에 대한 인지심리학적 · 인지신경심리학적 연구들에 의해 두뇌영상기법이나 두뇌혈류측정법 등을 사용하여 연구되고 있다. 주요 연구주제로는 주의의 자동화, 주의의 활성화와 억제 기제, 수면과 꿈의 신경심리적 기제, 암묵적 기억 또는 암묵적 학습과 명시적 기억 특성, 좌우 대뇌 반구의 기능 분할의 문제 등이 탐구된다.

16) 인지공학과 응용인지심리

인지심리학자들은 순수한 인지 현상만 연구하는 것이 아니라 응용인지심리학적 연구들도 수행한다. 응용인지심리학의 대표적 분야가 'Cognitive Engineering' 또는 'Cognitive Technology' 라고 불리는 인지공학적 연구이다. 이 분야의 연구는 인간-컴퓨터 상호작용(human computer interaction: HCI) 문제, 각종 하드웨어 및 웹을 비롯한 각종 소프트웨어의 인간 중심의 디자인 문제, 인지적 효율성 문제, 각종 기술 수행 문제 등에서의 인지심리학적 원리의 발견과 적용의 문제를 다룬다. 이외에도 인지심리학의 원리를 교육장면에 적용하는 인지교수법 연구와 인지신경심리학적 연구 결과를 적용하여 기억, 주의, 독서, 의식 수준 조절, 정서 조절 등을 탐구하는 분야들이 있다.

7. 인지심리학이 인접 분야에 준 영향과 최근의 변화

1) 심리학 내외에의 영향

이러한 배경에서 발전된 인지심리학은 심리학 내외에 상당한 영향을 끼쳤다. 심리학 내에서는 심리학 각 분야에 걸쳐서 심리학의 이론이나 관점을 인지적 개념이나 인지적 과정들이 고려된 방향으로 재구성하게 했다는 것이다. 사회심리학, 발달심리학, 성격심리학, 정서 및 동기심리학, 임상심리학 등의 분야들은 기존의 개념, 이론, 모형들을 정보처리적 인지주의 틀 내에서 대폭 재구성하여, 개선된 설명 틀을 제공하고 새로운 경험적 사실들을 축적하고 있다.

다음으로 인지심리학은 인접 분야 학문과 영향을 주고받음으로써 인지심리학 자체는 물론 인접 분야들을 변화시켰을 뿐만 아니라 인지과학(cognitive science)이라는 종합적 다학문적 과학을 탄생시켰다(이정모, 2008). 신경생리, 생물학과 연결된 인지적 · 지각적 정보처리 과정의 연구는 신경과학의 발전을 촉진시켰고, 인지발달에 관한 연구는 교육학 및 동물행동학에서의 이론 재정립에 영향을 주었으며, 로보틱스 연구에서 발달로보틱스라는 분야가 탄생 가능하게 하였고, 지각적 정보처리의 계산적 측면을 강조한 연구들은 컴퓨터 과학(인공지능, 로보틱스), 특히 기계시각

(machine vision)과 기계 형태지각의 연구를 촉진시켰으며, 미학과 디자인학에 영향을 주었다. 주의에 관한 연구들은 인간공학 연구와 뇌신경생리학의 연구에 영향을 주었고, 기억에 관한 연구들은 교육심리학, 인공지능학, 뇌병리학, 노년학 등의 연구에 영향을 주었고, 언어 이해와 산출의 연구들은 인공지능학, 언어학, 커뮤니케이션학에 영향을 주었고, 뇌와 언어의 관계에 대한 연구들은 신경과학과 인지심리학의 연결을 촉진시켜 인지신경심리학이 형성되는 데에 결정적 역할을 하였고, 문제해결 및 추리 과정에 대한 연구들은 각종 인공지능 연구에 영향을 주고받았다.

이외에 인지심리학의 원리를 교육 장면에 적용한 인지학습, 인지교수법 연구 분야와, 학습-교수 상황 및 각종 소프트웨어 상황과 인간-기계 인간-인공물 상호작용에 적용한 인지공학이라는 새로운 분야를 탄생시켰다. 판단과 결정 과정의 연구는 다른 연구와 함께 경제학, 행정학 등에서 종래의 행위이론을 대폭 수정하게 했으며, 인지사회이론과 함께 정치학, 행정학, 경제학, 매스컴 이론 등에 계속 영향을 주고 있다. 또한 지각, 기억, 추리, 의사결정 등의 인지 과정에 대한 경험적 결과의 축적과 인지심리학의 패러다임적 기본 이론들과 개념들은 철학에서의 전통적 인식론, 과학이론을 재정립하게 하였다.

인지심리학과 인접 학문 간의 이러한 상호작용 중에서 가장 커다란 변혁을 가져오게 한 것은 앞서 언급한 바와 같이 인지과학의 형성이다. 인지심리학, 인공지능학, 언어학, 철학, 인류학 등이 서로 밀접히 연결되어 형성한 다학문적 · 학제적 과학인 인지과학은 인간의 지능의 문제, 마음의 문제를 다학문적 입장에서 분석 · 설명하려는 노력들의 결집이다. 인지과학은 기존의 인문사회과학 대 자연과학이라는 이분법적 학문분류체계가 부적합한 것임을 드러내 보였으며, 마음 또는 인지라는 현상을 여러 분야의 연구자들이 공동으로 연구해야 함을 드러내 주었고, 심리학이 인문과학이나 사회과학보다는 자연과학으로 발전되어야 함을 드러내 보였다.

2) 1980년대 이후 인지심리학의 변화와 의의

인지심리학은 1980년대 후반부터 몇 가지 중요한 변화를 맞았다. 이 변화들은 인지심리학 자체를 급격히 변화시켰을 뿐만 아니라 심리학의 다른 분야들과 심리학의 인접 학문들을 변화시켰다.

(1) 연결주의: 병렬분산처리(신경망) 모형

1980년대 후반부터 일어난 가장 큰 변화의 하나는 연결주의 모형의 대두이다(Rumelhart, McClelland, & PDP Group, 1986). 이 모형에서는 정보처리체계의 기본 단위들이 신경(neuron)의 기능을 모방하고 그 단위들 사이의 연결 상태가 뇌를 모방한다고 하여 신경망(neural net)적 접근이라고 불리기도 하고, 단위들의 연결 방식을 중요시하는 의미에서 연결주의(connectionism)라고도 불리며, 단위들이 병렬적으로 정보를 처리하고, 정보가 여러 단위에 분산되어 저장되므로 병렬분산처리(parallel distributed processing: PDP)라고도 불린다. 앞에서 설명한 고전적 정보처리적 인지주의가 인간의 마음을 컴퓨터에 비유하여 계열처리(serial processing)적으로 상징을 조작 · 처리하는 정보체계로서 생각한 데 반해, 연결주의는 인간의 마음을 여러 정보들이 동시에 함께 처리되는 병렬처리(parallel processing)체계로 간주한다.

고전적 인지주의가 컴퓨터에 유추하여 인간의 심리적 과정을 모형화한 데 반하여, 연결주의는 두뇌에 유추하여 심리적 과정을 모형화하려 한다. 두뇌의 세포들 간의 흥분의 확산과 활성화 정도의 재조정이 심적 과정의 내용과 결과로서 간주되는 것이며, 지식표상의 단위들이 논리적 관련성에 의하여 추상화되어 위계적으로 구조화되어 저장된다기보다는 낱개 신경망 처리 단위들 간의 흥분성 연결 패턴의 형태로 저장된다고 본다. 복잡한 정보처리는 이러한 요소들이 방대하게 병렬적으로 상호 연결된 신경망에 의해서 수행된다.

이러한 연결주의의 관점은 종래의 정보처리적 인지주의의 이론체계와 개념을 대폭 변화시키고 있다. 기존의 심리표상의 구조체계에 대한 이론이 수정되며, 의식, 무의식, 자아 등의 주요 개념과 학습 과정, 지각 과정 등의 개념들과 이들에 대한 이론적 모형들이 달라지고 있고, 마음에 대한 새로운 관점이 형성되고 있다(연결주의에 대한 종합적 고찰은 한광희(1996)와 이정모(2001, 제9장)의 글을 참조).

(2) 인지신경과학의 발전

다음의 주요 변화는 인지신경과학의 발전이다. 실험 결과를 위주로 하여 하위 인지 구조와 단계적 과정을 제시한 인지이론들, 특히 언어, 기억, 주의 등에 관한 인지이론들은 뇌의 신경생리학적 · 신경생물학적 연구들에 의해 그 기초와 타당성이 분석되고, 이론적 개념들이 재구성되는 경향이 늘고 있다. 인지심리학의 가장 두드러진 변화의 방향은 전통적 인지심리학과 신경과학의 적극적 연결 경향이라고 하겠다. 이 방향의 발전은 인지심리학의 이론과 연구접근의 틀을 크게 변화시키고 있으며, 앞으로의 인지심리학의 방향을 좌우할 것이다.

(3) 정서의 인지심리학적 연구의 발전

다음의 변화는 정서의 본질에 대한 인지주의적 접근의 부상이다. 정서와 인지의 어느 것이 선행하느냐에 대한 논의를 비롯하여 정서를 기억표상의 일부로 도입하려는 등의 연구에서 인지적 모형이 제시되면서, 정서 연구의 중요성이 인정되고 정서와 인지의 관계에 대한 경험적 · 이론적 연구가, 특히 신경과학적 연구가 진행되어서 그동안 인지심리학자들이 소홀히 대했던 정서의 연구가 다시 부각되었고, 정서에 대한 계산적 이론 모형도 제시되었다.

(4) 동력학체계적 접근

물리학과 연관되어 최근에 도입된 동력학체계(dynamic system)적 접근은 종래의 전통적 정보처리적 · 계산주의적 관점이 인간의 인지 현상을 제대로 모델링하지 못한다고 보고, 그보다는 동역학적 · 비선형적 수리적 모형을 사용하여 인지 현상들을 설명하려 한다. 기존의 정보처리적 틀의 인지심리학이론들이 인지 상태를 시간의 어느 지점에 고정되어 있는 정적(static)인 것으로 보고 이론을 세워 온 것에 반해, 동력학체계적 접근은 인지 상태가 시간에 따라 어떻게 변하는가에 초점을 맞춘다.

(5) 진화적 인지 접근

진화적 인지 접근은 인간인지 과정의 이해 자체를 시도하는 것이 아니라 단순한 종들의 인지 과정들과 그것이 진화 역사에서 어떻게 발달하였는가를 자연선택 과정들의 설명을 통해 이해함으로써 인간의 인지에 대한 이해를 간접적으로 얻고자 하는 입장이다.

(6) 사회적 요인의 중요성 부각

일찍이 유럽 대륙의 철학이나 사회과학이론을 부분적으로 받아들이고 있던 사회심리학, 발달심리학은 마음과 인지가 사회적 산물이며, 사회적 요인들에 의해 결정됨을 주장하였는데(Harre & Gillet, 1994), 이러한 주장들이 서서히 인지주의 심리학에 침투되고 있다. 이러한 경향은 특히 인지과학으로서 인지심리학을 추구하는 연구자들에게서 두드러진다.

(7) 응용인지심리학의 발전

또 다른 주요 변화는 응용인지심리학의 발전이다. 실험실에서의 인지 현상 연구를 넘어서서 실생활에서 효율적인 인지가 이루어지도록 하게 하는 방법에 대한 연구가 활발히 이루어지고 있다. 이 내용은 마지막 장에서 다루어진다.

8. 요약

이 장에서는 인지심리학이란 무엇인가? 연구 영역은 무엇인가? 인지심리학의 기본 틀인 정보처리적 보는 틀이란 무엇이며, 이것은 어떠한 역사적 배경에서 발전되었는가? 연구 방법은 무엇인가? 인지심리학이 심리학 내외에 미친 영향은 무엇이며, 인지심리학 자체는 어떻게 변해 가고 있는가? 하는 문제를 고찰하였다.

인지심리학은 인접 학문과 계속 상호작용하며 변모하여 가고 있고, 학제적 과학인 인지과학과 신경과학에서 중심적 기초학문의 위치를 확고히 차지하고 있다. 컴퓨터과학, 신경과학, 언어학, 철학 등은 물론 인류학, 물리학, 수학, 교육학, 경제학, 로보틱스, 디자인공학 등과 연결된 인지과학의 발전은 자연히 이들 인접 학문들에 심리학적 개념 및 이론과 경험적 자료를 대폭 유입시키고 있고, 그 역으로 인지심리학이 보다 다원적 분석 수준에서 다원적 방법을 사용하여 포괄적 설명을 제기하게 하는 자극이 되고 있다.

인지심리학이 앞으로 빠르게 발전하며 과학계와 실생활에 기여할 부분은 뇌 연구와 관련된, 인지신경심리와 인지신경과학이라고 본다. 이러한 배경에서 심리학이 인지심리학을 중심으로 하여 인지과학, 신경과학, 기타 인문, 사회, 자연과학들의 수렴적 연결 초점의 기초과학으로서의 역할 비중이 점증할 것이다. 교육학, 경제학, 컴퓨터과학, 로보틱스, 철학, 신경과학의 그 어느 것이든 심리학, 특히 인지과학적 인지심리학의 최신 개념, 이론, 자료들에 의존하여 자체 학문의 이론적 · 개념적 틀을 수정 · 보완하려는 경향이 점차 증가하고 있고, 이러한 경향은 계속될 것이다.

주요 용어 목록

계산(computation)
구조주의(structuralism)
동력학체계(dynamic systems)
모의실험(simulation)
신경인지심리학(neuro-cognitive psychology)
심리시간 분석법(mental chronometry)
연결주의(connectionism)
인지(cognition)
인지공학(cognitive engineering)
인지과학(cognitive science)
정보처리적 접근(information processing approach)
정보처리체계(information processing system)
진화적 접근(evolutionary approach)
처리 과정(processes)
처리 구조(structures)
튜링 기계(Turing machine)
표상(representation)
행동주의(behaviorism)

읽을거리 ▶▶▶

인지심리학 개론 번역서

Colin Martindale 지음, 신현정 옮김(1994). 인지심리학: 신경회로망적 접근. 서울: 교육과학사.

John R. Anderson 지음, 이영애 옮김(2000). 인지심리학. 서울: 을유문화사.

Robert R. Sternberg 지음, 김민식, 손영숙, 안서원 옮김(2005). 인지심리학(3판). 서울: 박학사.

Stephen K. Reed 지음, 박권생 옮김(2006). 인지심리학: 이론과 적용(제7판). 서울: 시그마프레스.

인지심리학 국내서적

이정모(2001). 인지심리학: 형성사, 개념적 기초, 조망. 서울: 아카넷.

이정모(2008). 인지과학: 학제적 수렴의 원리와 응용. 서울: 성균관대학교 출판부.

심리학 관련 일반 서적

Steven Pinker 지음, 김한영 옮김(2004). 빈 서판: 인간은 본성을 타고나는가. 서울: 사이언스북스.

인지과학 관련 자료

인지과학개론 (64쪽); http://cogpsy.skku.ac.kr/200608-cogsci-인지과학.pdf

인지심리학/인지과학 일반 자료; http://cogpsy.skku.ac.kr/study/study.html

인지심리학-인지과학 자료 소식 웹진; http://www.infomail.co.kr/bzmain/?ifm_id=6571&sendpage_id=#

제2장

뇌와 인지

1. 신경과학적 접근법
2. 인지신경과학적 방법들
3. 인간의 두뇌와 그 기능
4. 요약

제2장

뇌와 인지

1. 신경과학적 접근법

1) 인간의 마음, 두뇌, 행동의 관계

어떻게 인간의 인지적 사고 과정이 행동으로 나타나 실현되는 것일까? 마음과 신체는 어떤 관계가 있을까? 영혼, 정신의 어떤 힘? 정신과 물질이 나란히 함께 작동하여서? 아니면 정신적 과정은 순전히 물질과 화학 물리적 작용에 의해서? 이에 대한 근본적인 질문을 누구나 생각해 보는 것이며, 이런 질문은 마음-신체문제(mind-body problem)라고 불리며 인류 역사 속에서 심각하게 논의되어 왔다. 전혀 물질적이지 않은 정신의 작용으로 우리의 행동과 사고작용이 가능하다고 보는 정신주의(mentalism)나, 비물질적인 정신과 물질적인 신체가 함께 작용하여 행동을 야기한다고 보는 이중주의(dualism) 또는 극단적으로 행동이란 동물이나 인간 모두 신경계의 작용으로 나타나는 것일 뿐이라고 보는 물질주의(materialism)가 그런 질문에 대한 대답으로 제시되었다.

인지신경과학은 바로 이렇게 인간의 행동의 정신적 측면인 인지 과정을 신경계의 기능적 측면으로 연구하는 학문이다. 그러나 철학적 입장을 떠나서 인지신경과학은 두뇌라는 실증적 증거체계에 대한 과학적 관찰을 통하여 마음과 신체(행동)의 관계를 연구한다고 보면 적절할 것이다. 두뇌의 활동을 관찰하여, 그 실증적인 증

[그림 2-1] 이중주의자인 데카르트가 본 신체(뇌)와 마음의 관계

뜨거운 불을 만지는 사람의 감각과 운동을 연결하는 연결로가 줄로 그려져 있다. 기계적인 메커니즘은 정신과 두뇌의 송과선(pineal gland)에서 만날 것이라고 생각하였다.

거를 근거로 하여 인간의 정신작용을 규명하기도 하고(두뇌 → 정신), 인간의 정신적 활동의 기반으로 어떤 두뇌활동의 실현이 이루어지고 있는가(정신 → 두뇌)를 조사하기도 한다. 이 장은 인지 현상을 두뇌를 통하여 연구하는 인지신경과학 분야에 대한 소개를 목적으로 한다.

2) 신경과학의 발전과 인지심리학

기술문명의 현대적 발전은 신경과학 연구 방법의 향상을 낳았으며, 보다 발전된 연구법은 이전에 가능하지 않았던 지식이나 질문들을 연구할 수 있게 하였다. 특히, 20세기 후반 신경과학 분야의 급속한 발전은 하등동물, 고등영장류는 물론 인간 신경계의 해부학적 구조와 기능에 대한 방대한 지식을 제공하기 시작하였다. 이러한 지식은 인지심리학에서 설명하고자 하였던 수많은 현상들, 예를 들면 주의, 지각, 기억, 언어, 사고와 같은 과정들이 어떻게 수행되는가에 대한 체계적이고 근본적인 이해의 기초를 제시한다. 즉, 신경계의 해부학과 생리학적 기능을 연구하는 신경과학(neuroscience)의 발전은 인지심리학을 연구하는 데 새로운 접근법을 제공하였다.

3) 인지신경과학의 태동

인간의 마음(mind)을 블랙박스로 무시하고 행동만으로 연구하고자 하였던 것은 행동주의의 오류였다. 인간의 마음, 인지 과정을 두뇌(brain)의 작동기반에 대한 설명이나 경험적 지지 증거 없이 설명하는 것 또한 학문적 오류가 될 것이다. 다행히 인지 과정을 생물학적 지식으로 설명하고자 하는 인지신경과학(cognitive neuroscience)과 인지기능장애를 의학적인 모델로 설명하는 인지신경심리학(cognitive neuropsychology)의 발전이 지난 수십 년 동안 이루어졌다. 인지신경과학이나 인지신경심리학의 발전은 인간의 마음을, 인식 작용을 설명하는 과정에 대해, 그 인지적 작동(operation)의 하드웨어(hardware)와, 어떻게 그 하드웨어가 작동 가능하도록 생물체 내에 실현(implantation)되었는지에 대한 귀중한 설명을 제공하였다. 인간의 인지 과정은 두뇌 작용 말고도 다른 알고리즘이나 소프트웨어, 계산적 서술로도 가능하지만, 신경과학적 접근만이 실제로 두뇌에서 작동되는 과정에 대한 지식을 제공함으로써 설명체계에 대한 현실적 제한이나 근거를 제공한다(Friedenberg & Silverman, 2005 참조).

4) 기능영상법의 발전과 새로운 연구방향들

새로운 설명체계의 발전은 종종 기술적 요구나 기술적 발전과 밀접한 관계가 있다. 동물의 행동에 대한 생물학적 근거만으로 설명 가능하지 않았던 것이 정상인의 두뇌나 환자의 두뇌 기능을 연구하는 연구방법론의 발전으로 인간의 두뇌를 안전하게 직접 연구하는 것이 가능해지면서 인지신경과학의 발전이 가능해졌다. 이런 기술적 방법으로 대표적인 것이 PET(positron emission tomography, 양전자방출단층영상법)이나 fMRI(functional magnetic resonance imaging, 기능자기공명영상법), ERP(even-related potential recording, 사건-관련 전위기록법)나 MEG(magnetoencephaography, 뇌자도) 또는 TMS(transcranial magnetic stimulation, 경두개 자기자극법)와 같은 기능영상법(functional brain imaging method) 등이 있다. 이런 객관적 인지 관련 생물학적 변화의 측정 방법의 현실화로 이전에 연구대상으로서 소외되었던 인지 영역(정서, 동기, 개인차, 사회적 상호작용)에 대한 연구가 가능하게 되었으며, 또한 새로운 수많은 연구질문이 대두되고 있어, 방법론의 발전이 인지심리학 내의 새로운 학문 영역의 지평을 열고 있는 좋은 예가 되고 있다.

이 장에서는 기능영상법을 포함한 신경과학적 연구방법론과 기본적인 기능해부학적 설명을 제공하고자 한다. 이런 지식은 이후 장에서 소개되는 인간 인지행동의 물질적 기반을 이해하는 데 도움이 될 것이다.

2. 인지신경과학적 방법들

1) 손상법과 두뇌손상검사기법

뇌에 대한 이해의 기초를 제공한 것은 뇌가 손상된 환자를 관찰한 것에서부터 시작한다. 예를 들어, 19세기 중반에 Paul Broca라는 의사는 좌측뇌가 손상된 환자가 언어의 기본적 이해가 가능함에도 유창한 발화(speech)가 불가능한 언어능력의 장애를 보임을 발견하였다. 이런 장애의 특성을 파악하여 뇌의 특정 부분이 언어의 표현 기능과 관련이 있음을 보고하게 되었다. 이를 브로카 실어증(Broca's aphasia)이라고 부른다. 이어서 Wernicke란 의사도 언어표현에 문제가 없으나 언어 이해에 문제가 있는 환자 사례를 통해 좌측 뇌의 또 다른 부분의 손상이 또 다른 종류의 실어증과 상관이 있음을 발견하였다. 이런 유형의 실어증을 베르니케 실어증(Wernicke's aphasia)이라고 부른다. 이러한 발견은 뇌의 부위별 담당 기능에 대한 체계적 연구를 촉진시켰다. 더 나아가 뇌의 좌우 반구가 서로 다른 기능을 한다는 뇌반구 특수화(hemispheric specialization)라는 현상을 연구하게 되었다. 이렇게 초기에는 주로 의학적 관찰에 의해 두뇌가 손상된 환자들에게서 얻어진 임상적 자료들(예: Aleksandr Luria 등)로부터 두뇌와 행동의 관계에 대한 지식이 축적되어, 뇌와 신경계를 이해하는 데에 있어서 많은 진척을 보게 되었다. 또 다른 환자 연구의 예로, 1848년에 철도기사로 일하던 Phineas Gage라는 사람의 예가 있다. 그는 철도공사 폭파사고로 쇠파이프가 머리 앞부분을 관통하고 지나갔는데도 목숨을 건졌다. 그러나 그는 사고 전과는 달리 상당히 비사교적이고 공격적이고 쉽게 화를 내는 성격으로 변화되었다. 상위개념의 행동통제 능력의 심각한 손실을 보였다. 사후에 그의 손상된 두개골([그림 2-2])은 박물관에 보관되어, 훗날 전두엽 기능을 이해하는 데 도움을 주었다. 20세기에 들어와서는 제1, 2차 세계 대전 중 총상으로 두뇌의 제한된 부위에 손상을 당한 사람들 또는 일상생활에서 사고를 당한 뇌손상 환자에 대한 체계적 연구를 통하여 뇌손상 환자의 인지적 이상 특성에 대한 여러 가지 현상들이 발견되기 시작하였다.

이러한 손상 환자들로부터의 임상적 사례들에 대한 연구에서는 손상된 뇌의 부위와 감각운동장애 이외에 관찰되는 행동적 특성을 관련지어 추론하게 되고, 그를 통해 뇌의 특정 부위가 지니는 인지 기능을 파악할 수 있다. 물론 과연 손상된 부위만이 특정 행동이 나타나거나 나타나지 않거나 하는 데에 관여되었다고 결론 내리는 것은 지나치게 단순한 논리이긴 하다. 손상된 부위 자체의 기능이 아니라 그와 연결된 다른 부위와의 기능장애의 공동 결과로 보이는 결함일 수도 있다. 따라서 이러한 두뇌 손상을 입은 환자에 대한 임상적 연구에서는 세심한 주의가 필요하다. 실생활에서는 환자의 증상을 완화시키기 위하여 경우에 따라서 두뇌의 일부를 절단 · 제거하는 수술을 하게 되는데, 이러한 신경수술이 예기치 않은 결과를 가져올 수도 있다. 아이러니하게도 신경수술 결과, 예상하지 못한 두뇌의 기능에 대한 중요한 발견을 하게 될 때도 있다. 좌우 반구의 역할을 이해하게 해 준 분할뇌(split brain) 연구나 해마 손상 후 기억장애(amnesia)를 일으킨 환자(H.M)의 연구가 대표적인 예다. 이런 예는 이 장의 뒷부분에서 다시 논의하겠다.

이렇게 사람 또는 동물에게 가해진 두뇌 손상의 효과를 연구하는 것을 크게 손상

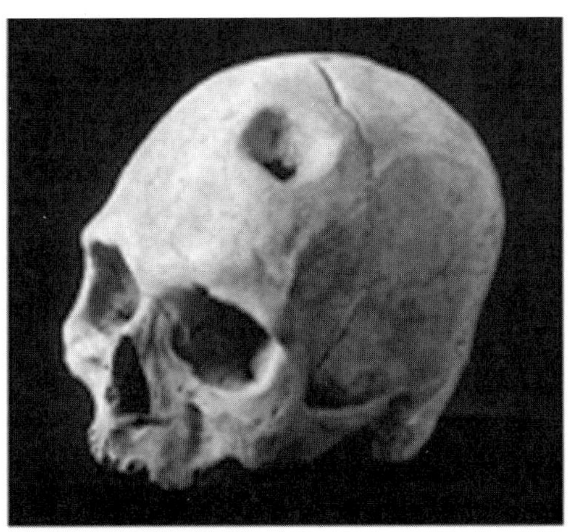

[그림 2-2] 철도 공사 사고로 쇠파이프가 뚫고 지나간 Gage의 두개골 사진

왼쪽 볼 위에서 머리 위로 철막대가 뚫고 지나갔다. 목숨에는 아무런 문제가 없었으나, 심한 성격의 변화를 보였다.

법이라고 본다. 그러나 손상부위를 통제할 수 있는 동물 연구와 달리 인간에게 나타난 두뇌 손상의 효과는 이미 다른 병이나 외상과 함께 일어나는 것이 문제이다. 그러나 인간 환자 손상 연구를 통하여서만 언어나 사고, 문제해결 능력과 같이 고급 인지 기능과 관련된 두뇌 영역을 연구할 수 있기 때문에 환자 연구는 아주 중요하였다. 환자의 행동 변화를 관찰하여 인지와 두뇌의 상관관계를 발견하기 위해서는 두뇌 손상 부위에 대한 기능해부학적 이해는 물론이고, 인간의 인지 기능에 대한 철저한 이해가 필요하다. 20세기에 들어 두뇌 손상 환자를 검사하기 위한 여러 방법이 고안되는데, 그중 잘 훈련된 신경심리검사자(neuropsychologist)에 의해 체계적으로 개발된 표준화된 검사기법이 환자의 기능평가, 예후 예측, 재활 기능의 평가에 널리 쓰이고 있다. 이런 검사들은 일반적으로 인지 기능을 검사하는 다른 행동검사와 유사하지만, 주로 신경계의 특정 기능 또는 특정 인지 기능의 평가에 초점을 맞추었거나(예: Halstead-Reitan Neuropsychological Battery), 또는 전반적인 인지 기능의 각 측면을 검사하는 데(예: Wechsler Adult Intelligence Scale III) 초점을 맞추어 제작되었다.

표준화된 검사법을 이용하든 그렇지 않든 손상법의 논리를 이해하는 것은 중요하다. 특히, 기능의 해리(dissociation of function)라는 개념을 이해하는 것이 중요하다. 예를 들어, 인지적 측면에서 기능의 해리라 함은 특정 두뇌 부위(예: 해마)의 손상 후, 어떤 종류의 과제(예: 일화기억이 요구되는 과제)를 수행하는 데 결함을 보이나, 다른 종류의 과제(예: 암묵기억이 요구되는 과제)를 수행하는 기능은 결함을 보이지 않은 경우 두 종류의 과제가 독립적인 두 개의 다른 기능(예: 일화기억 vs. 암묵기억)을 필요로 하는 것이며, 두 기능은 서로 다른 신경계(예: 일화기억-해마, 암묵기억-해마를 제외한 다른 기억 관련 신경부위)에 의존하고 있음을 의미하는 개념이다. 예를 들면, 어떤 환자는 과제 A를 수행하는 데 문제가 있지만 과제 B를 수행하는 데는 결함이 없고, 다른 종류의 환자는 바로 그 반대의 형태를 보일 수 있다. 즉, 과제 B를 수행하는 데 결함이 있고 과제 A를 수행하는 데는 그렇지 않다고 하자. 이렇게 기능의 해리가 양방향일 경우 우리는 이중해리(double dissociation)가 있다고 말할 수 있다. 이중해리의 좋은 예가 브로카 실어증과 베르니케 실어증이다. 브로카 실어증 환자는 대체적인 언어이해 과제를 수행할 수 있지만 말을 유창하게 하지 못하는 데 반하여, 베르니케 실어증 환자는 말을 유창하게 하지만 그 말이 의미가 없을 뿐 아니라 남의 말도 이해하지 못하는 경우이다. 이런 예로 이해할 수 있는 이중해리의 경우는 과제 A를 수행할 수 있는 기능의 신경계와 과제 B를 수행할 수 있는 신경계가 어느 정도 별개의 것 또는 독립적이라고 볼 수 있다는 것이다. 즉, 하나의 기능을 수행할 때 꼭 다른 하나의 기능이 필요한 것은 아닐 경우이다. 물론 단일해리(single dissociation)도 가능하다. 어떤 환자는 과제 A를 수행하는 데 문제가 있고 과제 B를 수행하는 데 문제가 없지만 그 반대의 경우는 보이지 않는 경우이다. 즉, 과제 A를 잘 수행하면서 B만 못하는 경우를 발견할 수 없는 경우이다. 그렇다면 단일해리의 예로는 어떤 것이 있는가? 브로카 실어증 환자가 유창한 말을 할 수 없는 것과 달리 성대 근육마비의 경우가 단일해리의 경우이다. 성대 마비는 없으면서 유창하게 말하는 능력이 상실될(브로카 실어증을 보일) 수는 있지만, 성대마비가 있으면서 유창하게 말할 수 있는 환자는 관찰되지 않는 경우이다. 이 단일해리의 예를 보면 말을 유창하게 하는 기능은 성대의 운동 기능이 꼭 제대로 있어야 가능한 그런 위계적인 관계 속의 하위 기능인 것이다.

그렇다면 이중해리라는 개념을 이해하는 것이 손상법에서 중요한 이유는 무엇인가? 바로 이런 논리를 통하여 각 기능의 해리가 발견되었을 때, 인지 기능의 속성에 대해 더 잘 이해할 수 있기 때문이다. 즉, 언어의 유창한 표현과 언어의 이해가 별개의 인지/언어 기능임을 알게 되는 것이다. 그렇다면 두뇌에 대해서는 무엇을 알게 되는가? 우리가 두뇌 어디(두뇌 영역 X)에 손상이 있는 사람이 과제 A를 하는 데 문제가 있지만 과제 B를 수행하는 데 문제가 없으며, 뇌의 다른 어느 부위(두뇌 영역 Y)에 손상을 입은 사람이 과제 B를 수행하는 데는 문제가 있지만 과제 A를 수행하는 데 문제가 없다는 것을 안다면, 과제 A를 수행하는 데 필요한 '기능'이 바로 특정 부위의 손상된 두뇌 영역(영역 X)과, 과제 B를 수행하는 데 필요한 '기능'이 또 다른 특정 부위의 두뇌 영역(두뇌 영역 Y)과 관련이 있음을 유추할 수 있는 것이다([그림 2-3]) (Rains, 2002 참조). 물론 이런 논리에 근거하여 손상법을 해석하는 데는 장점과 단점이 모두 있다. 장점은 두뇌 영역 X 없이는 과제 A수행에 필요한 기능 '가'가 결함을 보이며, 기능 '가'를 위해서 두뇌 영역 X가 '필수적'이며 없어서는 안 되는 영역이라고 결론 내릴 수 있다는 것이다. 그러나 단점은 기능 '가'를 수행하는 데 두뇌 영역 'X' 말고 또 다른 어떤 영역이 함께 작용하는지의 여부에 대해서는 결론을 내리기 어렵다는 것이다. 물론 손상법의 또 다른 문제는 (인간에게는) 두뇌의 '손상'을 야기시켜 연구할 수는 없다는 것이다. 자연적인 손상의 정도와 위치를 파악하기도 어려우며, 환자 연구에 국한된다는 어려움이 있다.

손상법의 또 다른 방법으로 최근에 제시된 것이 정상인의 뇌의 정보처리 과정을 일시적으로 방해 또는 촉진시키는 방법이다. 경두개 자기자극법(transcranial magnetic stimulation: TMS)이라는 방법이다. 이 방법은 특정 두뇌 피질 영역 X에 해당하는 부위 바로 위의 두개(頭蓋) 위에 자기장의 변화를 기계적으로 야기한 방법이다. 이렇게 일시적으로 가한 자기장은 두개골 밑의 국한된 두뇌 피질 부위의 정상적인 전기 활동을 교란하게 된다. 즉, 이런 전기활동의 교란으로 일시적인 기능 손상을 야기한 것이다. 이 방법은 연구자들이 일시적인 두뇌 손상이 과제 수행에 미치는 행동 효과를 검사하게 해 준다. 그리하여 과연 두뇌 영역 X에 가해진 일시적인 손상이 정상인이 과제 A를 수행하는 것을 방해한다면 이는 두뇌 영역 X가 과제 A를 수행하는 인지 기능에 관여한다는 증거가 된다. 만일 영역 Y에 가해진 경두개 자극은 과제 A에 영향을 미치지 않는다면 기능해리의 논리를 적용할 수 있게 되는 것이다.

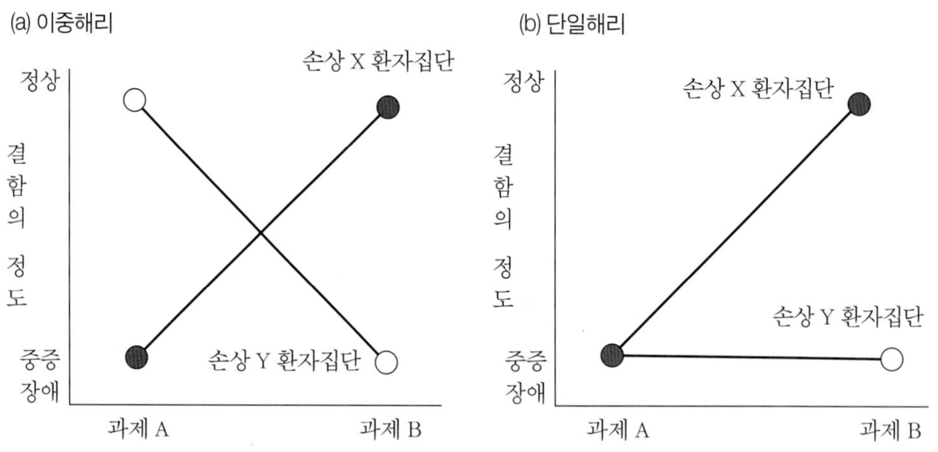

[그림 2-3] 이중해리와 단일해리의 형태에 대한 도식(Rains, 2002에서 변형)

2) 기능영상법

인간을 연구대상으로 할 때는, 아주 특이한 경우를 제외하고는 두뇌 안에서 두뇌 활동을 측정하는 경우는 거의 없으며, 모든 두뇌 활동의 측정이 두뇌 밖에서 이루어진다. 측정된 신호의 속성상 두뇌의 내부를 재구성하게 되며, 컴퓨터의 발전으로 재구성된 영상은 두뇌의 활동이 특정 인지처리 과정과 관련하여 어디에서 나타났는가를 계산해 낼 수 있다. 이렇게 손상이나 인지 기능과 관련하여 두뇌의 특정 위치를 규명하는 것을 국재화(localization)라고 하는데, 두뇌의 기능과 관련된 활동의 해부학적 위치를 표현할 수 있는 두뇌 연구 방법을 통틀어 기능영상법(functional imaging)이라고 한다. 두뇌기능영상법은 손상을 필요로 하지 않고 연구대상에 해를 끼치지 않는다는 점에서 손상법에 비하여 비침습적(non-invasive)이다. 이것은 곧 정상인을 반복적으로 연구대상으로 할 수 있다는 장점으로 연결된다. 따라서 기능영상법은 위에서 설명한 손상법과 달리, 정상인에게서 특정 과제를 수행하는 동안에 수반되는 두뇌 활동을 측정 기록하거나 영상화할 수 있다는 장점을 가지고 사용되고 있으며, 영상화된 활성화(activation)의 위치로 특정 과제 A를 수행하는 동안에 필요한 인지 기능이 그 두뇌 영역 X 또는 Y에서 이루어지고 있음을 확인할 수 있다.

(1) 두뇌 표면에서의 전기장, 자기장의 기록(ERP, MEG)

① 뇌파 측정 기법(electroencephalogram: EEG) 또는 사건 관련 전위법(event-related potentials: ERP)

뇌파 측정 기법에는 뇌에서 자발적으로 일어나는 뇌전위의 변화를 측정하는 방법과 특정 사건에 따른 변화를 측정하는 방법이 있다. 전자의 방법은 전통적으로 사용해 오던 방법인 일반적인 뇌파(腦電圖, electroencephalogram: EEG) 측정 기법으로서, 수면과 의식 수준 등의 측정에 사용되고 있다. 이것이 발전된 BEAM(Brain Electrical Activity Mapping) 기법은 뇌파의 보다 상세한 양적 분석을 가능하게 해 준다. 예를 들어, 깨어 있는 뇌와 수면 중의 뇌의 활동의 차이라든가, 단순 문제를 풀 때와 복잡한 문제를 풀 때의 차이 또는 친숙한 문제를 풀 경우와 낯선 문제를 풀 때의 차이 등을 탐색하는 것이다. 이런 자극하에서 뇌의 어떤 부분들이 다른 부분보다 더 활동적인가, 어떠한 모양의 뇌파가 도출되는가에 따라 해당 부위의 인지 기능에 대해 다른 결론을 도출하는 것이다.

뇌파 측정의 다른 한 부류는 사건 관련 전위(event-related potentials: ERP) 측정 기법으로서, 동일한 자극을 반복 제시하고 각 자극에 의해 유발된 전위들을 평균하여 측정치를 얻는 기법이다. 따라서 평균 유발전위(average evoked potentials)라고도 불린다. 위의 뇌영상 기법들과 비교할 때 이런 기법들의 장점은 시간적인 해상도가 아주 높아서 뇌활동의 변화를 천분의 1초(ms: milisecond) 단위로 보여 줄 수 있다는 것이다. 대체로 자극 제시 후 초기에 나타나는 ERP들은 자극의 특성을, 반응잠재시간이 긴 후기의 ERP들은 피험자의 심리적 특성을 반영한다고 해석된다. 자극 제시 후의 정보처리 과정상에서 개인의 주의, 기대 등의 인지적 정보처리의 미세한 차이가 이러한 ERP들을 사용하여 측정된다([그림 2-4]).

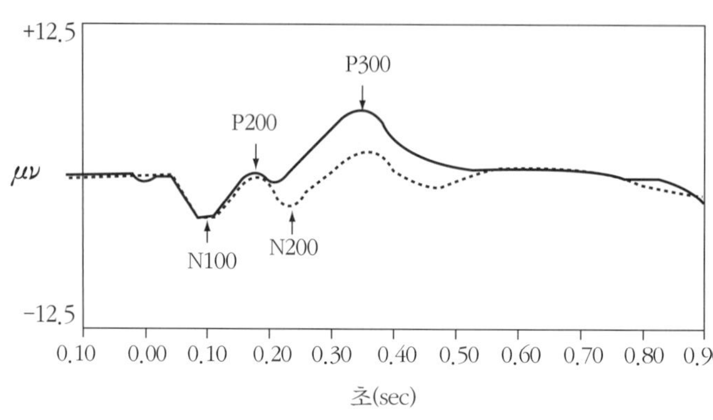

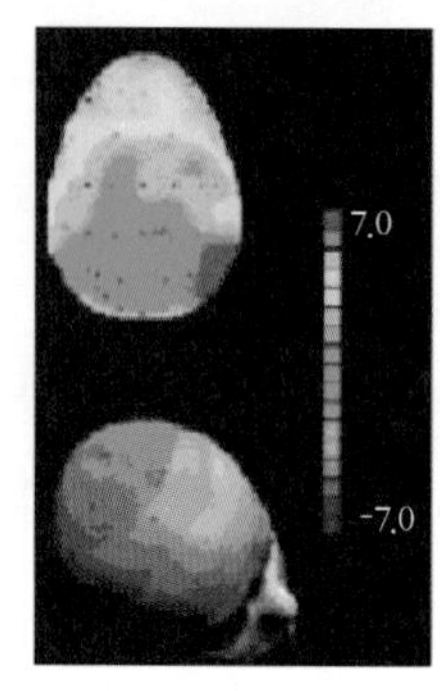

[그림 2-4] ERP 측정 결과 예

② **뇌자도(magnetoencephalogtaphy: MEG)**

두개골 밖에서 미세한 두피에 부착한 전극을 통해서 두뇌 속에서 일어나는 전류적 변화를 측정하는 기법은 정확한 전기 진원지를 규명하는 데 기술적 어려움을 제공한다. 그래서 우수한 시간적 해상도(resolution)에도 불구하고 신경해부학적인 증거를 규명하는 데 어려움이 있는 ERP 방법의 단점을 보완한 새로운 기술이 제시되었다. 두뇌 속에서 일어나는 전기적 활동의 변화에 의해 야기된 두뇌 밖에서 미묘한 자기장의 변화를 측정하는 방법인 뇌자도(magnetoencephalogtaphy: MEG)가 그것이다. 이 방법은 그 측정기계가 고가인 단점이 있지만, 두피의 전기적 활동을 두피 밖에서 자기장의 변화로 나타나는 것을 측정하여 그 진원지를 파악하는 데 기술적인 유리함이 있다. 즉, 수 msec에 해당하는 시간해상도와 상당히 우수한 해부학적 국재화(localization)를 가능하게 하는 기능 영상법인 것이다. 특히, 두뇌 피질의 국재화에 그러하다. 그러나 MEG가 피질의 국재화에 우세한 반면, ERP나 EEG와 마찬가지로 활성화 위치의 두뇌 심부에서 일어나는 두뇌 활동의 국재화에는 여전히 어려움이 따른다.

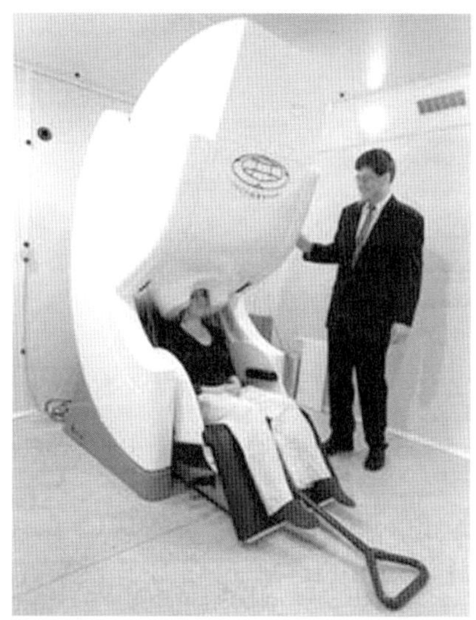

[그림 2-5] MEG 스캐너

ERP와 달리 머리에 전극을 붙이지 않고 스캐너 안에 머리를 집어넣음으로써 측정이 가능하다. fMRI나 PET과 달리 누워 있는 자세 말고도 앉은 자세에서 두뇌 활동을 측정할 수 있다는 장점이 있다(MEG 시스템, 미국 Messachusetts General Hospital, http://en.wikipedia.org/wiki/Mag에서 사진 인용).

(2) 두뇌를 투시하는 기법들(CT, PET, MRI, fMRI)

인지신경심리학자들은 기능자기공명영상기법, 양전자방출단층촬영법, 컴퓨터 단층촬영법 등의 신경생리적 감지 기법을 사용하여 살아 있는 뇌의 구조, 뇌의 혈류, 신진대사량의 변화 등을 측정하며, 제반 인지 현상과 신경 활동 사이의 관계를 연구하고 있다(Posner & Raichle, 1994 참조).

① 컴퓨터 단층촬영법(computerized axial tomography: CAT 또는 CT)

이 방법은 컴퓨터를 이용하여 살아 있는 뇌의 해부학을 연구할 수 있게 만든 몇 가지 방법들 중 최초의 것으로서, 그 절차는 다음과 같다. 환자의 머리를 커다란 원통 속에 집어넣는데, 이 원통 안쪽에는 X선 발사기와 그 정반대 편에 X선 감지기가 부착되어 있다. 환자의 두개골 주위를 180도 회전하며 X선을 사출하고, 그 X선이 환자의 머리를 통과한 양을 반대편에 있는 감지기가 측정한다. 이런 절차를 뇌의 수평면의 여러 높이마다 변화시켜 반복하고([그림 2-6]), 감지기에서 측정된 수치를 복잡한 수리적 분석에 의해 재구성하여 각각의 수준에서 뇌의 수평면의 영상을 합성해 낸다. 이 방법은 살아 있는 뇌의 구조를 보여 주기 때문에 뇌졸중으로 인한 뇌의 손상부위나 뇌종양의 크기와 위치, 알츠하이머병 환자의 뇌의 위축, 정신분열증

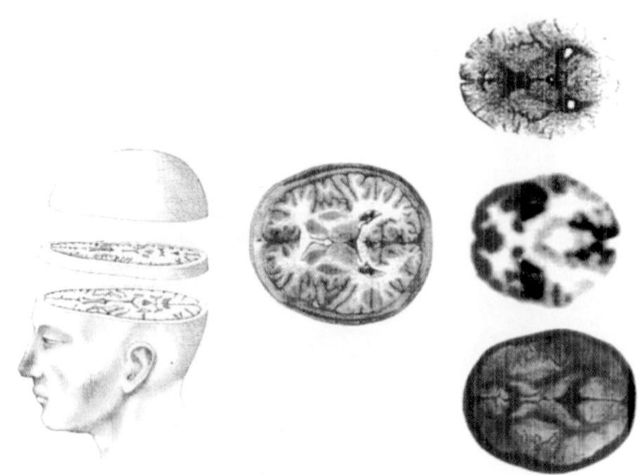

[그림 2-6] 뇌의 단층의 이미지

중간에 있는 영상이 두뇌의 절편을 실제로 사진 찍은 그림. 오른편에 있는 영상들 중에서 제일 위의 것이 CT로 찍은 영상, 중간이 PET으로 찍은 영상, 아래의 그림이 MRI로 찍은 영상이다.

환자의 뇌실의 확장 정도 같은 것을 알려 줄 수 있다. 그러나 뇌의 활동 상태, 즉 기능에 대한 정보를 제공하지는 못한다.

② 자기공명영상법(magnetic resonance imaging: MRI)

이 방법은 또한 핵자기공명법(nuclear magnetic resonnance: NMR)이라고도 불리는데, 위의 CAT 주사법보다 더욱 고해상도의 영상을 제공한다([그림 2-6]). 이 방법은 X광선을 사용하지 않고도 뇌의 전자기장(電磁氣場)에서 수소원자 핵을 중심으로 수소원자의 밀도와 주변 섬유들과의 상호작용을 탐색하여 해상도가 높은 해부학 영상을 얻을 수 있다. 이 기법은 뇌의 생물학적 구조의 작은 변화에도 민감한 것으로 밝혀졌다. 절차는 환자를 특정 방향으로 강한 자기장을 야기하도록 설치된 촬영 기계의 원통형의 장치에 머리 또는 온몸을 넣게 하고, 이 강한 자기장 영역에 특정 원자핵에 고유한 짧은 고주파를 투사시킨다. 이때 높은 자기장 안에서 특정 방향으로 정렬하였던 몸속의 원자핵(예: 몸속에 풍부한 수소 원자)을 근거로 영상이 얻어지는데, 이들 원자핵들의 회전축이 고주파의 충격으로 일제히 쓰러졌다 일어나면서 고유의 주파수의 고주파를 다시 발생하는 '공명(resonance)'이라는 현상이 발생한다. 이때 일어난 변화가 바로 두개골 주변을 둘러싸고 있는 탐지기들에 의해 탐지된다. 이 변화를 감지하고 컴퓨터가 그 결과를 분석하여 3차원 영상을 구성하면 뇌 절편의 영상(뇌 회백질, 백질, 그리고 뇌척수액에 포함하고 있는 물, 즉 수소 분자의 농도 차이 때문에 영상 획득 가능)을 얻을 수 있다. 이 방법은 CT 단층촬영법보다 정밀하고 정확하며, 뇌의 작은 구조적 변화도 탐지 가능하다(공간해상도 1mm 정도). 따라서 개인의 뇌 구조의 세부 특성을 파악할 수 있을 뿐 아니라, 개인의 인지 특성과 개인의 뇌의 비정상적 특성과 관련성을 파악할 수 있다. 이 방법 역시 컴퓨터 단층촬영법처럼 뇌의 해부학적 구조에 대한 영상을 제공하지만, 기능적인 방법을 제공하지는 못한다. 뇌의 활성화를 볼 수 있는 방법으로는 동일한 기계를 이용하여 촬영하는 기능자기공명영상법이 있다.

③ **기능자기공명영상법(functional MRI: fMRI)**

뇌의 활성화 양상을 측정하는 방법으로 양전자방출단층촬영법(PET) 이외에 기능자기공명영상법이 있다. 이는 양전자방출단층촬영법보다 더 우수한 공간·시간해상도를 가진 영상법으로, 자기공명영상법과 촬영 원리가 유사하다. 이 방법은 두뇌가 활동할 때 혈류의 산소 수준(blood oxygen level dependent: BOLD)으로부터 탐지되는 신호가 변화하는 것을 측정하는 것이다. 뇌의 특정 부위에 활동이 증가하여 신진대사가 증가하면 그 특정 조직의 모세혈관으로 혈류 공급이 증가된다. 이때 혈류 속에 산소와 결합한 헤모글로빈의 비율이 과다하게 증가된다. 이렇게 헤모글로빈이 증가된 혈류 공급이 일어난 영역은 주변 영역에 비하여 높은 자기 신호강도를 가지는데, 바로 이 차이를 탐지한 신호가 BOLD 신호다. 이런 신호를 참여자가 인지과제(지각, 운동, 언어, 기억, 정서 등)에 관여하는 동안과 그렇지 않은 동안 반복 측정하여 뇌가 기능적으로 활성화된 정도를 신뢰할 만하게 측정해 내는 것이다. 이런 신호 탐지 결과를 2차원 영상으로 구성하고, 다시 3차원 영상으로 재구성하여 원하는 두뇌 부위의 활성화 양상을 측정하는 방법이 기능자기공명영상법이다(강은주, 이정모, 2000). 전체 두뇌를 한 번 측정하는 것이 짧은 시간 내에 이루어지므로(1~3초), 하나의 인지과제를 수행하는 한 주기 동안(약 20~30초 정도) 다수의 반복 측정이 가능하기 때문에 공간해상도와 시간해상도가 가장 높은 영상을 구성할 수 있다. 특히 기능영상법을 이해하는 데 중요한 논리 중의 하나는 '차감법(subtraction method)'의 논리이다. 살아 있는 정상인 인간의 두뇌는 두뇌 전체가 활발한 활동을 하고 있다. 따라서 참여자가 아무런 인지 활동을 하지 않는 동안에도 뇌 전체의 활동은 활발하다고 보아야 할 것이다. 그러나 만일 하나의 인지과제 A를 수행한다면 가만히 있는 동안에도 수행되던 인지 과정(b)은 물론이고 덧붙여서 특정 인지과제 수행에 필요한 인지 과정(a)이 가산되었으리라 생각할 수 있을 것이다. 따라서 과제 A를 수행하는 동안의 두뇌는 기본적인 영역 'b' 는 물론 'a가 활성화될 것이다. 즉, 'a+b' 의 활성화 양상을 보이리라 생각해 볼 수 있을 것이다. 만일 인지 과정 'a' 가 어느 두뇌 영역에서 일어나는지 궁금하다면 과제 A를 수행하는 동안 찍은 영상(a+b)에서 아무것도 하지 않는 동안 찍은 영상(b)을 빼 보면 될 것이다. [그림 2-6]은 자기공명영상법에 의하여 촬영하고 분석한 영상의 예다. 단순한 손동작을 하는 동안은 아무 것도 하지 않는 조건에 비하여 손의 운동과 관련된 부위에 활동이 증가하였음([그림 2-7] (a))을 fMRI 신호 강도 증가로 알 수 있다. 손을 이용하여 도구 사용 흉내를 내는 동안은 단순하게 손만 움직이는 때에 비하여 좌측의 두정 영역이나 전운동 영역의 활성화가 추가되었음을 알 수 있다([그림 2-7] (b)).

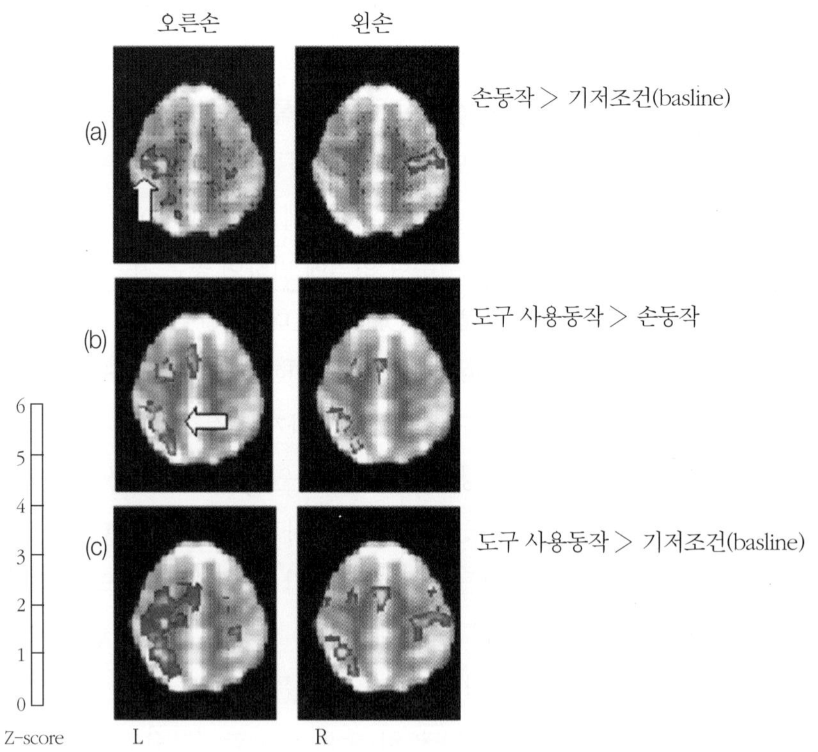

[그림 2-7] 기능자기공명영상법(fMRI)으로 연구된 두뇌 활성화 양상

아무것도 하지 않는 baseline 조건 동안 활성화된 영역보다 단순한 손동작하는 동안 더 많이 활성화된 두뇌 영역(a), 도구 사용동작을 수행하는 동안 단순한 손동작할 때보다 더 많이 활성화된 영역(b)이 표시되어 있다. 도구 사용하는 동안에 아무것도 하지 않는 baseline 조건보다 더 활성화된 영역(c)은 도구 사용에 필요한 영역과 단순 손동작으로 인해 활성화된 영역이 다 포함되어 있다. 활성화 양상을 표현한 색은 통계적으로 유의미한 정도(Z-score)가 다른 색으로 표현되었다(Choi et al., 2001년 논문에서 수정하여 인용).

이런 방법은 정상인의 기억, 언어, 주의, 정서 등 인지 과정을 세분화된 하위 모듈(module)로 구분하여 연구자가 가설을 세울 수 있을 때, 유용하게 해당 인지 과정과 관련된 두뇌 활성화 영역을 지도화할 수 있다는 점에서 유용하다. 물론 이 차감법의 논리는 아래에 연구하게 될 PET 연구에서 발전된 것이고, fMRI나 PET 연구 모두에서 가능하다. 그러나 기능자기공명영상법이 PET에 비하여 가지는 장점 가운데 하나는 BOLD를 측정하는 동일한 MRI 기계로 동시에 높은 해상도의 해부학적 영상을 얻을 수 있고, 따라서 기능 영상과 해부학 영상을 함께 도출할 수 있다는 것이다. 또한 신호 대 잡음 비율이 우수하여 두뇌의 활성화 정도를 개인 결과뿐만 아니라 집단 결과로도 모두 분석 · 제시할 수 있다는 것이다. 그렇게 함으로써, 특정 두뇌 기능이 일어나는 정확한 해부학적 위치에 대한 기능해부학적인 이해가 가능해진다. 또 다른 장점은 방사선 동위원소를 주입하면서 영상이 얻어지는 PET에 비하여 대단히 비침습적인 방법이며, 높은 해상도의 해부학 영상으로 해부학적 위치 파악이 정확하여 비록 시간 차이를 두고 촬영한 동일 피험자의 결과도 함께 분석 · 비교가 가능하다. 예를 들어, 정상인이나 환자를 대상으로 반복 촬영하는 것이 가능하여 학습 전과 후, 약물 처리 전과 후 등으로 비교 연구할 수 있는 장점이 있다. 방사능 물질을 사용하는 PET에 비하여 fMRI는 대단히 비침습적인 장점으로 인하여 반복 촬영이 가능할 뿐 아니라, 만일 아동을 촬영 중 움직이지 않도록 유도할 수만 있다면 연구자들은 아동을 대상으로 아동의 두뇌 현상도 연구할 수도 있다는 장점이 있다. 물론 이 영상법은 촬영 시의 소음이 있으며, 또 금속(철) 성분의 장치(인공심장박동기, 치아교정기)를 몸에 부착 또는 이식한 환자에게는 적용할 수 없다는 제한점이 있다.

④ 양전자방출단층영상법(positron emission tomography: PET)

이 방법은 뇌의 구조적 측면의 변화보다는 기능적 측면의 특성을 측정한다. 이 기법은 혈관 속에 방사선을 방출하며 신속히 분해되는 무해한 물질을 소량 주입하여, 뇌의 각 부분에서의 이 화학물질의 흡수 정도, 활용하는 정도를 측정하고, 그 결과로 뇌의 각 부분에서의 신진대사 양에 대한 지도 영상을 획득하여, 두뇌의 활동에 대한 진단을 한다. 일반적으로 뇌 활동에는 에너지가 필요한데, 이때 혈류의 증가를 통하여 뇌가 사용하는 에너지인 포도당이 공급된다. 뇌의 어떤 부분에서 활동이 가장 많이 증가하였는가를 수분 공급의 증가(혈류의 증가)나 포도당 신진대사

(에너지)의 증가로 측정할 수 있다. 이때 특수한 처리로 극소량의 방사선을 방출할 수 있는 물(생리식염수)이나 포도당을 몸속에 주입하여, 이것이 분해되기 전에 체내에서 아주 단기간 동안 이 물질이 혈류 내에서 방출하는 방사선을 탐지하여 뇌의 어느 부분에 혈류가 증가하였는지, 포도당의 흡수가 증가하였는지 측정하는 것이 가능하다. 이때 얻은 영상을 컴퓨터를 통하여 영상화하여, 특정 시점에서(어떤 인지적 과제를 수행하면서) 혈류가 어느 특정 두뇌 부위에서 일시적으로 증가하는가를 파악하여 뇌의 어떤 부위가 가장 많이 관여되어 활동하는지 알 수 있다. 즉, 각종 일반적 자극을 제시하여 각종 인지적 과제를 수행할 때(주의, 운동, 감각자극에 반응, 의사결정, 독서 등) 뇌의 어느 부분이 가장 활동적인가 하는 것을 탐지해 준다. 포도당 대사의 분해 시간은 좀 더 길어서, 두뇌의 일반적인 기저 상태를 측정하는 데도 사용될 수 있다. 예를 들어, 치매 환자의 두뇌 활동이 과제의 수행 여부와 무관하게 어느 부분에서 더 저조한지를 정상 노인의 두뇌와 비교할 수 있는 것이다.

이러한 방법들은 뇌의 생리적 기능에 대해 명료한 결과를 보여 준다. 그러나 공간해상도 또는 시간해상도가 위에 언급한 기능자기공명법(fMRI)보다는 떨어진다. 그 외에 단점으로는 이런 방사능 물질을 생성하는 과정이 대단히 비싸고, 방사성 반응물질은 급격히 소멸되기에 각 실험시간이 상당히 짧다는 것이다. 이러한 단점에도 불구하고 양전자방출단층촬영법은 특정 신경전달물질의 대사도 영상화할 수 있으므로 두뇌의 기능을 밝히는 데 아주 유용한 방법이다.

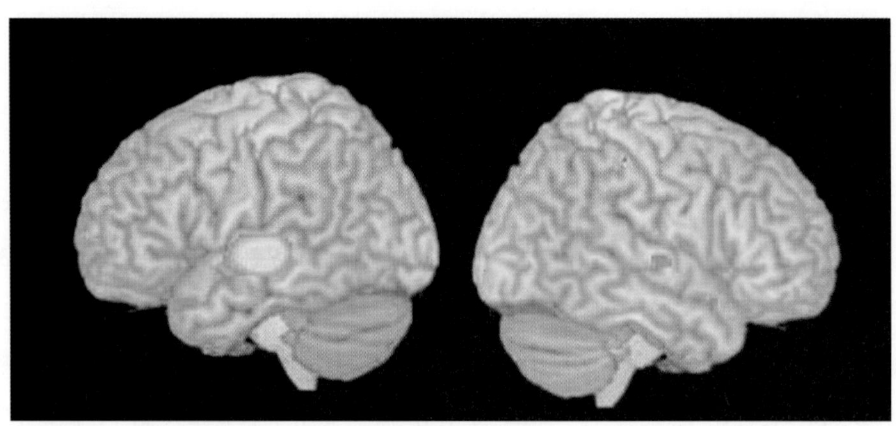

[그림 2-8] PET을 사용한 시청각 언어 연구의 예

통제조건(무의미한 입모양을 보며, 동시에 백색소음을 들을 때) 동안의 두뇌 활성화보다 말하는 사람의 얼굴을 보면서 말소리를 들을 때 더 활성화되는 영역을 두뇌 영상에 표현한 것. 우반구보다 좌반구의 고등청각 영역에서 높은 활성화가 보임을 알 수 있다(강은주, 2007 논문에서 변경하여 인용).

PET은 촬영 중에 카메라로부터의 소음이 없으며, fMRI처럼 강한 자기장을 사용하는 것이 아니므로 금속성의 기구를 자유자재로 사용하는 것이 가능하다는 장점을 가지고 있다. 특히 인지 기능의 연구에는 방사성 물질 중 반감기가 짧은(2분) ^{15}O를($H_2{}^{15}O$의 형태로 주로 쓰인다) 이용하여, fMRI와 마찬가지로 다양한 인지 기능과 관련된 뇌의 구조들을 파악할 수 있다. 예를 들어, [그림 2-8]은 소음이 없는 PET scanner 환경에서 눈으로 화자의 입 모양을 보면서 청각적으로 언어를 듣고 있는 동안(실험조건)의 두뇌 혈류량이 증가하고 있는 부분을(백색소음을 들으며 무의미한 입모양을 보고 있는 조건인) 통제조건에 비하여 3차원 영상으로 표현한 연구 결과이다. 시청각 언어정보가 특히 좌반구에서 선택적으로 처리되고 있음을 볼 수 있다. 이런 연구는 PET은 fMRI와 달리 촬영기계의 소음이 수반되지 않기 때문에 청각언어 연구에 유리하다는 점을 이용한 연구이다.

3. 인간의 두뇌와 그 기능

1) 신경세포와 시냅스

인간의 몸과 마음의 활동을 가능하게 하는 신경계의 가장 기본적인 단위는 신경세포(neuron)다. 신경세포는 체내의 다른 세포와 달리 신호 전달(signal transformation)에 관여한다는 점에서 특이하다. 구조적으로는 신경세포, 즉 뉴런은 세포체(soma)와 수상돌기(dendrite), 축색(axon) 등의 구성요소를 갖고 있고, 들어오는 정보를 잘 수용하고(수상돌기) 통합하여, 다음 세포로 신호를 전달(축색)하기에 좋은 구조를 가지고 있다. 신경세포, 즉 뉴런은 두 가지 방법으로 신호를 처리하고 전달하는데, 그 한 가지 방법이 전기적인 것이고, 다른 하나가 화학적인 것이다. 즉, 전 세포로부터 수상돌기를 통해서 받은 신경전달물질은 시냅스 후 뉴런에 존재하는 채널의 열고 닫음을 변화시키고, 이런 변화는 양전하를 띤 물질과 음전하를 띤 물질의 세포 내외의 물질 교류를 변화시킨다. 이는 다시 세포막 전위의 변화를 야기하며 전기적 신호(활동전압) 형태로 세포 몸통 쪽에서 말초 쪽으로 전달된다. 예외도 있지만, 대부분 뉴런과 뉴런 사이의 정보전달을 위해서는 이 신경세포인 뉴런 사이의 공간, 즉 시냅스(synapse)라고 불리는 공간으로 신경전달물질이라는 특수한 화학물질이 분비되어 이루어진다. 물론 시냅스 앞에 있는 신경세포(시냅스 전 뉴런)에서 방출된 신경전달물질은 바로 인접한 신경세포(시냅스 후 뉴런)가 그 특정 신경전달물질을 탐지할 수 있는 장치(수용기, receptor)를 가지고 있는 경우에만 탐지된다. 효율적으로 신호, 즉 정보를 처리하고 전달하는 효율성은 바로 이 시냅스의 연결이 얼마나 효율적인가에 좌우되기도 한다. 특히 이러한 시냅스 전후 전달성의 효율성(synaptic efficacy)은 학습과 같은 후천적 경험(학습, 발달, 감각장애)에 의해 장기적으로 조율될 수도 있다. 예를 들어, 시냅스 후 수용기의 수가 더 늘어나거나 줄기도 하고, 시냅스 전 뉴런과 시냅스 후 뉴런의 접점(수상돌기 가시)들의 연결부위의 모습이 변화되거나 새롭게 구성되기도 하며, 또는 시냅스 전 뉴런의 신경전달물질 방출량의 변화로서도 일어난다.

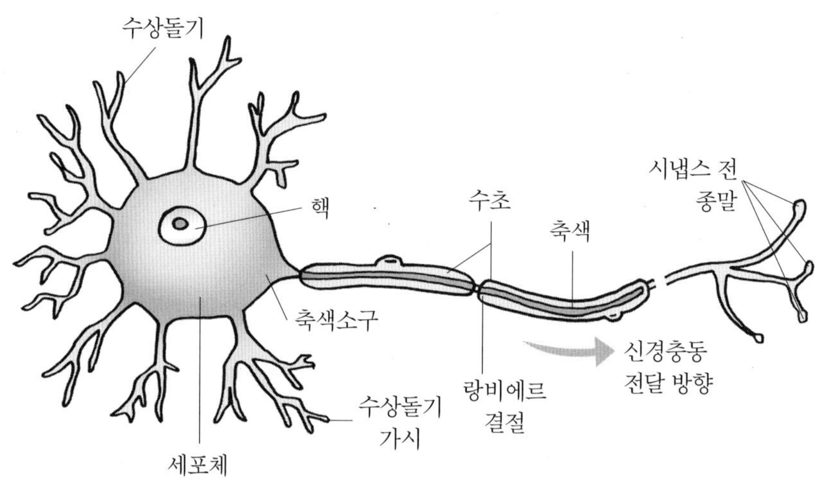

[그림 2-9] 척추동물의 뉴런 구조에 대한 도식

수상돌기의 가시(spine)에서 시냅스 전 뉴런으로부터 신경전달물질로 신호를 받은 후, 막전하의 변화가 일어난다. 수많은 시냅스의 입력은 흥분성 신호와 억세성 신호로 구분할 수 있으며, 축색소구에서 최종적으로 뉴런 전체의 신경충동(활동전위) 여부가 결정된다. 신경충동은 축색을 통하여 시냅스 전 종말로 전달되며, 수초로 둘러싸인 축색의 경우 이 신경충동의 전달이 랑비에르 결절을 통하여 빠른 속도로 효율적으로 일어난다(Kalat, 2004에서 그림 변용).

개개의 뉴런은 수동적인 신호전달체가 아니라, 다수의 다른 뉴런에서 정보를 수합하고, 이들을 통합하여 다른 뉴런으로 보내는 적극적인 신호전달체이다. 쉬고 있는 하나의 뉴런의 안과 밖 사이에는 전하(전기 부하량, potential)의 차이가 있어서 세포 안쪽은 밖에 비하여 약 −60 내지 −70mv의 음전하를 띤다. 이런 양극과 음극으로 분리된 상태, 즉 분극화(poliarization) 상태가 세포가 쉬는 동안인 안정전위(resting potential)로서, 세포가 외부에서 자극을 받게 되면서부터 이 분극화가 사라지는 탈분극화(depolarization) 상태가 된다. 만일 세포의 일부, 예를 들어 수상돌기나 세포체가 자극(전기적 또는 화학적)을 받아 세포막의 투과성이 변하게 되고, 그에 따라 세포막 밖의 양(+)전하를 띤 나트륨 이온이 안쪽으로 유입되면 이는 안과 밖의 전하의 차이에 급격한 변화를 일으켜 안쪽의 분극화가 깨어져서 이루어지는 것이다. 세포 내부가 세포 밖에 비하여 양(+)전하 쪽으로 변화된 상태로 바뀐 정도가 축색소구의 세포막 부위에서도 충분히 클 경우, 활동전위(action potential)가 발생한다([그림 2-10]). 이렇게 발생한 활동전위는 인접 세포막의 전하 상태를 변화시키고, 이러한 변화는 꼬리를 물고 일어나는 도미노 효과를 가지면서 축색을 따라 그런 변화가 전파된다. 수초로 싸여 있는 대부분의 척추동물의 뉴런에서는 축색의 랑비에르 결절(node of Ranvier)에서만 전하 상태의 변화가 일어나며, 따라서 빠른 속도로 활동전위가 축색의 종말에 다다르게 된다. 축색 종말(terminal)에는 다수 존재하는 작은 주머니 모양의 구조물(시냅스 낭)로부터 신경전달물질이 저장되어 있다가, 활동전위의 도착으로 이 소낭이 터지면서 시냅스로 분비된다. 분비된 신경전달물질 분자는 시냅스 후(postsynaptic) 세포의 수용기(receptor)에 결합하게 되고 그 결과

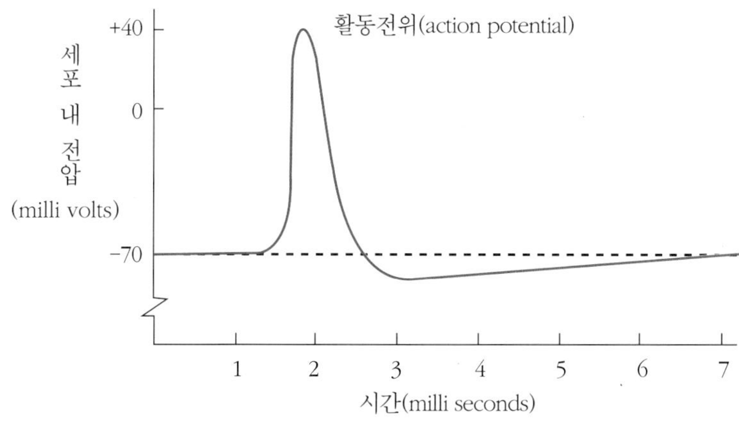

[그림 2-10] 활동전위 동안의 세포내 막 전위 변화

세포가 흥분하고 있지 않은 휴지 동안은 세포 내 전위가 세포 밖에 비해서 더 낮은 -70mV를 띠는 분극화 상태를 유지한다. 양전하의 세포 유입으로 탈분극이 시작되어 역치 수준을 넘어가면 더 많은 양전하의 세포 내 유입이 시작되며, 세포 내가 세포 외보다 더 양전하를 띠게 된다. 이런 갑작스러운 세포 내 전하의 변화인 활동전위는 한 번 일어나면 반드시 동일한 크기로 나타나게 되며, 한 번 발생한 활동전위는 수 msec 내에 다시 원상태의 분극화 상태로 돌아가게 된다.

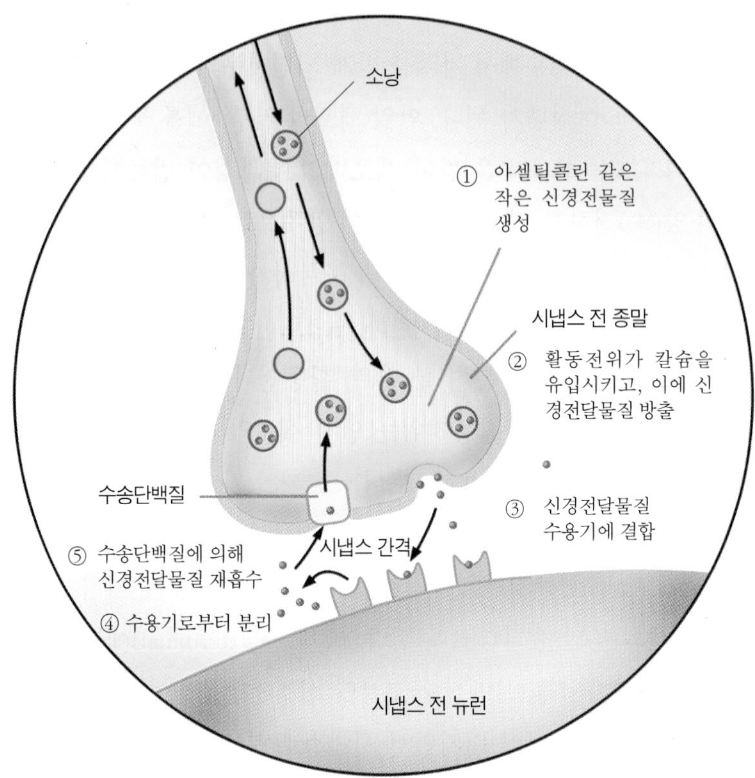

[그림 2-11] 신경전달물질의 시냅스에서의 전달 과정

세포체에서 만들어진 신경전달물질은 소낭(vesicle)에 싸여 시냅스 종말로 우송된다. 아주 작은 크기의 신경전달물질은 시냅스 전 종말에서 직접 만들어진다(①). 활동전위가 시냅스 전 종말에 도착하면 칼슘 이온이 세포 밖에서 안으로 들어오게 된다. 이 칼슘이 소낭이 시냅스 간격에서 터져서 신경전달물질이 방출되게 한다(②). 방출된 신경전달물질은 시냅스 후 뉴런의 수용기(receptor)에 결합(③)하여 시냅스 후 뉴런의 탈분극 정도를 변화시키고, 곧 수용기로부터 분리된다(④). 분리된 신경전달물질은 시냅스 간격에 있는 분해효소에 의해 분해되거나, 수송단백질에 의해 시냅스 전 뉴런으로 재흡수된다(⑤)(Kalat 2003에서 그림 변용).

로 시냅스 후 세포의 전위를 변화시켜 이곳에서 새로운 전위 변화를 일으킨다([그림 2-11]). 이때 유입된 화학물질의 전하에 따라 새로운 전위의 변화가 양극(+) 쪽으로 변할 수도 있고 음극(−) 쪽으로 변할 수도 있다. 전자의 경우 흥분성 시냅스 전위가, 후자의 경우 억제성 시냅스 전위가 야기된다. 이것이 새로운 신경신호로서, 이 다음 세포의 축색을 따라 또 다른 세포로 전파되는 과정이다. 이러한 과정들이 여러 시냅스를 걸쳐서 반복되어 한 곳에서 일어난 여러 신경세포로 확산되기도 하고, 수많은 신경세포로부터 온 정보가 한 신경세포에 수렴되기도 하면서 신경정보가 네트워크처럼 전파되는 것이다.

이러한 일련의 과정에서 유의하여야 할 몇 가지 특성들이 있다. 첫째, 시냅스 전(presynaptic) 세포의 활동전위는 실무율(all or none principle)을 따른다는 것이다. 세포에는 역치(문턱값, threshold)가 있어서 탈분극화가 이 역치를 넘어서야 활동전위가 생기며, 일단 이 역치를 넘어서면 활동전위는 이것을 야기시킨 초기 신호의 크기와 무관하게 항상 일정한 크기로 발화(fire)한다는 것이다. 이 역치를 넘어설 정도의 탈분극을 일으키지 못한 신호로부터는 활동전위가 일어나지 않는다.

둘째, 막상 시냅스 후에 오는 또 다른 세포가 받게 되는 신호는 일정한 크기의 활동전위가 아니다. 시냅스 전 뉴런의 활동전위 때문에 시냅스로 방출된 신경전달 물질이 시냅스 후 세포의 수용체(주로 수상돌기에 위치)에 결합하여 주변의 작은 구멍(ion channel)이 열리거나 닫히고, 이로 인해 양전하를 띤 물질이나 음전하를 띤 물질이 이동하게 되면서 일어난다. 이런 변화는 결과적으로 세포막의 휴지 전위에 작은 전기적 변화를 일으키게 된다. 따라서 시냅스 후 전위가 나타나는 수상돌기의 세포벽 주변에는 이렇게 다양한 크기로 전하량이 증가 또는 감소할 수 있으며, 결과적으로 나타나는 전위차에는 다양한 등급이 보인다. 이를 등급전위(graded potential)라고 부른다. 시냅스에서 주로 이러한 신호가 세포의 수상돌기(정확하게는 수상돌기 가시, 세포체나 축색도 있음)로 들어오는데, 여러 개의 수상돌기가 여러 세포에서부터 오는 신경신호를 받고 있기 때문에 신경세포가 축색으로 연결되는 위치(축색 소구)쯤에서 이런 여러 전위 차이들의 합산(summation)이 일어나게 된다. 이런 합산은 시간적(동시에 신호들이 들어오는가의 여부)으로 또는 공간적(가까이서 한꺼

표 2-1 뉴런의 구성요소와 기능 및 전달 정보

요소	기능	전달된 정보
수상돌기	정보를 축색으로 전달	안정전위의 흥분적(+), 억제적(−) 전위 변화(등급전위)
축색	활동전위 신호를 세포체로부터 세포 말단(시냅스 전 종말)의 다른 곳으로 운반	실무율적인 활동전위가 축색을 따라 축색 끝, 시냅스 전 종말까지 운반됨
시냅스	인접된 두 뉴런 사이에 간격. 두 뉴런 사이의 신호 전달	신경전달화학물질이 시냅스로 분비되어 인접 세포의 안정전위를 변화시킴
신경전달물질	시냅스 후 세포의 안정전위를 변화시킴	시냅스 후 세포의 안정전위가 증가 또는 감소되고, 그 결과 활동전위가 격발됨

번에 들어오는가)으로 조합하여 일어나며, 신경신호 총합이 역치를 넘는 순간 그 뉴런은 다시 활동전위를 야기한다. 바로 이런 특성으로 인하여 신호전달체계의 복잡성이 존재한다. 인간의 다양한 그리고 놀랄 만한 심리적 현상 모두가 이러한 세포간의 신경신호 주고받기의 종합과 관련이 있다. 뉴런에서의 각 구성요소별 기능과 전달되는 정보 내용을 단순하게 정리하면 〈표 2-1〉과 같다.

2) 신경계의 조직

신경계는 중추신경계(central nervous system: CNS)와 말초신경계(peripheral nervous system: PNS)로 나누어지는데, 중추신경계에는 뇌와 척수가 있으며, 말초신경계에는 감각 및 운동을 담당하는 체성신경계(somatic nervous system: SNS)와 장기, 땀샘, 눈물샘들을 통제하는 자율신경계(autonomic nervous system: ANS)가 있다.

(1) 말초신경계

말초신경계는 크게 체성신경계과 자율신경계로 나뉜다. 체성신경계는 수의적으로 통제 가능한 신경계다. 체성신경계는 감각성과 운동성 신경으로 구분되며, 감각수용기로부터 자극의 종류에 따라 해당 신경을 통하여 척수와 두뇌로 연결되며, 운동신경계는 두뇌로부터 척수를 통하여 근육의 운동에 필요한 신호를 전달하는 데 관여한다. 두뇌와 척수로부터 수의적 근육(심근을 제외한 수의근, striated muscle)을 지배하는 신경을 원심성 신경(efferent nerve)이라고 부르며, 반면 특정 감각계(청각, 시작, 맛, 후각, 평형감각을 담당하는 기관)와 체감각계(촉각, 고유 감각, 따스한 감각, 냉감, 통증)로부터 척수와 두뇌로 감각정보가 들어오는 경로를 구심성 신경(afferent nerve)이라고 부른다. 자율신경계는 모두 원심성 신경으로 이루어져 있으며, 불수의근(평활근과 심근)과 샘(gland)을 신경 지배하며, 교감신경과 부교감신경으로 이루어져 생리적 균형을 유지한다. 교감신경계는 주로 에너지의 활용이 필요할 때 흥분한다. 예를 들어, 적과 싸워야 하는 상황에서 심장이 더 강하게 뛰게 한다든지, 혈류가 소화기보다는 몸의 근육으로 더 흐르게, 동공이 확장되고, 털이 곤두서게 되는 것(동물의 경우 몸집이 크게 보이는 효과를 낸다)이 모두 교감신경계의 역할이다. 부교감신경계는 주로 휴식하거나 음식을 소화시키는 상황에서 더 활성화된다. 이 신경계는 심장을 천천히 뛰게 하고, 혈류가 근육이 아니라 소화기로 더 많이 흐르게 한다. 이런 자율신경계의 활동이 대뇌 활동의 영향을 받는 것은 사실이나(예: 놀랐을 때 교감신경계의 흥분으로 심장이 뛴다거나, 식은땀이 난다거나, 동공이 확대된다거나), 이런 신경계를 의식적·수의적으로 통제하는 것은 불가능하기 때문에 스스로 움직인다는 의미(autonomic)로 자율신경계라 한다.

(2) 중추신경계

중추신경계는 크게 척수(spinal cord)와 뇌(brain)로 나뉘고, 뇌는 크게 후뇌(hindbrain), 중뇌(midbrain), 전뇌(forebrain)로 나뉜다. 척수는 후뇌로 바로 연결되는데, 이 후뇌는 연수(medulla), 교(pons), 소뇌(cerebellum)로 다시 세분된다. 이 후뇌 부위는 중뇌 부위와 연결된다. 중뇌는 개(tectum), 피개(tegmentum), 상소구(superior colliculus), 하소구(inferior colliculus), 흑질(substantia nigra)로 분화된다. 중뇌 영역은 다시 전뇌로 연결된다. 중추신경계의 맨 앞쪽에 위치하는 전뇌는 간뇌(diencephalon), 맨 마지막 앞쪽에 위치하는 종뇌(telencephalon)로 다시 구분된다. 시상(thalamus), 시상하부(hypothalamus)는 간뇌에 속하며, 대뇌피질(neocortex), 기저핵(basal ganglia), 그리고 해마(hippocampus)와 같은 변연계(limbic system)는 이 마지막 종뇌(telencephalon)에 속한다.

① 연수

연수(medulla oblongata)는 척수가 끝나면서 두뇌로 들어가는 연장선에 있는 뇌간의 일부로서 혈압 조절, 호흡률 조절과 같은 생명조절체계들을 관장한다.

② 소뇌와 교

대뇌피질처럼 소뇌도 많은 주름이 잡혀 있으며, 운동조절과 일부 학습에 관여한다. 평형을 유지하고 근육의 강도와 긴장도 조절 및 협조작용을 하며, 공간감각과도 관련이 있다. 교(pons)는 연수의 바로 앞부분으로 양쪽 소뇌를 연결해 주는 제4뇌실에 걸려 있는 다리라고 할 수 있다.

③ 중뇌

중뇌는 뇌간의 맨 마지막 부분으로 배측(등쪽, dorsal)의 개(tectum) 부위와 복측(배쪽, ventral)의 피개(tegmentum) 부위로 나누어진다. 시각정보를 받으며, 눈동자의 반사적 움직임에 관여하는 상소구(superior colliculus)와 청각정보의 처리에 관여하는 하소구(inferior colliculus)가 개측에 자리 잡고 있는 두뇌 구조다. 복측에는 여러 중요한 핵들이 존재하는데, 적핵(red nucleus)은 소뇌와 상호작용하며, 운동에 관여하고, 흑질(substantia nigra)은 도파민을 생성하는 영역으로서 기저핵에 운동 관련 도파민성 입력을 공급한다. 흑질의 손상은 파킨슨병과 같은 운동장애를 일으킨다. 연수부터 중뇌에 이르기까지 분포되어 있는 망상체(reticular formation)는 각성에 관여한다.

④ 간뇌

간뇌는 중뇌의 위쪽에 위치하며, 시상상부, 시상(thalamus), 시상하부(hypothalamus), 시상하핵(subthalamic nucleus)을 포함하는 영역이다. 시상은 여러 가지 핵으로 이루어져 있는데, 감각, 운동에 관여하는 핵들과 기타 피질의 연합령과 연결되어 있는 핵들로 이루어져 있는 복합 구조이며, 대뇌부터의 감각, 운동신경의 중계자로서의 역할과 조정중추로서 작용한다. 시상의 상실에 의한 증상을 시상 증후군이라 하는데, 이때 나타나는 증상들은 시상의 대뇌피질과의 연관성과 감각신경계와의 관련성을 잘 보여 준다. 시상상부는 쇠고삐 모양의 구조인 고삐핵(habenula)에 있는 신경원의 집단이다. 시상하부는 모든 자율신경계의 중추로 배고픔, 목마름, 체온조절, 생식행동에 관여한다. 또 호르몬 분비와 관련된 명령체계를 가진다. 시상하부는 변연계의 일부인 유두체(mammillary body)를 포함한다.

⑤ 종뇌의 피질하 구조물(subthalamic structure)과 변연계

기저핵(basal ganglia)은 미상핵(caudate nucleus), 피각(putamen), 담창구(glubus palludus)로 이루어진 종뇌의 심부 구조로 운동의 통제에 중요한 역할을 한다.

심부구조핵의 바깥이며, 피질의 안쪽에 자리 잡고 있어 가장자리라는 의미의 변연계(limbic system)는 여러 두뇌 구조를 막연히 지칭하는 해부학적 용어로서, 이들 구조물은 밀접한 망을 형성하여 정서와 학습에 관여한다. 특히, 이 중 해마(hippocmapus)는 측두엽 신피질의 안쪽에 자리 잡고 있으면서 동시에 외측 뇌실의 바깥쪽에 위치한다. 해마와 변연계의 여러 영역들이 뇌궁(fornix)으로 연결되어 있으며, 해마는 장기기억 중 일화기억의 형성에 중요한 역할을 한다. 이 외에도 대뇌피질의 중심선 근처의 안쪽에 위치하는 대상회(cingulate gyrus)와 측두엽 앞쪽의 안쪽에 위치하고 있으며, 정서에 관여하는 편도체(amygdala)가 있으며, 그 밖에 유두체(mammillary body), 후각에 관여하는 후엽(olfactory bulb) 등이 있다.

⑥ **대뇌피질(cerebral cortex)**

뇌를 덮고 있는 6개의 층으로 되어 있는 신피질이라 부르는 두뇌 부위는 진화적으로 가장 최근의 것이며, 상대적으로 취약하고 침해받기 쉬운 부분이라 할 수 있다. 최근에 진화한 포유동물에 있어서 신피질은 거의 두뇌 부피의 반을 차지한다. 피질 영역은 중요한 주름에 의해 4개의 구역으로 나뉘는데, 그 기준으로는 두뇌 피질의 좌우를 가르는 종렬(longitudinal fissure), 전후를 나누는 중심열(central fissure)과 측두엽을 전두엽이나 두정엽과 나누는 실비우스(sylvius)열이 있다. 중심열 앞이 전두엽(frontal lobe), 두정후두열 앞쪽이 두정엽(parietal lobe), 뒤가 시각정보 처리

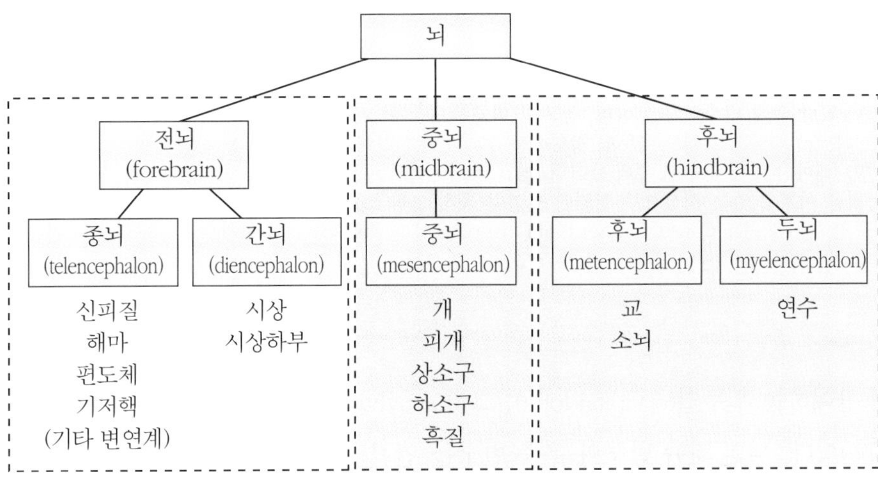

[그림 2-12] 두뇌의 주된 구분

두뇌는 크게 전뇌, 중뇌, 후뇌로 나뉘며, 발생 과정 동안 이 주요 3개 부위는 더 분화되어, 종뇌, 간뇌, 중뇌, 후뇌, 수뇌로 발달된다. 두뇌의 각 부위는 더 나아가 세분화되면 최종적인 두뇌 부위로 발달된다. 이 위계적 구조는 두뇌의 진화적 발달 과정과 각 부위의 기능을 이해하는 데 도움이 된다.

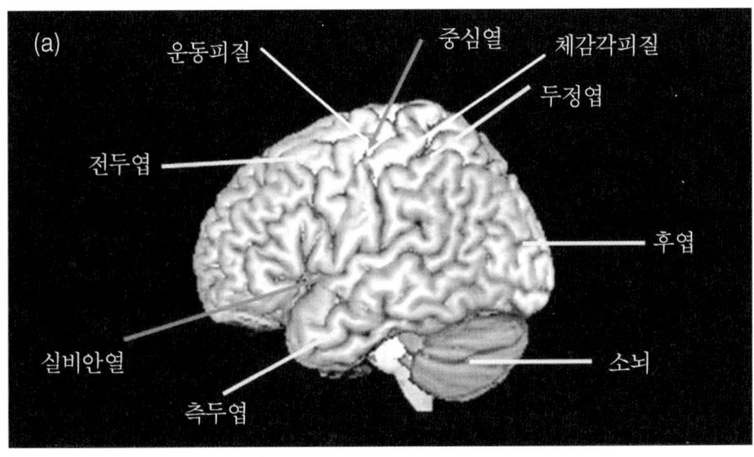

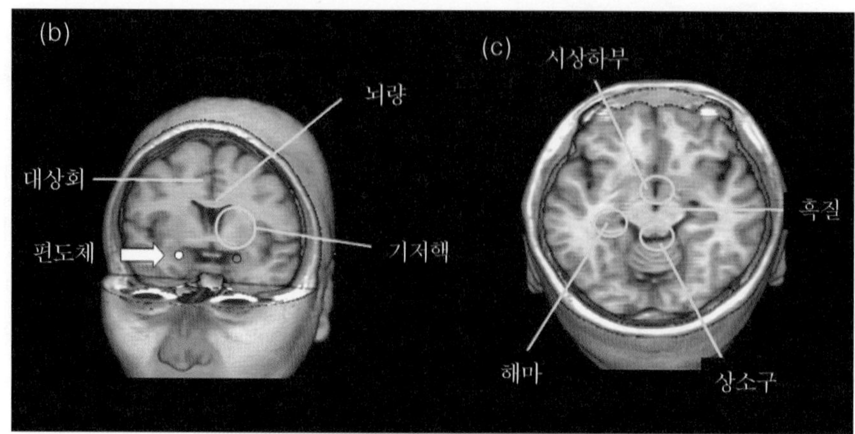

[그림 2-13] 두뇌의 표면 모습과 심부 구조 모습

(a) 외측 표면에서 본 두뇌 모습. 실비안 열에 의해 측두엽이 전두엽과 구분되며, 중심열에 의해 전두엽과 두정엽이 구분된다. (b) 두뇌를 앞쪽 전두엽 부위에서 절단하였다고 상상하였을 때(관상단면) 보이는 모습. 뇌량 위에 대상회가 보이며, 종뇌의 피질하 구조인 기저핵이 보이며, 변연계의 일부인 편도체가 보인다. (c) 두뇌를 아래쪽 측두엽 정도에서 수평으로 잘라서 위에서 본다고 상상하였을 때의 단면(수평단면). 해마가 내측 측두엽 쪽에 보이며, 뇌간의 뒤쪽에서는 상소구가 보인다. 앞쪽에서는 제3 뇌실 근처의 벽을 이루고 있는 시상하부 영역이 보인다(특히 그림 (b), (c)의 fMRI에 의한 해부학 그림은 뇌기능매핑연구단(Korean Consortium for Brain Mapping)이 한국과학재단의 지원으로 연구한 한국인 표준 두뇌영상을 빌려 이 장에 기재할 수 있게 되었음을 밝힘).

에 관여하는 후두엽(occipital lobe), 그리고 sylvius열 아래 뒤쪽이 측두엽(temporal lobe)이다. 뇌의 좌측 반구와 우측 반구를 연결하고 이는 신경 다발을 뇌량(corpus callosum)이라고 한다.

3) 뇌의 기능해부학

지각, 기억, 언어, 사고 등의 인간의 인지적 능력은 다른 동물들과는 달리, 고도로 발달된 구조와 기능을 지닌 뇌에 의해서 가능하다. 회백색의 커다란 해면과 비슷한, 별로 크지도 않고 울퉁불퉁하게 생긴 인간의 뇌가 이것을 구성하고 있는 세포들 간의 정교한 생화학적 · 전기적 과정에 의해, 최첨단의 컴퓨터도 따라오지 못할 정도의 고도의 지적 과제를 수행해 내는 것이다. 뇌는 신체 체중의 1/40을 차지하지만, 그러나 신체의 피, 포도당과 산소의 1/5을 사용한다. 물론 인간보다 두뇌/신체 비율이 더 큰 동물도 있으며, 물리적으로 인간보다 더 큰 두뇌를 가진 포유동물도 있다. 지능은 뇌 부피의 크기가 좌우하는 것이 아니라 정보를 효율적으로 처

생각상자

뇌와 컴퓨터의 차이

정보처리적 접근의 인지심리학은 인간의 마음의 원리와 컴퓨터의 원리가 정보처리라는 점에서 같다고 보았다. 이에 한 발 더 나아가 인간의 뇌도 컴퓨터와 같은 방식의 정보처리를 할 것이라는 생각에서 뇌를 컴퓨터에 유추하여 같은 유형의 계산을 하는 정보처리체로 생각하는 입장도 제기되었고, 이러한 접근이 좋은 이론과 경험적 결과를 가져온 경우도 있다. 그러나 뇌와 컴퓨터의 유추에는 한계가 있다. 왜냐하면 뇌는 다음과 같은 컴퓨터와 다른 측면이 있기 때문이다.

첫째, 뇌의 신경세포의 수와 이 신경세포들 사이의 연결 수는 현재의 디지털 컴퓨터의 수준을 넘어서는 것이다. 뇌에는 10^{12}개의 신경세포가 있고, 어느 한순간에도 10여만 개의 세포들이 상호 연결되어 역동적으로 정보를 주고받는 고도로 연결된 신경망에 의하여 작동한다. 그러나 현재의 디지털 컴퓨터는 이러한 정도의 개수의 단위와 이러한 정도의 상호 연결된 망을 지니고 있지 못하다.

둘째, 뇌의 신호전달은 화학적 신경전달물질에 의하는데, 컴퓨터의 신호전달은 신경칩 사이의 연결에서 전기적으로 이루어지며, 뇌의 신경세포의 신경정보는 신경흥분의 빈도에 의하여 주로 부호화가 되는데, 컴퓨터에서는 정보가 이진법 체계인 0과 1로 부호화된다.

셋째, 뇌에서는 각 신경세포 하나하나가 강력한 처리기이며, 신경흥분과 억압 신호를 조합하며, 신호의 강도가 일정한 수준값(문턱값)이 넘으면 자신의 신호를 생성하는 데 반하여 컴퓨터는 대개 단일한 중앙처리 단위가 있어서 이들에 의하여 처리가 제어된다.

넷째, 뇌는 대체로 어떤 처리 과정에서건 세포들이 동시에 병렬적으로 작동하는 데 반하여, 디지털 컴퓨터에서는 개별적 단위의 정보처리는 뇌보다는 빠르지만 각 정보처리 과정 사이의 연결은 계열적 처리로 이루어진다. 따라서 컴퓨터 실리콘 칩이 뉴런보다 상당히 빠르게 작동하지만, 대상 인식과 같은 통합적 실제 정보처리에서는 인간 뇌가 컴퓨터보다 훨씬 빠르다. 뇌는 선형적 처리와 비선형적(동역학적) 처리가 공존하지만, 컴퓨터는 정보처리가 선형적으로 이루어진다고 볼 수 있다.

다섯째, 컴퓨터는 부분 단위들이 서로에게 영향을 주지 않은 채로 분리 가능하고 별개적이고 쉽게 다른 것으로 대치 가능하지만, 뇌의 부분들은 서로 의존적이며, 독립적으로 분리하거나, 제거하기 어렵고, 하나의 제거나 손상이 다른 부분에 상당한 영향을 주게 되며, 다른 것으로 대치하기 어렵다. 반면 뇌의 부분들은 변화 가능성, 자연적 가소성(plasticity)이 있어서 손상 시에 기능 복구 및 대체 가능성이 있으나, 컴퓨터는 자연적 변화 가능성, 복구 가능성이 없다. 인간의 뇌는 생물적 실체이며, 자발적으로 가동되고 탄생하고 성장하고 성숙하며 정보를 수집하고 병이 날 수 있고 결국 사멸하지만 컴퓨터의 단위들은 인간 뇌가 명령한 것을 수행하며 사멸하지 않는다고 할 수 있다.

이러한 측면에서 보았을 때에 뇌를 일종의 컴퓨터로 동일시하는 것에는 문제가 있다. 그러나 뇌의 세포와 세포 사이의 관계가 본질적으로 신경흥분을 보내거나(on) 안 보내거나(off) 하는 이분법적 관계라는 측면과, 신경흥분이 격발되고 조합되고 해석되고 그에 대한 반응이 도출되는 과정들에 대하여 이를 정보처리적 계산 과정으로 모델링할 수 있다는 점에서 뇌에서 일어나는 과정들에 대하여 컴퓨터의 정보처리적 계산 과정 개념들이 뇌의 연구에 계속 활용되고 있다.

1980년대 중반 이후의 인지심리학에서는 인간의 마음을 컴퓨터에 비유하기보다는 뇌에 비유하여 모델링하려는 시도가 시작되었다. 이러한 움직임이 제1장에서 언급한 신경망(neural network) 접근 또는 연결주의(connectionism)다. 이 접근에서는 인간의 마음을 뇌의 신경세포 수준의 단위들이 몇 개의 층으로 연결된 망으로 생각하고, 한 단위가 외부 자극에 의하여 활성화되고, 이 활성화가 흥분적 또는 억제적 활성화로 인접 연결 단위들에게로 전파되고, 이 전파된 활성화들이 모여 인지 과정들이 이루어지는 것으로 간주한다. 최근에는 이러한 신경망적 모형을 여러 인지 과정에 적용하여 설명하려는 시도들이 많이 이루어지고 있다.

리하는 두뇌 피질 회로의 효율성의 차이에 따른 것으로 보이며, 인간이 동물보다 지적으로 우세한 까닭은 인간 대뇌의 신피질이 더 잘 발달되어 있기 때문이다.

뇌의 대뇌피질은 뇌간의 기본적 반사중추가 수행할 수 있는 기본적인 기능보다 복잡한 정보처리에 관여하며, 피질하 구조와 밀접한 상호작용을 통하여 환경으로부터 오는 감각정보를 수용하고 처리하며, 사고, 언어, 정서 및 기타 인지적 정보처리, 운동 계획 등의 고등의사 결정에 관여한다. 이 장의 다음 부분에서는 피질 영역과 신피질 영역을 중심으로 간략한 소개를 하고자 한다. 피질 영역에서는 주로 시각과 청각의 감각 영역에서 시작하여 어떻게 고등 정신작용의 인지 기능으로 연결되며, 어떻게 다른 피질이 관여하는지 소개하고자 한다. 피질하 영역 역시 대체로 인지 과정 중에 대응되는 내용 중 대표적인 것만을 소개하기로 하겠다.

생각상자

인지신경과학의 특징: 뇌 이해하기, 인지 이해하기

뇌와 인지와의 관계를 이해하는 데 중요한 것은 어느 단순한 인지 과정도 두뇌의 한 영역에 국한되어 일어나지 않는다는 것이다. 특정 영역이 대단히 중요한 역할을 하여 그 영역이 손상되면 특정 기능의 결함을 관찰할 수 있다. 그리하여 뇌의 특정 한 영역이 하나의 정신 과정을 담당하는 것으로 단순하게 보는 경향이 있다. 예를 들어, 언어 중추라든지, 운동 중추라든지, 쓰기 중추라든지 하는 개념이 그런 것이다. 또는 fMRI 연구 결과에 의하면, 전전두 영역은 어의처리(semantic processing)에 관여한다든지 하는 결론들이 그런 것들이다. 이는 과거에 유행하였던 골상학의 또 다른 부활일 뿐이다. 모든 정신 과정이 단순히 하나의 단계에서 끝나는 것이 아님을 이해하는 것이 중요하다. '감각입력 → 특정 고등 중추 → 행동출력' 으로 두뇌의 인지 기능을 정의하는 것은 개념적으로 명료하기는 하지만, 생물학적인 물체인 뇌는 그렇게 작동하지 않는다. 피질은 인간에게서 가장 발전한 두뇌 영역이다. 감각과 운동피질 이외에 나머지 영역은 감각과 운동 사이에 '연합' 이 일어나는 연합피질일 것이라고 보던 견해는 수세기 전의 분류일 뿐이다. 예를 들면, 두뇌 조직은 세밀한 세포학적 구조가 두뇌 표면에서 조금씩 근처 영역과 다르다는 것이 일찍이 20세기 초에 발견되었다. 세포구조학(cytoarchitecture)에 근거하여 해부학자인 Jeseph Brodmann (1868~1918)은 두뇌의 표면을 52개의 서로 다른 영역까지 다양하게 분할하였다. 일부의 영역은 세포학적인 차이뿐 아니라 다른 부위와의 두뇌 연결이나 기능에서도 차이가 나는 것이 훗날 밝혀지기 시작했다. 그러나 아직도 다양한 두뇌 표면의 다양한 기능을 다 이해하지 못하고 있으며, 두뇌의 인지 기능이 52개에 불과한 것도 아니다. 인지 과정과 두뇌의 해부학적 연결을 이해하려는 과정에서 주의해야 점은 인지과학이 인간의 인지 과정을 모두 분류하여 그 특성을 다 파악한 것이 아니라는 점이다. 그리하여 우리가 현재까지 이해하는 인지심리학적 정신 기능의 세밀한 분류가 가설적인 구성에 불과하다는 것을 기억해야 한다(순전히 우리 두뇌의 작용에 의해서). 이 가설적 구성의 실체, 개념을 두뇌라는 물질에서 그대로 발견하여 '이 영역이 이 기능을 하는 자리' 라고 국재화하려 하는 것은 때론 잘못된 연구 방향을 야기할 수도 있다. 예를 들어, fMRI 연구를 수행하다 보면 어의 판단과제를 수행하는 중에 전전두엽의 특정 영역이 유독 활성화되는 것이 사실이기는 하지만, 전혀 어의 판단과 상관없는 과제를 수행할 때도 동일한 영역이 활성화되기도 한다. 그렇다면 어의 판단이라는 정신작용에 관여하는 정신작용의 기제를 다시 고려해 보아야 하는 것이다. 어떤 정신 과정이 이것과 다른 과제와 공통되는가? 또는 약간 다른 두뇌 부위가 각각 작용하는가? 또는 동일한 부위가 다른 시간 형태로 발화하는 것인가? 또는 이런 경우 fMRI의 시간 해상도나 공간해상도로 차이를 충분히 관찰을 못하는 것은 아닌가? 또는 이 영역 말고 동시에 활성화되는 영역은 어떻게 다른가? 이 거대 신경망의 속성은 어떠한가? 어의 처리 과정이라는 인지심리학의 개념이 너무 단순한 것은 아닌가? 예를 들어, 장기기억, 작업기억, 단기기억, 감각기억, 기타 다양한 주의의 종류를 생각해 보라. 정말 우리의 사고 현상을 잘 설명하는 분류인가? 컴퓨터의 비유에 의존해 한 번 장기기억으로 전환되면 영원히 파일처럼 어디에 기억되어 있다고 잘못 생각하는 것은 아닌가? 최근에 생물학적 발견에 의하면, 단기기억에서 장기기억으로 넘어가는 '응고화(consolidation)' 라는 과정이 있으며, 이 단계에서 별개의 생화학적 변화가 일어나고 있다고 한다. 그리고 한 번 장기기억으로 전환된 경험의 내용도 시간과 함께 계속 변화가 일어날 가능성이 있다. 따라서 20세기 후반 많은 인지심리학 개념이 인간의 마음(mind)이 컴퓨터와 같이 작용할 것이라고 가정한 것에 의존하고 있음을 주의해야 한다. 컴퓨터의 기능 자체도 21세기로 넘어오며 놀랍게 달라지고 있으며, 계속 달라질 것이다. 그런가 하면 어떤 중요한 인지 기능은 오랫동안 행동 관찰이 정확하기가 어려워서 대략적인 개념 분류에 묶여 오래 방치되기도 했다. 예를 들어, 정서와 동기라고 불리는 인간의 정신세계가 그러하다. 감정, 정서, 인지의 상호작용을 생각해 보라. 아직 감정이나 정서에 대해서는 엄밀한 하위 분류체계가 이해되지도 않고 있다. 다행히도 기능 영상의 발전으로 정서가 인지심리학적으로 측정하기 어려운 개념이지만 두뇌에서 일어나는 변화가 관찰 가능하게 되어 활발한 연구가 진행되고 있다.

결론적으로 요약하면, 두뇌의 기능 중의 일부는 기존의 인지심리학적 개념에 잘 일치하며 서로 잘 설명되기도 하지만, 일부는 인지심리학적 개념의 재수정을 요하기도 한다는 점을 독자들은 이해하기 바란다. 실제로 두뇌에서 어떤 일이 일어나는가를 관찰하여 인간의 정신작용에 대한 새로운 이해와 다양한 정신 과정의 흐름 또는 새로운 관련성을 발견할 수도 있는 것이 인지신경과학의 연구 방법의 장점이다. 또한 보다 발달된 융통성 있는 재개념화가 인지심리학 영역에서 일어난다면 인지신경과학 연구자들이 두뇌에서 관찰한 것을 이해하는 데 커다란 도움이 될 수 있다. 뉴런에서 일어나는 생화학적인 변화와 호르몬과 신경전달물질 신호체계의 상호작용 등을 이해하지 못하면, 인지신경과학의 결과로부터 실제와 동떨어진 전혀 엉뚱한 인지 과정을 개념화할 수도 있다. 또한 진정으로 인지 과정을 개념화하지 못한다면 인지신경과학자가 두뇌에서 발견된 복잡한 현상의 의미를 이해하는 것은 거의 불가능하다. 그러므로 인지신경과학자들에게는 인지심리학적 기초와 신경과학의 기초가 다 필요한, 그래서 인간의 의식과 무의식 영역에서 일어나고 있는 현상을 이해해 나가는 가장 신비로운, 신나는, 흥분되는 연구 분야이기도 하다.

(1) 피질 영역

① 시각-공간-주의-재인

우선 감각정보가 입력으로 들어오는 과정을 살펴보자. 눈으로부터 오는 기본적인 시각정보는 시상에 있는 외측슬상핵(lateral geniculate nucleus: LGN)을 거친 후 뇌의 뒤쪽에 있는 후피질(occipital cortex)의 일차시각피질로 투사된다. 이에서 기본적인 시각정보는 주변의 시각 고차피질에서 점차 위계적으로 복잡한 시각정보(기본 형태, 색상, 움직임 등)를 처리하게 된다. 주로 눈에 보이는 대상이 '무엇인가'에 대한 정보처리가 하측두엽피질 방향으로 계속 이어서 처리되어 대상이 무엇인지를 알기에 이른다. 이 경로를 학자들은 '무엇 경로(What pathway)' 라고도 부른다. 눈에 보이는 대상이 공간상에서 어떻게 움직이는가 하는 정보는 자연스럽게 약간 두정엽과 측두엽 사이의 영역으로 이동하여 시각 대상의 움직임에 따른 보다 상위의 정보처리(예: 사람이 움직이는지, 움직이는 자극에 주의를 따라 이동해야 하는지, 움직임의 의미가 무엇인지, 내 몸에 피해야 하는지)에 관여하는 듯하다. 이를 학자들은 '어디 경로(Where pathway)' 라고 부르기도 한다. 또 다른 정보는 두정엽 쪽으로 훨씬 더 위로 진행하는 경로로서, 우리도 모르게 우리가 그 물체에 어떻게 접근해야 하는지 알게 한다. 이 경로에 대한 별명은 '어떻게 경로(How pathway)' 이다. 이 경로는 우리가 컵을 보고 손을 뻗는 순간에 무의식적으로 손잡이에 맞는 손 모양을 하게 되도록 도와준다(보다 자세한 정보를 위해서는 Gazzaniga 등, 2002, 제6장을 참조할 것). 이렇게 시각 감각 하나만 보더라도 측두엽, 두정엽으로 정보가 앞으로 진행하면서 더 심도 있게 처리되는 것을 알 수 있다. 이런 감각 정보는 하측두엽 영역에서 대상지각과 관련된 정보처리가 이루어지고(대상재인), 두정엽에서는 공간상의 위치나 공간 속에서 어디로 주의를 기울이며(시공간 정보처리), 어떻게 우리 몸을 움직여야 하는가에 대한 정보처리가 이루어지면서 다른 고등 정보처리가 계속되는 것을 알 수 있다. 거꾸로 이 고차 대뇌피질들은 감각기관과 밀접한 연관을 가지면서 눈에 들어온 시각정보가 무엇인지 빨리 알아차리게 하거나, 공간상에 어디에 주의를 기울여야 할지 알 수 있게 해 준다. 이렇게 상향 정보처리(bottom-up)와 하향 정보처리(top-down)가 동시에 대뇌피질의 여러 곳에서 활발하게 이루어지면서 여러 영역이 동시에 또는 순차적으로 작용한다.

여기서 흥미로운 점은 대뇌의 각 피질 영역이 보다 고차 정보처리를 하도록 특화되어 있고, 다른 위치에서 동시에 정보처리가 진행되는 동안에도 우리 인간은 그것을 별개의 분절적인 경험으로 지각하지 않는다는 것이다(이 주제 역시 의식의 신경과학적 연구의 중요한 논제 중의 하나이다). 우리의 의식 속에서 모든 것이 하나로 의식되는 것이 바로 두뇌 현상의 신경망의 특징인 듯하다. 비록 두뇌에서 색을 보는 영역, 형태를 보는 영역, 공간상의 위치를 파악하는 영역이 다르다 하더라도, 거의 무의식적인 수준에서 개별적인 처리를 거칠 뿐 아니라 한 대상의 형태와 색깔과 공간 속의 위치는 정상적인 경험상황에서는 모두 하나의 대상으로 통합되어 지각된다. 때로 이런 통합적인 네트워크의 한 부위가 손상된 경우 환자의 행동에 묘한 변화가 나타나게 된다. 어디에(책상 위에 2시 방향으로 10cm쯤 떨어진 곳에?) 물체가 존재하는지, 어떻게 손을 뻗어야 하는지 잘 알고 있을 뿐만 아니라 손으로 만져 보게 하면 그 물건을 단박에 알아차릴 수 있어도(예: 전화기), 눈에 보이는 물체가 무엇인지 영 정체가 파악이 안 되는 증세가 있을 수도 있다. 즉, 후피질과 하측두 영역에 이르는 부분의 손상은 정상적인 시력과 형태와 색을 구별할 수 있는 능력에도 불구하고(초기 시각 기능이 정상임을 의미) 전체 형태 속에서 의미를 알아내거나, 눈에 보이는 물체, 즉 대상이 무엇인지 다시 인식하는 대상재인(object recognition) 능력의 결함을 야기하기도 한다. 시각적 감각 처리에 문제가 없음에도 불구하고 눈으로 보이는 대상이 무엇인지 모르는(인식하지 못하는) 증세를 시각실인증(visual agnosia)이라고 한다. 기능영상 연구는 좀 더 자세히 두뇌의 어느 위치가 관여하는지를 보여 준다. 예를 들어, 정상인이 모양의 형태가 없고 우리 기억에도 없는 무의미한 시작자극을 볼 때보다, 새로운 형태의 물건이나 또는 친숙한 물건들의 그림(양초, 나비 등)을 보는 동안 더 활발하게 작용하는 두뇌 영역을 조사해 보면, 머리 뒤쪽 아래에 하측두엽과 후피질이 만나는 영역에서 공통된 활성화가 관찰되기도 한다(Kanwisher et al., 1997). 그런가 하면 물건을 파악하는 정신 기능과 별개로, 누구의 얼굴인지를 알아차리는 두뇌 영역이 있는 듯하다. 사물은 잘 알아보는데 얼굴만 알아보지 못하는 증세, 즉 이 얼굴이 누구의 것인지 모르는 증세(내 얼굴? 아내 얼굴? 친구 얼굴?)를 '안면실인증(prosopagnosia)' 이라고 한다. 그렇다면 얼굴이 사물과 어떻게 다르기에 별개의 증세로 나타나는가? 얼굴은 책상이나 전화기와 왜 다른가? 얼굴이 유독 비슷비슷한 한 부류에 속한 개개인이기 때문이어서 그런가? 아니면 얼굴 인식이 생존에 유독 중요하기 때문인가? 이에 대한 신경심리학적 논의는 Banich(2004)를 참조하기 바란다.

측두엽은 이 외에도 정서와 동기에 많은 중요한 역할을 하는 것으로 알려져 있다.

측두엽 전측의 손상은 Klüver-Bucy 증후군이라고 알려진 증세를 보인다. Klüver-Bucy는 측두엽이 손상된 원숭이에서 처음으로 이 증세를 발견한 두 연구자의 이름을 딴 증세 이름이다. 이 영역이 손상된 원숭이는 정상적으로 공포나 불안을 보여야 할 상황에서 그런 정서를 보이지 않는다. 이런 원숭이들은 더 큰 원숭이에게 덤벼든다든지, 손에 잡히는 것들(심지어는 뱀이나 성냥불 같은 것처럼 무서워해야 하는 것까지)을 무조건 입으로 가져간다든지 하는 행동을 보였다(Klüver & Bucy, 1939). 이런 증세는 뱀이나 성냥불 같은 것을 무서워해야 하는데 무서워하지 않는 문제일 수도 있고, 더 이상 뱀이나 성냥불을 보고도 시각정보로는 알아보지(대상 재인) 못하기 때문일 수도 있다. 측두엽의 전측으로 가면서 고도의 대상재인을 담당하는 시각정보의 처리가 일어나는 것도 사실이지만, 전측의 측두엽은 바로 안에 편도체(amygdala)라는 정서와 깊은 상관을 보이는 심부핵과 밀접한 관계가 있다. 특히, 원숭이의 측두엽이 손상되었을 때 편도체도 함께 손상되었을 가능성이 있다(이는 손상 연구에서 흔히 일어나는 방법론상의 문제다). 인간에게서도 이 부분에 종양이 생기거나 하면 복잡한 시각이나 청각적 환각을 야기한다. 한 fMRI 연구에 의하면, 정신과 환자가 환청을 경험할 때 측두엽 영역의 청각 영역(Heschl' s gyrus)에서 두뇌의 활성화가 증가되었다고 한다(Dierks et al., 1999).

② 청각-시각-언어-운동

귀로 들어온 청각정보는 뇌간의 복잡한 핵을 거친 다음(하소구를 포함) 내측 슬상핵(medial geniculate nucleus: MGN)을 거쳐 실비안열 바로 아래에 있는 측두엽의 일차 청각피질 영역으로 투사된다. 특히, 좌반구의 고등청각 영역에서 청각언어처리 시에 좌측의 청각 관련 영역이 중요하다는 사실은 여러 가지 방법으로 입증되어 잘 알려져 있다. 초기 PET 연구에 의하면, 소음을 들을 때는 일차청각 영역이 활성화되지만 단어를 들을 때는 좌측의 베르니케(Wernicke) 영역에서 더 많은 활성화를 보였다(Zatorre et al., 1992, 1995) ([그림 2-14] (a)~(c)). 그러나 음악 멜로디를 들을 때는 오른쪽 고차청각피질 영역(일차청각피질보다 조금 더 앞쪽) 영역에서 더 많은 활성화가 관찰되었다(보다 상세한 좌우 반구의 차이에 대한 기능의 이해를 위해서는 Banich, 2004, 제4장을 참조).

일차청각 영역의 위치는 청각을 처리하는 데 지정학적으로 유리한 위치에 있다. 예를 들어, 일상생활에서 청각정보와 시각정보는 동일한 대상에서 나올 때가 있다

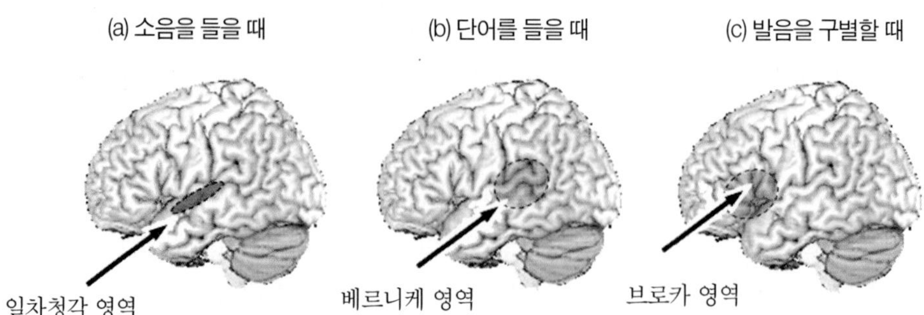

[그림 2-14] 언어와 관련된 과제를 수행하는 동안에 활성화되는 영역

(a) 아무것도 하지 않으면서 가끔씩 나오는 잡음을 수동적으로 듣고 있는 동안 일차청각피질이 활성화된다. (b) 그러나 단어를 듣고 있는 동안은 잡음을 듣는 과제를 수행하는 동안에 비하여 고차청각피질과 베르니케 영역을 포함하는 후측의 언어 관련 영역의 활동이 증가한다. (c) 단어를 들으면서 소리를 구분하는 것은 단어만 듣는 것에 비해 좌반구의 전운동 영역과 브로카 영역을 더 활성화시킨다(Zatorre et al., 1992, 1995 연구를 인용한 Kolb & Whishaw(2004)의 제9장 그림 변용, 설명 인용).

(말하는 사람의 입모양과 말소리, 움직이는 사물(자동차)이나 동물(쥐)의 모습과 소리 등). 실비안열 근처에서 처리된 일차적인 청각정보 중 일부는 상측두구의 후측(posterior superior temporal sulcus: pSTS)의 특정 영역으로 투사된다. 이 영역은 언어 이해에 기여한다고 알려진 베르니케(Wernicke) 영역과 근접한 영역으로서, 시청각정보의 통합이나 생물학적으로 중요한 '생물학적 움직임' 정보(biological motion, 예: 양미간의 움직임, 입 움직임)의 처리 등에 관여하는 것 같다. 이런 영역은 일상생활에서 화자(speaker)가 말을 할 때 시각정보와 청각정보가 함께 우리에게 들어와 더 정확한 음성의 구분이 가능해지는 과정에서, 화자의 입술 움직임에 대한 시각정보가 화자로부터의 청각적 언어 지각에 대단히 중요함을 시사한다(Kang et al., 2006). 특히, 기능영상 연구들은 기존의 두뇌 손상 환자 연구에서 알려진 것 이외에도 시각-청각처럼 중다감각 양상의 교차 상호작용이 일어나는 두뇌에서의 정확한 위치에 대한 연구를 가능하게 하고 있다(Calvert et al., 1999; Laurienti et al., 2002; Rauschecker, 1995).

③ 운동-언어-계획

측두엽보다 더 앞에는 전두엽이 있다. 중앙열의 앞쪽에는 운동을 통제하는 일차운동 영역이 있다. 각 영역마다 운동을 담당해야 하는 신체부위가 대응되어 있다는 것이며, 두뇌 피질 사이의 공간관계는 신체의 공간관계와 얼추 비슷한 표상을 가지고 있다. 이런 사실은 1950년경 외과의사인 Penfield가 미세한 전극으로 마취되지 않고 깨어 있는 환자를 수술장에서 이 영역을 자극해 보면서 발견하였다. 물론 중앙열의 바로 뒤쪽인 두정엽의 대응되는 부위에는 해당 부위에 체감각을 담당하는 부위가 발견된다. 우리 몸의 신체부위가 이루고 있는 공간적 관계와 대응되는 유사한 관계를 보이면서 해당 영역이 배열되어 있다. 특히, 측두엽 가까운 실비안열 바로 앞이면서 중앙열의 앞쪽의 운동 영역은 얼굴의 입술이나 혀의 운동을 통제하는데 관여하는 영역임을 주목해 볼 필요가 있다(바로 두정엽쪽은 입술이나 혀의 체감각 영역이다)([그림 2-15]). 이 영역은 입과 혀 운동의 고차적 조율, 언어의 발성에 밀접한 관계가 있다.

그렇다면 그 운동 영역보다 조금 더 앞쪽의 영역(전운동 영역)과 그 보다 조금 더 앞쪽인 Broca 영역은 어떤 영역인가? 앞에서 소개하였지만 Broca가 발견한 바에 의하면, 이 영역은 유창한 언어를 구사하기 위해서 필요한 영역이다. 이 영역이 손상되면 운동성 실어증을 보였다. Broca 영역의 위치는 전두엽, 특히 좌반구에 있다. 이 영역은 보조발성 영역(summplementary speech area) 바로 앞에 있다. 만일 이 보조운동 영역(입과 혀를 조절하는 운동피질과 Broca 영역 사이에 있는)을 외과 수술 중 약한 전기로 자극하여 일시적 손상을 주면 말을 하던 환자가 말을 멈추는 언어 중단(speech arrest) 현상이 일어난다. 더 약한 전류로 이 영역을 자극하면 말을 하지 않던 환자가 '오' 또는 '이~' 같은 목소리를 내게 된다. 물론 얼굴의 입과 혀 움직임을 통제하는 운동 영역을 자극해도 마찬가지 효과를 낸다. 이를 통합하여 보면 언어를 듣는 것, 이해하는 것, 그리고 운동통제 영역과 상호작용하는 과정이 모

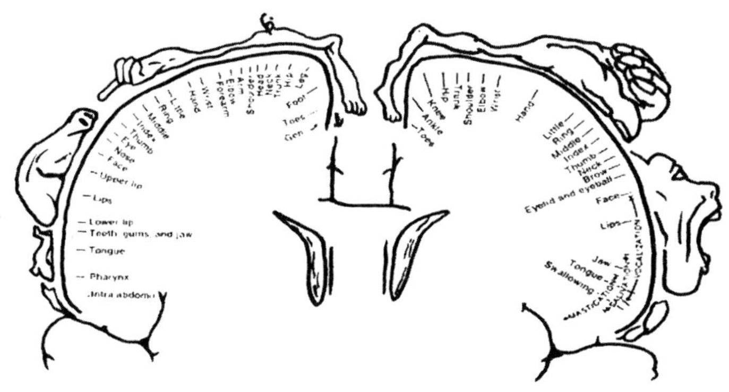

[그림 2-15] Penfild가 감각피질과 운동피질에 대해 발견한 최초의 지도

Penfield는 신체의 각 부위에 각 피질 영역들이 배당되어 있으나, 실제 신체부위의 크기와는 비율적으로 상관이 없으며, 오히려 받아들이는 감각의 민감함이나 수행해야 하는 운동의 복잡성과 상관이 있음을 발견하였다. 손이나 얼굴에 해당하는 부위가 나머지 신체부위에 비해 대단히 큼을 주목할 필요가 있다. 이 지도는 훗날 다른 연구에 의해 다소 부분적으로 수정되었으나, 기본적인 발견은 지금도 타당하다.

두 밀접하게 연결되어 있음을 알 수 있다(더 자세한 설명을 위해서는 Kolb & Whishaw의 제9장을 참조). 예를 들어, 우리가 세밀하게 언어에 대해 음성학적으로 소리를 구분해야 할 때를 생각해 보자. 언어를 들을 때 측두엽의 청각과 같은 감각/지각 두뇌 영역과 발음을 만드는 전두엽의 운동영역이 별개인 것 같지만 그렇지 않다. 단순하게 단어를 듣는 것보다 더 자세하게 음가를 처리해야 한다면 지각과제를 수행하는 중에도 언어유창성과 관련 있는 Broca 영역이나 전운동 영역이 관여하는 것 같다. 예를 들어, PET 같은 기능영상으로 활성화되는 영역을 관찰하여 보면, 소리에 대해 음성학적으로 소리를 변별해야 하는 과제를 수행할 때, 단어를 들을 때보다 추가로 전두엽의 Broca 영역이 더 활성되는 것이 관찰된다(Zatorre et al., 1992, 1995) ([그림 2-14] (c)). 청각 영역보다 소리를 내기 위해 어떻게 조음을 해야 하는가에 대한 고등 운동 정보처리 과정이 추가되었기 때문일 것이다.

중앙열 앞의 두뇌 피질을 전두엽이라고 한다. 특히 일차운동피질 영역과 전운동 피질 영역 앞의 모든 부위를 전전두 영역(prefrontal area)이라고 한다. 전운동 영역과 가까이 있는 피질 영역에서는 운동의 실행에 관련된 고등 정보처리가 수행된다. 또는 수의적인 눈동자의 움직임도 이 근처 영역(전두안구 영역, frontal eye field: FEF)에서 일어난다. 습관적으로 익숙한 동작이 아니라면, 어떤 목적을 가진 행동을 수행하는 데(예를 들어, 커피타기 등) 필요한 운동의 실행은 단순한 운동활동의 실행을 넘어서 시간적으로 복잡한 행동의 순서를 계획하거나, 그 복잡한 일련의 행동의 장기적인 목적을 파지하고 있는 단계를 다 포함하게 된다(물을 끓이기 위해 주전자에 물을 받아 불 위에 올려놓고 불을 켜고 …). 행동을 수행하는 동안에 그 일련의 행동의 목적을 당분간 파지하는 것은 전전두엽에서 계획을 세우고 수행하는 기능의 하나다. 7～8개의 단어를 머릿속에 그리고 있다가 또는 외우고 있다가 그것들을 거꾸로 다시 말해야 하는 행동(예: backward digit span task)을 생각해 보자. 보통 작업기억(working memory)이라고 불리는 기능과 어느 정도 일치한다고 볼 수 있을 것이다. 작업기억 연구과제로서 연달아 제시되는 항목 중에서 마지막 두 개만 효율적으로 순서를 바꾸어 가면서 작업기억 속에서 저장하는 것이 요구되는 n-back 과제 같은 과제 수행 중에 기능영상을 이용하여 연구하여 보면 전전두 여러 부분(특히 배외측 영역, dorsolateral prefrontal cortex, [그림 2-16])이 크게 활성화되는 것을 볼 수 있다(Owen et al., 2005 참조). 과제의 순서를 살펴보면, 이런 과제 수행이 세부적 단위의 정신활동으로 이루어져 있으며, 이런 세부적 정신적 활동의 순서를 조직적으로 수

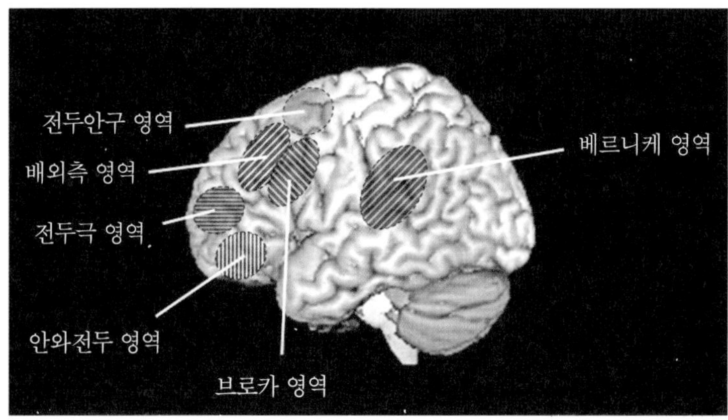

[그림 2-16] 전전두피질(prefrontal cortex)의 세부 영역들

전운동피질(premotor area) 바로 앞쪽으로 전두안구 영역(frontal eye field), 그 보다 더 전측으로 배외측 영역(dorsolatral area)이 있다. 전전두 옆의 가장 앞쪽에는 전전두 영역(frontopolar area)이 있으며, 전전두 옆의 맨 아래 쪽(안구의 위쪽에 해당)에는 안와 전두 영역(orbitofrontal area)이 있다(측두엽에 속하는 베르니케 영역은 참조로 함께 표시되어 있음).

행해야 한다는 점에서 운동집행 기능과 유사한 점이 있음을 이해하게 될 것이다. 즉, 정신 과정도 복잡한 행동(버릇이 들어 익숙한 행동과 달리)을 할 때와 마찬가지로 목적을 가지고 수행하는 과정이며, 맥락에 따라 어떤 행동을 선택하고 부적절하거나, 불필요한 행동을 억제하는 등의 과정을 필요로 한다. 이런 기능을 크게 집행 기능(executive function)이라고도 한다(집행 기능에 대한 자세한 설명은 Banich, 2004 참조). 원숭이에게서도 배외측 영역은 작업기억 과제에 관여함을 발견할 수 있다. 원숭이가 목표자극을 선택하고, 그 자극에 맞는 반응을 지연기간 동안 파지하고 있다가, 반응이 허락되는 시점에 반응을 하게 되는 종류의 과제(지연-반응과제, delayed-response task)를 연구해 보면, 전두엽의 바로 이 영역의 세포가 지연기간 동안(행동을 선택하고 미리 행동하는 것을 억제하는 동안) 활발하게 발화하고 있음을 알 수 있다(Goldman-Rakic, 1996 참조).

전전두 영역 중에 인지심리학자들의 관심을 끄는 또 다른 영역으로 주목할 만한 영역으로 언급하고 지나가고자 하는 영역은 전전두피질의 맨 앞쪽 영역에 해당하는 전두극 영역(frontopolar area)이다([그림 2-16]). 그 기능이 확실하지는 않지만, 고도의 이성적 추론 과정을 요구하는 과제 수행 중에 활성화가 관찰되는 영역이다([그림 2-17]).

전두엽의 다른 영역 중에서 주목할 만한 영역이 안와전두 영역(orbitofrontal

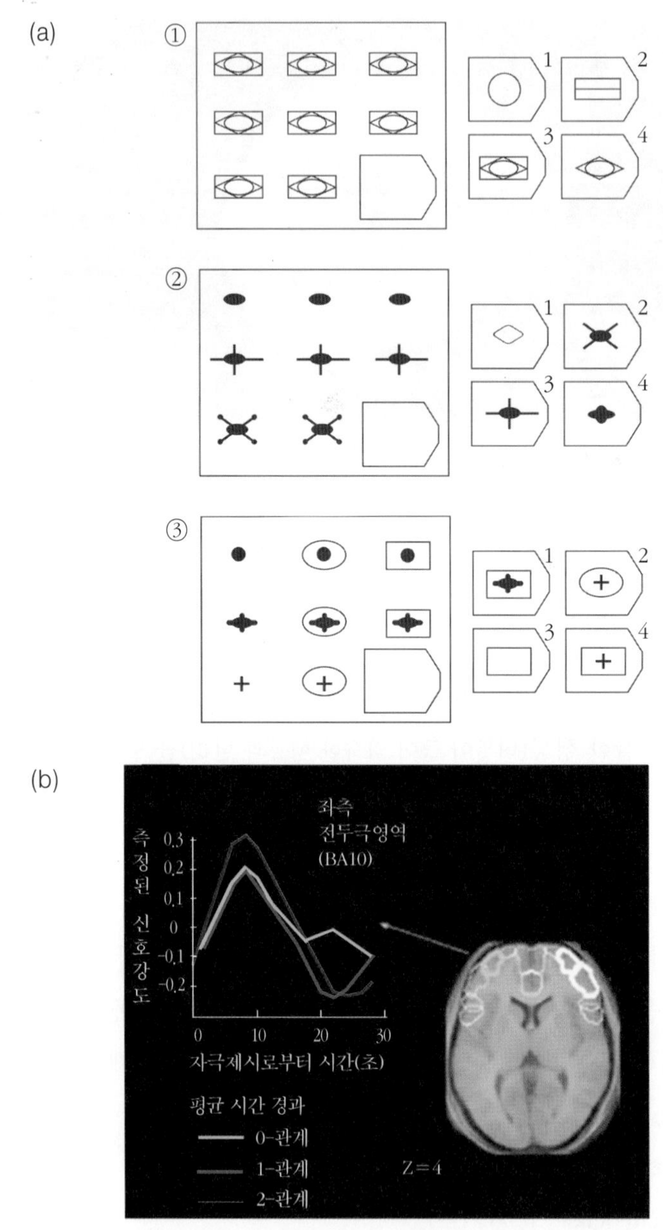

[그림 2-17] 추론과제의 예

(a) 빈칸에 맞는 답을 오른쪽의 4개의 보기 중에서 선택하는 문제의 예. 문제를 해결하는 데 주변 도형과 아무런 관련성이 없는 조건(0-관련성, 0-relational), 한 차원(가로나 세로 관계)의 관계성 밖에 없는 조건(1-관련성, 1-relational), 그리고 두 차원의 관련성(가로와 세로 모두 고려)이 있는 조건(2-관련성, 2-relational)의 추론 문제들이 있을 수 있다. 0-관련성 문제((a)-①)이나 1-관련성 문제((a)-②)보다는 2-관련성 문제((a)-③)가 더 복잡하고 문제를 푸는 데 걸리는 반응시간도 느리다. (b) 참여자는 18초 내에 한 문제씩 풀어야 하며, 문제 제시 시점으로부터 반응키를 누른 시간까지를 정확히 계산해서 두뇌 변화를 관찰하였을 때 0-관련성 문제(녹색 선으로 표시)나, 1-관련성 문제(파란색 선으로 표시)를 푸는 동안 두뇌가 흥분하는 양보다 유독 2-관련성 문제(빨간색 선으로 표시)를 푸는 동안 높은 활성화를 보이는 영역이 좌측 전두극 영역(두뇌에서 노란 선으로 표시된 영역)임을 보이는 연구 결과(Christoff et al., 2001).

region)이다. 이 피질 영역은 우리의 안구 소켓(안와)의 바로 위에 해당하는 영역이다. 이 영역이 손상된 환자에게서는 맥락과 상황에 따라 적절한 행동을 선택하고 부적절한 행동을 억제 또는 통제하는 데 어려움이 있다. 특히, 이런 환자들은 의사결정이나 계획을 하는 데 보상과 처벌에 따라 행동을 조율해야 하는 기능이나, 사회적으로 적절한 행동을 하는 데 심한 장애를 보인다. 이 장의 초기에 언급한 적이 있는 Phineas Gage가 안와전두엽이 손상된 후에 사회적응에 장애를 보이는 대표적인 예다.

④ 다중감각 - 공간 - 주의

두정엽은 앞에서 중심열(central fissure) 뒷부분이 체감각(somatosensory)을 담당하고 있다고 소개하였다. 체감각은 신체의 피부로부터 오는 촉각은 물론이고, 우리 몸의 관절로부터 오는 감각을 처리한다. 몸이 관절들로부터 오는 정보는 거의 무의식적으로 처리되어 몸의 위치에 대한 정보처리에 사용되며, 또한 몸의 움직임에 대한 통제에 필요하다. 몸이 어디에 어떤 자세로 있는지 알아야 공간상에서 몸이나 사지를 얼마만큼 어떤 속도로 움직여야 물건을 집을지 알 수 있을 것이다. 특히, 두정엽이 뒤로는 후피질과 아래로는 측두엽의 청각피질과 실비안 열을 사이에 두고 연접하는 부위임을 생각해 보면, 두정엽의 일부는 특히 다중감각 정보가 수렴하여 처리하기에 유리함을 알 수 있다. 즉, 하두정엽의 일부 영역은 시각과 청각 정보와 체감각 정보가 함께 처리된다. 예를 들어, 소리가 나는 쪽으로 갑자기 고개를 돌린다면 눈에 보이는 것이 달라질 것이며, 내 몸에 비해 내 머리의 방향이 틀어져 있는 정도에 대한 정보가 동시에 통합적으로 처리되어야 한다. 즉, 공간상의 물체나 대상의 시각 또는 청각정보와 자신의 신체 위치에 대한 정보 모두를 처리할 수 있으며, 어떻게 그 대상에 주의를 기울일 것인지가 다 이런 영역에서 처리된다(물론 밀접하게 피질하 구조와 상관을 가지면서).

전두엽의 손상도 주의 기능의 장애를 야기한다. 전두엽이 손상된 환자는 적절하게 불필요한 자극을 억제하지 못하고, 부적절한 자극에 주의를 기울이거나, 한 번 주의를 기울이면 그 주의를 움직이지 못하는 경향을 보인다. 즉, 주의의 융통성이 문제가 되는 것으로 개념화할 수도 있을 것이다. 두정엽은 주의의 다른 측면에 작용한다. 하두정 영역이 위에서 언급한 대로 공간적 의미의 통합적 정보처리를 하는 영역이기에 이 부분의 손상이 야기하는 주의장애는 다소 다르다. 두정 피질(parietal cortex)의 손상은 대측무시(contralateral neglect) 또는 편측무시(hemineglect)라는 유명한 증세를 야기한다. 손상의 반대쪽, 즉 대측(contralateral side) 공간으로 주의를 이전하지 못하는 장애를 보인다. 감각통로에 전혀 문제가 없음에도 이런 현상이 보인다는 점에서 흥미롭다. 특히, 우반구의 손상이 훨씬 두드러진 무시(neglect)현상을 보인다. 이때 무시하는 것은 공간일 수도 있고, 몸이나 얼굴의 반쪽일 수도 있고, 음식의 반쪽일 수도 있고, 단어나 그림의 반쪽일 수도 있다.

우측 두정엽이 손상된 환자의 편측무시 증세를 살펴보자. 예를 들면, 자신의 몸 중에서도 좌측에 해당하는 공간에 주의를 기울이지 않고 오른쪽 얼굴만 화장을 할 수도 있다. 식탁의 왼편에 있는 음식을 보지도 않고 먹지도 않거나, 왼쪽 몸을 씻지도 않고, 옷도 오른쪽만 걸치는 행동을 보일 수 있다. 재미있는 현상은 자신의 이런 이상한 증세가 이상하다는 것을 전혀 인식하지 못하는 것이 또한 편측무시장애 환자의 특징이다. 이런 환자들을 연구해 보면, 감각과 운동뿐 아니라 공간의 기억(한 위치에 서서 고향 도시의 광장을 바라볼 경우) 중에서도 좌측에 주의를 기울이지 않음이 발견된다. [그림 2-18]은 이런 편측무시 환자가 시계를 그리라는 지시에 따라 그린 시계 그림이다. 이 그림을 보면 원을 그릴 때까지는 좌측 종이 위에 반응하지만 이후에는 모두 오른편에 그린 것을 알 수 있다. 반응이 어느 쪽에만 편파적으로 나타나는가에 대한 증세를 보여 주는 예이다. 이런 증세들을 종합하여 보면, 두정엽이 몸 축을 중심으로 공간과의 관계에서 어떤 통합적 정보처리를 하며, 주의를 어떻게

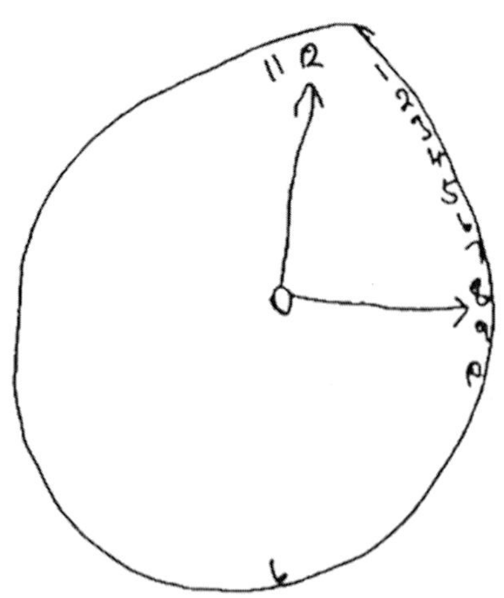

[그림 2-18] 편측무시 환자가 그린 시계

시계의 시침, 분침은 물론이며, 자판이 시계 얼굴의 오른편에 다 몰려 있는 것을 알 수 있다.

이동하거나 주의를 어디에 고정시키는 데 관여하는가를 알 수 있다. 많은 편측무시 증세를 보이는 환자들에서 증세가 호전된 이후에도 좌우의 시야나 좌우의 피부감각에 자극이 동시에 제시되는 순간에는 손상의 대측 방향에 제시된 자극에 주의를 기울이지 못할 때가 있다. 좌우 시야에 다른 자극을 보여 준다면 두 개의 서로 다른 자극을 알아차리는 데 문제가 없지만, 좌우 시야에 동시에 같은 자극을 보여 준다면 손상의 대측에도 자극이 제시되었다는 사실을 알아차리지 못할 수 있다. 이렇게 한쪽 감각사건이 의식 속에서 사라지는 현상을 소거(extinction)라고 한다.

좌측의 두정 영역, 특히 하두정피질 중의 일부는 손상(뇌출혈, 뇌경색 등)으로 인하여 다양한 언어 관련 증세를 보인다. 글씨를 쓰는 능력의 손상(실서증, agraphia), 글씨를 읽는 능력의 장애(실독증, alexia), 산수계산 능력의 손상(acaculia), 도구나 제스처를 사용하는 손동작에 대한 지시(빗질하기, 열쇠로 문 열기 등)를 수행하는 기능의 장애(실행증, apraxia)를 보일 수 있다. 도구 사용 동작을 하는 동안(어느 손으로 실행하느냐와 무관하게) 좌반구의 두정 영역이 중요함을 보인 fMRI 연구 결과([그림 2-7])를 참조하면 알 수 있다. 우반구의 하두정피질의 손상은 다른 장애를 야기한다. 예를 들면, 그림을 그대로 따라 그리는 능력이나 조각 그림을 맞추는 능력, 블록을 쌓는 능력(시공간 구성능력) 또는 이미 익숙한 동네에서 길을 찾는 능력 등에 결함을 보인다(Kolb & Whishaw, 2004, 제14장 참조).

⑤ 반구 비대칭

손상 환자의 연구를 통하거나 기능영상 연구를 통하여 우리는 대뇌피질의 좌우가 거의 동일하게 생겼음에도 불구하고 기능적으로는 똑같은 거울상이 아니라는 것도 알고 있다. 위에서 언급하였듯이 전두엽 브로카(Broca) 영역이나 측두엽의 베르니케(Wernicke) 영역이 특히 좌반구의 해당 영역이 손상되었을 때만 실어증을 일으키는 경향이 높으며, 일차청각 영역의 경우 좌반구 영역이 언어처리에 더 전문화되어 있는 반면, 우반구의 동일한 영역은 음조와 환경소음(차소리, 벨소리 등)에 민감하다. 이와 마찬가지로 두정엽도 좌우반구의 기능의 분화를 보여, 우측의 손상이 더욱 공간과 주의에 민감한 기능장애를 야기하는 반면, 좌측 손상은 익숙하고 의미적인 또는 언어적인 측면에 더 많은 결함을 야기함을 볼 수 있다. 이런 좌우반구의 차이를 어떻게 설명할 것인가에 대해서는 여러 가지 견해가 있다. 좌반구를 언어적, 우반구를 비언어적으로 보는 입장, 좌반구를 계열적 · 분석적 처리로, 우반구를 통합적 · 전체적 처리에 특화된 것으로 보는 입장 등이 있다. 또는 감각적으로 들어온 동일한 정보에 대하여 시간 주파수에 의한 분석이 능한 좌반구(결과계열적 분석적 처리를 잘하게 되며, 이는 언어의 음성 처리 등에 유리)와 공간 주파수 분석에 능한 우반구(결과적으로 동시적 공간적 처리가 능하며, 이는 시공간적 자극 처리에 유리)로 보는 이론 등이 분분하다(Benich, 2004 참조). 이런 반구 기능 간의 차이는 정상인을 위해서 두 반구의 미묘한 차이가 연구되기도 했지만, 정상인의 경우 두 반구 간의 빠른 협응이 워낙 발달되어 있으므로 두 반구의 특성을 연구하는 것이 쉽지는 않다. 정상인을 이용한 연구로서, 인지심리학적으로 더욱 흥미로운 연구거리는 좌시야(우반

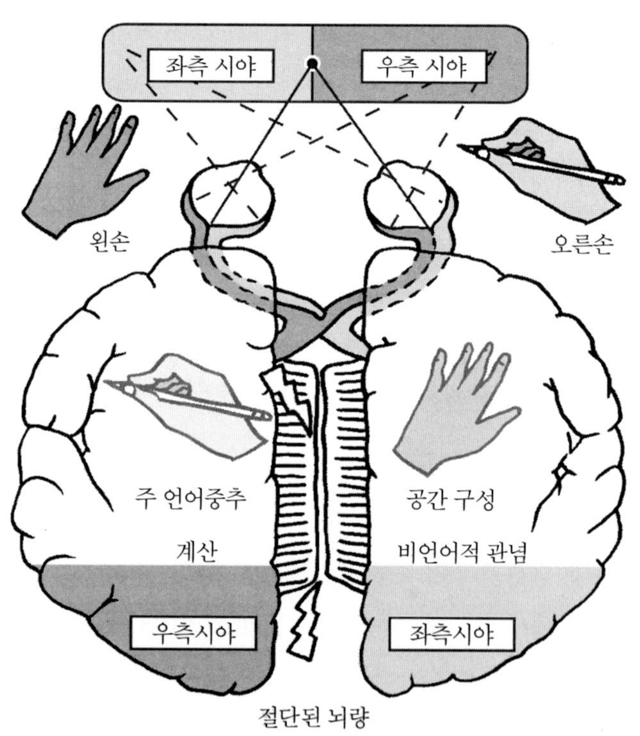

[그림 2-19] 분할뇌 환자의 도식도

좌우 눈의 망막에 각각 우측(빗금으로 표시)의 시야는 좌측 두뇌로, 좌우 눈의 망막에 비친 좌측 시야(회색으로 표시)는 우측의 두뇌로 정상적으로 시교차를 통해 들어온다. 좌반구는 오른손을 우반구는 왼손을 통제한다. 그러나 두 반구 사이의 뇌량이 절단되어 있어서 두 반구 간의 소통이 불가능하게 되어 우측 시야에 제시된 정보는 좌반구에만 전달되고, 언어를 통제하는 좌반구에 의해 읽히거나 글씨로 쓰일 수 (오른손으로) 있다. 좌측 시야에 보인 단어는 우반구로 전달되나, 우반구는 언어 발성 통제를 잘하지 못하여 단어를 적절하게 읽지 못하는 것 같다. 그러나 약간의 의미 판단이 가능해서 왼손으로 해당 물건을 집을 수는 있다. 정상인의 경우는 어느 시야에 단어를 제시하든지, 그 단어를 읽는 데 문제가 없으며(우반구에 도착한 단어 상도 좌반구에서 해독되므로), 어느 손으로든지 답을 써서 말할 수 있다(왼손이 서투르기는 하지만).

구), 우시야(좌반구)에 빠르게 제시된 시각자극이 각 우반구와 좌반구에서 어느 정도 처리되고, 두 정보가 통합되어야 하거나 경쟁하여야 할 때 어떤 일이 일어나는가에 관한 것이다. 좌우반구의 기능의 분화에 비대칭적 차이가 있음을 지지하는 중요한 발견은 한쪽 반구의 손상을 입은 환자들의 연구로부터 이루어졌다.

좌우반구 기능 비대칭성에 가장 극적인 발견은 좌우 두 반구 피질 간의 뇌량(corpus callosum)을 절단한 분할뇌(split-brain) 환자들의 연구를 통해서 이루어졌다. 심한 간질을 치료하려는 목적에서 두 반구를 연결하는 뇌량을 절단한 환자들이 있었는데, 이들을 상세히 연구한 연구자들은 놀라운 좌우 뇌의 차이를 발견하였다. 두 눈이 정면을 보는 상태에서 왼쪽이나 오른쪽 시야(visual field)에 빠르게(두 눈을 움직일 시간도 없이) 제시된 시각자극은 한편의 시야의 반대편 두뇌로만 정보가 전달된다([그림 2-19]). 정상인에게서는 다시 빠른 속도로 다른 쪽 반구로 정보가 전달되기 때문에 큰 기능 차이가 눈에 보이지 않지만, 이런 환자에게서는 어느 쪽 뇌에 무엇을 보여 주었는가에 따라 그 환자가 반응할 수 있는 내용이 제한됨이 발견되었다. 예를 들어, 좌반구에만 제시된 단어는 환자가 소리 내어 읽을 수 있지만, 우반구에만 제시되게 한 단어는 환자가 소리 내어 읽지 못함을 알게 되었다. 그러나 그 단어가 간단한 물건의 이름이라면 왼손(우반구가 통제)으로 손 감촉으로 감각하여(눈으로는 못 보게 칸막이를 한 탁자 위에서) 그 물건을 정확하게 집을 수는 있었다. 이는 우반구에 복잡한 언어능력은 결여되어 있음을 의미한다. 이렇게 각각의 뇌는 서로의 기능에 차이가 있을 뿐만 아니라, 절단뇌 환자에서는 두 반구가 협응을 하지 않으며, 때로는 한 인간 내에서 두 반구가 경쟁하기도 한다. 예를 들어, 어떤 절단뇌 환자는 자신이 한 손이 단추를 잠그려는데 다른 한 손이 옷을 벗으려고 단추를 푼다든지 하는 기이한 행동을 하고 있음을 경험하기도 하였다. 이런 사례들은 오히려 정상인들의 정상적인 뇌량의 기능이 자연스레 두 반구의 기능을 무리 없이 통합하고 있음을 시사한다. 즉, 우리는 정상적인 상황에서 두 반구의 정보처리 결과가 뇌량 덕에 의식 속에서 자동적으로 통합되고 좌우 반구의 명령이 필요한 반구로(왼손을 움직이려면 우반구로, 오른손을 움직이려면 좌반구로) 옮겨가 실행되기 때문에 일상생활을 문제없이 살 수 있는 것이다.

(2) 피질하 구조물과 인지 기능

대뇌의 신피질 아래로는 뇌간에서부터 연결되는 중뇌와 간뇌, 그리고 변연계를 포함한 다양한 두뇌 구조가 있다. 신피질과 달리 이 구조물의 기능은 고등 영장류가 아닌 동물들과 공통된 기능을 그대로 진화 과정에서 유지하고 있어서, 많은 경우 동물 연구에 의해서 유용한 기능해부학적 정보가 연구되고 있다. 그중 인지심리학과 관련된 중요한 몇몇 구조물만을 설명하고자 한다.

① 상소구-안구운동-주의

상소구는 빠른 안구운동(saccadic eye movement)의 중추로서 반사적인 안구운동(갑자기 소리 나는 쪽으로 눈을 돌리게 되는 현상)을 할 때나 또는 의도적일지라도 빠른 안구운동(주의를 돌리기로 결정하고 눈을 목표자극으로 빠르게 움직일 때)이 일어날 때 눈의 움직임을 통제한다. 빨리 일어나는 눈의 움직임(인간의 경우 평균 200ms 잠재기, 900°/sec 최고속도로 움직임)은 상소구에 의해서 조절되며, 얼마나 움직여야 눈이 목표자극에 도착하는가를 결정하는 신호는(연수에 있는 핵을 통하여) 안구를 움직이는 근육에게 전달된다. 이는 중요한 자극을 눈의 망막의 중심에 놓이게 하는 장치로서, 주의를 기울이고자 하는 자극에 시선을 움직이는 기제다. 곧 시각정보 처리 중 주의와 관련된 공간지각과 밀접한 연관이 있는 부위다. 이런 상소구에 의해 가능한 안구운동을 전두엽에 있는 전두안구 영역(frontal eye field)이 관여한다는 것이다. 전두안구 영역은 상소구를 억제하는 다른 회로를 통제하여 상소구가 안구운동을 적절하게 시작하게 한다. 주의의 집중과 이전 자극으로부터의 주의의 분리, 그리고 새로운 주의 대상으로의 주의 이전 등도 이런 중뇌와 신피질의 복잡한 상호작용으로 가능하다.

망막에서 출발한 대부분의 시각정보는 바로 외측 슬상핵을 거친 후 다시 시각 피질로 전달된다. 그러나 망막에서 바로 상소구로 전달된 일부의 시각정보는 공간상의 적절한 위치(목표자극)로 안구가 신속하게 움직일 수 있게 하는 역할을 한다. 서서히 목표자극을 따라 움직이는 안구 운동(smooth pursuit eye movement)은 전두안구 영역이나 소뇌가 안구를 통제하는 교의 신경핵으로 직접 신호를 보내 통제하며, 상소구와는 독립적으로 이루어진다(Kandel et al., 2000 참조). 눈에서부터 오는 정보의 일부만이 상소구로 도착하는 것과 달리 귀를 통해 들어온 청각신호는 하소구를 거쳐 내측 슬상핵을 통해 청각피질로 전해진다. 이때 하소구도 공간상의 특정 위치에 청각적 주의를 기울이는 기능과 밀접한 관계가 있다.

② 내측 측두엽-해마-선언적 기억

내측 측두엽은 세포 회로의 특성상 비정상적인 전기활동을 야기하는 조직이 잘 생성된다. 이는 신경과적인 질병인 간질(epilepsy)을 야기해 경우에 따라서는 약물로 치료되지 못하고 외과적 수술로 비정상적인 두뇌 조직을 절단해야 하는 경우가 있다. 1950년대에 좌우의 내측 측두엽을 간질치료를 위해 제거하는 수술을 받았던 한 환자(H.M.)에게서 발견된 선행성 기억상실증(새로운 기억을 생성하지 못하는 기억장애)은 내측 측두엽 중 특히 해마(hippocampus)가 얼마나 인간의 기억에 중요한 영역인가를 알게 하여 주었다(그는 양측 해마는 물론 근처의 기억 관련 두뇌 영역이 수술 중에 함께 손상되어 1953년 이후 평생 새로운 기억을 생성하지 못하고 살고 있다.). 해마는 여러 감각피질로부터 입력을 받으며, 다시 여러 연합피질과 다른 피질하 부위로 입력을 보내는 복잡한 신경망을 가지고 있다. 해마가 손상된 환자나 동물 연구로 알려진 바에 의하면, 기억 중에 단순한 단일 항목에 대한 기억이나 여러 번의 반복을 통하여 기억되는 비선언적/절차적 기억 또는 암묵적 기억(nondeclarative memory/procedural memory 또는 implicit memory)보다는 기억되는 정보들 간의 관계와 주변 맥락 정보(언제, 어디서)가 한 번의 경험으로 전부 다 의식 속에 저장되는 선언적/기술적 또는 일화적 기억(declarative memory 또는 episodic memory)에 필수적인 영역이다. 해마가 손상된 환자와 동물의 연구는 인간의 기억이 하나의 체계가 아님을 밝혀 준 좋은 생물학적 연구의 예이다. 이후에 계속된 해마의 미세 회로에 관한 연구는 어떤 전기 화학적 사건들이 해마로 들어와 회로의 장기적 변화로 전환되어 미세 회로의 전기적 속성이 장기적으로 변화(장기 기억 시냅스강화 Long Term Potentiation: LTP)되는지를 밝히고 있다. 또한 기억이 한 번에 단기 기억에서 장기 기억으로 전환되는 것이 아니라 시간을 두고 분산 신경망에 저장되어, 시간이 지남에 따라 해마 의존성이 약해지면서 장기기억이 형성되어 나가는 응고화(consolidation) 과정에 해마가 중요한 역할을 하고 있음이 시사되고 있다. 쥐 등을 이용한 동물 연구는 해마가 공간기억에 중요한 역할을 하는 것을 증명하고 있으나, 인간의 연구에서는 반드시 그렇지만은 않다. 그보다는 관계성에 대한 기억이 일화 기억의 주된 속성으로, 해마가 이에 필수적인 듯하다.

해마는 또한 변연계의 일부로서 전측 시상(anterior nucleus of thalamus)이나 유두체(mammillary body)와 뇌궁(fornix)을 통해 밀접한 회로로 연결되어 있다. 전측 시상은 또한 후 대상회(posterior cingulate)와 연결되어 있어 중요한 변연계 회로를 형성하고 있으며, 기억 형성에 관여하는 듯하다. fMRI와 같은 기능영상의 발달로 해마의 주변 피질, 예를 들어 후피질(rhinal cortex), 후내야(entorhinal cortex), 해마방회(parahippocampal cortex)의 기능이 보다 상세히 규명되고 있다. 부호화 시에 해마의 활동에 따라 이후 기억검사 시에 확신 있는 재인(대강 친숙해서 이전에 본 것이라고 알아맞히는 것이 아닌, 확실한 회상을 동반하는 재인)과 재인 실패(이 전에 본 것인데 처음 본 것으로 판단하는)로 달라지는 듯하다. 그뿐만 아니라 나중에 재인검사를 했을 때에 전체적인 재인의 성공(대강 친숙한 느낌 때문에 이전에 보았다고 재인하는 경우)과 실패는 부호화 시의 후피질의 활동 정도의 높고 낮음이 좌우할 가능성을 시사하고 있다.

4. 요약

이 장에서는 마음과 뇌, 인지와 뇌에 대하여 심리학과 신경과학이 접근하여 온 틀을 살펴보았고, 특히 인지신경심리학의 기본 연구 방법을 손상법과 뇌영상 기법을 중심으로 고찰하였고, 신경계의 구조와 기능, 특히 뇌의 구조와 기능을 살펴보았다. 인지 과정이 어떻게 작동하는가를 알기 위하여 단지 인간의 외적 행동만 관찰하여서는 부족하다. 마음과 인지 과정을 가능하게 하는 생물적 바탕인 인간의 몸, 특히 뇌에 대한 깊은 이해가 없이는 인지 과정에 대한 충분한 이해가 어렵다.

인지심리학이 출발한 초기에는 뇌와 인지 과정 사이의 관계에 대한 연구가 적었으나, 인지신경심리학이 형성됨에 따라 1970년대 후반부터 뇌와 인지의 관계를 설명하려는 연구가 활발히 진행되었다. 뇌손상 환자의 연구와 신경심리연구 방법의 발달과 더불어 많은 새로운 자료들을 발굴하였으며, 인간의 뇌의 신비한 여러 측면이 드러났다. 특히, PET, fMRI와 같은 신경감지 기법의 발달은 신경과학과 심리학의 거리를 대폭 좁혔으며, 종국에는 일부 해외 대학에서는 신경과학-인지과학 중심의 심리학과 여타 사회심리-임상심리 분야의 심리학으로 학과가 이분되는 경향도 보이고 있다. 앞으로도 뇌 연구를 중심으로 한 인지심리학적 접근은 인지심리학에서 더욱 그 비중이 커지리라고 본다. 신경과학과 심리학의 밀접한 접목이 마음에 대하여, 인지에 대하여 과연 무엇을 얼마나 밝혀낼 수 있을지, 어떠한 새로운 관점을 제시할지 긍정적 기대가 크다.

주요 용어 목록

BOLD(혈류의 산소 수준, blood oxygen level dependent)
CAT(컴퓨터 단층촬영법, computerized axial tomography)
ERP(사건-관련 전위기록법, even-related potential recording)
fMRI(기능자기공명영상법, functional magnetic resonance imaging)
MEG(뇌자도, magnetoencephaography)
MRI(자기공명영상법, magnetic resonance imaging)
PET(양전자방출단층영상법, positron emission tomography)

뇌량(corpus callosum)	대뇌피질(cerebral cortex)
분할뇌(split brain)	시냅스(synapse)
신경세포(neuron)	신경전달물질
실무율(all or none principle)	실인증(agnosia)
안정전위(resting potential)	역치(문턱값, threshold)
인지신경과학(cognitive neuroscience)	인지신경심리학(cognitive neuropsychology)
인지신경연구법	임상사례 연구
편재화	활동전위(action potential)

읽을거리 ▶▶▶

3판에서는 뇌의 기능해부학적 소개에 강조를 두어 내용을 추가하였다. 신경심리학의 원서로 인지신경심리학적 논의가 상세히 언급된 책으로는 Marie T. Banich의 『Cognitive neuroscience and neuropsychology』(Houghton Mifflin, 2000)을 추천한다. 국내시장에 소개된 번역서는 『인지 신경과학과 신경심리학』(Marie T. Banich 지음, 김명선, 강은주, 강연욱 옮김, 시그마프레스, 2008)이다. 이 장에 소개된 내용을 상세히 공부하고 싶은 사람에게 아주 중요한 서적이 될 것이다. 이 장의 중요한 참고문헌으로 뇌손상 환자 중심의 연구를 소개하는 책으로는 B. Kolber와 I. Q. Whishaw의 『An Introduction to Brain and Behavior』(2005)가 있으며, 기능영상을 중심으로 한 인지신경과학적 서적으로 Gazzaniga 등(2002)의 『Cognitive neuroscience: the biology of the mind』(2nd Eds.)가 자주 인용되었다. 이 분야를 공부하고 싶은 사람들의 필독서로는 위의 세 책을 강력 추천한다. 뇌에 관한 생물심리학적 연구의 종합적인 소개서로는 『생물심리학』(James Kalat 지음, 김문수, 문양호, 박소현, 박순권, 박정현 옮김, 시그마프레스,

1999)이 있다. 일상생활에서 뇌의 역할을 이해하고 싶은 사람을 위해서는 『마음을 움직이는 뇌, 뇌를 움직이는 마음』(성영신, 강은주, 김성일 편, 해나무, 2004)라는 책을 추천한다. 그 외에도 뇌와 기억 및 학습과의 관계에 대한 읽기 쉬운 책으로는 『뇌과학에서 본 기억과 학습』(윤영화 저, 학지사, 2001)이 있으며, 임신에서부터 시작하여 출생하여 성장하기까지 뇌가 어떻게 발달하며, 어떻게 하면 뇌를 잘 발달하게 할 수 있는가에 대한 서적으로는 『매직 트리: 아이의 생각주머니를 키워라』(매리언 다이아몬드, 재닛 홉스 지음, 최인수 옮김, 한울림, 2002)라는 책이 있고, 뇌손상 환자가 어떠한 기이한 증상들을 보이며 사는가를 보여 준 책으로는 『아내를 모자로 착각한 남자』(올리버 색스 지음, 조석현 옮김, 살림터, 1993)를 소개한다. 저자의 문학적 표현으로 더욱 생생하게 환자의 증세를 이해할 수 있을 것이다. Martha J. Farah와 Todd E. Feinberg의 『Patient-based approaches to cognitive Neuroscience』(MIT Press, 2000)나 약간 높은 수준에서 인지과학적 물음을 알아보려면 『신경과학과 마음의 세계』 (제럴드 에델만 지음, 황희숙 옮김, 범양사, 1998)를 추천한다.

제3장

형태재인

1. 형태재인의 모형들
2. 하향적 정보의 이용
3. 요약

제3장

형태재인

외부 세계의 사물들을 보고 그것이 무엇인지 아는 것은 우리가 일상적으로 너무도 쉽게 하는 일들이다. 주변의 친숙한 물건이나 사람들을 알아보고, 글을 읽고, 길가의 친숙한 건물들과 풍경을 보며 우리는 쉽게 집을 찾아간다. 또한 슈퍼마켓의 계산대에서는 여러분이 산 물건값을 계산하기 위해 각 상품에 붙어 있는 바코드를 읽어 들인다. 영화의 한 장면에서 일급비밀 문서를 다루고 있는 방을 출입하기 위해 출입자의 지문이나 얼굴을 읽어 들여 당사자의 신원을 확인하는 것을 흔히 볼 수 있다.

일상생활에서 쉽게 경험하거나 관찰할 수 있는 이러한 일들은 공통적으로 외부의 정보들을 받아들여 어떠한 방식으로든 이를 내부적으로 다시 재현하고(re-present, 표상), 이들 표상들을 우리의 뇌나 혹은 특정 시스템의 기억장치들에 저장되어 있는 시각적 사물들에 대한 기존의 표상들과 대조하는 과정, 즉 형태재인 과정이 있어야 가능하다. 인지심리학에서는 사람이 환경으로부터 입력되는 시각정보와 뇌 속에 저장된 정보를 비교함으로써 특정 대상을 재인하는 과정과 원리를 밝히는 데 초점을 두고 있는 반면, 공학 분야에서는 입력되는 정보와 시스템이 가지고 있는 데이터베이스를 비교하는 과정이나 기억장치에 저장해 놓아야 하는 정보를 구성하는 방식 등의 효율성과 신속성에 초점을 맞추고 있다. 이러한 차이에도 불구하고 인간의 형태재인 과정에 대한 원리들은 공학적 형태재인 시스템에 적용될 수 있을 뿐만 아니라, 공학적 알고리즘이나 모형들 또한 사람의 형태재인 과정을 모형화하는 데 영향을 줄 수 있다. 이 장에서는 사람의 형태재인 과정을 설명하는 간단한 모형들을 설명하고 그 장단점에 대해서 알아볼 것이며, 이러한 모형들이 설명하기 어려운 형태재인에서의 고차 인지 과정의 영향에 대해서 살펴볼 것이다.

모양이나 형태재인은 비록 우리가 순간적으로 쉽게 하는 일이지만, 그 과정은 실제로 매우 복잡하고 어려운 일이다. 우선, 우리의 시각체계로 들어오는 시각적 입력정보를 생각해 보자. 우리의 시각기제로 입력되는 정보는 망막상에 맺혀 있는 빛의 강도와 파장이며, 이들은 매우 가변적이고 불안정한 정보라고 할 수 있다. 예를 들면, 우리가 책을 읽을 때 눈이나 몸을 움직이거나 혹은 책을 조금만 비틀어 보아도 망막상에 맺힌 빛의 얼룩들은 금방 변하게 된다. 또한 우리가 눈의 초점을 책의 표면에서 조금만 떼어도 글자들은 금방 희미해지고 여러 세밀한 정보들을 잃게 된다. 더욱이, 책 자체를 재인하는 경우에도 만일 그 책이 다른 사물들과 복잡하게 뒤섞여 있다면 군데군데가 다른 주위의 사물들에 의해 가려질 수도 있고, 그 책의 테두리선조차 주변 사물들의 테두리나 심지어 그 책에 있는 음영선이나 표면상에 그려진 선들과도 구별되지 않을 수 있다(Pinker, 1984). 특히, 기본적인 시각 기능에는 아무런 문제가 없는데도 사물을 보고 그것이 무엇인지 혹은 어디에 있는지 알지 못하는 시각실인증(visual agnosia)은 우리가 생각하는 것보다 훨씬 더 복잡한 고차적인 시각 과정이 사물인식에 필요함을 보여 주는 예라고 하겠다(Farah, 1990).

대부분의 형태재인이론에서는 사물과 망막에 맺힌 영상 간의 대응방식을 다소 간접적이고 추상적인 방식으로 설명하고 있다. 예를 들면, 장기기억에는 사물의 모양에 대한 정보와 관련된 표상들이 있다고 가정하는데, 이들 표상은 순간적으로 망막에 떨어진 시각자극 형태의 복제라기보다는 그 사물의 불변하는 모양특성들을 지닌 대표적인 모양정보로 구성되어 있다고 본다. 재인 과정 중에는 그 망막에 맺힌 영상이 장기기억에 있는 것과 같은 형식으로 변환되고, 그 변환된 입력정보가 기존의 기억표상들과 비교되어 그중 가장 비슷한 기억표상이 선택된다. 여러 가지 형태재인이론들이 제안되었는데, 이들은 장기 기억표상들에 대해 각기 다른 가정들을 하고 있다. 특히, 이들 이론들은 하나의 사물이 갖게 될 표상의 개수와 단일 표상에 대응될 사물들의 유형, 그리고 표상의 형식(표상에서 사용되는 기본적인 상징기호와 그들 간에 관계)에 대한 가정들이 서로 다르다.

1. 형태재인의 모형들

1) 형판맞추기모형

형판맞추기(template matching) 모형에 따르면, 인간의 형태재인은 망막에 떨어진 영상과 기억 속에 저장되어 있는 형판과 비교되고, 이 과정에서 입력된 영상과 동일한 형판이 발견된다면 그 형판에 해당되는 대상으로 인식하게 된다는 것이다. [그림 3-1]은 형판맞추기모형에 따라 영어 글자 A를 재인하는 과정을 보여 주고 있다. 그림에서 볼 수 있듯이 형판맞추기모형은 입력되는 영상의 위치, 크기, 심지어는 방위만 다른 경우에도 A를 재인하는 데 실패할 수밖에 없다(Neisser, 1967).

사람의 형태재인의 경우 입력되는 글자의 방향이나 크기가 관찰자의 방향이나 거리에 따라 다양하게 변화됨에도 불구하고, 사람들은 A를 아주 잘 재인할 수 있다. 또한 개개인의 필체가 아주 다양함에도 불구하고 사람들은 다른 사람이 쓴 글

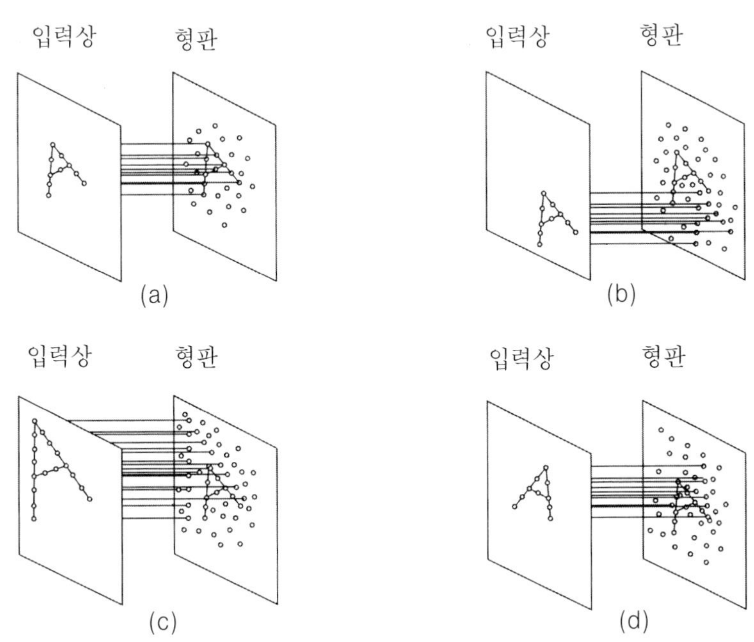

[그림 3-1] 형판맞추기모형에 따른 글자재인 과정

(a)는 입력상과 형판이 정확히 맞았음을 보여 주고 있다. (b)의 영상은 위치, (c)의 영상은 크기, (d)의 영상은 방위가 형판과 달라 형태재인이 실패했음을 보여 주고 있다.

씨를 쉽게 재인할 수 있다. 만약 사람의 형태재인 과정이 형판맞추기모형과 유사한 방식으로 처리된다면 글자 A 하나에 대해서도 다양한 크기와 방향을 갖고 있는 수많은 형판이 기억 속에 저장되어 있어야 한다. 더욱이 사람들이 재인할 수 있는 수많은 대상들을 고려하면 기억 속에 저장하고 있어야 하는 형판은 상상할 수 없을 정도로 많아야 한다.

무한한 개수의 형판을 기억 속에 저장해야 한다면 뇌의 아주 많은 영역을 이들 형판을 저장하는 데 사용해야 하므로 그와 같은 저장방식은 아주 비효율적이다. 혹은 수백만 개의 형판을 저장할 수 있다고 하더라도 입력되는 영상과 비교하기 위해서는 아주 많은 시간이 걸리게 될 것이다. 따라서 형판모형의 비효율적인 저장방식이나 사람의 형태재인 과정이 아주 즉각적으로 이루어짐을 고려할 때 사람의 형태재인 과정이 형판맞추기모형에서 가정하는 방식과 동일하게 이루어질 것이라고 생각하기는 어렵다.

형판맞추기모형이 인간의 형태재인 과정을 적절하게 설명해 주지는 못하지만, 입력되는 영상의 종류가 적고 그 영상의 변형이 제한적인 실용적인 분야에는 아주 효율적으로 적용되고 있다. [그림 3-2]는 우리가 일상생활에서 자주 접할 수 있고, 컴퓨터 시각 분야에서 적용되고 있는 예들인 수표와 상품 포장지에 붙어 있는 바코드를 보여 주고 있다. 자세히 보면 수표의 점선 부분에 '점선 아랫부분은 전산 처리되는 부분이므로 글씨를 쓰거나 더럽히지 마십시오.' 라는 글씨가 쓰여 있다. 이는 바로 형판맞추기모형의 제한점에 대해서 얘기하고 있는 것이다. 만약 이 부분에 글씨를 쓰게 되면 판형에는 없는 영상들이 입력되므로 수표인식 시스템이 숫자를 정확히 인식할 수 없게 된다(여러분은 어떤가? 다른 사람이 이 부분에 글씨를 적어 놓아도

[그림 3-2] 형판맞추기모형의 적용 예

수표와 바코드. 수표의 아랫부분에 있는 숫자들이나 바코드들은 모두 형판맞추기모형에 따라 특정 숫자를 판단한다. 수표에에서는 우리가 사용하는 숫자들과 거의 비슷한 모양으로 된 숫자들을 구별하지만, 바코드에서는 수직선의 위치, 두께, 그리고 각 선들 간의 간격에 의해 각 숫자를 구별한다.

수표에 적혀 있는 숫자를 정확히 읽을 수 있지 않는가?).

수표의 아래에 표시되어 있는 숫자의 개수나 바코드에 기록되어 있는 줄무늬들은 여러 개가 있지만, 실제 이를 인식해야 하는 컴퓨터 시스템은 10개의 다른 형태(혹은 숫자)만 구별하면 된다. 우리가 일상생활에서 구별해야 되는 사물들의 수와 비교해 보면 그 수는 아주 적다. 또한 사람이 쓴 필기체 숫자라면 동일한 '8' 이라도 각 개인의 필체에 따라서 아주 다양할 것이지만, 인쇄된 숫자는 그 형태가 이미 정해져 있으므로 '8' 을 인식하기 위해서 수많은 형판이 필요하지 않다. 따라서 형판맞추기모형을 적용하고 있는 이러한 시스템은 필기체와 같이 다양한 필체의 숫자를 재인하지는 못하지만, 미리 저장되어 있는 정해진 형태들은 아주 훌륭히, 그리고 아주 빨리 재인할 수 있다.

2) 세부특징분석모형

하나의 사물이 전체적인 하나의 단위로서 인식되는 형판이론과는 달리 세부특징분석(feature analysis)모형에서는 사물의 세부특징이나 형태소에 근거하여 사물을 인식하고 해석한다. 즉, 세부특징분석모형은 특정 대상이 가지고 있는 수직선이나 수평선 혹은 곡선 등과 같은 단순한 기하학적 세부특징들에 대한 분석이 먼저 일어나고, 분석된 세부특징들 간의 관계가 파악된 후에 형태재인이 발생된다고 설명한다. 예를 들어, 'ㄹ' 이라고 하는 낱자는 세 개의 수평선과 두 개의 수직선으로 구성되어 있다. 그리고 제일 위에 있는 수평선과 가운데 수평선의 오른쪽 꼭짓점들은 수직선으로 연결되며, 가운데 수평선과 아래에 있는 수평선의 왼쪽 꼭짓점들 또한 수직선으로 연결된다. 이러한 세부특징이 주어지고 각 세부특징들은 위에서 기술한 방식으로 연관되어 있다면 그 낱자를 'ㄹ' 로 재인하게 될 것이다.

세부특징분석모형에 따라 가정할 수 있는 각 영어 낱자의 세부특징들이 [그림 3-3]에 제시되어 있다. 이 그림을 자세히 살펴보면 P와 R, E와 F와 같이 그 세부특징들이 아주 유사한 낱자도 있지만, N이나 O와 같이 공통적인 세부특징이 없는 낱자들도 있다. 형판맞추기 이론에 따르면, 글자재인 과정에서 기억 속에 저장되어 있는 각 낱자의 형판은 그 낱자가 가지고 있는 전체적인 형태이므로 세부특징의 유사성과는 무관하게 다른 낱자로 오인될 가능성은 동일할 것으로 예견된다. 이에 반해, 세부특징분석모형에서는 각 낱자의 세부특징들이 먼저 분석되므로 세부특징이

Features	A	E	F	H	I	L	T	K	M	N	V	W	X	Y	Z	B	C	D	G	J	O	P	R	Q	S	U
Straight																										
Horizontal	+	+	+	+		+	+								+				+							
Vertical		+	+	+	+	+	+	+	+	+				+		+		+				+	+			
Diagonal/	+			+				+	+		+	+	+	+	+											
Diagonal\	+			+				+	+	+	+	+	+	+									+	+		
Curve																										
Closed																+		+			+	+	+	+		
Open V																				+						+
Open H																	+		+	+					+	
Intersection	+	+	+	+			+	+					+			+						+	+	+		
Redundancy																										
Cyclic Change		+							+			+				+									+	
Symmetry	+	+		+	+		+	+	+		+	+	+	+		+	+	+			+					+
Discontinuity																										
Vertical	+		+	+	+		+	+	+	+				+								+	+			
Horizontal		+	+			+	+								+											

[그림 3-3] 각 영어 낱자의 세부특징들

유사한 낱자들 간에 잘못 재인될 가능성이 더 클 것이 예상된다.

각 낱자들의 혼동 가능성에 대한 이러한 예상은 다양한 연구 방법을 채택한 여러 연구들로부터 지지받고 있다. 낱자 간 혼동 정도를 측정할 수 있는 한 가지 방법은 임의로 선정된 두 낱자가 동일한 것인지 다른 것인지를 판단하도록 한 후 각 쌍에 대한 판단 시간을 측정하는 것이다. Gibson, Schapiro와 Yonas(1968)는 이와 같은 방법을 사용하여 혼동 정도를 측정한 결과 G와 W가 제시되었을 때에 두 낱자가 다르다고 반응하는 데 걸린 시간은 458ms(천분의 1초)인 데 반해 P와 R이 다르다고 반응하는 데 걸린 시간은 571ms으로 나타나, 두 낱자의 세부특징이 유사할수록 판단 시간이 길어짐을 발견하였다.

또 다른 방법은 하나의 낱자를 제시한 후 그 낱자가 무엇인지를 보고하도록 하는 것이다. 그러나 이러한 과제를 일반적인 상황에서 수행하도록 하면 거의 모든 사람들이 모든 낱자를 정확히 재인할 수 있기 때문에 낱자 간 혼동 정도를 측정하기는 곤란하다. 따라서 Kinney, Marsetta와 Showman(1966)은 아주 짧은 시간 동안 자극을 제시할 수 있는 순간노출기(tachistoscope)를 사용하여 각 낱자를 제시한 후, 그 낱자가 무엇인지를 실험 참가자들에게 물어보았다. 그 결과 세부특징모형이 예상하는 바와 같이 C를 제시한 경우 G나 O로 잘못 반응하는 경우는 많이 있었지만,

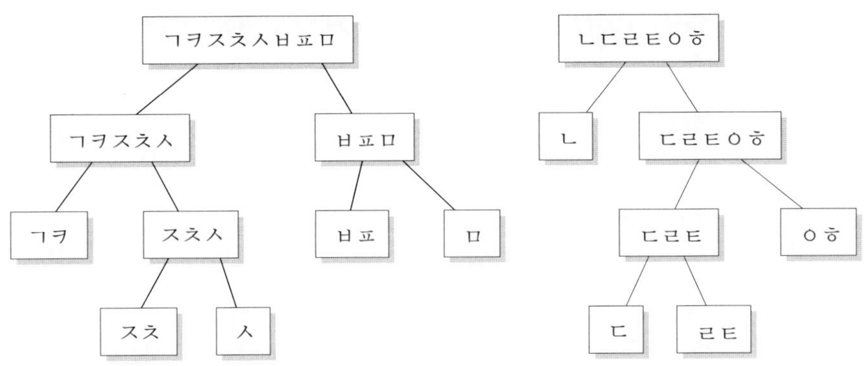

[그림 3-4] 한글받침들 간의 혼동 정도에 대한 위계적 분석 결과(김민식, 정찬섭, 1989)

A나 D로 반응하는 경우는 거의 없었다. 김민식과 정찬섭(1989)은 Kinney 등의 연구와 유사한 절차를 한글에 적용하여 한글 자모 간 혼동 정도를 평가하였다. [그림 3-4]는 김민식 등의 연구 결과 중 한글받침에 사용되는 낱자들의 혼동 정도를 위계적인 군집분석을 한 결과를 보여 준다. 위계적 군집분석은 각 자료들(이 연구에서는 낱자)이 가지고 있는 유사성에 따라 동일 집단으로 묶는 방법으로 아주 유사한 자료들은 초기 단계에서 동일한 집단 속에 포함되지만, 유사한 정도가 덜한 자료들은 후기 단계에서 동일한 집단 속에 포함되게 된다. [그림 3-4]는 ㅈ과 ㅊ, 그리고 ㄹ과 ㅌ이 가장 많이 혼동된 것으로, ㄱ과 ㅋ이 혼동되는 정도는 ㅈ, ㅊ, ㅅ들 간에 혼동되는 정도와 비슷하게 나타남을 보여 주고 있으며, ㄱ과 ㄴ 간에는 거의 혼동이 발생하지 않음을 보여 주고 있다. 즉, 동일한 집단에 속한 낱자들 간에는 서로 유사한 세부특징을 갖고 있으며, 서로 다른 집단에 속한 낱자들은 그 세부특징들이 서로 다름을 볼 수 있다.

세부특징분석모형의 예상들은 시각탐색과제를 이용한 연구에서도 지지받고 있다. Neisser(1963)는 [그림 3-5]에 제시된 자극과 같이 여러 낱자들을 제시한 후 특정 낱자가 있는지를 보고하도록 하여 영어 낱자를 재인하는 과정에서 세부특징이 사용되는지를 살펴보았다. 여러분도 [그림 3-5]의 (a)와 (b)에서 'Z'를 찾아보아라. (a)와 (b) 두 자극 중 어떤 자극에서 'Z'를 찾기가 쉬웠는가? 혹은 더 빨리 찾을 수 있었는가? 이 실험에 참가한 사람들의 대부분은 (b) 자극보다 (a) 자극에서 훨씬 빨리 'Z' 자를 찾았음을 보고했다(아마 여러분들도 이 결과와 동일하게 (a) 자극에서 'Z'를 더 빨리 찾았을 것이다). 형판맞추기모형에 따르면, 'Z'를 발견하기 위해서는 'Z'

ODUGQR	IVMXEW
QCDUGO	EWVMIX
CQOGRD	EXWMVI
QUGCDR	IXEMWV
URDCQO	VXWEMI
GRUQDO	MXVEWI
DUZGRO	XVWZEI
UCGROD	MWXVIE
DQRCGU	VIMEXW
QDOCGU	EXVWIM
(a)	(b)

[그림 3-5] 시각탐색과제에 사용된 자극들

(a)와 (b) 각각에서 'Z'를 찾아보라.

형판과 제시된 낱자를 하나하나 맞추어 나가야 하기 때문에 'Z'를 발견하는 데 걸린 시간이 자극 (a)와 (b) 모두에서 비슷할 것이지만, 세부특징모형은 각 낱자들의 세부특징들이 먼저 분석되기 때문에 세부특징이 'Z'와 유사한 낱자들이 있는 조건 (b)보다 상이한 낱자들이 있는 조건 (a)에서 탐색시간이 짧아질 것으로 예측된다.

위에서 기술된 행동적 연구 결과들뿐만 아니라 신경학적 연구 결과도 세부특징분석모형을 지지한다. 눈으로 입력된 시각정보는 시신경을 통해 시각피질로 전달된다. Hubel과 Wiesel(1962, 1965)은 아주 가는 전극을 고양이와 원숭이의 시각 피질에 꽂아 놓은 채 이 영역에 있는 신경세포들이 수직선이나 수평선과 같은 단순한 형태에 대해 어떻게 반응하는지를 측정하였다(제2장에서 신경세포들이 정보를 처리할 때에 아주 약하지만 전기적 신호가 변화된다는 것을 배웠다). 그들은 시각 피질에 있는 신경세포들은 특정 방위를 가진 선분에 선별적으로 반응하는 것을 관찰하였다. 즉, 어떤 세포들은 수직선이 제시되었을 때 강하게 흥분하지만, 45도 기울어진 선분이 제시되면 약하게 반응하고, 수평선이 제시되면 거의 반응하지 않았으며, 또 다른 세포들은 이와 달리 수평선에는 강하게 반응하고 수직선에는 거의 반응하지 않았다. 시각정보가 처리되는 첫 단계인 시각피질에서 특정 방위에 선별적으로 반응하는 세포들이 발견된다는 사실은 고차 형태에 대한 분석이 발생하기 전에 세부특징들이 먼저 분석됨을 의미하며, 이는 세부특징분석모형의 가정과 일치하는 것이다.

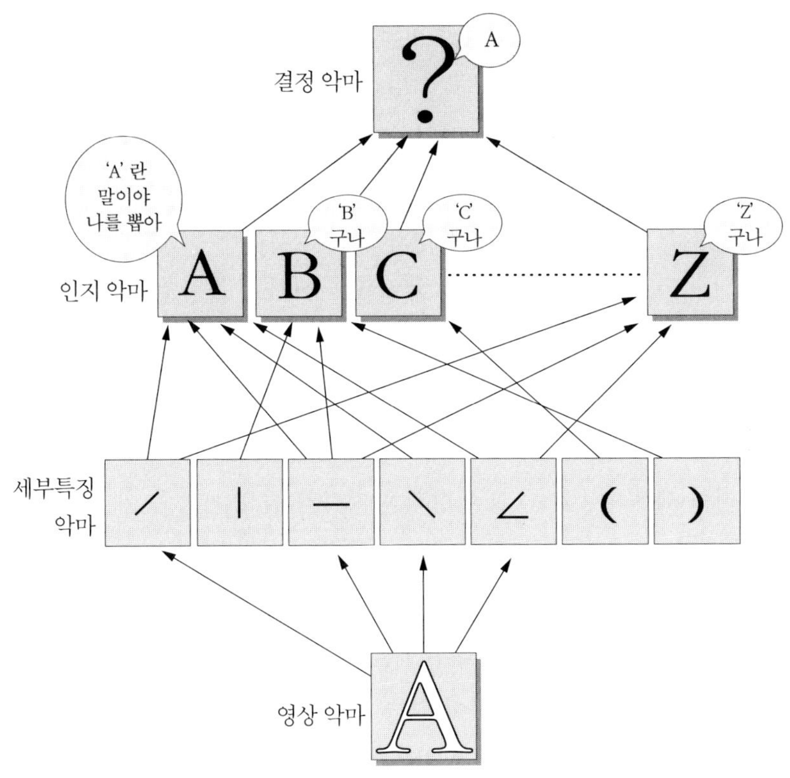

[그림 3-6] 글자재인을 설명하는 Selfridge의 악마소굴모형

세부특징분석모형에 근거하여 Selfridge(1959)는 글자재인모형을 만들어 우스꽝스럽게 악마소굴(Pandemonium)이라는 이름을 붙였다. [그림 3-6]에 제시되어 있는 것처럼, 이 모형은 입력영상에 반응하는 영상 악마(image demon)에서부터 입력 영상이 무엇인지를 결정하는 결정 악마(decision demon)에 이르기까지 여러 종류의 수많은 악마들로 이루어져 있으며, 각 악마들은 자기가 찾고 있는 형태가 제시되면 소리를 지르게 된다. A라는 낱자가 주어지면 영상 악마는 눈으로부터 입력된 영상 정보를 갖고 있다. 그 상위에 있는 세부특징 악마(feature demon)들은 대각선, 수평선 혹은 수직선 등을 각각 찾고 있다. 이 예에서는 낱자 'A' 를 구성하고 있는 방위가 다른 두 대각선(45도와 135도)과 수평선, 그리고 꺾임을 찾고 있는 네 마리 악마들은 소리를 지르지만, 낱자 'A' 에는 주어져 있지 않은 수직선이나 곡선을 찾고 있는 악마들은 조용히 있다. 각 인지 악마들은 관련 있는 세부특징 악마들과 연결되어 있다. 소리를 지르고 있는 네 마리 세부특징 악마들과 모두 연결되어 있는 A낱자를 담당하는 인지 악마는 아주 큰 소리로 A라고 소리치는 반면, 이들 네 마리 세

부특징 악마들 중 수평선 세부특징 악마 하나에만 연결되어 있는 B낱자를 담당하는 인지 악마는 아주 작은 소리로 B라고 소리친다. 어떤 낱자가 입력되었는지를 결정해야 하는 결정 악마는 각 인지적 악마의 소리의 크기를 비교한 다음 제일 소리가 큰 A라는 낱자가 입력된 것으로 결정하게 된다. 악마소굴모형은 글자재인 과정에 대한 세부특징분석모형을 비유적으로 설명하고 있기 때문에 우스꽝스럽게 보일 수도 있지만, 이 모형이 가지고 있는 여러 개념들은 이후의 글자재인모형들에 아주 큰 영향을 주게 된다.

물론 단순한 세부특징 탐지자만으로는 사물이나 문자를 정확하게 인식할 수 없다. 예를 들면, 세부특징만 가지고는 'ㅈ'이라는 낱자와 영어 'A'를 구별할 수 없다. 따라서 우리는 세부특징 수준 그 이상의 탐지자가 필요한데, 두 개 이상의 세부특징들의 조합 혹은 구조적 기술(structural description)에 반응하는 탐지자가 필요하다. 구조적 기술이란 사물의 부분들에 대한 공간적 배열에 대한 정보로서, 예를 들어, 낱자 'ㅈ'에 대한 구조적 기술은 두 개의 서로 다른 방향의 대각선이 위에서 만나고 그 만나는 지점 중앙에 수평선이 있는 상황이라고 할 수 있다. 구조적 기술들을 이용하는 장점은 사물이나 문자 인식을 할 때 별로 중요하지 않은 특징들(예: 글자에서 선분의 길이)을 무시할 수 있다는 점과, 입력되는 시각적 자극들이 2차원상에서 회전되어 입력되는 경우에도 이들을 인식할 때 별 문제가 없다는 점이다.

글자재인과 같은 제한된 영역에서의 형태재인 과정을 잘 설명해 주는 세부특징모형도 실제 세계에 존재하는 많은 복잡한 대상들의 재인 과정 모두를 잘 설명하지 못한다(Pinker, 1984). 세부특징들의 수나 그것들 간의 공간적 배열들이 제한적인 글자재인과는 달리, 동일한 세부특징들로 얼굴이나 실제 세계에서 구별해야 하는 수많은 대상들(들판에 풀을 뜯고 있는 소를 생각해 보라)에 적용하기 위해서는 수많은 다양한 세부특징들을 갖고 있어야 한다. 그리고 각기 다른 대상들은 이 세부특징들 간의 공간적 배열 또한 아주 복잡하게 구성되어 있다. 따라서 사람의 형태재인 과정이 아주 빠른 시간 내에 처리됨을 고려할 때 세부특징모형도 사람의 형태재인 과정을 정확히 반영한다고 생각하기 어렵다.

3) 원형모형

형태재인 과정을 설명하는 또 다른 모형은 원형대조(prototype matching)모형이다. 이 모형은 형판맞추기모형과 유사하지만, 기억 속에 저장된 표상의 형태 측면에서 두 모형 간에 큰 차이가 있다. 대상의 정확한 전체 형태가 저장되어 있는 형판맞추기모형과는 달리, 원형이론에서는 그 대상의 이상적 형태, 즉 그 대상의 원형이 저장되어 있으므로 입력된 영상은 이 원형과 대조되어 형태재인이 일어난다. 원형이란 것은 쉽게 말해 특정 대상의 전형적인 형태를 의미한다. 전형적인 '개', 전형적인 '자동차'를 생각해 보라. 쉽게 머릿속에 떠오를 것이다. 이것이 바로 원형모형에서 얘기하는 원형이 될 수 있다.

입력된 영상과 기억 속에 저장된 표상과 대조되는 과정에서도 원형모형은 형판맞추기모형이나 세부특징분석모형과는 차이가 있다. 원형모형에서는 입력된 영상이 원형과 대조될 때 그 둘이 정확히 일치할 필요가 없다. 대신에 대략적으로 일치하는지를 확인한다. 따라서 입력된 특정 대상이 그 세부특징에서 특정 원형과 일치하면 할수록 그 원형으로 재인될 가능성이 커지게 된다. 이로써 원형대조모형은 각 대상에 대한 적은 수의 표상만 저장하고 있어도 형태재인이 가능하므로 효율적이다.

원형모형에서 제기될 수 있는 문제들 중의 하나는 원형이라는 것이 어떻게 형성되는가 하는 점이다. Posner와 Keele(1968)은 실험을 통해 사람들이 아주 빠르게 원형을 형성할 수 있음을 보여 주었다. 그들의 실험에 사용된 자극들이 [그림 3-7]에 제시되어 있다. 그들은 30×30개의 칸에 점들을 찍어서 특정 글자, 삼각형과 같은 형태를 갖도록 만들었다. [그림 3-7]의 왼쪽에 제시된 것이 각 철자나 삼각형의 원형에 해당되며, 오른쪽에 제시된 것이 삼각형 원형에서 몇몇 점들의 위치를 바꾸어 놓은 왜곡된 형태들이다. 실험 참가자들에게는 왜곡된 형태들만 보여 주었으며,

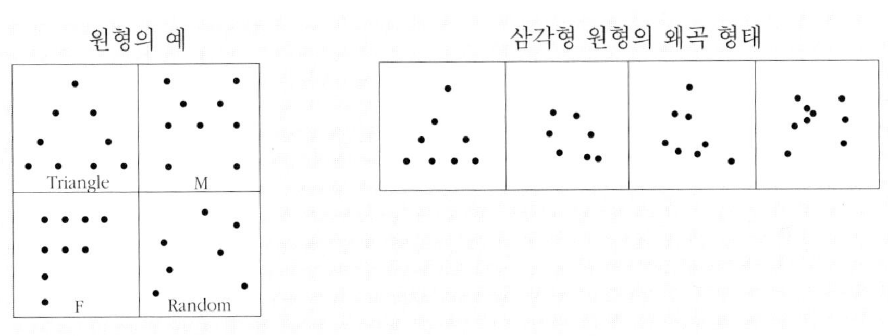

[그림 3-7] Posner 등(1968)의 실험에 사용된 자극의 예

왼쪽에는 삼각형, 낱자 M, F의 원형이 제시되어 있으며, 오른쪽에는 삼각형 원형으로부터 변형되고 왜곡된 삼각형이 제시되어 있다.

원형에 해당되는 형태들은 보여 주지 않았다. 물론, 왜곡된 형태가 원형으로부터 왜곡된 것이라는 정보를 주지 않은 채, 해당 왜곡 형태들을 비슷한 유형끼리 분류하도록 학습시켰다. 학습이 끝난 후 그들은 학습 시에 제시되었던 왜곡된 형태와 학습 시에 제시되지 않았던 원형, 그리고 학습 시에 제시되지 않았던 새로운 왜곡된 형태를 참가자들에게 보여 주고 그 자극들을 분류하도록 시켰다.

실험 결과, 예전에 보았던 왜곡된 형태들은 87%를 정확히 분류했지만 새로운 왜곡 자극들은 67%만을 정확히 분류했다. 이에 반해 이전에 제시되지 않았던 원형의 경우에는 85%를 정확히 분류하여 학습 시에 제시되었던 자극들을 정확히 분류한 비율과 차이가 나지 않았다. 실제 제시되지 않은 원형이 학습 시에 제시되었던 왜곡된 형태를 분류하는 것과 같은 정도의 정확도를 보인 것은 학습 과정에서 왜곡된 자극들을 통해 특정 유형의 원형이 만들어졌음을 시사한다.

앞에서 원형은 그 대상의 추상화되고 이상화된 형태라고 설명했다. 이러한 특징 때문에 개념과 범주화를 설명하는 모형에도 원형모형은 사용되고 있다(제7장 참조).

4) Marr의 계산모형

판형이론에 근거한 형태재인 과정은 공학적 장면에서 응용되고 있지만, 세무특정분석이론이나 원형이론은 우리의 형태재인 과정을 개념적인 수준에서 설명한다. 이와 달리 David Marr(1982)의 형태재인이론은 재인 과정에 필요한 구체적인 계산 과정(실행 알고리즘)까지를 포함하고 있기 때문에 그의 이론을 계산이론이라고 부른다.

Marr는 시각기제의 목적은 무엇이고, 이 목적을 달성하기 위해서 주어진 정보는 어떤 것이며, 이 정보를 어떤 방식으로 처리하여야 최종 목적을 산출할 수 있는가라는 질문들을 그의 모형의 출발점으로 삼았다. 시각기제의 입력정보는 우리 눈의 이차원 망막에 맺힌 영상이며, 시각기제의 목적은 이 영상으로부터 삼차원적인 대상을 표상하는 것이다. 이를 시각 시스템의 관점에서 기술하면 최초의 입력정보인 이차원의 망막 영상으로부터 최종 출력정보인 삼차원 대상으로 변환시키는 것이다. 이러한 변환 과정에서는 반드시 입력정보가 무엇인지, 그리고 그 입력정보로부터 추출할 수 있는 정보가 무엇인지, 그리고 어떤 처리 과정 혹은 조작을 통해서 필요한 정보가 추출될 수 있는지가 명확히 규정되어 있어야 한다.

Marr는 최소한 세 개의 처리 단계가 필요함을 제안하였다. 첫 단계에서는 망막에 비친 입력 영상으로부터 어느 영역이 배경이고 어느 영역이 대상인지, 그리고 어떤 영역들이 동일한 대상에 속한 것인지를 구분하는 과정이 필요하며, 이 과정에서 사용될 수 있는 정보들이 모서리(edge)나 윤곽선(contour) 정보라고 제안했다. 그의 계산모형에서 독특한 점은 이러한 정보를 추출하기 위해 필요한 구체적이고 수리적인 과정까지를 포함하고 있다는 점이다(구체적인 수리적인 과정은 이 책의 범위를 넘어서므로 더 관심 있는 독자는 이 장의 마지막의 읽을거리를 참고하기 바란다.). 모서리나 윤곽선 정보들로 구성된 표상을 원시 스케치라 불렀으며, 이 표상은 망막에 비친 영상과 마찬가지로 대상들의 원근감에 대한 정보가 없는 이차원적인 표상이다.

두 번째 단계에서는 원시 스케치로부터 그림자나 움직임에 의한 깊이, 그리고 양안에 의한 깊이 등 여러 깊이 정보들을 이용하여 각 영역들의 부분적인 깊이정보를 규정한 $2\frac{1}{2}$-스케치를 구성한다. 이 스케치에는 특정 영역이 다른 영역보다 더 멀리 있는지 가까이 있는지에 대한 깊이 정보는 포함되어 있지만, 완전한 형태의 삼차원적 표상은 아닌 중간 단계이기 때문에 이차원과 삼차원의 중간인 $2\frac{1}{2}$차원이라는 의미로 $2\frac{1}{2}$-스케치라고 불렀다.

마지막 단계로 최종 표상인 삼차원 모형에서는 대상의 완전한 삼차원적 표상이 갖추어진다. 망막상이나 이로부터 만들어진 원시 스케치나 $2\frac{1}{2}$-스케치의 경우 관찰자가 대상을 보는 각도에 따라 변화되지만, 삼차원 표상의 단계에서는 관찰자가 대상을 보는 각도와 무관하게 대상 중심의 표상이 만들어지며, 이 표상이 우리의 머릿속에 저장된 정보와 비교되어 형태재인이 일어나게 된다.

시각을 이해하기 위한 Marr의 접근법은 시각의 목적, 입력과 출력정보의 명세화, 두 정보 사이의 변환을 일으키는 알고리즘 등을 제안했다는 측면에서 심리학의 형태재인 과정에 대한 이론들뿐만 아니라 기계시각(예를 들어, 로봇 시각)과 같은 공학적 구현 모형에도 큰 영향을 미쳤다.

5) Biederman의 요소에 의한 재인이론

위에서 기술된 형태재인이론들이 주로 2차원 영상들을 대상으로 한 것인 데 반해, 요소에 의한 재인(recognition-by-components: RBC)은 3차원 대상을 재인하는 과정을 설명하기 위해 만들어진 이론이다. 세부특징분석모형과 유사하게 RBC 모형의 기본 가정은 3차원 대상들도 기본적인 구성 요소들로 묘사될 수 있다는 것이다(Biederman, 1987). 그러나 세부특징분석모형에서 가정하는 세부특징인 선이나 선들 간의 각도 등이 아니라, RBC 모형은 원기둥, 원뿔, 사각 기둥 등과 같은 부피가 있는 3차원의 기하학적 형태들이 기본적인 구성 요소라고 가정하고 있다. Biederman은 이를 기학학적 이온(geometric ion) 혹은 이를 줄여서 지온(geon)이라고 불렀다. RBC 모형은 대략 35개의 지온들로서 세상의 모든 물체들을 묘사할 수 있으며, 그 대상이 갖고 있는 지온들을 복구하고 지각함으로써 그 대상을 재인할 수 있다고 가정한다. [그림 3-8]에는 지온들 중 대표적인 것 다섯 개가 제시되어 있으며, 이 지온들로부터 묘사할 수 있는 여러 물체들이 제시되어 있다.

RBC 이론에서는 어떤 지온들이 주어졌는지뿐만 아니라 그 지온들의 배열이 어떻게 되어 있는지도 아주 중요하다. 한글이나 영어 알파벳에서 같은 낱자들의 조합이라도 그들 간의 공간상 위치가 달라짐에 따라 모양이나 뜻이 달라지듯이(예: '알'과 '랑' 'not'과 'ton' 등), 같은 지온들의 조합이라도 공간적 배열이 달라짐에 따라 다른 의미를 지닌 사물이 될 수 있다. [그림 3-8]의 컵과 물통을 잘 살펴보면, 두 대상 모두 3번과 5번의 동일한 지온들로 구성되어 있음을 알 수 있다.

RBC 이론이 비록 광범위하게 검증되지는 않았지만, Biederman의 연구와 몇 개의 초기 연구들(예: Banks & Krajicek, 1991)은 이 이론이 인간의 형태재인 과정을 잘 설명하고 컴퓨터 시각 연구와 부합하는 자료를 제공한다고 주장하고 있다. 최근에 [그림 3-9]와 같이 현실세계에서는 존재할 수 없는 불가능한 도형의 그림을 사용하

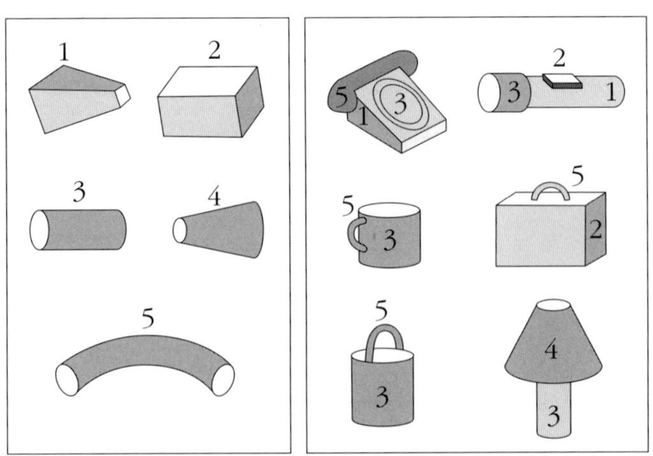

[그림 3-8] 지온들의 예와 이들 지온들에 의해서 구성될 수 있는 물체들

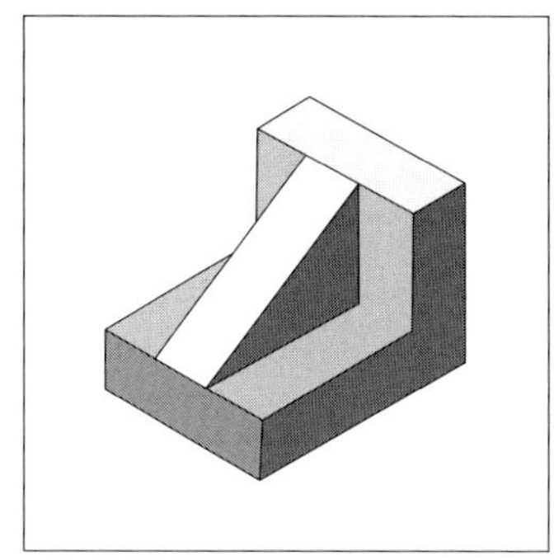
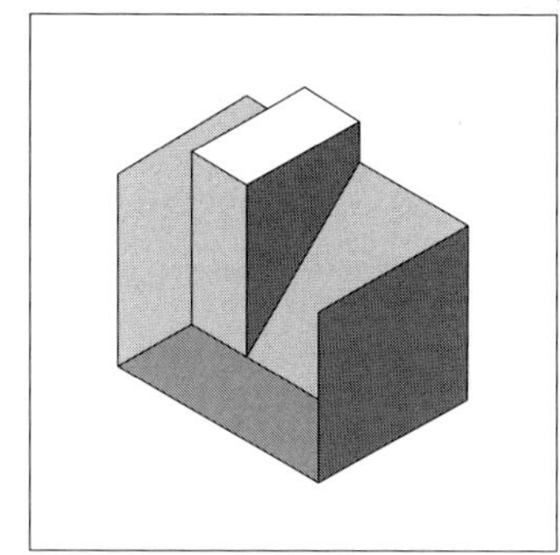

[그림 3-9] 현실세계에서 가능한 도형과 불가능한 도형의 예(Schacter et al., 1991)

여 암묵적 기억(implicit memory, 이에 대한 자세한 설명은 제5장을 보시오)과제를 실시한 결과, 가능한 도형과는 달리 암묵적 기억효과가 발견되지 않았다(Schacter & Cooper, 1993). 이러한 발견은 불가능한 도형의 경우 지온 간의 관계에 대한 구조적 기술에 대한 기억표상이 불가능하기 때문으로 해석될 수 있으며, 이는 부분적으로 RBC 이론을 지지하는 것이라고 할 수 있다.

그러나 몇몇 다른 연구자들은 RBC 이론과 상반되는 결과들을 보고하였다. 예를 들면, Cave와 Kosslyn(1993)은 정신물리학적 실험을 통하여 실험 참가자들에게 사물들의 그림을 보여 주고 그것들이 무엇인지 판단하도록 했는데, 참가자들이 본 그림들은 [그림 3-10]의 예와 같이 하나의 사물이 여러 부분들로 분할되어 있는 상태였다. 하나의 사물을 여러 부분들로 분할하여 제시할 때 두 가지 다른 조건이 사용되었는데, 한 조건에서는 사물의 부분들이 자연적으로 분할될 수 있는 방식으로 나누어져 제시되었고([그림 3-10] (a)), 다른 조건에서는 자연스럽지 않은 방식으로 제

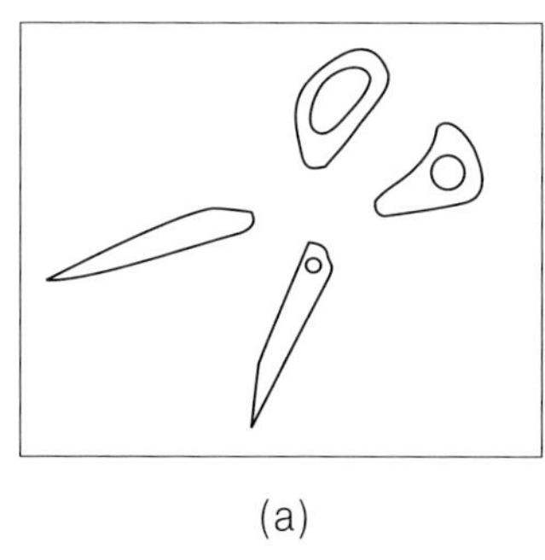

(a)

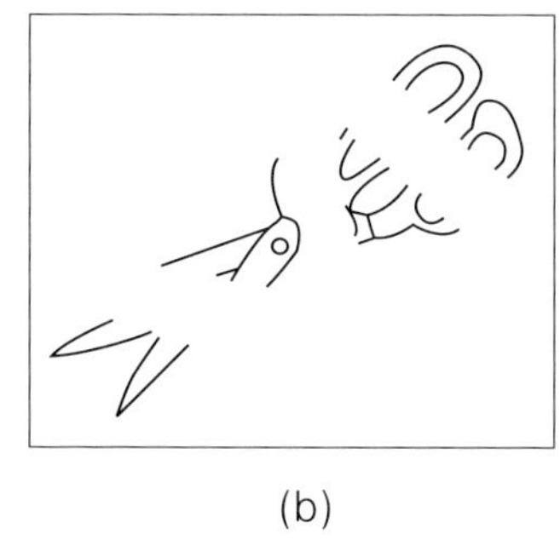

(b)

[그림 3-10] Cave와 Kosslyn(1993)의 실험에서 사용한 자극의 예

시되었다([그림 3-10] (b)). 자연적인 방식으로 분할된 부분들은 RBC 이론의 지온에 해당되는 것이므로 RBC 이론에 의하면, 첫 번째 조건에서 참가자들의 사물 판단수행이 두 번째 조건보다 더 좋아야 할 것이다. 하지만 이 연구의 결과는 두 조건 간에 아무런 차이가 없음을 보였으며, 이는 우리가 사물을 인식할 때 전체적인 모양을 먼저 처리하고 그 후에 부분들을 처리함을 시사하는 것이다.

우리가 일반적으로 전체적인 모양을 인식하기 전에 부분들을 먼저 처리하는지 아닌지는 아직 명확하지 않으며, 이에 대해 앞으로 더 많은 연구가 필요하다. 또한 하나의 고립된 사물에 대한 인식이 아닌, 일상생활에서 복잡한 배경 가운데 놓인 복잡한 사물들에 대한 인식을 설명하는 모형을 개발하기 위해서는 많은 연구가 필요하다.

인지심리학자들이 얼굴재인 과정에서 제기하는 질문들 중 하나는 얼굴 처리 과정이 다른 대상의 재인 과정과는 달리 아주 특별하게 처리되는지에 대한 것이다. 얼굴재인 과정은 다른 대상의 재인 과정과는 기능적으로 다르게 처리됨을 시사하

생각상자

얼굴인식(심화주제)

사람들이 태어나면서부터 가장 많이 접하게 되는 대상은 얼굴이다. 얼굴은 우리가 재인하는 여러 대상들 중에서 가장 다양하며(의자와 얼굴의 수를 생각해 보라!), 표정 변화가 있을 때에는 그 형태가 변화되기도 하며, 나이와 성별에 대한 정보(Bruce et al., 1993)뿐만 아니라 아주 미묘한 감정의 변화를 알려 주므로, 얼굴에서 제공되는 여러 정보들은 사람들이 사회생활을 하는 데 아주 중요하다. 얼굴재인 과정은 여러 측면에서 글자나 얼굴이 아닌 다른 사물들을 재인하는 과정과는 다를 수 있다. 글자재인이나 일반적인 사물들의 경우 각기 다른 세부특징들을 가진다. 그러나 우리가 재인할 수 있는 수많은 사람들의 얼굴에는 거의 유사한 세부특징들(눈, 코, 입)이 비슷한 영역에 놓여 있다. 따라서 앞 절에서 설명한 형태재인이론으로 얼굴재인 과정을 설명하기 곤란한 점이 많다. 이런 관점에서 얼굴재인과 얼굴 이외의 다른 사물의 재인과정의 유사점과 차이점을 살펴보는 것은 인간이 형태를 재인하는 과정을 보다 포괄적으로 알아볼 수 있는 유용한 도구가 될 수 있으므로 많은 인지심리학자들은 얼굴재인의 문제에 관심을 갖고 있다.

는 여러 연구들이 보고되었다. 그중 두 재인 과정의 차이를 극명하게 보여 주는 하나의 예는 얼굴역전효과(face inversion effect)다(Yin, 1969). [그림 3-11]의 (a)의 위쪽에 제시된 각 사진이 누구인지를 알 수 있는가? 피아노나 의자와 같은 사물들을 거꾸로 제시하면 똑바로 제시한 것과 비교해 볼 때 재인하는 데 큰 어려움이 없지만, 얼굴을 거꾸로 제시하는 경우 재인이 아주 어려워진다. [그림 3-11]의 (b)에 제시된 두 얼굴의 차이를 알 수 있겠는가? 책을 돌려보면 아주 기괴한 얼굴임을 알 수 있지만, 역전시켜 놓은 얼굴에서는 이와 같은 기괴한 느낌이 들지 않는다(Thompson, 1980).

신경생리학이나 fMRI와 같은 신경영상학 연구 결과도 얼굴재인과 다른 사물의 재인 과정이 서로 다를 수 있음을 시사한다. 원숭이의 측두엽에 위치한 특정한 신경세포들은 원숭이의 얼굴에 대해서 선별적으로 반응하며(Desimone et al., 1984), 뇌졸중 등과 같은 이유로 뇌의 특정 영역이 파괴된 환자에게서 간혹 얼굴실인증(prosopagnosia)이 발생한다. 즉, 일반 사물을 알아보는 데는 아무런 이상을 보이지

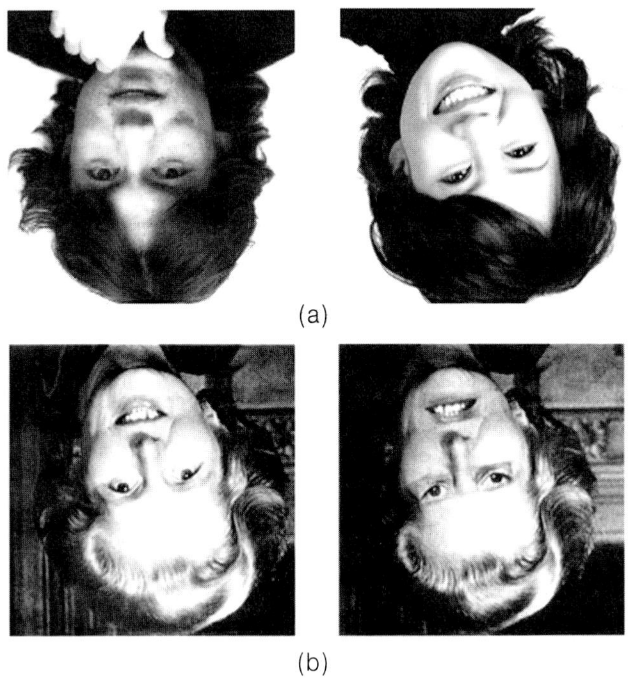

[그림 3-11] 얼굴역전효과와 대처 착시

책이나 머리를 돌리지 말고 윗줄에 제시된 두 사진이 각각 누구의 얼굴인지 맞혀 보아라. 그리고 아랫줄에 제시된 사진은 영국의 수상이었던 대처 여사이다. 왼쪽과 오른쪽 사진에서 어떤 점이 다른지를 살펴본 후 책을 거꾸로 돌려 보아라.

않지만 사람들의 얼굴, 특히 거울에 비친 자신의 얼굴을 포함하여 아주 가까운 가족의 얼굴을 알아보지 못하는 경우도 있다. 이와는 반대로 얼굴을 재인하는 데는 아무런 이상이 없지만, 얼굴이 아닌 다른 대상을 재인하는 데 심각한 장애를 보이는 환자들도 있다. 또한 정상인을 대상으로 얼굴과 얼굴 아닌 다른 대상을 제시한 후 자기공명영상법을 통해 뇌 영상을 찍어 보면 얼굴이 제시되었을 때 활성화되는 뇌 영역과 얼굴이 아닌 대상이 제시되었을 때 활성화되는 영역이 각기 다르게 나타난다(Kanwisher, McDermott, & Chun, 1997). 이러한 결과들은 얼굴과 다른 사물을 처리하는 신경기제가 각각 따로 존재할 가능성을 시사한다.

만일 우리에게 일반 사물과는 달리 얼굴만을 처리하는 신경기제가 독립적으로 존재한다면 그 이유는 무엇일까? 얼굴이 아닌 특수한 사물의 경우, 예를 들면 나무를 재인하는 경우 나무 특정적인 처리 방식이 존재할까?

최근 Gauthier와 그녀의 동료들은 얼굴재인이 다른 대상의 재인 과정과 차이를 보이는 것은 여러 얼굴들에 대한 오랜 경험에 의해서 대상을 재인하는 일반적인 기제가 정교하게 조율되었기 때문이라고 제안했다. 즉, 사람들은 매일매일 아주 수많은 얼굴들을 보기 때문에 모두가 얼굴 전문가라고 볼 수 있다. 또한 일반 사물을 재인하는 경우는 주로 그 사물인지 아닌지를 판단하는 것이지만(이게 펜이구나), 얼굴을 재인하는 경우는 얼굴인지 아닌지에 대한 판단보다도 더 상세한 수준의 판단을 요구한다(효선이 얼굴이구나). 따라서 얼굴재인 과정에서 발견되는 특수성은 얼굴이라는 자극의 특수성 때문이 아니라 상세한 수준의 판단을 요구하는 모든 대상들의 재인 과정에서 발생되는 특수성일 가능성이 있다.

이러한 가설의 타당성을 알아보기 위해 Gauthier와 Tarr(1997)는 [그림 3-12]에 제시된 것과 같이 컴퓨터로 얼굴이 아닌 새로운 형태를 만들었다. 이 형태들은 얼굴과 유사하게 동일한 부분들이 동일한 배열로 주어져 있었지만(얼굴에는 모두 눈, 코, 입이 있으며 그것들의 배열도 동일하다.), 각 부분들의 형태들은 종족이나 성별에 따라 조금씩 다르게 만들어졌다. 얼굴재인 과정의 특수성이 경험에 의해 얼굴 전문가가 되었기 때문인지를 알아보기 위해 한 집단에게는 [그림 3-12]에 제시된 형태를 제시하고, 어떤 가족과 어떤 성에 속하는지를 학습시켰으며(전문가 집단), 다른 한 집단에게는 학습을 시키지 않았다(초보자 집단).

특정 대상에 대해 전문가가 되어 감에 따라 얼굴이 아닌 자극에 대해서도 뇌의 얼굴 처리를 담당한다고 생각되었던 영역이 활성화되는지를 알아보기 위해 전문가

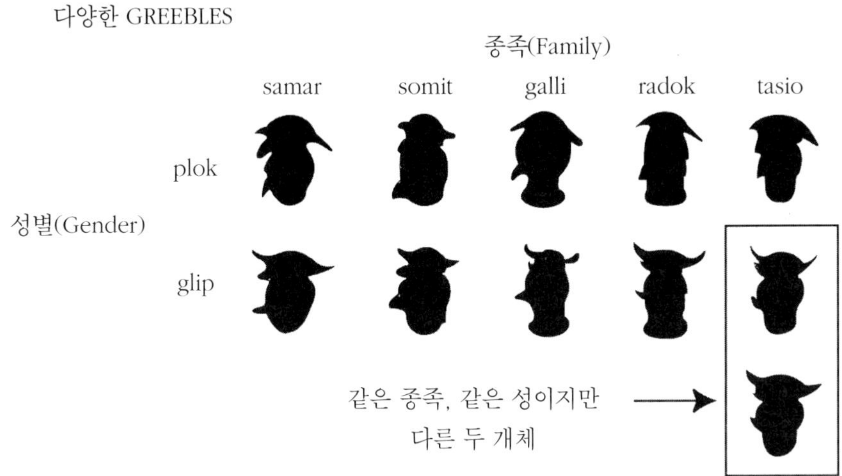

[그림 3-12] Gauthier 등이 실험에 사용한 자극의 예

각 형태들은 여러 개의 부분들을 갖고 있었으며, 각 부분들의 형태는 종족이나 성에 따라 조금씩 달랐지만, 동일한 개수의 부분들이 동일한 배열로 제시되었다. 종족의 이름이나 성별의 이름은 무의미 단어로 만들었다.

집단과 초보자 집단에게 [그림 3-12]에 주어져 있는 자극을 제시한 후 각 집단의 뇌를 자기공명영상법을 통해 촬영하였다. 그 결과 초보자 집단보다 전문가 집단에서 얼굴을 탐지한다고 알려진 뇌 영역의 활성화 수준이 훨씬 높았다(Gauthier, Tarr, Anderson, Skudlarski, & Gore, 1999). 실험실에서 전문가 수준을 조작하여 얻은 이와 같은 결과는 실제 자동차 전문가와 새 전문가를 대상으로 한 실험에서도 확인되었다(Gauthier, Skudlarski, Gore, & Anderson, 2000). 즉, 새 전문가에게 새를 제시하였을 때 뇌의 얼굴 영역이 활성화된 반면, 자동차 전문가에게는 자동차를 제시하였을 때 뇌의 얼굴 영역이 활성화되었다. 이러한 결과는 뇌의 얼굴 영역이라고 알려진 영역이 얼굴을 처리하기 위해 존재하는 특별한 신경기제가 아니라 특정 대상에 전문가가 될수록, 그리고 보다 세부적인 수준에서 특정 대상을 판단하는 일을 많이 할수록 그 대상을 처리하는 데 관여하고 있음을 시사하는 결과이다.

여러분들이 보기에는 똑같이 생긴 것 같은 펭귄들을 조련사들은 각기 이름을 붙여서 구별하는 것을 본 일이 있을 것이다. 위에서 설명한 연구 결과들을 종합해 볼 때 여러분이 펭귄을 재인하는 과정과 조련사들이 펭귄을 재인하는 과정이 다를 수 있으며, 똑같은 펭귄을 보고 있더라도 여러분의 뇌와 조련사들의 뇌에서 활성화되는 부위는 각기 다를 것이다.

2. 하향적 정보의 이용

앞 절에 소개된 형태인식이론들은 주로 눈으로부터 입력되는 사물의 모양이나 혹은 부분적 세부특징이 어떻게 추출되며, 추출된 세부특징들이 어떻게 조합되어 형태재인이 이루어지는지에 대해 설명하고 있다. 입력되는 자료에만 의존하여 주어진 문제를 해결하는 이러한 방식을 자료주도적 처리(data-driven processing)라고 하며, 하위 수준의 처리들로부터 보다 고차적인 수준의 처리로 이어진다는 점에서 상향적 처리(bottom-up processing)라고도 부른다.

이러한 관점에서 보면 앞 절에서 설명했던 형태재인모형들은 모두 입력된 자료에 의해서 형태재인 과정을 설명하는, 즉 상향적 처리만을 강조했던 이론들이다. 이 절에서는 우리의 머릿속에 들어 있는 개념이나 지식, 동기 혹은 기대와 같은 고차적인 인지 과정들이 하위 수준의 처리에 영향을 미치는 하향적 처리(top-down processing) 혹은 개념주도적 처리(conceptually driven processing)가 어떻게 형태재인에 영향을 미치는지에 대해 얘기할 것이다.

먼저 [그림 3-13]에 제시된 글자를 읽어 보라. 읽기 어려운 글자가 있는가? 자세히 보면 '수영'의 '수'와 '누나'의 '누'는 물리적으로 정확히 동일한 형태다. 만약 글자재인 과정이 주어진 자료에만 근거로 한 상향적 처리에 의해서만 이루어진다면 두 글자 모두는 동일한 글자로 재인되어야 한다. 그러나 '수영'에서는 '수'로 '누나'에서는 '누'자로 재인하는 것은 여러분의 머릿속에 저장되어 있는 단어에 대한 지식이 낱자를 재인하는 과정에 영향을 미친, 즉 하향적 처리가 발생되었음을 보여 주고 있다(우리나라 말에 '누영'과 '수나'라는 단어가 없다는 것을 생각해 보라).

하향적 정보는 입력되는 정보가 불충분한 상황에서도 글자재인에 도움을 준다. [그림 3-14]의 왼쪽에는 단어의 일부분이 가려져 있는 예를, 오른쪽 그림은 어떤 팸플릿의 표지 그림이다. 왼쪽과 오른쪽에 제시되어 있는 모든 단어를 읽어 보라. 먼저 왼쪽에 제시되어 있는 단어는 마지막 낱자의 일부분이 지워져 있음에도 불구하고 'WORK'라고 쉽게 읽을 수 있을 것이다. 만일 'WOR'라는 부분 없이 마지막 낱자만 제시되어 있다면 상향적으로만 처리할 수밖에 없으며, 이 경우 'R'인지 'K'인지 확신할 수 없다. 그러나 기본적인 영어 단어를 알고 있는 사람에게 그림과 같이 일부분이 가려져 있는 낱자를 'WOR'과 함께 제시하면 'WORR'라고 반응하는 사

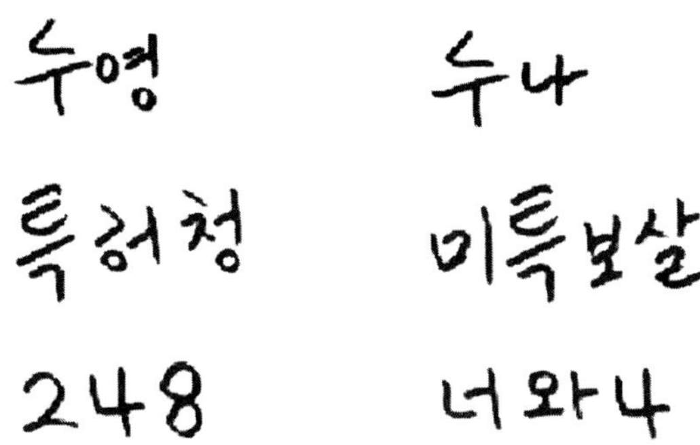

[그림 3-13] 맥락 효과를 보여 주는 모호한 글자들의 예

람은 없고 'WORK' 라고 반응할 것이다. 왜냐하면 'WORR' 라는 영어 단어는 없기 때문이다. 이 예에서와 같이 하향적 정보는 글자재인 과정에 영향을 줌으로써 입력되는 정보가 부족한 경우에도 단어를 잘 처리하도록 하지만, 하향적 정보가 단점으로 작용하는 경우도 있다.

오른쪽 그림에 제시된 단어들도 모두 읽어 보았는가? 이상한 점을 발견했는가? 아무런 이상한 점을 발견하지 못했다면 여러분의 머릿속에 있는 영어 단어에 대한 정보가 철자 오류를 고쳐 넣은 것이다. 이 책을 인쇄하는 과정도 이 그림의 팸플릿 인쇄 과정과 동일하게 여러 번에 걸쳐 오자를 고치는 교정 작업을 한다. 일반적으로

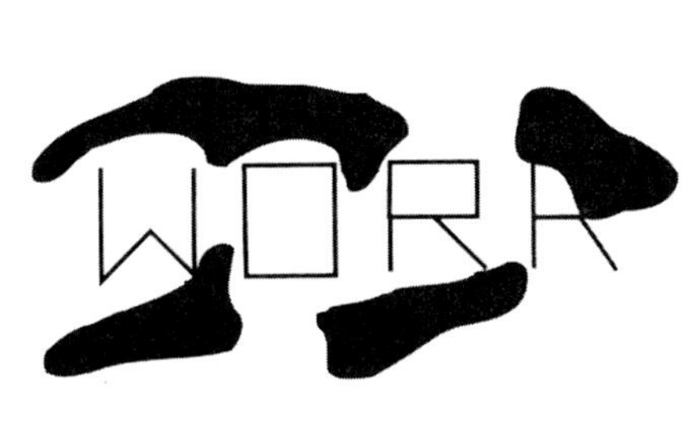

[그림 3-14] 단어재인에서 맥락의 효과를 보여 주는 예

왼쪽과 오른쪽에 제시된 영어 단어를 모두 읽어 본 후 자세한 내용은 본문을 참조할 것.

책을 출판하는 과정에서 저자들은 몇 번의 교정 작업을 하며, 출판사에서도 동일한 과정을 반복한다. 그러나 출판이 되고 나면 오자들이 종종 발견되곤 하는데, 이는 저자들의 책에 대한 맥락 정보에 의해 오자의 경우에도 맥락에 맞는 글자로 잘못 재인되므로 본문 속에 있는 오자들을 발견하기 어렵기 때문이다(그림에서 잘못된 점은 spring에서 'p' 가 빠져 있다.).

낱자재인 과정에서 하향적 정보의 효과를 잘 보여 주는 현상 중 하나는 단어우월효과(word superiority effect) 혹은 단어이해효과(word apprehension effect)이다 (Reicher, 1969). [그림 3-15]는 단어우월효과를 알아보기 위한 실험자극을 보여 주고 있다. Reicher는 하나의 낱자가 단독으로 제시되었을 때보다 단어 속에서 제시되었을 때 그 낱자를 더 잘 재인하는지를 알아보기 위해 단어 조건, 낱자 조건, 그리고 비단어 조건에서의 낱자재인의 정확성을 살펴보았다. 단어 조건에서는 먼저 'WORK' 라는 단어를 아주 짧은 시간 동안 제시한 후, 그 단어가 제시된 위치에 X 표를 제시하였다. 이는 시각자극을 아주 짧은 시간 동안 제시했다가 지우는 경우에도 망막의 잔상에 의해 그 자극이 계속 처리될 수 있기 때문에 이 효과를 제거하기 위한 것이었다. 그 다음 'K' 가 제시되었던 위치에 'D' 와 'K' 를 제시하고, 실험 참가자들에게 어떤 낱자가 이전에 제시되었는지를 보고하도록 하였다. 낱자와 비단

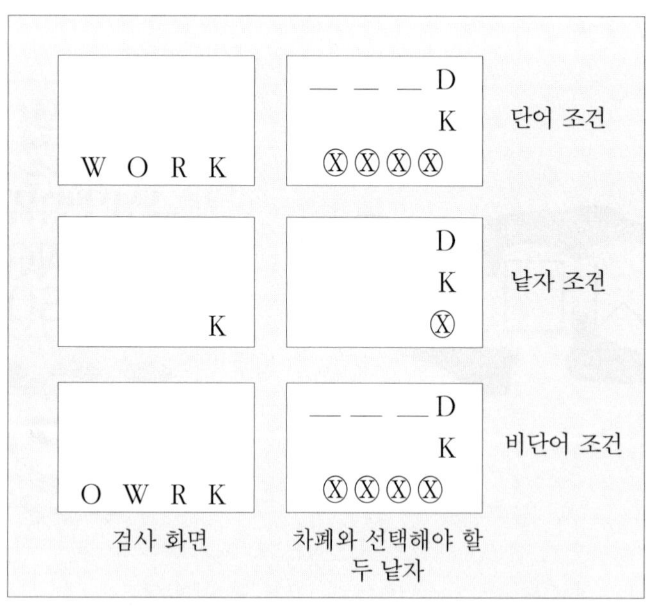

[그림 3-15] 단어우월효과를 알아보기 위해서 사용된 자극

어 조건에서는 'WORD' 대신에 각각 낱자 'K' 만 단독으로 제시되거나 비단어인 'OWRK'가 제시되었으며, 이를 제외한 모든 절차는 단어 조건의 절차와 동일하였다. 이 실험의 결과 단어 조건에서 'K' 를 정확히 재인하는 비율이 비단어 조건이나 낱자 조건에서보다 훨씬 더 좋았다. 이러한 결과는 각 낱자가 재인된 후에 각 낱자들이 모여 하나의 단어로 재인되는 상향적 과정뿐만 아니라, 단어에 대한 정보가 각 낱자의 재인에 영향을 미치는 하향적 과정도 중요함을 보여 주는 것이다. 한글에서도 이와 유사한 효과가 발견되었는데, 가령 글자 속에 있는 하나의 낱자를 보고해야 하는 경우 그 낱자가 우리가 흔히 쓰는 친숙한 글자 가운데 있는 경우가 그렇지 않은 경우보다 더 빠르고 정확하게 인식된다(김민식과 정찬섭, 1989; 김재갑과 김정오, 1992).

얼굴과 같은 복잡한 대상의 재인 과정에서도 맥락효과는 발견된다. Tanaka와 Farah(1993)는 얼굴재인 과정에서의 맥락효과를 알아보기 위해 먼저 실험 참가자들에게 몇 종류의 얼굴 요소들(몇 종류의 코와 눈 그리고 입 등)을 조합하여 만든 얼굴들을 보여 주고 각 얼굴들의 이름을 기억하도록 했다. [그림 3-16]의 (a)는 이들 연구에 사용된 세 조건의 자극을 보여 주고 있다. (a)의 제일 윗줄에 제시되어 있는 것과 같이 첫째 조건에서는 두 종류의 코를 제시한 후 특정 인물의 코가 어느 것인지를 판단하도록 하였고, (a)의 가운데 그림과 같이 두 번째 조건에서는 다른 얼굴 요소들은 모두 동일하지만 코만 다르게 제시한 두 개의 얼굴을 보여 준 후 특정 인물의 얼굴이 어느 것인지를 판단하도록 했다. 세 번째 조건에서는 각 얼굴 요소들은 두 번째 조건과 동일하게 모두 포함되어 있었지만 각 요소들의 실제 위치와는 다르게 제시한 자극을 제시하였다. 이 세 조건들이 Reicher의 세 조건들—낱자, 단어, 비단어 조건—과 비유적으로 동일한 것임을 알 수 있을 것이다. 이 실험 결과는 Reicher의 실험 결과와 유사하게 얼굴 맥락이 주어진 두 번째 조건에서의 수행률이 가장 높은 것으로 나타났다.

[그림 3-16]의 (b)에 제시된 사람의 얼굴을 알겠는가? 미국의 대통령이었던 클린턴과 부통령이었던 고어인가? 그러나 자세히 보면 두 사람의 얼굴 모두 클린턴의 눈과 코와 입으로 되어 있음을 알 수 있을 것이다(Sinha & Poggio, 1996). 이 그림은 고어의 얼굴 외곽선에 클린턴의 얼굴 요소를 합성하여 만들어졌다. 얼굴의 요소들이 클린턴의 것임에도 불구하고 클린턴 뒤쪽에 있는 사람을 고어라고 지각하게 하는 요인 중 하나는 클린턴과 고어가 이와 같은 배열로 서 있는 장면들에 익숙하기

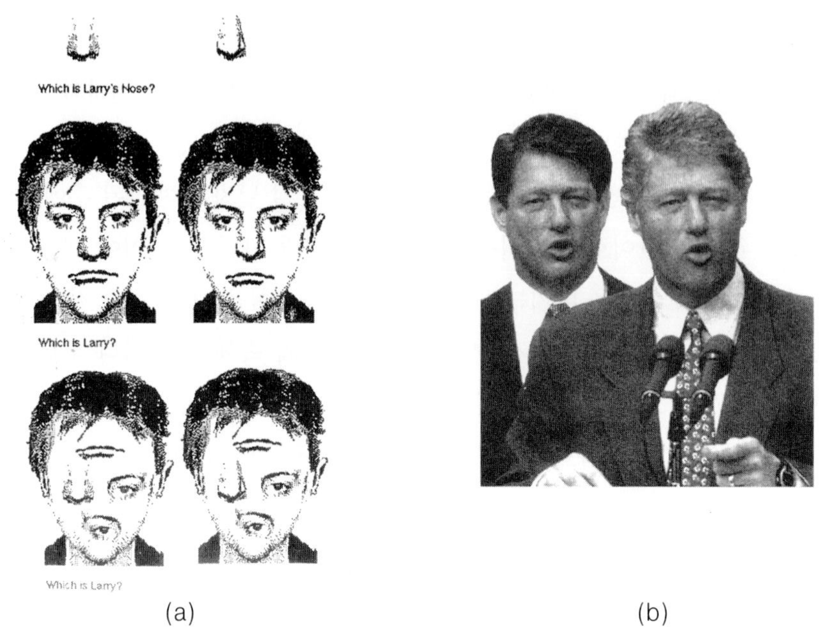

[그림 3-16] 얼굴재인 과정에서 맥락효과의 예

(a)는 Tanaka와 Farah(1993)의 실험에 사용되었던 자극의 예이고, (b)는 Sinha와 Poggio(1996)의 연구에 사용된 자극의 예다. (b)에 제시된 사진 속의 두 사람이 누구인지를 살펴본 후 본문을 참조할 것.

때문에 생기는 기대 때문이다.

이 절에서 설명하고 있는 맥락효과는 앞 절에서 기술한 상향적 처리만을 포함하고 있는 모형으로는 설명할 수 없다. 특히, 단어재인에서 단어우월효과나 맥락효과 등은 하향적 처리가 포함된 모형에 의해서만 설명될 수 있는데, McClelland와 Rumelhart(1981)는 단어재인 과정에서 상향적 처리와 하향적 처리를 모두 포함하는 신경망모형을 제안했다. 제9장의 [그림 9-7]에 제시되어 있는 상호작용적 활성화 모형(interactive activation model: IA 모형)이 그것이다. 어디에서 많이 본 느낌이 들지 않는가? 기본적인 구조와 개념은 Selfridge의 악마소굴모형과 유사하다. 즉, 악마소굴의 각 악마들은 IA 모형에서는 마디라고 불리며, 악마들의 고함소리의 크기는 마디의 활성화 수준과 유사하다. 그러나 한 가지 차이점은 악마소굴모형에서는 영상 악마로부터 세부특징 악마, 그리고 인지 악마를 거쳐 결정 악마에 이르기까지 상향적 연결만 있었지만, 상호작용적 활성화 모형에서는 하위 단계의 마디에서 상위 단계 마디로의 상향적 연결뿐만 아니라 상위 단계에서 하위 단계 마디로의 하향적 연결도 포함되어 있다는 점이다. 바로 연결의 양방향성 때문에 이 모형의 이름에 상호작용적이란 말이 포함되어 있으며, 이 모형의 하향적 연결에 의해 단어우월효과와 같은 맥락효과를 잘 설명할 수 있는데, 이에 대한 설명은 제9장에 자세히 기술되어 있다.

3. 요약

이 장을 통해서 감각기관을 통하여 들어온 감각정보를 해석하여 재인하는 일은 여러분이 생각하는 것보다 훨씬 더 복잡한 인지적 처리 과정을 요하는 과정임을 알았을 것이다. 형태재인은 입력된 영상이 무엇인지를 알아내는 과정이다. 형판모형이나 세부특징분석모형, 원형모형 등은 주로 2차원 영상의 재인 과정을 설명하는 모형인 데 반해, Biederman의 RBC 이론은 3차원 대상의 재인 과정을 설명하기 위한 모형이다. 그러나 이러한 모형들은 얼굴이나 실세계에서 볼 수 있는 대상들의 재인 과정을 설명하는 데는 제한적이다.

상향적 처리에서의 형태재인은 외부로부터 들어오는 자극만을 이용하여 형태재인 과정을 설명하는 데 반해 하향적 처리는 맥락이나 사전지식, 기대 등을 강조하는데, 형태재인을 설명하기 위해서는 이 두 가지 처리가 모두 필요하다. 단어뿐만 아니라 얼굴의 재인 과정에서도 맥락은 중요한 요인이다.

주요 용어 목록

개념주도적 처리(conceptually driven processing)
계산모형(computational model)
구조적 기술(structural description)
단어우월효과(word superiority effect)
상향적 처리(bottom-up processing)
세부특징 분석(feature analysis)
시각실인증(visual agnosia)
요소에 의한 재인(recognition-by-components: RBC)
원형 맞추기(prototype matching)
자료주도적 처리(data-driven processing)
지온(geon)
하향적 처리(top-down processing)
형태재인(pattern recognition)
형판맞추기(template matching)

읽을거리 ▶▶▶

형태재인에 대하여 좀 더 자세한 내용을 원하는 독자들은 다음의 책들을 참고하기 바란다. 지각심리학의 주 교재로 많이 쓰이는 Goldstein(2007)의 『Sensation and perception』이나 혹은 Sekuler와 Blake(2006)의 『Perception』의 대상 지각과 관련된 장들은 형태재인을 이해하는 데 특히 도움이 될 것이다. Marr(1982)의 『Vision』은 학부 학생들에게는 어려울 수도 있지만, 수리적인 배경이 튼튼하거나 공학적 배경을 가진 학생들의 흥미와 도전을 유발할 수도 있을 것이다. 일반인에게도 이해하기 쉽게 형태재인의 문제를 다룬 책으로는 Pinker(1997)의 『How the mind works』라는 책을 권하고 싶다. 형태재인과 더불어 인지의 전반적인 문제에 대한 신경학적 접근을 소개한 Posner와 Raichle(1994)의 『Images of mind』라는 책은 많은 컬러 사진과 뇌의 이미지를 제시함으로 일반 대학생들이 쉽게 읽을 수 있는 책이라고 생각되며, 형태재인의 신경심리학적인 장애를 다룬 Farah(1990)의 『Visual agnosia』라는 책 역시 형태재인과 관련된 인간의 정보처리 과정을 뇌손상 환자들의 다양한 증상을 통해 고찰할 수 있는 기회를 제공하고 있다. 또한 Farah(2000)의 『Cognitive neuroscience of vision』에는 형태재인에서의 제기되는 일반적인 문제와 얼굴, 단어재인 과정에서 나타나는 특수성에 관련된 주제들이 흥미 있고 체계적으로 기술되어 있다. 『In the eye of the beholder』(Bruce & Young, 1998)에서는 얼굴재인 문제를 포함하여 얼굴에 의한 감정표현, 연령과 성, 그리고 인종에 따른 얼굴 형태의 차이, 얼굴에서의 매력 등 얼굴과 연관 있는 광범위한 주제들이 일반인들이 읽기 쉽도록 기술되어 있다.

제4장

주의와 인지

1. 주의 연구는 어떻게 시작되었는가?
2. 인지행동적 주의 연구
3. 인지신경과학적 주의 연구
4. 주의와 낯선 형태의 지각
5. 주의와 다른 인지 과정의 관계
6. 주의와 실수
7. 요약

제4장

주의와 인지

책꽂이에 꽂혀 있는 많은 책들, 책의 한쪽에 인쇄된 문장들, 길거리에서 만나는 낯선 얼굴들, 사람들의 말소리, 오가는 차들, 여러 모양의 나무와 꽃들…. 우리는 이처럼 수많은 정보에 둘러싸여 있다. 우리의 장기기억에도 엄청나게 많은 정보가 저장되어 있다. 이 정보들은 대부분 동시에 우리의 감각기관이나 인출기관들에 주어진다. 그러나 어느 한 상황에 적합한 행동을 하려면 한두 물체나 대상에 관한 정보들만 필요하다. 잠재적으로 무한한 정보들이 제공되지만, 사람들이 지각하고 처리하는 데 한계가 있고 각 상황이 요구하는 반응 때문에 정보를 선택해야 한다. 반대로 주의가 없는 상황을 상상해 보자. 어떤 정보를 택해 반응해야 할지 모르므로 시행착오적으로 행동할 수밖에 없다. 이처럼 혼란스런 상황은 사람의 안전과 생존을 위협할 것이다.

졸고 있는 상태에서 앞 문단을 보자. 전혀 의미 없는, 뒤죽박죽인 문장(?)들이 생겨 그 내용을 파악하기 힘들 것이다. 보통의 의식 상태라면 첫 문장의 경우 눈이 '책꽂이에'를 응시하고 있다가 재빨리 '있는'으로 옮아가 응시하고…. 이러한 순차적인 절차가 되풀이되어 그 문장의 통사분석으로 단어들이 연결되어 그 뜻이 파악된다. 이 예에서 알 수 있듯이 시각 주의(visual attention)는 눈의 움직임과 함께 시야에서 이동하여 여러 위치에 있는 정보를 순차적으로 처리한다.

주의(attention)는 정보처리의 순차성(serial processing)이 그 핵심인데, 여러 기능을 갖고 있다. 유기체가 표적정보를 받아들이려고 최적의 준비 상태에 있는 경계

기능(vigilance function), 감각기관이 받아들인 많은 정보들 중 대부분은 무시하고 그중 몇몇을 택하여 의미를 처리한 다음 적절하게 반응하는 선택 기능(selection function), 제한된 처리용량을 둘 이상의 과제에 배정하는 기능(allocation function) 등이다. 여기서 제한된 용량이란 한순간 자세히 처리될 대상이나 자극의 수가 제한되어 있다는 뜻이다. 그 용량이 제한된 주의는 마음에서 일어나는 정보처리의 흐름을 제어하고, 정보를 묶거나 변형시켜 반응의 선택을 쉽게 한다. 예를 들어, 어떤 물체를 인식한 다음, 어떤 반응을 하려면 다른 대부분의 물체들은 무시해야 한다. 이때 다른 물체에 대한 반응(이것은 그 당시는 불필요한)은 억제된다. 뿐만 아니라 그 물체에 대해 말하거나 집거나 접근하는 등의 가능한 여러 반응 중 먼저 할 반응을 정하고, 그 결과를 평가한다.

길을 가면서 다른 생각을 하고 간다든지, 어떤 물체를 응시하고 있으면 친구가 정면으로 다가오더라도 그를 빨리 알아보지 못한다. 형태의 지각은 단지 그 형태에 시선을 향하고 있는 것 이상의 주의를 필요로 한다. 이러한 관찰은 주의와 형태지각의 밀접한 관계를 암시한다. 우리가 읽고 있는 글의 내용에 주의를 하지 않고 다른 생각을 하면 무엇을 읽었는지 그 내용이 잘 생각나지 않는다. 이 경험은 주의와 기억이 밀접한 관계에 있음을 말한다. 어떤 내용을 잘 기억하려면 그것을 반복하거나 관련된 다른 내용을 생각해야 하는데, 이 활동에도 주의가 관여한다. 주의는 지각, 기억, 학습은 물론 문제해결과 언어이해와 같은 주요 인지 과정과 밀접한 관계를 맺고 있다. 주의와 여러 인지 과정의 관계를 연구하면 어떤 인지 과정이 주의를 필요로 하고, 어떤 것은 필요로 하지 않음을 알게 된다. 이 구분은 마음을 이루는 인지표상들을 분류하고 이들을 이용하는 인지 과정의 특성을 더 잘 파악하게 한다.

1. 주의 연구는 어떻게 시작되었는가?

주의를 연구하는 인지심리학자들은 사람의 마음이 제한된 처리용량을 갖고 있으며, 이처럼 제한된 시스템을 수많은 자극들로부터 보호하려면 처리에 순차성을 부여해야 한다는 데 인식을 같이 한다. 무수한 정보 중 어떤 것을 택해 먼저 처리하고, 방해자극들을 무시하려면 주의가 필수적이다. 주의 연구는 1950년대에 응용 장면에서 청각주의(auditory attention)를 중심으로 시작되었다. 행동주의 심리학자들은 인간 행동의 선택성과 자발성을 중요하게 여기지 않았다. 인지심리학자들은 시간의 흐름에 따라 마음에서 정보가 어떤 방식으로, 어떤 부호로 처리되는지를 따진다. 주의에 대한 정보처리 접근을 주도한 연구자는 Cherry(1953)와 Broadbent(1958)였다. Cherry(1953)는 청각주의의 여러 기능 중 선택 기능에 관심을 두고 이를 칵테일파티 문제로 보았다. 칵테일파티에서 여러 사람들이 동시에 서로 말하고 있을 때 내가 어느 한 사람이 말하고 있는 내용을 어떻게 파악할 수 있을까? 내가 주의를 주지 않는 다른 사람의 말들은 어떻게 되는가? 칵테일파티 문제는 주의의 선택 기준의 문제와 주의를 받지 않은(unattended) 정보처리의 문제로 나누어진다.

Cherry(1953)는 실험으로 문제들을 풀려고 따라 말하기 과제(shadowing task)를 만들었다. 여기서 과제(task)란 어떤 실험조건에서 사람들에게 자극을 제시하고, 그 자극에 대해 어떤 반응을 요구하는 것이다. 각 과제가 요구하는 반응을 하려면 참여자들은 여러 심리 과정들을 동원해야 한다. 따라 말하기과제에서 사람들은 헤드폰을 통해 오른쪽 귀에(위치의 선택) 들리는 말을(메시지의 파악) 정확히 빠뜨리지 말고 따라 말해야 하고(반응의 집행), 왼쪽 귀에 들리는 말은 무시해야 한다. 위치의 선택, 메시지의 파악 그리고 반응의 집행과 같은 심리 과정을 요구하는 이 과제를 빨리 정확히 하려면 참여자들은 한쪽 귀에 들리는 정보들에만 주의를 해야 한다. 실험의 참여자들은 오른쪽 귀에 들리는 내용들을 따라 말한 다음, 몇 가지 질문을 받았다. 사람들은 질문들에 대한 답을 잘했으나 무시된 왼쪽 귀에 들린 내용에 무엇인지를 전혀 알지 못하였고, 그 내용에 관한 단어들이 제시되어도 알지 못하였다. 그러나 참여자들은 목소리가 남자에서 여자로 바뀌면 그 높낮이의 변화를 보고할 수 있었다. 이 결과는 주의를 받지 않은 경로(위의 예에서 왼쪽 귀)의 정보가 거의 처리되지 않았음을 보여 준다.

선택주의의 성질을 밝히는 연구들은 정보가 위치(왼쪽 또는 오른쪽)나 음향(말소리의 높낮이)과 같은 물리적 특성(physical codes)에 의해 선택되는지, 아니면 동물이나 식물, 가구 또는 채소와 같은 의미범주에 의해 선택되는지를 밝혔다. 연구들은 Broadbent(1958)의 여과론(filter theory)의 예측을 검증하였다([그림 4-1]). 이 이론은 주의 선택의 기준으로 물리적 특성을 강조하므로 초기선택론이라고 한다. Broadbent는 감각기관에 도달하는 모든 자극들이 그 위치, 강도, 높낮이와 같은 물리적 속성까지만 처리되며, 그 후 자극의 정체가 한 번에 하나씩 순차적으로 파악된다고 하였다. [그림 4-1]의 (a)를 보면 두 자극의 물리적 특성들이 처리되지만, 단

(a) 한 물체에 선택주의

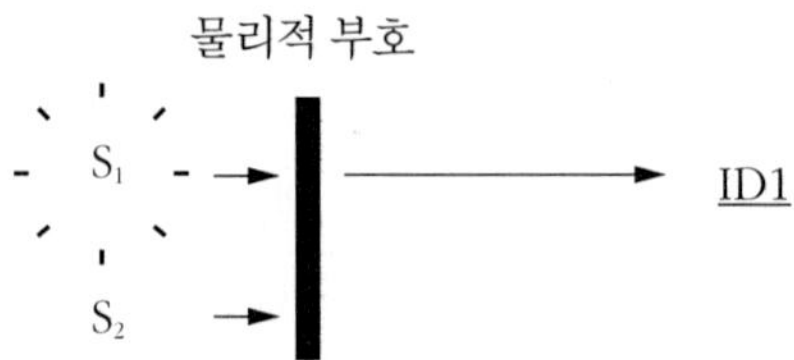

(b) 하나 이상의 물체에 선택주의

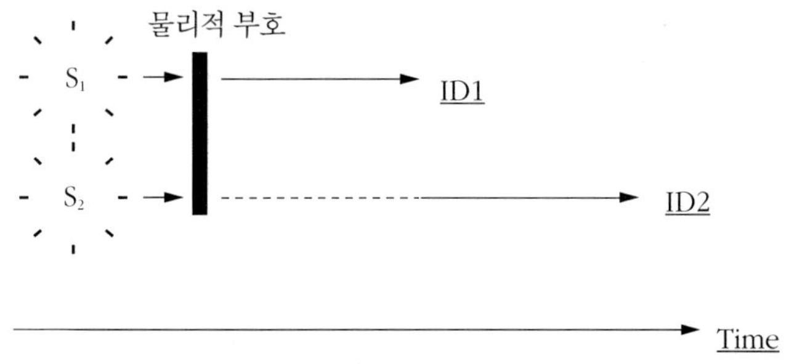

[그림 4-1] 초기선택론

주의의 초기선택론과 후기선택론(S는 자극, D는 파악을 뜻하며, 검은 수직 막대기는 여과기(filter)를 나타낸다. (a)는 S_1이 물리적 특징을 기준으로 선택되어 그 정체가 파악되고, S_2는 무시됨을 보여 준다. 후기 선택을 나타내는 (b)는 S_2가 완전히 여과되지 않고 약화되어 처리되었음을 보여 준다.)

지 한 자극만이 여과기를 통과하여 계속 처리되어 그 정체가 파악된다. 초기선택론은 Cherry(1953)가 따라 말하기 과제에서 얻은 결과들을 잘 설명한다. 무시된 귀에 들려준 내용들이 인식되지 않았지만 남자 또는 여자 목소리였음을 알았다는 결과는 주의가 목소리의 높낮이와 같은 물리적 특성을 기준으로 말소리 입력을 선택하였음을 보여 준다.

다른 연구들은 [그림 4-1]의 초기선택론의 예측과 일치하지 않은 결과를 얻었다. Moray(1959)는 무시되는 경로에 “스미스 씨, 이제 따라 말하기를 그치시오.” 같은 문장을 들려주었다. 실험 참여자들의 30%가 이 지시를 듣고 주의를 받은 경로에 제시되고 말소리를 따라 말하지 않았다. 참여자들이 주의를 주지 않은 귀에 들린 정보([그림 4-1]에서 S_2)를 무시하였더라면 자신의 이름을 듣지 못했을 것이다. 이 결과는 이름처럼 중요한 단어들은 주의를 받지 않아도 그 의미까지 처리될 수 있음을 시사한다([그림 4-1]의 (b)). Treisman(1960)은 두 귀에 각기 다른 내용의 메시지를 제시하고, 어느 한 귀에 들리는 메시지를 따라 말하도록 하였다. 이 실험이 진행되면서 10번 중 세 번은 각 귀에 제시되고 있었던 메시지가 다른 귀로 제시되었다. 그동안 주의를 받았던 메시지는 무시되었고, 무시되었던 메시지는 주의를 받게 되었다. 이런 조건에서 연구자의 관심은 사람들이 무시된 귀에 들렸던 내용이 주의를 받으면서 따라 말하는지의 여부였다. 메시지의 제시 경로를 바꾸면 사람들은 무시된 내용의 6% 정도를 자신이 틀리게 따라 말하는 줄 모르고 말하였다. Moray와 Treisman의 실험 결과들은 주의를 받지 않은 내용들이 완전히 여과되지 않고 약화되며, 경우에 따라 그 의미가 처리됨을 보여 준다. 이 결과들은 주의가 엄격한 초기 선택을 따르지 않는다는 입장을 지지한다([그림 4-1]의 (b)).

후기선택론의 예측과 일치하는 연구들의 문제점은 실험의 매 시행에서 주의의 후기 선택을 지지하는 증거들이 일관되게 수집되지 않는다는 점이다(Pashler, 1998). Moray(1959)의 경우 30%의 사람들만이 무시된 경로에 제시된 자신의 이름을 인식했고, Treisman(1960)의 참여자들은 무시된 내용의 6% 정도를 따라 말하였다. 이 결과들은 무시된 대부분의 자극들이 그 의미까지 처리되지 않음을 시사한다. 따라서 후기선택론보다 초기선택론이 더 타당하다.

2. 인지행동적 주의 연구

동물이나 사람의 주의를 연구할 때 인지심리학자들은 인지행동적 연구법을 사용한다. 사람이나 동물의 주의에 영향을 줄 것으로 가정되는 변수들을 조작하여 조건들을 만들고, 각 조건에서 사람이나 동물의 표적행동의 빈도나 속도가 주의에 의해 어떤 영향을 받는지를 측정한다. 이 방법은 주의를 요구하는 과제를 사람들이 하도록 하고, 그들의 뇌의 어느 부위에서 포도당 대사가 활발히 일어나는지를 영상화하는 양전자방출단층촬영법(PET)이나 산소대사를 영상화하는 기능적 뇌영상측정(fMRI) 등의 인지신경과학적 연구 방법과 차이가 있다. 그 분석 수준(예: 신경해부 수준과 인지 수준)과 관찰 대상인 반응 단위(예: 신경원의 활성화, 정확하게 식별하기), 그리고 사용하는 자극의 복잡성에서 다르다. 인지행동적 주의 연구는 한 자극에 주의하고, 다른 모든 자극들은 무시하는 선택주의(selective attention), 둘 이상의 자극들에 주의를 배정하는 분리주의(divided attention), 표적에 주의를 계속 기울이는 지속주의(sustained attention) 등이 각기 어떤 처리 과정들로 구성되어 있고, 그 성질이 어떠한지를 여러 과제(예: 명명, 검색, 사전단서)에서 실험조건들을 만들어 연구한다. 인지행동적 연구들은 자극판의 제시부터 반응할 때까지 발생하는 심성 과정들(예: 약호화, 비교, 반응의 선택)에 영향을 주는 독립변수를 조작하여 정보처리 흐름에서 선택이 어느 시기에, 어떤 부호를 바탕으로 일어나는지, 주의를 줄 경우에 공간과 물체 중 어느 것에 주의를 하는지 등을 밝힌다. 다음은 인지행동적 주의 실험 과제들이다.

1) 스트룹(stroop) 명명과제에서 밝혀진 선택주의

주의의 선택 기능의 성질을 밝힐 때 가장 많이 사용되어 온 인지행동적 과제들을 스트룹 명명과제, 검색과제 및 심리적 불응기과제를 중심으로 알아보자. 각 과제는 주의의 어떤 특징을 다른 과제들보다 더 잘 드러낸다. 스트룹 명명과제는 사람들에게 예를 들어 다음과 같은 자극판을 제시하고, 처음의 색부터 끝의 색까지 그 이름을 말하는 데 걸린 시간을 측정한다. 실험 자극판과 통제 자극판에 배열된 색들은 똑같은데, 그 차이는 다음과 같다. 즉, 실험 자극판의 경우 색과 색이름 단어가 일치하지 않는 반면(예: 파랑이란 단어가 빨간색으로 칠해져 있음), 통제 자극판의 경우 색이름 단어가 아니라 각 사각형이 어떤 색으로 칠해져 있다. 이 과제에서 실험 자극판의 색들의 이름을 빨리 말하려면 단어의 형태는 무시하고 그 색들을 선택주의해야 한다.

> 통제 자극판: 빨간색 사각형, 파란색 사각형, 초록색 사각형…
> 실험 자극판: 빨간색으로 칠해진 파랑, 파란색으로 칠해진 초록, 초록색으로 칠해진 검정…

사람들이 실험 자극판의 색들을 명명하는 데 걸린 시간에서 통제 자극판의 색 명명시간을 뺀 것을 스트룹 간섭효과(stroop interference effect)라 한다. 스트룹 명명과제는 따라 말하기 과제에서 왼쪽 귀의 메시지는 무시하고 오른쪽 귀에 들리는 메시지만 주의를 주어 반복하는 것과 비슷하다. 따라 말하기 과제의 경우 왼쪽 귀와 오른쪽 귀가 공간적으로 떨어져 있는 반면, 스트룹 명명과제에서 단어모양과 색이 같은 공간을 차지하고 있다. 따라서 무시되어야 하는 자극인 단어모양이 색에 대한 선택주의를 간섭한다.

스트룹 간섭효과는 주의를 해야 하는 표적 속성인 색을 계속 처리하고 단어 모양과 같은 속성을 여과할 때 사람들이 겪는 어려움을 시간의 차이로 나타낸다. 주의가 산만한 남자아이들이나 정신분열증 환자들의 명명 반응 시간을 정상인의 것과 비교하면 더 큰 스트룹 간섭효과를 보인다. 스트룹 명명과제의 수행은 주의장애를 진단하는 도구로 쓰인다. 이 과제는 인지 과정들 중 자동적으로 처리되는 과정(automatic information processing)과 의식적으로 처리되는 과정(conscious information processing)의 차이를 잘 보인다. 자동적 처리 과정이란 어떤 행동을 시발시키는 자극을 인식하고, 그에 대한 반응을 수없이 반복하여 그 자극과 반응의 처리에 의식이나 주의가 거의 필요 없는 인지 과정이다. 예를 들어, 다른 사람의 말소리를 빨리 알거나, 어떤 물체가 무엇인지를 1/2초 전후로 쉽게 아는 것은 자동적 처리 과정 때문이다. 의식적 처리 과정은 어떤 행동을 할 때 의식이나 의도가 반드시 개입하고 주의의 관여를 필요로 하는 인지 과정이다. 예를 들어, 낯선 물체를 보거나 그 내용을 학습하려면 그 면들의 구조의 분석이나 내용들의 연상에 주의가 필요하다. 스트룹 간섭효과에 대해 여러 설명이 있는데, 그중 하나가 질적으로 다른 정보처리 과정의 경쟁 때문이라는 설명이다. 단어의 모양을 분석하고, 그 뜻과 이름을 생각하는 자동적 처리 과정이 색의 밝기와 그 색상을 분석하여 그 이름을 명명하는 의식적 처리 과정보다 더 빠르게 진행된다. 단어처리 과정이 색처리 과정보다 더 빨리 수행되므로 색 반응을 선택할 때 간섭이 있다. 스트룹 간섭효과는 무시되어야 하는 단어의 모양이 자동적으로 처리되어 색 명명반응을 간섭함을 시사한다. 이 효과는 주의를 받지 않은 정보(여기서는 단어의 모양과 그 발음)가 그 의미까지 처리된다고 주장하는 후기선택론을 지지한다.

2) 검색과제에서 밝혀진 선택주의

선택주의의 순차성을 잘 보여 주는 예를 검색과제에서 찾을 수 있다. Treisman과 Gormican(1988)은 사람들에게 터진 원(표적)을 완전한 원들(방해자극) 중에서 찾거나, 그 반대로 한 완전한 원을 터진 원들 중에서 찾도록 하였다. 이 연구의 독립변

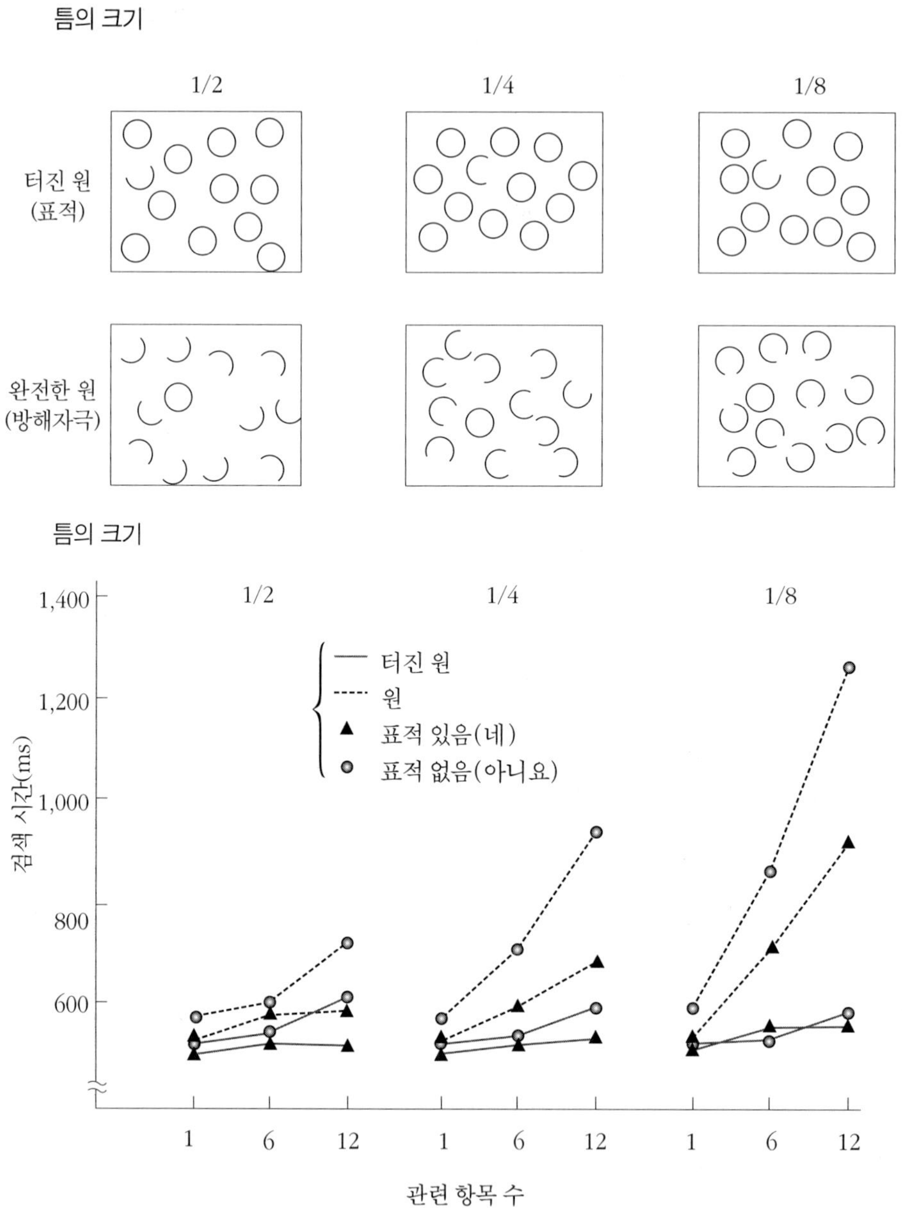

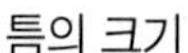

[그림 4-2] 표적과 방해자극의 유형에 따른 표적의 검색 반응 시간

표적이 터진 원이고 방해자극이 원인 조건과 표적이 원이고 방해자극이 터진 원인 조건에서 검색세트 크기에 따른 '아니요' 와 '네' 의 반응 시간. 표적이 터진 원일 때는 병렬처리의 결과가, 표적이 원일 때는 순차처리의 결과가 관찰된다. 터진 원에서 틈(gap)의 크기가 순차처리에 체계적으로 영향을 주고 있음을 주목하라.

수는 표적과 방해자극의 합이 구성하는 검색세트의 크기, 종속변수는 '표적이 있다(네)' 또는 '없다(아니요)'의 반응을 하기까지 걸린 시간이었다. [그림 4-2]는 Treisman과 Gormican(1988)의 결과들을 정리한 것이다.

이 그림을 보면 터진 원이 표적일 때, 검색세트의 크기와는 무관하게 '아니요'와 '네' 반응의 기울기가 작으며 검색세트의 효과가 관찰되지 않는다. 원이 표적일 경우 두 반응 시간이 검색세트 크기의 일차함수로 증가할 뿐 아니라, 그 기울기의 비가 2 : 1이다. 검색세트의 크기에 따른 이러한 반응 시간 패턴을 어떻게 해석할까? 터진 원의 검색시간은 검색세트 크기의 영향을 별로 받지 않는다. 이 결과는 이 표적의 검색이 시야의 여러 위치들에서 동시에 진행되는 병렬정보처리를 시사한다. 여기서 관심은 완전한 원을 찾는 경우이다. 이때 '아니요'와 '네' 반응 시간의 기울기가 2 : 1인데, 이 결과는 원의 검색이 시야의 각 위치를 순차적으로 찾는 선택주의로 수행되었음을 시사한다. 검색과제에서 '아니요' 반응을 하려면 자극판의 모든 위치를 순차적으로 뒤져야 하지만(따라서 반응 시간이 길어진다), '네' 반응의 경우 표적만 있으면 검색을 중단한다. 자극판을 크게 반으로 나누었을 때 검색 초기에 '네' 반응이 나올 확률과 후기에 이 반응이 나올 확률이 반반이므로 검색 기울기가 '아니요' 반응에 비해 1/2로 작아진다.

Treisman과 Gormican(1988)은 이와 비슷한 검색 반응 시간 패턴을 직선과 사선, 원색과 혼색 등의 자극 유형들에서 발견하였다. 다소 논란이 있지만, 검색과제를 사용하는 많은 연구자들은 검색 반응 시간의 기울기가 작을 때(대략 30ms 이하)는 주의가 거의 관여하지 않는 병렬처리로, 기울기가 클 때는 순차적 주의로 검색이 진행된다고 해석한다(Wolfe, 1998). 표적에 따라 순차적인 주의가 검색과제에 필요함을 강력히 시사하는 한 결과를 보자. 여러 개의 빨간 X와 여러 개의 파란 O로 이루어진 자극판에서 표적으로 파란 X를 찾도록 하면 검색세트 크기의 효과를 뚜렷하게 관찰할 수 있다. 이 실험과제는 검사 자극판에서 표적과 방해자극이 각기 한 속성(색 또는 모양)을 공유하고 있으므로 시야의 각 위치에 선택주의를 하여 색과 모양을 결합시켜야 표적의 제시 유무를 판단할 수 있다.

검색과제를 사용한 연구들은 다른 흥미로운 결과들을 보고하였다. 표적의 검색에 선택주의가 별로 요구되지 않는 형태나 색이 있는가 하면 선택주의가 필요한 자극들이 있다. 선택주의는 위치를 중심으로 자극의 색, 모양, 방향 등의 속성을 결합시켜 한 표적의 출현 여부를 판단하도록 한다. 주의가 제한된 상황에서, 예를 들어

자극판을 짧게 제시하면서 다른 일도 함께 요구할 때 위치 중심의 선택주의가 실패한다. 이것은 실제로 제시되지 않았는데도 보고하는 착각결합(illusory conjunction) 현상이다. Treisman과 Gormican(1988)의 실험을 보면, 빨간 X와 파란 O들로 구성된 자극판에 대해 사람들은 때때로 파란 X 표적이 없었는데도 표적을 보았다고 반응한다(착각결합). 이 실험에서 검색세트의 효과가 관찰된 까닭은 착각결합을 방지하기 위해 선택주의가 각 위치에 순차적으로 주어졌기 때문이다. 이 절에서 소개된 검색과제 연구 결과들은 정보처리의 초기에 선택주의가 위치를 중심으로 작용함을 시사한다.

3) 심리적 불응기과제에서 밝혀진 분리주의

사람의 생각과 행동이 순차적으로 진행된다면 이는 사람들이 두 가지 일을 동시에 함께 해내지 못한다는 뜻인가? 곡예사의 다양한 묘기를 보거나, 사람들이 말하면서 커피 잔을 입 쪽으로 가져가는 행동을 보면 그들이 복잡한 행동들을 동시에 해낼 수 있다는 인상을 받는다. 선택주의 연구들은 사람들이 한순간에 한 대상을 처리하고 있을 때 다른 대상은 무시됨을 시사하는 증거(예: 검색세트 크기의 효과)를 보인다. 사람이 한순간에 두 가지 일을 동시에 해낼 수 있는 것처럼 보인다는 것과 정보처리의 순차성을 보인 검색과제 연구의 결과는 갈등적이다. 사람들은 한순간에 두 가지 이상의 일을 해낼 수 있는가? 두 가지 일을 동시에 하지 못한다면 어떤 정보처리 과정 때문인가?

이 물음의 답을 심리적 불응기과제(psychological refractory period task)에서 찾을 수 있다. 이 과제는 사람들이 거의 동시에 두 가지 다른 반응을 빨리 하도록 요구한다. 예를 들어, 어떤 소리가 높으면 왼손의 한 손가락으로 자판의 'Z' 키를, 소리가 낮으면 같은 손의 다른 손가락으로 'V' 키를 누르게 하는 과제(소리변별과제)와 함께 화면에 제시되는 문자가 A이면 'm' 키, B이면 ' , ' 키를 오른손의 각 손가락으로 빨리 눌러야 한다. 이때 소리자극([그림 4-3]에서는 S_1)과 문자자극([그림 4-3]에서는 S_2)의 제시시차를 짧게 또는 길게 하여 제시시차 상의 차이가 문자변별과제의 반응 시간([그림 4-3]에서는 R_2)에 미치는 영향을 측정한다. 소리의 변별과 문자의 변별을 요구하는 이중과제에서 소리자극과 문자자극의 제시시차가 짧을수록 문자자극에 대한 반응 시간이 늦어진다([그림 4-3]의 아래 결과). 신경원 수준에서도 한 신경원

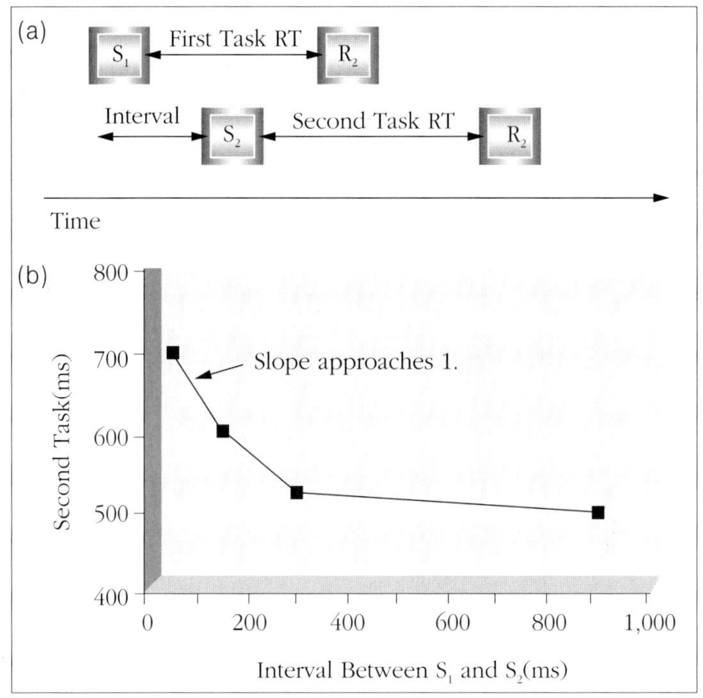

[그림 4-3] 두 과제의 자극제시시차에 따른 심리적 불응기효과

(a)는 소리변별과제와 문자변별과제의 자극들이 시간 간격을 두고 제시됨을 보여 준다. (b)는 두 과제의 자극들의 제시시차의 함수로 S_2 자극에 대한 R_2 반응 시간이 어떻게 달라지는지 보여 준다. 이 그림을 보면, 자극제시 시차가 50~300ms 사이이면 정보처리체계가 심리적 불응기에 있음을 알 수 있다.

이 흥분한 직후 자극을 받으면 즉시 흥분하지 않는다. 이 현상에 비유해서 앞의 현상을 심리적 불응기효과라 부른다.

소리를 변별하려면 보통 1/2~3/4초 정도 걸린다. 소리 S_1이 제시된 직후 문자 S_2가 제시되는 데 참여자들은 소리를 변별하고 또한 문자의 정체에 따라 선택반응을 해야 한다. S_1과 S_2의 간격은 소리변별의 반응 시간에 별 영향을 주지 않는다. 그러나 제시시차가 0에 가까워지면 S_2에 대한 반응 시간이 규칙적으로 길어진다. 심리적 불응기과제에 참여한 사람들의 S_2 자극에 대한 반응 시간(R_2)은 두 자극의 간격이 1ms씩 감소함에 따라 1ms씩 길어진다. 두 자극의 간격이 좁아지면 R_2의 반응 시간은 느려진다. 두 자극이 시간상으로 볼 때 함께 처리됨을 시사하는 결과도 관찰된다. S_1의 제시부터 S_2에 대해 반응하기까지 걸린 시간은 이중과제를 하지 않고 각 과제를 따로 할 때 수행되는 시간의 합보다 더 짧다.

심리적 불응기효과는 소리를 변별하는 일차과제와 문자를 변별하는 이차과제를 함께 하더라도 일차과제의 어떤 심리 과정 때문에 이차과제의 심리 과정이 함께 수행될 수 없음을 시사한다. 한순간에 한 과제만 주의하기를 요구하는 심리 과정을 도로교통에 비유하여 병목(bottleneck)이라 부르기로 하자. 여러 차선들로 이루어진 큰 도로에서 여러 대의 차들이 동시에 주행할 수 있지만, 차 한 대가 간신히 지날 수 있는 좁은 길로 들어서면 차의 흐름(즉, 정보처리의 속도)이 지체되는 병목현상이 발생한다. 소리변별과제와 문자변별과제를 수행할 때 각기 자극의 지각, 반응의 선택 및 반응 실행의 세 정보처리 단계가 관여한다 하자. 병목이 지각, 반응 선택 또는 반응실행 중 어느 단계에서 발생할까?

Pashler와 Johnston(1989)의 여러 실험은 병목이 반응선택 단계에 있다는 주장을 지지한다. 이들은 참여자에게 일차과제로 소리변별을, 이차과제로 문자변별을 요구하였다. 연구자들은 이차과제에서 제시되는 문자의 밝기를 줄여 그 자극(S_2)이 지각되기 어렵게 하였다. 이 조건의 반응 시간은 문자자극의 지각이 쉬운 조건의 반응 시간과 별 차이가 없었다. 이 결과는 병목이 지각 단계에 있지 않음을 보여 준다. Pashler(1998)는 일차과제로 자극의 변별을 요구하되, 한 번의 반응을 요구하는 조건과 여러 번의 반응을 요구하는 조건을 만들었다. 이차과제로 소리에 대해 빨리 말하는 반응을 요구하였다. 이 실험에서도 이차과제의 반응 시간은 두 과제의 자극 제시시차가 좁아짐에 따라 길어졌다. 참여자들은 한 번의 반응을 요구하는 조건과 비교해서 여러 번 반응을 요구하는 조건에서 첫 반응을 완료하는 데 더 긴 시간을 소요하였다. 그러나 이차과제는 일차과제의 두 반응조건 모두에서 비슷한 시간에 완료되었다. 일차과제의 반응 실행 단계에 영향을 준 조건들에서 이차과제의 반응 시간이 달라지지 않았으므로 이 결과는 병목이 반응실행 단계에 있지 않음을 보여 준다. 결론적으로, Pashler의 두 연구의 결과들은 심리적 불응기효과가 반응의 선택에 있다는 주장으로 수렴한다.

심리적 불응기과제를 사용한 연구들은 사람들이 두 과제를 거의 동시에 할 수 있지만, 반응을 선택할 때 한 번에 한 과제만을 할 수 있음을 보여 준다. 정보처리 단계에서 병목이 발생하는 이유는 무엇일까? 반응의 선택에 병목이 있음을 시사하는 증거들은 인간의 뇌에는 컴퓨터의 중앙처리기처럼, 어떤 정보를 받아 그에 대한 행위를 하려고 기억 저장고를 검토하는 메커니즘이 있고, 이것이 한순간에 하나씩만 검토하므로 병목이 생김을 시사한다.

인지행동적 연구들이 사용하는 스트룹 명명과제는 자동적 처리의 반응과 의식적 처리의 반응이 경합하기 때문에 간섭이 있음을, 검색과제는 한 표적을 찾으려고 여러 위치들을 검색해야 할 때 방해자극들을 무시하려면 순차적 주의가 관여하며, 심리적 불응기과제는 사람들이 두 과제를 한순간 함께 할 수 없는 까닭이 반응을 순차적으로 선택하기 때문임을 밝혔다.

3. 인지신경과학적 주의 연구

인지신경과학(cognitive neuroscience)은 인지심리학과 인지과학의 이론과 방법론으로 뇌, 행동, 그리고 인지의 관계를 연구한다. 인지신경과학 연구자들은 인간의 신경해부 구조가 지각, 기억, 주의, 학습과 같은 인지 과정에 어떤 제약을 주는지를 밝힌다. 이 분야의 연구자들은 양전자방출단층촬영법(PET), 기능자기공명영상법(fMRI), 뇌손상법, 뇌파 측정 기법 등을 사용하여 주의, 그리고 주의와 관련된 표상들을 처리하는 심리 과정들(mental processes)의 배후에 각기 어떤 신경망(network)이 있고, 그들의 관계가 어떤지를 밝힌다.

시각주의(visual attention)는 눈의 이동과 함께 작용한다. 눈을 움직이면 주의가 가는 위치가 달라진다. 그러나 눈을 움직이지 않고도 시각주의를 이동할 수 있다. 이를 시각주의의 내적 이동(internal shift)이라고 한다. Posner(1980)는 이 이동을 연구하려고 사전단서과제(precueing task)를 만들었다. 주의의 경계 기능을 밝히는 이 과제에서 사람들은 화면의 오른쪽 또는 왼쪽 말초에 별표가 나타나면 자판의 한 글쇠를 재빨리 눌러 반응해야 한다. 이 과제는 표적보다 먼저 제시되어 그 위치로 주의를 끄는 단서가 표적의 위치를 정확히 알려 주거나(타당조건), 틀린 위치로 주의를 끌거나(부당조건), 위치 정보를 제공하지 않는 조건(통제조건)을 포함한다. 조건들 간의 반응 시간의 차이를 비교하여 타당도효과를 얻는다. 이 효과는 예상된 위치에 제시된 표적에 대한 반응 시간이 예상 외 위치에 제시된 표적에 대한 반응 시간보다 더 정확하고 빠른 것을 말한다.

사전단서과제로 시야의 어느 쪽으로 향하는 주의(orienting attention)의 주요 성분을 분석할 수 있다. 사람이 어떤 표적에 주의를 주면, 주의는 그 표적이 있는 위치에 몰입(engage)하여 그 표적에 관한 정보를 처리한다. 그러나 표적이 다른 위치에

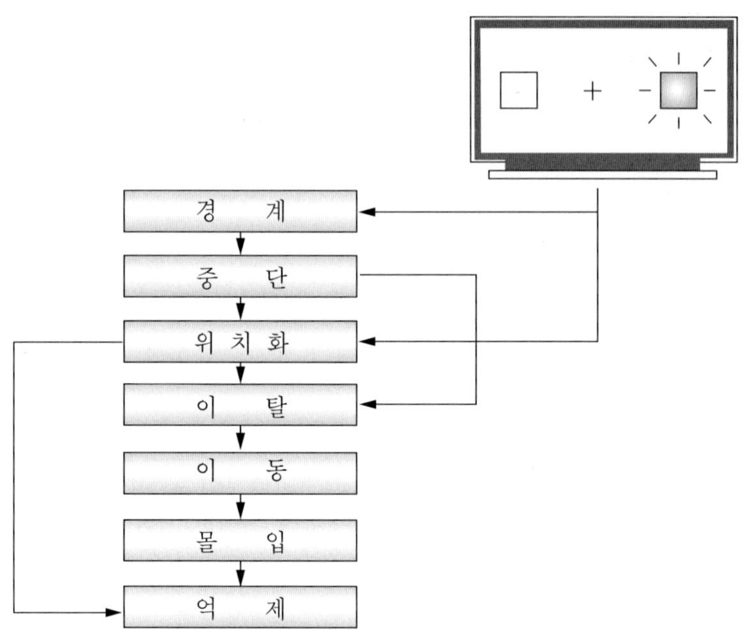

[그림 4-4] 사전단서과제의 수행에 관여하는 가설적 심성 과정들

이 그림에서 경계는 사전단서가 제시되기 전에 화면 전체를 주목하는 것이고, 중단은 사전단서가 나타날 때 경계 상태가 깨어짐을 말하며, 위치화는 사전단서가 나타난 곳을 주의하는 것을 말한다.

나타나면 주의가 이미 가 있는 위치를 이탈(disengage)하여 새 위치로 이동한다. 타당도효과는 주의가 표적이 제시될 위치에 이미 가 있어 표적의 정보를 빨리 처리할 수 있는 반면, 예상 외 위치의 표적이 있으면 주의를 현재 위치로부터 이탈시켜 다른 곳으로 이동해야 하기 때문이다. Posner와 Raichle(1994)은 사전단서과제를 빨리, 정확히 수행하는 데 필요한 심성 과정들을 정리하였다([그림 4-4]).

Posner와 Peterson(1990)은 각기 다른 뇌 영역이 손상된 환자들이 사전단서과제를 수행하도록 하였다. 우반구 두정엽 손상자들은 그 손상 부위와 반대인 왼쪽 시야에 제시된 물체들을 존재하지 않는 것처럼 무시하였다. 이 환자들은 손상 부위와 같은 오른쪽 시야에서 사전단서를 보았지만 표적이 반대편 시야에 제시된 부당조건에서 느린 반응 시간을 보였다. 이 환자들은 뇌손상 부위의 반대편인 왼쪽 시야에 사전단서가 제시되더라도 표적의 위치가 타당하면 손상 부위와 같은 오른쪽 시야에 제시된 타당한 표적에 대한 반응 시간과 비슷한 반응 시간을 보였다. 이 결과는 우반구 두정엽의 손상 때문에 부당한 위치에서 주의를 이탈시키는 과정에 문제가 있어서 무시 현상이 초래되었음을 시사한다.

중뇌의 상구는 안구이동을 지원하는 뇌 신경구조물이다. 상구가 손상된 환자들은 눈이 한 위치에서 다른 위치로 빠르게 움직이는 도약안구운동(saccades)에서 장애를 보인다. 눈을 재빨리 움직이기 힘든 방향에 사전단서를 제시하면 환자들은 표적에 대해 느린 반응 시간을 보였다. 이 결과는 상구의 손상 때문에 주의를 한 위치에서 다른 위치로 이동시키는 과정이 크게 영향을 받았기 때문으로 해석된다. 뇌의 시상침(pulvinar)이 손상된 환자들은 두정엽 손상자나 중뇌 손상자의 반응과 다른 결과를 보였다. 시상침 손상자들은 손상된 부위의 반대편에 타당한 표적이 제시되었을 때 느린 반응 시간을 보였다. 이 결과는 두정엽 손상자들의 반응 시간과 대조된다. 시상침 손상자들은 표적에 주의를 잘 몰입시키지 못하는 것으로 보인다.

Posner와 Peterson은 정향주의에 세 주의망(attentional network)이 관여한다는 결론을 내렸다. 한 위치에서 주의가 다른 위치로 움직이기 시작하는 이탈 과정은 두정엽이, 주의가 실제로 움직이는 이동과정은 상구가, 그리고 새 위치에 주의가 들어가는 몰입 과정은 시상침이 관여한다. 양전자방출단층촬영법(PET)으로 원숭이의 뇌 활동을 측정한 한 연구(LaBerge, 1995)도 표적에 선택적으로 주의하는 과정이 시상침과 관련 있다는 사실을 보고하였다.

주의에 대한 인지행동적 접근을 소개하면서 스트룹 명명과제에서 관찰된 선택주의를 살펴보았다. 사람들이 이 과제를 하려면 단어의 모양을 무시하고 색에만 주의하여 그 이름을 빨리 말해야 한다. Posner와 Raichle(1994)은 정상인이 이 과제를 하고 있는 동안 뇌를 PET로 측정하였다. 인쇄된 단어들을 보기만 할 때 별로 활동하지 않던 전대상회(anterior cingulate) 부위가 참여자들이 실험조건의 자극판을 보고 있을 때 활발한 포도당 대사를 보였다. 단어의 의미에 대한 자동적 처리를 억제하면서 색을 의식적으로 처리해야 하는 스트룹 명명과제의 특성으로 미루어 전대상회는 여러 심리 과정들을 통제하는 집행적 주의(executive attention)의 신경해부적 근거로 간주된다. 전대상회는 일차과제로는 빛을 탐지하기, 이차과제로 숫자를 거꾸로 빼기를 할 때 뇌의 다른 부위들보다 더 활발하게 작용한다. Posner와 Raichle은 여러 결과들을 종합해서 정향적 주의와 집행적 주의 배후에 분산된 신경망이 뇌의 각기 다른 영역들에 있다고 제안하였다([그림 4-5]).

인지행동적 주의 연구는 여러 실험과제들을 개발하여 선택주의, 분리주의, 그리고 정향주의의 성질과 이에 영향을 미치는 변수들과 그 행동적 효과를 밝혀낸다.

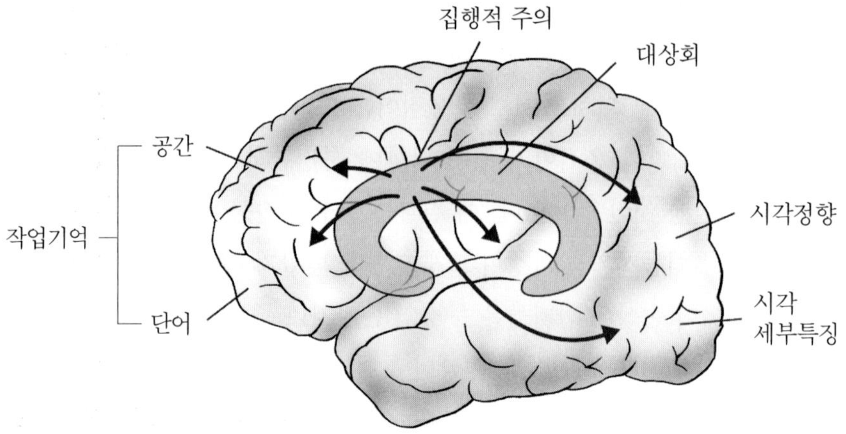

[그림 4-5] 뇌에서 분산된 주의망

전대상회에 있는 집행기가 작업기억을 지원하는 전두엽, 정향주의를 지원하는 두정엽, 그리고 시각 세부특징을 추출하는 후두엽의 정보처리를 조정하고 있다.

다시 말하면, 선택주의는 스트룹 명명과제와 검색과제로, 분리주의는 심리적 불응기과제로, 정향주의는 사전단서과제로 그 성질이 연구되고 있다. 인지신경과학적 주의 연구는 뇌손상 부위가 미리 파악된 환자들을 대상으로 이러한 과제들의 수행 패턴을 분석하여 특정 주의를 지원하는 뇌 영역들과 그 관계를 찾아낸다. 인지행동적 주의 연구는 시간 차원에서 정보처리 단계의 성질을 밝히며, 인지신경과학적 주의 연구는 공간 차원에서 정보처리 단계의 신경해부적 구현을 밝힌다. 두 접근은 각기 다른 접근의 한계를 극복할 수 있게 하며, 상대 접근이 당면한 연구문제들의 해결에 개념적 · 방법론적 돌파구를 제공한다.

4. 주의와 낯선 형태의 지각

새로운 형태에 주의를 주지 않으면 그 형태가 지각될까? 앞서 살펴본 것처럼, 각 위치에 선택적으로 주의하지 않으면 한 형태의 모양과 색이 잘못 결합되어 틀린 형태지각이 발생할 수 있다. 그러나 이 현상과 반대인 실험 결과들도 소개되었다. 스트룹 간섭효과에서 알 수 있듯이, 연습을 많이 한 형태들(예: 낱자, 단어, 친숙한 얼굴)은 자동적으로 처리되어 그 지각에 주의가 별로 요구되지 않는다.

Rock과 Gutman(1981)은 주의와 형태지각의 관계를 중첩형태자극과제를 이용해서 검토하였다. 연구자들은 각기 다른 색으로 칠해진 두 형태를 포개어 사람들에게 1초씩 제시하고 지정된 색(예: 빨강) 형태의 아름다움을 5점 척도에서 평정하도록 하였다(한 자극만 선택적으로 주의하게 함). 사람들은 여러 쌍의 중첩 형태들을 보고 각 표적 형태의 아름다움을 평가한 다음, 재인검사를 받았다. 참여자들이 전혀 예상하지 않았던 재인검사는 미적 평가를 받은 표적 형태, 무시된 형태, 그리고 새로운 형태들을 포함하였는데, 이 형태들은 모두 검정색으로 제시되었다. 참여자들은 앞서 경험했던 형태들의 색에 상관없이 학습 시기에 본 형태들을 택해야 했다.

이 실험의 참여자들은 미적 평가가 요구된 형태들을 정확히 재인하였으나, 무시된 형태들을 거의 재인하지 못했다. 그 아름다움이 평가되기 위해 주의를 받았던 형태들은 정확히 재인되었으나, 비슷한 위치에 함께 제시되었지만 무시된 형태들은 잘 재인되지 않았다. 이 결과는 낯선 형태가 지각되려면 그 부분들의 관계 구조가 기술되어야 하고, 이때 선택주의가 필요함을 시사한다. 여기서 관계 구조란 한 형태의 여러 부분들의 공간관계에 대한 기술(description)이다. [그림 4-6]의 왼쪽 빨간색 형태의 경우 '위에 긴 수평선이 오른쪽 아래 사선과 연결되고 그 끝에서 왼쪽으로 휘는 …' 과 같은 기술을 말한다. Rock과 Gutman(1981)은 같은 연구에서 무시될 형태로 집이나 나무와 같은 친숙한 형태를 제시하였는데, 같은 결과를 얻었다. 이 실험은 앞 실험의 결과가 단순히 기억의 실패가 아니고 무시된 형태의 구조가 주의를 받지 못했기 때문임을 시사한다.

Rock과 Gutman의 연구는 중첩된 낯선 형태들을 쌍으로 제시하고, 그중 하나에 주의하고 다른 하나를 무시하게 한 다음, 새로운 형태들과 함께 제시하여 재인검사를 실시한다. 무시된 형태가 실제로 지각되었지만, 재인검사의 성질 때문에 그 효

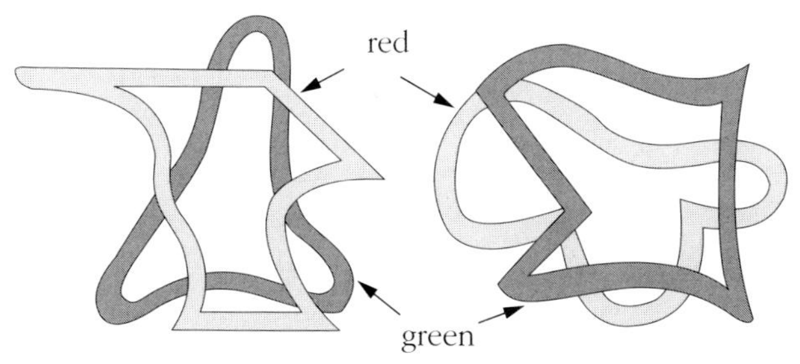

[그림 4-6] Rock과 Gutman(1981)이 사용한 중첩형태자극

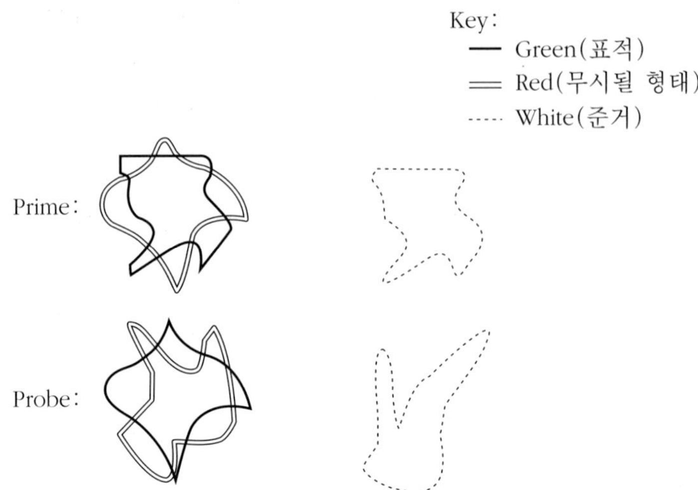

[그림 4-7] DeSchepper와 Treisman의 부적점화과제의 예

점화자극판에서 표적인 초록 형태와 준거자극은 그 모양이 같다. 참여자는 '같다' 반응키를 빨리 누른 후, 탐사자극판에서 초록 형태와 준거자극이 그 모양이 같은지를 판단한다. 이 예에서는 두 형태가 다르므로 '다르다' 반응키를 빨리 눌러야 한다. 이 실험에서 각 자극판은 참여자들이 반응할 때까지 제시되었다.

과가 제대로 평가되지 않았을 가능성은 없는가? DeSchepper와 Treisman(1996)은 부적점화과제([그림 4-7])로 '주의를 받지 못한 낯선 형태의 지각 실패'를 검토하였다. 이 과제에서 중첩된 형태들을 초점의 왼쪽 시야에, 준거자극을 오른쪽 시야에 제시하면 사람들은 지정된 색의 형태, 예를 들어 왼쪽의 초록 형태가 오른쪽의 준거자극과 그 모양과 같은지를 빨리, 정확히 판단해야 한다.

이 과제에서 부적점화효과(negative priming effect)가 관찰되었다. 이 효과는 앞선 시행에서 무시된 자극이 바로 다음 시행에서 판단해야 할 표적과 같은 형태이면 그렇지 않은 형태(즉, 새로운 낯선 형태)일 경우보다 모양이 같은지를 판단하는 반응시간이 느린 현상이다. Rock과 Gutman의 결과에 의하면, 점화(prime) 시행에서 무시된 형태는 그 구조가 지각되지 않아 탐사(probe) 시행에서 표적으로 나타나더라도 준거자극과 같은 것인지를 판단할 때 영향을 주지 않아야 한다. 그러나 부적점화효과는 이러한 예상과 일치하지 않는다.

이처럼 갈등적인 결과들이 관찰된 까닭은 무엇일까? 여기서 실험과제의 차이를 주목해야 한다. Rock과 Gutman(1981)은 재인검사를, DeSchepper와 Treisman(1996)은 형태의 동일 여부를 판단하는 과제를 사용하였다. 재인검사는 형태들을 의식적으로 기억하고 인출하도록 요구하는 검사이며, 동일판단과제는 의도적인 기억과 인출을 별로 요구하지 않는 검사이다. 참여자들이 동일판단과제를 빨리 해야 하므로 무시된 형태를 기억할 여유가 없다. 재인검사는 명료기억(explicit memory)을, 동일판단과제는 암묵기억(implicit memory)을 진단하는 검사로 알려져 있다. 두 연구의 갈등적인 결과의 한 원인은 각기 다른 기억검사로 주의와 형태지각의 관계를 검토했기 때문이다.

부적점화효과에서 관찰되듯이 낯선 형태의 지각에 주의가 필요하지 않다면, 주의의 역할은 무엇일까? 형태처리의 여러 단계들 중 어느 단계에서 주의가 작용할까? 그 한 가능성은 형태의 구조를 약호화할 때는 주의가 필요하지 않고, 기억에서 형태정보를 인출할 때 주의가 필요할지 모른다(Treisman & DeSchepper, 1996). 이 해석은 주의의 후기선택론과 일치한다. 그러나 김정오와 그 동료들(송주현과 김정오, 2003; Kim, 2003)은 부적점화효과가 선택주의보다는 '제한된 용량'의 주의 때문임을 시사하는 여러 실험 결과들을 보고하였다. 표적을 처리하고 남은 용량이 있으면 방해자극도 그 구조가 기술되어 부적점화효과가 관찰된 것으로 보인다.

5. 주의와 다른 인지 과정의 관계

주의는 마음의 여러 구조에서 정보의 흐름을 제어하는 핵심이다. 주의는 지각, 기억, 학습, 그리고 문제해결과 같은 여러 인지 과정들과 밀접한 관계를 맺는다. 이 절은 주의와 관계가 있는 기억인출과 안구운동을 소개한다.

1) 기억인출과 병목현상

낯선 사람을 만났는데, 그 사람이 잘 알고 있는 어떤 친구와 비슷하게 생겼다고 하자. 나중에 낯선 사람의 얼굴을 생각하려면 친구의 모습이 생각나서(인출되어) 그 사람의 얼굴이 잘 생각나지 않는다. 이 예는 기억내용이 인출될 때 다른 유사한 내용들의 인출이 억제되고 있음을 시사한다. 이때 주의는 어떠한 역할을 맡을까? 앞서 살펴본 심리적 불응기과제의 용어로 말하면 반응의 선택뿐만 아니라 인출 과정에도 병목이 있을까? 사람들은 기억에서 한순간 하나씩 인출하는가? 한꺼번에 여러 개를 인출하는가?

Carrier와 Pashler(1996)는 이 문제를 다루었다. 이들은 일차과제로 소리자극에 대한 변별반응을 요구하고, 이차과제로 여러 단어 쌍에 대한 단서회상을 요구하였다. 예를 들어, '학교 – 장미, 기차 – 분필…' 등의 쌍을 짝짓는 학습을 한 후, 이차과제로 '학교, 기차…' 가 각기 제시되면, 각 단서 단어와 짝지어진 단어를 빨리 회상해야 한다. 사람들의 단어회상은 음성반응 시간으로 측정되었다. 이 시간은 단서인 단어가 제시되어 사람들이 짝지어진 반응 단어를 발성하기까지 시간이다. Carrier와 Pashler는 소리의 변별을 요구하는 일차과제와 단서에 의한 단어회상을 요구하는 이차과제의 자극제시시차를 50, 250ms 또는 1,200ms로 변화시켰다. 이 실험에서 자극제시시차가 가장 짧은 50ms 조건이 1,200ms 조건에 비해 평균 반응시간이 400ms 더 길었다. 이 결과는 소리변별과제가 기억으로부터 단어정보를 인출하는 과정을 늦추었음을 보여 준다.

일차과제에서 높거나 낮은 소리를 듣고, 해당 반응을 택하는 과정은 단서 단어를 보고 그것과 짝지어진 단어를 인출하는 과정과 아무런 관련이 없다. 그럼에도 불구하고 일차과제의 반응선택이 이차과제의 인출 과정을 지연시키고 있었다. 이 결과는 반응의 선택과 마찬가지로 기억인출도 병목임을 시사한다. 사람들은 기억에 저장된 많은 정보들을 인출할 때 한 번에 하나씩 순차적으로 인출한다.

Carrier와 Pashler는 기억에서 정보의 인출이 시간상 병렬적으로 진행되는지를 또한 검토하였다. 사람들에게 어떤 범주 이름을 주고 특정 문자로 시작되는 단어를 회상하도록 하였다(예: 과일 – ㅅ (수박), 생선 – ㄷ (도미)). 병렬인출모형이 타당하다면 기억에 저장된 정보들이 동시에 인출될 수 있으므로 두 문제를 함께 제시하는 조건과 한 문제만 제시하는 조건에서 사람들의 회상률이 비슷할 것이다. 그러나 사람들은 병렬인출모형이 예상하는 것보다 두 문제의 답을 적게 회상하였다. 이 결과는 사람들이 문제의 답을 한 번에 하나씩 인출하고 있음을 시사한다. 이 결과는 기억인출에 병목이 있음을 시사하는 앞의 결과와 일치한다. 요컨대, Carrier와 Pashler(1996)의 실험들은 순차적 처리가 발생하는 단계가 반응의 선택뿐만 아니라 기억의 인출 단계라는 사실을 밝혔다.

2) 주의와 안구운동

인지행동적 연구 중 사람들에게 자극판을 1/4 초 이내로 짧게 제시하여 선택주의나 분리주의의 효과를 검토하는 연구들이 있다. 그 한 이유는 안구운동 때문에 주의의 위치가 자극판을 제시한 직후와 나중에 달라질 가능성이 있기 때문이다. 그러나 일상적으로 주의와 안구운동은 밀접하게 관련된다. 문장을 읽는 사람의 안구운동을 관찰하면, 눈이 문장의 어떤 단어에 잠시 머물렀다가 곧 다른 단어가 있는 위치로 재빨리 도약한다. 문장을 구성하는 단어들 간의 의미관계를 파악하려고 한 위치의 단어를 응시하는 동안 시각체계는 다른 위치로 이동할 준비를 하고 있다. 여기서 주의와 안구운동의 관계에 대해 다음의 물음이 제기된다. 시각주의는 안구운동 전 어떤 위치에 가 있는가?

안구운동으로 도약(saccades), 추적(pursuit), 그리고 연동(vergence)이 잘 알려져 있다. 도약은 왼쪽에서 오른쪽(또는 그 반대 방향)으로 돌발적으로 일어나는 안구운동인데, 문장을 읽을 때 관찰된다. 추적은 느리게 움직이는 물체를 눈이 따라가는 것이다. 연동은 두 눈이 반대 방향으로 움직여 가까이 또는 멀리 있는 물체를 볼 수 있게 한다. 세 운동 중 주의와 관련해서 도약운동이 많이 연구되었다. 여러 연구들은 도약운동이 실행되기 전 이 운동의 목표인 위치로 주의가 미리 이동해야 한다는 가설을 검증하였다.

Shepard, Findlay, 그리고 Hockey(1986)는 화면의 중앙에 화살표 단서를 제시하고 이 단서가 초점의 왼쪽 또는 오른쪽에 있는 한 네모를 가리키도록 하였다(사전단서과제와 비슷함). 참여자들은 단서의 방향에 따라 왼쪽 또는 오른쪽 네모를 도약운동의 표적으로 삼아야 한다. 연구자들은 두 네모 중 하나 안에 표적이 제시될 확률로 주의를 조작하였다. 예를 들어, 왼쪽 네모 안에 표적이 제시될 확률이 오른쪽 네모 안에 표적이 제시될 확률보다 더 높으면, 참여자들은 왼쪽 네모에 주의를 더 많이 줄 것이다. 사전단서와 위치 확률이 함께 조작되므로 참여자들은 왼쪽 방향으로 눈을 움직이도록 지시를 받지만, 표적의 제시확률이 높은 오른쪽으로 주의를 주는 조건을 받을 수 있다. 실험 결과를 보면, 사람들은 확률조작이 기대하는 위치보다 도약운동의 대상인 위치에 표적이 제시될 때 그 표적을 더 빨리 탐지할 수 있었다. 도약운동이 요구되지 않는 조건에서는 제시확률이 높은 위치에 나타난 표적이 더 빨리 탐지되었다.이 결과는 도약운동을 실행하려고 그 목표지점에 주의가 미리 배정되기 때문이다.

Hoffman과 Subramaniam(1995)은 Shepard 등(1986)이 한 것과는 달리 표적이 제시될 위치를 네 위치 중 하나로 지정하고, 사전단서로 화살표를 준 다음, 소리가 들리면 그 방향으로 도약운동을 요구하는 과제를 만들었다. 이 과제에서 사람들은 두 표적 T와 L 중 어느 것이 제시되었는지를 구별해야 했는데, 나머지 세 위치를 두 표적과 혼동가능성이 큰 E 문자로 채웠다. 이 과제의 참여자들은 도약운동의 목표지점에 표적이 제시되었을 때 정확한 변별반응들을 더 많이 보였고, 화살표 단서만으로 지정된 위치에 주의를 주는 조건(도약운동이 요구되지 않은)에서는 표적이 나타날 위치에 관한 정보가 있어도 정확한 변별 반응을 많이 보이지 않았다. Hoffman과 Subramaniam의 실험, Shepard 등의 실험은 모두 도약운동을 실행하기 전 그 목표지점에 주의가 이동해 있음을 시사한다. 이 연구들과 또한 관련된 여러 연구의 결과들은 시야의 어떤 위치로 눈을 옮기려면 주의를 먼저 그 위치에 이동시켜야 함을 시사한다. 정보처리체계가 안구운동을 실행할 준비를 하는 동안에 주의의 이동이 일어난다.

문장을 읽고 있을 때 주의는 안구이동과 어떤 관계에 있을까? 눈이 문장의 어떤 단어를 응시하고 있는 동안 시각체계는 다음번에 응시할 위치로 도약운동도 준비하고 있어야 한다. 위의 실험 결과들로 미루어 눈이 한 단어를 응시하고 있는 초기에는 선택주의가 단어의 형태와 그 의미를 분석하지만, 이 처리가 끝날 무렵 현재 응시하고 있는 단어에 계속 주의하기보다 그 다음 단어의 위치로 주의가 이동할 가능성이 크다. 따라서 고정 응시기간(fixation duration)의 전반과 후반에 각기 다른 정보처리가 발생할 수 있다. Blanchard, McConkie, Zola, 그리고 Wolverton(1984)은

Elapsed Time (msec.) condition			
1	2	3	Display
0	0	0	The underground caverns were meant to house hidden **bombs**, but then the
50	80	120	xxxxxxxxxxxxxxxxxxxxxxxxxxxxxxxxxxxxxxxxxxxxxxxxxxxxxxxxxxxxxxxxxxxxxxxxx
80	110	150	The underground caverns were meant to house hidden **tombs**, but then the

[그림 4-8] Blanchard 등의 실험조건

조건 1의 경우 첫 행의 문장이 50ms 제시되고 이 문장이 30ms 동안 XXX들로 차폐된 후 같은 문장 또는 한 단어가 바뀐 문장이 제시되었다. 예를 들어, bombs가 차폐된 후 tombs로 대치된다.

참여자들이 짧은 글을 읽고 있는 동안 그들의 안구운동을 기록하였다. 고정 응시되고 있는 단어들은 짧은 시간 동안 X들로 차폐된 후 같은 또는 다른 단어(bombs, tombs)로 대치되었다([그림 4-8]). 이 실험은 고정 응시되고 있는 단어의 정보처리를 분석하려고 차폐가 제시되기 전 응시시간을 50, 80 또는 120ms로 변화시켰다. 다른 단어로 대치될 때 그 단어는 원래 단어와 한 문자만 달랐고, 어떤 단어이건 문장 맥락과 뜻이 통하도록 하였다. 각 문장을 제시받은 후, 실험 참여자들은 문장에 나타났던 단어를 재인하는 검사를 받았다.

Blanchard 등(1984)의 참여자들은 대치 단어가 120ms 지연되어 제시되면 원래의 단어를 주로 보고하였지만 때때로 대치 단어를 보고하기도 하였다([그림 4-8]의 3 조건). 이 조건의 경우 보고된 대치 단어는 30ms 미만의 짧은 시간 동안 응시된 것들이었다. 이 결과는 사람들이 고정 응시의 초기를 포함한 전 기간에 걸쳐 중심와에 있는 정보를 처리하며, 이 처리 방식은 조건 3의 결과에서 알 수 있듯이 주의가 말초에 배정되어야 하는 기간(즉, 도약운동을 준비하려고) 중에도 계속되고 있음을 시사한다. 고정 응시기간 중 표적단어에 대한 주의와 주의 이동의 관계는 계속 연구되어야 할 흥미로운 문제다.

주의와 안구운동의 관계를 다룬 두 실험과제는 안구운동 전에 표적의 위치에 주의가 가 있으며, 주의가 한 단어를 고정 응시하고 있을 때 초기(50ms 이내), 중기(80ms) 또는 후기(120ms)에 단어의 의미가 처리됨을 시사하는 결과를 내었다.

6. 주의와 실수

일상생활에서 주의는 판단이나 행동에 어떤 영향을 미칠까? 이미 소개된 선택주의와 분리주의 연구들은 각 표적물체나 반응에 순차적인 주의가 배정되지 않으면 착각결합을 포함해서 원래 의도한 것과는 다른 반응을 할 수 있음을 시사한다. 수많은 물체들로 구성된 장면에서 실수할 가능성은 커진다. 사람들은 주로 습관적인 행동(다른 말로는 자동적으로 처리된)의 실행과 주의의 복잡한 관계 때문에 여러 가지 실수를 저지른다(예: 김정오, 2005; Norman, 1988; Reason, 1984). 찰리 채플린은 그가 주연한 모던 타임즈에서 주의와 습관적인 행동의 관계를 잘 보여 준다. 찰리는 작업대에서 계속 나오는 각 쇠판의 두 나사를 조이는 일을 한다. 어떤 사건 때문에 다소 혼란된 정신 상태에 빠진 찰리는 둥그런 물건만 보면 그것이 사람의 귀든, 단추이든 무조건 조이려 하였다. 찰리의 실수는 습관적인 작업행동이 반복되어 입력 정보에 별 주의를 하지 않게 되었기 때문이다.

Reason(1984)은 사람들에게 일주일 동안 그들이 저지른 실수를 기록하게 하였다. 이러한 실수에는 어떤 계획을 까맣게 잊어버리거나, 잘 아는 사람의 이름을 즉시 생각하지 못하거나, 방금 말하려 한 내용을 생각하지 못하거나, '어떤 다른 일을 했어야 하는데….' 하는 느낌을 갖거나, 갖고 있는 물건을 계속 찾거나, 물건을 잘못 집거나 등등이 포함된다. 사람들의 보고를 분석해 보면, 대부분의 행위실수(예: 거스름을 받지 않고 가게를 나서기)는 주의할 필요가 없을 정도로 연습이 잘된 과제(예: 물건값을 지불한 다음, 물건이 담긴 백을 들고 가게를 나서기)를 실행할 때 발생한다.

사람들이 저지르는 여러 실수들을 분석한 결과, 실수가 크게 두 유형, 즉 주의실패와 기억실패 때문인 것으로 드러났다. 은박지로 싼 사탕을 입에 넣으려 할 때 은박지는 입에 넣고, 사탕은 쓰레기통에 버리는 실수는 은박지와 사탕 각각의 표적에

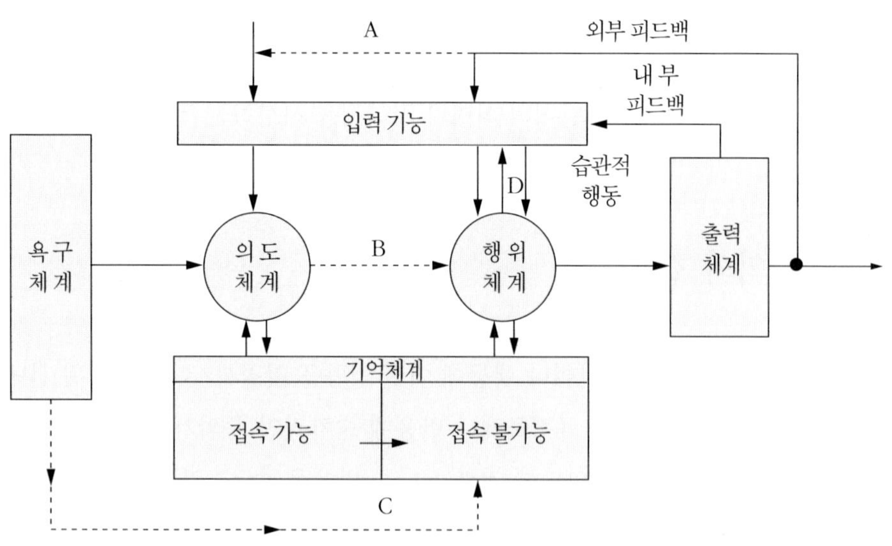

[그림 4-9] Reason(1984)의 인간행위모형

배가 고플 때(욕구체계의 변화) '식당에 가서 밥을 먹어야지(의도체계의 활성화)' 라고 생각하지만, 하고 있는 일 때문에 의도를 잊는다(B 점선). 얼마 후 벌떡 일어섰는데, 그 이유를 즉시 생각하지 못한다. 의도를 기억하더라도 순차적으로 두 행동을 해야 하는데, 선택을 잘하지 못하면 D에서 실수한다. 낯선 새 행동을 할 때는 외부 피드백을 주목해야 하는데, 내부 피드백에 의존하는 습관적 행동 때문에 부주의해져 새 행동을 선택하지 않는다.

대한 반응의 선택에 용량이 배정되지 않았기 때문이다. 무슨 말을 하려 했는데, 그 내용을 잘못 생각한다든지, 잘 아는 어떤 사람의 성을 생각하지 못하는 것은 장기 기억에서 정보의 인출이 차단되었기 때문이다.

Reason은 여러 실수를 설명하려고 입력 기능, 제어, 의도, 행위, 기억 구조 그리고 출력으로 구성된 정보처리모형을 제안하였다([그림 4-9]). 이 모형은 어떤 행위를 유발시키는 동기를 부여하는 욕구체계, 지식이나 정보를 저장하는 기억체계, 미래의 행동을 계획하고, 진행 중인 행동을 감찰하고 지도하며, 과거의 행동을 평가하는 의도체계, 다양한 동작을 제어하는 도식들인 행위체계로 구성된다. 여기서 도식은 지식 구조인데, 상황을 해석하고 행동에 방향을 부여하는 정보와 일반 규칙들로 이루어져 있다. 이 모형은 위의 체계들 이외에 환경의 대상이나 사건을 인식하는 입력 기능, 환경에 대해 다양한 동작으로 반응하는 출력 기능도 포함한다. 어떤 행위의 시발, 선택, 지속, 중단 등을 조절하는 의도체계는 사람이 지금 의식하고 있는 내용에서 그 활동을 드러내며, 바깥 사건(입력 기능에 의한) 또는 내적 상태(욕구체계에 의한)에 따라 활성화된다.

[그림 4-9]는 사람이 지금 하고 있는 활동을 폐쇄회로나 공개회로로 제어하는 측면을 강조한다. 낯선 일이나 잘 모르는 과제를 할 경우, 사람의 의도체계는 [그림 4-9]의 A와 B 경로를 닫아 출력 기능을 직접 제어한다. 습관적으로 할 수 있는 일의 경우, 두 경로가 대부분 열려 있으므로 의도체계는 지금 하는 행동을 제어하는 일 이외 다른 일도 함께 하게 된다(예: 밥을 먹으면서 신문을 보기). D 경로는 습관적인 행위처럼 자동적으로 처리되는 경우이다. 이때 입력정보가 불충분하더라도 행위가 그대로 진행된다. 행위체계는 기억체계의 중개로 욕구체계의 영향을 직접 받을 수 있다(C 경로). 숙달된 작업을 할 때 필요한 동작뿐만 아니라 그 활동과 관련된 지각 입력도 미리 프로그램되어 구체적인 행위의 실행에 영향을 준다.

이 모형에 따르면, 많은 실수들은 제어, 의도, 행위 및 입력 기능 각기의 실패에서 비롯된다. '저녁식사 전 침실로 가서 옷을 바꾸어 입고 오겠다고 한 사람이 옷을 벗고 잠자리에 들었다.' '체중 때문에 밥을 적게 먹기로 작정했으나, 늘 그러했던 것처럼 밥그릇을 다 비웠다.' 등의 실수는 모두 주의가 다른 생각에 가 있어 습관적 행위를 제어하지 못해서 생긴다. '냉장고를 여는 순간 내가 왜 냉장고를 여는지 생각나지 않았다.' '쌀쌀해서 창문을 닫으려 하였다. 그 대신 찬장 문을 닫았다.' 등의 실수는 어떤 행동을 하려는 의도를 망각하거나 대상을 혼동하여 생긴 실수이다.

'외투를 들고 외출하려던 참에 전화가 왔다. 통화하고 나서 외투 없이 밖을 나섰다.' '화장지로 안경을 닦고 나서, 안경은 쓰레기통에 던지고 더러운 화장지를 코에 갖다 대었다.' 등은 의도한 행위가 생략되거나, 각 대상을 순차적으로 주의하지 않아 행동의 대상이 뒤바뀌어 생긴 실수이다. '안경을 열심히 찾았는데, 알고 보니 쓰고 있었다.' '우유병을 꺼내려 하였는데, 대신 오렌지주스 병을 집었다.' 등은 자신의 몸의 상태를 주의하지 않거나 의도 대상인 물체를 정확히 입력하는 기능에서 실수가 생긴 것이다.

실수 유형과 그 예의 분석에서 알 수 있듯이, 이러한 실수는 습관화되어 자동적으로 해낼 수 있는 행동과 주의의 복잡한 관계를 잘 나타낸다. 예를 들어, 습관적인 행동을 주의가 잘 제어하지 못하거나, 각 물체에 주의하지 않아 순차적인 반응을 하지 않거나 입력정보에 주의하지 않는다. 정보처리에서 결정적으로 중요한 시점에 주의가 주어지지 않으면 행위목표가 다른 행위 프로그램에 의해 제어되어 의도했던 것과는 다른 행위가 발생한다. 이와 반대로 자동적 정보처리에 맡겨도 좋을 행위에 주의가 주어지면 어떤 행위를 빠뜨리거나 불필요하게 반복하는 실수를 저지른다.

7. 요약

이 장은 인지심리학의 핵심 문제인 주의를 선택주의, 분리주의, 그리고 정향주의를 중심으로 소개하였다. Cherry의 따라 말하기 과제에서 Broadbent의 초기선택론의 예측들을 검증하는 실험들로 시작된 주의 연구가 인지행동적 접근과 인지신경과학 접근에서 어떻게 발전하고 있는지를 주요 실험과제들을 중심으로 주의의 기본 성질이 무엇인지를 정리하였다.

순차적인 선택주의는 정보처리의 초기에 위치나 자극의 강도와 같은 물리적 특성을 중심으로 진행된다. 선택주의는 한 위치를 중심으로 물체의 여러 속성을 종합하는 기능을 갖고 있다. 둘 이상의 과제를 동시에 해야 할 때 반응의 선택 단계에 병목이 있어 한순간에 한 과제에 대한 반응만을 해야 한다. 뇌 손상자들을 대상으로 인지신경과학 접근의 연구는 여러 독립적인 주의처리체계가 분산된 신경망을 구성하고 있음을 찾아내었다. 낯선 형태의 구조가 정확히 지각되려면 주의가 필요한데,

이때 주의는 형태의 여러 부분들을 한 통합된 표상으로 구성한다. 주의는 또한 기억의 인출과 밀접한 관계가 있는데, 인출에서도 또 다른 병목이 있다. 문장의 정보를 처리할 때 도약운동 전 목표 위치에 주의가 미리 배정되어야 한다. 사람들은 고정 응시의 전 기간에 걸쳐 단어와 같은 물체의 의미를 처리한다. 사람들이 일상생활에서 실수를 저지르는 까닭은 습관적인 행동 때문에 선택주의가 제대로 관여하지 못하거나, 반응의 선택에 필요한 정보를 인출하지 못했기 때문이다. 요컨대, 주의는 많은 불필요한 정보를 배제하면서 제한된 용량을 표적의 처리에 배정하는 지능적이고 적응적인 처리 시스템이다.

주의 실험들은 선택주의, 분리주의, 그리고 정향주의의 성질을 밝히고 있다. 주의를 연구할 때 사용하는 자극들은 점, 문자, 숫자, 단어, 낯선 형태, 그림, 문장, 색 등 다양하다. 주의의 성질에 영향을 주는 변수들도 명도, 위치, 반복, 검색세트 크기, 과제의 수 등 다양하다. 자극판과 주의를 조작하여 반응을 요구하는 실험과제도 다양하다. 이 때문에 한 과제에서 밝혀진 주의의 성질이 다른 과제에서 밝혀진 주의의 성질과 다를 수 있다. 예를 들어, 스트룹 명명과제는 단어의 모양 정보가 자동적으로 처리됨을 시사하는 결과를 보여 주지만, 문자열이 단어인지 그 여부를 재빨리 판단해야 하는 어휘판단과제는 단어가 자동적인 처리와 의식적 처리의 두 방략에 의해 인식됨을 보여 준다. 이런 갈등적인 결과는 한 연구에서 둘 이상의 과제를 사용하면서 같은 독립변수를 조작하여 독립변수와 과제변수의 상호작용 패턴을 분석하고, 그 결과를 과제분석으로 다룰 때 해소된다. 과제분석(task analysis)은 각 과제가 요구하는 반응을 하려면 필요한 '가설적' 인 심성 과정들([그림 4-4])이 무엇인지를 제안하고, 이 과정들이 어떤 변수에 예민하게 반응하는지를 따진다. 어떤 과제가 어떤 가설적인 심성 과정을 잘 드러내는지 알면 갈등적 실험 결과들의 원인을 찾게 된다. 인지행동적 연구와 인지신경과학적 연구 모두에서 과제분석은 우리의 다양한 삶과 앎에 큰 영향을 미치는 주의의 역동적이면서 근본적인 성질을 밝힐 때 중요한 도구이다.

주요 용어 목록

경계기능(vigilance function)
과제분석(task analysis)
기억실패
병목(bottleneck)현상
사전단서과제
선택 기능(selection function)
선택주의(selective attention)
스트룹 간섭효과(stroop interference effect)
심리적 불응기효과(psychological refractory period effect)
의식적 정보처리
자동적 정보처리
초기선택론
주의 신경망
주의실패
착각결합(illusory conjunction)

읽을거리 ▶▶▶

주의에 대한 결과는 최근 여러 단행본들을 통해 폭발적으로 발표되고 있다. 「Attention: Selection, and Control」(1993, Clarendon)은 정보처리 접근법에 의한 연구를 시작하고 발전시킨, Broadbent를 기념하는 논문집으로 포괄적이고 전문적이다. 또 다른 논문집은 H. Pashler(1988)가 편집한 「Attention」(Psychology Press)인데, 최근의 주요 동향을 알아볼 수 있도록 구성되어 있다. 좀 더 쉽게 교재용으로 쓰인 것은 『The Psychology of Attention』(E. A. Styles, 1997, Psychology Press)과 같은 제목으로 H. Pashler(1998, MIT Press)가 쓴 책이 있다. 그 밖에 LaBerge(1995)의 『Attentional Processing』(Harvard University Press)은 인지행동 주의 연구를 신경과학적 발견과 통합한 시도를 보여 준다.

제5장

기 억

1. 기억 연구의 두 전통: Ebbinghaus와 Bartlett
2. 기억이론: 다중기억이론
3. 작업기억
4. 장기기억: 기억체계
5. 요약

제5장

기 억

우리는 흔히 기억의 중요성을 간과하기 쉽다. 일상적으로 생각하는 기억이란 사람의 이름이나 전화번호, 약속과 같은 것을 필요할 때까지 머릿속에 담아 두는 것 정도다. 하지만 기억은 훨씬 광범위한 정신 활동을 뜻하며, 모든 인지적 활동의 기본적 근거라 할 수 있다. 기억 능력이 없거나 이 능력에 장애가 있다면 우리는 정상적인 삶을 유지할 수 없을 것이다.

심리학자들은 오래전부터 기억의 중요성을 잘 인식하고 그 본질을 밝히기 위해 노력해 왔다. 기억은 기존의 지식에 접근하여 이를 사용하거나 되살리는 정신 과정으로서, 대단히 복잡한 처리 과정과 기제로 이루어져 있다. 기억은 모든 인지 과제에 불가결한 요소로서, 사람의 이름을 기억하는 단순한 과제부터 언어를 이해하고 사용하거나 목표를 수립하는 등의 어려운 과제에 이르기까지 기억이 관련되지 않은 것이 없다.

흔히 기억이란 경험한 사실을 그대로 저장하고 인출하는 것이라고 생각한다. 고려의 마지막 왕은 누구인가? 어제 저녁식사로 무엇을 먹었는가? 이러한 질문의 답을 기억해 낼 수 있는가? 물론, 우리는 사실을 저장하고 이 저장된 것을 기억해 낸다. 하지만 기억은 학습했던 것을 그대로 단순히 재생해 내는 일종의 복사 과정에 불과한 것은 아니다. 우리가 부호화하여 저장한 정보가 실제로 경험한 것과 동일하지 않은 경우가 허다하다. 방금 읽었던 문장을 기억해 보라. 그 문장의 단어들을 그대로 기억해 내기는 어렵겠지만, 요점은 기억해 낼 수 있을 것이다. 학습한 정보는 그 당시의 환경과 같은 외적 맥락, 그리고 학습자의 기존 지식과 같은 내적 맥락에 따라 변형되어 부호화되고 저장된다.

인출 과정 역시 저장된 정보를 단순히 그대로 끄집어 내는 과정이라고 보기는 어렵다. 당신 집에 창문이 몇 개나 있는가? 서울과 삼척 가운데 어디가 더 높은 위도상에 있는가? 이러한 질문에 대답할 때 관련 정보를 직접 인출해 내는 경우는 드물다. 오히려 심상을 사용하여 창문의 수를 세거나 지도상의 위치를 비교하기 마련이다. 말이 토끼보다 식사량이 더 많은가? 63빌딩에는 피뢰침이 있는가? 이러한 질문에 대한 대답 역시 사실의 인출에 의해서만 이루어지지는 않는다. 크기가 더 큰 동물이 더 많이 먹을 것이라는 것, 대형 빌딩에는 피뢰침이 있을 것이라는 지식으로부터 그럴듯한 추론을 하여 대답하기 마련이다.

이 장에서는 인간 기억에 관한 심리학적 연구를 소개하고자 한다. 먼저 기억 연구가 어떻게 시작되었는지를 살펴보고, 질적으로 상이한 여러 기억체계들을 구분하는 다중기억이론을 소개할 것이다. 그리고 단기기억과 작업기억을 소개한 후 장기기억의 몇 가지 유형을 소개하고자 한다. 이 장에 소개되는 내용을 통해 인간의 기억체계가 어떻게 구성되어 있으며, 기억체계 각각의 특성이 어떻게 다른지 이해할 수 있을 것이다.

1. 기억 연구의 두 전통: Ebbinghaus와 Bartlett

기억에 관한 심리학적 연구는 크게 Ebbinghaus 전통과 Bartlett 전통으로 구분할 수 있다. 전자는 기존 지식의 영향을 받지 않는 순수한 연합의 형성 과정을 연구하고자 한 반면, 후자는 기억을 기존 지식과 불가분의 것으로 간주하고 기존 지식이 기억에 미치는 영향을 연구하고자 하였다.

1) Ebbinghaus의 연구

인간의 기억에 관해 최초로 엄격한 실험적 연구를 한 사람은 Herman Ebbinghaus이다. 그는 정신 과정에 관심을 가졌는데, 여러 해에 걸친 연구를 수행한 끝에 1885년 기억에 관한 논문을 출간하였다. 20세기의 기억 연구를 주도해 온 중요한 질문들, 즉 기억흔적이 어떤 조건에서 획득되는가, 그리고 그것이 얼마나 오래 지속되는가, 망각을 일으키는 것은 무엇인가 하는 문제들이 Ebbinghaus로부터 제기되었다. 그 당시 학습동기가 잘 갖추어진 실험참가자를 구한다는 것, 특히 다양한 파지 기간에 걸쳐 학습과 기억에 참여할 수 있는 실험참가자를 구한다는 것은 매우 어려웠으므로, Ebbinghaus는 스스로를 실험참가자로 삼아 엄청난 끈기를 가지고서 여러 해에 걸친 연구를 수행하였다.

Ebbinghaus는 단어와 같이 의미 있는 것이 더 잘 기억된다는 사실을 알고서, 의미의 영향을 받지 않는 순수한 기억흔적을 연구하고자 하였다. 이를 위해 DAX, BUP, LOC와 같은 **무의미철자**를 무려 2,000개 이상이나 만들어서 이를 학습 재료로 삼았다. 그는 여러 개의 무의미철자로 이루어진 목록들을 미리 만들어 놓고, 이 목록들을 학습하고 기억해 내는 실험을 하였다.

기억실험은 통상 학습(부호화)과 검사(인출)의 두 단계로 이루어진다. Ebbinghaus는 무의미철자 목록을 틀리지 않게 순서대로 기억해 낼 수 있을 때까지 학습하면서 이때 소요된 시간을 측정하였다. 그리고 일정한 파지 기간 후에 다시 앞서 학습했던 목록을 **재학습**하면서 다시 정확하게 기억해 낼 수 있을 때까지 소요된 시간을 측정하였다. 여기서 주된 관심사는 재학습이 원래 학습보다 얼마나 빨리 이루어졌느냐에 있다. 예를 들어, 13개의 무의미철자로 구성된 목록을 처음 학습하는 데 1,156초, 재학습하는 데 467초가 걸렸다고 하자. 이는 재학습에서 1,156−467＝689초가 절약되었음을 뜻한다. Ebbinghaus는 절약의 양을 원학습에 대한 백분율로 계산하였는데, 앞의 예에서 689/1,156×100＝64.3%가 **절약점수**다. 절약점수는 기억흔적의 지속성(바꾸어 말하면, 망각의 크기)을 반영해 주는 측정치로서, 이를 이용한 기억측정 방법을 **절약법**(savings method)이라 한다.

[그림 5-1]은 파지 기간의 함수로서 절약점수를 나타낸 것인데, 이것이 바로 유명한 **Ebbinghaus의 망각곡선**이다. 그림에서 알 수 있듯이, 학습한 후 처음에는 급격하게 망각이 일어나지만 어느 정도 시간이 경과하면 망각은 천천히 진행된다.

Ebbinghaus가 밝힌 또 다른 흥미로운 현상이 **과잉학습**의 효과다. 어떤 목록을 정확하게 학습한 후에도 계속 더 반복해서 학습하면 절약점수는 더욱 증가한다. 즉, 추가적인 학습은 기억흔적의 지속성을 더욱 증가시켜 망각이 더디게 일어나도록 한다.

오늘날의 관점에서 보면, Ebbinghaus의 연구는 장기적인 파지 기간에서 가능한

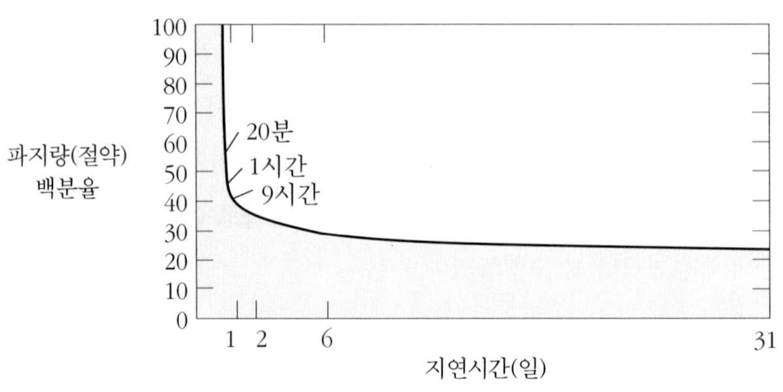

[그림 5-1] Ebbinghaus의 망각곡선

기억, 즉 장기기억을 다루었다. 특히 그는 파지 기간과 학습량이 망각에 미치는 영향을 밝혔는데, 그 후 많은 연구자들이 이러한 기억효과의 배후 기제를 밝히기 위해 다양한 학습조건과 기억측정 방법을 사용해 왔다.

Ebbinghaus는 경험주의와 연합주의의 전통 속에서 연구를 수행하였기 때문에 행동주의의 자극-반응 심리학에 잘 부합되었다. 특히 자극-반응 심리학에서 활발하게 연구된 언어학습 연구는 Ebbinghaus의 업적에 의해 커다란 영향을 받았다.

2) Bartlett의 연구

Ebbinghaus가 의미의 오염을 받지 않는 순수한 기억을 연구하고자 했던 것에 비해, 의미 있는 자료의 기억을 연구한 선구적 학자가 Bartlett이다. Bartlett(1932)은 무의미철자나 단어가 아니라 덩이글을 실험참가자에게 제시하고서 읽은 글을 회상해 내도록 요구하였다. 이 덩이글 가운데 하나는 미국 북서부 지역 인디언의 설화에서 따온 것이다. 이 글은 유령을 다룬 것으로서, 서구인에게는 생소한 내용이었다.

Bartlett(1932)의 실험참가자는 영국의 대학생들이었는데, 이들은 덩이글을 두 번 읽고서 다양한 파지 기간 후에 읽은 글을 회상해 내야 했다. 참가자들은 비교적 회상을 잘하였지만, 원래의 글보다 압축적이고 응집적으로 재생하였다. 특히 친숙하지 못한 내용을 친숙한 내용으로 바꾸어 재생하는 경향을 뚜렷하게 보였다. 참가자들은 세상에 대해 그들 자신이 가지고 있는 지식에 부합되는 방식으로 정보를 재구성한 것이다. Bartlett은 사람들이 어떤 지식구조를 가지고 있다고 보고서, 이 지식

구조를 **도식**(schema)이라고 불렀다. 그에 따르면, 도식이란 경험에 의해 축적된 전형적 지식의 덩어리다.

Bartlett의 도식이론에서 중요한 전제는 모든 새로운 정보가 도식(기존 지식)에 표상된 기존의 정보와 상호작용한다는 것이다. Bartlett의 실험참가자들이 인디언 설화를 회상해 낼 때 드러낸 오류는 바로 이러한 상호작용의 결과라 할 수 있다. 결국, 우리가 학습하는 정보는 우리의 기존 지식 구조와 무관하게 학습되고 저장되는 것이 아니라 기존 지식에 통합되어 저장되며, 이러한 과정에서 정보가 원래의 것과는 다른 내용으로 변형될 수 있다.

Bartlett의 연구는 그 당시에는 이론적 영향을 거의 미치지 못했는데, 왜냐하면 그 당시에는 지식 구조의 영향을 인정하지 않았던 행동주의와 자극-반응 심리학이 심리학에서 지배적인 세력이었기 때문이다. 뒤늦게 1970년대에 이르러서야 인지심리학자들은 지식의 구조를 밝히는 데 있어 도식이 매우 중요하다는 것을 인정하고서 Bartlett의 생각을 받아들이게 되었다.

2. 기억이론: 다중기억이론

1) Atkinson과 Shiffrin의 모덜 모형

1960년대에 정보처리관점에 근거하여 기억체계의 기본 구조가 여러 개의 기억저장고로 이루어진 것으로 보는 다중기억이론들이 제안되었다. 이 가운데 대표적인 것이 Atkinson과 Shiffrin(1968)의 모형인데, 그 영향이 매우 컸기 때문에 흔히 기억의 **모덜 모형**(modal model)이라고 부른다. 이 모형이 [그림 5-2]에 요약되었는데, 기억저장고들과 **통제 과정**들로 이루어졌다. 기억저장고들은 시간 흐름상 배열된 일련의 단계들로 볼 수 있는데, 이 단계들을 입력정보가 차례로 경유하게 된다. Atkinson과 Shiffrin은 감각기억, 단기기억, 그리고 장기기억의 세 가지 기억저장고를 제안하였다. 통제 과정들은 사람에 의해 통제되는 능동적인 정보처리과정인데, 대표적인 통제 과정으로서 **되뇌기**(rehearsal)를 들 수 있다.

일반적으로 다중기억이론에서 제안하는 기억저장고의 특성과 역할을 보다 자세히 살펴보도록 하자. 첫째, 정보를 매우 짧은 시간 동안 저장하는 **감각기억**으로서,

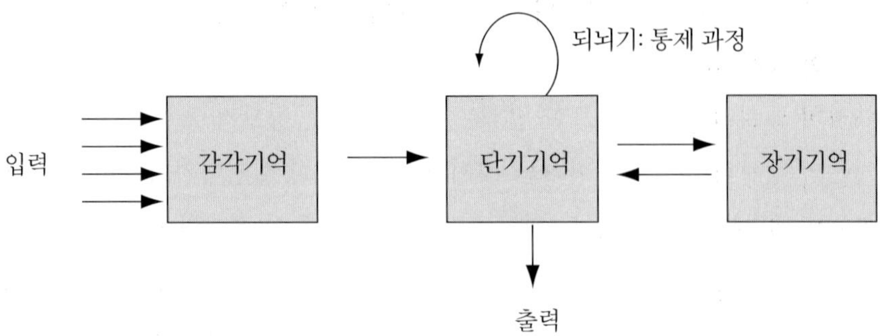

[그림 5-2] Atkinson과 Shiffrin(1968)의 기억모형

감각정보가 인지체계에 처음 등록되는 곳이라는 의미에서 감각등록기라고도 한다. 감각 양상에 따라 상이한 감각기억들이 존재하는데, 시감각기억(혹은 영사기억)의 경우 정보는 1초 이내(Sperling, 1960), 청감각기억(혹은 반향기억)의 경우 정보는 2초 정도까지 유지된다(Darwin et al., 1972). 둘째, 매우 제한된 용량을 가진 단기기억으로서, 감각기억에 등록된 정보 가운데 주의집중을 받은 일부 정보가 단기기억으로 전이된다. 이 정보 가운데 되뇌기와 같은 정신 조작을 받은 정보는 단기기억에 계속 유지되거나 장기기억으로 전이된다. 그렇지 않은 정보는 새로이 단기기억에 유입되는 다른 정보에 의해 치환된다. 셋째, 용량이 거의 무한대인 장기기억으로서, 단기기억의 정보 가운데 정신조작을 받은 정보가 전이되어 저장된다. 장기기억의 정보는 비교적 영속적으로 유지되는데, 짧게는 수분, 길게는 수십 년에 이르는 장기적 파지 기간 동안 지속된다.

초기에 제안된 다중기억이론에서 가장 중요한 내용은 단기기억과 장기기억의 구분이었다. 이 두 기억 구조가 별도로 존재함을 지지하는 유력한 증거로서 자유회상에서의 계열위치효과(serial position effect)를 들 수 있다. 단어와 같은 항목들을 하나씩 순서대로 제시하고서 학습하도록 한 다음, 그 직후에 순서에 관계없이 회상(자유회상)해 내도록 요구한다. 회상 결과를 제시한 계열 위치에 따라 나타낸 것이 [그림 5-3]에서 원을 연결한 실선 부분인데, U자 곡선 형태를 보인다.

즉, 단어의 회상률은 목록 내의 위치에 따라 달라지는데, 계열 위치상 맨 먼저 제시된 몇 개 항목들과 마지막에 제시된 몇 개 항목들의 회상률이 높고 중간에 제시된 항목들의 회상률은 낮다. 이를 계열위치효과라 하는데, 특히 맨 먼저 제시된 항목들의 회상률이 높은 것을 초두효과(primacy effect), 마지막에 제시된 항목들의 회상

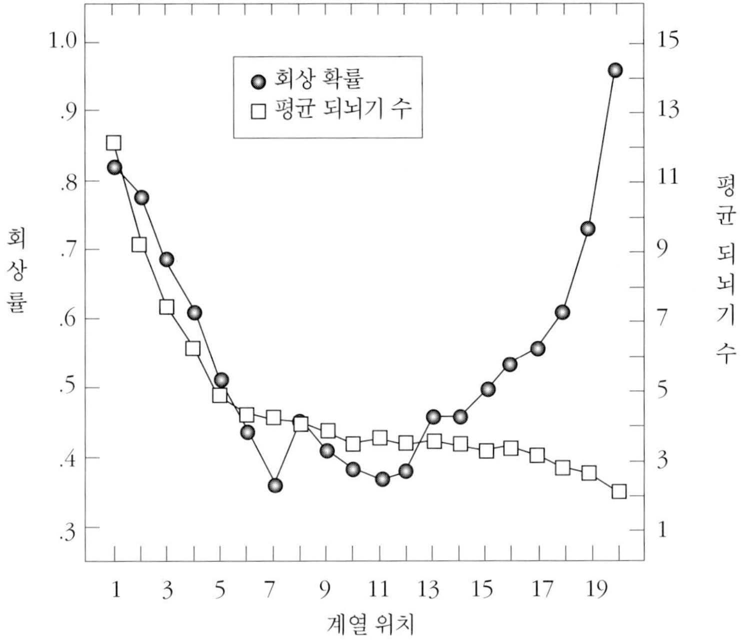

[그림 5-3] 계열 위치에 따른 회상률과 되뇌기 수

률이 높은 것을 최신효과(recency effect)라고 한다.

다중기억이론에 따르면, 초두효과는 맨 먼저 제시된 항목들의 경우 되뇌기 기회가 상대적으로 더 많으므로 장기기억으로 전이될 가능성이 높은 데 기인한다. 되뇌기를 많이 할수록 장기기억으로의 전이가 향상된다는 것을 보여 준 것이 Rundus (1971)의 연구다. 그는 20개 단어를 단어당 5초 동안 순서대로 제시하면서, 실험참가자에게 이 단어를 소리내어 되뇌기하도록 요구하였다. 단어 제시 직후 자유회상 검사를 실시하고서, 항목당 회상률과 되뇌기 수를 비교하였다. [그림 5-3]에 회상률과 되뇌기 수가 나타나 있다. 마지막에 제시된 3개 항목을 제외한 모든 항목들에서 회상률과 되뇌기 수가 일치하였는데, 되뇌기를 많이 할수록 회상이 잘되었다. 초두효과는 결국 처음에 제시된 항목들이 다른 항목들보다 더 많이 되뇌기된 데 기인하는 것으로 보인다.

이러한 설명을 뒷받침해 주는 것이 항목의 제시 속도가 초두효과에 미치는 영향이다. Glanzer와 Cunitz(1966)는 20개의 단어를 세 실험참가자 집단에게 각각 3, 6, 9초의 속도로 제시한 후 즉시 회상해 내도록 하였다. 그 결과, 제시 속도는 최신효과에는 영향을 미치지 않았지만 초두효과에는 영향을 미쳤는데, 항목의 제시 속도를 빠르게 할수록 처음 5개 정도의 항목에 대한 회상률이 감소하였다. 이는 제시 속도가 빠를수록 되뇌기 기회가 감소하여 장기기억으로의 전이 가능성 역시 감소하기 때문인 것으로 해석된다.

최신효과는 초두효과와 달리, 마지막에 제시된 항목들이 직후의 기억검사 시 여전히 단기기억에 유지되어 있는 데 기인한다. 최신효과에 대한 이러한 설명을 뒷받침해 주는 것으로서, 파지 기간 동안 수행해야 하는 간섭과제가 최신효과에 미치는 영향을 들 수 있다. Glanzer와 Cunitz(1966)는 15개 단어 목록을 제시한 후 0초, 10초 또는 30초의 파지 기간 후에 자유회상검사를 하였다. 이때 10초와 30초 파지기간 동안 되뇌기를 못하도록 피험자는 거꾸로 숫자 세하기와 같은 간섭과제를 수행해야 했다. 그 결과, 파지 기간이 길수록 최신효과는 감소하거나 사라졌다. 이는 마지막에 제시된 항목들이 간섭과제 때문에 단기기억에 유지되지 못하기 때문이다.

2) 모덜 모형의 제한점

Atkinson과 Shiffrin의 기억모형은 기억 연구에 커다란 영향을 미쳤는데, 기억 과정을 단계들로 구분함으로써 단계별 특성과 단계들 간 상호작용 방식을 밝히고자 하는 많은 연구를 촉발시켰다. 그러나 현대의 기억 연구자들은 기억이 이처럼 반드시 단계적으로 진행하는 것은 아니라고 믿는다. 모덜 모형에 따르면 모든 정보는 반드시 단기기억을 거쳐 장기기억에 이르게 되므로 단기기억에 장애가 있으면 장기기억 역시 장애를 보여야 한다. 그런데 K. F.라고 보고된 뇌 손상 환자는 단기기억은 매우 빈약하였지만(다음에 소개될 숫자폭이 매우 작았음) 장기기억은 정상이었다(Shallice & Warrington, 1970). 이러한 사례를 어떻게 설명할 수 있을까? 정보가 단기기억을 경유하지 않고 장기기억에 이르는 다른 경로가 있는 것은 아닐까?

또한 모덜 모형에 따르면 단기기억은 단일한 성분 또는 과정으로 간주된다. 하지만 그 후 단기기억이 상이한 여러 성분으로 구성되어 있다는 것이 여러 연구에 의해 밝혀졌다. 이에 따라 최근 많은 인지심리학자들은 단기기억이라는 개념보다는 작업기억이라는 개념을 더 많이 사용하고 있다. 단기기억이 단순히 수동적으로 정보를 담아 두는 기억저장고라는 의미를 갖고 장기기억과의 이분법적 대비에 근거하는 반면, 작업기억은 수동적인 기억저장고 개념에서 벗어나 기억 구조보다는 능동적인 정신 작업을 강조한다(Baddeley & Hitch, 1974).

3. 작업기억

일차기억, 즉시기억, 단기기억(short-term memory: STM), 일시적 기억, 작업기억(working memory: WM) 등의 용어는 동일한 기억성분이나 인간 정보처리의 동일한 양상을 언급하는 명칭이다. William James에 따르면, 이는 즉각적인 현재 순간이 의식에 포착되는 성분으로서 의식적 주의, 능동적인 정신적 노력이 작용하는 성분이다(James, 1890). 예를 들어, 전화번호부에서 어떤 전화번호를 찾아서 다이얼을 누를 때까지 기억하거나, 글을 읽거나, 말을 듣고 이해하는 일은 단기적인 작업기억에서 이루어진다.

자극은 맨 처음 감각기억에 등록되고, 이 가운데 선택적 주의집중을 받은 일부 정보가 작업기억에 들어온다. 작업기억은 우리가 의식하고 자각하는 첫 번째 기억체계인데, 여기에서 일어나는 어떤 정신과정은 의식되지 않고 자동적으로 일어난다. 즉, 자각하는 것은 기억의 내용이며, 처리과정이 반드시 자각되는 것은 아니다.

작업기억에 관한 연구는 1950년대 단기기억 연구에서 비롯되었다. 당시에는 짧은 순간 제시되는 무관한 항목들을 얼마나 기억할 수 있는가 하는 단기 파지 문제에 관심을 가졌는데, 우리가 한순간 단기기억에 담아 둘 수 있는 정보의 양은 매우 제한되어 있다. 제4장에서 다룬 선택적 주의과정에서 작용하는 병목이란 결국 단기기억의 제한된 용량에 기인하는 것으로서, 단기기억은 선택적 주의와 밀접하게 관련된다.

한편, 기억의 단기적 성분에 대한 새로운 명칭과 이론적 개념으로서 작업기억이 1970년대부터 활발한 연구 주제가 되어 왔다. 이 명칭은 의식적인 정신적 노력이 가해지는 정신적 작업공간을 뜻한다(Baddeley, 1992; Baddeley & Hitch, 1974). 예를 들어, 문장을 이해하고자 할 때 단어들의 의미가 장기기억에서 인출되고 조합되어야 하는데, 이러한 조합이 이루어지는 곳이 작업기억이다. 이곳은 의식적이면서 주의를 요구하는 정신적 노력의 장소이다. 작업기억 관점에 따르면, 전통적인 단기기억은 작업기억체계의 여러 성분 가운데 하나로 볼 수 있다.

1) 단기기억

다중기억이론에서 가정하는 단기기억의 특성을 밝히기 위해 많은 연구들이 이루어졌다. 이러한 연구들은 주로 단기기억의 용량, 지속 기간과 망각, 부호화, 인출 등을 중심으로 단기기억과 장기기억의 차이를 밝히고자 하였다.

(1) 단기기억의 용량

만약 일정하면서도 빠른 간격으로 10개의 숫자를 당신에게 읽어 주고서 순서대로 기억해 내라고 요구한다면, 아마 7개 이상의 숫자를 기억해 내기 힘들 것이다. 서로 관련 없는 단어들의 경우도 마찬가지다. 이러한 사실로 미루어 단기기억의 용량이 제한되어 있음을 짐작할 수 있는데, 이처럼 제한된 단기기억의 용량을 **기억폭** 또는 **숫자폭**이라고 한다. 사실 기억폭의 제한은 오래전부터 이미 잘 알려져 있었기 때문에 초기의 지능검사(예: Binet의 1905년판 지능검사)에도 기억폭의 측정이 이미 포함되어 있었다. 어린이나 저지능자의 기억폭은 정상 성인보다 더 작기 때문에, 지능검사에서 숫자폭 검사는 중요한 진단적 가치가 있다.

단기기억의 용량은 얼마나 될까? George Miller(1956)는 단기파지에 관한 고전적 논문에서 우리의 즉각적인(단기적인) 기억용량이 7±2항목이라고 주장하였다. 여기서 항목은 숫자와 같이 단순한 것일 수도 있고 단어와 같이 복잡한 것일 수도 있다. Miller는 단기기억의 저장단위를 **청크**(chunk)라고 명명하였는데, 청크란 최대 유의미 단위를 뜻한다. 예를 들어, 101001000100001000100을 낱낱의 숫자 단위로 기억하는 것은 불가능할 것이다. 하지만 이를 보다 크고 유의미한 단위, 즉 10, 100, 1000, 10000, 1000, 100으로 묶는다면 이 6개 청크를 쉽게 단기기억에 파지할 수 있으며, 이러한 숫자 단위의 증감 원리를 기억한다면 보다 더 적은 수의 청크로도 파지할 수 있을 것이다. 이처럼 보다 큰 유의미한 단위로 묶는 과정을 **청킹**(chunking)이라고 하는데, 이는 입력정보를 조직화하여 재부호화하는 과정이다. 재부호화를 통해 우리는 많은 정보들을 단기기억에서 효율적으로 다룰 수 있는데, 만약 재부호화가 불가능하다면 우리의 단기기억은 과도한 용량 부담에 항상 허덕일 것이며, 효율적인 정보처리를 수행할 수 없을 것이다. 기억을 증진시키는 데 사용되는 기억술들은 대부분 이러한 재부호화를 함축하고 있다. 그런데 재부호화는 우리의 장기기억에 저장된 지식을 바탕으로 이루어지므로, 결국 단기기억의 효율적 파지는 우리가 얼마나 풍부한 지식을 가지고 있느냐에 달려 있는 셈이다.

청킹이 단기기억과 장기기억의 상호작용에 근거한다는 것을 보여 주는 예로서 Chase와 Simon(1973)의 연구를 들 수 있다. 이들은 체스판에 말들이 놓여 있는 그림을 5초 동안 체스 선수 또는 체스 초보자에게 보여 준 후 말의 위치를 다시 기억해 내도록 요구하였다. 그 결과 체스 선수는 초보자에 비해 월등하게 우수한 기억 수행을 보였다. 그런데 체스 선수가 우수한 수행을 보인 이유는 말들의 위치가 실제 체스 게임에서와 동일하였기 때문인데, 말들을 무선적으로 배열하였을 경우에는 체스 선수 역시 초보자와 마찬가지로 빈약한 수행을 보였다. 결국 체스 선수가 잘할 수 있었던 것은 단기기억능력이 우수했기 때문이 아니라 장기기억에 풍부하게 저장된 체스에 관한 기존 지식을 바탕으로 말들을 유의미한 청크로 잘 묶을 수 있었기 때문이라 할 수 있다. 무선배열의 경우에는 친숙한 패턴이 아니기 때문에 이러한 청킹이 불가능했던 것이다.

(2) 단기기억의 지속 기간과 망각

단기기억에 파지된 정보에 대해 의식적인 주의를 더 이상 기울이지 않는다면 이 정보의 운명은 어떻게 될까? 이 문제를 Brown(1958), 그리고 Peterson과 Peterson(1959)이 다루었는데, 이들의 연구는 인지 연구에 있어 중요한 개념적 및 방법론적 틀을 제공하였다.

① 쇠잔(Brown-Peterson 과제)

Brown, 그리고 Peterson과 Peterson의 연구에서 핵심적인 아이디어는 단기기억에 저장된 정보가 단순히 시간 경과에 의해 망각될 수 있다는 점으로서, 망각이 쇠잔에 의해 일어난다는 것이다. 실험참가자에게 세 개 글자로 이루어진 자극을 제시하고서 세 자리 숫자를 제시하였다. 이때 참가자는 먼저 제시된 자극에 주의를 기울인 뒤, 그 다음 제시된 세 자리 숫자로부터 3씩 빼어 나가면서 숫자를 세어 나가도록 요구받았다. 이때 초당 두 번씩 울리는 메트로놈 소리에 맞추어 소리내어 말해야 했다. 숫자 거꾸로 빼가기를 한 후 앞서 제시받았던 자극을 기억해 내도록 요구받았는데, 이때 숫자세기 시간(파지 시간)은 0초부터 18초까지 여러 가지였다.

그 결과, 놀랍게도 숫자세기 시간이 3초 밖에 되지 않은 경우에도 정확하게 기억해 낸 확률이 50% 정도 밖에 되지 않았으며, 18초 후에는 기억률이 5%로 급감하였다([그림 5-4]). 이 연구에서 중요한 것은 숫자 거꾸로 빼가기라는 방해과제로서, 이

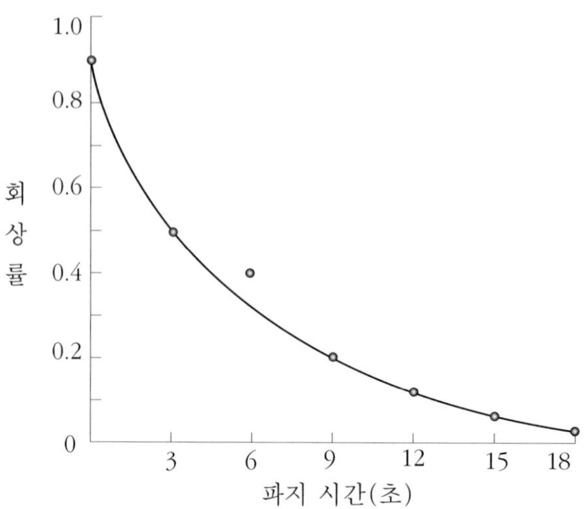

[그림 5-4] Brown-Peterson 과제에서 파지 시간에 따른 정확 회상률

과제는 엄청난 주의를 요구하며 앞서 제시된 세 개 글자의 되뇌기를 확실하게 방해하는데, 되뇌기는 숫자세기와 동일한 주의기제를 사용하기 때문이다. 특히 놀라운 점은, 단기기억의 용량이 초과되지 않았음에도 불구하고 망각이 급속하게 진행된다는 사실로서, 이는 단순히 시간경과에 따른 쇠잔이 단기기억에서 망각의 중요한 요인임을 시사해 준다. 이 실험과제의 독창성과 결과의 의외성 때문에 이 과제는 브라운-피터슨(Brown-Peterson) 과제라는 명칭을 갖게 되었다.

② 간섭 대 쇠잔

Peterson 등은 기억검사에 방해과제가 간섭을 미치지 않을 것으로 가정하였는데, 글자와 숫자를 유사하지 않은 것으로 간주했기 때문이다(간섭이론에 따르면 유사성이 간섭의 주요 원천이다.). 따라서 그들이 관찰한 망각함수는 단기기억으로부터 정보가 단순히 쇠잔하는 것을 보여 주는 증거로 해석되었다.

하지만 Waugh와 Norman(1965)은 방해과제가 간섭의 원천일 것이라고 생각하였다. 숫자세기과제에서 실험참가자가 말하는 숫자가 단기기억 흔적을 간섭한다면, 숫자세기 시간이 길수록 더 많은 숫자가 생성되고, 따라서 이 숫자들에 의한 간섭이 일어날 확률도 증가할 것이다. 이들은 단기기억에 관한 여러 연구들을 재분석하여 간섭가설을 지지하는 결과를 구하였는데, 특히 중요한 증거는 그들 자신이 수행한 탐침숫자과제의 결과였다.

실험참가자들에게 16개 숫자로 구성된 목록을 들려주었는데, 숫자를 읽어 주는 속도는 초당 1개 또는 4개였다. 각 목록의 마지막 숫자는 탐침숫자로서 앞서 제시된 숫자들 가운데 하나의 반복이었는데, 참가자는 이때 목록 내에서 탐침숫자 다음에 제시되었던 숫자를 회상해 내야 했다. 예를 들어, 5, 8, 2, 9가 제시된 후 마지막으로 탐침숫자로서 8이 제시되었다면 2를 회상해 내야 한다. 여기서 쇠잔 대 간섭 가운데 어느 설명이 옳은지를 판단하는 데 중요한 실험조작은 숫자를 제시하는 속도였다. 16개 숫자를 모두 들려주는 데 있어 한 집단에서는 4초만 걸렸고 다른 집단에서는 16초가 걸렸다. 만약 망각이 쇠잔 때문이라면 학습부터 회상검사까지 경과한 시간이 클수록 망각도 많이 일어날 것이며, 따라서 16초 집단이 4초 집단보다 더 큰 망각을 보일 것이다. 반면 간섭이 옳다면 간섭하는 항목의 수가 많을수록 망각이 많이 일어날 것이며, 따라서 기억해 내야 할 숫자와 탐침숫자 간에 삽입된 항목의 수가 두 집단에서 동일하므로 망각 역시 차이가 없을 것이다. 실험 결과, 4초 집단과 16초 집단의 망각곡선은 매우 유사하게 나타났는데([그림 5-5]), 이는 단기기억의 망각이 쇠잔이 아니라 간섭 때문이라는 것을 보여 준다.

간섭효과에 대한 또 다른 유명한 연구로서 Keppel과 Underwood(1962)의 연구를 들 수 있는데, 이들 역시 Peterson 등의 쇠잔 설명을 반박하는 놀라운 결과를 보고하였다. Peterson 등의 실험에서 보고된 놀라운 망각률은 많은 시행에 걸쳐 검사

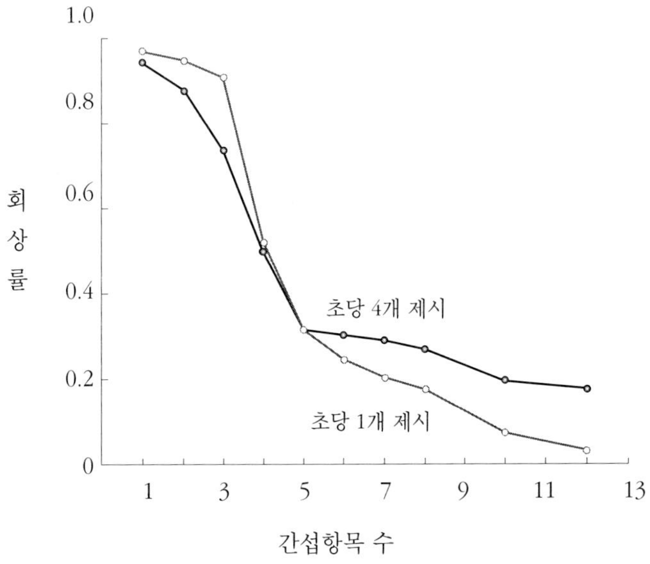

[그림 5-5] Waugh와 Norman의 탐침숫자 실험에서 간섭항목 수에 따른 정확회상률

한 결과를 평균한 것에 근거하는데, 실제로 첫 번째 시행에서는 회상률이 완벽에 가까웠다. Peterson 등이 보고한 높은 망각률은, Keppel과 Underwood에 따르면, 앞서의 시행들이 간섭을 일으켰기 때문에 일어난 것이며, 따라서 시행이 거듭될수록 망각은 점점 더 커지게 된다. 이러한 형태의 간섭을 **순행간섭**(proactive interference: PI)이라고 하는데, 이는 이전에 학습한 자료가 시간상 순행적인 방향으로 현재의 자극 재생을 간섭하는 것을 말한다. 반면, **역행간섭**(retroactive interference: RI)은 새로운 자료가 시간상 역행적인 방향으로 과거의 자극 재생을 간섭하는 것을 말한다.

Wickens(1972)는 순행간섭 설명을 독창적인 방법으로 검증하였다. 그는 Brown-Peterson 과제를 사용하되 네 시행을 실시하였는데, 각 시행마다 세 개의 단어를 제시하였다. 네 개 실험참가자 집단을 구분하였는데, 처음 세 개 시행에서 한 집단에게는 직업 범주의 단어들을, 다른 집단에게는 꽃 범주의 단어들을, 또 다른 집단에게는 야채 범주의 단어들을, 마지막 집단(통제집단)에게는 과일 범주의 단어들을 제시하였다. 그러고 나서 네 번째 시행에서는 모든 집단에게 과일 범주 단어를 제시하였는데, 마지막의 통제집단을 제외하고는 처음 세 개 시행과 네 번째 시행에서 제시되는 단어의 범주가 상이하였다. 그 결과, 동일 범주 단어들이 제시되는 세 번째 시행까지는 정확회상률이 점차 떨어졌다. 흥미로운 것은 네 번째 시행 결과이다. 앞서 제시되었던 단어 범주와 상이한 범주의 단어를 제시한 경우 정확도가 다시 증가하였는데, 범주 간 유사성이 작을수록 정확도가 더 크게 증가하였다. 반면, 네 번째 시행에서도 동일 범주의 단어를 제시한 통제집단의 경우에는 정확도가 세 번째 시행보다 더 떨어졌다([그림 5-6]).

이 연구 결과는 간섭에 의해 잘 설명된다. 처음 세 시행은 순행간섭이 점차 누적됨에 따라 수행이 점차 저하된다. 하지만 기억해야 할 자극의 범주가 달라지면 간섭의 영향이 감소하는데, 이를 '**순행간섭 해제**(release from PI)' 라고 한다.

Wickens의 연구는 단기기억의 망각 과정에서 간섭의 영향을 잘 보여 준다. 물론, 단기기억에서 쇠잔이 일어날 가능성도 있지만 쇠잔 가설을 적절하게 검증하는 것은 거의 불가능하다. 이 가설을 제대로 검증하기 위해서는 파지 기간 동안 되뇌기와 같은 정신활동을 전혀 하지 못하도록 해야 한다. Peterson 등은 되뇌기를 막기 위해 숫자세기과제를 도입하였지만, 이 과제는 오히려 간섭을 일으켰다. 쇠잔 가설을 정당하게 검증하기 위해서는 파지기간 동안 되뇌기도 간섭도 일어나지 않

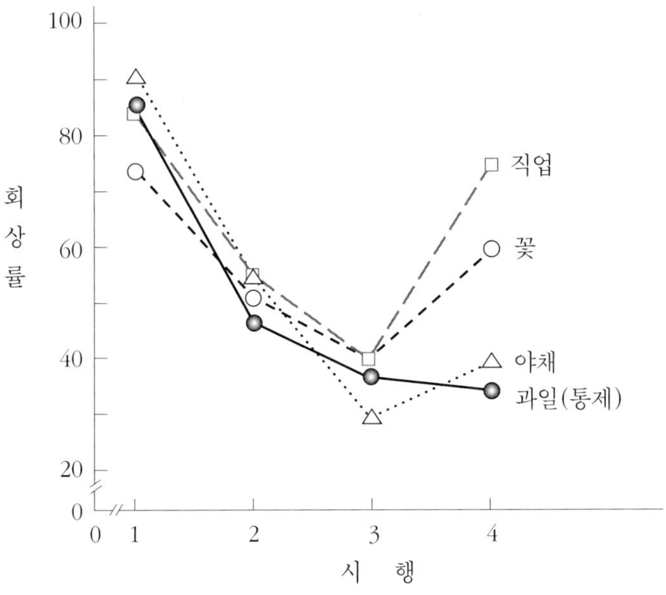

[그림 5-6] Wickens의 범주 이동 실험에서 관찰된 순행간섭 해제

게 해야 하지만, 이는 사실상 불가능한 것이다.

쇠가 시간이 지날수록 부식되는 것은 사실이지만, 그렇다고 해서 부식의 직접적 원인을 시간 경과라고 볼 수는 없다. 부식은 시간 경과에 따라 발생하는 다른 사건, 즉 산화에 의해 일어나는 것이다(Nairne, 1996). 산화에 해당하는 망각의 원인을 간섭이라고 볼 수 있는데, 간섭은 단기기억에 대한 일상 경험의 특성을 잘 보여 준다. 또한 순행간섭 해제는 단기기억이 기존 지식의 영향을 받는다는 것을 시사해 주는데, 범주적 지식은 우리가 이미 장기기억에 저장하고 있는 지식의 일부이기 때문이다.

(3) 단기기억 인출

단기기억에 저장된 정보에 어떻게 접근하거나 이 정보를 어떻게 인출하는가? 이 문제를 Saul Sternberg(1966, 1969, 1975)는 재인과제를 사용하여 다루었다. 재인에는 예-아니요 재인과 다중-선택 재인이 있는데, 전자는 검사 항목을 한 개씩 제시해 주고서 앞서 학습한 것인지 여부를 판단하도록 하는 것이며, 후자는 검사 항목을 여러 개 한꺼번에 제시해 주고서 이 가운데 앞서 학습한 것이 무엇인지 선택하도록 하는 것이다. 재인 판단을 하기 위해서는 기억에 저장된 정보에 접근하여 이 정보와 검사 항목과의 부합 여부를 판단해야 한다.

Sternberg는 반응시간(reaction time: RT)과제를 사용하여 단기기억의 인출 과정을 추론하고자 하였다. 이러한 추론을 위해 그가 사용한 방법은 1860년대에 Donders가 제안한 감산법에 근거하는데, 이 방법은 단순한 정신 과정에 소요되는 시간을 알아내는 데 목적이 있다. 예를 들어, 한 과제가 A, B, C의 세 과정을 포함하는데, 이 가운데 B 과정의 소요 시간을 알아내고자 한다면, A와 C의 두 과정만 포함하는 비교과제를 고안해 낸다. 이 두 과제를 각각 실시한 뒤 A+B+C 수행 시간에서 A+C 수행 시간을 빼면 B 과정 수행에 소요되는 시간 측정치를 구할 수 있다.

Sternberg가 사용한 과제는 주사(scanning)과제였는데, 이 과제에서는 먼저 실험 참가자에게 짧은 글자나 숫자목록(기억세트)을 제시하여 이것을 기억하도록 한다. 그 다음, 글자(또는 숫자) 한 개(탐침자극)를 제시하고서 이 글자가 기억세트 내의 글자들 가운데 있는지 여부를 빨리 판단하도록 요구한다. 예를 들어, 2, 8, 4, 6, 9를 기억하도록 한 다음 탐침자극으로 8을 제시하면 정확한 반응은 '예'가 된다. 이 과제를 수행할 때 단기기억에 저장된 기억세트 정보들을 주사하면서 탐침자극과 비교해야 한다.

Sternberg가 관심을 가진 것은 단기기억에 저장된 정보의 주사와 비교 과정이 한꺼번에 동시에 일어나는가(병렬처리), 아니면 한 번에 하나씩 일어나는가(순차처리) 하는 문제였다. 또한 순차처리가 일어난다면 기억세트 항목들 가운데 탐침자극과 부합되는 항목이 발견될 때 주사 과정이 중지되는가(자기-종료 주사), 아니면 부합되는 항목이 발견되더라도 기억세트 항목들을 모두 주사하는가(전체 주사), 하는 문제였다. 이상의 가능성들은 각각 기억세트 크기가 반응시간에 미치는 효과를 다르게 예측한다. [그림 5-7]에 이러한 예측 결과와 실제 실험 결과가 나와 있다. 병렬처리의 경우, 기억세트 크기에 관계없이 반응시간이 일정하고 '예' 반응과 '아니요' 반응 간에 차이가 없을 것이다([그림 5-7]의 (b)). 반면, 순차처리의 경우, 기억세트 크기가 증가할수록 더 많은 주사 과정이 필요하므로 기억세트 크기의 증가에 따라 반응시간이 증가할 것이다([그림 5-7]의 (c), (d)). 한편, 자기-종료 주사와 전체 주사는 '예' 반응과 '아니요' 반응에 대해 상이한 예측을 하는데, 자기-종료 주사가 옳다면 '예' 반응의 경우 기억세트 항목들 가운데 평균적으로 절반만 주사할 것이므로 반응시간 기울기가 '아니요' 반응의 경우보다 절반이 될 것이다([그림 5-7]의 (c)). 반면 전체 주사가 옳다면 기억세트 항목들을 모두 주사하므로 '예' 반응과 '아니요' 반응의 기울기가 동일할 것이다([그림 5-7]의 (d)). 실험 결과 기억세트 항목이

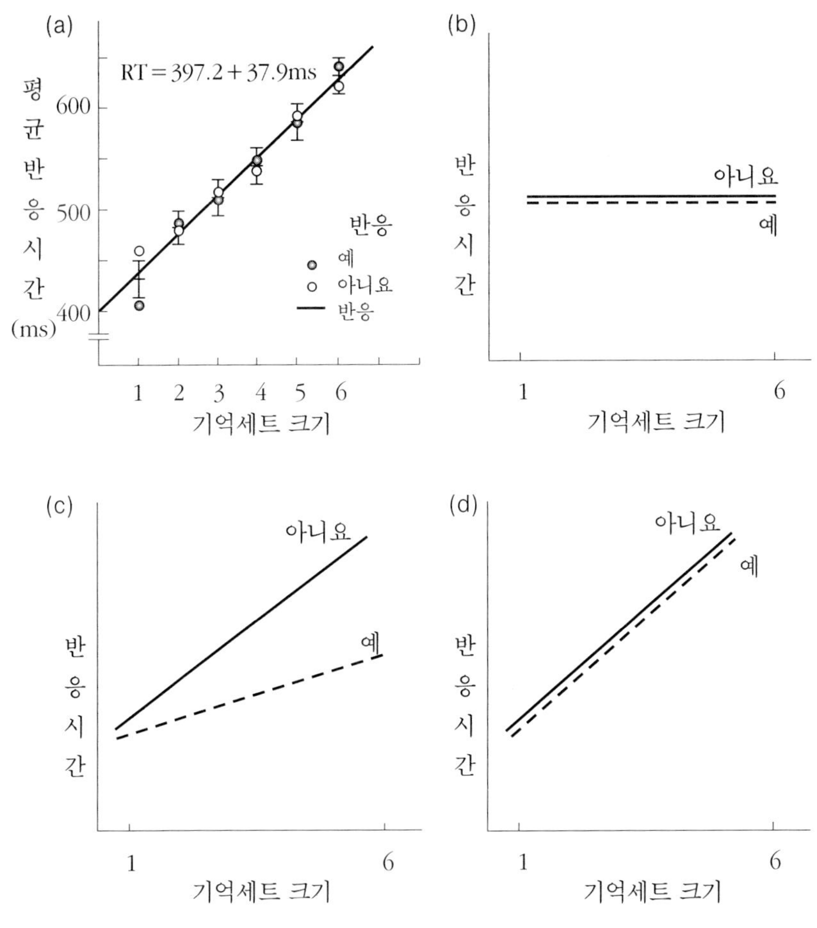

[그림 5-7] Sternberg의 단기기억 인출 실험

(a) 단기기억 주사과제에서 관찰된 반응시간 (b) 병렬주사에서 예언된 RT
(c) 순차적 자기-종료주사에서 예언된 RT (d) 순차적 전체 주사에서 예언된 RT

한 개 증가함에 따라 약 38msec(0.038초)씩 반응시간이 증가하였으며, '예' 반응과 '아니요' 반응의 기울기가 동일하였는데, 이는 단기기억에 저장된 기억세트를 주사하고 탐침자극과 비교하는 데 소요되는 시간을 반영해 준다. 한편, Y절편 값이 약 397msec이었는데, 이는 탐침자극을 부호화하고, 예-아니요 판단을 하며, 이에 따라 운동반응을 수행하는 데 소요되는 시간을 함께 반영해 준다([그림 5-7]의 (a)). Sternberg는 이러한 결과를 바탕으로 단기기억 정보의 인출이 자기-종료적인 순차 처리에 의해 이루어진다고 주장하였다.

그러나 Sternberg의 실험 자료가 순차처리만으로 설명될 수 있는 것은 아니다. Corcoran(1971)은 이 자료를 병렬처리에 따라 해석하는 **경마모형**을 제안하였다. 경마는 마지막 경주마가 결승선을 통과할 때까지는 종료되지 않는데, 경주마의 수를 증가시킬수록 느린 경주마가 포함될 확률이 증가하므로 전체적으로 소요되는 경주시간 역시 증가할 가능성이 크다. 주사과제에서도 마찬가지 설명이 가능한데, 병렬처리가 일어난다 하더라도 기억항목에 따라 인출속도가 다르고, 이에 따라 모든 항목의 인출이 종료될 때까지 소요되는 시간은 기억세트가 클수록 증가할 수 있다. Townsend(1971)는 병렬처리와 순차처리를 명확하게 구분하는 것이 불가능하다는 것을 수학적으로 증명하기도 하였다. 병렬처리와 순차처리 두 가능성 모두 Sternberg의 자료를 설명할 수 있다. 하지만 Sternberg의 연구는 여러 인지 현상을 탐색하는 데 매우 유용한 방법을 제공하였으며, 특히 현대의 많은 반응시간 연구는 직·간접적으로 그의 연구에 힘입은 바가 매우 크다.

(4) 단기기억 부호화

단기기억에 저장된 정보는 어떤 형태일까? 초기의 단기기억 연구자들은 단기기억에 저장된 정보가 언어에 기반을 둔 청각적 형태로 저장된다고 생각하였다. 이러한 생각은 1960년대 당시 지배적이었던 순차적인 단계적 정보처리모형에 기반을 둔 것이었는데, 감각기억 단계에서는 거의 처리되지 않은 원자료의 물리적 속성이 그대로 부호화되고, 다음 단계인 단기기억에서는 청각적 분석이 이루어지며, 마지막 장기기억 단계에서는 의미적 분석이 이루어진다고 생각하였기 때문이다.

Conrad(1964)는 실험참가자들에게 글자들을 시각적으로 제시한 후 즉시 회상해 내도록 하고서 회상 결과의 오류 패턴을 분석하였다. 그 결과 대부분의 오류가 청각적 혼동에 기인한다는 사실을 발견하였다. 예를 들어, E를 청각적으로 유사한 D로 잘못 기억해 내는 경우는 많았지만, 시각적으로 유사한 F로 잘못 기억해 내는 경우는 드물었다. 이러한 결과를 바탕으로 단기기억에서 청각적 부호의 형태로 정보가 저장된다고 생각하였는데, 이 부호를 흔히 **청각-조음부호**라고 부른다. 실제의 말소리(발음부호)와 발성(조음부호)은 밀접하게 관련되어 있기 때문이다.

하지만 단기기억에는 청각부호 외에 의미부호나 시각부호도 저장된다는 사실이 밝혀졌다. 앞서 살펴본 순행간섭 해제 현상은 범주적 지식이 단기기억에 영향을 미치기 때문에 나타나는 것인데, 이는 결국 단기기억에 의미부호가 저장되어 사용된다는 것을 보여 준다고 하겠다.

단기기억에 시각적 부호가 사용된다는 것을 밝힌 대표적 연구로서 Shepard와 그 동료들(1971; Cooper & Shepard, 1973)의 **정신회전**에 관한 연구를 들 수 있다. 실험 참가자들에게 조망이 상이한 두 개 그림을 함께 제시하고서 이 두 그림이 동일한 형태를 그린 것인지 여부를 판단하도록 하였다([그림 5-8]). 여기서 중요한 변인은, 첫 번째 그림의 정위로부터 두 번째 그림을 회전시킨 각도였는데, 참가자들은 정확한 판단을 위해 두 번째 그림을 첫 번째 그림과 동일한 정위까지 회전시켜야만 한다. 그 결과, 예측한 바와 같이 회전각도가 클수록 판단시간이 직선적으로 증가하였다. 예를 들어, 120도 회전시켜야 하는 경우에는 60도 회전시켜야 하는 경우보다 판단

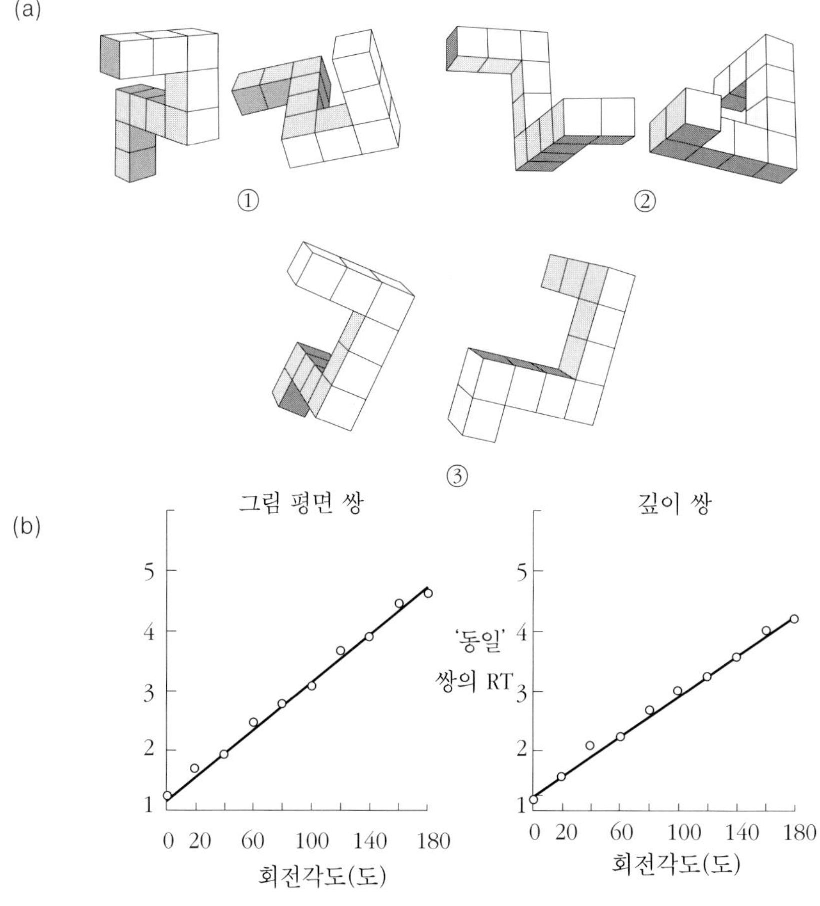

[그림 5-8] Shepard의 정신회전 실험

(a) 세 쌍의 그림 각각에서 두 번째 그림을 회전시켜 첫 번째 그림과 동일한지 여부를 판단해야 함. ①은 그림 평면에서 80°, ②는 깊이에서 80° 회전시켜야 하며, ③은 상이한 경우임.
(b) 회전각도의 함수로서, 동일하다고 판단하는 데 소요된 RT.

에 소요되는 시간이 더 걸렸는데, 회전각도와 판단시간 간에 직선적인 관계가 관찰되었다.

정신회전과제를 수행할 때 사람들은 심상을 단기기억에 유지하고서 주의가 많이 요구되는 정신적 작업을 심상에 대해 수행한다. 각 시행의 지속기간이 짧기 때문에 이 작업은 단기기억 정보처리에 기반을 두고 있음이 틀림없다. 그림의 속성상 정신회전이 전통적인 언어적 기반의 청각부호에 근거할 가능성은 없으며, 시각적 부호의 생성과 사용에 근거하는 것이 분명하다. 그리고 이러한 회전이 이루어지는 정신적 작업공간은 전통적인 단기기억 개념보다는 작업기억 개념에 의해 더 잘 설명된다.

2) 작업기억

작업기억은 단기기억을 대체하여 제안된 기억체계다. Baddeley의 작업기억모형(1998; Baddeley & Hitch, 1974)에 따르면 작업기억은 세 가지 성분으로 구성된다([그림 5-9]). 첫째, 조음 루프 또는 음운 루프로서 언어이해와 청각적 되뇌기를 위해 속의 말을 잠시 유지한다. 둘째, 시공간 스케치판으로서 시공간적 정보를 잠시 유지한다. 셋째, 중앙집행기로서 주의통제 및 판단 과정을 개시하고, 미래 행동 계획을 수립하며, 언어이해와 추론활동을 주관하고, 장기기억으로부터의 인출 및 장기기억으로 정보를 전이시키는 작업을 담당한다.

조음 루프와 시공간 스케치판은 중앙집행기의 관장하에 있는 노예체계로 간주된다. 예를 들어, 즉각적 회상을 위해 되뇌기와 같이 정보를 재순환시키는 작업은 조음 루프에 의해, 시각적 이미지를 생성하거나 조작하는 작업은 시공간 스케치판에 의해 이루어진다. 중앙집행기는 '$\{(5+3)\times4\}/\{6+(2\times5)\}$'와 같은 문제를 풀

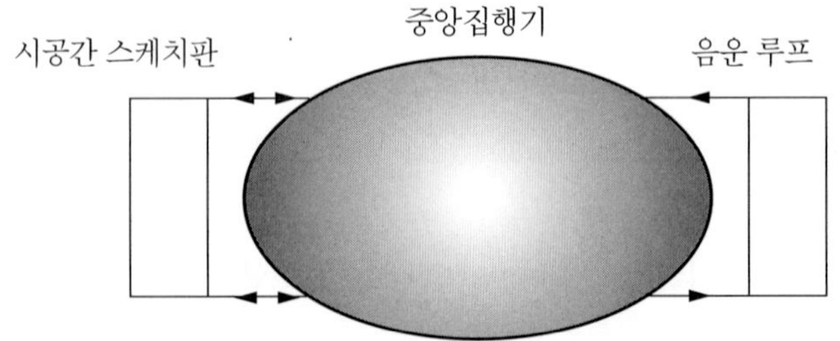

[그림 5-9] 단순화한 Baddeley의 작업기억모형

때 (5+3, 8×4)의 답을 장기기억에서 인출하며, 곱셈이나 나눗셈 규칙 등을 불러내고, 32와 같은 분자값을 분모값이 구해질 때까지 조음 루프가 잠시 동안 유지하게 한다.

조음 루프와 시공간 스케치판은 비교적 낮은 수준의 정보처리를 담당하는데, 이 노예체계들은 단순한 조음 과정이나 되뇌기, 시각적 이미지나 공간적 표상의 단순한 유지에 관여한다. 반면, 중앙집행기는 높은 수준의 정보처리를 담당하는데, 예를 들어 언어의 이해와 추론에 관여한다. 또한 노예체계들은 제한된 주의자원을 각각 가지고 있는데, 용량 요구가 작은 과제는 작업기억이 다른 성분을 간섭하지 않고 수행할 수 있다. 하지만 어려운 과제를 수행할 때에는 더듬거리거나 중앙집행기로부터 추가적인 자원을 끌어쓴다.

제한된 주의자원과 관련하여 작업기억 특성을 밝히는 데 많이 사용되어 온 과제가 **이중과제 방법**이다. 이중과제 방법은 두 개의 과제를 동시에 수행하게 하면서 한 과제의 수행이 다른 과제의 수행에 미치는 영향을 조사하는 방법으로서, 특히 두 과제 간에 경합이나 간섭효과가 있는지 여부가 관심사가 된다. 과제 간에 간섭이 없을 때에는 두 과제가 상이한 정신기제나 정신자원에 의존하는 것으로 간주하지만, 한 과제가 항상 다른 과제를 간섭한다면 두 과제는 동일한 정신자원을 사용하는 것으로 간주한다. 상황에 따라 과제 간 간섭이 있기도 하고 없기도 한 경우에는 두 과제가 정신자원을 부분적으로 공유하는 것으로 간주한다.

(1) 조음 루프

조음 루프는 **음운저장고**와 **조음통제 과정**의 두 하위 성분으로 구성된다. 음운저장고는 말소리 정보를 짧은 시간(약 1.5초 내지 2초) 동안 파지하며, 조음통제 과정은 내적 되뇌기를 통제한다. 음운저장고에 들어온 말소리는 조음통제 과정에 의해 계속 유지될 수 있으며, 시각적 언어정보는 조음통제 과정에 의해 음운부호로 변화되어 음운저장고에 저장될 수 있다.

조음 루프를 지지하는 대표적인 증거로서 음운유사성효과, 조음억제효과, 단어길이효과, 무시된 말효과를 들 수 있다. **음운유사성효과**란 소리나 조음 특성에 있어 서로 유사한 항목들이 그렇지 않은 항목들보다 잘 기억되지 않는 현상을 말한다. 예를 들어, PGTVCD는 RHXJW보다 회상이 잘 되지 않는다. **조음억제효과**란 조음을 못하게 함으로써 조음 루프의 작용을 방해할 때 나타나는 현상을 말한다. 숫자폭과제를 수행할 때 숫자를 제시하면서 동시에 'the'를 되풀이하여 말하게 하면 숫자폭이 뚜렷하게 감소하는데, 숫자를 시각적으로 제시하던 청각적으로 제시하던 동일한 효과가 관찰된다. 이는 'the' 조음이 조음통제 과정을 지배함으로써 내적 대뇌기를 방해하여 음운저장고에 숫자를 유지하지 못하게 하거나, 시각적 자료가 음운부호로 저장되지 못하게 하기 때문이라고 볼 수 있다. 또한 조음억제는 시각적 자료의 음운유사성효과를 제거시키는데, 이는 시각적 정보를 음운부호로 변환시키는 과정을 방해하기 때문이다.

단어길이효과란 기억폭이 단어길이에 따라 달라지는 현상을 말한다. '물'과 같은 1음절어들은 '바람개비'와 같은 4음절어들보다 기억폭이 큰데, 이는 조음시간이 긴 단어일수록 내적 되뇌기에 소요되는 시간 역시 길어져서, 조음통제 과정에 의해 계속 음운저장고에 유지될 수 있는 확률이 작기 때문이다(박태진 등, 2006; Baddeley et al., 1984). 언어권에 따라 숫자폭이 상이하게 나타나는데, 이는 단어길이효과에 기인한다. 중국어, 영어, 웨일즈어의 조음속도와 숫자폭을 비교한 연구(Hoosain & Salili, 1988)가 있는데, 숫자의 평균 조음속도가 중국어에서 가장 빠르고 웨일즈어에서 가장 느리다. 숫자폭은 조음시간과 부적 상관관계를 보이는데, 중국어 사용자의 숫자폭이 가장 크고 웨일즈어 사용자의 숫자폭이 가장 작았다. 흥미롭게도, 수화를 사용하는 청각장애인 역시 복잡하고 긴 동작을 요하는 신호보다는 단순하고 짧은 동작을 요하는 신호에 대해 더 큰 기억폭을 보이는데, 이를 수화의 단어길이 효과라 한다(Wilson & Emmorey, 1998).

무시된 말효과란 비록 주의를 기울이지 않고 무시된 말소리라 할지라도 즉각적 기억에 장애를 일으키는 효과를 말한다. 시각적으로 제시된 숫자들을 기억하도록 하면서 실험참가자가 전혀 모르는 언어로 글을 읽는 소리를 함께 들려주면, 숫자에 대한 즉각적 기억과제 수행이 떨어진다(Colle & Welsh, 1976). 이는 무시된 말이 음운저장고를 차지하여 숫자가 음운저장고에 들어오는 것을 막기 때문으로 짐작된다.

(2) 시공간 스케치판

시공간 스케치판은 시각적 정보와 공간적 정보를 함께 다루는 작업기억 성분이다. Logie 등(Logie, Zucco, & Baddeley, 1990)은 시공간 스케치판이 조음 루프와 독립적이라는 것을 밝혔다. 그들은 이중과제방법을 사용하였는데, 1차과제로서 실험참가자들은 시각적 형태에 관한 시각적 기억폭과제를 수행하거나 글자폭과제를 수행하였다. 2차과제로서 암산과제 또는 심상과제를 수행하였는데, 전자는 시공간 스케치판과 무관한 반면 후자는 조음 루프와 무관할 것으로 짐작되는 과제였다. 실험 결과, 암산과제는 시각적 기억폭과제 수행보다 글자폭과제 수행에 훨씬 큰 간섭을 일으킨 반면, 심상과제는 반대의 효과를 일으켰다. 이러한 결과는 시공간 스케치판과 조음 루프가 상이한 정신자원에 근거한 독립적 성분이라는 생각을 뒷받침해 준다.

(3) 작업기억과 추론: 중앙집행기

Baddeley는 이중과제 방법을 사용하여 추론과제 수행이 중앙집행기에 의존함을 보여 주는 실험적 증거를 제시하였다. 한 실험(Baddeley & Hitch, 1974, 실험 3)에서 실험참가자에게 다음 추론과제를 수행하도록 하였다. 먼저 AB와 같은 자극을 보여 준 다음, 문장을 제시하고서 이 문장이 앞서의 자극을 정확하게 기술하는지 여부를 판단하도록 하고서 반응시간을 측정하였다. 문장은 능동 긍정문(예: A precedes B), 수동 긍정문(예: B is preceded by A), 능동 부정문(예: B does not precede A), 수동 부정문(예, A is not preceded by B)의 네 가지 중 하나였는데, 문장 유형에 따라 추론과제의 난이도가 다를 것으로 예상하였다.

추론과제를 수행할 때 2차과제로서 조음억제과제를 동시에 수행하도록 하였는데, 조음억제과제는 다음 세 과제 가운데 하나였다. 'the' 를 반복하는 과제, 'one two three four five six' 를 반복하는 과제, 시행마다 상이한 무선적 숫자열을 반복하는 과제. 이 과제들은 조음량에 있어서는 동일하였지만, 기억 요구에 있어서는 첫 번째 과제가 가장 적었고 세 번째 과제가 가장 컸다(세 번째 과제는 기억폭과제라고 할 수 있다). 그 밖에 통제조건으로서 아무런 조음도 수행하지 않는 조건이 포함되었다.

[그림 5-10]에 실험 결과가 제시되었다. 2차과제 없이 추론과제만을 수행하는 통제조건의 경우 문장 난이도가 클수록 반응시간이 증가하였다. 흥미로운 것은 2차과제로서 조음억제과제를 수행하는 조건들이다. 'the' 를 반복하거나 'one two ….' 를 반복하는 경우에는 추론 시간이 약간 증가하였지만 전체적인 반응시간 패턴은 변함이 없었다. 그러나 무선적 숫자열을 반복하는 경우에는 난이도가 높은 문장 추론과제일수록 급격하게 반응시간이 증가하였다.

이러한 결과는 Baddeley의 작업기억모형에 잘 들어맞는다. 2차과제의 난이도가

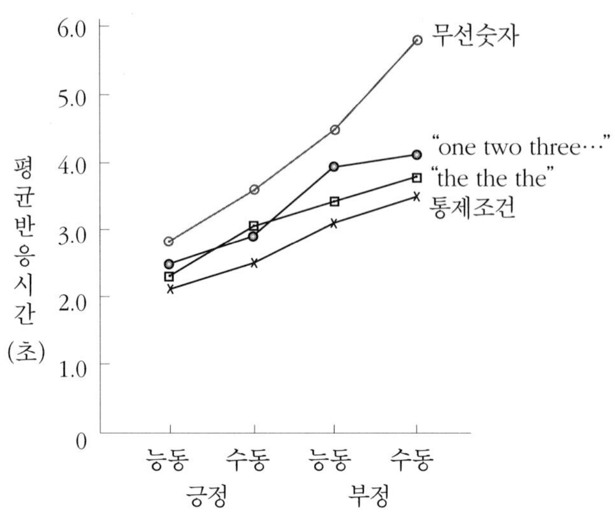

[그림 5-10] Baddeley 등의 이중과제(추론과제와 조음억압과제) 실험

높으면 조음 루프는 중앙집행기의 자원을 끌어다 쓰게 된다. 이 때문에 자원이 부족해진 중앙집행기는 특히 어려운 추론과제를 수행할 때 속도가 느려지거나 정확도를 희생할 수밖에 없다.

(4) 작업기억폭과 언어 이해

Daneman과 Carpenter(1980)는 단순한 기억폭이 아니라 작업기억의 전체 용량을 측정하는 과제를 고안해 냈는데, 이 과제는 정보의 저장과 조작을 동시에 수행하게끔 한다. 참가자들에게 여러 개의 단순 문장을 제시해 주는데, 이때 각 문장을 이해하면서 동시에 각 문장의 마지막 단어를 기억하도록 지시한다. 마지막 문장을 제시한 직후 각 문장의 말미 단어를 순서대로 기억해 내도록 한다. 처음에는 한두 개의 문장에서 시작하여 점차 문장의 수를 늘려 가는데, 말미 단어를 최대한 기억해 낼 수 있는 문장의 수를 측정한다. 이 과제를 **읽기폭**(reading span) 또는 **작업기억폭**(working memory span)과제라고 부른다. Daneman 등은 대학생을 대상으로 읽기폭을 측정하고서 읽기폭이 독서능력, 즉 언어 이해능력과 높은 상관이 있음을 밝혔다. 이병택(이병택, 김경중, 그리고 조명한, 1996)은 한국어 읽기폭과제를 고안하고서 읽기폭이 큰 사람이 작은 사람보다 언어 이해능력이 우수함을 밝혔다.

작업기억폭은 언어 이해능력의 강력한 예측인자다. 작업기억폭과제는 비교적 복잡한 과제로서 조음 루프, 어휘지식, 책략 선택 그리고 이상 여러 기억양상들의 조절능력을 요구한다. 따라서 여러 작업기억성분, 즉 조음 루프, 중앙집행기 등의 작용을 함께 요구하는 것으로 짐작된다. 하지만 작업기억폭이 언어기술에 특유한 능력만을 측정하는지, 아니면 보다 일반적 작업기억능력을 측정하는지는 확실하지 않다.

(5) 작업기억의 신경학적 증거

최근 많은 신경심리학적 연구, 특히 뇌영상연구들이 작업기억과 장기기억의 구분, 그리고 작업기억의 성분들을 지지하는 결과들을 보고하였다.

① 언어적 처리과정 및 시각적 처리과정

Smith와 Jonides(1999)는 작업기억과제를 수행하는 도중 활성화되는 뇌 영역을 탐구한 여러 연구들을 개관하였다. 작업기억 가운데 특히 언어적 정보처리에 관여하는 조음 루프 및 중앙집행기와 관련된 좌반구 영역이 [그림 5-11]에 표시되었다. Broca영역(Braodman 영역 44번)은 언어의 조음에 특히 중요한 영역으로서, 되뇌기할 때 활성화되는 것으로 미루어 조음 루프와 관련된다. 이중과제 상황에서 한 과제로부터 다른 과제로 전환할 것을 요구할 때 중앙집행기가 관여하는데, 이때 배외측 전전두피질(dorsolateral prefrontal cortex, Braodman: DLPFC 영역 46번)이 높게 활성화된다.

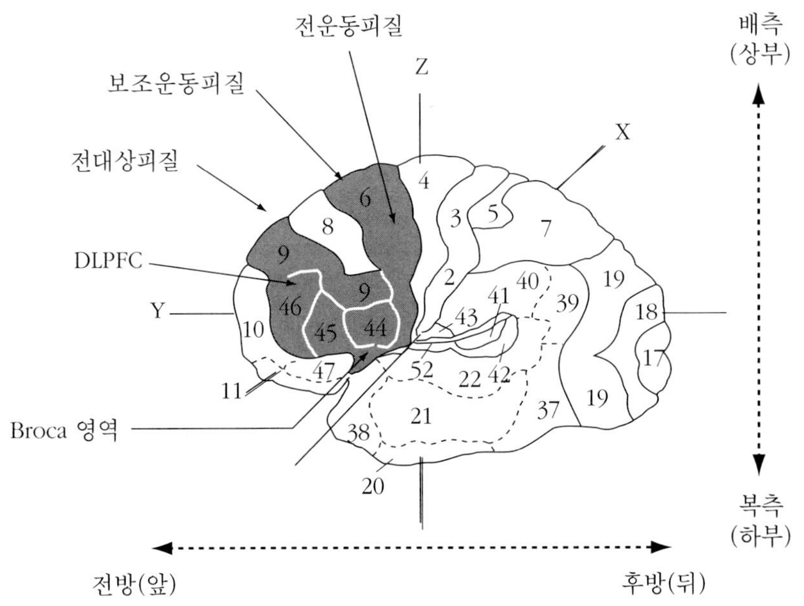

[그림 5-11] 언어적 작업기억에 관여하는 좌반구 전두엽 영역

시각적 작업기억과 관련된 우반구 영역이 [그림 5-12]에 표시되었다. 특히 시공간적 작업기억에 관여하는 뇌 부위로서 시각피질, 후측 두정엽, 전두엽의 전운동영역과 DLPFC 영역을 들 수 있다. 실험과제가 공간적 정보에 관한 경우에는 전운동영역이 더 활성화되지만, 과제가 공간적 위치정보보다는 대상에 관한 경우에는 DLPFC가 더 활성화된다.

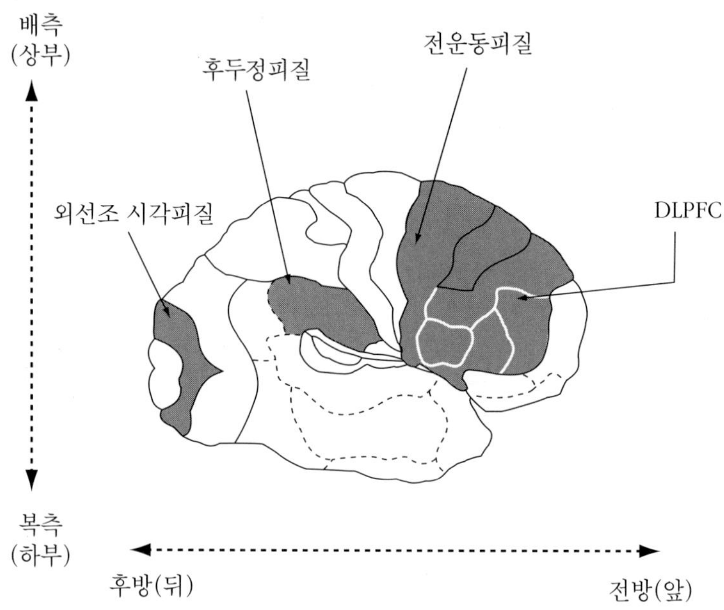

[그림 5-12] 시각적 · 공간적 작업기억에 관여하는 우반구 영역

② 유지 및 조작

작업기억과제를 유지와 조작의 두 유형으로 구분할 수 있는데, 작업기억 유지과제는 정보를 마음에 간직하는 처리과정을 측정하는 반면 작업기억 조작과제는 간직한 정보를 재조작하는 처리과정을 측정한다(Fletcher & Henson, 2001). 유지과제에서는 흔히 몇 개 기억자극을 제시한 후 한 개 탐침자극을 제시하고서 이 탐침자극이 기억자극에 있었는지 여부를 판단하도록 요구한다. 글자나 단어와 같은 언어자극을 사용한 경우 좌반구 활성화가 증가하는데, 특히 **복외측 전전두피질**(ventrolateral prefrontal cortex: VLPFC), 두정엽, 전운동영역이 활성화된다(Awh et al., 1996). 공간 또는 대상정보에 관한 과제에서는 우반구 활성화가 증가하는데, 활성화되는 우반구 영역은 언어자극의 경우 활성화되는 좌반구 영역에 상응하는 영역이다(Smith et al., 1996).

조작과제를 예를 들어 설명하면, 다섯 개 글자를 하나씩 차례대로 제시하고서 제시된 순서대로 또는 역순으로 또는 알파벳 순으로 암송하도록 요구한다. 그리고 지연기간 후 이러한 정신적 조작에 따라 특정 순서에 있는 글자를 보고하도록 요구한다. 예를 들어, 'B, K, C, P, N'을 제시하고서 알파벳 순으로 암송하도록 요구한 후 '4'를 제시하면 피험자는 'N'을 보고해야 한다. 지연기간 동안 복외측과 배외측 전전두피질이 활성화되는데, 특히 글자를 재배열하는 동안에는 배외측 전전두피질이 더 큰 활성화를 보인다(D' Esposito et al., 1999).

결국 이러한 뇌영상 연구 결과들에 따르면, 전전두엽 가운데 복외측 부위는 작업기억의 유지 기능에 관여하는 반면 배외측 부위는 작업기억의 조작 기능에 관여한다. 그런데 작업기억의 유지와 조작 기능을 Baddeley의 작업기억모형에 비추어 본다면 유지 기능은 음운 루프와, 조작 기능은 중앙집행기와 관련된다고 할 수 있다.

4. 장기기억: 기억체계

장기기억이 기능적으로, 그리고 해부학적으로 분리된 여러 체계들로 구성되어 있는지, 아니면 단일한 체계인지에 대해 지금까지 논쟁이 계속되고 있다. 장기기억이 단일한 체계가 아니라 여러 하부체계들로 구성되어 있다고 보는 관점을 기억체계이론(memory system theory)이라고 하는데, 구체적인 하부체계들의 구분은 기억이론가에 따라 다르다. 잘 알려진 기억체계로서 의미기억과 일화기억(Tulving, 1972, 1983), 서술기억과 절차기억(Cohen, 1984; Squire, 1993)을 들 수 있다.

1) 의미기억과 일화기억

의미정보가 표상된 기억을 의미기억(semantic memory)이라고 하며, 이는 흔히 일화기억(episodic memory)과 대비되어 구분된다. 일화기억은 개인의 경험, 즉 자전적 사건에 관한 기억으로서 사건이 일어난 시간, 장소, 상황 등의 맥락을 함께 포함한다. 지난 주말에 어떤 스포츠 중계방송을 보았는지를 기억하는 것, 지난 어버이날에 부모님을 모시고 무엇을 했는지를 기억하는 것 등이 모두 일화기억에 속하는 것이다. 앞서 장기기억에서 다룬 내용은 대부분 특정한 시간과 공간 맥락(예: 특정한 시간과 특정한 심리학 실험실)에서 이루어진 새로운 정보의 획득에 관한 것으로서, 일화기억에 관한 연구라 할 수 있다.

반면 의미기억은 대상 간의 관계 또는 단어 의미들 간의 관계에 관한 지식으로서, 과거에 경험한 특정 사건과 관련되어 있지 않다. 즉, 의미기억은 특정 시점이나 맥락과 연합되어 있지 않다. '타조가 새인가?' '한국에서 제일 높은 산이 무엇인가?'와 같은 질문에 대답해야 할 때 의미기억을 참조해야 한다.

앞서 살펴본 바와 같이, 기억 내용이라는 측면에서 의미기억과 일화기억은 뚜렷하게 구분되는데, 신경생리학적 연구 역시 이 구분을 지지해 주고 있다. 일부 대뇌 손상 때문에 심각한 기억장애를 보인 K. C.는 일상적 경험을 기억할 수 없었다. 하지만 그는 지적 지체는 보이지 않아서 대화나 읽기, 쓰기 등을 정상적으로 수행할 수 있었다. 따라서 K. C.의 대뇌 손상 부위는 의미기억과는 거의 무관하며, 단지 일화기억의 기능에만 필요한 부분이라고 볼 수 있다.

일화기억과 의미기억은 기능적 측면에서도 과연 뚜렷하게 구분되는가? 의미기억과 일화기억 간의 기능적 구분을 지지하는 중요한 증거는 **기억장애 증후군**에서 찾아볼 수 있다. H.M.은 간질 치료 목적으로 측두엽 절제 수술을 받았는데, 이때 해마를 포함한 내측두엽이 손상되었다. 수술 직후부터 그는 심각한 기억장애를 보이게 되었는데, 수술 전에 경험한 일화는 기억해 낼 수 있지만, 수술 후 새로이 경험한 일화는 기억해 내지 못하게 되었다. 즉, 그는 새로운 정보의 획득과 인출(일화기억)에서만 장애를 보이고, 의미기억이 요구되는 언어의 이해와 생성 능력에서는 정상인 것이다. 이러한 유형의 기억장애는 의미기억과 일화기억이 독립적인 기억체계라는 것을 시사해 준다.

지금까지 의미기억과 일화기억의 구분을 지지해 주는 증거들을 살펴보았다. 하지만 이러한 구분을 의심하게 하는 증거들도 있다. 만성적인 알코올 중독에 기인한 **korsakoff 증후군** 환자들은 흔히 자전적 기억(일화기억)뿐만 아니라 세상사에 대한 지식(의미기억)에서도 함께 역행성 기억장애를 보인다. 순행성 기억장애 환자들은 흔히 일화기억과 의미기억 양자에서 새로운 정보를 획득하는 데 장애를 보인다. 또한 여러 학자들은 의미기억과 일화기억 간의 구분이 명료하지 못하다고 주장한다. 이 두 기억 간의 내용 구분은 명료하지만 기능 구분은 명료하지 못하다는 것이다

(Anderson & Ross, 1980). 일화기억과 의미기억의 구분은 기억을 이해하는 데 매우 유용하다. 하지만 과연 이 두 기억이 뚜렷하게 구분되는 상이한 원리들로 각각 설명되어야 하는지, 아니면 유사한 원리로 설명될 수 있는 것인지는 아직 분명하지 않다.

2) 서술기억과 절차기억

일찍이 철학자들은 지식을 외현적 지식과 암묵적 지식으로 구분하였다. 마찬가지로 컴퓨터 과학자들은 지식을 서술지식(declarative knowledge)과 절차지식(procedural knowledge)으로 구분하는데, 이와 유사하게 인지심리학자들도 서술기억과 절차기억을 구분하고 있다.

서술기억은 사실에 관한 지식을 표상하며, 우리는 그 기억 내용에 의도적으로 접근할 수 있고 그 내용을 이야기할 수 있다. 예를 들어, 우리는 '새'를 날아다니는 동물이라고 규정하며, '4 · 19의거'는 1960년에 일어났다는 것을 알고 있고, 지난 일요일 무엇을 하였는지 기억하여 말할 수 있다. 즉, 서술기억은 앞서 살펴본 의미기억과 일화기억을 모두 포함하는 기억체계다. 반면, 절차기억이란 행위나 기술, 조작에 관한 기억으로서 우리가 수행할 수 있으면서도 쉽게 표현할 수 없는 지식을 표상한다. 예를 들어, 우리는 문법을 명료하게 표현하지 못하면서도 모국어를 이해하며, 자전거 타는 방법을 설명하는 데 어려움을 느끼면서도 자전거를 탈 수 있다. 결국 서술기억이 '무엇'에 관한 기억이라고 한다면, 절차기억은 '어떻게' 즉 방법에 관한 기억이라고 할 수 있다.

서술기억과 절차기억은 특히 기억상실증 환자에게서 잘 구분된다. 많은 기억상실증 환자들은 흔히 새롭게 획득한 서술기억 내용은 빨리 망각하지만, 새로운 기술의 학습은 잘 해낼 수 있다. 즉, 서술기억은 장애를 보이지만 절차기억은 정상적인 것이다. 이와 관련된 자세한 내용은 다음 암묵기억과 외현기억의 구분에서 다룰 것이다.

여러 연구자들은 이 두 유형의 기억이 서로 다르게 표상되어 있을 것으로 본다. 서술기억은 명제, 스크립트, 심상으로 표상되어 있다. 반면 절차기억은 규칙들로 표상되어 있는데, 이 규칙들은 절차기억을 외부 세계와 연결시켜 준다. 서술기억과 절차기억은 모두 문제 해결이나 언어 이해 등에 필요하다. 우리가 새로운 기술을 학습할 때 처음에는 그 영역을 기술하는 서술적 지식을 획득한다. 그리고 훈련을 거듭함에 따라 이 지식은 절차적이고 자동적으로 된다. 무엇인가에 전문가가 된다는 것은 느린 서술기억의 사용에서 빠른 절차기억의 사용으로 전이되는 것을 의미한다. 절차적 지식에 관한 자세한 내용은 제8장에서 소개할 것이다.

3) 암묵기억과 외현기억

앞서 살펴본 회상이나 재인과 같은 기억검사를 수행할 때 사람들은 이전에 학습한 경험을 의도적으로 인출해 내야 하며 그 결과가 학습했던 것이라고 의식적으로 자각할 수 있다. 이러한 검사와는 달리 학습 경험을 의도적으로 인출해 내고자 노력하지 않거나 의식적으로 자각하지 않음에도 불구하고 학습 경험에 의해 그 수행이 영향받는 검사들이 있다. 전자와 같이 의식적이고 의도적인 인출을 요구하는 검사를 외현기억검사(explicit memory test), 후자와 같이 무의식적이고 비의도적인 인출을 유도하는 검사를 암묵기억검사(implicit memory test)라고 하며, 이 두 유형의 검사들이 반영하는 기억을 각각 외현기억과 암묵기억이라고 한다.

암묵기억효과는 뇌손상에 의해 새로운 장기기억을 형성할 수 없었던 환자에게서 처음 밝혀졌다. Warrington과 Weiskrantz(1968)는 Korsakoff 증후군 환자들을 대상으로 [그림 5-13]에 있는 것과 같은 불완전한 그림을 제시하고서 이 그림이 무엇인지 식별해 내도록 요구하였다(그림조각식별검사). 여기서 처음에는 [그림 5-13]의 (a) 그림을 제시하고, 다음에는 순차적으로 점점 더 완전한 그림, 즉 (b), (c), (d), (e) 순서로 제시하였다. 이러한 검사를 사흘에 걸쳐 실시하였는데, 검사가 거듭될수록 그림 식별의 오류가 점차 감소하였다. 이러한 결과는 놀라운 것으로서, 이 환자들은 전날 동일한 검사를 실시했다는 사실조차 기억하지 못했기 때문이다. 즉, 외현기억검사에서는 새로운 학습 경험의 장기적 기억이 불가능한 것처럼 보였던 뇌손상 환자들이 그림조각식별검사와 같은 암묵기억검사에서는 훈련에 의한 수행 향상을 보였던 것이다. 이러한 사실에 근거하여 전통적인 외현기억검사가 반영해 주는 기억과는 상이한 기억을 암묵기억검사가 반영해 준다는 생각이 대두되었다.

일상생활에서 과거의 특정 경험이 의식적으로 기억되지 않으면서도 이것이 태도나 느낌, 행동에 영향을 미치는 경우가 흔하다. 즉, 외현적으로 기억해 내지 않으면서도 암묵적으로 기억해 낼 수 있는데, 한 예로서 기지감(旣知感, déjá vu)을 들 수 있

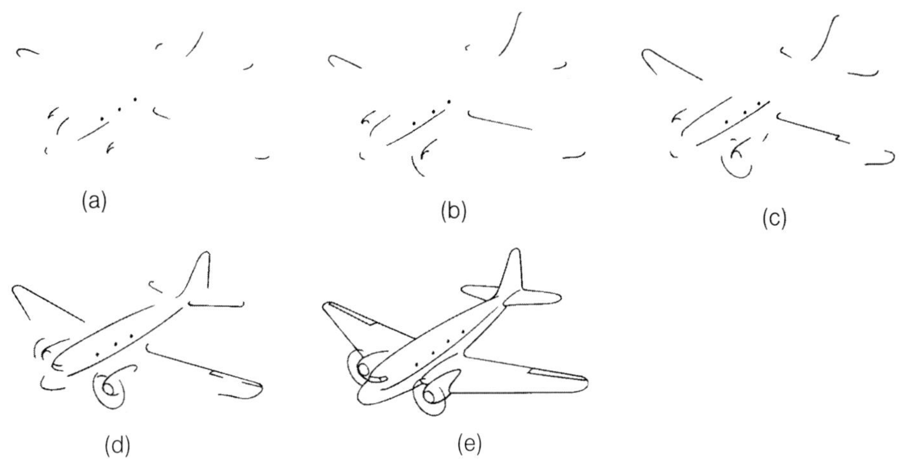

[그림 5-13] 불완전한 그림(Gollin(1960)이 개발하고 Warrington과 Weiskrantz (1968) 연구에서 사용됨)

다. 기지감이란 과거에 어떤 경험을 했거나 어떤 장소에 있었던 것 같다는 뚜렷한 인상이나 느낌을 가질 때 발생하는데, 기지감의 핵심에 암묵기억이 있을 수 있다 (Schacter, 1996). 경험했던 것의 세부내용이나 맥락정보가 기억나지 않음에도 불구하고 친숙감을 느끼는 경우 역시 마찬가지라 할 수 있다.

암묵기억이 우리의 행동에 영향을 미치는 대표적인 예로서 광고를 들 수 있는데, TV나 인터넷에서, 그리고 심지어는 거리에서도 우리는 수많은 상품이나 회사의 광고를 매일 접한다. 이러한 광고의 영향을 받지 않을 것이라고 생각하기 쉽지만, 단순히 광고에 노출되기만 해도 이러한 경험이 우리의 선호도나 구매행동에 암묵적인 영향을 미칠 가능성이 있다. 한 연구(Perfect & Askew, 1994)에서는 실험참가자에게 잡지의 기사를 스캔하도록 하였는데, 페이지마다 광고가 담겨 있었지만 참가자들에게는 이 광고에 주의를 기울이라는 말을 하지 않았다. 그 후 광고들에 대해 여러 차원, 즉 얼마나 끌리는지, 눈을 사로잡는지, 독특한지 등에 따라 평가하도록 하였는데, 참가자들은 앞서 보지 않았던 광고보다 보았던 광고에 대해 더 높은 평점을 주었다. 하지만 이 광고들이 실험 초기에 제시되었는지 여부를 물어보았을 때에는 거의 재인해 내지 못하였다. 이는 외현기억이 거의 불가능한 경우에도 암묵기억이 행동에 영향을 미쳤기 때문이라고 할 수 있다.

암묵기억에 관한 실험적 연구는 주로 **반복점화**(repetition priming)현상을 이용하는데, 이는 어떤 자극(점화자극)을 먼저 제시하면 동일한 자극이 다시 제시될 때 그 자극에 대한 반응이 영향받는 현상을 말한다. 앞서 언급한 살펴본 그림조각완성검사 외에 여러 가지 암묵기억검사들이 개발되었는데, 단어조각완성검사에서는 단어의 글자 가운데 일부 글자를 누락시킨 단어조각(예: 'ㅏ리')을 제시하고서 맨 처음 떠오르는 단어로 완성하도록 요구한다. 이 검사를 실시하기 전 여러 단어들을 제시하는데, 이 가운데 '마리'가 포함되어 있는 경우에는 그렇지 않은 경우에 비해 'ㅏ리' 단어조각을 '다리'나 '사리' 등의 단어보다는 '마리' 단어로 완성할 가능성이 더 크다(박태진, 1995; Roediger & Blaxton, 1987). 어간완성검사에서는 'gar___'과 같은 어간을 제시하고 맨 처음 떠오르는 단어로 완성하도록 요구하는데, 'garden' 'garbage' 'garlic' 등 여러 완성 가능한 단어들 가운데 검사 전 노출되었던 단어로 완성할 가능성이 더 크다. 지각식별검사에서는 단어를 식별하기 어려운 문턱값 수준으로 제시하고서 단어를 식별하도록 요구하는데, 검사 전 노출되었던 단어는 그렇지 않은 단어보다 정확하게 식별될 가능성이 더 크다(박태진, 1993; Jacoby, 1983). 이처럼 사전에 어떤 단어에 노출되면 이와 동일한 단어가 반복될 때 수행이 촉진되는데, 이를 반복점화라 한다.

Warrington과 Weiskrantz(1968)의 연구 이후 기억상실증 환자의 상당수가 외현기억에서만 기억장애를 보이고 암묵기억에서는 정상적인 수행을 보인다는 사실이 많은 연구들에 의해 밝혀졌다. 단어 목록을 제시한 후 재인검사(외현기억검사)를 실시하면 기억상실증 환자는 정상인에 비해 기억 수행이 뚜렷이 저조하다. 하지만 단어조각완성검사나 어간완성검사(암묵기억검사)를 실시하면 기억상실증 환자도 정상인과 다름없는 반복점화효과를 보인다(Graf, Squire, & Mandler, 1984; Warrington & Weiskrantz, 1970). 이러한 사실로 미루어 기억상실증 환자의 기억장애가 외현기억에만 국한되어 있고, 그들의 암묵기억은 정상이라는 것을 알 수 있으며, 암묵기억검사와 외현기억검사가 질적으로 상이한 기억을 반영한다는 것을 짐작할 수 있다.

암묵기억과 외현기억 연구에서는 통상 학습단계에서 독립변인이나 피험자변인을 조작하고서 이것이 둘 이상의 기억검사 수행에 미치는 효과를 관찰하는데, 이때 변인 조작이나 피험자 집단에 따라 각 검사의 수행이 다르게 나타나는 현상을 해리(dissociation)라 한다. 앞서 살펴보았듯이 암묵기억과 외현기억 간 해리가 정상인 집단과 달리 기억상실증 환자 집단에서 드러났지만, 이러한 해리는 정상인을 대상으로 학습단계에서 다양한 부호화 변인을 조작한 연구들에서도 잘 밝혀졌다. 예를 들어, 학습단계에서 단어를 청각적 또는 시각적으로 제시하고 기억검사에서 단어를 시각적으로 제시함으로써 학습과 검사 간 감각양상의 변화 여부가 기억검사 수행에 미치는 영향을 알아볼 수 있다. 이때 회상이나 재인과 같은 외현기억검사 수행은 감각양상의 변화 여부에 영향을 받지 않지만, 단어조각완성이나 지각식별과 같은 암묵기억검사 수행은 감각양상이 동일한 조건에 비해 상이한 조건에서 더 작은 반복점화효과를 보인다(박태진, 1995; Roediger & Blaxton, 1987). 암묵기억과 외현기억 간 해리를 유발하는 다른 부호화 변인으로서 **생성효과**를 들 수 있다. 생성효과란 기억검사의 대상이 되는 정보를 학습단계에서 직접 제시하여 단순히 읽도록 한 조건에 비해 그 정보를 피험자 스스로 생성해 내도록 하는 조건에서 기억 수행이 더 우수한 현상을 말한다(Slamecka & Graf, 1978). 그런데 이러한 생성효과는 자유회상과 같은 외현기억검사에서만 관찰되며, 단어조각완성과 같은 암묵기억검사에서는 생성된 정보가 단순히 읽은 정보에 비해 더 저조한 수행을 보인다(박태진, 1995; Jacoby, 1983).

암묵기억과 외현기억 간 해리를 설명하는 대표적인 이론으로서 먼저 **기억체계이론**을 들 수 있다. Squire(1993)에 따르면, 기억체계는 의식적 형태와 무의식적 형태로 구분되는데, 전자는 사실과 사건에 관한 기억의 의식적 인출과 관련된 서술기억이며, 후자는 점화, 그리고 기술과 습관의 학습과 관련된 절차기억이다. 이 두 유형의 장기기억은 상이한 뇌체계에 의해 매개된다. 기억상실증 환자가 암묵기억과 외현기억 간 해리를 보이는 이유는 이 두 유형의 기억 기저에 있는 뇌체계들이 뇌손상의 영향을 달리 받기 때문인데, 외현기억을 매개하는 뇌체계는 손상된 반면 암묵기억을 매개하는 뇌체계는 손상되지 않았다. 정상인이 보이는 암묵기억과 외현기억 간 해리는 두 기억체계와 각각 관련된 뇌체계들이 부호화 변인들의 영향을 다르게 받기 때문이다.

하지만 기억체계 설명에 잘 부합되지 않는 측면이 있는데, 암묵기억과 외현기억의 구분이 그다지 명료하지 않은 경우가 많다. 암묵기억 수행은 외현기억 수행과 흔히 유사한데, 외현기억뿐만 아니라 암묵기억 수행에 있어서도 정상인이 기억상실증 환자보다 우수한 것이다. 이처럼 암묵기억검사와 외현기억검사에서 유사한 효과가 나타난다는 사실로 미루어 볼 때 양자가 동일한 기억체계에 근거할 가능성이 있다(Ostergaard & Jernigan, 1993). 이 관점에 따르면, 두 유형의 검사 모두 서술기억체계, 특히 과거 일화의 기억에 근거한다. 암묵기억과 외현기억 간 해리는 이 두 유형의 검사가 과거 일화를 어떻게 사용하도록 하는가에 있어 차이가 있기 때문인데, 외현기억검사는 암묵기억검사에 비해 단지 학습 경험에 관한 일화기억에 더 많이 의존할 뿐이다. 기억상실증 환자는 정상인에 비해 일화기억을 인출하는 능력이 부족한데, 이 때문에 일화기억에 더 많이 의존하는 외현기억 수행은 더 저조한 반면, 일화기억에 덜 의존하는 암묵기억 수행은 정상인과 별다른 차이를 보이지 않는다(Ostergaard, 1999).

암묵기억과 외현기억 간 해리를 설명하는 또 다른 이론으로서 **처리이론**(process theory)을 들 수 있다. 처리이론에서는 두 유형의 기억검사 각각에 사용되는 독특한 인지적 조작들, 특히 개념적 처리와 지각적 처리의 구분을 강조한다. 또한 어떤 처리를 주로 사용하여 수행되느냐에 따라 기억검사를 지각적 검사와 개념적 검사의 두 유형으로 구분하는데, 지각적 검사는 정보의 물리적 특성, 그리고 상향처리에 주로 의존하는 반면, 개념적 검사는 정보의 의미적 특성, 그리고 하향처리에 주로 의존한다(Roediger, 1990; Roediger & Blaxton, 1987). 처리이론은 기억검사의 처리 특성과 아울러 **전이-적합성 처리**(transfer-appropriate processing) 설명에 따라 암묵기억과 외현기억 간 해리를 설명한다. 전이-적합성 처리 설명에 따르면, 기억검사의 수행은 검사 수행에 요구되는 인지적 조작이 학습단계에서 사용된 인지적 조작을 어느 정도 반복 재현하느냐에 달려 있는데, 두 인지적 조작이 유사할수록 기억 수행이 우수하다(Kolers, 1976; Morris, Bransford, & Franks, 1977). 그런데 지각적 검사는 자극의 물리적 특성에 주로 의존하므로 학습 자극과 검사 자극 간 물리적 특성의 변화에 민감한 반면, 의미적 특성의 변화에는 둔감하다. 반면 개념적 검사는 자극의 의미적 특성에 주로 의존하므로 학습 자극과 검사 자극 간 의미적 특성의 변화에는 민감한 반면, 물리적 특성의 변화에는 둔감하다. 예를 들어, 학습 자극과 검사 자극의 감각양상을 다르게 했을 때 지각적 검사의 수행은 감퇴하는 반면, 개념적 검사의 수행은 영향을 받지 않는다.

처리이론에 따르면, 전형적으로 외현기억검사들은 개념적 처리에 주로 의존하지만 암묵기억검사들은 지각적 처리에 주로 의존하며, 이처럼 두 유형의 기억검사들이 의존하는 처리가 상이하기 때문에 해리가 일어난다. 기억 수행을 결정하는 것은 기억검사의 암묵적·외현적 특성이 아니라 처리 특성인데, 해리를 설명하는 데 있어 중요한 것은 기억검사가 암묵적인지 외현적인지가 아니라 부호화와 인출 간 전이-적합성 여부라 할 수 있다. 암묵기억검사와 외현기억검사 구분이 지각적 처리와 개념적 처리 구분과 반드시 일치하는 것은 아니다. 동일한 암묵기억검사라 할지라도 지각적 검사(예: 단어조각완성)와 개념적 검사(예: 범주사례 생성)로 구분할 수 있는데, 이 두 유형의 검사는 비록 둘 다 암묵기억검사이지만 서로 해리를 일으킨다(Blaxton, 1989).

기억체계이론과 처리이론 가운데 어느 것이 암묵기억과 외현기억 간 해리를 더 잘 설명하는지에 대해 이론적 논쟁이 계속되고 있다. 한편에서는 이 두 이론이 수렴될 수 있을 것으로 보는 관점도 있다(Tulving & Schacter, 1990).

5. 요약

기억의 심리학적 연구는 Ebbinghaus와 Bartlett 두 전통에서 시작하였는데, 전자는 순수한 연합 형성 과정을 밝히고자 한 반면, 후자는 기존 지식(도식)이 새로운 정보의 학습에 미치는 영향을 밝히고자 하였다.

다중기억이론은 기억의 구조적 측면을 강조하는데, 특히 단기기억과 장기기억의 두 기억구조를 구분한다. 장기기억과 단기기억은 정보의 저장 용량, 지속 기간, 부호화, 인출, 망각 등 여러 측면에서 상이한 특성을 가지고 있다. 단기기억의 대안적 개념으로 제안된 작업기억은 중앙집행기, 음운 루프, 시공간 스케치판으로 구성되어 있으며, 학습, 사고, 문제해결, 언어 이해 등 다양한 정신활동을 담당한다.

장기기억이 기능적, 그리고 해부학적으로 독립된 여러 기억체계로 구성되어 있다고 보는 관점이 다중기억체계이론이다. 이에 따르면, 의미정보를 표상하는 의미기억과 자전적 사건정보를 표상하는 일화기억, 사실에 대한 지식을 표상하는 서술기억과 행위나 기술을 표상하는 절차기억, 의식적이고 의도적인 인출 여부에 따른 외현기억과 암묵기억 등으로 구분할 수 있다.

주요 용어 목록

간섭(interference)
계열위치효과(serial position effect)
단기기억(short-term memory)
도식(schema)
되뇌기(rehearsal)
망각 곡선(forgetting curve)
망각(forgetting)
모덜 모형(modal model)
브라운-피터슨 과제(Brown-Peterson task)
서술/절차기억(declarative/procedural memory)
쇠잔(decay)
순차/병렬처리(serial/parallel process)
시공간 스케치판(visuospatial sketch pad)
암묵/외현기억(implicit/explicit memory)
의미/일화기억(semantic/episodic memory)
작업기억(working memory)
장기기억(long-term memory)
정교화(elaboration)
조음 루프(articulatory loop)
중다기억체계(multiple memory systems)
중앙집행기(central executive)
청킹(chunking)

읽을거리 ▶▶▶

기억에 관한 인지심리학적 연구를 잘 소개한 인지심리학 개설서 가운데 한국어로 번역된 책이 『Reed』(2006, 7판; 박권생 옮김), 『Matlin』(2004, 6판; 민윤기 옮김) 등이다. Baddeley(1998)의 책은 전문적이고 포괄적으로 기억 연구를 소개하고 있고, 작업기억에 관한 비교적 최근 연구동향은 Miyake와 Shah(1999)의 책에서 찾아볼 수 있다. Schacter와 Tulving(1994)의 책은 중다기억체계 이론을 여러 관점에서 소개하고 있다. 인지과학의 전반적 연구 맥락에서 기억 연구 현황을 알아볼 수 있는 책으로서 이정모(1996)를, 기억에 관한 인지심리학적 연구와 신경학적 연구의 전반적 동향을 소개한 책으로서 양병환 등(2001)을 들 수 있다. 기억이론을 전반적으로 개관한 논문으로서 이정모(1995)를, 기억 연구에 구체적으로 사용되는 과제의 유형과 특성을 다룬 논문으로서 김정오(1995)를, 기억에 관한 인지신경과학적 연구 동향을 소개한 논문으로서 박태진(2002), 박희경(2001)을 참고할 수 있다. 작업기억에 관한 상세한 서술은 앞서 소개한 Baddeley(1998)에서 찾아볼 수 있다.

제6장

기억 과정

1. 부호화와 인출
2. 망각과 기억의 왜곡
3. 기억과 정서
4. 개인적 경험에 대한 기억: 자전적 기억
5. 미래계획기억
6. 요약

제6장

기억 과정

어떤 사람들은 다른 사람들보다 동일한 사건이나 내용을 잘 기억하는 이유는 무엇일까? 또 동일한 개인이 특정 정보는 기억하지만 또 다른 정보는 기억하지 못하는 이유는 무엇일까? 흔히 말하는 '기억한다' 라는 표현은 두 가지 상이한 다른 기억 과정을 포함한다. 기억 만들기와 기억 끄집어내기가 그것이다. 정보처리이론의 용어를 사용하자면, 새로운 정보를 입력하는 단계에서의 처리를 부호화(encoding)라 하고, 저장된 정보를 끄집어내는 단계에서의 처리를 인출(retrieval)이라 한다. 따라서 기억이 잘되고 안 되는 것을 결정짓는 주요 과정이 바로 부호화와 인출이다. 이 장에서는 기억의 부호화 과정과 인출 과정 및 망각에 대한 이론들을 살펴보고, 기억과 정서의 관계 및 특수한 유형의 기억에 대해 소개하고자 한다.

1. 부호화와 인출

중다기억이론의 예측과는 달리, 단순히 항목을 반복하는 것만으로는 기억이 증진되지 않는다는 사실이 여러 연구에 의해 밝혀졌다. 영국방송사(BBC)가 방송 주파수를 바꾸려고 시간당 10번씩 여러 주 동안 새 주파수를 광고한 적이 있었다. 간간이 BBC를 들은 시청자라 할지라도 이 정보를 최소한 1,000번이나 들었음에 틀림없었다. 그럼에도 불구하고 그것을 기억하는 사람들은 거의 없었다. 단순한 반복만으로는 장기적 파지를 보장할 수 없었던 것이다(Bekerian & Baddeley, 1980). 이 절에서는 부호화와 인출에 관한 세 가지 기억 과정이론을 살펴보기로 한다.

1) 처리 수준

중다기억이론에 대한 강력한 반박과 대안적 이론은 Craik와 그 동료들에 의해 제안되었다. Craik와 Lockhart(1972)의 처리 수준(levels of processing)이론에 따르면, 성공적인 파지를 결정짓는 것은 단순한 되뇌기의 양이 아니라 항목을 부호화할 때 수행된 조작의 유형이다. 자료를 부호화하는 데에는 여러 가지 방식이 가능하며, 이때 사용되는 각 기억부호들은 질적으로 상이하다. 예를 들면, 초기 정보처리과정에서는 물리적 세부특징들, 즉 선, 각도, 명도, 음의 고저나 크기 등이 분석된다. 그 다음 정보처리 과정에서는 형태재인과 의미 식별이 이루어진다. 자극이 인식된 후 보다 정교한 정보처리가 이루어질 수 있는데, 제시된 자극과 관련된 과거 경험을 바탕으로 연합이나 심상, 이야기 등이 촉발될 수 있다. 처리 수준이론에 따르면, 깊이가 얕은 수준의 처리는 감각분석 수준에서 형태재인과 관련된 수준에서의 처리를 말하는 반면, 깊은 수준의 처리는 의미적 혹은 연합적 수준에서의 정보처리를 의미한다.

깊이가 상이한 분석 수준에 따라 상이한 기억부호가 형성되는데, 이 기억부호들은 쇠잔 속도가 다르다. 기억부호의 지속성은 결국 부호화 과정에서 이루어지는 지각적 처리의 산물이라 할 수 있는데, 물리적 세부특징만이 분석되었을 때의 기억부호는 취약하고 빨리 쇠잔한다. 반면 의미적 수준에서 분석되었을 때에는 기억부호가 더 강하고 오래 유지된다. 즉, 보다 깊은 수준에서 처리가 이루어질수록 우수한 파지가 가능하다.

Craik와 Lockhart에 따르면, 되뇌기가 자동적으로 학습을 가능하게 하는 것은 아니다. 되뇌기의 효과는 자료가 어느 수준에서 처리되었는가에 달려 있다. 되뇌기에 의해 학습이 이루어지는 이유는 사람들이 통상 되뇌기 도중 자료의 의미에 주의를 기울이기 때문이다. 되뇌기는 때로 정보를 작업기억에 유지시키기 위해 사용된다. 예를 들어, 낯선 전화번호를 누를 때까지 그 번호를 되뇌기하는 경우이다. 이처럼 단순히 작업기억에 정보를 유지시키기 위해 정보를 기계적으로 반복하는 데 불과한 되뇌기를 유지형 되뇌기(maintenance rehearsal)라고 한다.

그런데 유지형 되뇌기에 의한 장기적 학습이 가능한 것인가? Craik와 Watkins (1973)는 실험참가자에게 단어목록에 있는 단어들을 순차적으로 하나씩 제시해 주면서 목록 내에서 특정 낱자로 시작되는 맨 마지막 단어를 말하도록 하였다. 예를 들어, 목록 내의 단어들이 daughter, oil, rifle, garden, grain, table, football, anchor, giraffe로 구성되어 있으면, 특정 낱자 g로 시작되는 맨 마지막 단어를 말하면 된다. 실험참가자는 g로 시작되는 다른 단어가 제시될 때까지 특정 단어를 작업기억에 유지할 것이다. 여기서 관심사는 되뇌기 빈도에 따라 기억 가능성이 달라지는가 하는 것이었다. 단어가 작업기억에 유지되는 빈도를 조작하기 위해, 특정 낱자로 시작되는 목표단어들 사이에 삽입된 단어들의 수를 조작하였다. 위의 예에서 garden은 grain에 비해 되뇌기 빈도가 짧을 것이다. 만약 작업기억에서 장기기억으로 정보가 전이될 가능성이 단순한 되뇌기 횟수의 함수라면, garden보다 grain의 파지가 우수해야 할 것이다. 27개의 목록들을 제시한 후 목록 내의 모든 단어들을 회상해 내도록 요구하였는데, 단어의 회상률은 되뇌기 빈도와 무관한 것으로 드러났다. 결국 되뇌기가 자동적으로 정보를 장기기억 저장고로 전이시키는 것은 아닌 것이다.

처리 수준이론에 따르면, 단어의 파지는 그 단어가 처리되는 수준에 달려 있다. 파지에 처리 수준이 미치는 영향을 잘 보여 준 것이 Hyde와 Jenkins(1969)의 연구다. 이들의 연구는 Craik와 Lockhart의 처리 수준이론보다 몇 년 전에 발표되어 처리수준이론의 발전에 많은 영향을 미쳤다. Hyde와 Jenkins의 연구에서는 우연학습(incidental learning)과제를 사용하였는데, 이 학습과제는 그 후 처리 수준을 검증하는 데 흔히 사용되었다. 우연학습과제에서는 실험참가자에게 단어들을 제시하되, 이 단어들에 대해 추후 기억검사를 할 것이라는 것을 말해 주지 않음으로써 참가자가 의도적으로 단어들을 학습하지 않도록 한다. 대신 우연학습에서는 정향과제(orientation task)를 사용하는데, 이는 특정 처리가 일어나게끔 유도하기 위한 목적으로 사용되는 과제를 말한다. 우연학습과제 후 제시된 단어들에 대해 실험참가자가 전혀 예상하지 못한 기억검사를 실시한다. 반면 통상적인 의도학습과제에서는 실험참가자에게 기억검사에 대비하여 자료를 학습하도록 미리 일러둔다.

Hyde와 Jenkins의 연구에서 실험참가자에게 24개 단어를 제시하였는데, 이 단어들은 12개 쌍의 일차 연상단어들로 구성되었다. 예를 들어, red와 green 혹은 table과 chair 등의 의미 연합이 강한 12개 쌍의 단어들을 무선적으로 제시하되, 일차 연상단어들이 연달아 제시되지 않도록 하였다. 한 집단의 참가자들은 의도학습 집단으로서 단어들을 기억하도록 요구받았다. 우연학습 집단은 다시 세 집단으로 나뉘었는데, 한 집단은 각 단어가 유쾌한지 여부를 판단하도록, 다른 집단은 단어에 알파벳 e가 들어 있는지 여부를 판단하도록, 나머지 한 집단은 단어의 낱자 수를 세도록 하였다. 이처럼 우연학습 집단 가운데 유쾌도 평정 집단은 단어의 의미를 처리해야 하고, e-탐지 집단이나 글자 수 세기 집단은 단어의 철자를 지각적으로 처리해야 한다. 단어를 모두 제시한 후 회상검사를 한 결과, 유쾌도 평정 집단은 16.3개, e-탐지 집단은 9.4개, 글자 수 세기 집단은 9.9개 단어를 평균적으로 회상해 냈는데, 이는 처리수준이론의 예측과 일치하는 결과이다. 즉, 의미적 처리는 비의미적 처리보다 우수한 파지를 가능하게 한 것이다. 놀라운 것은 유쾌도 평정 집단이 의도학습 집단 못지않게 우수한 회상을 보인 점이다(16.3개 대 16.1개). 달리 말하면, 의미적 처리를 할 때 우연학습은 의도학습만큼 효과적이라는 것이다.

우연학습 집단 간에 드러난 파지의 차이가 의미적 처리 여부에 있다는 사실을 뒷받침해 주는 것이 군집화(clustering) 현상이다. 군집화란 의미적으로 연합된 단어들을 연달아 함께 회상해 내는 경향이다. Hyde와 Jenkins는 실험참가자들이 회상해 낸 모든 단어들 가운데 함께 회상해 낸 연상단어 쌍이 차지하는 비율로 군집화 정도를 측정하였다. 군집화 양은 e-탐지 집단에서 26%, 글자 수 세기 집단에서 31%, 의도학습 집단에서 64%, 유쾌도 평정 집단에서 68%였다. 집단에 따라 회상하는 데 의미를 사용하는 정도에 있어 차이가 있었는데, 의미에 민감한 집단이 우수한 회상을 보인 것이다.

이와 유사한 또 다른 실험에서 Craik와 Tulving(1975)은 명사로 된 단어를 한 개씩 실험참가자에게 제시해 주고서 각 단어마다 질문에 답하도록 하였다. 〈표 6-1〉에서 알 수 있듯이 각 목표단어에 대해 세 가지 유형 중 하나의 질문이 조건별로 제시되었다. 글자체 질문은 목표단어가 대문자로 쓰여 있는지 여부를, 음운 질문은 목표단어가 다른 단어와 운이 같은지 여부를, 그리고 문장 질문은 목표단어가 문장의 빈칸에 적합한지 여부를 각각 물어보았다. 이 질문들은 상이한 깊이의 처리 수준을 유도하기 위해 선택되었다. 질문을 청각적으로 제시하고 2초 후 단어를 200msec 동안 제시하였는데, 참가자에게는 이 실험이 지각과 반응속도에 관한 것이라고 알려 주었다. 이처럼 질문-대답 시행을 180개의 단어에 대해 실시한 후, 참가자가 예상하지 못한 재인검사를 실시하였다. 실험결과 재인율이 글자체 조건

표 6-1 처리 수준 실험에 사용된 질문

처리 수준	질문	예	아니오
글자체	단어가 대문자로 쓰였는가?	TABLE	table
음운	단어가 WEIGHT와 운이 같은가?	crate	MARKET
문장	단어가 다음 문장에 부합되는가? "He met a ____ in the street?"	FRIEND	cloud

(17%), 음운 조건(37%), 문장 조건(65%)의 순으로 높았다. 즉, 단어가 매우 짧은 시간 동안 제시되고 부호화 조작이 단순하였음에도 불구하고 재인기억에 있어 커다란 차이가 있었다. 동일한 결과가 회상검사에서도 관찰되었다. 이러한 결과는 처리 수준이 깊을수록 파지가 증가할 것이라는 처리수준이론의 예측을 강하게 지지해주는 결과라 하겠다.

처리수준이론은 기억 연구에 커다란 영향을 미쳤다. 하지만 이 이론은 그 후 많은 비판을 불러일으켰다. 첫 번째 비판은, 처리 수준 개념이 직관에 근거한 것으로서 깊이에 대한 독립적인 측정치가 없다는 점이다. 즉, 실험의 해석이 순환론적인데, 보다 우수한 기억을 유발하는 처리 유형이 보다 깊은 것이고, 보다 깊은 처리가 보다 우수한 기억을 유발한다는 것이다. 두 번째 비판은, 기억 가능성이 기억의 측정 방법에 따라 달라진다는 점이다. 기억의 이러한 특성은 나중에 다룰 부호화 특수성 원리에서 잘 드러나 있다. 세 번째 비판으로서, 기억부호에 따라 효과적인 파지 정도가 다른 이유가 무엇인지 불확실하다는 점을 들 수 있다. 왜 의미적 기억부호가 다른 기억부호에 비해 파지에 더 효과적인가, 의미적 부호화는 모두 동일한 기억효과를 지니는가 등의 질문에 처리수준이론은 제대로 대답하기가 어렵다.

2) 정교화

기억부호의 차이에 대한 또 다른 유력한 설명으로 정교화(elaboration)를 들 수 있다. 정교화란 주어진 정보 이외에 부가적으로 연결되는 명제를 생성하는 과정을 말한다. 사람들은 제시된 항목만을 단순히 그대로 저장하는 것이 아니라 그 항목과 관련된 연합을 함께 기억하는데, 이러한 부수적 연합이 특정 항목을 인출해 내는데 도움이 된다는 것이다. 예를 들어, 문 앞에서 우산을 펴는 사람을 보면, 이 사람이 밖으로 나가려 한다는 것, 비가 오고 있다는 것, 이 사람이 비에 젖고 싶지 않다는 것 등의 부가적 정보와의 연결을 통해 본래 제시된 목표정보를 정교화할 수 있다. 주어진 정보를 우리의 기존 지식과 연결함으로써 정교화는 정보를 통합하고 보존하는 역할을 한다. 목표정보와 연결되는 명제가 많을수록 정교화된 기억 구조를 가지게 되며, 그 결과 풍성한 인출통로를 가지게 되는 것이다. 즉, 정교화가 많이 이루어질수록 기억에 도움이 된다고 볼 수 있다.

Anderson과 Reder(1979)는 의미적 수준에서의 정교화가 음운 수준이나 시각적 수준에서의 정교화보다 훨씬 쉽다고 주장하였다. 왜냐하면 대부분의 정교화는 글자의 물리적 구조나 발음에 관한 것이라기보다는 의미에 관한 것이기 때문이다. 글을 읽는 동안 사람들은 대개 글자의 생김새와 같은 지각적 세부사항보다는 그들이 읽은 내용의 의미를 기억한다. 그 이유는 비의미적 정교화에 비해 의미적 정교화가 지니는 생태학적 유용성 때문이라 할 수 있다.

또한 정교화 이론은 동일한 처리 수준 내에서 일어나는 파지 차이를 잘 설명해 준다. 원래의 처리수준이론은 동일한 의미적 수준이라 할지라도 상이한 의미적 처리로 인해 나타나는 파지 차이를 정확하게 설명할 수 없다. Craik와 Tulving(1975)은 실험 참가자에게 목표단어와 목표단어가 생략된 문장을 제시해 주고, 목표단어가 문장에 부합되는지를 판단하도록 하였다. 이때 제시되는 문장맥락의 복잡성을 아래의 세 가지 수준으로 다르게 조작하였다.

목표단어: apple
단순: She cooked the ________ .
중간: The ripe ________ tasted delicious.
복잡: The small lady angrily picked up the red ________.

60개 단어와 문장에 대해 의미적 적합성 판단을 하도록 한 후, 예기치 않은 두 가지 회상검사를 실시하였다. 첫 번째 회상검사는 자유회상검사로 제시된 단어를 모두 기억해 내는 검사였고, 두 번째 회상검사는 원래 문장을 단서로 제시해 주고 각 문장과 연합되었던 단어를 회상해 내도록 하는 단서회상검사였다. 실험 결과 자유회상이나 단서회상 모두에서 단어회상률이 문장맥락의 복잡성 함수로 나타났다. 즉, 복잡한 문장맥락일수록 높은 회상률을 보였다. 이러한 결과는 문장맥락이 복잡할수록 목표단어를 중심으로 보다 정교화된 기억 구조와 인출통로가 생성되고, 이로 인해 회상이 증진된다고 볼 수 있다. 그러나 목표단어가 문장맥락에 부합되지 않을 경우에는 문장맥락의 복잡성효과가 나타나지 않았다. 이는 정교화가 효과적이기 위해서는 문장맥락이 목표단어의 의미와 일치해야만 한다는 것을 의미한다.

정교화를 목표정보와 연결된 명제의 수로 정의한다면, 이는 정교화의 양적인 측면만을 본 것이라 할 수 있다. 그러나 동일한 수의 부가적 명제가 목표정보와 연결된 경우라도 질적으로 상이한 정교화로 인해 기억의 효과는 달라질 수 있다. Stein과 Bransford(1979)는 정교화의 질적 유형을 정확한 정교화(precise elaboration)와 부정확한 정교화(imprecise elaboration)로 구분하고, 다음과 같은 조건 간의 회상을 비교하였다.

목표단어: 뚱뚱한
기본 문장: 뚱뚱한 사람이 표지판을 읽는다.
정확한 정교화: 뚱뚱한 사람이 얇은 얼음을 경고하는 표지판을 읽는다.
부정확한 정교화: 뚱뚱한 사람이 높이가 2미터인 표지판을 읽는다.

정확한 정교화 문장과 부정확한 정교화 문장 모두 기본 문장에서 제공되는 정보 이외의 부가적 정보를 제공하고 있지만, 두 가지 유형의 정교화는 질적으로 뚜렷하게 구분된다. 전자는 정확한 정교화로서 얇은 얼음의 위험 정도가 체중과 관련되어 있는 반면, 후자는 부정확한 정교화로서 '뚱뚱한'과 표지판의 높이 간에 두드러진 관계가 없다.

네 집단에게 문장이해도를 측정한다고 알려 주고 난 다음, 통제집단에게는 정교화되지 않은 기본 문장을, 다른 집단에게는 정확한 정교화 문장을, 또 다른 집단에게는 부정확한 정교화 문장을 각각 10개씩 제시하였다. 마지막 집단에게는 목표단어(예: '뚱뚱한')만을 제시하고 실험참가자 스스로 정교화를 생성하도록 하였다. 문장을 모두 제시한 후, 목표단어가 생략된 기본 문장을 단서로 제시하고 목표단어를 회상하도록 하였다. 그 결과, 평균적으로 통제집단은 4.2개, 정확한 정교화 집단은 7.4개, 부정확한 정교화 집단은 2.2개, 자기생성(self-generation) 집단은 5.8개를 회상해 냈다. 이러한 결과는 정교화가 항상 회상에 효과적인 것은 아니며, 정교화가 효과적이기 위해서는 정교화가 개념('뚱뚱한 사람')과 맥락('얇은 얼음')의 관련성을 명료하게 해야 한다는 것을 보여 준다.

Stein과 Bransford의 연구에서 자기생성효과는 정확한 정교화와 부정확한 정교화의 중간쯤에 위치하였다. 이는 실험참가자 스스로 생성해 낸 정교화가 두 유형의 정교화가 혼합되었을 가능성을 시사해 준다. 이를 확인하기 위해 실험에 참여하지 않은 제3의 판단자로 하여금 실험참가자가 생성한 정교화의 질을 평가하여 정확한 정교화와 부정확한 정교화로 구분하도록 하였다. 그리고 각각의 회상률을 재분석한 결과, 정확한 정교화로 판단된 경우에는 회상률이 91%이었으나 부정확한 정교화로 판단된 경우에는 회상률이 49%이었다. 이러한 결과는 자기생성 정교화 역시 정확한 정교화를 생성할수록 기억에 효과적이라는 것을 의미한다. 정확한 정교화를 생성할 수 있는 사람이라면 자기생성 정교화가 기억을 증진시킬 수 있겠지만, 부정확한 정교화를 생성할 가능성이 높은 어린아이나 사전지식이 적은 사람들에게는 자기생성 정교화를 유도하는 것보다 정확한 정교를 제공해 주는 것이 효과적이라 할 수 있다.

정교화는 매우 중요한 기억 과정으로서 다양한 상황에서 연구되어 왔다. 노인들의 경우 일반적으로 젊은이에 비해 회상능력이 저조하기는 하나, 정교화와 같은 기억 도움을 받으면 기억력을 향상시킬 수 있다. Cherry, Park, Frieske 및 Rowley(1993)는 평균 연령 68세의 노인들에게 부호화와 인출 시 정교화를 제공한 결과, 노인들의 회상이 젊은이 못지않게 향상되는 것을 발견하였다. 뿐만 아니라 정교화는 각종 학습 상황에서 매우 효율적인 정보처리 방식으로 알려져 있어 교수 및 학습전략, 교과서의 구성 등에도 적극 활용되고 있다(예: Frase, 1975).

3) 부호화 특수성 원리

처리수준이론과 정교화 이론 모두 기억 과정 가운데 부호화 과정에만 초점을 두고 인출 과정에는 관심을 두지 않았다. 하지만 효과적인 기억을 위해서는 부호화 단계에서 깊은 수준의 처리나 정교화로만으로는 불충분하다. 저장된 정보를 효과적으로 인출하기 위해서는 인출 단계에서 인출단서 및 인출맥락의 역할 역시 매우 중요하다. 도서관 서고에 저장된 수십만 권의 책 가운데 특정 책을 인출해 내는 경우를 생각해 보자. 통상 이러한 인출에는 많은 시간이 걸리지 않는데, 이처럼 신속한 인출이 가능한 이유는 무엇일까? 그것은 조직화와 인출체계에 달려 있다. 책들은 특정한 분류체계에 따라 부호화되어 있으며, 이 부호에 따라 서가에 체계적으로 정리되어 있다. 이 분류체계와 부호야말로 수많은 책 가운데 특정 책을 신속하게 인출하게 하는 유용한 인출단서인 셈이다. 인간 기억의 인출 역시 이와 유사하게 작동한다. 인간의 기억에 저장된 정보에 대한 유용한 인출단서가 제시되면 회상 가능성이 높아지게 된다.

기억이 인출맥락과 부호화 맥락의 일치성 정도에 의존한다는 것은 부호화 특수성 원리(encoding specificity principle)에 잘 드러나 있다. 이러한 원리를 한 마디로 요약하면 '특정 부호화 조작들은 무엇이 저장되는가를 결정하며, 저장된 정보는 무엇이 효과적인 인출단서인지를 결정한다.' 고 할 수 있다(Tulving & Thompson, 1973). 부호화 특수성 원리에 따르면, 특정 정보가 기억될 확률은 그 정보를 부호화할 때와 인출할 때의 맥락이 얼마나 유사한가에 달려 있다. 부호화 단계에서 연결된 정보 혹은 맥락이 인출 단계에서 다시 제공되었을 때 가장 효과적인 회상이 일어난다는 것이다. 즉, 동일한 부호화 조건이라 할지라도 인출조건에 따라 회상가능성이 달라질 수 있다. 이런 의미에서 부호화 조건과 인출조건은 상호작용한다.

부호화와 인출 간의 상호작용은 매우 강력한 것이어서 다른 기억효과를 압도할 수 있다. 앞서 살펴본 처리 수준모형에 따르면, 의미적으로 처리된 단어가 음운적으로 처리된 단어보다 우수한 기억을 보인다. 그러나 Fisher와 Craik(1977)는 아무런 인출단서도 주어지지 않을 경우, 인출 시 사람들은 주로 의미적 단서를 사용하기 때문일 가능성이 있다고 보았다. 즉, 인출 단계에서 의미적 단서가 자동적으로 사용된다면 이는 부호화 단계에서의 의미적 처리와 가장 잘 부합되는 셈이다. 따라서 부호화 시의 의미적 처리가 기억을 증진시키는 것으로 볼 수 있다.

이를 검증하기 위해 Fisher와 Craik(1977)는 부호화 단계에서 음운적 처리 또는 의미적 처리를 하도록 학습맥락을 조작하고, 검사 시에 음운적 단서 또는 의미적 단서를 제시하였다. 예를 들면, 목표단어 hail에 대해 학습 시의 조건에 따라 다음과 같은 두 가지 유형의 질문과 인출단서를 제공하였다.

목표단어: hail
음운 부호화 맥락: 이 단어가 다음 단어와 운이 같은가?: pail
의미 부호화 맥락: 이 단어가 다음 단어와 관련되는가?: sleet
음운 인출단서: pail

의미 인출단서: sleet

실험 결과 처리 수준효과가 나타나지 않고 부호화 시의 맥락과 인출 시의 맥락이 일치한 경우가 일치하지 않은 경우에 비해 기억이 좋은 것으로 나타났다. 즉, 음운 인출단서를 제시하였을 때에는 음운 부호화 맥락에서 학습된 단어가 의미 부호화 맥락에서 학습된 단어보다 회상률이 더 높았다(40% 대 29%). 또한 의미 인출단서를 제시한 경우에는 의미 부호화 맥락에서 학습된 단어가 음운 부호화 맥락에서 학습된 단어보다 훨씬 더 높은 회상률을 보였다. 그러나 이 연구 결과가 부호화 단계에서 처리 수준의 중요성을 전면적으로 부정한 것은 아니다. 전반적인 평균을 비교해 보면, 음운 부호화 맥락보다 의미 부호화 맥락에서 회상률이 높은 것으로 나타났기 때문이다(〈표 6-2〉 참조). 그럼에도 불구하고 부호화뿐만 아니라 부호화와 인출의 상호작용이 기억에 매우 강력한 영향을 미치는 것은 분명한 사실이다.

일반적으로 재인기억은 회상기억보다 우수하다. 실제로 객관식 문제(재인)가 주관식 문제(회상)보다 더 쉬운 것으로 알려져 있다. 재인이 회상보다 쉽다고 여겨지는 이유는 무엇일까? 회상과는 달리 재인의 경우, 학습 맥락과 함께 검사항목이 단서로 제공되기 때문이다. 그렇다면 학습 맥락과 상이한 맥락이 제시되는 경우에도 여전히 재인이 회상보다 우수할까? 부호화 맥락과 인출 맥락이 서로 일치하지 않는다면, 재인보다 오히려 회상이 더 우수할 수 있다.

표 6-2 부호화 조건과 인출단서에 따른 단어회상률

인출단서	부호화 맥락	
	음운(%)	의미(%)
음운	40	29
의미	10	78
평균	25.0	53.5

Tulving과 Thompson(1973)은 이러한 사실을 극적으로 보여 주는 기발한 실험을 실시하였다. 실험참가자는 네 개의 연속된 세부과제를 수행하였는데, 첫 번째 과제는 24개의 목표단어를 관련성이 약한 연상단어와 함께 제시하고 목표단어를 학습하는 것이었다. 이때 목표단어는 대문자로, 연상단어는 소문자로 구분하여 제

시하였고(예: head-LIGHT), 소문자 단어는 기억에 도움이 될 것이라고 지시하였다. 두 번째 과제에서는 각 목표단어(예: LIGHT)와 관련성이 높은 강한 연상단어(예: dark)만을 제시한 후, 생각나는 단어 여섯 개를 자유연상해서 적도록 하였다. 이 과제의 목적은 강한 연상단어를 통해 목표단어를 스스로 생성해 내도록 하는 것이었다. 예상한 대로 대부분의 참가자들은 강한 연상단어(dark)를 제시받으면 목표단어(LIGHT)를 연상해 냈다. 다음 과제는 재인검사로, 두 번째 과제에서 각 참자가 자신이 연상해 낸 단어들 가운데 첫 과제에서 학습했던 목표단어가 있는지를 골라내도록 하였다. 마지막 과제는 단서회상검사로, 첫 과제에서 목표단어와 함께 제시되었던 약한 연상단어(예: head)를 단서로 제시하고 목표단어를 회상해 내도록 하였다. 실험 결과 놀랍게도 재인율(22%)이 단서회상률(59%)보다 현저하게 저조하였다. 이러한 현상은 재인실패(recognition failure)라 불리는데, 자신이 생성해 낸 단어를 정확하게 재인하지 못하는 경우에도 학습 시에 연결된 임의의 단서가 제공되면 정확하게 인출하는 현상을 말한다. 이는 단서회상검사의 맥락이 재인검사의 맥락보다 부호화 맥락에 더 부합되었기 때문이라 할 수 있다.

부호화 특수성 원리는 부호화 맥락과 인출맥락 간의 일치 정도가 기억의 좋고 나쁨을 결정하는 매우 중요한 요인이라는 점을 강조하는 이론이다. 이 원리에 따르면, 특정 사건이나 정보를 기억에서 떠올릴 때, 그 사건이 발생했던 원래의 맥락이 그대로 복원(reinstate)될수록 인출이 잘 된다. 여기서의 맥락이란 기억 대상이 되는 항목과 함께 부호화될 수 있는 가능한 모든 심리적 상태와 물리적 환경을 의미한다. 학습할 때와 인출할 때의 물리적 환경, 언어적 맥락, 신체적 혹은 심리적 상태 등이 유사할수록 인출가능성은 높아진다.

물리적 환경의 복원효과에 관한 대표적인 연구가 Godden과 Baddeley(1975)의 연구이다. 이 연구에서는 잠수부들에게 40개의 단어를 제공하고 해변이나 20피트 수중에서 학습하도록 하였다. 그런 다음, 잠수부들에게 학습 시와 동일한 환경이나 상이한 환경에서 학습한 단어를 회상하도록 하였다. 연구 결과 [그림 6-1]에서 알 수 있듯이, 잠수부들이 학습했던 물리적 환경과 동일한 환경에서 회상했을 때 50% 정도나 우수한 기억을 보였다.

이러한 환경복원효과는 물리적 환경뿐만 아니라 심리적 상태에서도 마찬가지 효과를 보인다. Bower, Monteiro 및 Gilligan(1978)은 최면을 통해 실험참가자들을 유쾌한 정서와 불쾌한 정서로 각각 유도한 다음, 두 개의 단어목록을 학습하도록

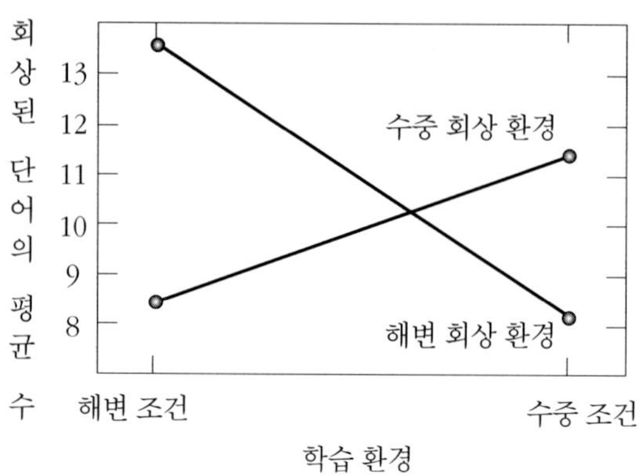

[그림 6-1] 학습맥락과 인출맥락에 따른 평균 회상 단어 수

하였다. 한 목록은 유쾌한 상태에서, 다른 목록은 불쾌한 상태에서 학습하도록 하였고, 회상검사 역시 유쾌하거나 불쾌한 상태에서 실시하였다. 그 결과 학습 시와 검사 시 간의 참가자의 정서가 일치한 경우가 불일치한 경우보다 기억이 우수한 것으로 나타났다. 또한 특정 신체적 상태가 학습과 기억에 영향을 미치는 경우를 상태의존학습(state-dependent learning)이라 한다. 예를 들어, 술에 취한 상태에서 돈을 감춰둔 곳을 술이 깬 상태에서는 기억을 잘 못하더라도 다시 술에 취한 상태로 돌아가면 기억해 내는 경우가 있다. 이처럼 기억은 정보를 부호화하고 인출해 내는 다양한 맥락의 일치 여부에 매우 민감하다고 할 수 있다.

부호화와 인출의 상호작용을 잘 보여 주는 또 다른 현상으로 간격효과(spacing effect)를 들 수 있다. 간격효과란 정보를 반복해서 제시하는 경우, 집중적으로 연이어 반복하는 것보다는 시간상 간격을 두어 반복하는 것이 기억에 더 도움이 되는 효과를 말한다. 이 효과는 매우 강력한 것으로서 다양한 자료, 학습조건, 검사 유형 등을 사용하였을 경우에도 일관되게 나타난다. Melton과 Shulman(Melton, 1970에서 재인용)은 실험참가자에게 48개의 단어를 제시했는데, 이 가운데 24개의 단어는 두 번씩 제시하였다. 두 번씩 반복 제시되는 단어의 경우, 첫 번째와 두 번째 제시 사이에 삽입되는 단어의 수를 조작함으로써 반복 제시의 간격을 변화시켰다. 즉, 단어가 처음 제시된 후 각각 0, 2, 4, 8, 20, 40개의 삽입 항목이 제시되고, 두 번째 제시가 이루어졌다. 예를 들어, 학습하여야 할 단어가 '사과, 책상, 책상, 나무, 달걀, 사과, 농구, 계란' 의 순으로 제시되었다면 삽입 항목의 수가 단어마다 다르다. 이 경우 책상은 0개, 달걀은 2개, 사과는 4개의 삽입항목을 가지게 되는 셈이다. 자유회상검사 결과, 반복 제시 사이의 삽입 항목의 수가 증가할수록 회상률이 증가하였다.

이러한 간격효과는 부호화 맥락의 다양성(encoding variability)으로 설명될 수 있다. 단어를 반복해서 제시받는 경우, 제시 간격이 클수록 처음 제시받았을 때와는 다른 새로운 맥락에서 부호화할 가능성이 커진다. 부호화가 다양한 맥락과 함께 이루어지면 인출할 때 이용 가능한 단서 역시 풍부해지기 때문에 성공적인 인출이 일어날 가능성이 증가하는 것이다. 그러나 간격효과는 부호화 조건뿐만 아니라 인출 조건에도 의존한다. Glenberg(1976)에 따르면, 파지 기간이 짧을 때에는 긴 간격이 오히려 기억을 저하시킨다. 인출 간격이 길 때보다 짧을 때 검사 맥락과 학습 맥락의 유사성이 더 크기 때문이다. 결국 간격효과는 부호화 맥락의 다양성뿐만 아니라 부호화 맥락과 인출 맥락 간의 관계에 달려 있다고 볼 수 있다.

제시 간격과 파지 기간이 상당히 장기적인 경우에도 간격효과는 유효하다. Bahrick 등(1993)은 4년 동안 스스로 외국어 어휘를 학습하고, 다음 5년에 걸쳐 기억검사를 실시하였다. 학습시기 동안 2주, 4주 또는 8주 간격으로 단어를 반복 학습하였으며, 모든 간격 조건에서 학습 총시간은 동일하였다. 1년부터 5년의 파지 기간에 이르기까지 회상검사를 실시한 결과, 회상률은 파지 기간이 증가함에 따라 감소하였으나, 5년 후 검사에서조차 8주마다 학습한 단어가 2주마다 학습한 단어보다 1.5배 이상 회상이 더 잘 되었다([그림 6-2] 참조). 이와 같은 간격효과는 매우 지속적인 효과를 보이는 효과적인 학습전략으로 잘 알려져 있다.

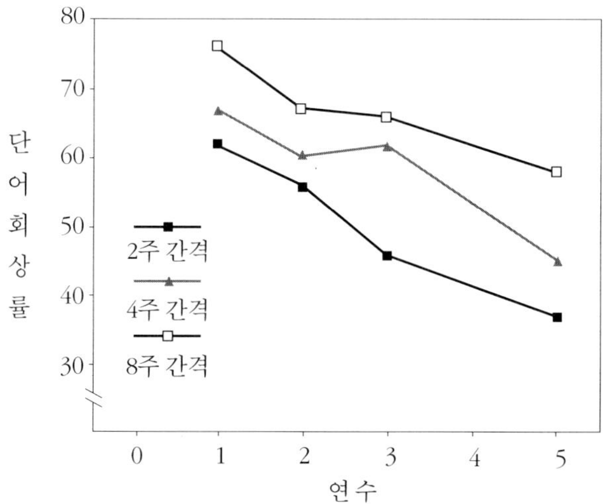

[그림 6-2] 학습 시 제시 간격에 따른 회상률

생각상자

기억증진 방법: 기억술

어떻게 하면 기억을 증진시킬 수 있을까? 기억을 증진시키는 가장 기본적인 방법은 기억하여야 할 정보를 이미 알고 있는 지식과 연결시켜 정교화하는 방법과, 나중에 인출이 용이하도록 조직화하는 것이다. 대부분의 기억술은 이러한 방법과 심상의 사용을 응용한 것이다. 심상을 형성할 때에는 특이한 방식으로 상호작용하는 심상을 형성할수록 기억에 효과적이라고 알려져 있다. 그중에서 널리 알려진 기억술 몇 가지만 소개하면 다음과 같다.

장소법(method of loci): 기억해야 할 항목을 이미 잘 알고 있는 특정 장소나 길(예: 대학 캠퍼스, 버스 정류장에서 집까지 가는 길)과 연결시키는 방법이다. 각각의 항목을 장소들과 연결하여 특이한 심상을 형성한 후, 회상 시에는 친숙한 장소를 순서대로 탐색하면서 연결된 심상을 떠올리는 것이다. 예를 들어, 학교 캠퍼스를 생각해 보면 교문, 농구장, 학생회관, 잔디밭, 벤치, 본관, 인문관의 순으로 장소를 떠올릴 수 있을 것이다. 각각의 장소에 기억해야 할 항목을 하나씩 연결하는 심상을 만든 다음, 인출 시에는 각 장소를 순서대로 탐색하면서 연합된 항목을 떠올리면 된다.

말뚝어법(peg word method): 기억해야 할 항목의 순서를 기억하는 데 유용한 방법이다. 우선 각 숫자와 운이 같으면서 심상가가 높은 단어를 말뚝 구실을 하는 단어로 선정한다. 각 숫자와 말뚝단어 쌍을 연합하여 미리 기억해 둔 다음, 기억해야 할 항목들과 말뚝단어 간의 상호작용이 이루어지는 특이한 심상을 형성하면 된다. 예를 들어, 1(일)-일출, 2(이)-이빨, 3(삼)-삼각형, 4(사)-사진기, 5(오)-오징어, 6(육)-육교, 7(칠)-칠판, 8(팔)-팔찌, 9(구)-구두, 10(십)-십자가 하는 식으로 수-말뚝단어 연합을 형성한다. 만일 기억해야 할 단어 중 다섯 번째 항목이 감자인 경우 오리가 감자를 머리에 이고 있는 심상을 형성하는 방식으로 부호화하는 방법이다.

핵심어법(key word method): 주로 외국어 학습에 응용되는 방법으로 두 단계로 구성된다. 우선 기억해야 할 외국어와 발음이 유사한 모국어 간의 연결을 형성한다. 이 경우 모국어가 핵심어에 해당한다. 그다음 기억해야 할 외국어의 의미와 핵심어를 연결하는 특이한 상호작용적 심상을 형성하면 된다. 예를 들어, 영어의 barge(유람선)를 기억해야 하는 경우 우리말의 '바지'와 발음이 유사하므로 바지가 돛에 걸려 있는 유람선의 심상을 형성하는 방법이다.

PQ4R: 복잡한 내용을 학습할 때 도움이 되는 방법으로 개관(preview), 질문(question), 읽기(read), 정교화(reflect), 암송(recite), 재검토(review)의 단계에 따라 학습하는 전략이다. 우선 개관 단계에서는 학습할 내용을 개략적으로 한번 훑어본 후 전체적인 구조를 파악한다. 개관을 통해 학습자 스스로 몇 가지 질문을 만든 다음, 질문을 염두에 두면서 읽어 나간다. 내용을 읽으면서 사전지식이나 이전의 경험 등과 연결시키고 각 단원의 핵심 내용을 기억해 두도록 노력한다. 마지막 단계에서는 무엇이 학습되었는지를 학습자 스스로 점검한다. 기억이론과 원리를 적용하여 왜 PQ4R방법에서의 각 단계가 기억에 효과적인가에 대해 각자 설명해 본다.

2. 망각과 기억의 왜곡

누구나 한 번쯤 어릴 적 시험을 볼 때면, 한번 처리하면 사라지지 않는 영구적인 기억을 소망했던 경험이 있을 것이다. 그러나 인간에게 망각은 자연스러운 적응의 산물이며, 어떤 의미에서는 대단한 축복일지도 모른다. 잊고 싶은데 사라지지 않는 기억과 쓸데없는 사소한 기억들로 가득하여 망각하지 못하는 사람은 제대로 적응적인 삶을 살기 어려울 것이다. 또한 인간의 기억은 역동적이어서 끊임없이 구성되고 재구성되는데, 이 과정에서 기억의 왜곡이 빈번하게 발생한다. 이 절에서는 인간이 왜 망각하는지와 다양한 기억의 왜곡현상에 대해 알아보기로 한다.

1) 망각에 대한 이론

(1) 쇠잔

앞서 Ebbinghaus의 망각곡선에서 보았듯이, 사용되지 않는 정보는 시간이 경과할수록 망각될 확률이 높아진다. 망각과 파지 기간의 이러한 관계에 주목한 망각이론이 쇠잔(decay)이론이다. 이 이론에 따르면, 기억은 중추신경계에 어떤 변화를 일으켜 기억흔적을 남기게 된다. 기억흔적은 사용하지 않으면 시간의 경과에 따라 신진대사 과정에 의해 점차 희미해져 가고, 결국에는 사라지게 된다. 이는 마치 바위에 새겨진 글자가 세월이 흘러갈수록 풍상에 점점 마모되어 가는 것과 흡사하다고 하겠다. 이처럼 사용하지 않으면 망각이 일어난다는 측면에서 이 이론을 불용(disuse)이론이라고도 한다. 쇠잔이론은 1914년 Thorndike가 불용의 법칙(law of disuse)을 제안하면서 관심을 끌게 되었다. 쇠잔이론에 따르면, 망각은 부호화나 인출 단계에서 일어나는 것이 아니라 저장 단계에서 일어난다.

쇠잔이론은 직관적으로 설득력 있는 이론이다. 이전에 사용했던 전화번호를 시간이 흐를수록 기억하기 어려운 것은 쇠잔이라는 설명에 잘 부합되는 듯하다. 하지만 쇠잔이론은 학습과 기억검사 간의 파지 기간 동안 발생하는 경험에 따라 기억 정도가 달라진다는 사실을 설명하지 못한다. 즉, 시간이 오래 경과된 경험 중에서도 기억이 잘되는 경우가 있는 반면, 최근의 경험이라 할지라도 기억되지 않는 경우가 있다.

Jenkins와 Dallenbach(1924)는 두 집단의 실험참가자에게 무의미철자 10개 항목을 학습하도록 하였는데, 한 집단은 이른 아침에, 다른 집단은 늦은 밤에 학습하였다. 학습 직후 기억검사를 하고 나서 두 집단 모두에게 1, 2, 4, 8시간 후에 회상검사를 하였다. 이때 야간학습 집단은 잠을 자다가 깨서 검사를 받았으며, 주간학습 집단은 일상적인 활동을 하다가 실험실에 되돌아와서 기억검사를 받았다. 그 결과, 파지 기간이 증가함에 따라 두 집단 모두 회상률이 감소하였는데, 특히 주간학습 집단의 망각률이 야간학습 집단에 비해 더 빨리 증가하였다. 만약 망각이 파지 기간의 크기에 의해서만 결정된다면 두 집단이 동일한 양만큼 망각을 보여야 할 것인데, 실험 결과는 그렇지 않았던 것이다. 물론 이러한 실험만으로 쇠잔이론을 전적으로 부정할 수는 없다. 수면상태와 각성상태 각각의 신진대사 속도가 다르기 때문에 쇠잔이 진행되는 속도 역시 다를 가능성은 여전히 남아 있다. 하지만 이러한 설명은 실험적으로 검증하기 어렵기 때문에, 많은 심리학자들은 실험적으로 검증할 수 있는 망각의 원인에 관심을 돌리게 되었다.

(2) 간섭

앞서 살펴본 Jenkins와 Dallenbach의 연구는 망각이 단순한 시간의 함수로서 일어나는 쇠잔 때문이라기보다는 파지 기간 동안 이루어진 경험의 양에 달려 있다는 것을 보여 준다. 이러한 현상을 잘 설명해 주는 것이 간섭(interference)이론이다. 1932년 McGeoch는 쇠잔이론을 공격한 논문을 출간하였는데, 이 논문은 간섭이론이 발달하게 된 계기를 제공하였다. 간섭이론은 기억과 학습에 관한 연구를 주도해 온 연합주의 틀에서 발전하였다. 연합주의는 자극과 반응 간에 형성된 연합적 연결을 강조하며, 이러한 연합적 연결을 간섭하는 경합 정보가 없는 한 이 연결이 장기기억에 유지된다고 본다. 예를 들어, A 사실과 B 사실 간의 연합을 학습하면 이 연합적 관계를 A–B로 표시할 수 있다. 그런데 A와 또 다른 새로운 사실 C와의 연합이 형성되면(A–C) A에 대한 반응으로서 B를 회상해 낼 수 있는 확률은 감소한다.

간섭이론은 실험적 검증이 매우 용이하여 많은 연구를 촉발하였는데, 크게 두 가지 유형의 간섭 패러다임이 제기되었다. 우선 역행간섭(retroactive interference: RI)은 나중에 학습된 정보가 먼저 학습된 정보를 간섭하는 것이다. 역행간섭을 연구하는 실험에서 실험집단은 한 목록을 학습한 후 다른 목록을 학습하고서, 일정한 파지 기간 후에 먼저 학습한 목록에 대해 기억검사를 받는다. 통제집단은 실험집단과 달리 두 번째 목록을 학습하지 않되, 실험집단과 동일한 파지 기간 후에 기억검사를 받는다. 역행간섭의 일반적인 실험설계는 다음과 같이 이루어진다.

집단	학습 1	학습 2	검사
실험집단	목록 A	목록 B	목록 A
통제집단	목록 A	–	목록 A

역행간섭과는 달리, 먼저 학습한 내용이 나중에 학습한 내용을 간섭하는 것을 순행간섭(proactive interference: PI)이라 한다. 순행간섭 실험에서는 나중에 학습한 목록에 대해 기억검사를 받는다. 순행간섭의 일반적인 실험설계는 다음과 같다.

집단	학습 1	학습 2	검사
실험집단	목록 A	목록 B	목록 B
통제집단	–	목록 B	목록 B

왜 먼저(혹은 나중에) 학습한 내용이 나중(혹은 먼저) 학습한 내용을 간섭하여 망각을 일으키는 것일까? 한 가지 설명은 인출단서의 효율성에 따른 설명이다. 특정 단서와 함께 저장된 항목들이 많을수록 특정 항목을 인출하는 데 있어서 이 단서의 효율성은 감소한다. 예를 들어, 당신이 어떤 친구와 두 달 전에 만났던 장소를 기억

해 내려 한다고 하자. 이 친구와의 만남이 단 한 번뿐이었다면 이 친구는 그 장소를 기억해 내는 데 효과적인 인출단서가 될 것이다. 그러나 이 친구와 그 전에도 여러 장소에서 자주 만났다면 그와 만난 여러 장소들이 두 달 전 만난 특정 장소를 기억해 내는 것을 간섭하여 인출을 어렵게 할 것이다. 간섭 연구에서 실험집단은 통제집단에 비해 더 많은 항목을 학습하였으므로 더 낮은 기억 수행을 보인다.

(3) 인출 실패: 단서의존 망각

망각과 관련하여 정보처리 접근에서 제안된 유력한 관점은 망각을 인출 실패로 설명하는 것이다. 이 관점에 따르면, 학습한 내용을 기억해 내지 못하는 것은 이 정보의 기억흔적이 쇠잔하였거나 간섭이 일어났기 때문이 아니라 저장된 정보에 접근하는 적절한 수단, 즉 인출단서가 부족하기 때문이라고 본다. 이러한 설명을 단서의존 망각(cue-dependent forgetting)이라고 한다(Tulving, 1974). 단서의존 망각은 앞서 살펴본 부호화 특수성 원리에 근거를 두고 있다. 즉, 기억에 저장된 정보와 부합되는 인출단서를 찾지 못할 때 망각이 일어나는 것이다. 결국 단서의존 망각에 따르면, 망각은 부호화나 저장 단계에서 일어나는 것이 아니라 인출 단계에서 일어난다.

단서의존 망각을 지지하는 증거로 단서 회상과 비단서 회상을 비교한 실험을 들 수 있다. Tulving와 Pearlstone(1966)은 실험참가자에게 범주별로 조직화된 명사목록을 제시하고서 학습하도록 하였다. 이때 각 범주에 속하는 단어들마다 앞머리에 범주 이름을 표시해 주었다. 예를 들어, DOG, CAT, GIRAFFE, HORSE 앞머리에는 ANIMAL이라는 범주 이름이 있었다. 모든 참가자들은 회상검사를 받았는데, 절반의 참가자들(단서 집단)은 범주 이름을 인출단서로 제시받았고 나머지 절반의 참가자들(비단서 집단)은 인출단서를 제시받지 않았다. 그 결과, 단서 집단이 비단서 집단보다 우수한 회상률을 보였다.

흥미로운 것은 이 검사 직후 실시한 두 번째 회상검사의 결과다. 두 번째 회상검사에서는 모든 참가자들에게 범주 이름을 인출단서로 제시하였다. 그 결과 원래의 단서 집단은 첫 번째 회상검사와 마찬가지의 회상률을 보였는데, 원래의 비단서 집단 역시 단서 집단과 동일한 회상률을 보였다. 따라서 첫 번째 회상검사에서 비단서 집단의 회상률이 단서 집단에 비해 낮았던 이유는 저장된 정보의 차이 때문이 아니라 단지 적절한 인출단서가 부족했기 때문이라고 할 수 있다.

생각상자

건망증과 행위실수는 왜 발생하는 것일까?

한 주부가 전철에서 핸드폰을 사용하려고 가방을 뒤지다가 아연실색하고 말았다. 가방에 핸드폰 대신에 TV 리모컨이 있었던 것이다. 이처럼 극단적인 경우는 아니더라도 우리는 일상생활에서 이러한 유형의 실수를 가끔씩 범하곤 한다. 예를 들어, 친구에게 전화를 걸어 놓고 무슨 말을 하려고 하였는지 생각이 나지 않아 안부만 묻고 전화를 끊는다든지, 자동차 열쇠를 차 안에 놓아 두고 차 문을 잠그는 경우는 누구나 한 번쯤 경험해 보았을 것이다. Reason(1979)은 35명의 지원자로부터 무려 400여 가지의 행위실수(slips of action)에 관한 자료를 수집하여 〈표 6-3〉과 같이 4가지 범주로 구분하였다.

표 6-3 행위실수의 분류 및 예

범주	정의	예	발생 비율
반복오류	이미 실행한 행위를 잊고 반복함	• 이를 닦고 나서 또 닦음 • 자동차 시동을 걸은 상태에서 또 시동 검	40%
목표 변경	원래 의도했던 목표행위를 잊고 다른 목표로 전환함	• 친구 집에 가려고 나왔는데 직장으로 감 • 목욕탕에 청소하러 갔다가 거울 보고 나옴	20%
생략과 순서 바꾸기	행위를 생략하거나 행위의 순서 바꾸기	• 안경을 쓴 채로 세수함 • 주전자에 물을 넣지 않고 가스불을 켬	18%
혼동	한 행위순서와 다른 행위순서와 혼동됨	• TV를 켜려고 에어컨 리모컨을 누름 • 찌개와 개밥을 끓이다가 개밥을 맛봄	16%

이러한 행위실수는 왜 발생하는 것인가? 행위실수는 주로 습관적인 행위에서 자주 나타나는데, 그 이유는 자동적으로 처리되는 행위이어서 별다른 주의가 할당되지 않기 때문이다. 아무리 자동적으로 처리되는 행위일지라도 최소한의 주의가 할당되지 않으면 부호화가 일어나지 않거나 인출에 실패하게 된다. 반복 오류의 경우에는 이미 행한 행위가 부호화되지 못하기 때문에 발생하며, 목표 변경의 경우는 강한 사전지식이 활성화되어서 약한 도식을 대치하게 되므로 최초의 목표가 인출되지 못하기 때문에 발생한다. 예를 들어, 목욕탕에 청소하러 들어갔다가 거울을 보고 머리만 가다듬고 그냥 나오는 경우는 거울이란 단서가 '얼굴 다듬기' 도식을 자동적으로 활성화시키게

되므로 원래 의도했던 '청소하기' 도식의 활성화가 어려워지기 때문에 발생한다.

한편, 원래의 행위 의도나 목표가 명확하게 세분화되어 표상되지 않는 경우에는 인출이 어려우며, 두 가지 다른 도식이 동시에 활성화되는 경우에 간섭이 발생할 가능성이 높으며, 자료주도적인 정보처리를 하는 경우 외부단서의 영향을 많이 받으므로 원래 의도했던 행위가 제대로 수행되기가 어렵다. 예를 들어, 더러운 셔츠를 빨래통 대신에 변기에 넣는 경우 세탁물을 열린 통에다 넣어야겠다는 일반적인 행위만을 표상하였기 때문이라고 볼 수 있다. 또한 불안이나 스트레스 수준이 높을수록 행위실수가 자주 나타난다는 연구결과도 있다.

행위실수를 줄이기 위해서는 습관화된 행위일지라도 최소한의 주의를 두고, 행위의 목표를 명세화하여 인출을 쉽게 하거나, 여러 가지 행위를 동시에 계획하거나 수행하지 않으며, 스트레스를 줄여야 할 것이다.

장기기억으로부터의 망각이 적절한 인출단서가 부족한 데 기인한다는 것은 여러 연구들을 통해 알 수 있다. 그렇다면 모든 장기기억으로부터의 망각이 인출 실패에 기인하는 것일까? 장기기억에 저장된 정보는 결코 지워지지 않는 것일까? 이 질문에 대해 Penfield(1959)의 연구는 흥미로운 시사를 해 준다. 그는 간질 치료를 위한 수술을 받는 도중 의식이 깨어 있는 환자의 대뇌를 전기적으로 자극하였다. 그 결과 대뇌의 특정 영역이 자극받았을 때, 환자는 어린 시절의 기억이나 오랫동안 기억해 내지 못했던 사건을 자주 생생하게 보고하였다. Penfield의 발견은 매우 획기적인 것이지만, 해석에 있어 주의할 점이 많다. 환자의 보고가 실제로 자신이 경험한 사건에 관한 것인지 아니면 무의식적으로 구성해 낸 것인지 검증하기 어렵다. 그리고 이러한 기억이 실제로 경험한 사건에 관한 것이라 할지라도 과거 저장된 모든 정보가 장기기억에 여전히 존재한다고 보기는 어렵다. 최면 상태에서 보고한 어린 시절에 관한 기억 역시 마찬가지 문제를 안고 있다.

장기기억으로부터의 모든 망각이 인출 실패에 기인한 것인지의 여부를 단정적으로 검증하는 것은 불가능하다. 하지만 현대의 기억이론들은 대부분의 망각이 인출 실패에 기인하는 것으로 가정한다. 장기기억에 일단 저장된 정보는 비록 인출이 불가능하더라도 기억에 대부분 남아 있다고 간주된다.

2) 기억상실증

일화기억과 관련된 기억상실증은 크게 역행성 기억상실(retrograde amnesia)과 순행성 기억상실(anterograde amnesia)로 구분된다. 역행성 기억상실은 뇌손상 이전에 획득한 정보의 손실을 말하며, 순행성 기억상실은 새로운 일화기억을 형성하지 못하는 것을 말한다. 기억상실증 환자의 경우 외현기억에는 심한 손상을 보이지만 암묵기억에는 전혀 문제가 없는 경우가 많다. 암묵기억은 이전 경험에 대한 의식적이고 의도적 인출노력 없이 인지적 수행에 영향을 미치는 기억을 말한다. 주로 절차기억이 필요한 지각-운동기술이 여기에 해당한다. 역행성 기억상실증 환자는 자전적 기억이 손상된 경우가 대부분이므로 자신이 운전이나 골프를 할 수 있는지에 대해 의식적으로 기억하지 못한다. 다만 실제 운전과 골프를 하였을 때는 이전 경험 수준의 수행을 보인다. 이와는 대조적으로 순행성 기억상실증의 경우에는 새로운 기억을 형성할 수 없으므로, 운동기술과제(예: 하노이 타워)를 제시받을 때마다 매번 과제 수행과 관련된 규칙에 대한 설명을 들어야 할 정도로 외현기억의 문제가 심각하다. 비록 동일한 과제의 반복제시이지만 환자에게는 늘 새로운 과제이고 처

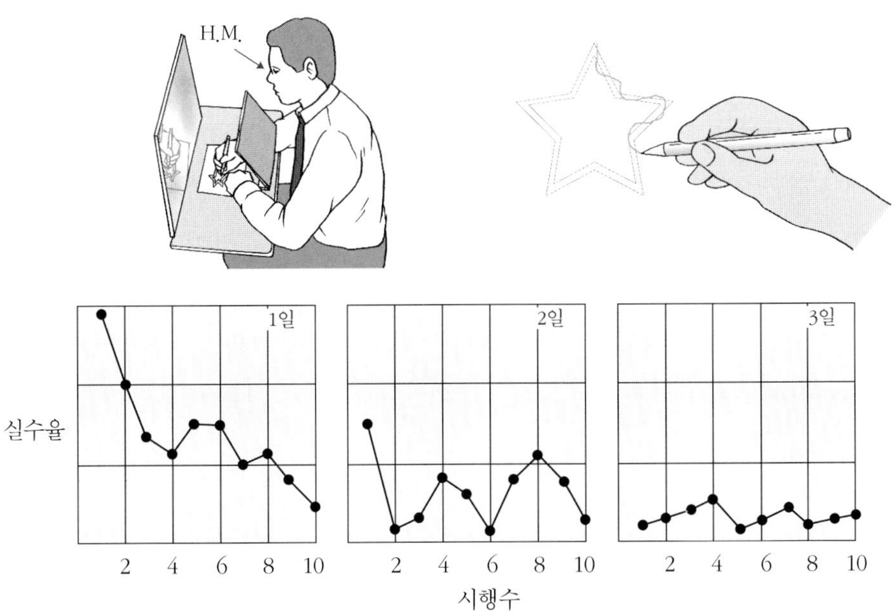

[그림 6-3] H.M.의 거울 보고 별 모양 추적하기 과제 수행 결과

측두엽이 절제된 HM의 경우 자신이 한 번이라도 경험한 과제라고 의식하지는 못하지만, 수행은 시간이 갈수록 더욱 향상되고 있는 것을 알 수 있다.

음 들어보는 규칙에 대한 설명이다. 그러나 시간이 지날수록 의식적 자각은 하지 못한 채 과제 수행 정도만 지속적으로 향상된다([그림 6-3]).

기억상실증 환자의 손상되지 않는 암묵기억에 대한 또 다른 예는 점화효과에서 찾아볼 수 있다. 점화(priming)란 동일한 자극이나 연합이 되는 자극의 사전노출로 인해 자극의 제시 여부에 대한 의식적 자각 없이 나타나는 반응의 촉진현상을 말한다. 예를 들어, 일본어와 같은 친숙하지 않은 자극을 역치 수준 이하로 50 msec 동안 빠르게 반복 제시하면 의식적으로 재인은 못하지만, 실제 자극확인시간에 소요되는 반응시간은 감소하고 시각 영역의 활성화도 줄어드는 것을 알 수 있다.

기억상실증 환자가 암묵기억과제에서 정상인과 동일한 정도의 점화효과를 보인다는 연구 결과는 많은 연구에서 일관되게 발견되는 사실이다. 이러한 암묵기억과 외현기억의 해리(dissociation)는 L.H.와 H.M.의 사례를 비교해 보면 보다 명확해진다. L.H.라는 환자는 내측 측두엽만 제외하고 하측두엽에서 후두엽에 걸친 광범위한 대뇌피질의 손상을 입은 환자이고, 잘 알려진 H.M.은 간질발작을 억제하기 위해 측두엽 해마 영역의 약 2cm 정도를 절제받은 환자다. L.H.는 재인기억과 같은 외현기억의 수행에는 결함이 없었으나, 지각적 점화과제에서는 수행이 저조하였다. 이와는 대조적으로 H.M.의 경우 재인기억에서는 심한 수행 결함이 나타났으나, 지각적 점화과제에서는 온전한 수행을 보여 주었다. 이러한 결과는 외현적인 재인기억은 내측 측두엽이 담당하고 시지각적 점화와 같은 암묵기억은 후두엽이 관여함을 시사한다.

그러나 최근 연구들은 과제의 난이도가 높은 경우나 새로운 연합을 하게 되는 경우, 기억상실증 환자도 손상된 점화효과를 보일 수 있다고 주장한다. 한 예로 지각운동과제에서 기억상실증 환자는 정상적인 수행을 보였으나, 맥락단서를 활용하는 데에는 실패하였다. 정상인들은 맥락단서를 이용하여 성공적인 수행을 보였지만, 이러한 단서에 대한 명시적 재인기억은 없었으므로 맥락단서의 활용은 암묵적이라 할 수 있다.

생각상자

아동기 기억상실: 아동기에 대한 기억은 왜 사라지는 것일까?

사람들은 5세 이전에 경험한 사건을 얼마나 기억할 수 있을까? 아동기 기억에 관한 대부분의 연구에 의하면, 아동 초기(5세 이전)에 발생한 사건에 대해서는 상당 부분 기억해 내지 못한다고 한다. 이러한 현상을 아동기 기억상실(childhood amnesia)이라 한다. Sheingold와 Tenney(1982)는 동생이 출생한 사건에 대한 기억을 알아보기 위해 동생이 태어난 지 1년이 안 되는 4세 아동과 4세 때 동생이 태어난 8세와 12세 아동에게 세부적인 질문(예: 누가 당신을 돌보았는가? 동생이 받은 선물은?)을 하였다. 그 결과 아동들은 20개의 문항 중 평균 9개를 정확히 기억할 수 있었으며, 아동의 나이 간에는 차이가 없었다. 대학생에게 동일한 질문을 한 결과 동생의 출생과 관련된 경험에 대한 기억과 동생 출생 시의 자신의 연령과의 관계가 [그림 6-4]에서와 같이 나타났다. 3세 이전에 동생의 출생을 경험한 경우에는 동생 출생과 관련된 경험을 거의 기억하지 못하였다.

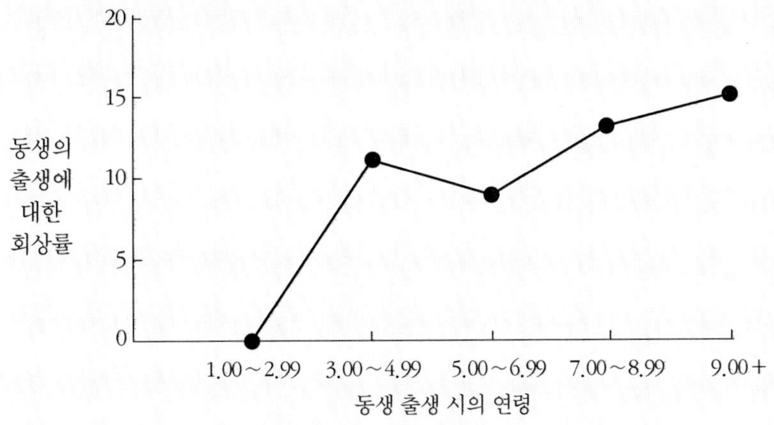

[그림 6-4] 동생 출생 시의 연령에 따른 회상률(Sheingold & Tenny, 1982)

아동기 기억상실이 왜 발생하는지에 대해서는 몇 가지 다른 설명이 가능하다. 우선 신경생리학적으로 보면 아동기에는 뇌의 발달이 완전하지 않기 때문일 수 있으며, 초기 아동기에는 언어를 통해 경험을 부호화하는 언어능력의 부재로 인해서, 혹은 경험을 연합하거나 조직화할 사전지식이나 도식의 미발달로 인해서 부호화가 전혀 일어나지 않는 것으로 설명할 수 있다. 또 아동기에는 의미적 연합을 풍성하게 하는 정교화와 같은 부호화 전략을 사용하지 못하기 때문에 부호화가 되더라도 정교화된 기억 표상을 구성하지 못할 수도 있으며, 아동기에 경험을 부호화하였던 내용, 구조, 맥락 등이 성인 시기의 인출맥락이나 구조와는 전혀 다르기 때문에 발생하는 인출실패(retrieval failure)현상이라고 볼 수도 있다. 한편, Freud식의 설명에 따르면 아동기의 성적 충동에 대한 거부의 표현으로 초기 아동기의 경험이 억압되어 의식적인 접근이 어렵다고 해석할 수 있다.

3) 기억의 왜곡

인간의 기억은 얼마나 정확한가? 대부분의 사람은 실제 발생하지도 않은 사건을 기억하는 등 여러 가지 기억왜곡현상을 한 번쯤 경험해 보았을 것이다. 기억되는 정보의 출처를 혼동하기도 하고, 사건과 맥락을 잘못 연결하거나, 상상만 했던 내용을 실제 발생한 사건인 것처럼 기억하기도 한다. 또 타인의 아이디어나 음악 혹은 문장 등을 무의식적으로 자신의 것인 양 기억해 내는 비의도적 표절을 하기도 한다. 엄밀히 말하자면, 이런 경우의 기억은 기억이라기보다는 꾸며진 이야기(confabulation)거나 착각이라고 보아야 할 것이다. 이러한 기억의 재구성이나 왜곡된 기억을 잘못된 기억(false memory), 착각적 기억(illusory memory) 혹은 오기억 증후군(false memory syndrome)이라 한다.

오기억현상은 뇌손상 환자의 경우뿐만 아니라 일반인에게 있어서도 빈번하게 발생한다. Roediger와 McDermott(1995)는 DRL 패러다임을 사용하여 cake, cookie, sugar, chocolate, candy 등의 15개 단어를 실험참가자에게 제시한 다음, 일정시간이 경과한 후에 처음 제시되는 'sweet' 라는 단어가 이전에 제시되었는지를 물어보면, 대부분의 실험참가자들이 이 단어가 제시되었던 것으로 매우 강한 확신을 가지고 잘못 재인한다는 사실을 발견하였다. 이러한 오기억이 발생하는 이유는 앞서 제시된 모든 단어들이 sweet와 강하게 연합되어 있으므로, 각 단어가 제시되는 순간마다 활성화 확산에 의해 sweet가 여러 번 활성화되었기 때문이다. 그 결과 실제 제시되지도 않았던 단어가 오히려 여러 번 제시된 자극인 것처럼 잘못 기억하는 것이다. 이처럼 우리의 기억은 제시된 정보를 정확하게 있는 그대로 저장하기보다는 사전지식과의 통합이나 정교화 과정을 통해 끊임없이 새롭게 구성하거나 재구성한다.

기억의 구성적 특성은 법정에서의 증언이나 심리치료에서 기억의 정확성 파악에 매우 중요한 함의를 지니고 있다. 최근에는 아동기에 경험했던 성적 학대에 대한 억압된 기억이 성인이 되어 회복되었다고 주장하고 법적 소송절차를 밟는 경우가 증가하고 있다. 문제는 이러한 기억이 정말로 억압된 기억의 회복인가 아니면 발생하지도 않은 사건에 대한 오기억인가를 구분하는 일이다. 기억이 억압되는가의 문제와 이러한 기억이 사실인지 아닌지를 검증하는 것은 현실적으로 매우 어렵다. 그러나 일부 기억연구자들이 억압된 기억의 회복이 주로 심리치료 과정에서 발생한다는 점에 주목하고, 이러한 잘못된 기억이 치료자나 변호사의 암시나 유도질문에 의해 재구성될 수 있음을 지적하였다.

Ceci, Huffman, Smith 및 Loftus(1994)의 연구에서 14세 소년이 자신이 5세 때 백화점에서 길을 잃어버려 헤매다, 나중에 어떤 사람이 발견하고 부모님과 다시 만날 수 있었다는 이야기를 자신의 형으로부터 듣도록 하였다. 물론 이 사건은 실제로 일어난 적이 없는 꾸며낸 이야기였다. 닷새가 지나면서 이 소년은 자신이 경험한 적이 없는 길을 잃은 사건을 기억해 냈으며, 형으로부터 들은 이야기에 새로운 내용을 첨가하기도 하였다. 몇 주가 지난 후에 길을 잃은 적이 있는가라는 질문을 다시 받았을 때, 이 소년은 이 사건과 관련된 부가적인 세부사항도 기억이 난다고 확신하였다. 유사한 실험에서 실제 경험하지 않은 사건(예: 쥐덫에 손가락을 찧어서 병원에 간 적이 있는가?)을 경험했는가를 반복적으로 질문하면, 나중에 절반 이상의 아동들이 세부사항까지도 매우 생생하게 기억해 낸다는 연구 결과로 보아, 사건이 진실이라고 믿는 사람들에게는 잘못된 기억이 주입될 수 있는 가능성이 크다고 하겠다. 하지만 이러한 연구 결과들이 유아기 성적 학대에 대한 기억이 회복되는가에 대한 직접적인 설명이 되기 위해서는 더 많은 연구 결과가 누적되어야 할 것이다.

A.B.라는 환자는 자신의 부모가 병원을 자주 찾아오고 있다고 믿으며(부모는 이미 오래전에 사망하였음), 자신의 오빠가 의사이고(물론 의사가 아님), 자신이 빌딩의 24층에 살고 있다고 믿고 있다(실제로 그녀는 건물의 맨 꼭대기 12층에 살고 있음). 이러한 자발적 작화(作話)(spontaneous confabulation)는 전두엽의 이상과 관련이 있다. 그러나 전두엽이 손상된 환자가 반드시 이러한 증세를 보이는 것은 아니다. 그렇다면 어떠한 경우에 이러한 현상이 발생하는 것일까? 여기에는 세 가지 설명이 제안되고 있다. 첫째는 인출된 기억 내용에 대한 점검 실패이다. 이는 환경적 사회적 단서에 의해 잘못 유도되는 기억반응 혹은 모니터링되지 않은 부적절한 기억인출

이 그 주된 이유다. 두 번째 설명은 맥락기억의 결함으로 인한 사건의 시간적 순서나 맥락에 대한 혼동, 그리고 정보의 출처에 대한 기억상실이다. 세 번째 설명으로는 현실에 대한 모니터링 능력과 기억실수를 억제하는 능력의 결함으로 인한 상상과 현실의 구분 실패다.

이를 종합하는 한 가지 그럴듯한 설명은 좌반구와 우반구의 커뮤니케이션이 잘 일어나지 않아서라는 것이다. 좌반구는 원래 의미 있는 이야기를 구성하려는 경향이 있는 반면, 우반구는 경험에서의 이상을 탐지하고 해석하는 역할을 한다. 따라서 좌반구에서 이야기를 구성하고 꾸미는 과정에서 이상이 탐지되면 우반구가 수정하는 과정을 거치게 된다는 것이다. 우반구가 손상된 환자의 경우 이상을 탐지할 수 없으므로 작화가 빈번하게 발생할 뿐만 아니라 자신의 왼쪽 팔의 마비조차도 의식하지 못한다. 이를 검증하기 위해 이야기를 꾸며대고 있는 환자의 왼쪽 귀에 차가운 얼음물을 살짝 뿌렸더니 작화를 멈추고 왼쪽 팔의 마비도 알아차렸다. 그러나 시간이 지나자 다시 이야기를 꾸며댔으며, 왼쪽 팔의 마비증세도 부인하였다. 이러한 결과는 왼쪽 귀를 통해 오른쪽 뇌에 가해진 자극으로 인해 꾸며대던 이야기의 이상을 탐지하였다는 것을 의미한다.

Schacter(2001)는 인간 기억의 왜곡현상을 성경에 나오는 7가지 죄에 비유하여 일시성(transience), 방심(absent-mindedness), 차단(blocking), 오귀인(misattribution), 피암시성(suggestibility), 편견(bias), 집착(persistence)으로 명명하여 분류하였다. 일시성은 시간 경과에 따른 망각을 말하며, 방심은 주의의 부족으로 인한 부호화 및 인출 실패를 말한다. 차단은 저장된 정보가 순간적으로 떠오르지 않는 경우이고, 오귀인은 기억의 출처를 잘못 귀인하는 경우다. 또한 피암시성은 앞서 언급한 유도심문 등에 의해 정보가 잘못 통합되는 문제를 말하며, 편견은 현재의 지식과 신념에 의해 기억이 왜곡되는 문제를 말한다. 마지막으로 집착은 외상 후(post-traumatic) 기억과 같이 원하지 않는 기억이 계속 떠오르는 것을 말한다. 이러한 기억의 왜곡현상이 시사하는 바는 인간의 기억이 심리적·환경적 요인의 영향에 따라 지속적으로 재구성되는 연약하면서도 역동적인 과정이라는 점이다.

3. 기억과 정서

1) 각성과 기억

각성 수준과 인지적 수행 간의 관계는 오래전부터 심리학자들의 관심의 대상이 되어 왔다. Yerkes와 Dodson(1908)은 각성 수준과 수행의 관계는 거꾸로 된 U 모양의 함수라고 제안하였다. 즉, 각성 수준이 낮은 수준에서 중간 수준으로 변화함에 따라 수행은 향상되고, 중간 수준의 각성 상태에서 최적의 수행이 나타나며, 중간 수준의 각성에서 높은 수준의 각성으로 변화함에 따라 수행은 저하된다. 그렇다면 각성 수준과 기억수행과의 관계도 마찬가지인가? 각성 수준과 기억수행의 관계에 대해서는 여러 연구가 상반된 결과를 제시하고 있다. 이러한 상반된 연구 결과는 각성 수준을 각성의 강도라는 단일한 차원으로 간주하고 있기 때문이다. 동일한 강도의 각성이라 할지라도 전체적이고 심리적인 각성의 질은 서로 상이할 수 있다. 각성의 원인에 따른 다양한 각성 수준을 고려한다면, 각성의 강도와 기억이 단순히 거꾸로 된 U 모양의 함수관계라고 일반화하기는 어려울 것이다.

신경생리학적으로 보아도 각성에는 두 가지 서로 다른 신경계가 각성에 관여하는 것으로 알려져 있다. 망상활성계(reticular activation system: RAS)는 감각정보를 대뇌로 전달하는 경로로 각성체계를 통합하고 조절하는 역할을 하고, 시상하부와 변연계(해마와 편도체)는 정서적 각성이나 정서 조절과 관련되어 있는 또 하나의 각성과 관련된 체계이다. Yerkes-Dodson의 법칙에서 낮은 각성 수준에서 높은 각성 수준으로의 변화는 망상활성계와 관련이 있으며, 중간 각성 수준에서 높은 각성 수준으로의 변화는 변연계가 주로 관여한다고 할 수 있다.

일반적으로 각성상태는 흥분, 긴장, 활력 등을 느끼는 깨어 있는 상태로, 교감신경계의 활성화와 관련이 있다. 각성 수준과 기억과의 관계에 관한 연구에서는 다양한 방법으로 각성 수준을 조작한다. 예를 들어, 각성을 일으키는 단어나 그림자극을 제시함으로써 각성을 조작하거나, 카페인이나 아드레날린과 같은 약물을 투여하거나, 운동을 시키거나, 하루 중 각성 수준이 다른 시간대(오후와 새벽)를 택하거나, 혹은 평상시 각성 수준에서 차이가 나는 개인특성 변인을 가진 사람(예: 내향적 성격과 외향적 성격)을 비교하는 등의 방법을 사용하여 실험참가자의 각성 수준을 조작한다. 그리고 뇌파(EEG), 피부전도반응(GSR), 심박동, 혈압, 자기평가 설문지 등의 측정치를 통하여 실제 각성 수준의 변화가 있었는지를 확인하는 방법을 사용한다. 이러한 다양한 각성조작 방법과 각성측정 방법으로 인해 연구 결과 간의 차이가 발생하였을 수도 있다. 한 예로, 소음이나 약물 등 목표자극과 관계없이 외부에서 유도되는 각성은 목표자극에 주의를 집중하기 어렵게 만들어 기억수행을 저하시키지만, 목표자극에 의해서 유도되는 각성은 기억수행을 방해하지 않는다.

Revelle과 Loftus(1992)는 각성과 기억의 관계에 관한 수십 편의 논문을 개관한 결과 높은 각성 수준은 정보의 탐지와 장기간 지연된 기억수행을 촉진시키는 반면, 즉각적이고 단기적인(학습 후 2분에서부터 20분까지) 기억수행을 저하시킨다는 일관된 결과를 발견하였다. 예를 들어, 각성을 유발시키는 단어는 각성을 유발시키지 않는 단어에 비해 즉시적인 회상에서는 기억률이 저조하였으나, 장시간 지연 후에는 더 높은 회상률을 보였으며, 특히 각성을 유도하는 단어는 2분 후보다 일주일 후에 더 기억이 잘되는 것으로 나타났다.

이러한 각성과 기억 지연시간과의 상호작용효과에 관한 가능한 설명으로는 행위감소이론, 단서활용이론, 처리 수준설명, 반응선택비율가설 등을 들 수 있다. 행위감소이론(theory of action decrement, Walker, 1958)은 장기기억 흔적을 형성하는 동안 높은 각성 수준이 인출을 일시적으로 억제한다는 이론으로, 장기기억의 흔적 형성을 위한 응고화(consolidation) 과정을 가정하고 있다. 실제로 즉각적 인출 시에는 부호화 당시의 각성 수준이 그대로 유지되는 경우가 많으나, 인출이 지연되면 부호화 당시의 각성 수준이 사라지게 된다. 따라서 각성 수준이 기억에 미치는 효과는 즉각적인 인출을 억제하지만 시간이 경과하면 응고화를 증가시키는 것이라고 볼 수 있다. 단서활용이론(cue utilization theory, Easterbrook, 1959)에서는 높은 각성 수준이 단서 사용의 범위을 제한한다고 보며, 즉각적 기억은 주로 주변 단서에 의존하는 반면, 지연된 기억은 중심 단서에 의존한다고 가정한다. 그 결과 높은 각성 수준은 주변 단서의 사용을 제한하여 즉시적 기억을 방해하지만, 단서 사용범위의 제한으로 인해 중심 단서는 더욱 특출하게 되므로 장기적 기억에는 효과적이라는 것이다. 처리 수준설명(Schwartz, 1974)은 높은 각성 수준이 깊은 처리(정교화)를 가능하게 하는 반면, 낮은 각성 수준은 얕은 처리를 유도하기 때문에 각성 수준은 장기적 인출에만 효과적이라고 설명한다. 반응선택비율가설(tick rate hypothesis, Revelle & Loftus, 1992)에서는 각성 수준의 증가가 환경 단서에 대해 신속하게 반응하도록 하여 정보처리의 속도를 빠르게 하는 역할을 한다는 것이다. 빠른 정보처리 결과, 환경에서의 정보선택 속도의 증가와 함께 작업기억에서의 간섭의 양도 증가되므로 즉각적 기억에서의 정보유용성이 감소하게 된다. 반면 각성 수준의 증가로 인해 선택되는 정보의 양이 많아짐에 따라 내부 혹은 외부 맥락과의 연합 정도가 증가하여 장기적인 인출에는 효과적이다.

2) 섬광기억

성수대교가 무너졌다는 사실을 자신이 처음 들었을 때의 상황을 떠올려 보자. 그 당시 자신이 언제 어디서 무엇을 하고 있었는지, 어떻게 그 사실을 들었는지, 그리고 그다음에 무슨 일이 있었는지 등의 내용에 대해 얼마나 정확히 기억해 낼 수 있는가? 일반적으로 사람들은 매우 극적이고 놀랍고 중요하고 정서적으로 각성을 일으키는 사건을 처음 접했을 때의 상황에 대해서는 매우 상세한 내용까지도 오랫동안 생생하게 기억해 낼 수 있다. 이처럼 정서적인 각성을 일으키는 놀라운 사건에 대한 생생한 기억을 섬광기억(flashbulb memory)이라 한다. 기억연구자들은 J. F. Kennedy의 암살, 진주만 폭격, 최초의 달 착륙, 우주선 챌린저호의 폭발 등과 같은 사건을 처음 접했을 때의 기억에 관한 연구를 통해 섬광기억의 특성을 연구하였다.

섬광기억이란 정서적으로 강한 각성을 일으키는 사건에 대한 기억이며, 개인적 · 사회적으로 중요한 의미를 지닌 사건에 대한 기억이다. 섬광기억의 주요 특성으로는 사건을 학습하기 직전부터 학습 직후까지의 상황에 관해서 아주 세부적인 내용까지도 생생하게 기억하는 사진과 같은 기억이며, 수십 년이 지나도 망각되지 않을 정도로 완전하게 표상된 영구적인 기억이라는 것이다(Brown & Kulik, 1977). 섬광기억의 내용은 사건을 접한 장소, 그 순간 자신이 하고 있던 행동, 사건을 전해 준 사람, 자신의 감정, 다른 사람의 감정, 사건의 여파 등이 주로 포함된다.

그러나 섬광기억이 독특하고 개인적으로 중요한 사건에 대한 일반적인 기억과 질적으로 다른 기억인가에 대해서는 논란이 계속되고 있다. Brown과 Kulik(1977)은 높은 각성 수준과 사건의 중요성 등에 의해 유발되는 특수한 신경기제의 결과 섬광기억이 형성된다고 주장한다. 이러한 특수기제가 놀라운 사건을 접할 때의 상황에 대한 전체 장면을 마치 사진을 찍듯이 기억에 그대로 프린트하여 보존하도록 한다는 것이다. 또한 이러한 기제는 유기체가 잠재적으로 위험한 사건을 둘러싼 환경을 생생하게 기억할 수 있도록 하기 때문에 적응과 진화적인 측면에서 대단히 중요한 의미를 지닌다. 그러나 Neisser(1982)를 비롯한 많은 연구자들은 섬광기억이 특수한 기제의 결과가 아니라 빈번한 되뇌기와 반복적인 인출에 의한 일상적인 기억에 대한 계속적인 재구성의 산물이라고 주장한다. 섬광기억에 있어서 가장 중요한 특징은 사건의 중요성인데, 중요한 사건은 자주 이야기되고 반복적으로 접하게 되므로 기억이 잘된다는 것이다.

또 다른 비판으로는 섬광기억이 과연 정확하고 오랫동안 지속되는 기억인가에 대한 의문이다. 정서적으로 각성을 일으키는 사건에 대한 기억을 보고하는 사람의 대부분은 매우 정확하다고 주장하지만, 실제로 그러한 기억이 정확한가에 대해서는 엄밀한 검증이 필요하다. McCloskey, Wible 및 Cohen(1988)은 챌린저호 폭발 사건에 대한 기억을 사건 발생 며칠 후와 9개월 후에 각각 검사하였다. 각 시점에서의 기억을 비교한 결과 두 시점에서의 회상 내용이 일치하지 않는 경우가 있었으며, 시간에 따른 망각이 발생하는 것으로 나타났다. 또 실험참가자들은 정확하지 않은 회상 내용에 대해서도 상당히 높은 확신을 가지고 정확하다고 주장하는 경향이 있었다. 따라서 이들은 섬광기억이 정확하며 망각되지 않는다는 주장은 수정되어야 한다고 반박하였다.

섬광기억의 또 다른 특징 중의 하나는 회상 내용에 대한 사람들의 주관적인 확신도가 매우 높다는 것이다. 일상적인 기억에 비해 섬광기억은 정확성 여부와는 상관없이 매우 높은 주관적 확신을 수반하는데, 이는 아마도 사람들이 정서적으로 높은 각성 수준을 일으키는 사건은 기억 속에 강하게 각인되었다고 믿기 때문인 것 같다. 또 잘못된 기억에 대한 높은 확신은 주로 사건에 대한 정보를 제공해 주는 출처에 대한 혼동에서 비롯된다. 특정 사건에 대한 소식을 친구에게서 처음 들은 다음에 집에서 TV 뉴스를 보면서 자세하게 그 사건에 대한 설명을 들었다고 하자. 몇 년이 지난 후에 그 사건을 회상하는 경우 TV를 통해 그 사건을 처음 알았다고 회상할 가능성이 높다. 왜냐하면 실제 사건을 생생하게 부호화하고 정서적 각성을 수반하게 한 것이 TV 뉴스이므로 친구에게서 들은 사실은 망각될 확률이 높기 때문이다. 이러한 오류는 정보의 제공원을 혼동하는 것으로 일종의 출처 기억상실(source amnesia)이라 할 수 있다.

3) 목격자기억

범죄사건을 목격한 목격자의 기억은 어느 정도 정확할까? 이러한 물음은 법정에서의 목격자의 증언에 대한 타당성에 관한 것이므로 기억연구자뿐만 아니라 법심리학자들에게도 매우 중요한 물음이다. 이러한 물음에 대한 인지심리학적 연구 결과를 살펴보면, 스트레스나 위협이 존재하는 부정적인 정서상태에서는 기억이 손상된다는 연구 결과가 있는가 하면, 섬광기억에서와 마찬가지로 부정적인 사건에 대한 기억이 잘 유지된다는 상반된 연구 결과도 보고되고 있다. 이처럼 상반된 연구 결과가 공존하는 주된 이유는 기억하는 정보가 중심적인 정보인가, 아니면 주변적인 정보인가에 따라 기억수행의 결과가 달라지기 때문이다. 부적 정서를 유발하는 자극(예: 참혹한 교통사고 장면이나 무장한 강도가 총을 쏘는 은행강도 장면)에 노출된 사람들은 정서를 유발하지 않는 중립적인 자극(예: 단순한 접촉사고 장면이나 총을 쏘지 않는 은행강도 장면)에 노출된 사람들에 비해 중심적인 내용은 더 많이 회상하지만 주변적이고 세부적인 내용에 대해서는 더 적게 회상하는 경향이 있다. 이는 정서를 일으키는 특출한 부분에 주의가 집중되기 때문에 세부적인 내용에는 주의가 할당되지 않는다는 점을 시사하는데, 앞서 언급한 Easterbrook(1959)의 단서활용이론과 일치하는 내용이다.

일반적으로 권총강도를 목격한 사람들은 권총과 같은 무기는 정확하게 기억하는데 반해서, 범인의 얼굴과 같은 사건의 다른 부분에 대해서는 부정확한 기억을 보이는 경향이 있다. 실제 한 실험연구에서 실험참가자들이 실험실에서 검사를 받는 도중에 실험보조자가 주사기를 가지고 등장하게 하였다. 검사를 마친 다음에 여러 사람을 세워놓고 주사기를 들고 들어왔던 실험보조자를 찾도록 한 결과, 주사기를 본 실험집단이 주사기를 보지 못한 통제집단보다 더 낮은 정확도를 보였다. 이러한 현상을 무기 초점화(weapon focusing)라 하는데, 정서적인 각성을 유발하는 중심자극인 무기에 많은 주의가 할당되므로 사건의 세부적 부분들에는 제한된 주의자원만이 할당되어 제대로 부호화되지 못하는 현상을 말한다. 특히 정서적인 각성을 유발하는 자극의 바로 앞이나 뒤에 나타나는 세부사항에 대해서는 심한 기억손상을 보인다. 실제로 실험참가자들에게 은행강도 장면의 비디오를 제시하고 눈 움직임을 측정한 결과, 다른 자극보다 무기에 대한 응시빈도가 높고 응시시간 역시 긴 것으로 나타났다. 또한 무기가 제시된 비디오를 본 실험참가자들은 동일한 내용이지만,

무기가 제시되지 않은 비디오를 본 실험참가자들보다 사건의 세부사항에 대한 기억이 저조하였다. 이와 같은 무기초점화현상은 무기를 보았을 때 심한 불안을 보고하는 사람들에게서 더욱 뚜렷하게 나타난다.

Wagenaar와 Groeneweg(1988)는 실험실 상황이 아닌 실제 외상적(traumatic) 사건에 대한 목격자 기억을 연구하기 위해 나치 수용소 생존자들의 기억을 조사하였다. 이들은 1943~1947년 사이에 전범재판을 위해 자신이 수감되었던 수용소의 상황을 진술하였고, 40년이 지난 1984~1987년 사이에 다시 한 번 진술하였다. 두 번의 진술을 비교한 결과 40년의 세월이 흘렀음에도 불구하고 수용소의 전반적인 특징이나 유태인에 대한 가혹행위에 관한 기억은 매우 정확하였다. 그러나 구체적이고 세부적인 사건에 관해서는 망각과 왜곡이 나타났다. 예를 들면, 자신들이 처음 수용소에 수감된 계절을 잘못 기억하거나, 자신들이 심하게 구타를 당한 경우조차 가볍게 발로 채인 것으로 기억하였다. 극단적인 부적 정서를 수반하는 외상적 사건은 사건의 기본 구조만 기억되고 세부적인 내용은 망각된다는 점에서 실험실 연구 결과와 일치한다.

그러나 Christianson과 Hubinette(1993)는 높은 수준의 스트레스가 더 정확하고 지속적인 기억을 만들어 낸다고 보고하였다. 그들은 110명의 은행강도사건 목격자들의 증언을 수집하여 직접 위협을 받은 사건의 희생자(은행점원)와 단순 목격자(은행고객)의 기억을 비교하였다. 정서 정도와 회상 간에는 상관이 없었으나, 희생자가 더 많은 회상을 하였으며, 사건 발생 후 15개월이 경과한 다음에는 희생자가 단순 목격자보다 강도의 행동, 복장 및 무기에 대한 기억에서 훨씬 정확한 기억을 보여 주었다. 이처럼 실험실에서의 모사연구 결과와 실제 상황에서의 연구 결과가 차이가 나는 이유는 유발되는 정서적 스트레스 수준과 회상 결과가 지니는 중요도의 차이 때문이다. 한 예로, 은행강도사건을 비디오로 보여 준 후 여러 용의자 중에서 범인을 찾아내는 연구에서 한 집단은 실험참가자의 반응이 재판에 영향을 줄 것이라는 지시를 받았고, 다른 집단은 이러한 지시를 받지 않았다. 실험 결과 자신의 회상이 미치는 결과가 중요하다고 여겨지는 경우(재판에 영향을 주는 경우)가 그렇지 않은 경우보다 높은 회상률을 보였다. 이처럼 실험실 연구에서는 조작하기 힘든 요인들로 인해 실제 현장에서의 기억 연구와는 상반되는 연구 결과가 종종 발생하기도 한다.

4) 이론적 설명

매력적인 남녀의 사진과 같이 유쾌한 정서를 수반하는 사진과 혐오스러운 장면을 담은 불쾌한 사진을 제시한 다음 회상률을 비교한 결과, 유쾌-불쾌자극 간에서의 회상률에는 차이가 없지만 유쾌-불쾌정서와 같은 높은 각성 수준을 유도하는 자극이 중립적인 자극보다는 훨씬 잘 회상되는 경향이 있다. 따라서 기억의 정확도에 영향을 주는 요인이 정서적 각성의 내용(정적 혹은 부적)이라고 보기는 어렵다. 그렇다면 정서적 사건이 중립적 사건보다 일반적으로 기억이 잘되는 이유는 무엇인가? 이러한 물음에 대해서는 각성, 특이성, 주의, 전주의 처리, 정교화 등의 여러 개념으로 설명할 수가 있다. 그러나 정서와 기억수행 간의 관계에 관한 여러 설명체계가 반드시 상반되는 것은 아니다. 각성 수준에 의해 정서적 기억효과를 설명하는 것은 이미 앞절에서 논의된 바 있으므로 여기에서는 생략하기로 하고 나머지 네 가지 설명에 대해 살펴보기로 하자.

(1) 특이성

일반적으로 정서적 사건은 중립적 사건에 비해 일상적이지 않고 훨씬 특이한 속성을 지니고 있으며, 특이성이 주의를 집중하게 만들어 사건을 잘 기억하게 한다고 볼 수 있다. 이러한 맥락에서 보면 무기초점화현상은 반드시 무기와 같이 정서를 유발하는 자극이 아니더라도 놀랍고 특이한 물체라면 얼마든지 나타날 수 있다. 그렇다면 정서적 사건이 기억이 잘되는 이유가 정서적 사건이 특이하기 때문인가, 아니면 특이성효과를 넘어서는 또 다른 이유 때문인가? 특이성과 정서의 효과를 구분하기 위해 Christianson과 Loftus(1991)는 예기치 못한 정서적 사건(한 여자가 자전거 옆에서 피를 흘리고 누워 있는 장면)과, 예기치 못한 특이한 사건이지만 정서를 수반하지 않는 사건(한 여자가 자전거를 어깨에 매고 길을 걸어가고 있는 장면)에 대한 기억을 비교하였다. 그 결과 주변적 세부정보(멀리 보이는 자동차)에 대해서는 두 집단간의 회상률에 차이가 없었지만, 주인공 여성과 관련된 세부정보(여성의 복장 색깔)에서는 정서적 사건을 경험한 집단이 특이한 사건을 경험한 집단보다 회상률이 높았다. 이 연구 결과로 미루어 보면, 정서적 사건에 대한 기억우월효과를 특이성효과로만 설명하는 것은 무리가 있어 보인다.

(2) 주의

주의가설에 의하면, 정서적인 사건과 중립적 사건에 주의기제가 선택적으로 작용하기 때문에 정서적 사건에 대해서는 중심 정보와 관련된 세부내용에 더 많은 주의가 할당되지만, 중립적 사건에 대해서는 주변 세부정보에 더 많은 주의가 할당된다고 본다. 그러나 Christianson, Loftus, Hoffman 및 Loftus(1991)는 정서적 자극과 중립적 자극 모두에 같은 정도의 주의가 할당되도록 자극의 제시 시간과 응시지점을 제한한 일련의 실험연구를 실시하였다. 실험 결과 중심 정보와 관련된 세부내용의 회상에 대해 정서조건이 중립조건보다 여전히 높은 회상을 보인다는 사실이 밝혀졌다. 따라서 정서적 사건에서의 중심 내용이 잘 회상되는 이유를 단지 차별적으로 할당된 주의가설로만 설명하는 것은 적절하지 못하다고 하겠다.

(3) 전주의 처리

정서와 기억의 관계에 대한 다소 사변적인 설명으로는 정서적 사건의 특성이 전주의 과정(preattentive process)에 의해 자동적으로 처리된다는 설명이다. 이러한 설명은 진화론적인 입장에서 매우 타당한 것처럼 여겨진다. 한 실험 연구에서 정서적인 자극은 제시시간이 짧은 경우(50ms)와 긴 경우(350ms) 간의 기억 정도에서 별 차이가 없었으나, 비정서적인 중립자극은 제시시간이 긴 경우가 짧은 경우보다 기억이 증진되었다(Christianson et al., 1991). 이러한 결과는 정서적 사건의 처리가 되뇌기나 정교화와 같은 통제된 처리를 요구하지 않는다는 점을 시사한다. 정서적 사건의 처리 초기에는 지각적 표상체계(PRS)와 마찬가지로 의식적인 통제 과정이 관여되지 않은 채, 나중에 발생할 초점화된 주의와 정교화 처리를 위해 사건의 정서적 세부사항만이 선택된다(정서적 점화효과). 사람들은 사건의 세부적 사항은 기억하지 못하지만 사건의 정서적 측면을 기억하는 경우가 있으며, 그 반대로 사건의 정서적 측면은 기억하지 못하지만 세부사항은 기억하는 경우가 있다. 이러한 점으로 보아 정서적 정보에 대한 기억과 특정 내용에 대한 기억은 서로 분리된 독립적인 체계일 가능성이 높다. 따라서 정서적인 사건을 기억할 때는 여러 수준의 기억체계가 동시에 관여한다고 볼 수 있다.

(4) 정교화

정교화 가설에 따르면, 정서적 사건은 중립적 사건보다 더 많은 정교화를 일으킨다. 사람들은 중립적인 사건을 경험할 때보다 정서적인 사건을 경험할 때 자신들의 경험과 비교하거나 사건의 결과에 관해 걱정하거나 하는 식의 정교화된 처리를 한다. 또 정서적인 사건에 대한 기억은 정서의 원인을 중심으로 그에 대한 사고, 감정과 같은 자신의 반응을 연결하고 이야기를 구성하여 개인화하는 경향이 있다. Heuer와 Reisberg(1990)에 따르면, 사람들은 중립적인 사건보다 정서적인 사건을 더 개인적이고 심리적인 것으로 여기지만, 도식적이거나 추상적이지는 않은 것으로 여기는 경향이 있다고 한다. 회상 시의 오류를 분석한 결과 정서적 사건 자체에 대한 오류는 적었으나, 정서의 원인과 관련된 반응은 잘못 꾸며지거나 잘못 회상되는 오류가 많이 발생하는 것으로 나타났다. 정서적 각성을 수반하는 상황에서 단서의 선택이 제한되고 주의가 초점화된다는 면에서는 정교화 설명이 Easterbrook의 이론과 일치하지만, 선택되고 초점화된 정보가 더 많은 정교화 처리를 받게 된다는 설명은 Easterbrook의 가설에서는 찾아볼 수 없는 점이다.

4. 개인적 경험에 대한 기억: 자전적 기억

당신의 13번째 생일날 무슨 일이 있었는가? 초등학교 3학년 때 짝의 이름은 무엇인가? 이와 같은 질문에 답하기 위해서는 자신이 경험한 맥락과 관련된 정보들을 탐색해야만 할 것이다. 이처럼 자신의 개인적 경험에 관한 일화적 기억을 자전적 기억(autobiographical memory)이라 한다. 개인 자신에 대한 기억은 주로 진단이나 치료의 목적으로 정신분석학이나 임상심리학의 영역에서 연구되어 왔으나, 최근에는 인지적 정보처리 패러다임에 의거한 전통적 기억 연구 접근이 이루어지고 있다. 자전적 기억이 연구되는 주된 이유는 자아, 정서, 목표, 개인적 의미 등이 통합되는 영역을 연구할 수 있기 때문이다. 자전적 기억 연구의 어려움은 자료의 방대함과 개인차에 있다. 그럼에도 불구하고 새롭고 실용적인 연구 방법의 등장으로 인해 개인의 경험이 어떻게 부호화되고 인출되는지에 대한 일반적 원리를 발견하는 데 많은 진전이 있어 왔다. 이 절에서는 자전적 기억의 기능과 구조, 연구 방법 및 기타 특성에 관해 살펴보기로 한다.

1) 자전적 기억의 정의와 기능

자전적 기억이란 한마디로 자신의 삶에 관한 개인적 기억을 일컫는다. 자전적 기억은 개인의 역사적 사실에 대한 기억과 경험적 사건에 대한 기억으로 구성된다. 자전적 기억은 일반지식이나 기술, 타인의 경험에 대한 기억 혹은 일반적으로 알려진 공적인 사건에 대한 기억 자체가 아니라 이러한 사건들과 자신과의 관계에 대한 기억이다. 따라서 자전적 기억은 자아를 중심으로 구성된 도식이며 개인의 인생사라고 할 수 있다. 개인적으로 중요한 의미를 지니는 경험은 잘 기억되며, 자아를 형성하는 토대가 되고, 또 형성된 자아에 따라 새로운 사건을 나름대로 경험하고 구조화하게 된다. 개인의 경험에 대한 기억은 반드시 의도적인 노력에 의해 저장되지는 않지만, 자기참조효과(self-reference effect)에서 나타난 것처럼 비교적 오래 지속되는 특징이 있다.

자전적 기억은 개인 내 기능과 개인 간 기능으로 구분할 수 있다. 개인 내 기능의 중요한 측면은 자아개념과 개인의 역사를 구성하고 유지하는 것이다. 자아에 대한 정체감이란 다름 아닌 개인의 경험과 감정에 대한 기억이다. 기억을 상실하게 되어 자신의 역사를 회상할 수 없다면 정체성 또한 상실되었다고 볼 수 있을 것이다. 또 다른 개인 내 기능은 자전적 기억이 개인의 정서를 조절한다는 것이다. 과거 개인의 경험에 대한 적절한 기억을 떠올려서 기분을 좋게 하거나 나쁘게 할 수 있다. 싫고 좋음, 열정, 신념, 편견 등과 같은 것들 역시 기억된 경험의 산물이다.

자전적 기억의 개인 간 기능은 자신의 경험이나 그로 인한 느낌을 타인과 공유할 수 있게 하여 의사소통을 원활하게 하고 관계를 유지하게 한다. 사회문화적 맥락에서 자신을 소개하거나 타인과의 관계를 맺기 위해서는 자신의 개인적 이야기를 교환해야 하기 때문이다. 또한 추상화된 일반 지식이나 기술이 유용하지 않을 경우, 우리는 현재의 문제상황과 유사한 상황에서의 개인의 경험에 관한 기억에 의존할 수밖에 없다. 이때 자전적 기억은 현재의 문제해결을 위해 과거 유사한 문제상황에서의 구체적인 행동 예들을 제공해 준다. 예를 들어, 난생 처음으로 자동차 바퀴를 바꿔 끼워야 하는 경우, 어린 시절에 자전거의 바퀴를 갈아 끼운 경험을 떠올려 문제를 해결할 수 있다. 또는 꼭 가고 싶은 음악회 티켓을 예약해야 할 경우 몇 년 전에 예약을 서두르지 않아서 실패한 경험이나 특정 좌석을 지정하지 않아서 고생한 경험을 떠올려 문제를 해결할 수 있다.

2) 자전적 기억의 특성

(1) 자전적 기억의 구조

개인의 인생에서 경험한 사건에 대한 기억은 다양한 이야기나 사진과 같은 기억들로 구성되어 복잡하고 일정한 형태가 없어 보이지만, [그림 6-5]에서 보는 바와 같이 자전적 기억은 기본적으로 위계적 구조로 조직되어 있다. 이러한 위계적인 형태의 자전적 기억의 구조를 자전적 기억조직묶음(autobiographical memory

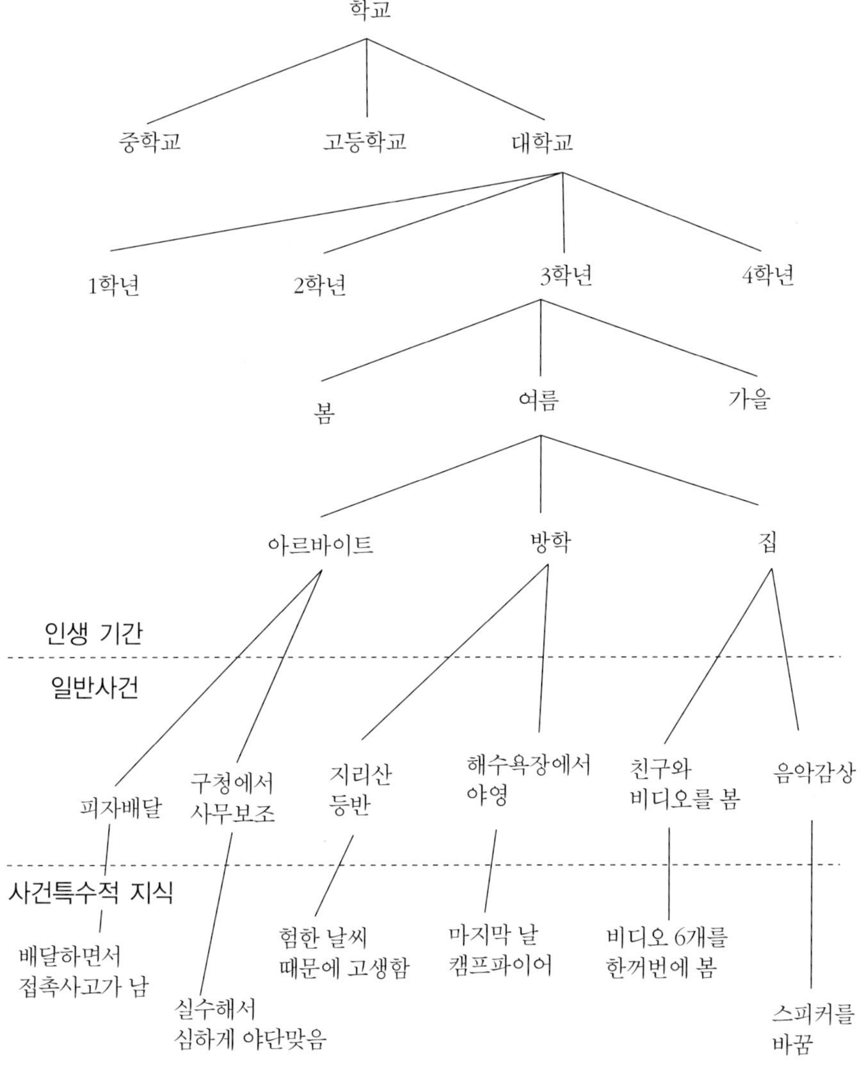

[그림 6-5] 자전적 기억의 위계적 구조

organization packets: A-MOPs)이라 한다. 자전적 기억의 구조를 이해하기 위해 몇 가지 다른 유형의 단서(활동, 정서, 시기, 주제, 목표 등)를 제공하고 그에 따른 개인 경험의 인출시간 및 인출빈도 등을 비교한 결과, 인생시기와 주제에 관한 단서 인출이 가장 향상되었다. 따라서 자전적 기억의 위계적 구조를 이루고 있는 전반적인 차원은 시간이며, 세부적인 지표(index)는 주제에 의해 구성되어 있다고 할 수 있다.

위계상 가장 상위 수준에는 인생 기간(lifetime periods)이 해당된다. 인생 기간이란 한 개인의 인생에서 수년에서 수십 년 동안의 일정한 기간을 의미한다. 예를 들어, 내가 대학 다닐 때, 내가 성북동에서 살 때, 내가 첫 직장을 다닐 때 등과 같은 기간을 말한다. 인생 기간 수준에서는 그 시기에서의 중요한 사건, 정서, 목표, 의미 있는 타인 등이 표상된다. 인생 기간은 특정 기간과 관련된 주제적 지식(thematic knowledge)을 포함하는 추상적이고 일반적인 수준의 자전적 지식에 대한 표상으로 일정 시기에서의 여러 일반사건들에 대한 지표 역할을 담당한다. 개인의 과거를 회상할 때 아무도 자신의 인생 기간 자체에 대해 언급하지는 않는다. 왜냐하면 인생 기간은 너무 일반적이어서 개인의 독특한 역사에 관해 아무런 점도 이야기해 주지 못하기 때문이다. 그러나 개인의 인생에 대한 기억을 탐색할 때 인생 기간이 먼저 접근되고 그것을 토대로 일반사건 지식과 사건특수적 지식을 탐색하게 된다. 이러한 점에서 인생 기간은 자전적 기억의 기본 골격을 구성하고 있다고 할 수 있다. 실제로 과거에 대한 회상을 할 때, 인생 기간이 다른 종류의 단서보다 더 효율적인 단서로 작용한다.

위계의 중간 수준에는 일반사건(general events)이 포함된다. 일반사건은 하루에서부터 수개월 동안 일어나는 반복적이거나 다소 오랜 기간에 걸쳐 일어난 일화를 일컫는 것으로, 인생 기간보다 구체적인 수준을 구성한다. 예를 들어, 대학교 1학년 때 미팅하기, 제주도에서의 신혼여행 등이 요약된 것을 말한다. 일반사건은 제약이 없는 인출과제에서 가장 빈번하게 회상되므로 자전적 기억에 자연스럽게 접근하게 하는 기본 수준(basic level)이라 할 수 있다. 예를 들어, 과거의 경험을 회상해 보라고 했을 때, 사람들은 '나는 대학교 때 매일 농구를 하곤 했지.' 라는 식으로 회상하지, 어느 대학을 다녔는지 혹은 특정한 농구시합에서 일어났던 구체적인 사건을 회상하지는 않는다. 특정 사건은 일회적으로 일어나므로 세부적인 내용은 곧 사라지게 되는 반면, 일반사건은 유사한 내용의 반복을 통해서 구체적이고 세부적인 행위에 대한 일반적인 맥락의 관점에서 조직화되기 때문에 빈번하게 회상된다.

위계의 가장 하위 수준은 사건특수적 지식(event-specific knowledge)으로 구성되는데, 이는 일반사건이나 인생 기간보다 훨씬 짧은 기간 동안의 특정 경험을 말한다. 사건특수적 지식은 주로 심상이나 감정으로 이루어졌으며, 일반사건의 세부사항을 포함한다. 예를 들면, 대학교 2학년 때 미팅에서 바람맞은 일이나 신혼여행에서의 첫날밤 등이 이에 해당된다. 자전적 기억에서 중요한 점은 우리의 과거 경험 각각에 일대일 대응하는 단일한 기억표상체계는 없다는 것이다. 개인의 과거 경험을 회상한다는 것은 자전적 기억의 세 가지 수준으로부터 여러 정보를 종합하여 구성하는 것이다.

(2) 생애 기간에 따른 자전적 기억의 분포

Rubin, Wetzler 및 Nebes(1986)는 평균 70세의 실험참가자들 70명에게 단어단서법을 이용하여 20개에서 50개의 단어를 제시하고 자전적 기억을 회고하게 하였다. [그림 6-6]은 여러 연구에서 회고된 기억들을 사건의 발생시기에 따라 10년 단위로 다시 분류한 결과를 보여 주고 있다. 그림에는 잘 나타나지 않았지만 최근 1년 이내의 기억이 전체 회상의 약 절반을 차지하였고, 5세 이전의 기억은 아동기 기억상실현상을 보였으며, 70세 이전 20년 동안은 전형적인 망각 곡선의 형태를 나타내고 있다. 여기서 주목할 만한 점은 청소년기에서 초기 성인기의 회상이 빈번한 회고절정(reminiscence bump)현상이다. 이러한 회고절정현상은 다른 연구들에서도 35세 이상의 모든 실험참가자에게서 공통적으로 나타나는 현상이다. 또한 생생한 기억을 회고하게 한 경우나 공적으로 중요한 사건에 대해 회고하게 한 경우 모두

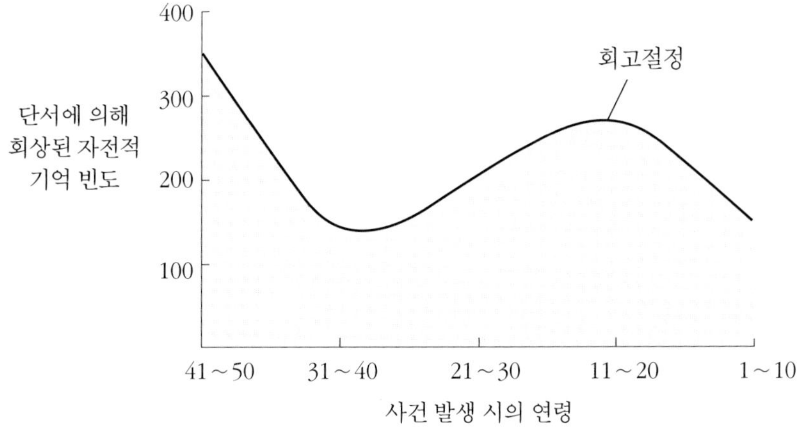

[그림 6-6] 생애 전반에 걸친 기억의 분포(Rubin, Wetzler, & Nebes, 1986)

회고절정현상이 나타났다. 그렇다면 왜 이러한 회고절정현상이 나타나는 것인가? 이 시기에 중요한 일들이 처음으로 발생하기 때문이라고 생각할 수 있으나, 이 시기에 회고된 기억 중 처음 발생하는 사건에 대한 기억은 14%에 지나지 않는다. 또 다른 설명으로 이 시기의 인지적 능력의 발달로 인해 사건들이 강하게 부호화되기 때문이라는 해석은 가능하지만, 이 시기에 특별히 인지능력이 발달된다고 보기는 어렵다. 이에 대한 대안적 설명으로 Fitzgerald(1988)는 초기 성인기에 발생하는 사건들은 사회문화적 맥락에서 자아 형성에 영향을 주게 되어 개인의 인생 이야기의 중요한 부분이 되므로 부호화 시에 정교화가 잘 일어난다고 해석하였다. 또한 청년 후기에서는 안정된 자아개념이 형성되고 이러한 자아개념은 인생 후기에도 지속되므로, 인생 후기의 회고에서 나타나는 회고절정현상은 부호화와 인출이 일치되는 부호화 특수성 원리로도 설명이 가능하다.

자전적 기억에서 나타나는 또 다른 특징으로는 20년 전이나 60년 전의 사건에 대한 회상률이 유사하다는 점이다. 노인의 경우 기억의 감퇴가 일반적이나, 자전적 기억에 있어서는 노인이 더욱 생생하게 기억하는 경향이 있다. 이는 노인의 경우 과거 인생사건에 대한 인출빈도가 높기 때문인 것으로 해석할 수 있다. 또한 자전적 기억에서는 한 인생 기간의 초반부가 기억이 잘되는 특징이 있다. 예를 들면, 대학교 신입생일 때나 신입사원일 때가 그 이후보다 기억이 잘되는 경향이 있다. 이는 이 시기에 발생하는 사건들이 주로 개인의 성격, 능력, 사회적 위치 등을 규정하는 사건들이므로 개인적인 중요성을 가지며 빈번하게 인출되는 경향이 있기 때문으로 해석할 수 있다. 중년기 이후가 기억이 잘 안 되는 이유는 이 시기가 개인에게 있어서는 비교적 안정적인 시기이고 발생하는 사건이 일정하여 변화가 심하지 않기 때문에 유사한 사건들 간의 간섭이 일어나기 때문으로 볼 수 있다.

5. 미래계획기억

1) 개념적 정의

일반적으로 말해서 기억한다는 것은 시간적으로 과거에 발생한 경험을 떠올리는 것을 의미하지만, 이와는 달리 미래에 수행하여야 할 일을 기억하는 경우가 있다.

이러한 형태의 기억을 미래계획기억(prospective memory)이라 한다. 예를 들면, 일정시간에 약을 먹는 일을 기억하고, 친구와의 약속을 지키거나, 가족의 생일이나 기념일을 기억하고 축하카드를 보내는 일 등이 이에 해당한다. 인지심리학 분야에서 기억 연구는 과거 경험에 대한 기억(retrospective memory) 연구가 대부분이었으나, 최근 들어 실제적이고 일상적인 기억에 대한 기억연구자들의 관심이 증가함에 따라 미래계획기억에 대한 연구가 활발하게 진행되고 있다.

미래계획기억은 재인이나 회상과는 달리 기억해야 한다는 사실을 기억하는 것이므로 지연된 의도를 기억하는 것이라 할 수 있다. 미래계획기억은 외부의 지시나 단서에 의존하지 않고 자발적으로 발생하는 기억을 말하는데, 과거 경험에 대한 기억과는 몇 가지 차이점을 보인다(〈표 6-4〉). 미래계획기억은 기억해야 하는 정보가 비교적 단순한 행동에 관한 것(예: 물 끓이고 가스불 끄기)이 대부분인데도 불구하고 실제 생활에서는 적절한 인출과 수행의 어려움을 빈번하게 겪는다. 이러한 이유는 기억자극이 외부에서 제공되는 것이 아니고 자기 스스로 만들어 낸 의도이므로 동기가 높지 않은 경우에는 강하게 부호화되지 않고, 인출 시에도 외부단서에 의존하지 않고 자기주도적(self-initiated)으로 인출해야 하기 때문이다. 또 미래계획기억을 인출하기 위해서는 현재 진행 중인 활동과 경쟁하여 이를 중단하고 기억하여야 하며, 시간 경과를 모니터하여야 하기 때문에 기억의 부담이 많아 인출이 어려워지는 경향이 있다. 그러나 과거 경험에 대한 기억과는 달리 미래계획기억은 파지 기간이

표 6-4 미래계획기억과 과거 경험에 대한 기억의 비교

구분	과거 경험에 대한 기억	미래계획기억
기억 내용	과거 경험	미래 계획이나 행위, 의도
부호화 과정	외부에서 제공되는 자극에 대한 부호화	자기 생성된 자극에 대한 부호화
외부단서 의존도	높음(지시에 의존)	낮음(자발적)
활성화 수준	일시적이며 약함	지속적이며 강함
기억해야 할 정보량	많음	적음
현재 진행 중인 활동과의 경쟁	적음	많음
인출 성공 정도	높음	낮음
지연시간 효과	큼	별로 없음
노화와의 관계	별로 없음	민감함

길어짐에도 불구하고 기억이 감소하지 않는 것으로 밝혀졌다.

미래계획기억은 과연 과거 경험에 대한 기억과 어떠한 관계가 있는 것인가? 몇몇 연구에서 두 가지 기억이 독립적인 체계라는 주장을 지지하는 증거를 제공하고 있다. 첫째, 미래계획기억과 과거 경험에 대한 기억 간의 상관을 살펴본 결과 통계적으로 유의미한 상관관계가 없는 것으로 나타났다. Wilkins와 Baddeley(1978)의 연구에서는 단어에 대한 자유회상률이 높을수록 약을 먹는 시간에 대한 기억 수행은 떨어지는 부적 상관관계가 있는 것으로 나타났다. 그들은 이러한 부적 상관관계를 건망증 교수효과(absent-minded professor effect)라고 명명하였다. 둘째, 노화가 기억에 미치는 영향에 관한 연구에서 노인들의 경우 청년에 비해 과거 경험에 대한 기억보다 미래 계획에 대한 기억 수행이 현저하게 떨어지는 것으로 나타났다. 셋째는 활성화 수준의 차이다. Goschke와 Kuhl(1993)은 실험참가자에게 간단한 행동으로 이루어진 스크립트(예: 저녁식사 준비하기)를 제시하고 재인검사에 대한 반응시간의 측정을 통해 활성화 수준을 비교하였다. 스크립트에 대한 학습이 끝난 다음 재인검사를 하기 전에 실험참가자에게 두 가지 다른 유형의 지시를 하였다. 실행조건에서는 재인검사 후 스크립트의 내용을 수행하라고 지시하였고, 관찰조건에서는 다른 사람의 행동을 관찰하라고 지시하였다. 실험 결과 목표단어의 재인시간은 관찰을 지시받은 조건에서보다 수행을 지시받은 조건에서 유의미하게 빨랐다. 이러한 결과는 의도된 행동의 표상이 의도되지 않은 행동의 표상보다 강한 활성화 수준을 지님을 시사한다. 마지막으로, 뇌손상 환자에 대한 신경생리학적 연구 결과 미래 계획에 대한 기억 수행에 결함을 보이는 환자는 순차적인 행동이나 계획하기와 관련 있다고 알려져 있는 전두엽에 손상이 있는 것으로 나타났다. 미래 계획에 대한 기억은 작업기억의 중앙집행 기능이나 SAS(Supervisory Activating System)의 기능과 유사하게 목적을 유지하면서 맥락에 따라 행동을 조절하는 기능을 지니고 있다. 전두엽이 손상된 환자의 경우 대부분의 인지과제는 잘 수행하는 편이지만, 일정시간 내에 여러 과제를 계획하고 수행하도록 하는 경우에는 각 과제에 적절한 시간을 할당하는 데 어려움을 보인다. 예를 들어, 간단한 심부름을 시키면 심부름 내용은 기억할 수 있지만 심부름을 제대로 수행하지 못하는 특성을 지니고 있다.

미래계획기억에 영향을 주는 요인으로는 과제의 특성, 외적인 단서의 제시 유무, 계획의 주도자, 과제의 중요도, 되뇌기 빈도, 현재 진행 중인 과제가 주의를 필요로 하는 정도, 개인의 성격 등이 있다. 외적인 단서가 많을수록, 미래에 수행해야 할 과제가 본인에 의해 계획된 것일수록, 과제가 중요할수록, 되뇌기 빈도가 높을수록, 현재 진행 중인 과제가 주의를 별로 필요로 하지 않는 경우일수록 기억이 잘되는 경향이 있다. Meacham과 Kushner(1980)의 연구에 의하면, 대인관계와 관련되는 과제일 경우(예: 타인과의 약속 지키기)가 개인에게만 중요한 과제(예: 집으로 우산 가져오기)보다 잘 기억되는 경향이 있었다.

2) 미래계획기억의 유형

Einstein과 McDaniel(1990)은 미래계획기억을 사건의존적 기억과 시간의존적 기억으로 구분하였다. 사건의존적(event-based) 미래계획기억이란 행위가 수행되기 위해서는 외부적 사건이나 단서가 제공되어야 하는 기억을 말한다. 친구의 얼굴을 보고서야 그에게 온 전화 메시지를 전해주는 경우나, 저녁식사 때 약을 먹는 것을 기억하는 경우 등이 이에 해당한다. 반면에 10분 후에 가스불을 끄는 것을 기억하는 경우나, 오후 3시에 치과에 가기로 한 약속을 기억하는 경우와 같이 일정시간이 지난 다음이나 특정 시간에 행위가 수행되어야 하는 경우가 있는데, 이를 시간의존적(time-based) 미래계획기억이라 한다. 물론 시간이나 사건의 발생이 자발적으로 미래 계획에 대한 기억을 활성화시켜야 한다는 점에서는 같으나, 사건의존적 기억은 외부적 단서가 제공되므로 자기주도적 인출(self-initiated retrieval)의 성격이 약한 반면, 시간의존적 기억은 상대적으로 자기주도적인 인출의 성격이 강하다. 이러한 특징으로 인해 사람들은 일반적으로 사건의존적 과제를 시간의존적 과제보다 잘 기억하는 경향이 있다.

Einstein(1995) 등은 노인(평균 66.3세)과 청년(평균 20.2세)의 기억수행을 비교한 결과 사건의존적 과제 수행이 시간의존적 과제 수행보다 반응비율이 높았으며, 실험참가자의 연령과 과제 유형과의 유의미한 상호작용 효과가 있었다. 즉, 시간의존적 과제에서는 청년이 노인보다 월등하게 우수한 수행을 보였지만, 사건의존적 과제에서는 청년과 노인 간의 수행차이가 없는 것으로 나타났다. 또한 시간을 모니터할 수 있도록 제시된 대형 디지털 시계를 쳐다보는 빈도에서도 청년들이 노인보다 자주 쳐다보았다. 이러한 결과는 노인이 자기주도적인 인출에 어려움이 있음을 시사한다.

그렇다면 왜 노인은 청년에 비해서 시간의존적 과제의 수행이 떨어지는 것인가?

이러한 질문에 대해 가능한 세 가지 설명을 살펴보기로 하자. 첫 번째 가설은 노인의 경우 미래계획기억 과제를 연상시킬 세부사항에 관한 민감도가 떨어진다는 것이다. 이 관점에 따르면, 청년의 경우 인출 맥락을 예상하고 이에 대한 계획을 세우는 데 있어서 노인보다 뛰어나다고 본다. 즉, 노인에 비해서 청년은 질문-응답과제와 미래에 수행해야 할 과제 간의 연결을 더 많이 하기 때문에 미래 계획을 수행하는 과제에서 월등하다는 것이다. 두 번째 가설로는 나이가 들수록 정확한 시간지각 능력이 저하된다는 설명이다. 이러한 가설은 노인의 경우 시간을 판단하는 생물학적 시계가 느려져서 경과 시간을 과소추정하는 경향(예: 실제 시간이 100초 경과하면 60초 정도 경과한 것으로 지각함)이 있다는 연구 결과와 일치하는 것이다. 세 번째 가설은 인지적 시계(cognitive clock)에 관한 설명으로, 일정기간 동안 발생한 사건이나 활동량에 대한 기억에 의거하여 시간의 경과 정도를 추정한다는 가설이다. 노인의 경우에는 일정 기간 동안 발생한 사건을 정확하게 기억하기가 어렵기 때문에 경과 시간을 과소추정하게 된다는 것이다. 한 연구에서 노인과 청년에게 간단한 수학문제를 종이에 풀게 하고 일정 시간(15초, 30초, 60초)이 경과할 때마다 얼마나 시간이 지났는가에 대해 추정하도록 하였다. 만약 노인이 발생사건에 대한 기억에 의거하는 인지적 시계를 사용한다면, 이 실험에서는 일정 시간 동안 발생한 사건에 관한 외부적 단서(수학문제를 푼 종이)가 제공되어 기억에 의존할 필요가 없으므로 경과시간에 대한 과소추정이 일어나지 않아야 한다. 실험 결과 노인들은 외부 단서를 이용하여 경과 시간을 오히려 과대추정하는 것으로 나타남으로써 인지적 시계에 관한 가설을 지지하였다.

3) 미래계획기억의 효율적 사용

미래계획기억은 일상생활에서 매우 중요한 역할을 한다. 미래계획기억에 문제가 생기면 심각하고 치명적인 결과를 초래할 수 있기 때문이다. 미래계획기억을 증진시키기 위해서는 시간의존적인 기억과제를 사건의존적인 기억과제로 재개념화하여 전환하는 것이 필수적이다. 예를 들어, 저녁 7시에 약을 먹어야 한다면 이 계획을 그 시간대에 발생할 가능성이 높은 특출한 외부단서(예: 저녁식사 혹은 7시 저녁뉴스)와 연결하여 기억하는 방법이다. Maylor(1990)는 실제 상황에서 이러한 전환전략을 사용하게 한 결과 미래 계획에 대한 기억수행(정해진 시간에 실험자에게 전화걸기)이 향상됨을 보고하였다.

미래계획기억은 목적과 행위 간의 관계 정도에 의해서도 영향을 받는다. 목적 지향적인 일련의 행위들은 전체적인 계획도식(plan schema) 내에서 상위 목적과 위계적인 관계로 조직화되어 있다. 이러한 목적 위계 내에서는 상위목적이 하위목적보다 잘 기억되며, 시간이 지남에 따라 하위목적부터 점진적으로 잊힌다. 또한 계획도식은 인출 시에 전체적인 행위들을 재구성하는 데 사용된다. 따라서 미래계획기억을 증진시키기 위해서는 미래에 수행하고자 하는 행위들을 명세화하고, 각 행위가 계획도식의 한 부분이 되도록 상위목적 내에 포함시키는 것이 중요하다. 예를 들어, 친구의 생일파티를 열기 위해서는 미리 초대장도 보내고, 만들어야 할 음식 목록을 만들고, 생일선물을 준비하는 일련의 행위들이 연결되어 있을 것이다. 초대장을 보내기 위해서는 초대장을 만들어야 하고, 초대장을 만들기 위해서는 도화지를 사야 한다고 하자. 이러한 행위 위계에서는 도화지를 사러 가는 일이 생일파티를 준비하는 계획도식 내에 포함될 뿐만 아니라 초대장을 만들고 보내는 상위목적과도 연결되어 있기 때문에 도화지를 사러 가는 것을 기억하는 것이 어렵지 않다. 만약 구체적인 행위가 망각되는 경우에는 생일파티 준비라는 계획도식이 이러한 세부행위를 재구성해 주므로 행위를 적절하게 수행할 수 있게 된다. 반면에 생일파티 준비라는 계획만을 세워 놓은 경우에는 너무 일반적인 수준에서만 의도가 표상되기 때문에 고립된 계획이 되어서 기억하기 어렵게 된다.

미래계획기억과 관련된 또 다른 요인으로는 동기를 들 수 있다. 자신에게 매우 중요한 약속은 대부분 기억나게 마련이다. 높은 동기 수준은 행위의 순서를 명세화하고 위계를 미리 정하고 정교화를 하거나 빈번하게 되뇌게 하는 강력한 효과를 지니기 때문이다. 또한 정확한 시간을 구체적으로 명시하는 경우가 그렇지 않은 경우에 비해 잘 회상된다. 예를 들어, '4시 반에 친구에게 전화걸기' 라는 식으로 정확한 시간을 계획에 포함시키는 것이 '수업 끝나고 나서 전화걸기' 라고 계획하는 것보다 효과적이다.

마지막으로, 미래 계획에 대한 기억은 과제가 어떻게 부호화되고 외부단서나 메모를 어떻게 효율적으로 사용하는가에 달려 있다. 다른 과제의 수행 중에도 쉽게 볼 수 있는 달력이나 다이어리, 메모 등을 사용하고 특이하고 구체적인 외부단서(예: 주차하고 헤드라이트를 끄지 않은 경우 소리가 나도록 하기)를 사용하면 미래 계획에 대한 수행이 향상될 것이다.

6. 요약

기억의 좋고 나쁨에 결정적인 영향을 주는 요인으로 부호화 과정에서의 처리 수준과 정교화를 들 수 있다. 제시된 정보에 대해 깊은 수준의 처리가 이루어질수록, 관련된 부가적 정보가 함께 저장되고 정교한 처리가 이루어질수록 파지가 잘된다. 그러나 부호화 특수성 원리에 따르면, 정보의 파지 정도는 부호화 과정뿐만 아니라 부호화 맥락과 인출맥락 간의 일치 정도에 영향을 받는다.

망각의 원인에 대한 이론 중 쇠잔이론은 사용하지 않는 기억흔적이 시간 경과에 따라 약해진다고 본다. 반면 간섭이론에 따르면, 파지 기간 동안 이루어진 새로운 학습 경험과 기존 학습 경험이 서로 간섭하여 망각이 일어난다. 한편, 단서의존망각 관점에 따르면, 장기기억에 저장된 정보에 접근하는 데 적절한 인출단서가 없기 때문에 망각이 일어난다.

높은 각성 수준은 정보의 탐지와 지연된 기억수행을 촉진시키는 반면, 즉각적인 기억수행은 저하시킨다. 무기와 같이 강한 정서를 유발하는 자극에 노출되면 중심적인 정보는 잘 기억하지만 세부적인 정보에 대해서는 잘 기억하지 못하는 경향이 있다. 정서적 사건이 잘 기억되는 이유는 특이성, 주의, 전주의 처리, 정교화 등으로 설명할 수 있다. 섬광기억은 정서적 각성을 일으키는 놀라운 사건에 대한 생생한 기억으로, 매우 세부적인 내용까지 오랫동안 파지되어 마치 사진을 찍어 보존하는 것처럼 기억되는 특성을 지니고 있다. 이러한 섬광기억은 왜곡되고 재구성될 수도 있으며, 특수한 기제에 의한 것이라기보다는 사건의 중요도로 인한 빈번한 시연 및 반복되는 인출의 결과일 가능성이 높다.

자아를 중심으로 구성된 개인의 인생사를 자전적 기억이라 한다. 자전적 기억은 인생 기간, 일반사건, 사건특수적 지식의 수준으로 구성된 위계적 구조를 지니고 있다. 생애 기간에 따른 자전적 기억의 분포에서 5세 이전의 기억은 기억상실현상(아동기 기억상실)을 보였으며, 청소년기와 초기 성인기의 기억이 가장 왕성하게 회상되었다.

미래계획기억은 과거 경험에 대한 기억과는 달리 미래에 수행하여야 할 일을 기억하는 것으로, 외부단서에 의존하지 않고 자기주도적으로 부호화화고 인출하는 기억을 말한다. 미래계획기억은 현재 진행 중인 활동과 경쟁하여야 하고 시간 경과를 모니터하기 때문에 기억에 부담이 되어 인출에 실패하는 경우가 있다. 미래계획기억은 다시 사건의존적 미래계획기억과 시간의존적 미래계획기억으로 나누어진다.

주요 용어 목록

간격효과(spacing effect)
간섭(interference)
기억상실증(amnesia)
기억술(mnemonics)
망각(forgetting)
목격자기억(eyewitness memory)
미래계획기억(prospective memory)
부호화 특수성 원리(encoding specificity principle)
섬광기억(flashbulb memory)
쇠잔(decay)
아동기 기억상실(childhood amnesia)
오기억(false memory)
인출실패(retrieval failure)
자전적 기억(autobiographical memory)
정교화(elaboration)
처리 수준(levels of processing)
행위실수(slips of action)

읽을거리 ▶▶▶

이정모 편(1996). 인지심리학의 제문제 I: 인지과학적 연관. 서울: 학지사.

Cohen, G. (1996). *Memory in the real world* (2nd ed.). UK: Psychology Press.

Schacter, D. L. (1996). *Searching for memory: The brain, the mind, and the past*. New York: BasicBooks.

제7장

개념과 지식표상

제7장

개념과 지식표상

아프리카의 어느 낯선 도시를 처음으로 방문하였다고 상상해 보자. 길을 걸으면서, 우리가 살고 있는 지역과는 판이한 이국적인 풍경이 낯설기도 할 것이다. 그렇지만 그곳에도 우리에게 친숙하게 보이는 많은 것들이 있게 마련이다. 길 양편에는 다양한 모습의 건물들이 이어져 있고, 차로를 따라서 야자수가 심어져 있고, 피부색은 다르더라도 많은 사람들이 스쳐 지나가고, 자동차들이 왕래하며, 교차로에는 신호등이 깜빡거리고, 모퉁이에는 주유소가 자리 잡고 있다. 비록 낯선 도시이기는 하지만 우리는 건물, 가로수, 사람, 자동차, 신호등, 주유소 등에 관해서 많은 지식을 가지고 있기 때문에, 그 도시에서 일어나는 일들을 이해하는 데 별 어려움을 느끼지 않는다.

이러한 지식은 기본적으로 개념들로 구성되어 있다. 개념이란 범주화, 기억, 추리와 판단, 언어의 사용과 이해 등을 포함한 모든 인지활동에 사용되는 심적 표상을 의미한다. 따라서 우리가 자동차에 대해서 생각한다는 것은 자동차에 대한 심적 표상, 즉 개념을 활성화시키는 것이며, 여기에는 자동차가 무엇이며, 어떻게 생겼으며, 어떻게 작동시키는 것인지 등등에 관한 수많은 정보들이 포함되어 있다.

개념이 지식표상의 토대라고 할 때, 우리는 암묵적으로 표상의 본질과 그 기능에 대해서 합의가 이루어진 것으로 간주하였다. 그러나 인지심리학에서 가장 곤혹스러운 논제 중의 하나가 바로 표상의 문제이다. "지금 살고 있는 집에는 창문이 몇 개나 있습니까?" 라는 질문과 "대한민국은 민주주의 국가입니까?" 라는 질문에 답하기 위해서 우리가 참조하는 지식표상은 내용과 형식 모두에서 다른 것처럼 보인다. 전자의 경우에는 집에 대한 심상(mental imagery)을 떠올려서 마음속에서 창문을 세어 보는 전략을 사용하는 반면, 후자의 경우에는 우리나라에 대한 일반 지식을 활성화시켜 그 진위를 판단하는 전략을 사용하기 십상이다.

이 장에서는 우선 개념과 범주에 대한 인지심리학적 연구를 다룬다. 개념의 범주화 기능을 중심으로 개념과 범주의 본질, 개념의 구조에 대한 인지심리학적 이론, 그리고 개념들 간의 수직적(위계적) 관계와 수평적 관계를 살펴본다. 그러고 나서 표상의 기본적인 논제들을 표상체계라는 관점에서 논의하고, 지각기반 표상의 문제를 심상을 중심으로 다룬다. 전체 지식 시스템에 관해서는 제8장에서 논의하게 될 것이다.

1. 개념과 범주의 본질

개념이 없다면 정신생활은 혼돈의 세계가 될 것이다. 만일 모든 개체를 독특한 것으로 지각한다면 우리는 엄청나게 다양한 경험에 압도당할 것이며, 우리가 접하는 것들의 극히 일부분도 기억할 수 없을 것이다. 그리고 만약 각 개체가 독자적인 이름을 갖는다면 우리가 사용하는 언어는 정신을 차릴 수 없을 정도로 복잡해지고 의사소통은 거의 불가능해질 것이다. 다행히도 우리는 개개의 사물과 사건을 독특한 것으로 지각하고 기억하며 언급하지 않는다. 오히려 우리가 이미 알고 있는 유목이나 개념의 한 사례로 처리하는 것이다. 따라서 개념은 우리 세계에 안정감을 제공한다. 개념은 또한 주어진 정보를 넘어설 수 있게 해 준다. 일단 개체를 지각적 속성에 근거하여 한 유목에 할당, 즉 범주화하게 되면 지각할 수 없는 속성들에 대해서 추론할 수 있다. 요컨대, 개념은 세상에 존재하는 사물과 사건들을 지각하고 기억하며 언급하고 생각하는 데 결정적이다(Smith & Medin, 1981).

여러 가지 정보를 토대로 물체나 사건의 정체를 판단하다 보면 별개의 대상들을 같은 이름으로 부르는 일이 일어나게 된다. 이것은 그것들이 무엇인가 공통점이 있다는 것을 알기 때문에 가능하다. 예컨대, 옆집에서 밤마다 시끄럽게 짖어대는 동물도 '개'라고 부르고 아기가 갖고 있는 동물 인형도 '개'라고 부른다면, 이 둘을 '개' 범주에 포함시킨 것이 되며 이 둘은 '개'라는 이름이 뜻하는 그 무엇, 즉 '개'

개념이 포함하고 있는 속성들을 공유하는 것으로 판단한 것이다. 이 예에서 보듯이 같은 이름으로 부른다는 것, 즉 범주화 행동을 하는 것은 이것이 경제적으로 정보를 표상하고 이용하게 해 주기 때문이다. 아울러 범주화는 이후의 인지 처리에 영향을 주게 된다. 즉, 범주에 기초해서 주어지지 않은 정보를 추론할 수 있게 된다.

범주란 동일 유목에 함께 속한다고 생각하는 사물들의 유목을 지칭하며, 범주화란 사물이나 사건들을 범주로 할당하는 과정을 말한다. 범주화는 가장 기본적인 인지과정의 하나이다. 만일 감각기관을 통해 들어오는 정보를 범주화하지 않는다면, 즉 접하는 모든 대상들이 독특한 것이어서 알고 있는 어떤 것과도 전혀 다르게 된다면 경험에 의미를 부여할 수도 없으며, 그 경험으로부터 어떤 도움도 받을 수가 없다. 그 대상에 대해서 어떻게 대처해야 하는지 알지 못하며, 아무것도 예측할 수 없게 된다. 문자 그대로 자극 또는 정보의 홍수에 빠져서는 기억 속에 들어 있는 기존 지식을 어떻게 사용하여 헤쳐 나갈 것인지에 대해서 속수무책이 되어 버린다.

1) 사고의 기본 단위로서의 개념과 범주

개념은 지식표상의 기본 단위다. 수많은 자극에 직면하고 있는 복잡한 상황에서 일차적 과제는 경험들을 의미 있고 심리적으로 대처할 수 있는 단위로 분할하는 것이다. 이것이 바로 범주화의 문제이며, 범주화는 바로 개념이 가지고 있는 가장 중요한 일차 기능이다. 범주화는 입력자극이 기억에 저장된 개념과 연계되는 초기 지각 단계에서부터 시작된다. 또한 새로운 개념의 획득은 모든 학습 과정의 토대이며, 획득된 개념은 추리, 판단, 문제해결, 의사결정, 창의성 등 모든 고급 수준의 사고 과정에서 중추적인 역할을 담당한다. 언어의 경우에도 대부분의 단어들은 개념을 나타내는 표지로 작용한다. 실제로 인간의 의사소통은 범주정보의 교환으로 이루어진다고 해도 과언이 아니다.

기억의 경우도 마찬가지다. 상식 수준에서는 기억을 일기나 사진 앨범과 유사하게 과거 경험에 대한 기록으로 간주하기 십상이다. 그러나 만일 기억이 그러한 특성만을 가지고 있다면, 기억은 단지 지나간 시절을 회상하는 근거만을 제공해 줄 뿐이며, 현재 직면하고 있는 문제에 대처하거나 미래를 예측하는 데 전혀 도움을 주지 못한다. 과거와 동일한 사건은 결코 다시 일어나지 않기 때문이다. 기억이 우리의 적응적 행동에 도움을 주는 것은 과거 경험에서 얻은 정보를 현재 상황에 적용할 수 있도록 체제화하고 있기 때문인데, 기억 체제화의 요체가 바로 개념이며 범주화이다. 우리는 낱개낱개의 사건들을 경험하지만, 그 사건들을 특정 범주의 한 사례로 재인하며 기억하는 것이다. 요컨대, 개념과 범주화는 우리가 수행하는 모든 지적 행위의 기초가 된다.

그렇다면 개념(concept)과 범주(category)란 무엇인가? 우리는 어떻게 개념과 범주를 학습하며, 기억체계 속에 표상하는가? 두 용어는 흔히 상호교환적으로 사용되기도 한다. 굳이 구분을 한다면 개념은 구체적이든 추상적이든, 아니면 실재하는 것이든 상상하는 것이든 사물이나 사건 또는 현상에 대한 심적 표상(mental representation)으로서 우리가 세상을 이해하고 있는 방식이다. 개념을 심적 표상이라고 할 때, 그 표상에는 사물이나 사건에 특징적으로 연합된 모든 정보가 포함되어 있다고 할 수 있다. 반면에 범주는 사람들이 동일 유목에 함께 속한다고 생각하는, 다시 말해서 동일 유목으로 사람들이 기억에 저장하고 있는 본보기들의 집합(예컨대, 사물, 행위, 상태, 양, 질 등)이라고 할 수 있다.

예를 들어 보자. '컴퓨터'라는 개념은 특정한 대상이 컴퓨터의 한 사례라는 사실을 이해할 수 있도록 만들어 주는 심적 표상이라고 정의할 수 있다. 일단 한 대상을 컴퓨터라고 이해하게 되면, 기존의 지식을 활성화시켜 여러 가지 가능한 추론을 할 수 있다. 예컨대, 누군가에 의해서 만들어졌으며, 컴퓨터가 갖추어야 하는 여러 구조와 기능을 가지고 있을 것이다. 반면에 '컴퓨터'라는 범주는 컴퓨터로 범주화될 수 있는 모든 대상들의 집합을 지칭한다. 따라서 개념은 세상을 의미 있는 부분집합들로 분할하는 기능을 제공해 주며, 범주는 개념에 의해서 분할된 집합들이라고 할 수 있다.

개념과 범주 간의 구분은 내포(intension)와 외연(extension)에 대응시킬 수도 있다. 개념과 범주와의 관계에서 개념은 내포적 측면, 즉 범주화에 사용되는 정보와 범주화가 제공하는 추론에 관여하며, 범주는 대상들을 참조하는 용어의 적용이라는 외연적 측면에 관여한다. 범주의 구성원들은 바로 그 범주의 외연으로서, 하나하나의 사례 또는 본보기가 된다. 그러나 범주의 본보기는 그 자체가 특정한 대상을 지칭할 수도 있으며, 또 다른 하위범주가 될 수도 있다. 예컨대, '진돗개'와 '우리 집에서 키우고 있는 강아지'가 모두 '개' 범주의 사례들이지만, 전자는 '개'의 하위개념으로서의 본보기인 반면, 후자는 특정 개로서의 사례인 것이다.

2) 개념과 범주의 기능

우리는 이 세상에 존재하는 거의 무한한 수의 사물과 사건들을 특별한 경우가 아닌 한 의식하지 않은 채 자동적으로 범주화하며, 모든 사람들은 거의 동일한 방식으로 세상을 범주화한다. 직관적으로는 이것이 당연한 것처럼 보일 수도 있지만, 대상들을 부분집합으로 분할할 수 있는 경우의 수를 논리적으로 따져 본다면(예컨대, 대상의 수가 10개만 되어도 가능한 부분집합들로 나눌 수 있는 경우의 수는 100,000가지가 넘는다!) 이것은 우리가 달성한 엄청난 성취라고 할 수 있다.

그렇다면 우리는 어떻게 지금과 같은 범주지식을 가지고 있는 것인가? 한 가지 가능성은 이 세상이 그렇게 구조화되어 있어서 우리의 범주들이 세상 구조를 반영한다는 것이다. 또 다른 가능성은 범주가 이 세상을 살아가면서 직면하게 되는 수많은 문제들을 해결할 수 있도록 구조화되어 있다는 것이다. 따라서 그 기능을 살펴봄으로써 범주와 개념을 보다 잘 이해할 수 있다.

무엇보다도 개념의 일차적 기능은 범주화(categorization) 기능이다. 범주화란 특정한 사례가 특정한 범주의 구성원인지의 여부를 결정하는 것(예컨대, 창밖에 보이는 대상이 소나무인지의 여부), 그리고 특정한 개념이 다른 개념의 부분집합인지를 결정하는 것이다(예컨대, 소나무가 침엽수 또는 식물인지의 여부). 개념이 범주화 기능을 가지고 있다는 것은 개념이 본질적으로 패턴 재인(pattern recognition) 도구라는 사실을 의미하며, 나아가서 개념은 새로운 대상들을 유목화하고 그 대상에 대해 추론하는 데 사용된다는 사실을 의미한다.

둘째, 이해, 설명, 그리고 예측의 기능이다. 개념은 주위에서 일어나는 사건들을 의미 있는 단위로 분할하여 이해하고 설명하며, 그 사건이 어떻게 전개될 것인지를 예측할 수 있게 해 준다. 예컨대, 결혼식 피로연에 초청받아 온 손님이 갑자기 마이크를 잡고 유행가를 뽑기 시작하였다면, 그 사람이 술에 취해서 그랬을 것이라고 이해하고 설명하기 십상이다. 시키지도 않았는데 노래를 불러대는 것이 술 취한 사람의 전형적인 행동은 아니지만, 취하였기 때문에 그런 행동을 하였다고 설명하는 것은 꽤 타당성이 있는 것이다. 일단 술 취한 사람이라고 범주화하게 되면 그 사람의 후속 행동을 예측할 수 있으며, 이에 적절하게 대처할 수 있게 된다.

셋째, 연역추론과 귀납추론의 기능이다. 창밖에 있는 대상이 '소나무'의 한 사례라면 그 대상은 침엽수이며, 솔방울이 달리고, 가지가 많이 휘어져 있을 것이라고 추론할 수 있다. 또한 사람들은 새로운 상황이나 대상들을 표현하기 위하여 개념들을 결합하여 사용하기도 하는데, 그 결합개념을 어떻게 해석하느냐에 따라서 전혀 다른 추론 과정이 진행될 수도 있다.

넷째, 개념은 의사소통에서 필수적이다. 의사소통은 사람들이 지식을 공유하고 있고, 그 지식을 동일한 개념 또는 범주를 통해서 주고받는 한에 있어서 가능하다. 만일 사람들이 언어적으로는 동일한 표현을 하지만, 그 표현이 서로 다른 개념을 반영한다면 의사소통은 와해되고 만다(난센스 코미디가 주로 사용하는 소재 중의 하나가 바로 이것이다.).

지금까지 제시한 네 가지 기능의 진행 과정을 정보처리의 흐름도로 표현한다면 [그림 7-1]과 같다. 물론 이 네 가지가 개념의 기능을 모두 나열한 것이라고 볼 수 없으며, 확정적인 것이라고 볼 수도 없다. 이 외에도 개념은 앞에서 언급하였던 것처럼 학습, 기억, 문제해결, 일반화, 유비추론, 명제표상의 구성 등 다양한 기능을 담당한다. 개념의 기능을 어떻게 나눌 것이냐 하는 것도 바로 범주화의 문제이다.

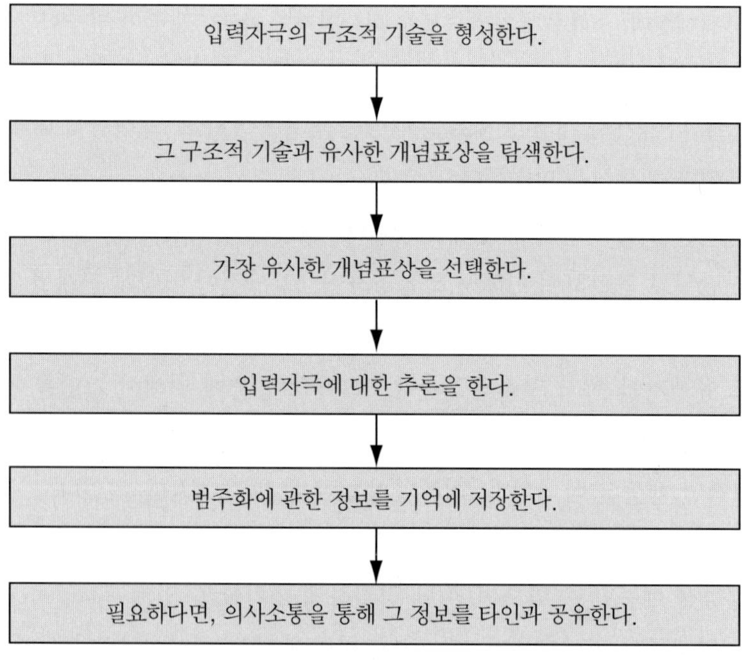

[그림 7-1] 범주화 과정의 도식적 흐름도

2. 개념과 범주의 구조

심리학은 개념의 획득과 사용에 대한 실험적 연구를 70년 이상 수행해 왔다. 그러나 1970년대에 이르기까지 모든 개념은 정의속성(definitional attribute)의 집합으로 규정할 수 있다고 가정하고, 소위 개념 형성이라는 이름 아래 새로운 개념의 획득이 아니라 단지 새로운 범주이름을 획득하는 과정에 관심을 기울여 왔다(Bruner, Goodnow, & Austin, 1956 참조). 즉, 개념의 모든 사례는 정의속성들을 공유하며, 이 속성들은 개별적으로는 범주의 사례가 되기 위한 필요조건이며, 전체적으로는 충분조건이 된다는 것이다. 이러한 고전적 견해에 따르면, 개념은 정의(definition)에 의해서 규정된다. 이 견해는 오늘날 단순 규칙에 의해서 규정될 수 있는 잘 정의된 명목 개념(well-defined nominal concept)에 적용 가능한 것으로 받아들여질 뿐이나, 역사적으로 보면 오랜 세월 동안 개념 구조에 관한 입장을 주도해 온 것이 사실이다.

1970년을 전후하여 Rosch와 그녀의 동료들은(Rosch, 1973; Rosch & Mervis, 1975; Rosch, Mervis, Gray, Johnson, & Boyes-Braem, 1976) 자연 개념의 등위 구조(graded structure)와 개념 위계에서의 기본수준(basic level)에 관한 일련의 뛰어난 연구를 통해서, 그리고 Posner와 Keele(1968, 1970)은 점패턴과 같은 인공 범주의 학습과 범주화에 관한 일련의 기념비적 연구를 통해서 개념과 범주에 대한 심리학 연구에 일대 혁명을 초래하였다. 한 개념 내에서 사례들은 그 개념을 대표하는 정도, 즉 전형성(typicality)에서 차이가 있으며, 그 개념을 가장 잘 대표하는 가상적인 사례가 그 개념의 원형(prototype)이 된다는 것이다. 개념의 경계는 일반적으로 잘 정의되지 않는다. 또한 개념의 위계 구조상에는 다른 어떤 수준의 개념보다도 처리의 우선성이 보장되는 수준이 있으며, 그 수준이 바로 기본수준이다.

이미 고전이 되어 버린 Rosch와 Posner의 연구는 개념과 범주, 그리고 범주화 연구에 새로운 기폭제가 되었으며, 그 이후 개념의 등위 구조를 반영하고 사람들의 범주화 행동을 설명하기 위한 많은 모형들이 제안되어 왔다. 대표적인 모형들로는 정보의 추상성을 강조하는 원형모형(prototype model), 경험한 사례들의 표상을 강조하는 본보기모형(exemplar model), 원형 정보와 본보기 정보를 결합한 스키마모형(schema model), 그리고 개념과 범주의 응집성(coherence)을 강조하는 설명기반 모형(이론기반모형, explanation/theory-based model) 등을 들 수 있다. 본보기모형, 원형모형, 그리고 스키마모형은 개념의 기능이 기본적으로 유사성에 근거한다고 가정하기 때문에 총칭적으로 유사성기반 견해(similarity-based view)라고 부르기도 한다.

이제 개념 구조와 범주화 과정에 대한 견해들을 고전적 견해, 유사성기반 견해, 그리고 설명기반 견해로 나누어 간략하게 소개한다. 이 견해들을 살펴보기 전에 명심해야 할 한 가지 사실은 어느 이론도 모든 개념과 범주화 현상을 다 설명할 수는 없다는 사실이다. 또한 이 이론들은 상호 대립적이라기보다는 상호 보완적인 것으로 받아들여져야 한다. 우리의 지식체계가 어느 한 가지 방식으로만 존재한다고 볼 수 없기 때문이다.

1) 고전적 견해

고전적 견해는 아리스토텔레스 시대 이래로 1960년대까지 막대한 영향력을 미쳤던 입장이며, 어떤 개념에 속한 사례들은 모두 기준속성 또는 정의속성들을 공유한다고 주장한다. 즉, 앞서 언급한 바와 같이 개념이란 개별적으로는 필요조건이며 집단적으로는 충분조건이 되는 정의속성들의 집합이라는 것이다. 개별적으로 필요조건이란 그 개념에 해당되는 사례가 되려면 반드시 그 속성을 가지고 있어야만 한다는 뜻이다. 집단적으로 충분조건이란 어떤 사례가 모든 속성들을 갖고 있으면 그 사례는 자동적으로 그 개념의 사례가 된다는 뜻이다. 예컨대, '변이 네 개' '폐쇄도형' '평면도형'이라는 각 속성은 사각형이기 위해 반드시 필요하며, 세 속성의 집합은 사각형을 정의하는 데 충분하다. 수학에서 다루는 집합 개념은 고전적 견해가 잘 적용되는 대표적인 경우다.

개념을 필요충분조건으로 간주하는 고전적 견해는 다음과 같은 함의를 갖는다. 첫째, 개념은 정의속성 목록으로 표상된다. 예컨대, '총각' 개념은 '사람' '남성' '어른' '미혼'이라는 속성의 목록으로 규정될 수 있다. 둘째, 범주 경계가 명확하다. 예컨대, 한 사람이 총각인지 아닌지는 속성 목록에 의해서 명확하게 구분된다. 위에서 언급한 네 속성을 가지고 있으면 필연적으로 총각이며, 하나라도 결여하고 있으면 결코 총각이 아니다. 셋째, 한 범주에 속한 사례들은 그 범주에서 동등한 지위를 갖는다. 일단 필요・충분속성을 모두 가지고 있으면 누구나 다 어엿한 총각이다. 즉, 어떤 사례가 그 범주의 더 좋은 예라든가 나쁜 예일 수 없다.

고전적 견해는 1960년대까지 의심의 여지없이 정설로 받아들여졌으나, Rosch(1973; Rosch & Mervis, 1975)의 기념비적 연구는 이 견해가 심리학적 틀로서 많은 문제점을 갖고 있다는 것을 잘 보여 주었다. 첫째, 고전적 견해가 주장하는 바와는 달리, 범주에 속한 사례들 중에서 어떤 사례는 그 범주의 더 좋은 예로, 그리고 다른 사례는 덜 좋은 예로 평가된다. 예컨대, 참새나 비둘기는 전형적인 새로 평가되는 반면, 타조나 펭귄도 어엿한 새이기는 하지만 새답지 않은 새로 평가된다. 이런 현상은 필요・충분조건으로 명확하게 정의되는 짝수나 홀수와 같은 범주에서도 관찰된다(Armstrong, Gleitman, & Gleitman, 1983).

둘째, 범주 경계 역시 명확하지 않다. 예컨대, 어떤 사례가 얼마나 그 개념에서 전형적인지 평정하게 하거나, [그림 7-2]와 같이 그릇의 높이와 너비를 달리하는 여러 개의 그릇을 주고 컵인지, 접시인지를 판단하게 하는 절차를 사용해 보면 범주 경계는 사람들 간에도 달랐고, 심지어는 한 개인 내에서도 변한다(Labov, 1973; McCloskey & Glucksberg, 1978).

셋째, 개념을 정의하는 속성도 명확하지 않다. 특별한 지시를 주어 개념의 정의 속성을 나열하게 해도 대부분의 사람들은 그러한 정의속성을 제시하지 못한다. 오

[그림 7-2] Labov(1973)가 컵 범주의 경계를 밝히기 위해 높이와 너비를 변화시켜 사용한 그릇들의 예

히려 정의적이지는 않지만, 그 개념의 많은 사례들이 가지고 있는 특징속성(characteristic attribute)들을 제시하는 경우가 많다(Rosch & Mervis, 1975). 예컨대, '새' 개념에 대해 '난다'는 속성을 많이 제시하지만, 이 속성은 대부분의 새가 가지고 있는 속성일 뿐 '새'를 정의하는 속성은 아니다. 타조나 펭귄도 엄연히 새이기는 하지만 '난다'는 속성을 가지고 있지 않다.

요컨대, 우리가 일상적으로 사용하는 자연개념들은 정의속성을 가지고 있는 경우가 거의 없으며, 사례들이 개념 내에서 등가적인 지위를 차지하는 것도 아니며, 그 개념의 경계도 모호한 정의곤란 개념(ill-defined concept)인 것이다.

범주화에 관한 이런 연구 결과는 고전적 견해와 부합되지 않기 때문에 이를 대신할 새로운 이론의 등장을 촉발시켰다. 그 결과 사람들은 필요 · 충분속성들이 구비되었느냐를 보고 범주화하는 것이 아니라 주어진 사례가 개념에 대한 표상과 얼마나 유사한가에 따라 범주화한다는 일련의 이론들이 등장하게 되었다.

2) 유사성기반 견해

개념 구조에 대한 많은 이론들이 유사한 대상들은 동일한 범주에 속하며, 유사하지 않은 대상들은 서로 다른 범주에 속하는 경향이 있다고 가정한다. 즉, 대상들이 유사하기 때문에 동일 범주로 묶이는 것이며, 새로운 대상의 범주화는 심적 표상과의 유사성에 근거하여 이루어진다는 가정이다. 개념의 속성들이 존재하는 정도가 확률적으로 결정되며, 새로운 사례의 범주화도 확률적으로 이루어지기 때문에, 이 견해를 확률적 견해(probabilistic view)라고 부르기도 한다. 이러한 견해를 취하는 대표적인 모형들이 원형모형, 본보기모형 그리고 스키마모형이다.

사람들이 유사성에 근거하여 범주를 구성하고 새로운 사례를 범주화한다는 주장이 직관적으로는 상당히 타당한 설명으로 받아들여질 수 있다. 그렇지만 유사성이 지극히 가변적이며 맥락의존적이기 때문에, 유사성이 범주화의 원인이 아니라 그 결과 또는 부산물일 가능성이 있다는 주장도 만만치 않게 제기되고 있다. 이 문제는 뒤에서 다시 다루도록 하겠다.

(1) 원형모형

주어진 사례를 범주화할 때 범주표상과 비교하여 어느 범주에 속하는지를 판단한다고 주장하는 이론 중에서 가장 먼저 등장한 것이 원형모형(prototype model)이다. 원형모형에서는 개념이 원형에 의해 표상된다고 가정하는데, 원형이란 그 범주에 속하는 사례들이 가장 평균적으로(또는 대표적으로) 가지고 있는 속성들의 추상적 집합체라고 볼 수 있다.

원형이라는 추상적 표상이 상정되는 것은 동일한 범주에 속한 사례들이 친족유사성 구조를 갖기 때문이다. 어느 한 가족의 식구들은 서로 비슷하게 생겼지만 모든 식구들이 공유하는 속성은 없을 수도 있다. 그렇지만 우리는 그 가족들을 다른 가족과 구분할 수 있다. 왜냐하면 [그림 7-3]에서 보는 바와 같이 가족들의 일부가 공유하고 있는 속성들이 있기 때문이다. 우리가 사용하는 언어도 이것과 마찬가지인 경우가 많은데, Wittgenstein(1953)은 이런 구조를 친족유사성(family resemblance)이라 하였고, Rosch는 자연범주도 친족유사성 원리를 따른다고 제안한다(Rosch, 1973, 1975; Rosch & Mervis, 1975; Rosch et al., 1976).

원형모형은 고전적 견해와 크게 세 가지 점에서 차이를 보인다. 첫째, 개념은 속성 목록으로 표상되는 것이 아니라 원형에 의해 표상된다고 본다. 특정 개념에 속하는 사례들을 경험한 후, 그 사례들을 가장 잘 대표할 수 있는 원형이 추상화되어 그 개념의 표상으로 저장된다는 것이다. 둘째, 원형모형에서는 범주 경계가 모호하다고 본다. 예컨대, 토마토는 과일일 수도 채소일 수도 있다. 따라서 어떤 사례가 그 범주에 속하는지의 판단은 개인 간에도 다르고, 심지어는 한 개인 내에서도 다를

[그림 7-3] 친족유사성의 예

9명이 모두 가지고 있는 속성은 하나도 없지만, 부분적으로 중복되는 속성들이 있다. 중앙에 있는 모습이 대표적(전형적)인 얼굴이다(Armstrong, Gleitman, & Gleitman, 1983).

수 있다(McCloskey & Glucksberg, 1978). 셋째, 범주에 속한 사례들은 범주에 대한 대표성, 즉 전형성에서 차등적인 등위 구조를 갖는다. 전형적인 사례는 그 사례의 속성들이 원형의 속성들과 많이 일치하는 사례이고, 원형과 공유하는 속성이 적을수록 덜 전형적인 사례가 된다. 이러한 등위 구조는 우리가 범주판단을 하는 데에도 영향을 미친다. 예컨대, '개는 동물이다.'와 같은 문장의 진위판단과제에서 전형적인 사례의 진위를 덜 전형적인 사례보다 빨리 판단하는 전형성효과(typicality effect)가 나타난다(Rips, Shoben, & Smith, 1973). 전형성효과는 원형과 유사한 정도를 비교하여 범주판단을 한다는 가정과 잘 부합된다. 또한 어떤 사례가 특정 범주에 속하는지 판단할 때 원형의 속성들과 비교하는 과정을 생각할 수 있는데, 이때 범주 사례들 중에서 많은 수의 사례들이 공유하는 속성이 적은 수의 사례들이 공유하는 속성보다 더 큰 가중치를 가질 수 있다.

원형모형의 또 다른 특징은 개념의 위계적 수준을 구분하고 있다는 점이다. 우리는 하나의 대상을 여러 가지 이름으로 부를 수 있다. 예컨대, '사과'라고 부를 수도 있고, 보다 일반적인 범주인 '과일'이나, 아니면 보다 구체적인 범주인 '홍옥'이라고도 부를 수 있다. 이렇게 여러 가지 수준 중에서 가장 흔히 사용되는 수준을 기본수준이라 한다. 기본수준 개념은 상위수준이나 하위수준보다 변별력이 더 크며, 발달적인 측면에서 더 일찍 습득되는 것으로 알려져 있다. 개념의 위계적 구조에 대해서는 뒤에서 다시 다룬다.

원형모형은 원형에 표상된 정보가 무엇이냐는 측면에서 다소 모호한 점이 있기는 하지만, 고전적 견해가 직면하였던 문제들을 대부분 해결하고 있다는 점에서 많은 이점을 가지고 있다. 첫째, 원형모형은 개념의 필요 · 충분조건을 상정하지 않음으로써 사람들이 개념의 정의속성을 제시하지 못하는 이유를 설명할 수 있다. 둘째, 무엇보다도 전형성효과와 개념 경계의 모호성을 설명할 수 있다. 전형성효과와 개념 경계의 모호성에 대한 원형모형의 설명력이 수많은 경험적 연구를 통해 검증된 이후, 원형모형은 사물 개념을 넘어서서 정서, 성격특성, 임상적 진단, 대인지각 등 다양한 영역에 적용되어 왔으며, 심지어는 그림의 스타일(Hartley & Homa, 1981)이나 음악의 주제(Welker, 1982)에까지 적용되었다.

그렇기는 하지만, 원형모형의 여러 가지 문제점도 지적되어 왔다. 첫째, 범주 사례들 사이에 지각적 유사성이 없는 경우에도 적절한 맥락이 주어지면 사람들은 범주화할 수 있다. 예컨대, 아이, 애완동물, 사진첩, 가보, 현금과 같은 사례들은 표면적으로는 유사성이 없지만 '집에 불이 났을 때 꺼낼 물건'이라는 범주로는 잘 묶인다(Barsalou, 1983). 둘째, 사람들은 지각적 유사성보다는 범주의 정의(definition)와 같은 정보를 이용해서 범주화하고 어떤 사례의 속성을 추론하기도 하는데, 이 현상은 어린아이들에게서도 나타난다(Gelman & Markman, 1986). 셋째, 맥락에 따라 전형성의 정도가 달라지기도 하는데 원형모형은 이 현상을 설명하기 어렵다. 예컨대, 홍차는 비서들이 휴식시간에 마시는 음료로는 아주 전형적이지만 트럭운전사들이 마시는 음료로는 전형적이지 않다(Roth & Shoben, 1983). 넷째, 원형은 개념들이 결합되어 새로운 개념이 형성될 때 새로운 복합 개념에서의 전형성을 예측할 수 없다. 한 예로, 사람들은 주걱처럼 큰 숟가락보다 식사할 때 사용하는 작은 숟가락을 더 전형적인 숟가락이라고 생각하고, 나무숟가락보다 금속숟가락을 더 전형적인 숟가락으로 생각하지만, 숟가락이 클 때는 큰 나무숟가락을 큰 금속숟가락보다 더 전형적인 숟가락으로 생각한다(Medin & Shoben, 1988).

이 외에도 특징 속성의 기준이 무엇이냐는 철학적 논쟁, 개념들의 선형 분리가능성(linear separability)의 논제들이 문제점으로 지적되고 있으나, 그 내용은 이 책의 범위를 넘어서는 것이라 판단되어 여기서는 더 이상 자세한 논의를 하지 않는다. 보다 자세한 내용은 신현정(2000)을 참고하기 바란다. 역설적으로 보일 수도 있겠지만, 원형모형의 문제점들이 이렇게 많이, 그리고 강력하게 제기된다는 사실은 이 모형이 개념 연구에서 매우 중요한 위치를 차지한다는 증거이기도 하다.

(2) 본보기모형

원형모형이 고전적 견해에 비해 여러 가지 현상들을 더 잘 설명하고는 있지만 모든 현상을 잘 설명하는 것은 아니다. 이런 연유로 제기된 이론 중의 하나가 본보기모형(exemplar model)이다. 본보기모형은 범주표상과의 유사한 정도에 따라 범주 판단이 일어난다고 보는 점에서는 원형모형과 맥을 같이 하지만, 무엇이 표상되느냐는 점에서 원형모형과 다르다.

본보기모형은 자극일반화(stimulus generalization)의 생각으로부터 출발한다. 주어진 자극(사례)에 대한 반응(범주화)은 그 자극(사례)이 과거에 경험하였던 자극(사례)들과 얼마나 유사한가에 달려 있다는 생각이다. 따라서 개념은 원형과 같은 추상화된 요약 정보가 아니라 본보기들로 표상되며, 주어진 항목의 범주화는 기억에 표상된 개별 사례들과의 유사성에 달려 있다고 주장한다(Medin & Schaffer, 1978).

그렇다고 추상화를 전적으로 배제하는 것은 아니다. 본보기는 한 개념의 특정한 사례일 수도 있으며, 그 개념의 부분집합일 수도 있다. 예컨대, '옷' 개념의 본보기는 '내가 즐겨 입는 낡은 청바지'일 수도 있으며, 아니면 '청바지' 일반일 수도 있다. 원형모형은 추상화가 사례 경험을 통하여 개념을 획득할 때 일어난다고 주장하는 반면, 본보기모형은 사례의 전형성을 판단한다든가, 새로운 사례를 범주화한다든가 아니면 개념에 대해서 추론을 하는 것과 같이 그 개념을 사용할 때 추상화가 일어날 수 있다고 가정한다.

원형모형에서는 범주 사례들의 가장 대표적인 값이 원형으로 표상되고 그 원형과의 유사성에 기초해서 범주판단이 일어난다고 가정한다. 그러나 원형모형은 범주 크기, 사례들 간의 변산성, 사례들의 학습 순서에 따른 효과와 같은 현상들을 잘 설명하지 못한다. 즉, 범주의 크기가 커지면 범주화가 더 정확해지는 현상, 사례들 간의 변산성이 기대되지 않는 범주를 학습하는 경우에는 적은 수의 사례만으로도 범주를 학습하는 현상, 범주에 대해 먼저 경험했던 사례가 이후에 다른 사례들을 범주판단하게 하였을 때 영향을 미치는 현상 등을 설명하지 못한다.

반면 범주가 사례들로 표상된다고 가정하는 본보기모형으로는 이런 결과들을 잘 설명할 수 있다. 아울러 본보기모형은 사람들의 주관적인 경험과도 잘 부합한다. 동물에 대해 생각해 보면 개나 고양이처럼 전형적인 사례들이 떠오르는 것을 경험할 수 있을 것이다.

그러나 본보기모형도 아직 보완할 점이 많다. 가장 큰 문제는 어떤 사례가 범주의 본보기로 사용되느냐 하는 점을 명세화하기 어렵다는 점이다. 이전에 경험한 모든 사례들이 범주의 표상으로 사용된다고 가정하는 것은 인지경제성이라는 점에서 무리다. 따라서 어떤 사례를 본보기로 사용할 것이냐는 선택이 일어나야 하는데, 이 부분에 대해서는 아직 구체적으로 밝혀지지 않았다. 아울러 본보기모형도 원형모형의 문제점들을 크게 벗어나지 못하고 있다.

원형모형과 본보기모형은 대립적인 이론이라기보다는 상호보완적인 이론이라고 보는 것이 타당하겠다. 개념 속에는 원형정보와 본보기정보가 모두 포함되어 있을 것이기 때문이다. 실제로 원형모형과 본보기모형을 결합하여 사례들의 범주화 성과를 설명하려는 시도가 많이 이루어졌다(Nosofsky, 1992; Shin & Nosofsky, 1992 참조).

(3) 스키마모형

스키마모형(schema/script model)도 큰 맥락에서는 원형모형, 본보기모형과 마찬가지로 범주표상과의 유사한 정도에 따라 범주판단을 한다고 보는 이론이다. 그러나 원형모형과 본보기모형이 어떤 사례가 그 범주에 속하는지의 문제에 관심을 가진 이론인 데 반해, 스키마모형은 범주정보를 이용하여 주어지지 않는 부분을 추론하는 부분에 관심을 갖는다.

스키마는 입장에 따라 약간씩 다르게 정의되고 있는 것이 사실이지만, 여기서는 개념문제에 국한하여 스키마를 '원형모형의 주장(경험한 사례들로부터 추상화된 원형정보의 표상)과 본보기모형의 주장(경험한 사례들의 표상)을 모두 포함하고 있는 단일 표상 구조'로 정의하고자 한다. Rumelhart(1980)에 따르면, 스키마란 기억에 저장된 개념들을 표상하는 데이터 구조로서 하나의 단위를 이루고 있다. 스키마는 개념 속성들 간에 존재하는 상호관계를 나타내는 일종의 망(network)을 구성하고 있는 것이다.

스키마를 구성하는 정보는 슬롯(slot)으로 체제화되어 있다. 예를 들어 보자. [그림 7-4]에서 '새' 개념은 '크기' '색깔' '부리모양' 등의 슬롯을 가지고 있으며, 각 슬롯에 들어갈 수 있는 값들을 규정한다. '크기' 슬롯에는 '작다'와 '크다'는 값이 가능하며, 색깔값들은 들어갈 수가 없다. 그렇다고 한 슬롯의 모든 값들이 등가적인 것은 아니다. 어떤 값은 다른 값에 비해서 그 슬롯에 더 적합하다. 만일 한 개념의 특정 사례에 대해서 슬롯 값이 직접 주어지지 않으면 대표적인 값이 자동적으로 추론된다. 이렇게 자동적으로 추론되어 주어지는 값을 지정값(default value)이라 부른다.

[그림 7-4]에서 보는 바와 같이 스키마는 본보기들을 표상할 수 있는 방법을 제공한다. 예컨대, 새-1은 '크기' '색깔' '부리모양' 슬롯에서 작고 갈색이며 뾰족하다는 값을 가지고 있으며, 새-2는 작고 빨간색이며 뭉툭하다는 값을 가지고 있다. 보다 많은 본보기들이 한 범주에 포함될수록 각 슬롯에서 중복되는 값들이 많아지기 때문에 특정한 본보기를 인출해 내는 것이 어렵게 된다. 스키마모형의 특징 중의 하나는 본보기들이 상호독립적으로 존재하는 것이 아니라 하나의 스키마 속에 함께 저장되어 통합되어 있다고 본다는 점이다.

스키마는 원형을 표상하는 방법도 제공한다. 각 슬롯에서 대표적인 값, 즉 지정값을 모두 가지고 있는 본보기(구체적으로 존재하는 사례이든, 아니면 이론적으로만 상

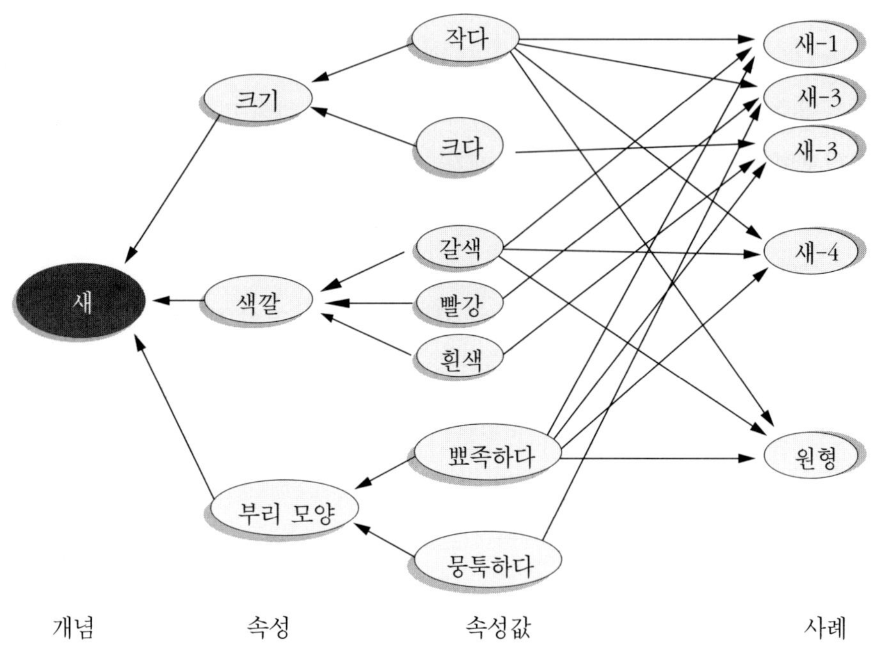

[그림 7-4] 슬롯, 슬롯값, 본보기, 그리고 원형 간의 관계를 나타내는 스크립트의 예 (Barsalou, 1992에서 인용)

정된 사례이든 관계없이)가 바로 원형인 것이다. [그림 7-4]에서는 작고 갈색이며 부리가 뾰족한 사례에 해당한다. 만일 누군가가 "산 속을 거니는데, 새 한 마리가 나무 위에서 지저귀고 있었다."라고 말한다면 비록 그 새의 특징에 대해 아무것도 언급된 것이 없음에도 불구하고 듣는 사람은 자동적으로 지정값, 즉 원형정보를 활성화시켜 그 문장의 의미를 처리하게 된다. 그렇기는 하지만 개념이 사용되는 맥락에 따라서 지정값은 다른 값으로 언제든지 대치될 수 있다. 예컨대, 동물원이라는 맥락에서 언급된 '새'는 오히려 크고 빨간색이고 뭉툭한 부리를 활성화시킬 수 있다.

개념을 망체계(network system)로 간주함으로써 스키마는 속성들의 관계에 대한 정보와 개념들의 관계에 대한 정보를 동시에 표상하고 있다. 개념의 위계적 관계에서 상위수준 개념의 지정값은 그 개념에 포함된 하위수준 개념의 지정값이 되기 십상이다. 예컨대, '새'의 지정값이 '난다'라면 펭귄과 같은 특수한 경우를 제외하고는 대부분의 새들이 당연히 그 값을 갖는 것으로 가정된다.

스키마는 원형정보와 본보기정보를 모두 통합적으로 보유하고 있기 때문에 두 모형이 설명할 수 있는 많은 현상들을 설명할 수 있는 것은 물론이며, 두 모형이 개별적으로 설명하기 어려운 현상, 예컨대 개념결합과 같은 현상들도 설명 가능하다. 또한 개념을 획득하거나 사용하는 맥락에 따라서 추상화된 정보가 강조되거나 사례정보가 강조되는 융통성을 반영할 수 있다.

스키마에 관해서는 제8장에서 자세하게 논의할 것이기 때문에 여기서는 더 이상 다루지 않는다. 다만 개념에 관한 정보가 스키마라는 거대 기억 구조로 표상될 수 있으며, 이런 표상이 있음으로 해서 우리는 어떤 사례에 관해 부분적으로 주어지거나 직접 주어지지 않는 정보도 추론할 수 있게 된다는 점만 밝힌다. 즉, 개념이 스키마로 표상된다고 가정함으로써 이 장의 첫머리에서 제기했던 개념의 추론 기능을 쉽게 설명할 수 있게 된다.

3) 설명기반 견해

고전적 견해나 유사성기반 견해에 비해 범주화에 관해 상대적으로 최근에 제기되는 이론들은 범주나 개념이 사람들의 지식이나 세계관과도 밀접한 관련이 있다는 점을 부각시킨다. Murphy와 Medin(1985)은 범주와 사례의 관계는 이론과 데이터의 관계와 유사하다고 제안한다. 범주화는 단순히 기억 속의 표상과 속성들을 비교하는 것에 국한되는 것이 아니라 범주 체제화에 관한 지식을 이용하여 자신의 분류를 정당화하고, 왜 어떤 사례들이 같은 범주로 묶이는가를 설명하는 과정이라고 본다. 즉, 범주의 응집성(coherence)에 관심을 갖는다.

설명기반 견해(explanation-based view)에 따르면, 개념의 정보에는 그 개념이 다른 개념들과 관련되는 방식에 관한 정보(또는 그 개념의 사례가 다른 대상들과 관련되는 방식에 관한 정보), 그리고 개념 속성들 사이에 존재하는 기능적 · 인과적 · 설명적 관계에 대한 정보가 포함된다. 예컨대, '책상' 개념에는 사람들이 의자에 앉아서 책상 위에 놓인 책을 읽거나 어떤 작업을 한다는 정보도 포함되어 있으며, '새' 개념에는 새가 깃털을 갖고, 알을 낳으며, 다리가 두 개이도록 만드는 어떤 유전적 구조를 가지고 있다는 정보도 포함되어 있다는 것이다.

개념의 응집성과 융통성에 대한 설명기반 견해의 설명은 직관적으로 타당해 보인다. 개념적 지식을 사용하는 데 있어서도 설명의 역할이 중요하다는 증거들이 있다. 형용사-명사 또는 명사-명사의 결합은 사람들의 세상지식, 즉 서로 다른 대상들이 서로 어떻게 상호작용하는가에 대한 지식을 통해서 속성들을 선택하고 가중치를 부여할 수 있을 때에라야 비로소 이해될 수 있다(Medin & Shoben, 1988; Murphy, 1988, 1990). 사회적 개념들 간의 결합, 예컨대 '운동권 출신 국회의원'의 의미를 파악하고 이해하는 데에도 마찬가지다(Kunda, Miller, & Claire, 1990). 이 입장은 앞에서 예로 들었던 Barsalou(1983)의 '집에 불이 났을 때 꺼낼 물건' 범주와 같이 지각적 공통점이 없어도 필요나 지식에 의해 형성되는 범주를 잘 설명할 수 있다. 원형모형의 문제점에 대해 기술할 때 이미 나왔지만, 설명이나 지식에 기초한 범주는 어른들뿐만 아니라(Rips, 1989) 어린아이들에게서도 관찰된다(Keil, 1989).

최근에 많은 연구자들은 설명기반 견해의 가능성이 매우 큰 것으로 낙관하고 있으나, 몇 가지 점에서 문제점을 지적할 수 있다. 첫째, 전통적으로 구분해 오던 사전적 지식(dictionary knowledge, 어휘지식 또는 개념지식)과 백과사전적 지식(encyclopedic knowledge, 일반지식) 간의 차이를 어떻게 다룰 것인지의 문제가 명확하지 않다. 만일 이 구분이 적절한 것이라고 한다면 개념지식과 일반지식은 어떻게 상호작용한다고 볼 것인가? 둘째, 개념에 대해 이루어지는 추론에는 어떤 유형이 존재하는지가 명확하지 않다. 만약 여러 가지 유형이 존재한다면 추론을 통해서 유도된 정보와 개념이 표상하고 있는 정보 간에는 어떤 구분이 가능한 것인지도 불명확하다. 셋째, 가장 큰 문제는 설명이, 직관적으로는 그럴듯해 보이지만, 무엇인지가 불명확하다는 점이다. 만일 설명적 정보가 유사성, 전형성, 맥락효과, 개념결합, 응집성 등에 대한 사람들의 판단에 기저하는 것이라고 주장한다면 그 기저에 있는 기제를 명확하게 밝힐 수 있어야 하는데, 현재로서는 그것이 가능하지 못한 상황이다.

설명기반 견해에는 개념이 추론과 분리해서는 이해될 수 없으며, 따라서 불변적인 안정된 표상으로 간주되어서는 안 된다는 암묵적 가정이 내포되어 있다. 만일 이러한 가정을 받아들여야만 한다면 개념 연구는 더욱 복잡해질 수밖에 없다. 개념은 인지 또는 앎이라는 큰 틀 속에서만이 이해될 수 있기 때문이다. 향후 개념 연구에서 논쟁거리 중의 하나는 개념을 독자적으로 존재하는 응집력 있는 심리적 구성체로 간주할 것인가, 아니면 전체 인지구조물(cognitive architecture)이란 큰 틀 속에서 일어나는 현상으로 간주할 것인가 하는 문제이기도 하다.

4) 개념 구조와 유사성

새로운 대상이나 사건을 개별적으로 처리하지 않고 이미 가지고 있는 개념에 근거하여 범주화한다는 것은 자명한 사실이다. 이때 새로운 대상이 과거에 경험한 대상과 얼마나 유사한가를 판단한다는 것도 분명하다. 문제는 개념과 유사성의 관계에서 개념이 먼저인가 아니면 유사성이 먼저인가 하는 것이다. 개념은 모든 지식을 표상하는 초석이 되기에 이 문제를 해결하는 것은 매우 중요한 함의를 갖는다.

한 가지 견해(유사성기반 견해)는 개념이 유사한 대상들을 함께 묶는다고 보는 것이다. 이 견해에 따르면, 한 개념의 사례들이 서로 유사하기 때문에 그 개념이 유용하게 된다. 예컨대, 대부분의 새들은 날개가 있고, 알을 낳고, 둥지를 짓고, 다리가 두 개이기 때문에 '새' 라고 하는 유용한 개념으로 묶인다는 것이다. 반면에 참새, 책상, 동양란, 안경 등을 사례로 갖는 개념은 유용성을 갖기 힘들다. 사례들이 전혀 유사하지 않기 때문이다.

그렇다면 유사한 사례들을 하나의 개념으로 묶는 인지적 작업은 왜 중요한가? 가장 가능성 있는 대답은 일반화와 추론에서 찾을 수 있다. 유사성에 근거하여 예컨대, 대부분의 새들은 '날개가 있고, 알을 낳으며, 둥지를 짓는다.' 는 일반화가 가능하며, 어떤 대상이 '새' 의 사례라는 사실로부터 가능성 있는 또 다른 사실들을 추론해 낼 수 있다. 만일 이 견해가 타당한 것이라면 유사성은 개념이론에서 핵심적 위치를 차지할 수밖에 없다. 따라서 유사성이론은 어째서 사람들이 지금과 같은 개념들을 가지고 있는 것인지를 설명하는 데 있어서 매우 중요한 역할을 담당하게 된다.

반대 견해도 만만치 않다. 이 견해(대표적으로 설명기반 견해)에서는 사례들이 동일한 개념에 속해 있기 때문에 유사하게 판단된다고 주장한다. 예컨대, 대부분의 새들은 '날개가 있고, 알을 낳고, 둥지를 짓는다' 는 개념의 구성원이라는 사실로 인해 서로 유사한 것으로 판단된다는 것이다. 다시 말해서 유사성은 범주화의 원인이 아니라 부산물이라는 것이다. 이 주장은 언뜻 무모해 보이기도 하지만, 곰곰이 생각해 보면 나름대로 타당성이 있다. Goodman(1972)은 철학적인 견지에서 유사성이 개념에 대한 설명력을 가지고 있지 못하다는 강력한 주장을 펼치고 있다.

직관적으로 두 대상 a와 b가 유사한 것은 둘이 공통속성을 가지고 있기 때문이다. 그러나 Goodman(1972)에 따르면, 모든 대상들은 무한한 수의 공통속성을 가질 수 있기 때문에 이러한 직관은 타당성이 없다. 예컨대, 안경과 선풍기는 '무게가 1,000kg 이하다' '1,001kg 이하다' 등의 무한한 속성들을 공유할 수 있다. 물론 안경은 '1kg 이하이고, 선풍기는 1kg 이상이다' 등의 무한한 속성에서 차이를 보일 수도 있다. 그렇다면 이번에는 정반대로 둘은 전혀 유사하지 않다는 말이 된다. 따라서 유사성이 유용한 용어로 사용되려면 무엇이 속성일 수 있는지에 대하여 어떤 제약을 가해야만 하며, 유사성도 특정 조망에서의 유사성(similarity in a certain respect)만을 다루어야 한다는 것이다. 이렇게 되면 중요한 것은 유사성이 아니라 조망이 된다. 예컨대, 한 대상이 한 개념의 사례가 되는 것은 빨강이라는 조망에서 그 대상이 개념의 기존 사례와 유사하기 때문이라고 말한다면 유사성이란 아무런 의미도 갖지 못하게 될 수도 있다.

최근 유사성과 설명을 통합하려는 시도가 심리적 본질주의(psychological essentialism)라는 측면에서 이루어지고 있다(Gelman, Coley, & Gottfried, 1994; Medin & Ortony, 1989). 사람들은 대상들이 바로 그 대상이 되도록 만드는 요체 또는 기저 본질을 가지고 있으며, 그 요체가 대상의 외형에 제약을 가하는 것으로 받아들인다는 것이 심리적 본질주의의 기본 생각이다. 외형적으로 유사한 대상일수록 요체를 공유할 가능성이 커진다는 것이다. 이것은 생물학적 범주뿐만이 아니라 '자동차'나 '컴퓨터'와 같은 인공범주에서도 마찬가지다. 따라서 유사성에 근거한 범주화는 대부분의 경우에 정확한 것이 되지만, 유사성과 요체가 상충될 때는 요체가 우선하게 된다. 범주에 대한 귀납추리에서 지각적 유사성과 소속 범주가 갈등을 일으킬 때, 어린 아동조차도 소속 범주, 즉 요체에 근거하여 반응한다는 사실은 심리적 본질주의의 가능성을 보여 주고 있다(Gelman & Hirshfeld, 1999; Gelman & Markman, 1986; Gelman & Wellman, 1991).

3. 개념 간 구조: 개념 위계와 기본수준

지금까지의 논의는 주로 개별 개념들이 표상되는 방식, 즉 개념 내 구조에 초점을 맞추었다. 그러나 여러 개념들이 상호 간에 어떻게 체제화되어 있느냐의 문제를 함께 고려하지 않는다면 개념 내 구조에 대한 논의 자체가 무의미한 것이 되어 버린다. 심지어 동일 개념에 포함되는 사례들 간에 유사성이 크다고 말하는 것조차도 이미 개념 간 구조를 상정하고 있는 것이라고 할 수 있다.

인간의 사고와 추리가 가지고 있는 힘은 동일한 대상을 여러 가지 방식으로 조망함으로써 그 대상에 대한 지식을 다양한 방식으로 접근할 수 있는 능력에 의존한다고 해도 과언이 아니다. 예컨대, 하나의 대상을 '우리집 점박이' '진돗개' '개' '네발짐승' '포유동물' '동물' '생물' 등 다양한 이름으로 부를 수 있다. 때에 따라서는 '우리집 문지기' '복날의 별식거리' '비싼 선물' '어머니에게 야단맞고 화풀이하는 대상' '사냥 갈 때 데리고 가는 것' 등으로 부를 수도 있다. 한 대상을 어떻게 부르느냐에 따라서 그 대상이 가지고 있는 정보 중에서 활성화되는 내용이 달라지는 것이다. 물론 이러한 융통성은 기억 속에 상이한 개념정보들이 다양한 방식으로 서로 관계를 형성하고 저장되어 있으며, 필요할 때 적절한 개념을 나타내는 용어가 선택되어 사용되기 때문에 가능하다.

개념적 지식의 위계적 특성에 대해서는 제8장에서 상세하게 다루기 때문에 여기서는 개념과 관련하여 가장 논쟁거리가 되는 기본수준에 관해서만 간략하게 다루기로 하겠다.

1) 기본수준의 심리적 특성

하나의 대상은 개념의 위계관계에서 매우 보편적인 개념으로부터 매우 특수한 개념에 이르기까지 여러 수준의 개념에 해당될 수 있다. 새로 주어지는 대상을 보편적인 개념의 사례로 범주화하는 것은 범주화의 정확성을 높여 주기는 하지만 더 이상의 추론 가능성을 차단하는 문제가 있다. 반면에, 특수한 개념의 사례로 범주화하는 것은 예언의 정확도를 떨어뜨리기는 하지만 보다 많은 사실들을 추론할 수 있게 해 주는 장점이 있다. 예컨대, 어떤 대상을 동물이라고 범주화하면 살아 있다는 것 이외에 더 이상의 추론이 거의 불가능하다. 그렇지만 개라고 범주화하면 행동이나 외모 등 다양한 사실을 추론할 수 있다. 보편개념으로의 범주화는 범주의 수가 많지 않아도 되기 때문에 인지경제성(cognitive economy)에서 이점을 가지며, 특수개념으로의 범주화는 보다 많은 정보를 제공해 준다는 점에서 정보성(informativeness)에서 이점을 갖는다. 위계 구조상에서 인지경제성과 정보성이 만나 절충되는 중간 수준을 생각할 수 있는데, 일반적으로 사람들은 이 수준의 개념을 가장 자연스럽게 선호하는 경향을 보인다. 바로 이것이 기본수준이다.

기본수준은 상위수준이나 하위수준과는 다른 몇 가지 심리적 특성을 가지고 있다. 첫째, 기본수준은 사례들이 상당한 수의 공통속성을 공유하는 가장 포괄적인 수준이다. 실험참가자들에게 상위수준, 하위수준, 그리고 기본수준 개념들이 가지고 있는 속성들을 기술케 하면, 상위수준 개념에 대해서는 아주 적은 수의 속성만을 기술하지만, 기본수준과 하위수준 개념에 대해서는 상당한 수의 속성들을 기술한다. 기본수준과 하위수준 사이에는 속성 수의 차이는 거의 없거나, 있어도 극히 적은 수에 불과하다.

둘째, 기본수준은 사람들이 그 사례들에 대해 나타내는 반응이 매우 유사한 수준이다. 실험참가자들에게 상위수준, 기본수준, 하위수준에 해당하는 대상과 상호작용할 때 나타낼 수 있는 반응들을 기술하게 하면 속성의 경우와 동일한 결과를 얻게 된다. 상위수준에는 지극히 적은 수의 반응만이 기술되는 반면, 기본수준과 하위수준에는 상당히 많은 반응들이 기술된다. 실제로 각 수준의 개념과 연합된 반응을 해 보도록 하여도 동일한 결과가 얻어진다.

셋째, 기본수준은 사례들의 지각적 유사성이 매우 높은 수준이다. 사례들의 표준화된 그림을 그려 중복시켜 보면 기본수준 개념의 사례들 간에, 그리고 하위수준 개념의 사례들 간에는 중복되는 정도가 매우 큰 반면, 상위수준 개념의 사례들 간에는 그렇지가 못하다. 또한 중복된 그림들의 평균 모습을 만들어서 제시하면, 기본수준과 하위수준에서는 그 모습을 쉽게 재인할 수 있지만(물론 두 경우 모두 기본수준으로 재인하기가 십상이다), 상위수준에서는 거의 불가능하다.

넷째, 기본수준은 심상을 그릴 수 있는 가장 높은 수준이다. 실험참가자들에게 범주이름을 먼저 주고 짧은 시간 동안 제시한 사물 그림을 확인하도록 요구하면, 기본수준과 하위수준의 범주 이름은 그림 확인에 도움을 주지만 상위수준의 이름은 전혀 도움이 되지 않는다. 사물 그림을 제시하고 범주화하도록 하면 상위수준이나 하위수준보다 기본수준으로의 범주화가 빠르게 일어난다. 마찬가지로 사물 그림에 이름을 붙이는 경우에도 기본수준 개념의 이름을 붙이는 경향성이 압도적으로 많다(Jolicoeur, Gluck, & Kosslyn, 1984; Murphy & Brownell, 1985; Murphy & Wisniewski, 1989). 여러분은 [그림 7-5]의 세 자극이 짧은 시간 제시된다면 우선적으로 어떤 이름을 붙이겠는가? 아마도 '기타' '물고기' '바지' 라고 명명하기가 십상일 것이다.

다섯째, 기본수준은 아동들이 가장 먼저 획득하는 사물 이름이며, 사물들을 범주

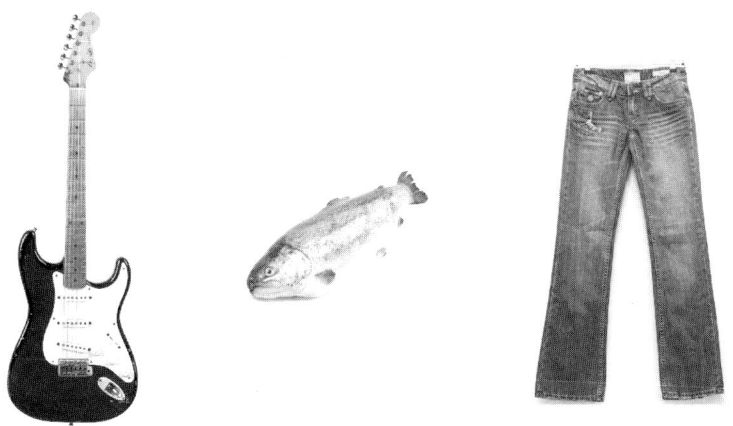

[그림 7-5] 그림에 이름붙이기 과제의 예(Goldstein, 2005에서 인용)

화할 때 가장 먼저 사용하는 수준이기도 하다. 다시 말해서 개념을 학습할 때 상위 수준이나 하위수준보다 기본수준 개념을 먼저 학습한다(Anglin, 1977; Horton & Markman, 1980; Mervis & Crisafi, 1982; Rosch et al., 1976).

2) 기본수준의 정보성과 차별성

그렇다면 사람들이 기본수준을 선호하는 경향성을 어떻게 설명할 것인가? 대부분의 증거들이 상관적이기 때문에 이 문제의 해결은 생각만큼 쉽지 않다. 사람들이 그 수준의 개념 이름을 선호하기 때문에 기본수준인가? 아니면 기본수준 개념의 구조가 그 수준의 이름을 선호하게 만드는 것인가? 일반적으로 심리학자들은 후자의 입장에서 기본수준 개념과 다른 수준 개념 간의 구조적 차이를 밝힘으로써 이 문제를 해결하고자 시도하여 왔다.

가장 대표적인 시도 중의 하나는 개념의 분화(differentiation) 기능에 근거한다. 기본수준 개념은 정보성(informativeness)과 차별성(distinctiveness 또는 효율성 efficiency)이라는 측면에서 다른 수준의 개념에 비해 가장 분화되어 있다는 것이다. 정보성이란 개념과 연합된 정보의 양을 지칭하는데, 기본수준은 정보성이 높다. 어떤 대상이 기본수준 개념의 사례임을 알게 되면 그 대상에 대해 다른 많은 사실들을 추론할 수 있다. 예컨대, '개'의 한 사례임을 알게 되면 짖고, 네발이 달리고, 털이 있으며, 집을 지키는 등의 사실을 추론을 통해서 얻게 된다. 차별성이란 같은 위계

수준에 있는 다른 개념과의 구분가능성을 지칭하는데, 기본수준 개념은 같은 수준의 다른 개념과 차별성이 크다. 예컨대, '개'는 '고양이' '말' '돼지' 등과 확실히 구별된다.

하위수준 개념도 정보성은 매우 높다. 오히려 기본수준에 비해서 더 많은 정보성을 갖는다. 그렇지만 차별성에 있어서 기본수준보다 훨씬 뒤떨어진다. 예컨대, '진돗개'와 '풍산개'는 쉽게 구분되지 않으며, '오리'와 '기러기'도 쉽게 구분되지 않는다. 반면 상위수준 개념은 차별성에서 기본수준보다 우위에 있다. '가구'는 '연장'이나 '교통수단'과 전혀 다르다. 그러나 상위수준 개념은 정보성에서 문제점을 드러낸다. 상위수준 개념의 사례들은 상호 간에 매우 다르기 때문에 공통속성을 찾기가 거의 불가능하다. 요컨대, 정보성과 차별성에서 모두 이점을 갖는 수준이 바로 기본수준이라고 할 수 있다.

기본수준의 정보성이 높다는 것은 의사소통 수단으로 유용성이 높다는 사실을 반영한다. 그러나 정보성만을 추구하다 보면 개념이 너무 특수화되어, 결국에는 자기 자신만을 사례로 가지고 있는 개념이 되고 만다. 이것은 인지경제성이라는 측면에서 바람직하지 못하다. 여기서 차별성이 작용한다. 대상들이 상당히 비슷하여 구별하기가 쉽지 않다면 이들을 동일한 개념에 포함시키는 것이 정보처리라는 측면에서 바람직하다.

3) 전문가 지식, 문화 그리고 기본수준

기본수준이 명시적으로 고정되어 있는 것은 아니다. 특정한 영역에서 사람들이 가지고 있는 지식의 내용이나 정도에 따라서 달라질 수 있다. 일반인들에게는 등산길에 들려오는 새소리가 구분이 안 되고 모두 '새'의 사례들이 내는 소리로 범주화되지만(즉, '새'가 기본수준이 되지만), 새 전문가에게는 '개똥지빠귀' '휘파람새' '홍방울새' 소리 등이 일차적으로 구분되어 범주화될 수 있다.

경험 정도에 따라서 기본수준이 달라질 수 있다는 사실을 보여 주는 인류학적 증거들도 많이 있다. 분류학적으로 볼 때 농경생활을 하는 멕시코 젤탄족의 아동들은 식물들을 속(genus) 수준에서 분류하는 반면(단풍나무, 미루나무 등), 산업사회의 도시아동들은 식물들을 속(genus)보다 하나 높은 과(family) 수준에서 분류하는(모두 '나무'라 부른다) 경향이 있다. 아마도 도시 아동들이 나무에 대한 경험이 적은 반면,

젤탄족의 아동들은 태어나면서부터 많은 나무 종들을 경험하며 생활하기 때문일 것이다.

기본수준의 변화에 대한 심리학적 연구들은 주로 전문지식이 개념 구조에 미치는 영향에 초점을 맞추어 왔다. Tanaka와 Taylor(1991)는 새 전문가와 개 전문가들을 대상으로 세 가지 범주화 과제를 실시하여 흥미로운 결과를 얻었다. 첫째, 상위수준, 기본수준 그리고 하위수준 개념의 속성들을 기술하도록 하였다. 비전문 영역의 경우에는 하위수준보다는 기본수준 개념에 대해서 보다 많은 속성들을 기술하였다. 반면에, 자신의 전문 분야의 경우에는 하위수준 개념에 대해 기술한 속성들의 수가 급격하게 증가하였다. 예컨대, '개' 개념에 대해서는 개 전문가나 새 전문가가 기술한 속성의 수에서 큰 차이가 없었으나, '개'의 하위수준 개념인 '콜리'에 대해서는 개 전문가가 기술한 속성의 수가 훨씬 많았다.

둘째, 그림에 자유롭게 이름을 붙이도록 하였더니, 비전문 영역의 그림에 대해서는 기본수준의 이름을 붙이는 경향이 압도적으로 많았으며, 전문 영역의 그림에 대해서는 하위수준의 이름을 붙이는 경향이 증가하였다.

셋째, 개념의 이름을 주고 난 후 그림을 제시하여 그 그림이 개념의 사례인지의 여부를 가능한 한 신속하게 판단하도록 하였다. 비전문영역의 경우에는 기본수준이 가장 빨랐으며, 하위수준이 가장 느렸다. 이 결과는 Rosch 등(1976)이 얻었던 전형적인 기본수준 우선 처리의 결과와 동일한 것이었다. 반면에 전문 영역에서는 기본수준과 하위수준의 반응시간이 모두 빨랐으며, 상위수준이 가장 느렸다. 경험의 결과로 범주화 판단에서 하위수준이 상당한 이점을 얻게 된 것이다. 일반적으로 하위수준은 정보성은 높지만 차별성이 낮다. 그러나 전문가들은 하위수준에 독특한 속성들을 많이 알고 있기 때문에 하위수준의 차별성이 높아진다. 그 결과 전문가들의 하위수준은 위계 구조에서 볼 때 기본수준과 동일한 특성을 갖게 된 것이다.

4) 비위계적 개념과 기본수준

우리들이 일상적으로 사용하는 개념들 중에는 위계적으로 체제화되어 있지 않은 경우가 많다. 특히 사회적 개념 영역에서 그렇다. 예컨대, 어떤 사람은 동시에 아버지이자 남편이고 교수이자 심리학자이고 무신론자이자 왼손잡이이지만, 어느 것이 다른 것의 상위수준이거나 하위수준일 수가 없다. 이와 같이 명확한 위계가 존재하지 않는 경우에는 기본수준을 따지는 것이 무의미하게 된다.

사람들이 자신의 경험을 이해하기 위해서 기억 속에 들어 있는 모든 개념을 뒤져 보는 것은 물론 아니다. 그렇다면 사람들은 경험을 이해하기 위해서 어떤 개념을 활성화시켜 사용하게 되는 것인가? 비위계적 개념의 경우에 개념 활성화에 영향을 주는 요인으로 가장 잘 알려진 것이 개념의 사용빈도(frequency)와 최신성(recency)이다. 사용빈도가 클수록 그리고 보다 최근에 사용하였을수록 그 개념이 다시 활성화될 가능성이 높으며, 어느 개념이 활성화되느냐에 따라서 어떤 사회적 정보가 부호화되어 해석될 것이냐에 상당한 영향을 미치는 것으로 알려져 있다. 또한 인종, 연령, 성별 등의 사회적 개념은 의도와 무관하게 자동적으로 활성화되며, 한 사회적 개념의 활성화는 대립적인 사회적 개념의 활성화를 억제하는 것으로 보인다(Smith, Fazio, & Cejka, 1996 참조).

위계적 개념과 비위계적 개념은 일차적으로 개념적 지식의 구조라는 측면에서 중요한 차이를 보이고 있다. 그렇지만 정보처리 측면에서 이들 간에 어떤 공통점과 차이점이 있는지의 문제에 직접적으로 접근한 연구는 아직까지는 거의 없다. 이 문제도 제8장에서 보다 자세하게 다루게 될 것이다.

4. 지식표상

심적 표상의 본질과 역할은 인지심리학에서 가장 곤혹스러운 논제 중의 하나이다. 그렇기는 하지만 표상의 문제를 다루지 않을 수 없는 이유는 거의 모든 인지이론을 이해하기 위해서는 표상의 이해가 필수적이기 때문이다. 상식적인 수준에서 논의를 진행해 보자. 표상을 나타내는 영어 단어 representation이란 말 그대로 '다시 표현한다'는 의미를 담고 있다. 하나의 대상이나 현상이 가지고 있는 특정한 측면을 일대일 대응방식으로 다르게 표현하는 것이 표상이라고 할 수 있다. 우리가 일상에서 가장 많이 접할 수 있는 표상의 한 가지가 지도책이다. 지도는 특정 공간을 종이에 일대일 방식으로 다시 표현한 것이라고 할 수 있는데, 그 용도에 따라서 공간의 특정 측면이 종이 위에 대응된다. 예컨대, 교통지도는 실제 도로의 길이, 폭, 방향 등을 선의 길이와 폭, 그리고 방향과 축소 대응시킨 것이며, 인구지도는 공간의 인구밀도를 색깔의 진한 정도와 대응시킨 것이라고 할 수 있다. 표상에 대한 철학과 심리학의 논쟁은 접어 두고, 여기서는 Palmer(1978)가 제안하는 표상체계를 간략하게 소개하는 것으로 대신한다. 개념표상의 이론적 쟁점에 관심이 있는 독자라면 Clapin, Staines, 그리고 Slezak(2004), Fodor(1981), Margolis와 Laurence (1999) 등을 참고하기 바란다.

1) 표상체계

Palmer(1978)에 따르면, 표상체계는 다음과 같은 다섯 가지 조건을 만족해야 한다. ① 표적 도메인이 있다. ② 표상 도메인이 있다. ③ 표적 도메인에 관련된 구조가 존재한다. ④ 표상 도메인에 관련된 구조가 존재한다. ⑤ 표적 도메인의 관련 구조와 표상 도메인의 관련 구조 사이에는 체계적 대응이 존재한다.

[그림 7-6]을 보자. 표적 도메인에는 세 개의 직사각형이 있으며, 표상 도메인에는 세 개의 선분집합이 있다. 표상 도메인에서 직사각형의 높이가 관련된 구조이며, 너비는 무관한 구조이다. 표상 도메인에서는 선분의 수가 관련 구조이며, 선분의 길이는 무관 구조이다. 두 도메인 사이에는 직사각형의 높이가 증가함에 따라서 선분의 수가 증가한다는 체계적 대응관계가 존재한다. 따라서 표상 도메인에서 선분의 수를 비교함으로써 표적 도메인의 어느 직사각형이 더 긴 것인지를 판단할 수 있다. 여기서 중요한 것은 표상 도메인이 표적 도메인의 모든 구조를 표상하는 것이 아니며, 표상 도메인의 모든 구조가 표적 도메인의 구조를 표상하는 것이 아니라는 사실이다. 두 도메인의 구조적 대응은 예외 없이 부분적이다. 요컨대, 두 도메인 사이의 체계적 대응관계가 표상의 본질이라고 할 수 있다.

따라서 인지심리학에서 제안하는 많은 모형들이 정보처리의 흐름도(flowchart)나 망체계(network)로 구성되어 있다고 해서 그러한 흐름도와 망체계가 마음속에 들어 있다는 의미가 아니다. 마음에서 정보처리가 진행되는 과정이나 지식의 조직이 그러한 모형들과 체계적 대응관계를 가질 것이라고 기대하는 것이다. 만일 실재와 모형의 관련 구조 사이에 체계적 대응이 존재한다면 우리는 모형을 가지고 마음이 작동하는 현상을 설명하고 예언할 수 있다. 반면에 대응관계가 존재하지 않거나 불완전하다면 제대로 설명하고 예언할 수 없을 것은 당연하다. 인지심리학모형들을 제안하고 수정 · 보완하며, 궁극적으로 새로운 대안적 모형으로 대치하는 순환적 과정은 보다 완벽한 대응관계를 가지고 있는 모형을 개발하려는 끊임없는 노력의

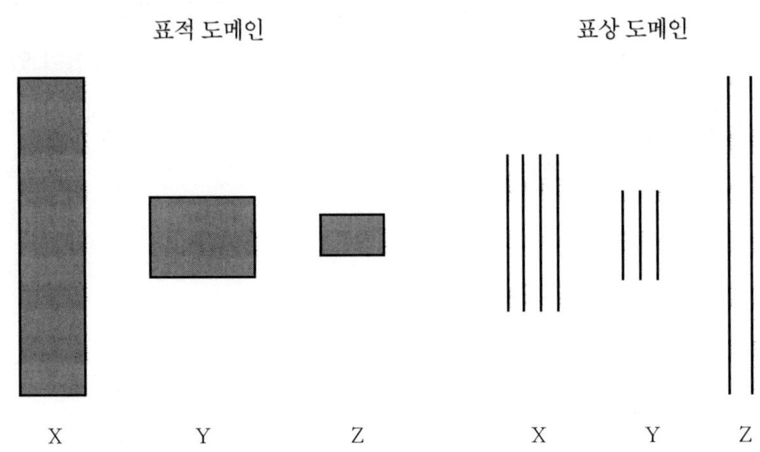

[그림 7-6] 표상체계의 예(Palmer, 1978에서 인용)

일환인 것이다.

그렇다면 마음은 개념, 그리고 궁극적으로 세상지식을 마음에 어떻게 표상하는 것인가? 모든 세상지식은 동일한 표상부호(code)를 사용하는 것인가 아니면 지식의 유형에 따라 서로 다른 표상부호를 사용하는 것인가? 우리가 일차적으로 지각체계를 통하여 외부정보를 받아들임으로써 환경에 적응하고 상호작용한다고 할 때, 지식표상은 지각과 밀접한 관계를 가질 수밖에 없다. 한편, 우리의 다양한 인지활동에서 필수적인 도구 중의 하나가 언어라고 할 때, 언어에 기반을 둔 표상을 배제하기 어렵다. 나아가서 우리가 세상을 이해하고 사고한다는 것은 무엇보다도 그 입력정보에 의미를 부여하는 과정이기에, 지식표상이 의미와도 밀접한 관계를 가질 수밖에 없다. 실제로 인지심리학에서 지식표상의 연구는 지각기반 표상, 언어기반 표상, 그리고 의미기반 표상의 문제를 다루는 것이라고 해도 과언이 아니다.

[그림 7-7]을 보자. 우리는 대상이나 생각을 그림이나 언어로 표상할 수 있다. 그렇지만 그림이든 언어이든 표상하려는 대상의 모든 특징들을 포괄하는 것은 아니다. 각각은 나름대로 쉽게 포착할 수 있는 정보를 가지고 있다. 모든 인지심리학자들이 동의하는 것은 아니지만, 앞서 언급한 바와 같이 지식의 세 가지 표상방식을 상정할 수 있다. 그림의 아날로그적 특성을 보유한 심상표상, 상징성이 강조되는 언어표상, 그리고 언어적이지도 않으며 심상적이지도 않은 추상적인 '심성어'(mentalese)로서의 명제표상이 그것이다.

심상표상:
언어표상: "고양이가 탁자 아래 있다."
명제표상: 아래(고양이, 탁자)

[그림 7-7] 대상의 표상 방식

의미기반 표상의 문제는 제8장에서, 그리고 언어기반 표상의 문제는 제9장에서 자세하게 다룰 것이기에 여기서는 시각적 심상(visual imagery)을 중심으로 지각기반 표상의 문제만을 다룬다.

2) 지각기반 지식표상: 심상

이 장의 첫 머리에서 던졌던 물음을 다시 보자. "지금 살고 있는 집에는 창문이 몇 개나 있습니까?" 특별한 경우가 아니라면 이 물음에 바로 답할 수 있는 사람은 거의 없다. 창문의 수가 기억에 명시적으로 저장되어 있지 않기 때문이다. 그렇다고 답하지 못하는 사람도 없다. 아마도 자기 집의 모습을 떠올리고는 마치 실제 집을 살펴보는 것처럼, 마음속에서 특정 장소, 예컨대 현관으로부터 출발하여 이곳저곳을 다니면서 창문의 수를 세어 보고는 답을 하게 될 것이다. 이렇게 실제 자극이 존재하지 않는 상황에서 마음에 형성한 이미지가 심상(mental imagery)이다. 심상은 시각에 국한되는 것이 물론 아니다. 청각, 미각, 후각, 촉각 경험의 심상도 가능하다. 예컨대, 저녁 식사에 앞서 보글보글 끓고 있는 된장찌개의 소리, 독특한 맛, 콤콤한 냄새, 뜨거운 국물이 입술에 닿았을 때의 촉감 등을 손쉽게 머리에 떠올릴 수 있다. 심상에 관한 대부분의 심리학 연구들이 시각 심상을 다루어 왔기에 이 장에서는 시각 심상에 초점을 맞춘다.

심상은 모든 사람들이 일상에서 경험하며 적극적으로 사용하는 정보처리 도구일 뿐만 아니라 창의적 활동에서도 많이 사용된다. 예컨대, 20세기를 대표하는 음악그

룹인 비틀스의 폴 매카트니(Paul McCartney)는 아침에 잠자리에서 일어나는 순간 'Yesterday'의 악상이 청각 심상으로 떠올랐다고 말한다. 과학사에서 심상이 활용된 유명한 사례는 화학자 케쿨레(Kekule von Stradonitz, Friedrich August)가 꿈을 통해서 벤젠 구조의 단서를 찾아낸 것이나, 아인슈타인이 빛을 타고 여행하는 심상을 통해서 상대성이론을 발전시킨 것 등을 들 수 있다.

심상은 우리의 삶에서 보편적으로 사용됨에도 불구하고 심상에 대한 연구는 우여곡절의 역사를 가지고 있다. 심상은 본질적으로 주관적인 경험이기 때문이다. 현대심리학의 창시자인 빌헬름 분트는 감각 및 감정과 아울러 심상이 의식을 구성하는 기본 요소이며, 사고에는 심상이 수반되기 때문에 사고를 연구하는 한 가지 방법은 바로 심상을 연구하는 것이라고 주장하였다. 그러나 이 주장은 유명한 무심상 사고 논쟁(imageless-thought debate), 즉 심상이 없는 사고가 가능한 것인지의 논쟁으로 이어졌으며, 행동주의의 출현으로 심상은 심리학의 주제에서 탈락하고 말았다. 그러나 1950년대 소위 인지혁명이 일어나고 행동 측정을 통해서 인지과정을 추론할 수 있게 됨으로써 심상은 다시 인지심리학에서 주요 주제의 하나로 재등장하게 되었다.

20세기 중엽 이후 심상의 중요성을 강조하고 경험적으로 접근한 대표적인 인물이 캐나다 심리학자인 Allan Paivio(1963, 1969, 1971, 1986)이다. 그는 세상지식이 두 개의 표상부호, 즉 언어부호(verbal code)와 심상부호(imagery code)로 표상된다는 이중부호 가설(dual coding hypothesis)을 제안하였다. 언어부호는 추상적이고, 언어적인 의미에 대한 정보를 표상하며, 심상부호는 대상의 지각적 특성을 반영하는 구체적 정보를 표상한다는 것이다. 어떤 대상, 예컨대 그림이나 구체명사는 두 가지 부호로 모두 표상되는 반면에, 추상명사는 오직 언어부호로만 표상된다. 그림이 단어보다, 그리고 구체단어가 추상단어보다 더 잘 기억되고 인출되는 것은 상대적으로 표상부호가 다양하기 때문이라는 것이다. 정보가 두 가지 부호로 표상되는 경우에는 비록 한 가지 부호가 활성화되는 데 실패하더라도 다른 부호가 활성화될 가능성이 있다.

한편, Bower(1970b)는 심상이 기억을 증진시킨다는 데는 동의하지만, 심상이 단어보다 풍부한 정보를 담고 있기 때문이 아니라 기억해야 할 정보들 사이에 연합이 잘 이루어지도록 만들기 때문이라는 관련체제화 가설(relational-organizational hypothesis)을 제안하였다. 단어 쌍을 기억하기 위해서 심상을 이용하는 경우에도

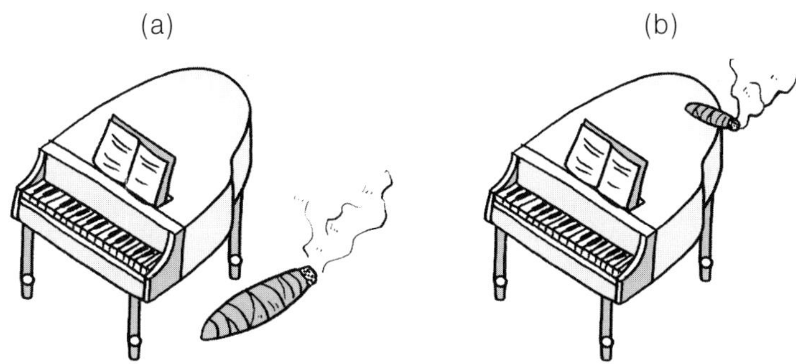

[그림 7-8] '피아노-담배' 쌍을 기억하는 데 사용하는 심상의 예

(a)는 두 심상을 병치한 경우이고, (b)는 두 심상이 상호작용하는 경우다. 어느 심상이 단어 쌍 기억에 더 도움이 될까? 예상하는 바와 같이 (b)가 더 도움이 된다(Wollen 등(1972)에서 인용).

두 단어의 심상이 상호작용하는 모습을 머리에 떠올리는 것이 별개의 두 심상을 병치하는 것보다 훨씬 효과적이다. 예컨대, [그림 7-8]에서 어느 경우에 '피아노-담배' 쌍을 더 잘 기억하겠는가?

(1) 심상에 관한 경험적 연구

Paivio나 Bower의 연구는 심상이 기억에 도움을 준다는 증거일 수는 있으나, 심상이 어떻게 약호화되고 처리되는 것인지를 직접 다룬 것은 아니었다고 할 수 있다. 심상이 언어부호와는 다르거나, 적어도 언어자료를 처리할 때와는 차이나는 처리과정을 사용한다는 보다 직접적인 초기 증거는 Brooks(1968)에서 찾아볼 수 있다. 그는 실험참가자에게 [그림 7-9] (a)와 같은 그림자극을 보여 준 후, 이에 대한 심상을 형성케 하였다. 이제 심상에서 별표를 화살표 방향으로 이동시키면서 별표가 모서리를 만날 때마다 반응을 하도록 요구하였는데, 모서리가 상극단이나 하극단에 있을 때에는 '예' 반응을, 그리고 중간 부분에 있을 때에는 '아니요' 반응을 하는 것이었다. [그림 7-9]에서라면 '예, 예, 예, 아니요, 아니요, 아니요, 아니요, 아니요, 아니요, 예' 가 정확한 반응의 순서다. 또 다른 조건에서는 10개의 단어로 구성된 문장을 제시하고 기억하게 한 후, 첫 단어에서부터 그 단어가 명사이면 '예' , 명사가 아니면 '아니요' 반응을 하게 하였다. 이때 단어의 순서는 그림자극에서 반응하는 것과 동일한 반응순서가 되도록 문장을 구성하였다.

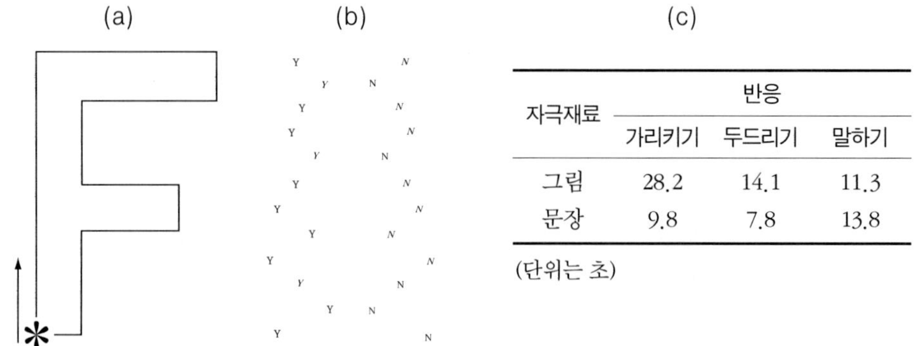

자극재료	반응		
	가리키기	두드리기	말하기
그림	28.2	14.1	11.3
문장	9.8	7.8	13.8

(단위는 초)

[그림 7-9] Brooks(1968)가 사용한 그림자극(a)과 가리키기 반응판(b)의 예

(c)는 두 자극재료와 세 가지 반응 유형에서 얻어진 결과다.

참가자들은 세 가지 방식으로 반응하였다. 하나는 말하기로, '예'와 '아니요'를 순서대로 말하는 것이며, 두 번째는 가리키기로, [그림 7-9] (b)와 같이 Y와 N의 배열에서 순서대로 '예' (Y)와 '아니요' (N)를 손가락으로 집어 가며 가리키는 것이며, 마지막 세 번째는 두드리기로, 양손의 인지로 책상을 순서대로 두드리는 것이었다. 그 결과가 [그림 7-9] (c)이다. 결과에서 보듯이 그림자극에서는 가리키기 반응 시간이 가장 길었으며, 문장자극에서는 말하기 반응 시간이 가장 길었다. Brooks (1968)는 이 결과를 다음과 같이 해석하였다. 시각자극에 대한 심상은 시각적 또는 공간적 자질을 가지고 있기 때문에, 가리키기와 같은 시각적 · 공간적 반응과 갈등을 일으켜 반응시간이 증가한다. 즉, 심상은 언어과제(말하기)보다는 또 다른 시공간과제에 의해서 더 많은 방해를 받는다. 그 역도 마찬가지여서 문장자극은 시공간과제보다는 또 다른 언어과제에 의해서 더 많은 방해를 받는다. 요컨대, Brooks (1968)의 결과는 심상과 단어가 서로 다른 표상부호를 사용한다는 이중부호화 가설의 주장을 지지하며, 우리가 그림과 유사한 특성을 갖는 심상을 만들고 들여다볼 수 있다는 사실을 경험적으로 보여 주고 있다.

한편, 사람들이 심상을 만들고 들여다볼 수 있을 뿐만 아니라 그 심상을 마음속에서 변형시킬 수도 있으며, 심상은 근본적으로 공간적 특성을 가지고 있다는 사실을 보여 주는 많은 연구들이 진행되었다. 심상의 변형 가능성에 대해 가장 널리 알려진 연구는 Shepard와 그의 동료들이 수행한 심적 회전 연구이며(Cooper & Shepard, 1973, 1975; Metzler & Shepard, 1974; Shepard & Metzler, 1971), 공간적 특성에 관한 대표적인 연구는 Kosslyn과 그의 동료들의 심상 주사 연구라고 할 수 있다(Kosslyn, 1973; Kosslyn, Ball, & Reiser, 1978). 여기서는 이들의 대표적인 연구를 하나씩 소개한다.

① **심적 회전**

Shepard와 Metzler(1971; Metzler & Shepard, 1974)는 [그림 7-10], (a)에서 보는 것처럼 정육면체를 연결해서 만든 삼차원 그림의 쌍을 제시하고, 두 자극이 동일한 것인지의 여부를 판단하게 하였다. 어떤 시행에서는 두 자극이 동일하며 하나가 특정한 각도만큼 회전된 것이었다. 다른 시행에서는 한 자극이 다른 자극의 거울상이기에 두 자극이 유사하지만 동일하지는 않았다. 회전은 평면(이차원)에서 또는 깊이(삼차원)에서 이루어진 것이었다. 예컨대, [그림 7-10]의 (a)에서 ①은 평면에서 80도 차이나는 동일 자극 쌍이며, ②는 깊이에서 80도 차이나는 동일 자극 쌍이며, ③은 동일하지 않은 자극 쌍이다.

[그림 7-10]의 (b)는 두 자극이 동일한 것인지 아니면 거울상인지를 결정하는 데 걸린 시간을 나타낸다. (b)에서 보는 바와 같이, 반응시간은 두 자극 간의 각도 차이의 함수이다. 즉, 각도가 증가함에 따라서 반응시간도 일정하게 증가하고 있다.

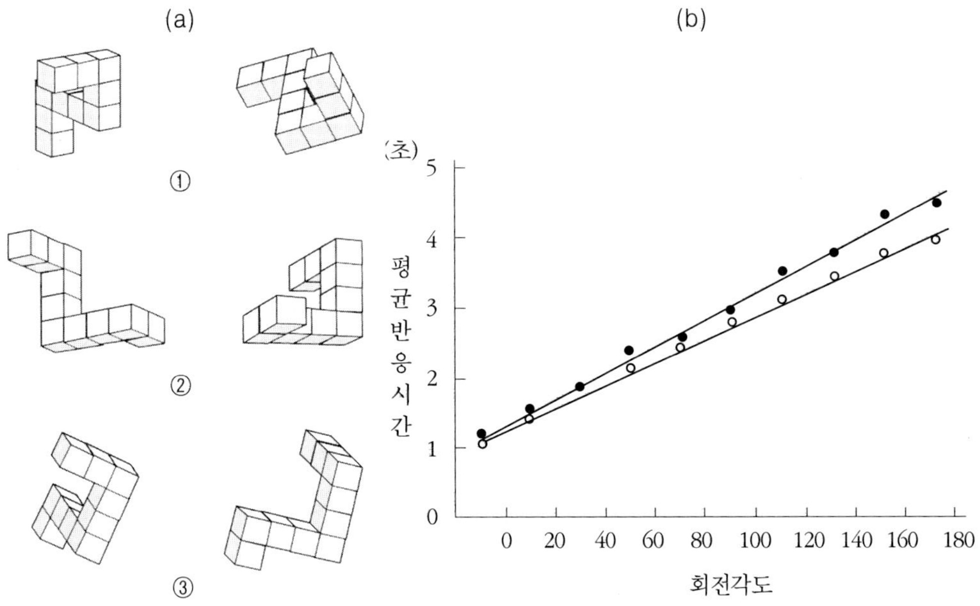

[그림 7-10] Metzler와 Shepard(1974)가 사용한 자극 쌍의 예.
그리고 회전각도에 따른 깊이 쌍과 평면 쌍의 반응시간

이러한 결과는 실험참가자들이 두 자극 중의 하나를 마음속에서 회전시켰다는 사실을 강력하게 시사한다. 이 결과에서 특히 주목할 사항은 평면에서 회전시키는 경우와 깊이에서 회전시키는 경우에 반응시간의 차이가 없다는 점이다. 이 결과는 자극을 평면상에서 회전시키는 것이 아니라 삼차원상에서 회전시키고 있다는 사실을 시사하고 있는 것이다. 후속 연구들은 알파벳이나 손 모양과 같이 친숙한 자극들도 마음속에서 시계 방향으로든 시계 반대방향으로든 회전시킬 수 있으며(Cooper & Shepard, 1973, 1975), 자극의 특정한 부분만 회전되는 것이 아니라 자극 전체가 마음속에서 회전하는 것이며(Cooper, 1975), 심적 회전(mental rotation)은 물리적 회전과 마찬가지로 연속적이라는 사실을 보여 주었다(Cooper, 1976). 반면에, 사람들이 삼차원 대상이나 그림을 볼 때, 제3장에서 다루었던 Biederman의 요소에 의한 재인(recognition-by-component: RBC)모형이 제안하는 그 대상의 독특한 지온(geon)들을 확인할 수 있다면 심적 회전 없이 그 대상을 재인할 수 있다고 주장하기도 한다(Biederman & Gerhardstein, 1993).

② 심상 주사

심상이 공간적 특성을 보유하고 있다는 사실은 Kosslyn과 그의 동료들이 수행한 심상 주사(imagery scanning) 연구를 통해서 잘 알려져 있다. 심상 주사 실험의 기본 과제는 특정 대상이나 영역의 심상을 형성하고, 심상의 한 영역에서 다른 영역으로 이동하면서 그 심상을 주사하는 데 걸리는 시간을 측정하는 것이다. 주사 시간은 심상이 위치와 거리와 같은 공간적 특성을 표상하는 방식에 대한 정보를 제공할 것이라는 게 기본 생각이다. Kosslyn, Ball, 그리고 Reiser(1978)는 [그림 7-11]의 (a)에서 보는 바와 같은 가상적 지도를 실험참가자에게 제시하고, 7개 영역의 위치를 포함하여 가능한 한 완벽한 심상을 형성하도록 하였다. 7개 영역 사이에는 모두 21개의 통로가 가능하였으며, 통로의 길이는 모두 달랐다. 실험참가자는 심상 지도의 특정 위치에 초점을 맞추고 있다가, 실험자가 다른 위치를 알려 주는 순간부터 심상을 주사하고, 목표 위치에 도착하면 버튼을 눌렀다. 실험자가 위치를 알려 주는 순간부터 참가자가 버튼을 누를 때까지의 시간을 측정한 결과가 [그림 7-11]의 (b)이다. (b)에서 보는 바와 같이 반응시간은 심상에서 거리의 함수이다. 즉, 거리가 증가할수록 반응시간은 직선적으로 증가하고 있다. 이 결과는 심상이 공간관계를 유지한다는 사실을 보여 주며, 공간관계는 평면에 머물지 않고 삼차원에도 적용된다(Pinker, 1980).

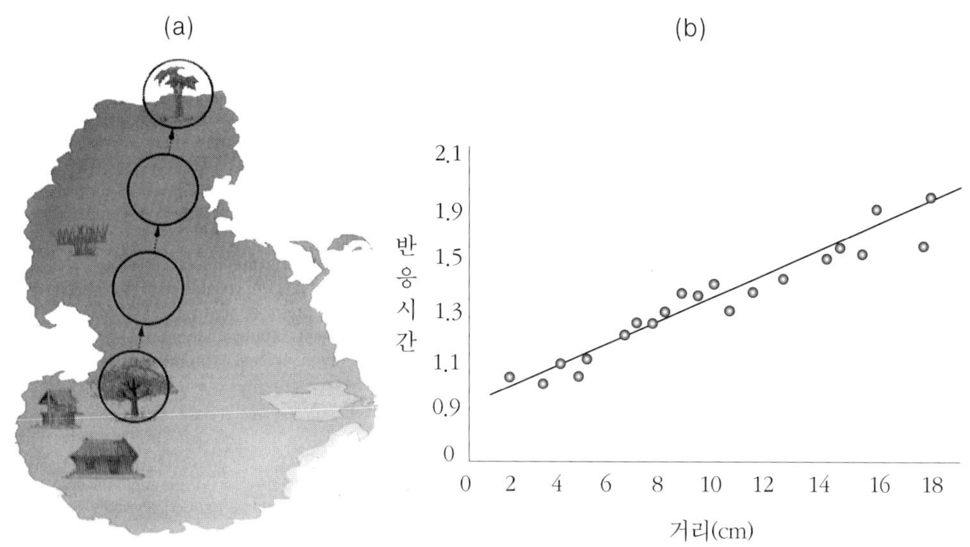

[그림 7-11] Kosslyn 등(1978)이 사용한 가상의 지도 (a), 그리고 거리에 따른 주사 시간 (b)

(2) 심상의 본질

심적 회전과 심상 주사 연구는 심상이 그림과 여러 특성을 공유한다는 사실을 시사하고 있다. 심상의 경험은 마치 심적 그림을 들여다보는 것과 유사하며, 심상의 변형이나 주사는 사진의 변형이나 주사와 매우 유사하다. 그렇다면 심상은 무엇인가? 단지 마음속에 들어 있는 사진에 불과한 것인가? 심상의 심적 사진 은유(mental-picture metaphor)는 1970~1980년대 인지심리학의 뜨거운 논쟁거리 중의 하나였다. 심상 연구와 심적 사진 은유에 대한 논쟁은 잠시 접어 두고 우선 Finke(1989)가 제시하는 심상의 다섯 가지 기본 원리를 보도록 하자.

Finke(1989)는 기존 연구들을 종합적으로 개관하면서 다음과 같이 심상의 본질과 특성에 관한 다섯 가지 원리들을 제안하고 있으며, 대부분의 인지심리학자들이 이 원리들에 동의하고 있다. 첫째는 암묵적 부호화(implicit encoding) 원리이다. 심상은 대상의 물리적 특성이나 대상들 간의 물리적 관계에 관한 정보를 인출하는 수단으로 사용될 수 있는데, 이 정보가 인출 이전에는 결코 명시적으로 부호화되지 않는다. 이 원리는 심상을 이용하여 집 창문의 개수를 세어 본다든가, Brooks(1968)의 대문자 윤곽 주사가 가능한 근거를 제공해 준다. 둘째는 지각적 등가성(perceptual equivalence) 원리다. 대상이나 사건의 심상을 떠올릴 때 그 대상이나 사건을 실제로 지각할 때와 동일한 시각체계의 기제들이 활성화된다는 점에서 심상은 지각과 기능적 등가성을 갖는다. 즉, 시지각에 사용되는 처리 과정들이 심상에서도 동일하게 사용된다는 것이다. 심상은 실제 자극을 탐지하는 시각통로를 점화시킬 수 있으며, 일종의 지각적 기대로 간주할 수 있다. 셋째는 공간적 등가성(spatial equivalence) 원리이다. 심상에서 성분들의 공간적 배열은 사물이나 성분들이 실제 평면이나 물리적 공간에서 배열되는 방식과 대응된다. Kosslyn과 그의 동료들의 심상 주사 결과는 이 원리를 잘 반영하고 있다고 할 수 있다. 심상 주사 시간이 물리적 거리의 함수라는 결과가 정상인들뿐만 아니라 태어날 때부터 맹인인 사람들에게서도 나타난다는 사실은(Kerr, 1983) 심상이 공간적 특성을 가지고 있다는 또 다른 증거이기도 하다. 넷째는 변형 등가성(transformation equivalence) 원리이다. 심상에서의 변형과 물리적 변형은 동일한 역동적 특성을 보이며, 동일한 운동법칙을 따른다. 심적 회전 연구는 이 원리에 대한 증거를 제공한다. 심적 회전은 연속적이며, 회전시간은 각도의 함수이며, 대상 전체가 회전하는 것이지 부분만 회전하는 것이 아니라는 결과는 심상의 변형이 물리적 변형과 대응관계를 갖는다는 사실을 반영한다. 마지막으로는 구조적 등가성(structural equivalence) 원리이다. 심상의 구조는 응집적이고, 잘 조직되어 있으며, 재조직되고 재해석될 수 있다는 점에서 실제로 지각된 대상과 대응된다. 심상의 생성은 즉각적으로 이루어지는 것이 아니며, 부분들이 결합되어 전체를 구성한다. 따라서 심상을 형성하려는 대상이 복잡하거나 세부사항을 많이 가지고 있을수록 더 많은 시간이 걸리게 된다(Kosslyn, Reiser, Farah, & Fliegel, 1983).

(3) 심상 연구와 이론에 대한 논쟁

심상은 다분히 주관적이고 미묘하기 때문에 심상 연구에 대한 논쟁은 끊임없이 이어지고 있다. 이 논쟁은 크게 세 가지로 나누어 볼 수 있는데, 첫째는 연구방법론에 관한 것이고, 둘째는 심적 사진 은유라는 심상의 본질에 관한 것이며, 셋째는 지식표상에서 심상을 별개의 표상부호로 상정할 근거가 있느냐는 이론적인 문제다.

심상 연구의 방법론적 문제점을 가장 통렬하게 제기하는 사람 중의 한 명이 Pylyshyn(1981)이다. 그는 심상 연구의 결과는 대부분 심상의 형성과 조작에 따른 것이 아니라 주어진 과제에 대한 실험 참가자의 신념, 그의 표현을 따르면 암묵적 지식(tacit knowledge)이 반영된 것뿐이라고 주장한다. 참가자들은 실험에 앞서 과제의 결과가 어떨 것이라는 사실을 알고 있음으로 인해서 예컨대, 심상 주사에서 거리가 멀수록 시간이 많이 걸려야 한다는 사실을 알고 있기 때문에 그 신념 또는 암묵적 지식에 맞추어 반응하였다는 것이다. 따라서 심적 회전이나 심상 주사 과제는 참가자의 신념과 기대의 영향을 받는, 다시 그의 표현을 빌면, 인지적으로 침투 가능한(cognitively penetrable) 과제다. Intons-Peterson(1983)은 참가자의 신념뿐만 아니라 실험자의 기대도 심상 연구의 결과에 심각한 편향을 일으킬 수 있다는 사실을 보여 주고 있다. 심상에 대한 지식이 없는 학부생들을 실험자로 훈련시키면서 심상의 효과에 대해서 서로 다른 기대를 갖도록 만들었을 때, 실험 결과는 실험자의 기대에 맞추어 편향되었다. 참가자에게 지시문을 읽어 주는 것 이외에는 모두 자동화된 실험에서조차 실험자의 기대가 상반되는 결과를 초래하였던 것이다. 이렇듯 심상 연구는 실험의 요구특성(demand characteristics)과 실험자 편향(experimenter bias)의 영향을 상당히 많이 받을 가능성이 크다.

아직까지 심상이 무엇인지를 명확하게 제시할 수 있는 방법은 없다. 가장 보편적이고 암묵적으로 가정하는 것 중의 하나가 '심적 사진' 은유다. 그렇다고 해서 심상을 단지 마음속에 있는 사진이라고 볼 수는 없다. 사진은 그 내용이 무엇인지를 알지 못하고도 볼 수 있지만, 심상은 그 속내가 무엇인지를 알아야만 들여다볼 수 있다. 사진은 부분이 잘려 나갈 수 있지만, 심상은 의미 있는 부분들로 구성된 것이기 때문에 사진처럼 임의의 부분이 사라지지 않는다. 사진은 보는 사람이 어떻게 해석하든 변하지 않지만, 심상은 해석에 따라서 쉽게 변형된다. 일상에서든 창의적 작업에서든 심상을 보편적으로 사용한다는 사실을 부정하는 사람은 없지만, 그 본질에 관해서는 아직도 밝혀야 할 것들이 많이 남아 있다.

심상의 존재는 인정한다고 하더라도 이것이 우리의 지식을 표상하는 별개 부호인가의 문제는 여전히 논란거리로 남아 있다. 지식의 단일 표상부호를 내세우는 명제론자들은 심상이 별개의 표상부호로 기능한다는 주장을 받아들이지 않는다. 오히려 심상도 아니며 언어도 아닌 단일부호, 즉 명제부호가 모든 정보를 저장하고 표상하는 데 사용된다고 주장한다. 명제는 최소 지식단위이며, 진위판단이 가능한 최소의 의미단위다. 명제는 논항(argument)들 간의 관계(relation)로 표현할 수 있으며(예: 아래(고양이, 탁자)), 인지심리학에서는 마디(node)와 고리(link)로 구성되는 망조직으로 표현하기를 선호한다. 명제표상은 제8장에서 자세하게 논의하기에 여기서는 더 이상 다루지 않는다.

명제론자들의 주장을 컴퓨터에 유추해 보자. 컴퓨터는 모든 정보를 이진부호

(binary code)로 처리하며 저장한다. 그럼에도 불구하고 그 이진정보를 모니터에 표현할 때는 그래픽이나 동영상과 같이 아날로그 방식, 즉 심상과 같은 방식으로 표현할 수 있다. 마찬가지로 우리가 심상을 공간적으로 경험하는 것은 실제 정보처리 기제를 경험하는 것이 아니라 실제 기제에 수반되는 부대현상(epiphenomenon)일 뿐일 수가 있다. 실제로 심상 연구의 모든 결과들은 명제표상을 가지고도 얼마든지 설명 가능하다는 주장도 만만치 않다(Pylyshyn, 1973). 그렇기는 하지만 실험 참가자들이 심상을 사용하여 과제를 수행하였다고 보고하는 경우와 그렇지 않은 경우에 상반된 결과가 초래되는 경우가 많은 것도 사실이다(Kosslyn, 1976). 지식표상의 단일부호 대 다중부호의 논쟁은 쉽게 해결될 수 있는 논쟁은 아니지만, 우리가 언제 어떻게 정보를 표상하느냐는 문제는 다양한 인지과제들을 어떻게 수행하느냐는 문제와 동전의 앞뒷면과 같은 관계이기 때문에 끊임없이 그 속내를 밝히기 위한 노력이 진행되는 것이다.

3) 심상에 대한 신경심리학적 접근

심상과 지각이 기능적으로 대응되며 상호작용한다는 많은 경험적 증거들은 심상이 독자적 표상부호인지에 대한 논쟁에 종지부를 찍어 줄 것이라는 희망을 갖게 하였다. 그러나 심상에 대한 실험적 연구에서 얻어진 경험적 증거만을 가지고는 표상의 문제를 해결할 수 없다는 주장들이 설득력 있게 이어져 왔다(Anderson, 1978; Farah, 1988). 최근 두뇌활동과 심상 간의 관계를 밝히려는 신경심리학적 접근이 이 문제를 해결할 수 있는 새로운 방안으로 대두되고 있다.

Farah, Peronnet, Gonon, 그리고 Girard(1988)는 실험참가자들이 '트럭'이나 '집'과 같은 구체명사 목록을 심상을 떠올리면서 읽거나 '윤리'나 '평화'와 같은 추상명사 목록을 읽는 동안에 사건 관련 전위(event-related potential)를 측정하였다. 측정 결과 심상조건에서 대상지각과 관련된 두 피질 영역, 즉 일차시각 영역(V1)과 측두엽의 활동이 현저하게 증가하였다. 이 결과는 시지각을 담당하는 두뇌 영역이 심상을 생성하는 것임을 강력하게 시사한다. PET이나 fMRI와 같은 두뇌영상법을 사용한 연구에서도 동일한 결과가 얻어진다. 실제 시각 자극이 제시될 때나 그 자극에 대한 심상을 형성할 때나 일차시각 영역의 혈류가 동일하게 증가하며(LeBihan et al., 1993), 형성한 심상의 크기가 증가함에 따라 혈류가 증가하는 V1 영역의 크기도 증가한다(Kosslyn et al., 1995). Kreiman 등(2000b)은 측두엽에서 특정한 대상에만 반응하는 뉴런, 예컨대 야구공에는 반응하지만 얼굴에는 반응하지 않는 뉴런들이 존재한다는 흥미진진한 결과를 얻었는데, 이 뉴런은 야구공을 직접 지각할 때뿐만 아니라 그 심상을 형성할 때에도 활동이 증가하였다. Kreiman은 이러한 뉴런을 심상 뉴런(imagery neuron)이라고 부르고 있다. [그림 7-12]는 Kreiman이 야구공 심상 뉴런이라고 명명한 뉴런의 활동을 보여 주고 있다. 두뇌가 손상되어 지각능력에 장애가 발생한 환자들은 그에 상응하는 심상장애를 초래하기 십상이다. 대상을 재인하는 능력이 손상된 실인증 환자들은 일반적으로 그 대상에 대한 심상을 떠올리는 데도 어려움을 겪는다.

그렇지만 심상과 지각이 항상 대응된다는 결과만 존재하는 것은 아니다. 두뇌 손상 환자들 중에는 지각능력은 온전하지만 심상능력을 상실하는 사례도 있으며(Farah et al., 1988), 역으로 심상능력은 유지하지만 지각능력이 상실된 사례들도 있다(Behrmann et al., 1994). 즉, 심상과 지각이 이중해리(double dissociation)를 보이기도 한다. 아마도 심상을 관장하는 두뇌 영역과 지각을 관장하는 두뇌 영역은 완벽하게 일치하기보다는 부분적으로만 일치함으로써, 어느 영역이 손상되느냐에 따라서 두 기능 모두가 장애를 보일 수도 있으며, 한 가지 기능만 장애를 보일 수도 있는 것으로 보인다. 예컨대, 심상은 상위의 시각중추만이 관여함으로써 하향처리가

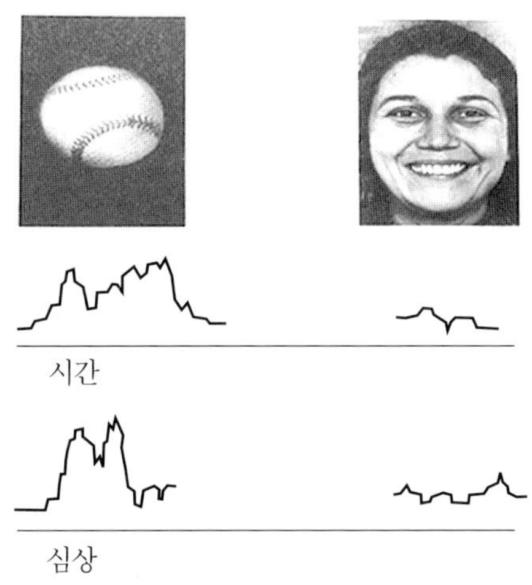

[그림 7-12] 중앙 측두엽 뉴런의 반응

야구공의 지각과 심상 형성 때는 활발하게 활동하고, 얼굴 지각과 심상 형성 때는 거의 반응하지 않는다(Kreiman et al., 2000b에서 인용).

이루어지는 반면, 지각은 하위중추와 상위중추가 모두 관여하여 상향처리가 이루어진다고 볼 수 있다. 그러나 일차시각 영역만이 손상된 환자들 중에도 두 기능이 모두 장애를 보이는 사례도 있기에 충분할 설명이라고 보기는 어렵다. 21세기로 넘어오면서 활발하게 진행되고 있는 신경심리학적 연구들이 이러한 설명을 보완하거나 새로운 설명을 내놓을 것으로 기대된다.

5. 요약

이 장의 전반부에서는 세상지식의 기초단위라 할 수 있는 개념과 범주의 구조 및 획득에 관한 심리학적 연구들을 소개하였다. 인간의 정보처리능력으로는 세상에 존재하는 모든 대상들을 개별적으로 처리할 수 없기 때문에, 개념 또는 범주에 기초하여 주어지는 자극들을 범주화하는 것은 바로 정보처리의 근간이 된다고 할 수 있다. 우선 정보처리 과정에서 차지하는 개념과 범주의 본질과 기능을 살펴보았으며, 개념의 구조에 대한 견해들을 다루었다. 1970년을 전후하여 수행된 Rosch의 자연범주 연구와 Posner의 인공범주 연구는 개념을 필요충분 속성의 집합으로 규정하는 고전이론에 반론을 제기하게 만들었다. 그 이후 개념의 구조와 처리에 대해 수많은 이론들이 제기되었는데, 이 장에서는 크게 세 가지 유목으로 묶어 고전적 견해, 유사성기반 견해, 세상지식에 근거한 설명기반 견해를 제시하였다. 이 이론들은 모두 부분적으로 경험적 데이터에 의해 지지받고 있으며, 상호대립적이라기보다는 보완적인 입장에 처해 있다고 할 수 있다. 즉, 우리의 개념체계는 어느 한 이론의 주장과 같은 방식으로만 존재한다기보다는 보는 입장에 따라 다차원적으로 존재하는 매우 융통성 있는 구조라고 보는 것이 타당할 것이다. 마지막으로, 개념적 지식에서 유사성의 문제와 위계적 구조의 문제를 논의하였다.

개념/범주가 지식표상의 기본 단위라고 하더라도 심적 표상을 개념화하지 못한다면 공허한 주장이 될 수 있다. 심적 표상의 본질과 역할은 인지심리학에서 가장 곤혹스러운 논제 중의 하나이며, 수많은 철학자들과 심리학자들이 이 논제에 매달려 왔다. 이 장에서는 Palmer(1978)가 제안하는 인지적 표상체계를 간략하게 소개하고, 심리학 역사에서 아직도 가장 뜨거운 논쟁거리의 하나로 남아 있는 심상에 대한 경험적 연구. 그리고 심상의 본질에 대한 논쟁을 논의하였다. 그리고 1990년

대부터 불어닥친 신경심리학적 접근에서 심상의 문제를 어떻게 접근하고 있는지를 소개하였다.

주요 용어 목록

개념(concept)
고전적 견해(classical view)
관련체제화 가설(relational-organizational hypothesis)
기본수준(basic level)
내포(intension)
등위 구조(graded structure)
명제표상(propositional representation)
범주(category)
범주화(categorization)
본보기(exemplar)
본보기모형(exemplar model)
설명기반 견해(explanation-based view)
스키마모형(schema model)
심리적 본질주의(psychological essentialism)
심상 뉴런(imagery neuron)
심상 주사(imagery scanning)
심상(mental imagery)
심적 사진 은유(mental-picture metaphor)
심적 표상(mental representation)
심적 회전(mental rotation)
암묵적 지식(tacit knowledge)
원형(prototype)
원형모형(prototype model)
유사성기반 견해(similarity-based view)
이중부호화 가설(dual-coding hypothesis)
인지적 침투가능성(cognitive penetrability)
자극일반화(stimulus generalization)
전형성(typicality)
정의곤란개념(ill-defined concept)
지식표상(knowledge representation)
친족유사성(familty resemblance)
표상체계(representation system)
확률적 견해(probabilistic view)

읽을거리 ▶▶▶

개념과 범주에 관심이 있는 독자라면 우선 Smith와 Medin의 『Categories and concepts』(1981)을 읽어 볼 것을 권한다. 다소 오래된 책이기는 하지만, 개념의 고전적 접근에 대한 대안으로 1970년대에 제기된 유사성기반이론, 예컨대 원형모형과 본보기모형들의 장단점을 잘 소개하고 있다. 보다 최근의 개관을 보려면 신현정의 『개념과 범주화』(2000)를 참고하기 바란다. 이 책은 이 장의 전반부에서 다룬 제반 논제뿐만 아니라, 범주화와 범주학습에 대한 수리적 접근 방법들을 체계적으로 정리하고 있다.

심상에 관심이 있는 독자라면 Shepard와 Cooper의 『Mental images and their transformations』(1982)와 Kosslyn의 『Image and mind』(1980)을 읽어 보기 바란다. 심상의 경험적 연구 결과를 어떻게 이론적 틀로 재구성할 수 있는지를 설득력 있게 제시하고 있다. 심상에 관한 신경심리학적 연구에 관심이 있는 독자라면 Kosslyn과 Koenig의 『Wet mind: The new cognitive neuroscience』(1992)를 권한다. 심상과 관련된 한국어 서적을 권하지 못하는 것이 다소 아쉽다.

제8장

지식의 조직

제8장

지식의 조직

인지심리학은 마음에 관한 과학이다. 마음은 무엇으로 구성되어 있을까? 마음의 재료는 바로 지식이다. 그렇다면 지식은 어떻게 표상되어 있으며, 어떻게 사용되는가? 이는 마음의 본질을 이해하는 데 있어서 핵심적이면서 매우 어려운 문제이다. 오늘날 우리가 지식표상에 대해 이해하고 있는 것은 심리학 외에 철학, 언어학, 컴퓨터 과학 등 여러 다양한 학문 영역들에 근거하고 있다. 각 학문 영역마다 초점을 두고 있는 지식의 양상이 서로 다른데, 지금까지 매우 다양한 표상 방식, 예를 들어 개념, 세부특징, 명제, 도식, 스크립트, 심상, 심성모형 등이 제안되었다.

심리학자들은 지식을 조직화되어 기억에 저장된 정보로 간주한다. 지식의 조직화는 대부분 정보의 의미에 근거를 두고 있는데, 의미상 관련된 지식들은 함께 묶여 저장되어 있을 것으로 짐작된다. 예를 들어, 참새, 뻐꾸기, 카나리아 등은 호랑이, 표범, 사자와는 구분되어 함께 저장되어 있을 것이다.

의미적 유사성이나 관련성에 따라 지식이 조직화되어 저장된다는 것을 실험적으로 잘 보여 준 연구가 Bower와 그 동료들의 연구(Bower, Clark, Winzenz, & Lesgold, 1969)다. 그들은 조직화가 회상에 미치는 효과를 알아보기 위해 [그림 8-1]에 나와 있는 것과 같이 범주에 따라 위계적으로 조직된 단어들로 학습자료를 구성하여 두 집단의 피험자에게 제시하였다. 이처럼 각각 28개 단어들로 이루어진 네 개 위계들, 총 112개 단어들을 피험자들에게 제시하여 학습하도록 하였다. 조직화 집단에게는 단어들을 그림에서와 같이 조직된 방식으로 제시하였지만, 무선집단에

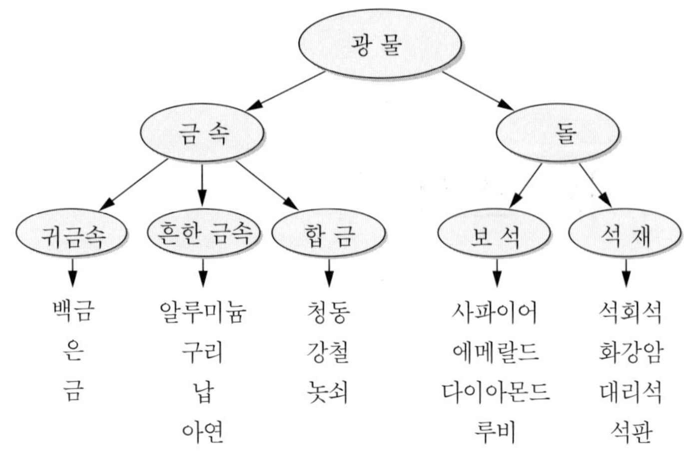

[그림 8-1] 광물의 위계적 구조

게는 동일한 단어들을 무선적으로 섞어서 제시하였다. 그리고 학습 후 순서에 관계없이 회상해 내도록 지시하였다. 이러한 학습과 회상 시행을 네 번 반복하였다. 그 결과가 [그림 8-2]에 나와 있다. 무선집단에 비해 조직화집단이 뚜렷하게 높은 수행을 보인 것이 두드러지는데, 무선집단이 네 번 학습한 후 회상해 낸 단어 수는 조직화집단이 한 번 학습한 후 회상해 낸 단어 수보다 더 적었다.

인지심리학자들은 각종 의미정보의 표상, 즉 의미기억에 많은 관심을 기울였으며, 다양한 지식표상모형들을 개발하였다. 여기서는 이 의미적 지식표상에 관한 주요 모형들을 먼저 살펴볼 것인데, 이 모형들은 기본 표상 단위에 따라 크게 두 가지

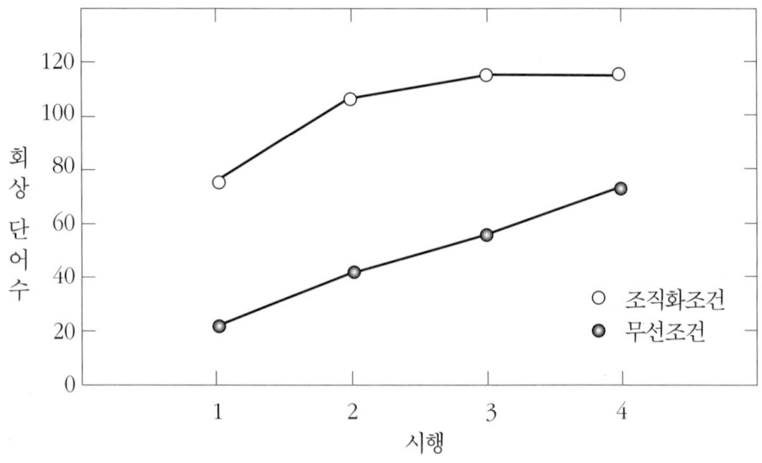

[그림 8-2] 조직화조건과 무선조건의 회상률

유형으로 나눌 수 있다. 한 유형은 개념을 표상 단위로 본 모형으로서, 대표적인 것이 TLC 모형이다. 다른 유형은 **명제**를 표상 단위로 본 모형으로서, 대표적인 것이 ACT 모형이다. 그다음, 개념적 표상이나 명제적 표상모형이 다루기 힘든 대규모의 지식으로서 도식을 살펴본 후 마지막으로 절차기억의 표상을 살펴보겠다.

1. 개념적 지식표상

이 세상에 관한 우리의 지식은 어떻게 저장되어 있을까? 참새, 뻐꾸기, 카나리아 등과 같이 새 범주에 속하는 사례들은 각각 독립적으로 저장되어 있을까? 아니면 어떤 방식으로든 함께 묶여서 저장되어 있을까? 인지심리학자들은 이 지식이 각각 독립적으로 분리되어 저장되어 있지 않고 조직화되어 저장되어 있을 것이라고 믿고, 이러한 조직화의 본질 그리고 이러한 지식이 사용되는 방식을 밝히고자 노력해 왔다.

1) 위계적 망모형

장기기억의 지식표상에 관해 초기에 제안된 대표적인 모형이 Collins와 Quillian(1969, 1972)의 **위계적 망모형**(hierarchical network model)이다. 이 모형은 TLC(Teachable Language Comprehender)라고 불리는 컴퓨터 프로그램에 근거하여 의미적으로 관련된 단어들이 장기기억에 어떻게 표상되어 있고 처리되는지를 다룬다.

TLC에서 망은 **마디**(node)와 **고리**(link)로 구성되어 있다. 마디는 개념에 해당한다. 통상 단어로 마디를 나타내지만, 마디는 단어가 아니라 단어의 의미, 즉 개념을 표상한다. 고리(또는 포인터)는 마디들 간의 관계를 표시한다. 여기서 망은 일종의 비유로서, 연상적인 사고나 다양한 개념들 간의 관계를 나타내기 위해 사용된다.

TLC에서 중요한 전제는 개념이 망 안에서 위계적으로 조직화되어 있다는 것이다. [그림 8-3]을 보면, 세 수준의 개념들이 위계적인 망 구조를 이루고 있다. '동물' 개념은 망 내에서 가장 높은 수준에 표상되어 있다. 이 개념은 하위 수준에 있는 '새' 개념, '물고기' 개념과 연결되어 있으며, '새'는 '카나리아' '타조'와,

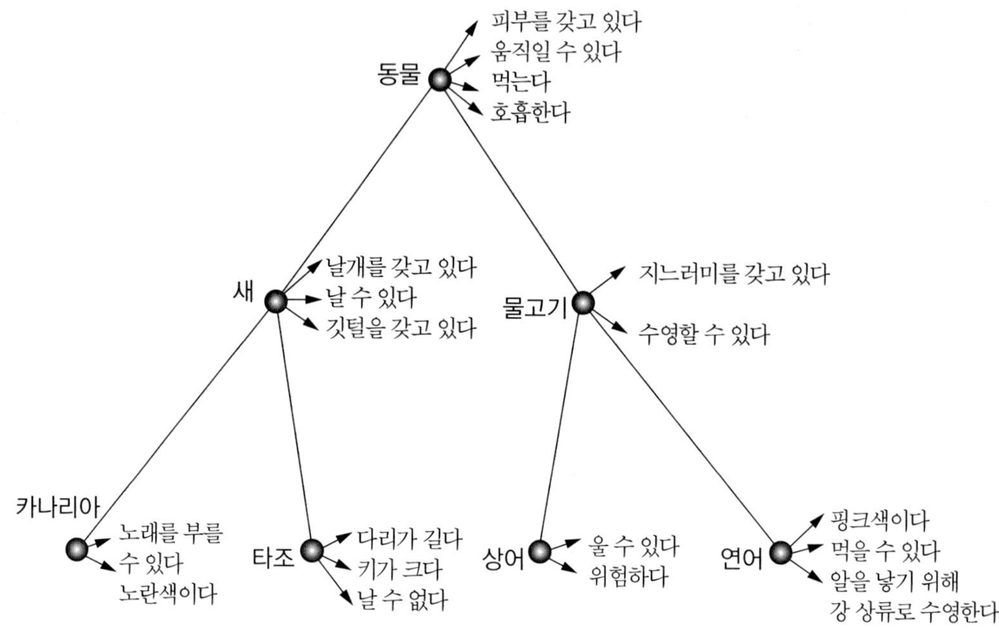

[그림 8-3] 위계적 망 표상의 예

'물고기' 는 '상어' 연어' 와 각각 연결되어 있다. 그런데 이 연결은 단순한 연합이 아니라 상위 또는 하위 개념관계를 나타낸다. 예를 들어, '동물' 은 '새' 의 상위 개념으로서 동물과 새는 '이다' (무엇은 무엇이다)라는 관계로 연결된다. 즉, '이다' 관계는 범주 집합관계를 나타내 준다. 또한 각 개념에는 여러 속성들이 연결 저장되어 있는데, 예를 들어 '카나리아' 는 '노래를 부를 수 있다' '노랗다' 와 연결되어 있다. 그런데 어떤 범주 개념과 그 속성의 연결은 개념들 간의 연결과는 달리, '갖는다' (무엇이 무엇을 갖는다)라는 관계로 연결되어 있다. 이때 동일한 상위 개념 범주에 속하는 여러 하위 개념들이 공통적으로 갖고 있는 속성들은 각 개념에 일일이 연결 저장되어 있지 않고 상위 개념에만 저장되어 있다. 예를 들어, '노란색이다' 는 '카나리아' 에 연결되어 있지만, '날개를 갖고 있다' 는 모든 새에 공통적이므로 '새' 에 연결되어 있고, '호흡한다' 는 모든 동물에 공통적이므로 '동물' 에 연결되어 있다. 이러한 저장 방식은 저장 용량을 절약하기 위해서다(인지적 절약성).

TLC는 의미기억에 저장된 정보의 인출 방식을 다음과 같이 설명한다. 문장을 이해할 때, 문장 내의 모든 단어에 상응하는 개념 마디들이 기억의 망에서 먼저 접촉된다. 그 후 이 개념 마디들과 연결된 모든 고리를 따라 탐색이 확산되어 간다. 이러한 탐색은 병렬적으로 일어나며, 용량 제한을 받지 않는 것으로 가정된다. 특히, TLC에서 중요한 가정은 한 개념 마디로부터 연결고리를 통해 다른 개념 마디로 탐색이 이루어질 때 시간이 소요된다는 점이다. 따라서 탐색해야 하는 고리의 수가 증가할수록 탐색에 소요되는 시간이 증가한다. 이러한 가정은 문장의 진위를 판단하도록 요구하는 **문장검증과제**의 반응 속도에서 구체적으로 예측된다. 개념들 간의 범주소속성을 기술하는 다음 문장을 보라.

범주문장 0: 카나리아는 카나리아다.
범주문장 1: 카나리아는 새다.
범주문장 2: 카나리아는 동물이다.

TLC에 따르면, 사람들은 문장 0을 가장 빠르게 검증하며, 문장 2를 가장 느리게 검증할 것이다. 왜냐하면 탐색해야 할 고리가 문장 0에서는 없는 반면, 문장 2에서는 가장 많기 때문이다. 유사한 경우로 개념의 속성을 기술하는 다음 문장을 보라.

속성문장 0: 카나리아는 노래를 부를 수 있다.
속성문장 1: 카나리아는 날 수 있다.
속성문장 2: 카나리아는 피부를 갖고 있다.

속성문장 0은 가장 빠르게, 속성문장 2는 가장 느리게 검증될 것이다. 왜냐하면 '노래를 부를 수 있다' 는 '카나리아' 에 직접 연결 저장되어 있어서 탐색해야 할 고리가 없는 반면, '날 수 있다' 는 '새' 에, '피부를 갖고 있다' 는 '동물' 에 연결 저장되어 있기 때문에 그만큼 탐색해야 할 고리의 수가 많기 때문이다. 결국, 위계적 망 구조에서 탐색해야 할 개념 마디들의 수준이 많을수록 반응 시간이 길어질 것이다.

Collins와 Quillain(1969)은 그들의 모형을 검증하기 위해 맞는 문장과 틀린 문장을 동일한 수만큼 사용하여 각 문장에 대해 가능한 한 빨리 진위 판단을 하도록 요구하였다. 맞는 문장의 경우 실험 결과가 [그림 8-4]에 나와 있는데, 탐색해야 할 수준의 수가 많을수록 반응 시간이 증가함을 알 수 있다. 이러한 결과는 TLC 모형에서 예측한 대로이다.

Collins와 Quillian의 위계적 망모형은 정보가 의미기억에서 인출되는 방식을 명

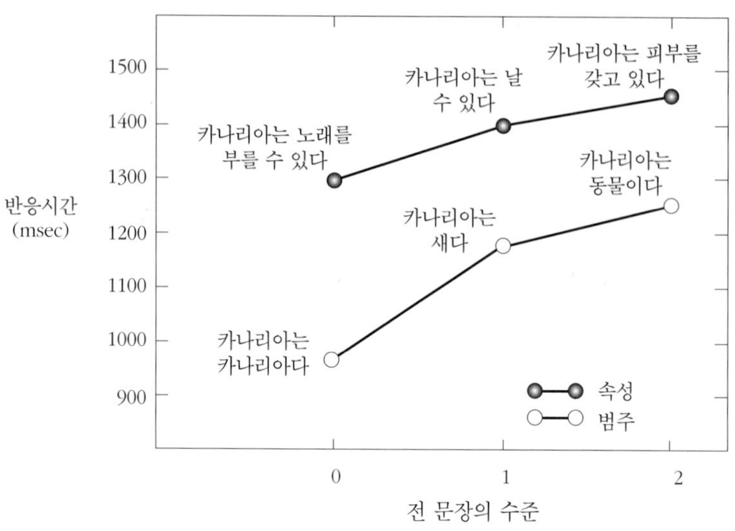

[그림 8-4] 문장 검증에 소요된 반응 시간

료하게 설명해 주며, 인지심리학 연구에 많은 영향을 주었다. 하지만 다음과 같은 문제를 가지고 있음이 드러났다.

첫째, 검증 시간이 위계 수준의 함수가 아닌 경우가 있다. 예를 들어, '개는 포유동물이다' 라는 문장은 '개는 동물이다' 라는 문장보다 검증에 시간이 더 걸린다. 하지만 TLC 모형에 따르면 '포유동물' 은 '동물' 보다 하위 수준에 있으므로 속도가 더 빨라야 한다. 둘째, TLC는 **전형성효과**(typicality effect)를 설명하지 못한다. 전형성효과란 동일 범주(예: '새')에 속하는 사례들이라 할지라도 보다 전형적인 사례(예: '참새')에 대한 그 범주소속성 판단 속도가 전형적이지 않은 (예: '타조') 보다 더 빠르다는 현상이다. 그러나 TLC 모형은 같은 범주의 모든 사례들이 그 범주 마디로부터 동일한 수준만큼 떨어져 있기 때문에 동일한 속도이어야 한다고 잘못 예측하게 된다.

2) 세부특징비교모형

만일 우리의 지식이 위와 같은 연결망의 형태로 저장되어 있지 않다면 어떤 다른 형태가 가능할까? Smith, Shoben, 그리고 Rips(1974)는 전형성효과를 설명하기 위해 **세부특징비교모형**(feature comparison model)을 제안하였다. 이 모형에 따르면,

세부특징 목록							
개념명칭	속성1	속성2	속성3	속성4	속성5	·········	·········
주부	인간O	성별O	어른O	결혼O	청결O	아이O	
총각	인간O	성별X	어른O	결혼X	청결X	아이X	
:							
:							

개념지식은 위의 표와 같이 세부특징들의 목록으로 기억에 표상되어 있다.

세부특징들은 크게 두 가지 유형으로 구분된다. 범주소속성을 정의하는 데 있어 가장 핵심적인 세부특징인 **정의적 세부특징**(defining features)과 범주소속성을 정의하는 데 반드시 필요한 것은 아니지만 많은 범주 사례들이 공유하고 있는 세부특징인 **특징적 세부특징**(characteristic features)의 두 유형으로 구분된다. 예를 들어, 위의 예에서 결혼 여부는 정의적 특징, 청결 여부는 특징적 세부특징이라고 할 수 있다.

세부특징비교모형에 의하면, 한 개념에 대한 범주소속성 판단에 있어 두 단계를 거친다고 본다. 첫째 단계는 두 개념의 유사성 정도를 판단하기 위해 두 개념의 세부특징 모두를 비교하는 단계다. 여기서 두 개념이 매우 유사하거나 거의 유사하지 않으면 즉각 참 또는 거짓이라는 판단을 할 수 있다. 둘째 단계는 유사성 정도가 중간 정도일 때 필요하다. 이 경우에는 정의적 세부특징들만을 비교함으로써 이 세부특징들이 개념에 필요한 것인지 여부를 판단하게 된다. 세부특징비교모형에 따르면, 전형성효과는 판단에 요구되는 단계들의 차이에 기인한다. 예를 들어, '새'의 전형적 사례인 '참새'의 경우 첫 번째 비교 단계만이 요구되므로 반응 시간이 짧은 반면, 덜 전형적인 '타조'의 경우 두 번째 비교 단계까지 요구되므로 그만큼 반응 시간이 길어지게 된다.

세부특징비교모형은 문장검증과제의 결과 중 특히 전형성효과를 잘 설명해 준다. 하지만 이 모형 역시 문제점을 갖고 있다. 무엇보다도 정의적 세부특징과 특징적 세부특징의 구분이 애매한데, 방법론상 객관적인 방식으로 이 두 유형의 세부특징을 구분하는 것은 매우 어렵다. 더군다나 Wittgenstein(1953)에 따르면, 어떤 개념은 정의적 세부특징을 가지고 있지 않다. 예를 들어, '게임'을 정의하는 데 필요한 세부특징을 찾기는 거의 불가능하다. 또한 개념들 간의 경계가 명료하지 않고 모호한 경우들도 있다. Labov(1973)에 따르면, '컵'과 '사발'을 구분하는 뚜렷한 경계는 존재하지 않는다. 결국, 세부특징모형은 위계적 망모형이 갖지 못한 몇 가지 장점을 가지고 있지만, 특히 정의적 세부특징의 확인이 어려운 개념들에 대해서는 한계가 있다.

3) 활성화 확산모형

앞서 살펴본 위계적 망모형과 세부특징비교모형은 모두 장단점을 가지고 있다. Collins와 Loftus(1975)는 이 두 모형 각각으로부터 몇 가지 전제를 빌려와 그 제한점을 극복하고자 하였다. 이들의 **활성화 확산모형**(spreading activation model)은 개념 마디들이 고리로 연결되어 있다고 보는 점에서 일종의 망모형이다. [그림 8-5]에 이 모형의 예가 나와 있는데, 개념들 간의 의미적 관련성 정도를 각 고리의 길이로

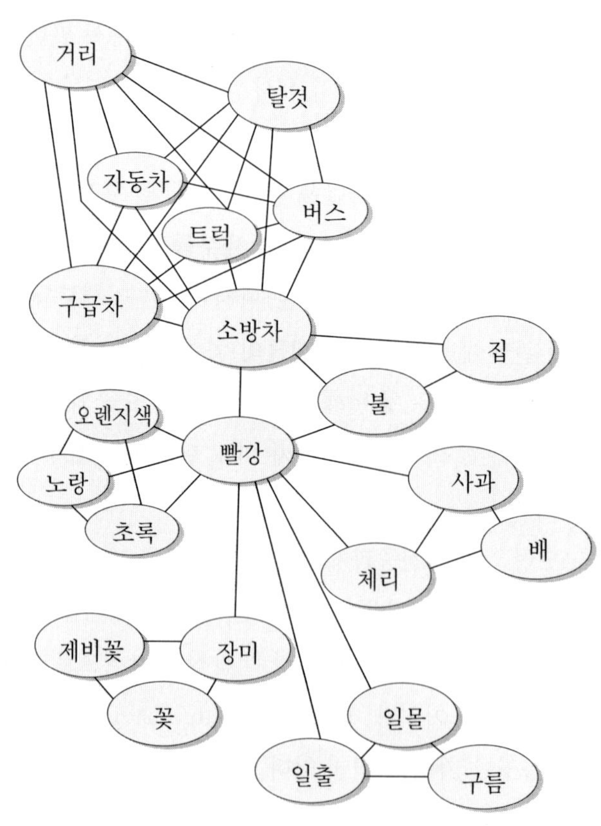

[그림 8-5] 활성화 확산모형의 예

나타내며, 위계적 구조를 전제하지 않는다는 점이 위계적 망모형과의 큰 차이이다. 예를 들어, '빨강' 개념은 '오렌지색' 과 밀접하게 관련된 반면, '일출' 과는 약하게 관련되어 있다.

활성화 확산모형에서 중요한 전제는 망의 고리들을 따라 이루어지는 활성화의 확산이다. 한 개념이 처리될 때 이 개념 마디와 연결된 고리를 따라 활성화가 확산되어 가는데, 확산 거리가 멀어질수록 활성화의 크기는 감소한다. 예를 들어, '빨강' 단어를 제시하면 이와 밀접하게 관련된 '오렌지색' 과 '불' 과 같은 개념들은 강하게 활성화되지만, '일출' 과 같이 덜 관련된 개념들은 약하게 활성화된다. 이 모형은 전형성효과를 다음과 같이 설명한다. 보다 전형적인 사례들은 덜 전형적인 사례들보다는 상위 수준 범주와 더 밀접하게 관련되어 있으므로 이 범주를 더 강하게 활성화시켜 처리 속도를 빠르게 한다.

상호연결된 의미망을 통해 활성화가 확산된다는 생각은 개념들 간의 의미적 관계성과 관련된 현상을 잘 설명해 준다. 특히, 이 모형은 **의미점화**(semantic priming) 효과를 잘 설명해 주는데, 의미점화란 의미적으로 관련된 단어(점화어)가 앞서서 제시된 후에 이와 관련된 단어(표적어)가 제시될 때 후자에 대한 의미처리가 빨리 일어나는 현상이다. 의미점화의 대표적 예로서 Meyer와 Schvaneveldt(1976)의 연구를 들 수 있다. 이들은 글자열들을 하나씩 제시하면서 그것이 단어(예: butter)인지, 비단어(예: nerter)인지를 판단하도록 하는 **어휘판단과제**를 사용하였다. 시행마다 두 개의 단어를 연이어 제시하였는데, 두 단어가 의미적으로 관련된 경우가 관련되지 않은 경우보다 두 번째 제시된 단어에 대한 어휘판단 속도가 더 빨랐다. 예를 들어, 'butter' 에 대한 판단 속도는 'nurse' 가 먼저 제시될 때보다 'bread' 가 먼저 제시될 때 더 빨랐다. 활성화 확산모형에 따르면, 'bread' 로부터 확산된 활성화에 의해 'butter' 의 처리가 촉진되기 때문이다.

활성화 확산모형은 매우 유연성이 크다는 장점을 가진다. 망 구조 내의 활성화 확산이라는 생각은 그 뒤 여러 인지이론에 커다란 영향을 미쳤으며, 특히 연결주의 모형에 의해 더욱 정교하게 발전되었다.

2. 명제적 지식표상

앞서 살펴본 위계적 망모형, 세부특징비교모형, 활성화 확산모형은 모두 개념을 표상 단위로 간주한 모형이라 할 수 있다. 여기서는 명제를 기본적 표상 단위로 간주하는 관점을 살펴보기로 한다.

1) 명제표상

명제 개념은 논리학과 언어학에서 발달한 것으로서, 진위 언명을 할 수 있는 의미의 최소 단위이다. 예를 들어, '크다'는 언명 대상이 없기 때문에 참인지 거짓인지 알 수 없다. 하지만 '그 코끼리는 크다'는 명제로서 진위 여부를 말할 수 있다. 따라서 명제는 사실을 부호화한 것으로 볼 수 있다. 또한 명제는 추상적이다. 명제는 문장이나 심상을 나타내는 것이 아니라 생각을 나타낸다. 하나의 문장이 여러 개의 명제를 가질 수 있다. 예를 들어, '그 코끼리는 크고 회색이다'라는 문장은 두 개의 명제, 즉 '코끼리가 크다'라는 명제와 '코끼리가 회색이다'라는 명제를 내포한다. 다음의 문장을 보라.

1. 세종대왕은 집현전의 학자인 성삼문에게 맛있는 음식을 보냈다.

이 문장은 다음과 같은 단문들로 구성된 것이라고 볼 수 있다.

2. 세종대왕은 성삼문에게 음식을 보냈다.
3. 성삼문은 집현전의 학자다.
4. 음식은 맛있다.

단문 2부터 4는 문장 1의 배후 명제들에 상응하는 것으로서, 각 단문은 의미의 기본 단위를 나타낸다. 명제를 표시하는 방법에는 여러 가지가 있는데, 한 가지 방법은 명제를 '관계(relation)'와 '논항(argument)'으로 표시하는 방법이다. 관계는 문장의 동사, 형용사 또는 다른 관계항에 해당하며, 논항은 특정 시간, 장소, 사람 그리고 대상을 지칭하는 것으로서 흔히 명사에 해당한다. 명사들이 지칭하는 실체들 간의 연결을 언명하는 것이 관계이다. Kintsch(1974)는 명제를 관계와 서열화된 논항들로 구성된 목록으로 표시하였다. 예를 들어, 앞서의 문장 2부터 4까지를 다음과 같은 명제 목록으로 표상할 수 있다.

5. (보내다, 세종대왕, 음식, 성삼문, 과거)
6. (~의 학자다, 성삼문, 집현전)
7. (맛있는, 음식)

관계에 따라서 취하는 논항의 수가 달라짐을 주목하라. 예를 들어, '보내다'는 네 개, '맛있는'은 한 개의 논항을 취하고 있다. 명제 5부터 7과 같은 방식으로 표상된 명제를 직선적 명제라고 한다.

명제가 기억의 기본적 표상 단위라는 생각은 의미기억뿐만 아니라 일화기억을 설명하는 데에도 매우 중요하다. 사람들은 문장을 학습할 때 그 문장을 그대로 부호화하는 것이 아니라 의미를 부호화한다. Bransford와 Franks(1971)는 피험자들에게 12개의 문장을 학습하도록 하였는데, 예를 들어 다음과 같은 문장이 포함되었다.

개미들이 탁자 위에 있는 달콤한 젤리를 먹었다.
부엌에 있는 개미들이 젤리를 먹었다.
부엌에 있는 개미들이 탁자 위에 있는 젤리를 먹었다.
젤리는 달콤하다.
바위가 산 아래로 굴러서 숲 옆에 있는 오두막을 부쉈다.

이상의 문장들 가운데 처음 네 개 문장은 모두 다음과 같은 네 개의 명제들로 구성되었다.

(먹다, 개미들, 젤리, 과거)
(달콤한, 젤리)
(위에 있는, 젤리, 탁자, 과거)
(안에 있는, 개미들, 부엌, 과거)

Bransford와 Franks는 위 문장들에 대한 피험자의 재인기억을 조사하였는데, 예를 들어 다음 세 개 문장을 제시하고 앞서 보았던 문장인지 판단하도록 하였다.

8. 부엌에 있는 개미들이 젤리를 먹었다.
9. 개미들이 달콤한 젤리를 먹었다.
10. 개미들이 숲 옆에 있는 젤리를 먹었다.

문장 8은 실제로 학습한 것이며, 문장 9는 학습하지 않았지만 학습한 문장들에 내포된 명제들의 조합이며, 문장 10은 학습한 단어들로는 구성되었지만 학습한 명제는 아니다. 피험자들은 문장 8과 9를 변별해 내지 못하고 두 유형 모두 이전에 보았던 것으로 판단하였다. 하지만 문장 10은 학습하지 않았던 것으로 정확하게 기억해 내었다. Bransford와 Franks의 실험은 사람들이 문장을 그대로 기억하는 것이 아니라 문장의 의미를 추출하여 기억하며, 더 나아가 문장들의 정보를 통합한다는 것을 보여 준다. 그리고 이러한 추상적 수준의 정보통합은 명제망에 의해 잘 설명될 수 있다.

2) ACT 모형

명제를 기본적인 표상 단위로 간주하는 대표적 이론으로서 Anderson의 **ACT**(Adaptive Control of Thought) **모형**(1976; ACT*로 개정, 1983; ACT-R로 개정, 1990)을 들 수 있다. ACT는 지식의 습득, 기억, 추론, 언어 이해와 언어 습득의 밑바탕에 있는 인지 구조와 처리 과정을 설명하는 이론이다. ACT는 의미기억뿐만 아니라 일화기억, 그리고 절차기억까지 함께 다루는 포괄적인 이론인데, 여기서는 기억 구조와 인출에 관한 내용을 중점적으로 살펴보겠다.

ACT는 위계적 망모형이나 활성화 확산모형과 마찬가지로, 고리에 의해 상호연결된 지식마디들로 구성된 망으로 지식의 기억을 기술한다. 하지만 다른 모형에서는 개념이 지식표상의 핵심인 데 반해, ACT 모형에서는 명제 마디와 이를 연결하는 고리가 지식표상의 핵심이다. 이러한 특징 때문에 흔히 ACT를 **명제망**(propositional network) **모형**이라고 한다.

ACT에서 명제망 표상의 예가 [그림 8-6]에 나와 있다. 그림의 명제망은 앞서의 문장 1을 기억표상으로 나타낸 것이다. 이 망에서 명제는 타원으로 표시되고, 타원은 명칭이 붙은 화살표로 관계와 논항에 연결되어 있다. 명제, 관계, 논항은 마디이며, 화살표는 마디들을 연결해 주는 고리이다. 예를 들어, [그림 8-6]의 (a)에서 5로 표시된 타원은 앞의 명제 5를 나타낸다. 이 타원은 관계고리로 '보내다' 에 연결되고, 행위자고리로 '세종대왕' 에, 대상고리로 음식에, 수혜자고리로 '성삼문' 에, 시간고리로 '과거' 에 연결되어 있다. [그림 8-6]의 (b)와 (c)는 각각 명제 6과 7을 나타낸다. 명제 5부터 7은 모두 동일한 마디를 공유하므로 이 명제들은 모두 큰 망의 부분들로서 상호연결되어 있음을 알 수 있다. 이것을 나타낸 것이 [그림 8-6]의 (d)로서, 이는 원래의 문장 1에 들어 있는 모든 정보를 나타낸다. 이처럼 단순한 명제들이 상호중복된 망을 형성함으로써 복잡한 생각을 표현할 수 있다.

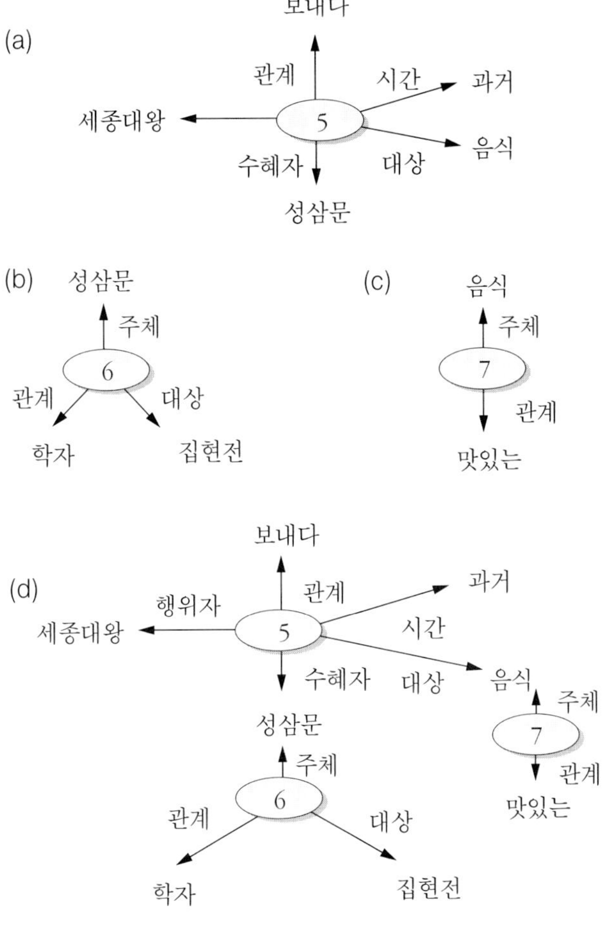

[그림 8-6] 명제망 표상의 예

ACT 모형에서 지식표상의 주요 특징은 보편적인 개념과 특정 사례를 구분한 다는 것이다. ACT는 이를 **타입**(type)과 **토큰**(token)이라는 명칭으로 구분하는데, 타입은 일반적인 '책상' 과 같은 일반적인 개념을, 토큰은 '저 책상은 크다' 는 진술에서의 특정 '책상' 을 지칭한다. 다음 문장을 보자.

11. 철수는 배가 고파서 떡을 샀다.

문장 11을 명제망으로 표시한 것이 [그림 8-7]이다. 여기서 X는 토큰을 나타내는 것으로서 '떡' 개념의 특정 사례이다. 토큰은 타입 마디에 연결되어 있는데, 이 예에서는 일반적인 '떡' 개념에 연결되어 있다. 이러한 연결을 통해 '철수가 산 떡' 을 접할 때 일반적인 '떡' 개념에 대한 지식을 이용할 수 있다. 그리고 철수의 떡에 대해 새로이 학습한 정보는 이 떡에 대한 토큰 마디에 새로이 연결 저장된다. 명제는 다른 명제의 일부분이 될 수 있으며, 그럼으로써 위계적 관계를 형성할 수 있다. [그림 8-7]에서 문장 11의 명제망 표상을 다시 보자. '철수는 배가 고프다' 는 명제와 '철수는 떡을 샀다' 는 명제는 각기 하나의 커다란 명제 내에서 논항이 되어 있다.

기억에 저장된 지식이 어떻게 꺼내어지는가에 대하여 ACT 모형은 다음과 같은 전제를 하고 있다.

- 강도: 마디들을 연결하는 고리의 강도가 서로 다르다. 고리의 강도는 정보를 경험하는 빈도가 많을수록 강해진다.

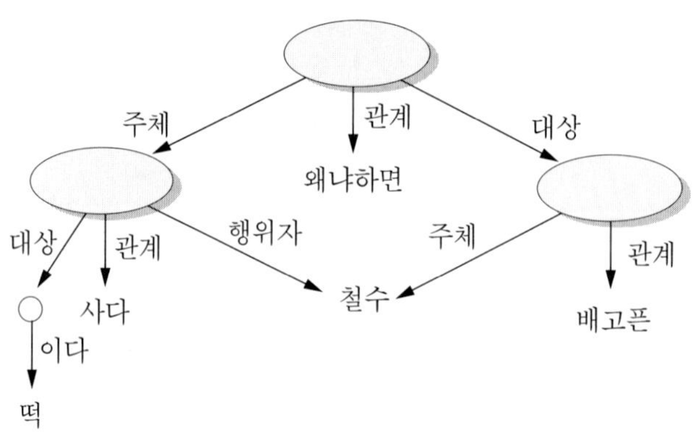

[그림 8-7] '철수는 배가 고파서 떡을 샀다' 문장의 명제표상

- 활성화: 어느 한 순간에 지식표상 명제망의 수많은 마디들 가운데 극히 일부분만이 활성화 상태에 있다. 작업기억은 별도의 기억 저장고가 아니라 단지 장기기억의 활성화된 부분에 불과하다. 그리고 문턱값 이상으로 활성화되어야 해당 마디가 의식될 수 있다.

시간 경과: 활성화는 시간의 경과에 따라 약화되는데, 이는 쇠잔과 매우 유사하다.

확산적 활성화(spreading activation): 한 마디가 활성화되면 이 마디와 고리로 연결된 다른 마디로 활성화가 확산되어 간다. 이때 연결고리의 강도가 강할수록 고리를 통해 전달되는 활성화 양은 커진다. 그런데 확산될 수 있는 활성화 양은 제한되어 있다. 따라서 연결고리가 많은 마디일수록 이 마디에 연결된 다른 마디들 각각으로 확산되는 활성화 양은 감소한다.

이러한 전제를 지닌 ACT 모형은 지식을 기억에서 인출하는 여러 현상을 잘 설명해 줄 수 있다. 경험 빈도가 많은 정보일수록 더 빨리 인출된다는 사실이나, 한 항목에 연합되는 항목들이 많아질수록 인출 속도가 느려지고 망각이 증가하는 현상을 잘 설명할 수 있다.

과연 그러할까? 이 물음에 답하기 위하여 Anderson은 학습한 지식의 인출 속도를 측정하는 지식인출 실험을 하였다. 먼저 실험 참가자는 '(어떤 사람)이 (어떤 장소)에 있다.' 형태의 문장 26개를 학습하였는데, 그 예는 다음과 같다.

12. 의사가 은행에 있다. (1-1)
13. 소방수가 공원에 있다. (1-2)
14. 변호사가 교회에 있다. (2-1)
15. 변호사가 공원에 있다. (2-2)

각 문장 옆에 두 개 숫자가 괄호 안에 있는데, 이는 사람과 장소 각각과 연합된 사실의 수를 나타낸다. 예를 들어, 문장 14의 2-1은 '변호사'가 두 개 문장에, '교회'가 한 개 문장에 있음을 나타낸다. 참가자들은 모든 문장을 충분히 학습한 후 재인기억검사를 받았다. 재인검사에서는 하나씩 제시되는 검사 문장이 앞서 학습한 문장인지 여부를 빨리 판단하여야 했다. 학습하지 않았던 검사 문장들도 제시되는데,

이 문장들은 학습한 문장들에서 사람과 장소를 다시 짝지어 만들어진 것들로서, '변호사가 은행에 있다.' 와 같은 문장이었다. 사람들의 재인판단 반응 시간을 측정한 결과, 사람 마디나 장소 마디 각각과 연결된 고리의 수가 많을수록 반응 시간이 느려졌다. 즉, 연합된 사실의 수가 많을수록 인출 속도가 느려진 것이다. 예를 들어, 문장 15에 대한 판단 속도가 가장 느렸는데, 이는 '변호사' 와 '공원' 이 각각 두 개의 마디에 연결되었기 때문이다. 반면, 문장 12에 대한 판단 속도는 가장 빨랐는데, 이는 '의사' 와 '은행' 이 각각 한 개의 마디에 연결되었기 때문이다. 이처럼 연결고리의 수가 증가함에 따라 인출 속도가 느려지는 현상을 **부채효과**(fan effect)라 하는데, 이러한 명칭은 명제망에서 고리의 그림이 마치 부채살을 닮았기 때문이다.

부채효과에 따르면, 어떤 항목에 대한 지식이 증가할수록 그것에 대한 질문에 대답하기가 더욱 어려워질 것이다. 이는 사실상 우리의 직관에 맞지 않는 것처럼 보인다. 많이 알수록 사실에 빨리 접근할 수 있지 않겠는가? 이러한 의문은 실제 상황에서 우리의 기억을 어떻게 사용하는지와 관련되어 있다. 흔히 우리가 부딪히는 상황은 특정 사실이 학습했던 것인지를 재인해 내는 것보다는 특정 사실이 참인지(또는 그것이 참이라고 믿는지) 여부를 판단하는 것이다. '타조는 새다' 를 이미 학습한 후 타조가 날개를 가지고 있는지를 질문받았다면 '예' 라고 대답할 것이다. 이때 타조가 날개를 가지고 있음을 학습했는지에 대해서는 신경쓰지 않을 것인데, 왜냐하면 이미 알고 있는 지식에서 타조의 날개가 쉽게 추론될 수 있기 때문이다. 이처럼 기억 판단은 흔히 정확한 정보의 인출이 아니라 그럴듯한 것인지에 대한 추론을 바탕으로 이루어진다. 중요한 점은, 그럴듯함에 근거하여 반응할 때에는 엄격한 재인에서와는 달리 한 개념에 대해 보다 많은 사실을 알수록(즉, 연결고리가 많을수록) 반응이 빨라진다. 이를 실험적으로 검증한 것이 Reder와 Ross(1983)의 연구이다. 이들은 피험자에게 다음과 같은 문장들을 학습하도록 하였다.

> 앨런은 오전 10시 기차표를 샀다.
> 앨런은 차장이 "승차하시오." 라고 외치는 소리를 들었다.
> 앨런은 기차 안에서 신문을 읽었다.
> 앨런은 그랜드샌트럴 역에 도착했다.

Reder와 Ross는 앨런과 같은 특정인에 관해 학습해야 할 문장의 수를 조작하였다. 그 후 다음과 같은 문장을 제시하고서 기억 판단을 하는 데 걸린 시간을 측정하였다.

16. 앨런은 차장이 "승차하시오."라고 외치는 소리를 들었다.
17. 앨런은 승차장에서 다가오는 기차를 보았다.
18. 앨런은 옷을 유색 옷과 흰색 옷으로 분류하였다.

문장 16은 앞서 학습한 문장이며, 문장 17은 학습한 문장들로부터 추론될 수 있는 문장이고, 문장 18은 학습하지도 추론되지도 않은 문장이다. 피험자들은 둘로 나뉘어 한 집단은 '앞서 학습했던 문장과 똑같은지' 정확하게 재인 판단해야 했으며, 나머지 피험자들은 '앞서 본 문장들로 미루어 보아 그럴듯한 문장인지' 판단해야 했다. 그 결과 정확재인 판단에서는 앨런에 대해 학습한 사실이 많을수록 판단 속도가 느렸지만, 그럴듯함 판단에서는 학습한 사실이 많을수록 판단 속도가 빨랐다. 즉, 정확재인에서는 부채효과가 나타났지만, 그럴듯함 판단에서는 부채효과와 반대의 효과가 나타났다. 이러한 결과는 중요한 의의가 있는데, 이는 현실에서 사람들은 특정 시점에 어떤 사실을 학습했는지 여부에는 거의 관심이 없으며, 그 정보가 진실인 것 같은지, 그럴싸한지 여부에 근거하여 판단한다는 것이다.

방금 살펴본 내용은 ACT 모형을 일화기억에 적용하여 설명한 경우이다. 그렇지만 ACT의 중요한 특징은 일화기억뿐만 아니라 의미기억현상을 설명하는 데에도 동일한 표상 구조와 인출 원리를 적용할 수 있다는 것이다. 경험 빈도가 상대적으로 많은 전형적 사례(예: 참새)는 비전형적인 사례(예: 타조)보다 상위 범주(예: 새)와 더 강하게 연결되어 있다. 따라서 '참새는 새다' 명제에서 반응이 더 빨리 나온다.

ACT 모형은 일화기억과 의미기억을 포함한 서술기억뿐만 아니라 절차기억도 함께 다루고 있다. ACT의 절차기억 부분은 다음에 절차적 지식표상에서 다룰 것이다.

3. 도식적 표상

앞서 살펴본 TLC나 ACT와 같은 모형들은 지식의 조직화 방식을 효과적으로 보여 준다. 그러나 이러한 모형들은 비교적 작은 규모의 지식 구조를 다루고 있을 뿐이지, 보다 커다란 규모의 지식 구조를 우리가 어떻게 기억하고 인출하는가를 설명하는 데에는 한계가 있다.

지식은 낱개 사실의 검증뿐만 아니라 추론, 문장, 덩이글, 상황, 사건 등의 이해에도 매우 중요하다. 단순한 문장이라 할지라도 이를 이해하는 데에는 단순히 주어진 정보를 이해하는 것 이상의 복잡한 과정이 필요하다. 다음과 같은 문장을 읽어보라.

> 영희는 생선장수 트럭의 확성기 소리를 들었다.
> 그녀는 지갑을 찾아서 지갑을 열었다.
> 돈을 꺼냈다.

이 글은 매우 자명한 것처럼 보이지만, 읽는 동안 많은 추론을 하게 된다. 영희는 몇 살일까? 그녀는 왜 돈을 꺼냈을까? 얼마나 꺼냈을까? 이러한 정보는 문장에서 전혀 주어지지 않았지만, 우리는 세상사에 대해 가지고 있는 지식을 바탕으로 추론할 수 있다. 만약 영희가 일곱 살이고, 생선장수 트럭을 사기 위해 돈을 꺼냈고, 돈을 일천 만 원 꺼냈다는 것을 알게 되면 아마 우리는 깜짝 놀라게 될 것이다.

앞의 예를 통해 우리는 이해에 관해 몇 가지 중요한 점을 짐작할 수 있다. 무엇보다도 문장을 이해하기 위해서는 주어진 외적 정보뿐만 아니라 우리의 기존 지식을 함께 이용한다는 점이다. 문장의 의미는 문장 내 단어의 의미, 그리고 관련된 지식에 의해 파악된다. 또한 이해가 입력정보, 그리고 활성화된 지식으로부터 의미를 구성하는 능동적 과정이라는 점이다. 이해는 주어진 문장의 의미를 수동적으로 받아들이는 과정이 아니라 관련된 지식을 바탕으로 능동적으로 해석하는 과정인 것이다.

1) 도식이론

이해의 중요한 바탕을 제공해 주는 지식은 어떻게 표상되어 있을까? 앞서 살펴본 명제는 지식의 작은 단위를 표상하는 데에는 적합하지만 대단위의 조직화된 지식을 표상하는 데에는 적합하지 않다. 대단위 지식표상을 나타내는 데 사용되는 개념이 도식(schema)인데, 도식은 대상, 사건, 일련의 사건, 사회적 상황 등을 표상하는 지식의 덩어리라고 할 수 있다.

최초의 도식에 관한 연구로 앞서 살펴본 Bartlett(1932)의 연구를 들 수 있다. 대표적인 현대적 도식으로서는 Minsky(1975)와 Rumelhart(1980)의 이론을 들 수 있는데, Minsky는 인공지능 프로그램에서 지식을 표상하기 위해, Rumelhart는 인지심리학에서 지식을 표상하기 위해 도식이론을 발전시켰다. Rumelhart에 따르면, 도식은 인지의 초석으로서 도식이론은 지식의 표상과 이용 방식에 관한 이론이다. 도식은 감각 자료를 해석하고, 기억에서 정보를 인출하며, 행동을 조직화하고, 문제를 해결하는 데 사용된다.

도식의 주요 특징을 살펴보자. 첫째, 도식은 일반적인 지식이다. 도식은 특정 상황에 국한된 정보를 표상하는 것이 아니라 일반적인 상황 정보, 그리고 상황의 특정 유형에 관한 정보를 함께 표상한다. 둘째, 도식은 구조화되어 있는데, 정보들이 단순한 집합을 이루고 있는 것이 아니라 이 정보들이 위계적으로 조직화되어 있다. 이러한 도식의 일반성, 그리고 조직화 특성에 의해 추론과 이해가 가능하다.

도식의 특징을 진찰도식 예를 통해 살펴보자. 이 도식은 진찰에 관한 모든 지식을 표상하는데, 그 일부가 다음에 나와 있다.

환 자: 사람
증 상: {배가 아픔, 귀가 아픔, 이가 아픔 …}
지참물: {의료보험카드, 돈 …}
병 원: {내과, 안과, 치과 …}
진찰자: {내과의사, 이비인후과의사, 치과의사 …}
검사자: {간호사, 임상병리사, 엑스레이기사 …}
비 용: 돈

도식은 **슬롯**(slot) 구조로 이루어져 있다. 슬롯은 도식의 속성으로서, 여러 값을 가질 수 있다. 앞의 예에서 병원 슬롯은 내과, 안과 등의 값을 가질 수 있다(슬롯의 값은 대괄호로 표시되었다). 이 도식은 어떤 사람이 어떤 증상으로 어떤 병원에 진찰받으러 간다는 지식을 표상하지만, 도식은 일반적이므로 특정 사람이나 특정 병원을 표상하지는 않는다. 도식의 값 자체가 도식인 경우들도 있다. 예를 들어, 내과나 의사는 나름대로 도식적(또는 범주적) 지식을 표상한다. 이처럼 여러 수준의 도식들이 상호연결되어 있어 관련된 지식을 추론할 수 있게 해 준다.

도식의 중요한 특성으로서 슬롯값에 대한 지정값(default) 가정을 들 수 있다. 어떤 이야기에 특정 정보가 누락되어 있다 할지라도 우리는 관련된 도식적 지식의 지정값에 따라 누락된 정보에 대한 추론을 할 수 있다. 예를 들어, '철수가 안과 병원에 가서 진찰을 받았다' 라는 문장을 읽으면, 철수가 진찰비를 지불했으며 눈과 관련된 문제(시력장애, 안과질환 등)가 있었다는 것 등을 추론할 수 있다.

도식의 중요한 인지적 역할은 이해와 기억을 용이하게 해 준다는 점이다. 여러 정보가 함께 주어졌을 때, 우리는 이 정보들의 상호관련성이나 각 정보의 적절성을 일일이 파악하느라 애쓸 필요가 없다. 일단 어떤 도식이 선택되면, 주어진 정보들 가운데 어떤 정보가 도식의 어떤 슬롯에 해당되는지를 파악함으로써 쉽게 이해할 수 있는 것이다. 그리고 이 정보들을 나중에 기억해 내고자 할 때에도 먼저 해당 도식을 인출해 내서 이 도식의 각 슬롯값에 근거하여 세부적인 정보들을 기억해 낼 수 있다. 하지만 앞서 Bartlett의 연구가 보여 주듯이, 도식에 근거한 기억은 오히려 정확한 기억을 방해하고 기억을 왜곡시킬 가능성도 있다. 도식의 슬롯값으로부터 추론해 내서 경험하지 않은 정보를 경험한 것으로 잘못 기억해 낼 수도 있는 것이다.

도식의 심리적 실재를 보여 준 연구로서 Brewer와 Treyens(1981)의 연구를 들 수 있다. 이들은 대학생들이 어떤 특정 유형의 방에 대해 도식을 가지고 있는지 조사하였다. 피험자들은 개별적으로 실험자의 연구실에서 35초 동안 실험자가 돌아오기를 기다려야 했다. 그 후 다른 방에 가서 그 연구실에 있었던 물건들을 기억해 내도록 요구받았다. 만약 피험자의 기억이 그들이 가지고 있는 연구실 도식에 의해 영향받는다면 이 도식에 속한 물건들은 잘 기억해 내겠지만, 그렇지 않은 물건들은 잘 기억해 내지 못할 것이다. 연구 결과는 이러한 예상을 지지해 주었다. 예를 들어, 30명의 피험자들 가운데 9명은 연구실에 책들이 있었다고 기억해 냈는데, 실제로는 한 권의 책도 없었다. 그리고 연구실에 실제로 있었던 두개골 모형이나 게시판을 정확하게 기억해 낸 피험자는 8명에 불과했다. 이러한 연구 결과는 장소에 대한 기억이 장소에 대한 도식의 영향을 크게 받는다는 것을 보여 준다.

2) 스크립트

대상이나 개념에 대한 지식만이 도식으로 표상될 수 있는 것은 아니다. 다음과 같은 문장을 보라(Schank와 Abelson, 1977에서 인용).

> 존은 배가 고프다.
> 그는 식당에 가서 샌드위치를 주문했다.
> 그는 계산을 하고 나왔다.

이 문장들을 이해하는 데 아무런 어려움이 없을 것이다. 이 문장들은 비록 매우 단순하고 짧은 것이지만 많은 추론을 할 수 있다. 존은 누구에게 주문을 하였는가? 무엇에 대해 계산을 하였는가? 이러한 질문은 답이 너무나 뻔해서 우스꽝스럽기조차 하다. 하지만 그 답은 문장 어디에도 언급되지 않았다.

우리는 식당에 가서 음식을 사서 먹을 때 일어나는 일련의 사건들에 대한 지식을 과거 경험을 통해 가지고 있다. 이러한 지식에 근거하여 주어지지 않은 정보에 대해서도 추론을 하고 이해를 할 수 있는 것이다. 이처럼 정형화된 상황에서 통상 일어나는 일련의 사건들에 관한 도식적 지식을 특히 **스크립트**(script)라고 한다(Schank & Abelson, 1977). 즉, 스크립트는 판에 박힌 사건들에 관한 도식으로서 극장 가기, 데이트하기, 인터넷하기 등 일상생활에서 친숙한 상황들에 대해 형성되어 있다.

Schank와 Abelson(1977)에 따르면, 스크립트는 계기적 연결과 위계적 연결이라는 구조적 특성을 가진다. 스크립트는 여러 장면들로, 그리고 장면들은 여러 행동들로 구성되어 있다. 예를 들어, 〈표 8-1〉에 나와 있는 식당 가기 스크립트를 보라(박태진, 1985에서 인용). 이 스크립트는 '들어가기' '주문하기' '먹기' '나가기' 와 같은 장면들로 나누어지며, 이 장면들은 각각 구체적인 행동들로 구성되어 있다. 여기서 스크립트 제목-장면-행동은 위계적 연결 구조를, 각 장면 내의 행동들은 계기적 연결 구조를 이루고 있다.

Bower, Black, 그리고 Turner(1979)는 스크립트의 심리적 실재를 검증하였다. 이들은 피험자들에게 극장 가기와 같은 상황에서 가장 중요한 사건들을 말하도록 하고서, 이 가운데 높은 일치를 보인 행동들을 스크립트 행동으로 간주하였다. 그리고 이렇게 생성된 행동들을 다시 피험자들에게 제시하고 장면 경계를 나누도록 하여 장면들을 구분하였다. Bower 등은 이러한 스크립트가 기억에 미치는 효과를 밝히기 위해, 스크립트 행동들 가운데 일부만을 피험자에게 제시하여 학습하도록 한 후 회상검사와 재인검사를 하였다. 그 결과 피험자들은 제시받지 않았지만 스크

표 8-1 식당 스크립트

스크립트 제목	장면 1	장면 2	장면 3	장면 4
	들어가기	주문하기	먹 기	나가기
식당에 가기	안으로 들어간다. 빈자리를 찾는다. 자리에 앉는다.	메뉴를 본다. 음식을 주문한다.	음식이 나온다. 음식을 먹는다. 입을 닦는다.	자리에서 일어선다. 음식값을 지불한다. 밖으로 나간다.

립트에 속한 행동들에 대해 기억검사에서 오류를 보였는데, 이러한 행동들을 제시받은 것으로 잘못 회상해 내거나 재인해 내는 경향이 있었다. 즉, 스크립트 지식과 관련된 사건을 경험할 때, 이 지식에 근거하여 원래 경험하지 않았던 사건까지 추론해 내는 경향을 뚜렷이 보인 것이다.

또한 Bower 등은 스크립트 행동들의 순서를 바꾸어 피험자들에게 제시하고서 이 행동들을 기억해 낼 때 제시받았던 순서대로 기억해 내는지 여부를 조사하였다. 그 결과 피험자들은 순서가 바뀐 스크립트 행동들을 정상적인 순서로 되돌려서 회상해 내는 경향을 보였다. 이는 스크립트 지식의 중요한 특성이 시간적 순서임을 보여 준다.

스크립트 지식에서 장면 단위로 조직화되었다는 것을 입증한 예의 하나가 박태진(1985)의 연구다. 그는 피험자들에게 두 개의 행동을 제시해 주고서 시간적 순서판단을 하도록 하였다. 이때 두 행동은 동일한 장면에 속하거나 서로 다른 장면에 속하였으며, 두 행동들 간의 시간적 거리가 조작되었다. 예를 들어, '음식이 나온다' 행동은 '입을 닦는다' 보다는 '음식을 먹는다' 와 더 거리가 가까우며, 동일한 장면에 속한다. 하지만 이 행동은 '메뉴를 본다' 보다 '음식을 주문한다' 와 더 거리는 가깝지만 서로 상이한 장면에 속한다. 실험 결과 거리효과가 동일 장면에서만 나타났다. 즉, 거리가 가까울수록 순서판단 반응 속도가 늦었다. 이러한 결과는 스크립트 지식이 장면 단위 중심으로 조직화되어 있음을 보여 주는 것이다.

시간적 순서성은 다른 유형의 도식과 달리 스크립트만이 가진 독특한 특성이다. 하지만 이에 대한 반론도 만만치 않다. Galambos와 Rips(1982)는 스크립트 행동들이 순서성과 중심성 가운데 어느 것에 따라 조직화되어 있는지 밝히고자 하였다. 중심성이란 스크립트 행동들의 상대적 중요도를 뜻하는데, 예를 들어 '식당 가기' 에서 '음식을 주문한다' 는 '자리에서 일어선다' 보다 중심성이 훨씬 더 높은 행동이다. Galambos 등은 피험자들로 하여금 스크립트 행동들을 시간적 순서성이나 중심성에 따라 순서를 매기도록 하였다. 만약 스크립트 행동들이 시간적 순서성에 따라 조직화되어 있다면 순서가 이른 행동에 대한 평정이 늦은 행동에 대한 평정보다 속도가 더 빠를 것이다. 하지만 실험 결과 순서성의 효과는 관찰되지 않았다. 반면, 중심성의 효과는 관찰되었는데, 보다 중심적인 행동에 대한 평정 속도가 덜 중심적인 행동에 대한 평정 속도보다 빨랐다. 이러한 결과는 스크립트 지식이 순서성보다는 중심성에 따라 조직화되어 있음을 보여 주는 결과로서, 스크립트 지식이 일반적인 도식적 지식과 크게 다르지 않음을 시사한다.

그러나 스크립트 지식의 순서성을 지지해 주는 연구도 있다. 종합한다면, 스크립트 지식의 기억과 인출에서는 중심성이 중요하여 장기기억 내의 지식에 빨리 접근하는 데에는 시간상 선행하는 행동사건보다 중심적인 행동사건이 유리하지만, 기억의 위치를 일단 확인한 후 세부적 사항들을 탐색하는 데에는 순서성이 중요하여 시간적 순서에 따른 탐색이 가장 효과적인 것이라 할 수 있다.

4. 절차적 지식표상

지금까지 살펴본 내용은 모두 서술기억 가운데 주로 의미기억의 지식표상에 관한 것이었다. 다음은 절차기억의 지식표상에 대해 간략하게 살펴보겠다. 수학문제를 풀거나, 워드프로세서를 사용하여 글을 쓰는 것은 무엇을 어떻게 하는가 하는 절차에 대한 앎이다. 이러한 지식은 우리의 기억 속에 어떠한 형태로 들어가 있으며, 어떻게 가동되는가?

인지과학자들은 절차지식표상을 규칙으로 표현하고자 하였다. 특히 컴퓨터 과학자들이 이러한 노력을 많이 기울였는데, 그들은 '만약-그렇다면(IF-THEN)' 규칙을 사용함으로써 절차적 지식의 본질을 밝히고자 하였다(Newell & Simon, 1972). 비교적 단순한 기술이라도 여러 성분을 가지고 있으므로, 이 기술을 적절하게 표현하는 데에는 많은 규칙들이 필요하다. 예를 들어, 산수 계산은 가감승제와 같은 여러 조작들을 요구하며, 이 조작들은 각각 많은 하위기술을 요한다. 덧셈 규칙의 하나로서 다음(P1)을 들 수 있다.

P1: 만약 한 열에서 숫자를 더했다면,
그렇다면 그 열의 왼쪽 열에서 숫자를 더한다.

이러한 '만약-그렇다면(IF-THEN)' 규칙을 **산출규칙**(production rules)이라고 하는데, 산출규칙은 어떤 특정 조건하에서(IF) 어떤 행위가 수행되어야(THEN) 하는지를 규정한다. 산출규칙은 조건(condition) 부분과 행위(action) 부분으로 구성되어 있는데, 전자는 '만약' 절에, 후자는 '그렇다면' 절에 해당한다. 산출규칙의 조건이 충족되면 행위가 수행된다. 예를 들어, 자동차를 운전하는 기술의 한 부분을 다음과 같은 산출규칙(P2)으로 나타낼 수 있다.

P2: 만약 수동변속기 차를 운전한다면, 그리고 정지신호를 마주쳤다면,
그렇다면 클러치를 밟고 변속기를 중립으로 옮기고 브레이크를 밟는다.

절차적 지식의 표상에 대해 가장 체계적 연구를 수행한 학자로 J. R. Anderson을 들 수 있다. Anderson의 ACT 모형(1976, 1983, 1990, 1993)에 따르면, 모든 기술은 **산출**(production)로 표상되며, 각 산출은 '만약-그렇다면' 형태의 단순한 규칙이다. 특정 기술을 수행하도록 이루어진 산출규칙들의 집합을 **산출체계**라고 하는데, 산출체계는 문제해결 지식을 표상하는 데에 매우 유용하다.

기억 속에 있는 지식표상에서 각 산출은 평소에는 휴식 상태에 있지만, 항상 그 조건이 충족되는지를 조사하고 있다. 일단 그 조건이 충족되면 활성화되어 그 행위가 수행된다. 산출은 장기기억에 저장되어 있는데, 사람들은 부지불식간에 수많은 산출을 사용하고 있다. 그런데 어떤 상황에서 사용되는 산출규칙이 가장 효율적인 것이 아닐 가능성도 있다. 실제로, 여러 경우에 산출은 부정확하며 틀린 규칙을 가지고 있다. 이 경우 산출규칙은 문제해결에서 오류를 일으킬 수 있다. 예를 들어, 615−351=344, 462−234=232, 493−289=216과 같은 잘못된 계산을 보라. 이러한 오류는 '무조건 큰 수에서 작은 수를 빼는' 부정확한 산출, 즉 잘못된 절차를 적용한 결과라고 할 수 있다.

Anderson에 따르면, 문제해결 기술의 획득 과정은 다음 세 단계를 거친다. 첫째, 문제해결을 위한 모든 지식이 서술지식으로 부호화되는데, 이 단계에서 사람들은 문제를 해결하기 위해 서술지식을 탐색하고 이 지식을 어떻게 새로운 문제에 적용

할 것인지를 궁리한다.

둘째, 서술지식을 반복적으로 사용함에 따라 이 지식이 보다 효율적인 절차지식으로 변환된다. 이처럼 연습에 의해 접근 속도가 느린 서술지식으로부터 접근 속도가 빠른 절차지식으로 변환되는 과정을 **절차화**(proceduralization)라고 한다. 절차지식은 산출로 표상되는데, 산출의 조건이 충족되면 행동이 자동적으로 수행된다. 예를 들어, '4 더하기 3은 7' 이라는 사실은 처음에는 서술기억에 명제 형태로 표상된다. 연습이 반복됨에 따라 이 정보는 절차기억의 산출규칙으로 표상된다. 따라서 4와 3이 주어지면 7이 자동적으로 인식된다. 즉, 처음에는 서술기억으로부터 정보가 느린 속도로 인출되지만, 절차화에 의해 일종의 패턴 재인(기억 속의 것을 확인하는 것)이 빠른 속도로 이루어지게 된다.

셋째, 연습이 계속 거듭됨에 따라 절차지식은 확장되고 정교화된다. 두 개의 산출규칙이 하나로 합성되면 규칙이 수행되는 시간이 절약되게 된다. 앞서 살펴본 산출 P2는 다음과 같은 산출들(P3, P4, P5)로부터 합성된 것이다.

P3: 만약 수동변속기 차를 운전한다면, 그리고 정지신호를 마주쳤다면,
그렇다면 클러치를 밟는다.
P4: 만약 수동변속기 차를 운전한다면, 그리고 정지신호를 마주쳤다면, 그리고 클러치를 밟았다면,
그렇다면 변속기를 중립으로 옮긴다.
P5: 만약 수동변속기 차를 운전한다면, 그리고 정지신호를 마주쳤다면, 그리고 클러치를 밟았다면, 그리고 변속기를 중립으로 옮겼다면,
그렇다면 브레이크를 밟는다.

이처럼 ACT는 절차지식의 표상뿐만 아니라 이 지식의 획득 과정까지 잘 설명해 준다. 연습을 통해 수행이 어떻게 향상될 수 있는가? 한 과제에서 습득한 기술이 다른 과제로 얼마나 전이될 수 있는가? 전문가와 초보자의 차이는 무엇인가? 등의 문제에 대해 ACT는 훌륭한 예측을 제공해 주고 있다.

5. 요약

개념적 지식의 표상 방식에 대해 초기에 제안된 인지심리학적 관점에 따르면, 개념들은 위계적인 망 구조로 조직화되어 있다. 연결고리를 통해 한 개념에서 다른 개념으로 탐색이 이루어지는데, 탐색해야 할 고리가 증가할수록 탐색 시간이 증가한다고 가정한다. 그러나 이처럼 엄격한 논리적 집합 구조는 전형성효과 등을 설명하지 못한다. 한편, 개념표상이 세부특징들로 이루어졌다고 보는 관점은 정의적 세부특징과 특징적 세부특징을 구분하고, 이러한 세부특징들의 다단계 비교 과정을 가정함으로써 전형성효과를 설명하는데, 정의적 세부특징을 확인하기 어렵다거나 세부적 세부특징과의 구분이 어렵다는 문제가 있다. 비위계적인 망 구조를 가정하는 관점에서는 연결고리를 통해 제한된 용량의 활성화가 확산된다고 가정함으로써 의미점화를 잘 설명해 준다.

명제란 진위 언명이 가능한 최소 의미 단위로서 이를 기억의 기본적 표상 단위로 보는 관점들이 있다. ACT에 따르면, 장기기억은 명제들의 망 구조로 조직화되어 있으며, 개념과 사례가 구분되어 표상되고, 제한된 용량의 활성화 확산을 통해 인출이 이루어진다. ACT는 일화기억뿐만 아니라 의미기억, 그리고 서술기억뿐만 아니라 절차기억에 대해서도 표상 구조와 인출 방식을 포괄적으로 설명한다.

개념이나 명제보다 대규모의 조직화된 지식이 도식이다. 도식은 일반적이고 구조화된 지식으로서 주어지지 않은 정보를 추론할 수 있게 해 줌으로써 이해와 기억에 도움을 준다. 스크립트는 정형화된 상황에서 일어나는 일련의 사건들에 관한 도식적 지식으로서 순서성과 중심성에 따라 조직화되어 있다.

절차적 지식은 흔히 '만약-그렇다면' 형태의 산출규칙들로 표상되어 있다고 가정된다. 기술 획득 과정은 연습을 통해 서술적 지식이 절차지식으로 변화되고, 다시 절차지식이 확장 · 정교화되는 과정이다.

주요 용어 목록

ACT(Adaptive Control of Thought)
개념적 지식
도식(schema)
도식적 표상
명제망(propositional network)
명제표상
문장검증과제
산출규칙(production rules)
서술지식
세부특징비교모형(feature comparison model)
스크립트(script)
위계적 망모형(hierarchical network model)
전형성효과(typicality effect)
절차지식
조직화
확산적 활성화(spreading activation)
활성화 확산모형(spreading activation model)

읽을거리 ▶▶▶

지식표상에 관한 인지심리학적 연구를 소개한 인지심리학 개설서 가운데 한국어로 번역된 책으로 『Reed』(2006, 7판; 박권생 옮김), 『Matlin』(2004, 6판; 민윤기 옮김)이 있다. Anderson(2004)의 최근판 역시 참고할 만하다. 기억 연구와 관련하여 지식표상 연구를 개관한 이정모와 방희정(1996)의 논문은 전반적인 연구 동향을 짐작하는 데 도움이 된다.

제9장

언어의 지각과 이해

1. 언어와 사고
2. 말소리 지각
3. 시각적 단어인지 과정
4. 문장 이해 과정
5. 덩이글/말 이해 과정

제9장

언어의 지각과 이해

언어는 왜 심리학자들의 관심을 끄는가? 언어와 마음은 어떤 관계일까? 인지심리학은 왜 언어에 주목하는가? 이에 대한 대답은 아주 간단하다. 인지심리학이 무엇인지 생각하여 보면 금방 알 수 있다. 인지심리학은 인간의 머릿속에 들어 있는 지식의 실체와 그 이용을 밝히는 것을 목적으로 한다. 여기서 중요한 것이 '지식' 인데, 인간의 지식 중에서 아주 큰 부분을 차지하는 것이 '언어지식' 이다. 한국어를 말하고 들을 수 있는 것은 한국어에 대한 지식이 머릿속에 있기 때문이다. 우리가 투바어를 말하거나 듣지 못하는 것은 투바어에 대한 지식이 없기 때문이고, 투바어에 대한 지식이 없는 이유는 투바어를 배운 적이 없기 때문이다. 언어지식의 습득과 사용을 이해하는 것은, 지식 일반의 습득과 이용을 이해하고자 하는 인지심리학의 한 분야이다.

언어는 일종의 기호체계이다. 언어의 기호는 음성일 수도 있고 문자일 수도 있다. 기호와 대상의 관계는 임의적이며 불연속적이지만, 기호의 궁극적 목표는 의미의 전달에 있다. 기호는 그 수가 유한하지만, 연결규칙의 반복 적용에 의해서 무한한 언어 표현을 만들어 내는, 엄청난 생산력을 지니고 있다. 그리고 이런 언어 표현을 통해서 인간은 시간적 · 공간적 한계를 초월하여 생각하고 소통할 수 있다 (Hockett, 1960).

언어지식은 여러 영역으로 나누어진다. 음운, 형태, 어휘, 통사, 의미 등의 영역이 그것이다. 음운은 말소리의 단위와 조작규칙에 관한 것이다. 음운 단위에는 음소(phoneme), 음절(syllable), 박(mora) 같은 것이 있다. 어휘는 단어의 집합을 가리키며, 단어는 개념을 지칭한다. 단어를 구성하는 단위는 형태소(morpheme)이며, 형태소는 의미를 가진 최소의 언어 단위이다. 영어 단어 'happily'는 어간형태소 'happy'에 파생형태소 'ly'가 결합된 것이다. 한국어 단어 '먹었다'는 어간형태소 '먹'에, 과거시제를 나타내는 형태소 '었', 그리고 종지형 어미형태소 '다'가 결합된 것이다. 통사는 단어를 나열하는 규칙을 말하고, 의미는 단어나 문장이 뜻하는 바를 다루는 영역이다. 물론 이 외에도 표기, 화용, 담화 등과 같은 수준이 있다.

언어에는 여러 종류의 단위들이 사용되는데, 이들은 위계적인 관계를 가지고 있다. 예를 들어, '사람'은 하나의 단어로서 'homo sapience'를 의미한다. 발음은 /saram/인데, /sa/ + /ram/의 두 음절로 되어 있다. 첫 음절 /sa/는 두 개의 음소, /s/와 /a/로 되어 있다. 음소, 음절, 단어의 3개의 단위가 하나의 단어 속에 나타난다. 음소들이 모여서 음절이 되고, 음절이 모여 단어가 된다. 거꾸로, 단어를 분석하면 음절이 나타나고, 음절을 분석하면 음소가 나타난다고 할 수 있다. 단어는 다시 구의 구성요소가 되고, 구는 문장의 구성요소가 되고, 문장은 담화의 구성요소가 된다.

언어심리학의 연구 영역은 크게 이해(comprehension), 산출(production), 습득(acquisition)으로 나눌 수 있다. 이해는 외부에서 주어지는 글말이나 입말로부터 산출자의 의사를 파악하는 과정이며, 산출은 자신의 의사를 글말이나 입말의 형태로 표현하는 과정이며, 습득은 이해와 산출에 필요한 언어지식을 체득해 가는 과정을 말한다.

표 9-1 언어의 전달 방향과 감각 양상에 따른 언어심리학의 연구 영역

전달 방향 / 감각 양상	이해	산출
입말	말소리 지각	발화
글말	독서	작문

Chomsky는 언어능력(linguistic competence)과 언어수행(linguistic performance)을 구분하였다. 언어능력은 토박이말 사용자가 가지고 있는 언어지식과 언어적 직관을 가리킨다. 토박이말 사용자에게는 어떤 문장의 문법성/적합성을 판단하는 직

관이 있다. 언어능력은 모어(native tongue) 화자인 경우에 기본적으로 개인 간의 차이가 거의 없다. 한편, 언어수행이란 실제로 의사 전달이나 문제해결의 장면에서 이루어지는 언어지식의 사용을 다룬다. 여기에는 인간의 정보처리 능력, 상황/장면의 맥락, 감정 등이 개입된다. 우리가 일상의 언어 사용에서 실수를 범하는 것은 언어수행의 문제이지 언어능력의 문제는 아니다. 인지심리학은 일차적으로 언어수행을 대상으로 하지만, 언어능력에 대한 이해 또한 필요하다.

인간의 인지능력은 수많은 단원/모듈—전문화된 처리 장치—의 집합으로 간주할 수 있는데, 언어의 산출과 이해도 다양한 모듈들에 의해서 이루어진다(Fodor, 1983). 언어 처리를 위한 모듈들은 언어에 특화된 전문적 능력이며, 자율적이고 자동적으로 작동된다. 언어의 이해를 예로 들면, 우리는 귀로 들어오는 말소리 자극에 적절한 주의를 기울이기만 하면, 별다른 의식적 노력을 할 필요도 없이 그 말소리에서 단어를 찾아내고, 단어들 간의 관계를 계산하고, 나아가 그 문장이 무엇을 의미하고 요구하는지를 알아낼 수 있다. 모듈은 정의상 특정 영역에 한정되어 있고, 정보적으로 고립되어 있어서 다른 영역으로부터의 정보를 필요로 하지 않는데, 그렇다면 언어의 이해와 산출은 일반적 사고 과정과는 별개로 이루어지는 것인가? 언어 과정과 기타의 인지 과정은 어떤 관계가 있는가? 언어와 사고 사이에는 어떤 관계가 있는가? 이 장에서 다루고자 하는 첫 번째 문제가 바로 이것이다. 두 번째 문제는 언어의 이해에 관한 것이다. 즉, 언어는 어떤 과정을 거쳐서 이해되는가? 언어이해 과정을 말소리의 지각, 단어의 인지, 문장의 이해, 텍스트(또는 덩이글)의 이해의 순서로 나누어 설명할 것이다. 언어의 산출은 다음 장에서 다루어질 것이다.

1. 언어와 사고

언어의 연구에서 직면하게 되는 문제 중의 하나는 언어라는 형식과 언어가 담는 내용 간의 복잡한 혹은 복합적인 관계에 있다. 독자들은 이 책의 앞부분에서 지각 과정, 기억 과정 등을 공부하였는데, 거기에서는 언어 사용의 과정에 대해서는 거의 언급이 없었다. 그렇다면 이들 인지 과정과 언어 과정은 서로 독립적인 것일까? 예를 들면, 우리가 어떤 생각을 하고 있을 때 자신을 가만히 관찰하여 보면 일종의 혼잣말을 하고 있는 것 같은 느낌이 드는 경우가 있다. 자신에게—남에게는 들리지 않는—말을 하고 있는 것 같다. 즉, 사고한다는 것은 혼자서 말을 하는 것과 같은 것인지도 모른다. 인지치료의 창시자인 Aaron T. Beck은 우리의 감정과 사고는 내적 언어(internal dialogue)에 의해서 일어난다고 하였다. 그렇다면 사고 과정은 곧 언어 과정인가? 언어가 없어도 사고할 수 있는가? 더 나아가서 언어와 사고의 관계는 무엇일까?

우리는 말과 글을 언어라고 표현하지만, 우리가 사용하는 것은 특정한 한 언어, 한국어나 영어 등이다. 이들 말과 글은 문화적인 테두리 안에서 습득되며, 필연적으로 문화적인 특성을 동반할 수밖에 없다. 여기서 언어, 인지, 문화라는 복잡한 삼각관계에 직면하게 된다. 이 절에서는 우선 이 삼각관계를 간략히 살펴볼 것이며, 이어서 언어의 지각과 이해에 관여하는 인지 과정을 살펴볼 것이다.

1) 언어, 인지 그리고 문화

지구상에 현존하는 언어들의 주민등록부 격인 에스놀로그(Ethnologue)의 2005년판에는 무려 6,912개의 언어—그러나 판이 거듭될수록 등재되는 언어의 수는 계속 늘고 있다—가 등재되어 있다(Gordon, 2005). 그런데 이들 언어 간에는 발음체계, 철자체계 및 문법체계 등에서 서로 공통적인 면도 있지만 다른 면들이 더 많다. 예를 들어, 한국어의 '나는 사과를 먹었다.' 라는 문장은 영어에서는 'I ate an apple.' 로 표현된다. 동일한 의미를 매우 다른 발음과 철자체계로 표현하고 있다. 지구상에는 6,912개의 서로 다른 발음, 철자, 문법체계가 있는 셈이다. 더구나 어떤 사물을 가리키기 위한 어휘 세분화의 정도도 매우 다르다. 예를 들어, 영어에는 눈(snow)을 가리키는 단어가 몇 개 되지 않지만, 에스키모인은 상당히 많은 단어를 갖고 있다고 한다. 필리핀인은 쌀에 관한 단어를 무려 92개나 가지고 있으며, 아랍인은 낙타에 관한 단어를 수백 개나 가지고 있다고 한다. 또한 언어에 따라 문장의 구조에서도 차이가 있다. 한국어는 '주어-목적어-동사(SOV)' 어순을 표준으로 하지만 영어는 '주어-동사-목적어(SVO)' 어순이 표준이다. 그렇다면 언어 간의 이러한 차이—음운과 철자의 차이, 특정 유형의 대상을 가리키는 어휘의 차이, 언어의 문법 구조의 차이—는 언어 사용자의 인지와 사고에 어떤 영향을 끼칠까?

2) 언어상대성 가설

개별 언어들의 다양성을 알고 있는 사람이라면, 이 다양성이 우리의 생각과 행동에 영향을 끼칠 것이라고 생각할 것이다. 실제 이러한 추측과 일치하는 주장이 있다. 바로, 우리가 사용하는 언어가 사고에 결정적 차이를 일으킬 수 있다고 주장하는 언어상대성 가설이다. 이 가설은 Sapir와 Whorf에 의해서 제기되었는데, 보다 중요한 역할은 Whorf가 하였다. Whorf는 화학을 전공한 보험회사 직원이었다. 보험관계 일로 많은 사람을 접하면서 그는 언어가 사고에 영향을 미친다는 확신을 갖게 되었다. 그는 언어학자 Sapir에게 지도를 받게 되고, 그와 공동 연구를 하게 된다. 두 사람은 언어가 인간의 인지와 사고를 결정한다는 언어결정론과, 사용하는 언어에 따라서 인간의 사고도 달라진다는 언어상대성 가설을 제안하게 된다(Whorf, 1956). 즉, 인간이 사용하는 언어에 따라서 인간의 사고가 결정될 수도 있고 변화될 수도 있다는 가설이다. 철학자인 비트겐슈타인도 일찍이 "나의 언어의 한계가 나의 세계의 한계이다."라는 이와 비슷한 말을 하였다.

언어상대성 가설을 검증하는 연구들이 주목한 것은 언어에 따라서 색명(색깔의 이름)의 개수에 차이가 있다는 것이다. 뉴기니아 원주민인 다니족은 색상을 구분하는 단어가 두 개뿐이다. 밝고 따뜻한 색을 가리키는 '몰라(mola)'와 어둡고 차가운 색을 가리키는 '밀리(mili)'가 그것이다. 예컨대, 다니족의 사람들은 '노랑'과 '연두'는 '몰라'라는 단어로 표현하고, '보라'와 '검정'은 '밀리'라는 단어로 표현한다. Sapir-Whorf의 가설에 따르면, 다니족의 색 표현 단어는 두 개뿐이기 때문에 그들이 색상에 대한 사고를 할 때에는 두 유형의 색상에 대한 사고만이 가능하다.

언어가 사고에 미치는 영향에 대해서도 두 가지 입장이 있을 수 있다. 편의상 강한 입장과 약한 입장으로 분류해 보면, Sapir-Whorf의 가설은 언어가 모든 사고를 결정한다는 주장을 하기 때문에 강한 입장에 해당한다. 반면에, 약한 입장은 언어가 사고를 전부 결정하기보다는 부분적으로 영향을 미친다고 주장한다(Harley, 1995; Miller & McNeill, 1969). 이 구분을 염두에 두고 여러 경험적인 연구 결과들을 검토해 보자.

3) 언어가 지각과 기억 과정에 미치는 영향

언어와 인지 혹은 사고의 관계에 관한 언어상대성 가설은 색상 지각과 기억이 언어에 따라 어떤 차이가 있는지를 밝히는 연구에서부터 시작되었다. 색상은 크게 초점색(focal color, 11개의 기본색, 예: 흰색, 검정색, 노란색, 빨간색 등)과 비초점색으로 분류된다. 초점색은 사람들이 자주 접하는 대표적인 색이며, 비초점색은 초점색의 사이에 위치하는 사용 빈도가 낮은 중간색들이다. 일반적으로 사람들은 비초점색보다 초점색을 정확하게 회상 또는 재인할 수 있다(Berlin & Kay, 1969). 만약 언어가 색상의 지각을 결정한다면 색상 어휘가 풍부한 문화권의 사람들과 빈약한 문화권의 사람들은 서로 다른 수행을 보여야 한다. 즉, 앞서 예를 들었던 것처럼 다니족의 사람들은 모든 색을 '몰라'와 '밀리'라는 언어로만 표현하기 때문에, 다양한 색깔 표현 단어를 갖고 있는 영어를 사용하는 사람들과는 다른 색상 지각과 기억을 보일 것이라고 예측할 수 있다.

Rosch(1973)의 연구는 이를 반박하였다. 그녀는 다니족과 미국인을 직접 비교하였다. 각각의 참가자에게 색상을 제시하고 나중에 그 색상을 재인할 수 있는지 검사하였다. 실험 결과 색상의 재인율에서 다니족과 미국인의 차이는 거의 없었다. 두 집단 모두 재인율이 매우 높았다. 또한 초점색과 비초점색의 재인을 비교하였을 때, 다니족도 미국인과 같이 비초점색보다 초점색에 대한 재인율이 높았다. 이는 색상 어휘의 세분화가 색상 지각에 영향을 미치지 않는다는 것을 시사하는 것이다. 색상 지각은 색상 어휘의 세분화 정도(즉, 언어특수성)에 의해서 결정되는 것이 아니라 시각체계의 민감성(즉, 보편적인 인지 과정)에 의해서 결정된다는 주장을 지지하는 것으로, Sapir-Whorf의 언어상대성 가설과는 일치하지 않는 결과다.

하지만 언어상대성 가설을 지지하는 증거도 있다. Ellis(1973)는 자극으로 자연색을 사용하지 않고, 생소한 시각적 패턴을 사용하였다. 그는 생소한 시각적 자극에 임의적 명칭을 부여하였는데, 어떤 조건에서는 시각 자극 하나하나에 고유한 명칭을 부여하고(고유 명칭 조건), 다른 조건에서는 모든 자극들에 단 하나의 명칭만 부여하였다(통일 명칭 조건). 그리고 자극에 대해서 아무런 명칭도 부여하지 않은 조건도 있었다(통제 조건). 실험은 세 조건에서 시각 자극이 얼마나 잘 재인되는지를 비교하는 것이었다. 실험의 결과 고유 명칭 조건의 참가자가 통일 명칭 조건의 참가자에 비해서 시각 자극을 더 정확하게 재인하였다. 자극들을 서로 다른 명칭으로 기억하는 경우가 서로 다른 자극들을 하나의 통일된 명칭으로 기억하는 경우에 비해서 재인이 잘되었다. 즉, 자극 대상을 가리키는 어휘의 세분화가 기억에 영향을 미쳤다.

특정한 범주를 가리키는 단어의 유무가 지각 판단에 영향을 미친다면 그것은 언어상대성 가설을 지지하는 것으로 간주할 수 있다. Kay와 Kempton(1984)은 타라후마라 인디언 언어와 영어를 비교하였다. 타라후마라 인디언의 언어는 파랑과 초록을 구분하지 않고 둘 다 '시요나메' 라고 부른다. 연구자들은 실험 참가자에게 세 개의 색지를 보여 주고 그중에서 나머지 둘과 다르다고 생각되는 색지를 고르도록 하였다. 사용된 색깔은—영어 사용자의 판단을 기준으로 하였을 때—파랑에서 초록까지의 연속선에 위치하는 색깔로서, 거의 비슷한 간격으로 떨어진 여덟 개였다. 그중 4개의 색지는 초록으로 명명되는 색이었으며, 3개는 파랑색, 나머지 하나는 초록과 파랑의 한가운데에 위치하는 색이었다. 실험의 결과 영어 사용자는 언어적 차원에 근거하여 반응하지만, 타라후마라 언어 사용자는 물리적 차원에 근거하여 반응한다는 것이 밝혀졌다. 3개의 색지가 서로 같은 이름으로 명명될 수 있는 경우에는 영어 사용자와 타라후마라 언어 사용자의 반응 사이에 차이가 없었다. 그러나 3개의 색지 중 하나가 다른 이름으로 명명될 수 있는 경우에는 영어 사용자와 타라후마라 언어 사용자의 반응이 달랐다. 영어 사용자는 색채 이름을 근거로 하여 반응하였으나, 타라후마라 언어 사용자는 그렇지 않았다. 어떤 범주를 가리키는 단어가 있느냐 없느냐 하는 것이 지각 대상을 분류하고 판단하는 데 영향을 미치고 있음을 보여 주는 결과이다.

또한 기억색이라는 현상도 언어가 기억에 미치는 영향을 보여 준다. 예를 들어, 여러분은 사과, 포도 등의 단어를 알고 있을 것이고, 이 단어들이 함의하는 전형적 색깔도 연상할 수 있을 것이다. 만약 어떤 색을 기억할 때 그것을 '사과색' 으로 기억했다고 하면 나중에 실제 지각된 색보다 더 붉은 색을 보았다고 반응할 가능성이 높은데, 이것이 기억색의 효과다. 단어에서 연상되는 색깔은 그 단어와 함께 기억한 대상의 색깔에 영향을 미친다.

이상에 소개한 연구 결과들은 언어의 특성이 색상의 분류와 기억에는 영향을 미칠 수 있다는 증거가 된다. 즉, 언어 차이가 인지 과정에 영향을 끼친다는 언어상대성 가설을 부분적으로 지지한다.

4) 언어특수성과 인지보편성

앞에서 언어와 색채 지각의 관계, 그리고 언어와 기억의 관계를 살펴보았다. 지각과 기억이 아니라 좀 더 고차원적 사고와 언어는 어떤 관계에 있을까? 대답의 실마리는 문장의 어순(word order)에서 찾아볼 수 있다. 단어는 특정한 대상을 지칭하는 일종의 상징이다. 하지만 어떤 사건/현상을 기술하기 위해서는 단어 한 개로 불가능하고 여러 단어들을 나열하여야 하며, 여기에는 규칙이 있다. 단어들을 배열하는 규칙, 즉 통사규칙이 그것인데, 가장 기본적인 통사규칙 중 하나가 어순이다. 예를 들어, 한국어는 '주어-목적어-동사'의 어순을, 영어는 '주어-동사-목적어'의 어순을 사용한다. 지구상에는 수천 개의 언어가 존재하고, 가능한 어순의 유형도 엄청나게 많을 것 같지만, 실제로 사용되는 기본 어순은 아래에 나와 있는 것처럼 네 가지에 불과하다(Greenberg, 1963).

어순	비율	언어
SOV (주어-목적어-동사)	44%	영어, 중국어, 독일어
SVO (주어-동사-목적어)	35%	한국어, 일본어, 터키어
VSO (동사-주어-목적어)	19%	히브리어, 마오리어
VOS (동사-목적어-주어)	2%	
OVS (목적어-동사-주어)	0%	
OSV (목적어-주어-동사)	0%	

지구상 언어 중 약 80%에서 주어는 문장의 처음에 위치한다. 그 이유는 무엇일까? 일반적으로 어떤 행위는 행위자에 의해서 시작되며, 피행위자에게 작용하게 된다. 행위자와 피행위자 간의 인과적 관계는 행위자가 선행하고 피행위자가 후행하는 시간적 순서로 변환 가능하다. 따라서 어순을 정할 때에 행위자를 피행위자보다 앞에 두는 인지 혹은 사고의 원리에 맞추는 것이 유리할 것이고, 그 결과 대다수의 언어에서 주어가 문장의 처음에 오게 된 것이라 할 수 있다(Holtgraves, 2002). 즉, 어순에는 보편적인 인지 특성이 반영되어 있다.

앞서 논의했던 색명에 있어서도 같은 원리가 작용한다. 색상의 명칭이나 수는 언어에 따라 매우 다르지만, 색명을 사용하는 데는 일정한 규칙이 있다(Berlin & Kay, 1969). 색의 이름을 붙이는 체계가 위계적 구조를 지니고 있어, 색상 단어가 적은 경우에는 상위의 색명만을 사용하고(예: 다니족의 두 색상 단어) 점차 색상 단어가 많아지고 세분화됨에 따라서 하위의 색명으로 나아가게 된다는 것이다. 그리고 특정 언어에서 보이는 단어의 많고 적음 혹은 사용되는 단어의 분화 정도는 모두 문화와 밀접한 연관이 있다. 에스키모의 눈 명칭, 필리핀인의 쌀 명칭, 아랍인의 낙타 명칭은 언어 자체의 특성이기보다는 환경과 문화에 따른 필요성에 따라 부여된 것이다.

언어 발달의 측면에서 보면 분명히 사고는 언어보다 먼저 나타난다. 발달심리학자—예를 들면, Piaget와 Vygotsky—들에 의하면, 사고가 먼저 발달하고 언어는 그다음에 발달한다. 언어의 특수성보다는 인지의 보편성이 앞선다. 하지만 인지 과정은 언어를 통해 더 정교해진다. 언어는 복잡한 세상 정보를 체계화하고 추상화하는 수단이기 때문이다. 언어의 세분화와 정형화는 대상이나 행위의 범주화, 논리적 추론, 판단, 의사 결정 등의 심적 과정에 영향을 미친다. 이러한 과정에는 자신이 사용하는 언어의 특성이 반영된다. 따라서 언어특수성과 인지보편성 문제는 닭과 달걀의 문제처럼 서로 얽혀 있다고 할 수 있다.

또한 염두에 두어야 하는 것은 인지 혹은 사고 과정 중에는 언어와 무관한 것이 있다는 사실이다. 즉, 모든 사고가 언어를 매개로 하여 이루어지는 것은 아니다. 예를 들면, 심상을 사용하는 사고 과정—심적 회전, 심적 종이접기 등—도 있다. 이 경우, 언어는 거의 역할을 하지 못한다.

Barsalou(1992)의 생각을 소개하는 것으로 이 절의 결론을 대신하자. Barsalou에 의하면, 언어는 사고의 내용이 아니라 사고의 방식에 영향을 미친다. 언어는 사고의 본질을 변화시키기보다는 사고의 효율성을 변화시킨다. 즉, 효율적으로 사고하게 만든다. 그는 효율적인 사고를 위해서는 기본적인 개념이 중요한데, 개념의 형성에는 특정한 문화의 힘이 작용한다고 한다. 말하자면 문화가 개념의 형성과 개념의 언어화에 작용하고, 이것이 사고효율성의 바탕이 된다는 주장이다.

마지막으로, 언어와 성격의 관계를 다룬 흥미 있는 연구를 하나 소개하고자 한다. 언어는 성격—개인에게 특유한 사고 방식과 행동 방식—에도 영향을 줄 수 있을까? 이중언어 화자들은 이 문제에 답하는 데 좋은 연구대상이 된다. 이중언어 화자들 중에는 한 언어를 말하다가 다른 언어로 바꾸어 말하게 되면 자신의 성격도 따라 변하는 느낌이 든다고 말하는 사람들이 많다. Ramirez-Esparza, Gosling, Benet-Martinez, Potter 및 Pennebaker(2006)은 미국 및 멕시코에 거주하는 225명의 스페인어/영어 이중언어 화자를 대상으로 영어 또는 스페인어로 주어지는 성격

측정 문항에 반응하도록 하였다. 그 결과 세 가지 측면에서 유의한 차이가 나타났다. 영어를 사용할 때가 스페인어를 사용할 때보다 더 외향적이고 더 원만하고 더 성실한 성격이 되는 것으로 평가되었다. 즉, 영어를 사용할 때에는 영어 문화권의 보편적 성격에 가까워지고, 스페인어를 사용할 때에는 멕시코 문화의 보편적 성격에 가까워지는 것이 관찰되었다. 이러한 결과를 가지고 언어가 성격에 직접적으로 영향을 미친다고 결론을 내린다면 그것은 성급한 것이다. 적절한 해석은 사용하는 언어에 의해서 특정한 문화 스키마가 활성화되고, 문화 스키마에 따라서 사람들이 사고하고 행동했다고 보는 것일 것이다. 즉, 영어의 사용은 미국 문화 스키마를 활성화시키고, 활성화된 미국 문화 스키마가 말하는 사람의 사고와 행동을 특정 방향으로 안내하였다고 할 수 있다.

2. 말소리 지각

말소리 지각은 〈표 9-1〉의 입말의 이해에 해당하는 주제로서, 말소리의 크고 작은 여러 단위들을 파악하는 과정이다. 말소리 지각의 연구에는 까다로운 문제점이 몇 가지 있다. 첫째, 말소리 자극에는 불변성이 결여되어 있다. 말소리의 음향적 특성은 맥락에 따라, 그리고 발화자에 따라 쉽게 변한다. 또 하나는 분절에 관한 것이다. 자극으로 주어지는 말소리는 연속적인 자극이지만, 우리가 지각한 결과는 불연속적인 언어 단위들의 연결이다.

1) 불변성의 결여

우리가 동일한 것으로 지각하는 말소리는 그 음향적 특성이 맥락에 따라 사뭇 다르다. 예를 들어, /가방/의 첫 소리인 /ㄱ/의 음향적 특징은 /단기/의 네 번째 소리, 즉 네 번째 음소인 /ㄱ/의 음향적 특성과 매우 다르다. 그럼에도 불구하고 한국인에게는 똑같은 말소리, 즉 동일한 음소 /ㄱ/ 으로 지각된다. [그림 9-1]에 영어 음절의 음향적 특성을 기록한 스펙트로그램이 제시되어 있다. 모두 /d/ 소리로 시작하는 음절로서 처음의 70ms 정도가 /d/ 소리에 해당한다. 자세히 보면 동일한 /d/의 음향적 특성이 뒤에 오는 모음의 종류에 따라 크게 변화하고 있다. 이것은 동시조음

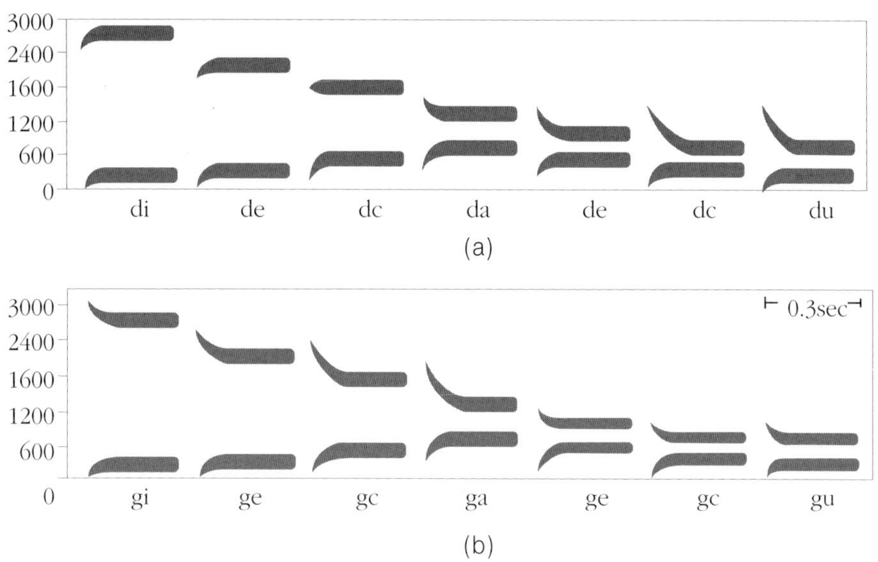

[그림 9-1] 말소리 자극의 불변성 결여

자음의 음향적 특성은 환경에 따라 변화한다. (a)는 자음 /d/를 포함하는 음절들을 보여 주고 있다. 자음 /d/에 해당하는 포먼트 전이(transition) 부분에 주목하라. 자음의 음향적 특성을 나타내는 포먼트 전이의 모양이 음절마다 상당히 다르다. /di/의 포먼트 전이는 둘 다 아래에서 위로 움직이고 있지만, /du/의 경우, 포먼트 하나는 아래에서 위로 움직이고 있지만 다른 하나는 위에서 아래로 움직이고 있다. 자음 /d/ 의 음향적 특성이 모음에 따라 변하고 있음을 잘 보여 준다. (b)에는 자음 /g/의 음향적 특성의 변화가 잘 나타나 있다(Liberman, Ingemann, Lisker, Delattre, & Cooper, 1959에서 인용).

(coarticulation)이라는 현상 때문이다. 동시조음이란 발음의 편의상 여러 개의 말소리 단위가 동시에 빠르게 발음되는 것을 말한다. 실제적으로 '가방' 이라는 단어를 발음할 때, 처음에 'ㄱ' 를 발음하고, 그것이 끝나면 'ㅏ' 를 발음하고, 그 후에 'ㅂ' 를 발음하고 하는 식으로 진행되지 않는다. 'ㄱ' 를 발음할 때에 이미 그 다음의 'ㅏ' 나 'ㅂ' 를 발음할 준비를 마친다. 보통 서너 개의 말소리의 발음이 동시에 빠르게 이루어지며, 따라서 발화의 한 시점에는 여러 개의 말소리 정보가 중복되어 있다. 또한 발화자에 따라서 특정 말소리의 음향적 특성이 크게 달라질 수 있다. 여성의 목소리는 일반적으로 기본 주파수가 높다. 따라서 여성이 말한 /가방/과 남성이 말한 /가방/은 그 음향적 특성이 매우 다르다. 그러나 우리는 그것들을 동일한 단어로 인지한다. 자극은 음향적으로 불변성을 결여하고 있으나—한마디로 변화무쌍하지만—우리의 말소리 지각은 항상적이다.

2) 말소리의 분절

한국어의 모어 화자(native speaker)가 한국어를 듣고 이해하는 것은 아주 간단한 일이다. 귀에 들어오는 말은 연속적임에도 불구하고 우리는 거기에서 문장과 단어와 음절과 음소와 같은 단위들을 분명하게 알아들을 수가 있다. 이런 여러 단위들 사이의 경계, 즉 문장과 문장의 경계, 단어와 단어의 경계, 음절과 음절의 경계 등은 말소리 그 자체에 존재하는 것은 아니다. 그런 경계가 실재하는 것처럼 생각되는 것은 우리가 한국어의 음운과 어휘와 문법에 숙달되어 있고, 그러한 지식들을 사용하여 말소리를 분절(segmentation)하기 때문이다. 우리가 전혀 모르는 언어, 예컨대 투바어나 스와힐리어를 처음 듣게 되는 경우를 상상해 보면 그것을 쉽게 짐작할 수 있을 것이다. 처음 듣는 외국어에서 말소리의 여러 단위들을 정확하게 알아듣기는 거의 불가능에 가까운 일이다. 말소리의 분절이란 연속적으로 주어지는 발화에서 다양한 언어 단위들을 분석해 내는 과정을 말한다.

3) 변별특질

말소리의 단위 중에서 가장 작은 것은 음소(phoneme)이다. 음소는 자음(consonant)과 모음(vowel)으로 나누어진다. 영어의 경우 /t/, /k/, /p/ 등과 같은 자음이 있으며, /i/, /e/, /a/ 등과 같은 모음이 있다. 한국어의 경우에는 /ㄱ/, /ㄷ/, /ㅂ/ 등은 자음이고, /ㅏ/, /ㅔ/, /ㅣ/ 등은 모음이다. 음소의 수는 언어에 따라 다르지만 모든 음소는 두 가지 조음(articulation, 말소리의 산출)의 차원에서 분류될 수 있다. 하나는 조음의 방법이고 다른 하나는 조음의 위치다. 조음의 위치란 말소리가 산출되는 성도(vocal tract, 허파에서 시작된 숨(날숨)이 입이나 코로 나오기까지의 경로)에서의 부위를 말한다. 예를 들어, /p/, /m/, /ㅂ/과 같은 것을 순음(입술소리)이라고 하는데, 이 음소들을 산출하기 위해서는 입술에서 날숨이 일단 정지되어야 한다. 조음의 방법이란 말소리를 산출하는 방법인데, 마찰, 폐쇄, 유성음화 등이 있다. 마찰이란 성도에 좁은 틈을 만들어 그 사이로 날숨이 지나게 하여 내는 소리이며, 폐쇄는 성도를 일시적으로 막았다가 갑작스럽게 개방하여 내는 소리이며, 유성음화란 음소의 산출 시 성대가 진동하도록 하는 방법이다. /s/, /f/는 마찰음이며, /p/, /t/는 폐쇄음이고, /d/, /b/는 유성음이다. 음소들은 조음의 방법과 위치에서 서로 다른데, 음소들을 분류하는 데 사용되는 이러한 특징들을 변별특질(distinctive feature)이라고 한다.

여러 연구들에 의하면, 변별특질들은 음소의 지각에서 중요한 역할을 한다. Miller와 Nicely(1955)는 /pa/, /ba/, /ta/, /da/ 등의 4개의 음절을 사람들에게 제시하고 그것들을 변별하도록 하였다(〈표 9-2〉). 음절을 제시할 때 잡음(noise)을 섞었는데, 그것은 혼동을 유도하기 위한 것이었다. 혼동은 서로 유사한 것들 사이에서 더 많이 일어날 것이다. 즉, 변별특질을 많이 공유할수록 더 잘 일어날 것이다. 따라서 〈표 9-2〉에서 서로 대각선 위치에 있는 음소, 즉 /pa/와 /da/, 그리고 /ba/와 /ta/ 사이에서는 다른 경우에 비해 혼동이 적게 일어날 것이다. 왜냐하면 변별특질이 두 가지 차원에서 서로 다르기 때문이다. 연구 결과는 이런 예측을 지지하였다. /ba/를 /pa/ 또는 /da/로 혼동하는 비율이 /ba/를 /ta/로 혼동하는 비율보다 훨씬 더 높았다.

표 9-2 /p/, /b/, /t/, /d/의 4개의 음소의 변별특질에 따른 분류

	조음 방법	
조음 위치	유성음	무성음
양순음	/b/	/p/
치경음	/d/	/t/

4) 범주적 지각

변별특질의 추출은 말소리 자극 속에 들어 있는 음향적 단서들의 지각에 의존한다. 예를 들어, 유성음은 성대의 진동을 동반하므로 유성음의 지각은 말소리 자극 속에서 성대 진동의 탐지와 평가에 의존한다. Lisker와 Abramson(1970)은 이 과정을 명료하게 보여 주었다. 그들은 유성음의 지각에서 결정적인 것이 성대 진동 시작 시간(voice onset time: VOT)임을 발견하였다. VOT란 발음을 위해서 닫힌 입이 열리는 순간부터 성대의 진동이 개시되기까지의 시간을 말한다. 일반적으로 무성자음(unvoiced consonant)의 발음에서는 이 시간이 길고, 유성자음(voiced consonant)의 발음에서는 이 시간이 짧다. 예를 들어, /p/와 /b/를 비교해 보면, 양자는 조음의 위치가 같으나 조음의 방법이 다르다. 즉, 둘 다 입술소리이지만 전자

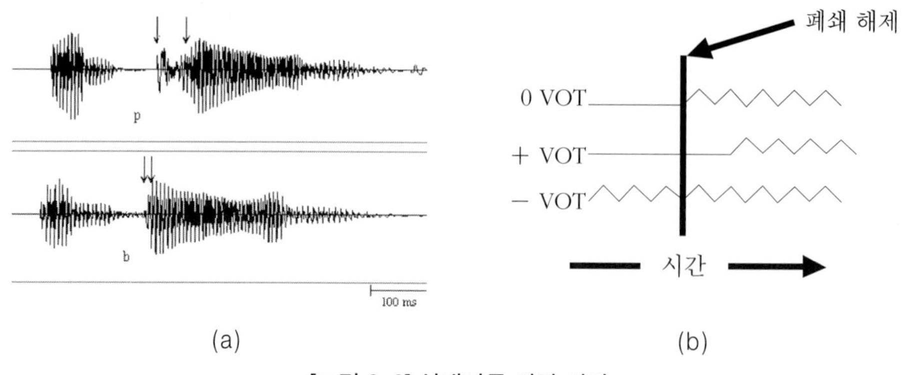

[그림 9-2] 성대진동 시작 시간

(a) 스웨덴어의 단어 /En pil/ 과 /En bil/을 발음한 것을 음성파형 편집기로 본 것이다. 위의 파형이 /En pil/ 이고 아래가 /En bil/이다. 각각의 파형에서, 첫 번째 화살표는 성도의 폐쇄가 해제되는 시점을, 두 번째 화살표는 성대 진동이 시작되는 시점을 보여 준다. 자음 /p/에서 그 간격이 길고, 자음 /b/에서 그 간격이 짧다. (b) 성대 진동 시작시간을 도식적으로 보여 준다. 0 VOT 는 성도 폐쇄의 해제와 동시에 성대가 진동한다. + VOT 는 VOT의 값이 양수인 경우로, 성도 폐쇄의 해제 이후 어느 정도의 시간이 지난 후에 성대가 진동한다. - VOT 는 VOT의 값이 음수인 경우로, 성도 폐쇄가 해제되기 이전부터 성대가 진동하고 있다.

는 무성자음이며, 후자는 유성자음이다. 음향적 단서인 VOT를 보면, 전자는 VOT가 길고 후자는 VOT가 짧다([그림 9-2]).

Lisker와 Abramson은 인공적으로 말소리를 합성하여 사람들에게 들려주었다. 그들은 VOT를 −150ms에서 +150ms까지 연속적으로 변화시키면서 그에 따라 지각이 어떻게 달라지는지를 조사하였다. −150ms란 닫힌 입술이 열리기 150ms 전에 성대 진동이 시작되었다는 것이며, +150ms는 닫힌 입술이 열리고 나서 150ms 뒤에 성대 진동이 시작되었다는 것이다. [그림 9-3]에 결과가 제시되어 있다.

[그림 9-3]에서 볼 수 있듯이, /p/로 지각하느냐 /b/로 지각하느냐의 경계는 대략 VOT 25ms 전후로서, 이 경계를 중심으로 지각 결과가 급격하게 달라지고 있다. 즉, VOT가 이보다 짧으면 /b/로 지각하며, 이보다 길면 /p/로 지각한다. 이를 통해서 알 수 있는 것은 말소리 자극은 연속적으로 변화하지만, 인간의 지각은 연속적으로 변화하지 않으며, 자극의 변화가 일정 수준을 넘어설 때 비로소 인간의 지각에 변화가 나타나는 것이다. 이러한 현상을 범주적 지각(categorical perception)이라고 한다.

음소의 지각은 변별특질에 의해서뿐만 아니라 음절이나 단어와 같은 더 큰 단위에 의해서도 영향을 받는다. 예를 들어, 음소 /k/와 음소 /g/의 중간에 해당하는 소리를 자극 음성 /-iss/의 앞에 결합시켜 제시하면, 사람들이 그것을 /k/로 듣는 비

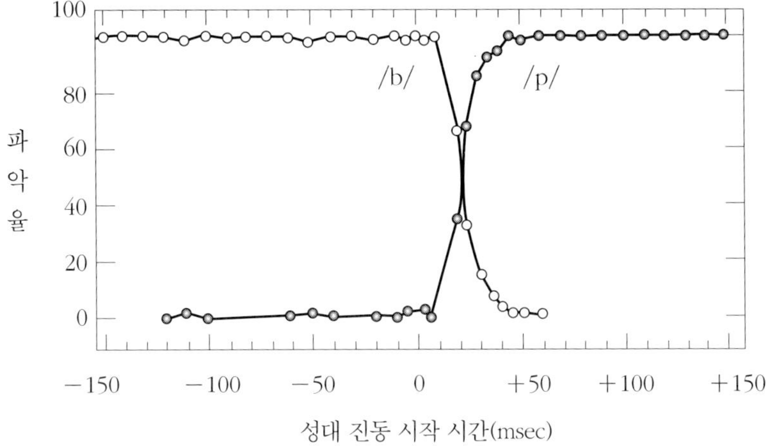

[그림 9-3] 성대 진동 시작 시간의 길이에 따른 /b/와 /p/의 청취율의 차이

율이 훨씬 높아진다(Ganong, 1980). 즉, 자극을 의미가 없는 /giss/로 듣기보다는 의미가 있는 /kiss/로 듣는 경향이 있었다. 이것은 음소의 지각에서 범주적 경계가 단어표상의 활성화에 의해서 영향받을 수 있음을 보여 준다.

5) 음절의 지각

한국어에서는 음절이 매우 두드러진 단위이다. 음절은 하나의 모음(단모음 또는 복모음)을 중심으로 하여 그 앞이나 뒤에 또는 양쪽에 자음이 결합된 것이다. 가장 단순한 음절은 하나의 모음으로만 이루어진다. /아/, /야/, /오/, /유/ 같은 것이 그것이다. 앞에 자음이 연결되든가(/가/, /갸/) 또는 뒤에 자음이 연결되든가(/악/, /얀/) 또는 앞뒤에 모두 자음이 연결될 수 있다(/감/, /날/). 한글 표기의 특징 중의 하나는 모아쓰기인데, 모아쓰기는 말소리의 단위인 음절을 표기의 단위로 삼는 것이다. 한국어의 음절은 비교적 단순하여 V(모음), CV(자음+모음), VC(모음+자음), CVC(자음+모음+자음) 이렇게 네 종류만 가능하다. 이에 비해 영어의 음절은 아주 복잡하다. 영어의 음절도 한국어에서처럼 하나의 모음을 중심으로 좌우에 자음이 결합된 것이지만, 하나의 자음이 아니라 여러 개의 자음(자음군)이 결합될 수 있다. 1음절 영어 단어인 strike는 CCCVC의 구조를 가지는데, 모음의 앞에 3개, 그리고 뒤에 1개의 자음이 결합되어 있다. 한국인은 이것을 /스트라이크/로 듣고 5개의 음절로 인식하지만, 미국인에게는 'strike'나 'me'나 똑같이 1음절의 단어일 뿐이다.

음절이 말소리 지각의 기본 단위로서 사용되는가는 오랫동안 논쟁의 대상이었다. Mehler, Dommergues, Frauenfelder 및 Segui(1981)는 프랑스어의 말소리 지각을 조사한 연구에서, 음절의 탐지 속도가 그 음절이 포함된 단어의 음절 구조에 의해 영향을 받음을 보고하였다. 연구자들은 실험 참가자들에게 palace 또는 palmier와 같은 2음절 단어를 들려주었다. palace는 음절 구조가 /pa + lace/이고, palmier는 /pal + mier/이다. 실험 참가자들은 단어들이 /pa/로 시작하는지 또는 /pal/로 시작하는지를 판단하여야 했다. 실험의 결과를 보면, palace와 같은 단어들에 대해서는 /pa/를 /pal/보다 빨리 탐지하였으며, palmier와 같은 단어들에 대해서는 /pal/을 /pa/보다 빨리 탐지하였다. 자극 단어의 두 조건 모두에서 처음 세 음소(p, a, l)가 동일하였는데도 이러한 결과가 얻어진 것은 각 단어의 음절 구조가 달랐기 때문일 것이다. 즉, /pa + lace/의 구조를 가진 palace에서는 /pa/를 찾는 것이 빠르고, /pal + mier/의 구조를 가진 palmier에서는 /pal/을 찾는 것이 빨랐던 것이다. 이것을 음절효과(syllabic effect)라고 하는데, 말소리의 지각이 음절을 단위로 이루어짐을 보여 주는 하나의 현상이다. 음절효과는 스페인어에서도 발견되었으며(Sebastian-Galles, Dupoux, Segui, & Mehler, 1992), 한국어에서도 발견되었다(이광오, 1997). 그러나 영어에서는 음절효과가 나타나지 않았다(Cutler, Mehler, Norris, & Segui, 1986). 음절효과의 출현 여부는 언어의 음운 특성과 밀접한 관계가 있는 것 같다. 최근의 연구들에 의하면 운율(prosody)의 단위로서 무엇이 사용되는가가 음절효과의 출현에 중요한 요인이며, 음절효과가 나타나는 언어들은 운율의 단위로서 음절을 택하고 있다고 한다. 만약 운율의 단위가 음절이 아니면 음절효과는 나타나지 않을 것이다. 일본어는 박(拍, mora)을 운율의 단위로 하고 있는데, 음절효과는 나타나지 않고 박의 효과만 나타났다(Otake, Hatano, Cutler, & Mehler, 1993).

6) 말소리 단어의 인지

말소리 속의 단어는 어떻게 인지되는가? 그것은 신문이나 소설을 읽을 때에 단어를 인지하는 과정과 다를까? 말소리의 경우는 시간 경과에 따라 음향적 정보가 조금씩 주어지는 상황이고, 독서의 경우는 한눈에 시각적 정보의 파악이 가능하기 때문에 단어인지의 초기 과정이 상당히 다를 수 있다.

Marslen-Wilson(1975)은 말소리 단어의 인지에 관한 흥미로운 사실을 발견하였다. 그는 문장들을 계속 들려주면서 가능한 한 빨리 따라 말하도록 실험 참가자들에게 요구하였다. 사람들은 이 과제를 대단히 잘 수행하였는데, 따라 말하기 간격은 평균 250ms라는 대단히 짧은 시간이었다. 즉, 문장 속의 단어를 듣고 그것을 입으로 말하는 데 걸린 시간이 매우 짧았다. 신기한 것은 그렇게 빨리 따라 말하면서도 이해에는 전혀 지장이 없었다는 것이다. 단어가 귀로 들어오기 시작하여 그것을 인지하고 입으로 발화하는 데 걸린 시간이 250ms이니, 조음 운동에 걸린 시간을 빼면 인지에 걸린 시간은 200ms 이하이다. 이 정도는 기껏해야 2~3개의 음소가 지속하는 정도의 시간이다. 즉, 사람들은 단어를 끝까지 듣지 않고 단어의 첫머리의 2~3개의 음소만 듣고도 그 단어가 무엇인지를 인지할 수 있다는 이야기다. 말소리 단어 인지의 이러한 신속성은 그 후의 많은 연구에서도 거듭하여 확인되었다(Marslen-Wilson & Tyler, 1980).

단어의 첫머리에 있는 2~3개의 음소에 근거하여 단어를 인지한다는 것은 논리적으로는 불가능하다. 왜냐하면 첫머리에 있는 2~3개의 음소가 동일한 단어는 많기 때문이다. 예를 들어, print, printer, prig, prink, primp, priggish 등과 같은 영어 단어들의 초두에 있는 3개의 음소는 동일하다. 그렇다면 틀림없이 다른 정보들이 필요하다. 그것이 어떤 정보들이고, 그런 정보들이 언제 어떻게 사용되는지를 설명하기 위하여 Marslen-Wilson과 Tyler(1980)는 코호트 모형(cohort model)을 제안하였다.

코호트 모형은 크게 두 단계로 단어인지 과정을 설명한다. 하나는 코호트 생성의 단계이고, 다른 하나는 단어 후보를 선택하는 단계다. 우선 말소리 자극이 주어지면, 초두에 있는 200ms 정도의 음향적 정보를 분석하여 그것과 일치하는 단어들을 심성어휘집으로부터 활성화시킨다. 이 과정은 강제적이고 자율적이다. 강제적(obligatory)이란 음향적 정보 분석에 의해 무조건적으로 촉발된다는 뜻이다. 자율적(autonomous)이란 맥락이나 다른 정보처리 과정의 영향을 받지 않는다는 뜻이다. 활성화된 단어들의 집합을 코호트—로마 군대의 단위로서 300~600명의 병사로 구성—라고 부른다. 활성화된 단어들, 즉 코호트의 멤버들은 그 수가 일정한 것은 아니며, 보통 수십 개 정도이나 경우에 따라서는 수백 개도 될 수 있을 것이다. 예를 들어, 말소리 자극의 초두가 /sta.../ 였다면, 첫머리가 s-t-a로 시작하는 모든 단어표상들이 우리의 머릿속에 있는 사전, 즉 심성어휘집으로부터 활성화될 것이다. stag, stamina, stand, stack, stamp, stanza, stance, standing 등이 모두 활성화되는데, 그것들이 코호트를 구성한다. 그다음 단계부터는 코호트의 멤버를 줄여나간다. 이를 위해서 여러 가지 언어지식들이 이용된다. 통사 처리, 의미 처리, 화용론적 처리 등이 기여할 수 있는 단계인 것이다. 단어인지는 단 하나의 멤버만을 남기고 코호트의 다른 멤버들이 모두 제거되었을 때 완성된다. 만약에 여러 가지 언어지식을 활용하였음에도 코호트 속에 둘 이상의 멤버가 아직 남아 있다면 다시 말소리의 음향적 정보를 이용하게 된다.

〈표 9-3〉에 코호트 모형에 의한 말소리 단어인지 과정의 설명을 예시하였다. 우선 주어진 문맥이 John was trying to get some bottles down from the top shelf.

표 9-3 코호트 모형에 의한 말소리 단어인지 과정(주어진 말소리 자극은 /stack/이다)

단계	코호트 멤버	
제1단계 코호트 생성	stag stalactite stamina stance standard static state stand standoffish statistics stab statue stature statute stanza stagger stagnate stammer stamp stampede stack…	이 단계에서는 심성어휘집으로부터 초두음이 /sta/인 모든 단어표상들이 활성화된다. 활성화된 단어표상들의 집합이 코호트(cohort)다. 이 과정은 적당한 감각 분석 결과가 있으면 강제로 수행된다. 문맥의 영향을 받지 않는다는 의미에서 자율적이다.
제2단계 멤버의 선택	stagger stammer stamp stampede stack stand stab	선택을 위해 문맥 정보를 이용한다. 우선 통사적인 정보가 이용된다고 하면, had to 다음에 동사가 온다는 지식을 활용하여 동사 이외의 멤버를 코호트에서 제거한다.
제3단계 멤버의 선택	stack stand	의미 정보도 선택에 이용된다. 높은 선반으로부터 물건을 내리기 위한 동작과 관계가 있는 동사들만 남기고 다른 동사들은 코호트에서 제외된다. 여기서는 두 개의 멤버만이 남는다. 더 이상 의존할 수 있는 문맥 정보가 없기 때문에, 이제부터의 선택은 추가적인 감각 정보에 의존할 수밖에 없다.
제4단계 멤버의 선택	stack	/sta/ 다음의 말소리 입력이 /k/라면 이것과 부합되는 멤버는 이제 하나밖에 없다. 최후에 남은 멤버 stack이 바로 인지된 단어가 된다.

To reach them he had to 이고, 이어서 주어진 말소리 자극이 /stack/이었다고 하자. 여러분이 인지해야 할 단어는 stack이다. 우선 초두의 3개의 음소 /sta/를 분석하여 그것을 공유하는 단어들을 모두 활성화한다. 즉, 코호트를 생성하는 제1단계가 일어난다. 이어서 코호트 멤버의 선택이 이루어지는 제2단계가 시작되는데, 여기서부터 문맥 정보가 활용된다. 이 단계에서는 통사 정보가 활용될 수 있다. 통사 문맥은 he had to로서, 지금 현재 듣고 있는 단어가 동사임을 강력하게 지시한다. 따라서 코호트 멤버 중에서 동사인 것만 남기고 다른 것은 모두 제거한다. 그 결과 코호트에는 stagger, stammer, stamp, stampede, stack 등이 남는다. 이 단계에서는 의미 정보도 이용할 수 있다. 의미적 문맥은 높은 선반에서 무슨 병을 꺼내려고 하는 일과 관련된 것이므로 무엇을 밟고 올라가는 내용이 예상된다. 이와 부합되는 단어는 stack과 stand가 있을 뿐이다. 따라서 다른 단어들은 모두 코호트에서 제거된다. 만약에 여기서 더 이상 이용할 수 있는 문맥 정보가 없다면 말소리 입력에서 추출된 음향적 정보를 추가적으로 이용한다. 즉, 말소리 입력을 더 들어보는 것이다. 말소리 입력의 다음 소리는 /k/이므로, 부합되지 않는 stand는 제거되고 오직 stack만 남게 된다. 즉, stack이라는 단어가 인지된 것이다.

코호트 모형은 대표적인 말소리 단어인지과정모형으로서 그 후 여러 번 개정되었고(Marslen-Wilson, 1987), 지금도 많은 영향력을 행사하고 있고, 그 후에 등장한 TRACE 모델 등에 영향을 주었다.

3. 시각적 단어인지 과정

우리는 많은 단어들을 알고 있다. 물론 태어날 때부터 알고 있던 것은 아니고, 자라면서 배운 것들이다. 우리가 알고 있는 단어들은 모두 몇 개나 될까? 한국인의 평균 어휘량에 대해서는 조사된 것이 아직 없으므로 영어의 경우를 참고하여 보면, 평균적으로 한 사람이 성인이 되기까지 습득하는 단어의 수는 약 5만 개라고 한다(Anderson & Freebody, 1981). 어휘량의 추정에 사용되는 방법은 여러 가지가 있기 때문에 추정 어휘량은 조사에 따라 차이가 나기는 하지만, 5만이라는 숫자는 과다하게 평가된 것은 아니다. 다른 언어들에서도 대략 5만이라는 수치가 얻어졌기 때문에, 한국인의 경우도 5만 정도라고 보아 크게 무리가 없을 것이다. 어쨌든 우리 머릿속에는 엄청난 수의 단어에 대한 지식이 축적되어 있는데, 심리학자들은 이것을 심성어휘집(mental lexicon) 또는 어휘기억(lexical memory)이라고 부른다. 심성어휘집의 구조와 기능을 해명하는 것이 단어인지 과정 연구의 목적이다.

1) 단어인지 과정의 특징

우리가 어떤 단어를 듣거나 보고 그것이 어떤 단어라는 것을 아는 것은 실은 대용량 데이터베이스인 심성어휘집에서 특정한 단어를 찾아내는 것이라고 할 수 있다. 그것은 대단히 신속하며, 또 거의 오류가 없다. 영어 사용자의 경우 보통 1분에 360개의 단어, 즉 초당 6단어의 속도로 문장을 읽을 수 있다. 특수한 상황이지만, RSVP 제시법(rapid serial visual presentation, 화면에 한 단어씩 빠르게 제시하는 방법)을 사용하면 초당 28단어의 제시에도 의미적 처리가 가능하다는 보고가 있다(Fishler & Bloom, 1980). 또 말소리로 제시하는 경우에는 보통 초당 3.3단어이지만, 녹음테이프를 고속 재생하는 경우 초당 8단어까지 알아들을 수 있다고 한다. 이와 같이 고속의 단어인지를 가능하게 하는 심성어휘집은 어떠한 구조를 가지고 있는 것일까? 그리고 심성어휘집의 검색은 어떻게 이루어지고 있는 것일까?

2) 단어인지의 현상

시각적 단어인지와 관련된 현상들 중에는 언어와 표기체계에 따라 다른 것들도 있으나, 여기서는 보편적인 현상들만을 소개하기로 한다. 문맥이 있는 경우와 문맥이 없는 경우에 처리 과정이 영향을 받을 수 있으므로 크게 두 가지로 구분하여 설명하기로 한다.

(1) 단독으로 제시된 단어의 인지

단어는 단독으로 제시되기보다는 다른 단어와 함께 어절이나 구절 또는 문장을 이루어 제시되는 것이 보통이다. 따라서 단독으로 제시된 단어의 처리만 가지고 문장 속에서의 단어의 처리에 대해서 단언하기는 어렵다. 그렇기는 하나 실험 상황을 비교적 통제하기가 수월하기 때문에 연구는 단독 제시 상황에서 더 많이 이루어진다.

① **단어우월효과**

단어는 개개 문자의 조합이다. 그렇다면 단어의 인지와 문자의 인지는 어떠한 관계를 가질까? 상식적인 설명은 문자가 먼저 인지되고 그 결과로서 단어가 인지된다고 할 것이다. 그러나 실상은 반드시 그렇다고는 할 수 없다. 오히려 단어를 구성하는 문자의 인지가 그 단어의 인지에 의해서 영향을 받음을 보여 주는 연구들이 많이 있다.

동일한 문자라 하더라도 그것이 단어 속에 나타나면 그것이 비단어 속에 나타날 때보다 더 정확하게 인지된다. 예를 들어, WORK라는 단어와 ORWK라는 비단어의 마지막 문자는 둘다 K이지만, 그 K는 전자에서 더 정확하게 인지된다. 더 놀라운 것은 K가 단독으로 제시될 때보다도 WORK와 같은 단어의 요소로서 제시될 때에 더 정확하게 인지된다(Reicher, 1969). 이것을 단어우월효과라고 한다.

② **표기 형태의 친숙도효과**

표기에 사용되는 문자 세트가 두 가지 이상 있을 때, 어떤 단어의 표기에 어떤 문자 세트가 주로 이용되느냐 하는 것이 단어 인지에 영향을 줄 수 있다. 예를 들어, 영어에서 문자 혼용의 효과를 검토한 연구에 의하면, 구성 문자를 snapshot처럼 전부 소문자로 표기하였을 때가 SNAPSHOT처럼 전부 대문자로 표기하였을 때 또는 SnapSHoT처럼 소문자와 대문자를 혼용하였을 때보다 순간 제시에서 더 정확하게 인지되었다(Coltheart & Freeman, 1974). 이것과 동일한 효과를 다음의 세 가지 문자열을 비교해 보면 실감할 수 있을 것이다. 어느 것이 '한국방송공사'를 더 빨리 연상시키는가 생각해 보기 바란다.

KBS　　kbs　　Kbs

③ **빈도효과**

일반적으로 사용 빈도가 높은 단어일수록 인지하기 쉽다. 단어의 사용 빈도는 심리적으로는 친숙도를 반영하는 것이라고 할 수 있다. 일반적으로 사용 빈도가 높은 단어는 우리가 자주 읽거나 듣게 되는 단어이다. 따라서 자주 접하는 단어일수록 쉽게 인지할 수 있다는 것은 당연한 현상이라고 할 수 있다. 예를 들어, 영어의 modern과 같은 고빈도 단어는 modest와 같은 저빈도 단어보다 어휘판단(lexical decision, 자극 문자열이 단어인지 아닌지를 신속하게 판단함)과 음독(naming, 자극 문자열을 되도록 빨리 소리 내어 읽음)에서의 수행이 좋다. 단어의 사용 빈도는 어휘판단이나 음독뿐 아니라 여러 가지 과제에서 그 효과가 확인되어 있다. 예를 들어, 단어의 사용 빈도는 응시 시간에도 영향을 준다. 안구운동 측정 장치를 사용하여 단어별 응시 시간을 측정한 결과, 고빈도 단어일수록 응시 시간이 짧게 나타났다(Just & Carpenter, 1987).

빈도효과와 관련하여 명심할 것은 단어의 객관적 빈도와 주관적 빈도를 구별하는 일이다. 전자는 어휘 조사에 의해 측정된 것을 말하며, 후자는 개개인의 그 단어에 대한 경험의 빈도를 말하는 것이다. 따라서 후자에는 개인차가 있다. 보통 실험에서는 객관적 빈도를 가지고 주관적 빈도를 대신하지만, 엄밀히 말하자면 단어인지 수행에 영향을 미치는 것은 주관적 빈도다(박태진, 2003; Gernsbacher, 1984). 특히, 객관적 빈도가 낮은 단어일수록 개인에 따른 친숙도의 차이가 크므로 실험을 할 때에는 이 점에 주의할 필요가 있다.

④ 단어-비단어효과

어휘판단과제를 사용하는 경우 자극 목록에 비단어를 포함시키는 것이 필수적이다. 비단어에 대한 수행은 단어에 비해 좋지 않다. 즉, 비단어의 판단에 소요되는 시간은 일반적으로 길다. 음독과제의 경우에도 마찬가지다. 어떻게 보면 이것은 빈도효과의 한 예라고 볼 수도 있다. 왜냐하면 비단어란 실제로는 사용되지 않는, 따라서 사용 빈도가 무한하게 낮은 문자열이라고 생각할 수 있기 때문이다. 그러나 문제는 그렇게 간단하지 않다. 지금까지 경험해 본 적이 없다는 의미에서는 똑같이 비단어이면서도 수행상 여러 가지 차이를 가져오는 경우가 보고되어 있기 때문이다. 예를 들어, crpwe와 brane는 둘 다 영어의 단어가 아니지만 후자를 비단어로 판단하는 시간은 전자를 비단어로 판단하는 시간보다 길다. 후자는 비단어이지만 실제의 단어와 유사한 속성들을 가지고 있다. 즉, 후자는 발음이 용이하며 문자의 배열 또는 음소의 배열이 영어의 규칙에 적합하게 구성되어 있다. 이러한 단어들을 유사단어 또는 사이비단어(pseudoword)라고 부르며, 이러한 단어들에 대한 어휘판단이 느려지거나 음독이 빨라지는 등 수행에 나타나는 효과를 유사단어효과라고 부른다.

⑤ 동음어효과

동음어란 발음이 같고 표기가 다른 단어들을 말한다. 영어 단어 rose와 rows는 의미도 다르고 철자도 다르지만 발음은 동일하다. 동음어 자극들은 단어인지 연구에서 발음의 정보, 즉 음운 정보의 역할을 조사하는 데에 자주 사용된다. 우리가 글을 읽을 때 발음이 필수적인 역할을 하는가에 대해서 많은 논란이 있는데, van Orden(1987)은 동음어 자극들을 사용하여 발음(즉, 음운정보)의 처리가 단어인지를 위해서 필수적인 단계임을 보여 주고자 하였다. 그는 의미 범주화(semantic categorization) 과제를 사용하였다. 이 과제에서는 먼저 범주명(예를 들어, flower)을 제시하고, 이어서 주어지는 표적 단어가 그 범주에 속하는지를 판단하게 한다. 표적 단어가 rose인 경우에 반응은 물론 '예' 다. 그렇다면 표적단어가 rows인 경우에는 어떠할까? 만약 단어인지에서 음운 정보의 추출이 필수적인 것이라면 /rouz/라는 발음이 자극에서 추출되고, 이 발음이 심성어휘집에 입력될 것이다. 그렇게 되면, 단어 rows와 함께 rose도 활성화될 것이고, rose는 'flower' 라는 범주에 속하기 때문에 '예' 라고 대답하게 될 것이다. 따라서 자극 단어 rows에 대해 '예' 라고 잘못 반응할 비율이 시각적 통제 단어인 robs에 대해 '예' 라고 잘못 반응할 비율보다 높을 것이다. 실험 결과 전자와 같은 허위 긍정(false positive) 반응이 19% 발생하였고, 후자와 같은 허위 긍정 반응은 3% 발생하였다. 즉, 범주명에서 예상되는 단어와 발음이 동일한 단어에 대한 오반응이 많았다. 이것을 동음어효과라고 하는데, 동음어효과는 단어인지가 이루어지기 전에 음운 처리가 선행되어야 함을 지지하는 현상으로 간주되고 있다.

⑥ 단어이웃효과

단어들 중에는 서로 비슷하게 생긴 것들이 있다. 영어 단어 cave는 pave, save, gave, cape 등과 철자가 유사하다. 철자가 하나만 빼고 세 개는 동일하다. 한글 단어의 경우, '신문' 에 대해서 '심문' '인문' '신분' 등의 단어는 자모 한 개만 다른 유사하게 생긴 단어들이다. 어떤 단어에 대해서 그와 유사하게 생긴 단어들을 이웃이라 한다. 유사성을 정의하는 것은 쉽지 않다. 일단 영어와 같은 자모 문자에서는 Coltheart, Davelaar, Jonasson 및 Besner(1977)의 제안을 따라서 철자 하나만 다른 단어들을 이웃이라고 정의한다. 어떤 단어는 이웃이 많고 어떤 단어는 이웃이 적다. 이웃은 표기 이웃(orthographic neighbor)과 음운 이웃(phonological neighbor)의 두 가지가 많이 언급된다. 전자는 철자 또는 자모를 기준으로 한 것이며, 후자는 음소를 기준으로 한 것이다. 이웃의 크기는 단어인지에 어떤 영향을 줄까? 일반적으로 이웃이 많은 단어는 신속하게 인지되는데, 이것을 이웃크기효과(neighborhood size effect)라고 한다. 이웃 크기가 크면 동일한 입력에 대해서도 활성화되는 단어의 수가 많고, 많은 수의 활성화된 단어들은 문자 수준의 처리를 도와주는 효과가 있다. 그런데 이웃의 크기뿐만 아니라 개개 이웃의 특성도 중요한 역할을 한다. 만약 어떤 단어가 자기보다 사용 빈도가 더 높은 이웃을 하나 이상 가지고 있다면, 그렇지 않은 경우에 비하여 그 단어를 인지하기가 어려워지는데, 이러한 현상을 이웃빈도효과(neighborhood frequency effect)라고 부른다(Grainger, O' Regan, Jacobs, & Segui, 1989).

(2) 문맥과 단어인지

앞에서도 지적하였듯이, 언어의 이해는 문맥이나 상황에 의존한다. 단어의 인지도 마찬가지이다. 최근의 연구는 문맥을 여러 가지로 분류하고 어떠한 문맥이 언제 어떻게 단어인지에 관여하는가를 밝히는 데 주력하고 있다.

① 어휘점화효과

먼저 제시된 단어가 나중에 제시된 단어의 처리에 영향을 주는 현상을 점화효과(priming effect)라고 한다. 먼저 제시된 단어를 점화 단어(prime)라 하고 나중에 제시된 단어를 표적 단어(target)라고 부른다. 점화효과에는 촉진효과와 억제효과가 있으나, 촉진적인 것만을 점화효과라 부르는 경우도 있다. 여기서 촉진효과라 함은 어휘판단이나 음독과 같은 수행을 향상시킨다는 의미이며, 억제효과라 함은 그 반대를 의미한다.

어휘점화효과는 점화 단어와 표적 단어가 연상관계에 있을 때에 일어나는 문맥효과다. 예를 들어, 점화 단어로서 doctor를 제시하고 표적 단어로서 nurse를 제시한 조건과, 점화 단어로서 butter를 제시하고 표적 단어로서 nurse를 제시한 조건을 비교해 보면, 동일한 표적 단어 nurse에 대한 반응은 어휘판단 과제 및 음독과제 모두에서 점화 단어가 doctor일 때에 빠르다. 영어 단어 doctor와 nurse 사이에는 강한 연상관계가 있으나, butter와 nurse 사이에는 별 관계가 없다. 일반적으로 연상관계가 강하면 강할수록 점화효과도 크다.

어휘점화효과의 근거로서는 활성화의 확산(spreading activation)이 가장 유력하다. 이것은 심성어휘집의 단어들이 네트워크를 만들고 있으며, 한 단어의 활성화는 네트워크를 통하여 이웃의 다른 단어에게로 전파되어 간다는 생각에 기초한 것이다. 그러나 단어 간의 활성화의 전파는 심성어휘집 내에서만 이루어지는 것은 아니다. 또 다른 네트워크인 의미망(semantic network)도 어휘 점화에 기여할 수 있다. 의미망이 표상하는 것은 단어가 아니고 개념들인데, 그러한 점에서 단어들의 네트워크인 심성어휘집과 다르다. 의미망은 심성어휘집과 연결되어 있으며, 어떤 단어의 활성화는 심성어휘집 내에서의 활성화의 전파와 함께 의미망을 통해서도 다른 단어에 전파될 수 있다.

② 통사적 문맥의 효과

통사적 문맥(syntactic context)도 단어인지 수행에 영향을 미친다. Goodman, McClelland 및 Gibbs(1981)는 어휘판단과제를 사용하여 점화 단어와 표적 단어가 통사적으로 적절하게 연결될 수 있는 조건에서(예를 들어, he said) 그렇지 않은 조건(the said)에 비해서 표적 단어 said에 대한 반응이 빨랐다고 보고하였다.

Wright와 Garrett(1984)는 좀 더 체계적으로 통사적 문맥의 효과를 검토하였다. 아래 예문을 실험에 사용하였다.

① If your bicycle is stolen, you must FORMULATE.
② If your bicycle is stolen, you must BATTERIES.

①과 ②에서 문맥은 소문자로 표기되어 있고, 표적 단어는 대문자로 표기되어 있다. 문맥을 먼저 제시하고, 이어서 표적 단어를 제시한다. ①과 ②에서 문맥은 동일하며, 표적 단어만이 다르다. 문맥의 마지막 단어가 must라는 사실에 주목하기 바란다. 잘 알다시피 조동사 must 뒤에는 동사가 오고, 전치사 with 뒤에는 명사가 오는 것이 영어의 문법규칙이다. 표적 단어에 대한 어휘판단을 요구한 결과, 동사인 표적 단어 FORMULATE에 대한 반응이 명사인 표적 단어 BATTERIES에 대한 반응보다 빨랐다. 이것은 문맥에 근거한 통사적 예측이 단어의 인지에 영향을 미침을 보여 준다.

③ 문장 문맥의 효과

선행하는 다수의 단어들이 표적으로 제시된 단어의 인지에 영향을 주는 또 다른 사례로서 문장 문맥(sentential context)을 들 수 있다. 이것을 의미적 문맥(semantic context)이라고도 부르는데, 앞서 말한 어휘 점화 문맥과 혼동하지 않기 바란다.

Morton(1979)은 ③과 같은 미완성 문장을 제시한 후, house 또는 child에 대한 인지역(recognition threshold, 자극을 인지하기 위해서 필요한 최소 제시 시간)을 측정하였다.

③ They went to see the new ~

house와 child는 전이확률(transitional probability, 어떤 단어가 문맥으로부터 예상되는 정도)이 다른데, ③에서는 house의 전이확률은 20%이고 child의 전이확률은 1%이다. 그러나 두 단어는 모두 통사적으로나 의미적으로 용인 가능한 문장을 만든다. 실험의 결과는 house처럼 전이확률이 높아서 문맥상 강하게 예측되는 단어의 인지역이 그렇지 않은 경우보다 낮았다. 즉, 문장 문맥에서 매우 기대되는 단어일수록 더 짧은 제시시간에서도 인지되었다.

문장문맥효과를 어휘점화효과와 혼동하여서는 안 된다. 왜냐하면 선행하는 단어들과 표적 단어 사이에는 연상관계 또는 의미적 관련성이 없기 때문이다. 따라서 문장문맥효과는 어휘지식 또는 심성어휘집의 구조의 반영이라고 보기 어렵다. 문장문맥효과는 오히려 세계지식, 즉 세상사에 대한 일반적 경험에 근거한 기대의 효과라고 생각된다.

이상에서 살펴본 바와 같이 단어인지는 다양한 문맥의 영향을 받는다. 그런데 문맥은 어떻게 단어인지에 영향을 미치는가? 문맥이 효과를 발휘되는 시점은 단어가 인지되기 이전인가, 도중인가, 이후인가? 아래에서 다루겠지만, 단어인지 과정의 자율성을 강조하는 연구자들은 단어인지 과정은 언어 외적 지식에 근거한 기대 등에 의한 영향을 받지 않는다고 주장한다. 이들에 의하면, 대다수의 문맥의 효과는 단어가 인지된 후, 즉 심성어휘집에의 접근이 완료된 후 비로소 영향을 미칠 수 있다.

3) 단어인지 과정의 모형

(1) 자율적 모형과 상호작용적 모형

언어이해 과정에 대한 모형은 각 모형이 가정하고 있는 하위 시스템이 어떠한 성질을 가지는가에 따라 자율적 모형과 상호작용적 모형으로 나눌 수 있다.

자율적 모형에서는 문장이해 과정은 몇 개의 하위 모듈에 의해서 이루어진다. 각각의 모듈은 다른 모듈로부터 분리된 독자적인 정보처리 방식을 가진다. 모듈 간의 관계는 계층적이지만 상위 모듈이 하위 모듈의 처리를 간섭하지는 않는다. 예를 들어, Forster(1979)가 제안한 문장이해모형([그림 9-4])에서는 단어처리기, 통사처리기, 의미처리기의 3개의 모듈이 있다.

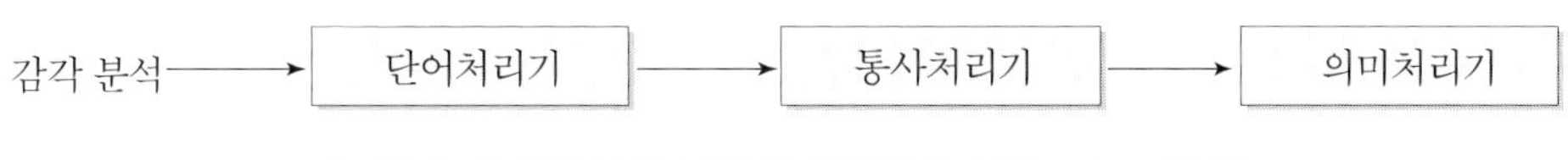

[그림 9-4] 문장이해 과정의 자율적 모형(Forster, 1979)

여기서 단어인지는 단어처리기에 의해 수행되며, 단어 간의 문법적 관계에 대한 처리는 통사처리기, 그리고 문장 전체의 의미의 해석은 의미처리기에 의해 이루어진다. 각 모듈은 하위 모듈로부터의 입력을 받지만, 하위 모듈의 처리를 지시하거나 간섭할 수는 없다. 따라서 여기서 정보처리의 흐름은 아래에서 위로 일방적으로 나아간다.

자율적 모형에 대립하는 것이 상호작용적 모형이다. 여기서 문장 이해는 여러 하위처리기들의 동시병렬적 작업과 이들 사이의 광범위한 상호작용에 의해서 이루어진다(Rumelhart, 1977; [그림 9-5]).

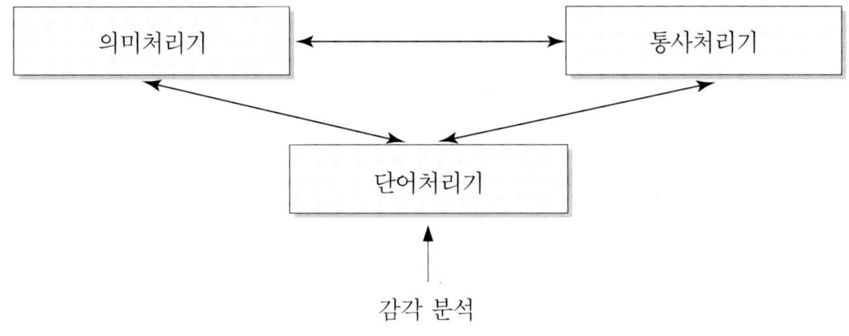

[그림 9-5] 문장이해 과정의 상호작용적 모형

하위 처리기들은 처리하는 정보의 수준에 따라 음운처리기, 단어처리기, 통사처리기, 의미처리기 등이 존재한다. 여기서 상호작용이란 어떤 처리기가 그보다 하위 처리기로부터 정보를 입력받을 뿐만 아니라 상위 처리기로부터 오는 정보도 입력받고 있으며, 이것이 처리에 즉시 반영된다는 것이다. 즉, 여기서 정보처리의 흐름은 양방향적이다. 이런 입장에서는 단어 처리는 상위 처리기들로부터 제공되는 통사 정보 및 의미 정보 등에 의해 좌우된다.

자율적 모형과 상호작용적 모형을 비교 평가하기 위해서는 문맥효과를 검토할 필요가 있다. 자율적 모형에 의하면, 문맥으로부터의 정보는 단어 처리의 속도 및 결과에 아주 제한적인 영향밖에 주지 못한다. 그러나 상호작용적 모형에 의하면, 단어 처리의 속도 및 결과는 문맥에 의해 크게 영향을 받는다.

(2) 단어인지의 시간 경과

단어인지는 대단히 빠르게 이루어지므로 시간 경과에 따른 처리 양상의 변화를 정확하게 추적하는 것은 쉬운 일이 아니다. 일찍부터 단어인지의 시간 경과에 따른 변화를 밝히려는 연구들이 있었으며, 이러한 연구들 덕분에 단어인지뿐만 아니라 문장 이해에 대한 우리의 지식도 진보하였다. 이러한 연구에 단골로 사용되는 재료는 다의어(多義語, ambiguous words)다. 다의어란 보통 우리가 동음이의어라고도 부르는 것으로서, 예를 들어 '눈' 이라는 다의어는 하나의 표기와 발음으로 'snow' 라는 의미를 나타낼 수도 있고 'eye' 라는 의미를 나타낼 수도 있다. '눈' 이라는 단어가 단독으로 제시되면 사람에 따라 그것을 '하늘에서 내리는 눈' 이라는 의미로 파악하기도 하고, '세상을 보는 신체기관으로서의 눈' 이라는 의미로 파악하기도 할 것이다. 그러나 적절한 문맥이 제시되면 우리는 대개 그중의 한 가지 의미로서만 그 단어를 이해한다. 이 경우 다른 한쪽의 의미는 무시된다. 그렇다면 다의어의 여러 의미 중에서 하나의 의미가 선택되는 것은 언제인가?

Swinney(1979)는 양상 간 점화과제(cross-modal priming task, 자극 문맥을 청각적으로 제시하면서 표적 단어를 시각적으로 제시하여 어휘판단을 요구하는 과제)를 사용하여 실험을 실시하였다.

④ Rumor had it that, for years, the government building had been plagued with problems. The man was not surprised when he found several spiders, roaches, and other <u>bugs</u> in the corner of his room.

자극 문장 ④에 포함된 다의어는 밑줄을 친 단어 bugs였다. 영어 단어 bugs는 두 가지 의미를 가지고 있는데, 하나는 '벌레' 라는 뜻이고 또 하나는 '도청용 마이크' 라는 뜻이다. 피험자는 헤드폰을 통해서 주어지는 자극 문장을 들으면서 눈앞에 있는 화면을 주목한다. 화면에는 이따금 문자열이 하나씩 제시되는데, 피험자의 과제는 이 문자열이 단어인지 아닌지를 판단하는 어휘판단과제였다. 앞의 예에서 표적 단어가 제시되는 시점은 두 가지였는데, 하나는 다의어가 들려진 직후였고, 또 하나는 다의어가 제시되고 나서 3음절 후(위의 예에서는 corner라는 단어를 듣게 되는 시점)였다. 표적 단어는 3종류였는데, 다의어의 각 의미와 의미적 연상관계에 있는 ant와 spy, 그리고 중립적인 단어 sew였다.

Swinney가 얻은 결과는 다음과 같았다. 다의어를 들은 직후에는 ant와 spy에 대한 어휘판단은 sew에 대한 그것보다 빨랐으며, ant와 spy 사이에는 유의미한 차이가 없었다. 그리고 이 둘에 대한 반응시간은 문장 중의 다의어를 일의어(뜻이 하나밖에 없는 보통 단어)로 바꾼 후, 그와 연상관계에 있는 단어를 표적으로 제시하였을 때와 차이가 없었다. 그러나 다의어를 듣고 나서 세 개의 음절을 더 들은 후에는 ant에 대한 어휘판단이 spy와 sew에 대한 어휘판단보다 빨랐으며, spy와 sew 사이에는 차이가 없었다.

이러한 결과는 다음과 같이 해석된다. 첫째, 다의어가 제시된 직후에는 그 다의어가 가진 모든 의미가 활성화된다. 둘째, 시간이 경과하면서 문맥 정보가 고려되어 문맥에 적합한 의미만이 선택된다. 위 예를 가지고 설명하면, bugs가 제시되고 나서 얼마 지나지 않은 동안은 다의어 bugs의 두 개의 의미인 '벌레' 와 '도청용 마이크' 가 모두 활성화되며, 때문에 그 각각과 연상관계에 있는 ant와 spy에 대한 반응이 촉진된다. 그러나 일정 시간이 지나면 문맥에 맞는 '벌레' 라는 의미만이 선택되어 높은 활성화 상태를 유지하고, '도청용 마이크' 라는 의미는 억제되어 활성화 수준이 낮아지게 된다. 이 시점에서는 '벌레' 라는 의미와 연상관계에 있는 ant에 대한 반응만이 촉진된다는 것이다.

이상과 같은 관점에서 보면, 문장 중의 단어를 인지하는 과정이 자율적이냐 상호작용적이냐 하는 물음에 대한 답은 처리의 시간 경과와 더불어 변하는 것이라 할 수 있다. 위의 다의어의 예에서처럼, 초기의 단어 의미 활성화 과정은 문맥의 영향을 받지 않는다는 의미에서 자율적이며, 이어 나타나는 단어의미 선택의 과정은 문맥에서 추출된 상위 수준의 정보가 영향을 준다는 의미에서 상호작용적이라 할 수 있다.

(3) 단어인지모형의 실제

① 로고젠 모형

1960년대 말 Morton에 의해 제안된 모형으로서 가장 널리 알려진 단어인지모형이라고 할 수 있다. 그 후 지금까지 수차례에 걸쳐 개정되어 왔으나, 여기서는 가장 간단한 초기의 모형을 중심으로 설명한다. 이 모형은 크게 로고젠 시스템과 인지 시스템으로 구성되어 있다. 로고젠 시스템은 수많은 로고젠의 집합이다([그림 9-6]).

여기서 각 로고젠(logogen)은 하나의 단어를 표상하며, 따라서 로고젠 시스템에 포함된 로고젠의 수는 개인이 태어나서 지금까지 습득한 단어의 수와 동일하다. 각 로고젠은 그것이 표상하고 있는 단어를 인지하는 장치이며, 비유하자면 하나의 신경세포라고 할 수 있다. 로고젠은 적절한 입력을 받으면 활성화된다. 활성화의 강도는 입력의 크기에 비례한다. 활성화의 수준이 어느 정도 이상이 되면 로고젠은 발화(fire)하게 된다. 마치 신경세포가 역치 이상의 입력을 받으면 발화하는 것과 같다. 단어를 인지한다는 것은 수많은 로고젠 중에서 어떤 특정한 로고젠이 발화한 상태를 의미한다.

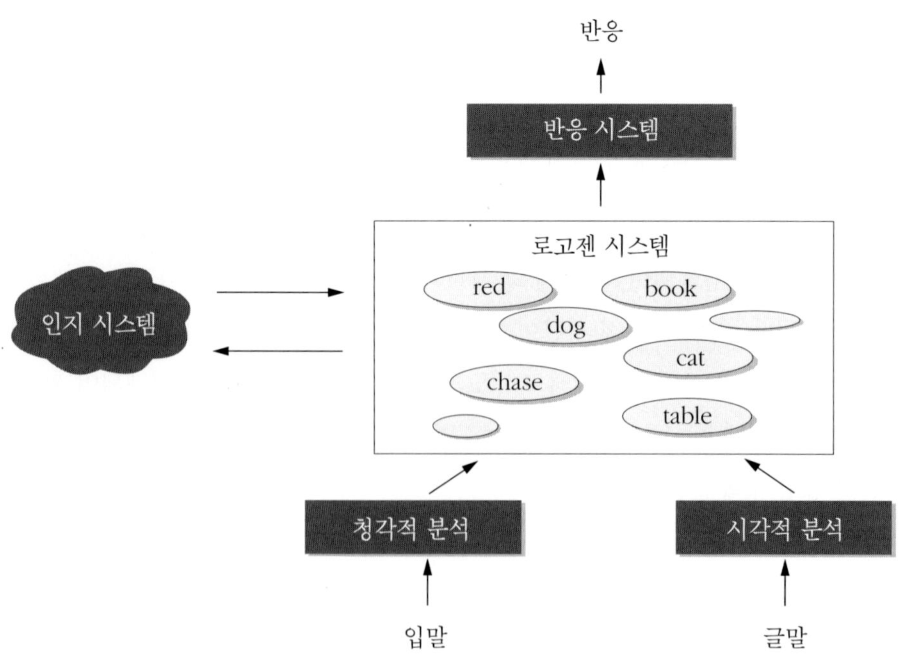

[그림 9-6] 초기의 로고젠 모형(Morton, 1969)

각 로고젠이 받는 입력은 두 방향에서 온다. 하나는 자극의 감각적(청각 또는 시각) 분석으로부터 오는 것이며, 또 하나는 인지 시스템으로부터 오는 것이다. 인지 시스템은 개인이 가지고 있는 언어지식 또는 일반지식의 집합체로서, 문맥이나 상황을 해석하고 그것에 근거하여 단어를 예측한다. 그리고 예측된 단어를 표상하는 로고젠의 활성화 수준을 상승시킨다. 이러한 의미에서 로고젠 모형은 상호작용적이라고 할 수 있다. 로고젠 모형에서는, 한편으로는 감각 정보와 같은 하위 수준의 정보, 그리고 다른 한편으로는 통사적 기대, 의미적 기대, 세상지식에 근거한 상황적 기대 등과 같은 상위 수준의 정보가 동시에 단어인지를 위해서 이용된다.

생각상자

제대로 읽지 못하는데 의미는 이해한다

뇌손상 때문에 생기는 읽기의 장애를 난독증(dyslexia)이라 한다. 실어증(aphasia)과는 달리, 말을 하거나 듣고 이해하는 데에는 큰 지장이 없다. 여러 종류의 난독증이 보고되어 있으며, 단어인지 과정을 이해하는 데에 좋은 단서를 제공한다. 그중 하나인 심층난독증(deep dyslexia)은 단어를 올바르게 읽지는 못하나, 의미의 이해는 가능한 증상이다(Coltheart, Patterson, & Marshall, 1980). 예를 들어, drama를 play로, sick를 ill로, soccer를 football로 읽는다. 이러한 증상은 단어가 가진 세 가지 정보를 표기, 음운, 의미라고 하였을 때, '표기 → 의미' 변환 경로는 정상이나 '표기 → 음운' 변환 경로와 '의미 → 음운' 변환 경로가 뇌손상으로 인해 제대로 기능하지 못하기 때문이다. 심층난독증은 의미의 이해가 항상 발음에 의해 매개되는 것이 아님을 시사한다. 한편, 표층난독증(surface dyslexia)은 그 반대로서 읽기와 의미 이해 모두에 장애가 있다(Patterson, Marshall, & Coltheart, 1985). 읽기의 경우, 문자-발음 대응이 불규칙적인 단어는 읽지 못한다. 영어의 경우를 예로 들면 desk, hat, dog 등과 같은 발음이 규칙적인 단어들은 소리내어 읽을 수 있으나, gauge, cough, yacht 등과 같이 불규칙적인 발음을 가진 단어들은 읽지 못한다. 또 읽더라도 규칙화(regularization) 오류를 범한다. 예를 들어, 불규칙 발음 단어인 listen의 올바른 발음은 /리슨/이지만, 표층난독증 환자들은 이를 /리스텐/이라 발음한다. 표층난독증은 '표기 → 음운' 변환 경로를 제외한 모든 처리 경로가 뇌손상으로 인해 제대로 기능하지 못하는 상태라고 할 수 있다.

로고젠 모형에서 단어의 사용빈도효과는 각 로고젠의 휴지 활성화(resting activation) 수준의 차이로서 설명된다. 자주 사용되는 단어를 표상하는 로고젠의 휴지 활성화 수준은 그렇지 않은 경우에 비해서 높기 때문에, 상대적으로 적은 입력에 의해서도 발화가 가능하다. 문맥효과의 대부분은 인지 시스템에 의한 것이지만, 어휘점화효과와 같은 것은 로고젠 시스템 내의 로고젠 사이의 상호작용에 의한 것으로 볼 수도 있다.

초기의 로고젠 모형은 나중에 확장되었다(Morton, 1979). 확장판에서는 로고젠 시스템이 분리되어 출력용의 로고젠 시스템이 추가되었다. 그것은 난독증(dyslexia, 뇌손상으로 인한 독서의 장애)과 같은 장애를 설명하거나, 단어의 음독 과정 등을 설명하기 위한 것이었다. 로고젠 모형은 그 이후에 등장하는 각종 모형에 많은 영향을 주었는데, 최근에 많은 주목을 받고 있는 신경망 방식의 단어인지모형, 즉 상호작용 활성화 모형도 그중의 하나로 볼 수 있다.

② 상호작용적 활성화 모형

McClelland와 Rumelhart(1981)에 의해 제안된 상호작용 활성화 모형(interactive activation model)은 전술한 Morton의 로고젠 모형과 유사한 발상의 모형이다. 상호작용 활성화 모형(이하 IA 모형)이라고 불리는 이 모형은, 그들에 의해 제창된 병렬분산처리(parallel distributed processing)를 이용한 여러 모형들 중에서 효시라고 할 수 있다.

IA 모형에서의 정보처리는 기본적인 처리 단위인 마디(node), 그리고 이 마디들을 이어주는 연결(link)에 의해서 이루어진다. 마디는 로고젠과 마찬가지로 하나의 신경세포와 같은 것으로서 그 활성화의 수준은 입력에 따라 변화한다. 입력은 흥분성(excitatory)의 것과 억제성(inhibitory)의 것이 있다. 흥분성 입력은 흥분성 연결을 통해서 들어오며, 억제성 입력은 억제성 연결을 통해서 들어온다. 어떤 시점에서 한 마디의 활성화의 수준은 그 시점에서의 모든 흥분성 입력의 총합에서 억제성 입력의 총합을 뺀 값에 비례한다.

IA 모형에서는 마디들이 마치 집을 지을 때 쓰는 벽돌과 같다. IA 모형은 기본 벽돌인 마디를 3층으로 쌓아 놓았다([그림 9-7]). 가장 아래층에 있는 마디들이 세부특징 마디들이며, 그 위가 문자 마디들, 그리고 가장 위에 있는 것이 단어 마디들이다.

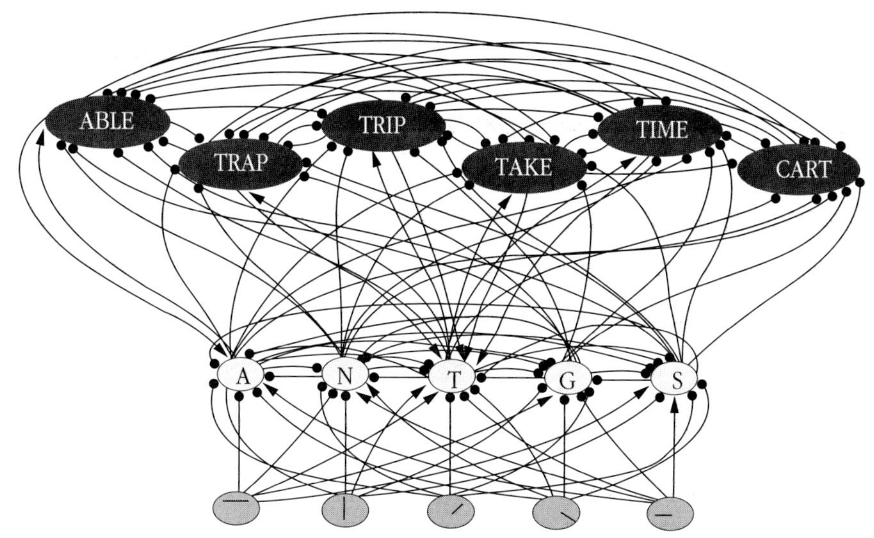

[그림 9-7] 상호작용 활성화 모형(McClelland & Rumelhart, 1981)

세부특징 마디들은 자극을 감각적으로 분석하는 처리기들로서 문자의 특징이 되는 직선, 사선, 곡선 등에 반응한다. 주어진 자극 속에 각 마디가 표상하는 세부특징이 존재하면 그 마디의 활성화 수준은 상승한다. 이들 세부특징 마디들은 바로 위의 문자 마디들과 연결된다. 문자 마디는 영문자를 표상한다. 따라서 문자 마디의 수는 영문자의 수만큼 존재한다. 문자 마디가 표상하는 문자와 특징 마디가 표상하는 세부특징이 전체-부분의 관계에 있으면, 두 마디는 흥분성 연결을 하며, 기타의 경우에는 억제성 연결을 한다. 예를 들어, 문자 T를 표상하는 마디는 수평선을 탐지하는 특징 마디와는 흥분성 연결을 하나, 사선을 탐지하는 특징 마디와는 억제성 연결을 한다. 즉, 원래의 자극에 사선이 나타나지 않았다면 그것은 문자 T일 가능성이 없으므로 T를 표상하는 문자 마디의 활성화 수준은 억제되어야 하는 것이다. 문자 마디들 사이의 연결은 모두 억제적이다. 즉, 문자 마디들은 서로 경쟁적인 상태에 있다. 하나의 마디가 다른 마디에 가하는 억제력은 현재의 활성화의 수준에 비례하기 때문에 결국에는 단 하나의 마디만이 활성화가 높은 상태에 있게 되고, 다른 모든 마디는 그 활성화의 수준이 기본 수준 이하로 떨어지는 빈익빈 부익부의 현상이 나타난다.

문자 수준의 마디들은 바로 위의 단어 수준의 마디들과 연결되어 있다. 단어 수준의 마디들은 단어를 표상하며 그 수는 개인에 따라 다른데, 한 개인이 지금까지 습득한 단어의 수만큼 존재한다고 보면 된다. 단어 수준의 마디와 문자 수준의 마디의 연결에도 흥분성과 억제성이 있다. 단어 마디가 표상하는 단어와 문자 마디가 표상하는 문자가 전체-부분의 관계에 있으면 두 마디는 흥분성 연결을 하며, 그 밖의 경우는 모두 억제성 연결을 한다. 예를 들어, 단어 TAKE를 표상하는 마디는 문자 T를 표상하는 마디 및 문자 A를 표상하는 마디와 흥분성 연결을 하나, 문자 S를 표상하는 마디와는 억제성 연결을 한다. 단어 수준의 마디와 문자 수준의 마디 사이의 연결은 양방향적이다. 문자 마디 T의 활성화는 단어 마디 TAKE의 활성화 수준을 향상시키며, 단어 마디 TAKE의 활성화는 문자 마디 T의 활성화 수준을 상승시킨다(이것을 피드백이라고 한다). 양자 사이에는 활성화의 주고받기가 계속 일어나며, 이것이 다시 빈익빈 부익부에 의한 활성화 수준의 불균형을 가져와서, 결국 단어 수준의 마디 중에서 단 하나의 마디만이 활성화되어 있는 상태에 이르게 되거나, 어떤 하나의 마디가 미리 설정된 활성화 수준을 넘어서게 되면 단어 인지는 완료하게 된다.

IA 모형이 가장 잘 설명하는 것 중의 하나는 단어우월효과인데, 이 효과는 단어 수준의 마디에서 문자 수준의 마디로 내려오는 피드백, 즉 하향적인 활성화의 확산에 의한 것으로 간주된다. 단어의 사용빈도효과도 단어 수준의 각 마디의 기본 활성화 수준의 차이에 의해서 설명하고 있다. IA 모형의 강점은 무엇보다도 컴퓨터를 이용하여 구현하고 그 움직임을 명확하게 확인할 수 있다는 것이다. 예를 들면, Plaut(1996)는 IA 모형을 확장하여 병렬분산처리 방식의 연결주의모형을 만들고 이를 컴퓨터로 시뮬레이션하였다. 표기, 음운, 의미의 세 부분으로 구성된 시뮬레이션 프로그램은 인간의 단어인지 수행과 상당히 일치하는 결과들을 나타내었다. 또한 난독증을 시뮬레이션하기 위하여 프로그램의 일부를 손상시켰는데, 손상된 프로그램은 난독증 환자와 유사한 수행을 나타내었다.

4. 문장 이해 과정

여러분은 앞 절에서 입말과 글말의 여러 단위를 지각하고 단어를 인지하는 과정을 공부하였다. 어떤 단어가 인지된다고 하는 것은 그 단어의 뜻, 문법적 범주, 발음 등의 정보가 심성어휘집에서 인출되어 우리의 작업기억 속에 들어간다는 말이다. 이 절에서는 문장이나 텍스트(덩이글/말)를 처리하여 이해하는 과정을 배우기로 하겠다. 우선 한 문장의 의미 파악에 관여하는 하위 처리 과정에 대해서 설명하고, 두 번째로 두 문장 이상으로 구성되는 텍스트 이해에 요구되는 하위 처리 과정과 표상에 대해서 알아보겠다. 그리고 이러한 연구 결과들이 독해력의 개인차 문제에 줄 수 있는 시사점을 정리할 것이다. 이 절에서는 글말을 예로 들어 설명하겠지만, 여기서 사용하는 여러 개념, 용어, 이론 등은 입말이나 글말 모두에 적용될 수 있다.

1) 문장 처리 장치

단어인지 과정을 거쳐 한 문장 속에 포함된 각 단어의 뜻(의미)과 문법적 범주(즉, 명사, 동사 등)가 작업기억에 저장되면, 특별한 노력을 기울이지 않아도 그 문장의 의미가 파악될 수 있다. 예를 들어, '학생, 밥, 먹다' 와 같은 단어의 의미가 파악되면, 곧바로 '학생이 밥을 먹는구나.' 와 같은 문장의 의미가 파악(즉, 표상)될 수 있다. 하지만 많은 경우에 우리가 사용하는 문장은 이 예처럼 단순하지 않고, 여러 개의 단어로 구성된 복잡한 구조를 이룬다. 그러기에 개별 단어들 간의 단순한 의미 조합만으로는 그 뜻을 파악하는 것이 불가능하다. 동물의 의사소통과는 다른 인간 언어의 특징은 단어들이 여러 가지 방식으로 조합되며, 여러 가지의 새로운 의미를 만들어 낼 수 있다는 것이다. 그리고 모든 언어에는 이를 가능하게 하는 장치가 있다. 대표적인 것이 기능어(function words)이다. 한국어의 경우, 여러 형태의 조사나 어미 등이 바로 각 단어들이 서로 어떤 관련을 가지고 있는가를 나타내 주는 문법적 장치라고 할 수 있다. 아울러 이런 장치에 관한 지식과 함께, 문장이 어떻게 구성되어야 한다는 규칙을 모든 사람들이—자신의 모국어에 대해—갖고 있다. 즉, 입력된 언어 정보와 우리가 갖고 있는 언어에 관한 지식이 함께 사용되고 동원되며, 문장의 의미 파악이 이루어지는 것이다. 그러기에 문장의 의미를 파악하는 가상적인 처리 과정을 [그림 9-8]과 같이 단순하게 도식할 수 있다. 즉, 입력과 출력을 가정하고 이 둘을 관계짓는 처리 요소가 있을 것이다.

우선 문장처리기에 입력되는 정보는 앞에서 언급했던 것처럼 단어인지와 어휘접근의 결과로 얻어진 것들이다. 그리고 우리가 들은 혹은 읽은 문장에 대한 결과물, 즉 출력은 그 문장의 의미로 명제 양식으로 표상된다는 것을 이미 앞 장에서 배웠을

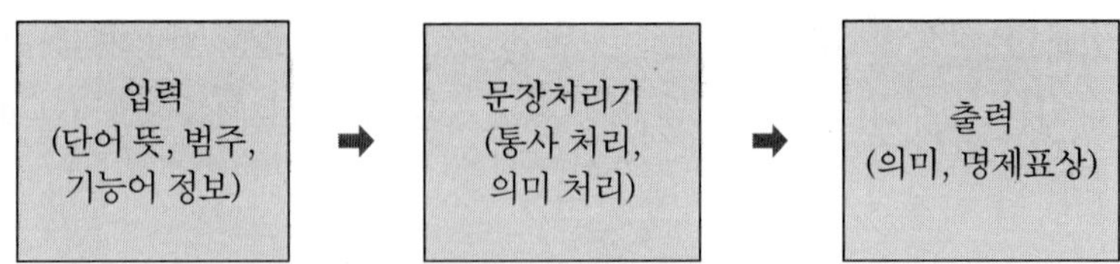

[그림 9-8] 문장 처리 과정

것이다. 그러면 입력과 출력이 어떤 관계를 형성하는 것일까? 우리가 문장처리기라고 이름 붙인 장치 속에서 어떤 처리와 과정이 일어나는 것일까? 입력 정보에 대해 어떤 처리가 일어나야 출력이 나올 수 있겠는가? 언어심리학자들은 최소한 통사 처리(syntactic processes)와 의미 처리(semantic processes)의 두 가지 처리가 있어야 할 것이라고 믿고 있다. 우선 통사 처리가 무엇인지, 왜 필요한지, 또 어떻게 이루어지는 것인지를 살펴보자.

2) 통사 처리 과정

통사 처리—혹은 구문분석(parsing) 과정—란 단어와 단어가 묶여져서 새로운 상위 단위를 구성하고, 아울러 단어 혹은 구성성분들이 갖는 구조적 · 기능적 관련성이 계산되는 과정을 말한다(김영진, 1995). 예를 들어 '예쁜 아기가 우유를 먹었다.' 라는 문장에서 '예쁜' 과 '아기' 가 하나의 명사구(noun phrase: NP)를 이루고 '우유' 와 '먹다' 가 동사구(verb phrase: VP)를 이룬 후 명사구와 동사구가 연결되어 하나의 문장(sentence: S)이 된다. 즉, 각각의 단어들이 다른 단어와 어떻게 결합되며, 서로 어떤 관련성이 있는가를 알려 주는 것이 바로 통사 처리인 것이다. 즉, 통사 처리를 통해 단어들의 계열이 위계적인 구조로 바뀌는 것이다. 이러한 통사 처리의 결과물, 즉 위계적인 구조를 나무도식(tree diagram) 혹은 구절 구조(phrase structure)로 표현한다. 여러분은 국어나 영어 문법 시간에 이 도식을 익히 보았을 것이다. 하지만 이러한 통사 처리가 일어난다는 것을 우리는 자각할 수 없으며, 거의 대부분의 경우에 신속히 이루어지기에 그 과정을 연구하기가 쉽지 않다. 그래서 언어심리학자들은 중의성(다의성, ambiguity) 문장이나 오인(혹은 길 혼동, garden path) 문장을 사용하여 연구한다. 다음 문장의 예를 보자.

1. 영희는 철수와 영수를 때려주었다.
2. 영희가 철수를 때렸던………
3. 영희가 철수를 때렸던 영수를 좋아한다.

1번 문장은 '영희가' '철수와 영수를' 때린 것으로 분석되거나, '영희와 철수가' '영수를' 때린 것으로 분석될 수 있기에, 통사적(혹은 문법적) 중의성을 보유한 문장이다. 즉, 한 문장을 두 가지 방식의 위계적인 구조로 표현할 수 있는 것이다. 2번 문장은 첫 세 마디(단어, 어절)를 하나로 묶는, 즉 하나의 절을 이루는 것으로 분석하는 것이 자연스럽다. 즉, '영희가 철수를 때린 것' 으로 통사 분석되는 것이 여러분의 직관일 것이다. 혹은 '영희가 철수를 때렸던 사건이 알려졌다' 와 같이 이 절이 다음 나오는 단어('사건')를 수식하는 것일 수 있다. 하지만 2번 문장이 3번처럼 계속되면 어떻게 될까? 여러분은 분석이 잘못되었음을 깨달을 것이다. 문장의 앞부분이 특정한 방식으로 분석을 유도하는데, 사실은 이것이 잘못된 것이라는 의미로, 오인(길 혼동)이라고 부르는 것이다.

그러면 이 잘못된 분석을 어떻게 해결할 것인가? 3번 문장의 두 번째 마디 '철수를' 에서 새로운 절(S), 즉 관계절이 시작되는 것으로 재분석해야만 하고, 이는 분명히 이해의 어려움 혹은 처리 부담을 가져온다. 사람들이 중의 문장과 오인 문장을 이해하는 과정에서 어떤 처리의 부담이 어느 단어 위치에서 일어나는가를 잡아내고, 이 자료를 바탕으로 통사 처리의 과정을 명세하고자 하는 것이 바로 통사 처리 연구의 핵심이 된다. 이를 위하여 문장을 읽는 도중에 안구 운동을 추적하고, 각 단어에 얼마만큼 눈을 고정하는지, 각 단어의 읽기 시간이 얼마나 되는지를 측정하는 실험을 실시한다.

영어, 한국어 등의 여러 연구를 통해 밝혀진 통사 처리의 기본 원리는 증가 처리(incremental processes)의 원리와 단순 구조 형성의 원리(principle of simple structure)—가능한 단순한 구조를 이루는 방식으로 통사 처리를 수행한다는 원리—의 두 가지다. 앞에서 설명했던 것처럼, 2번 문장에서 세 마디는 두 가지 이상의 구문분석 방법이 있으며, 어느 것도 확정적이지 않다. 문장 후반부에 나오는 정보에 좌우될 수밖에 없다. 그렇다면 문장의 끝에 도달할 때까지 입력된 단어들을 작업기억에 유지하면서 기다려야 할까? 이를 지연 처리(delayed processes)라고 부를 수 있다. 여러분의 인지심리학 지식으로 판단해 보기 바란다. 이 처리에는 어떤 문제가 있을까? 여러분은 인간의 작업기억에 제한이 있다는 것을 배웠을 것이다. 그러기에 개별 단어들을 작업기억에 단순히 유지한다는 것은 실제 불가능하기도 하고 효율적이지도 못하다. 주어진 단어들을 가능한 한 신속히 분석하고 집단화하는 것이 최선이며, 이를 바로 증가 처리라고 부른다. 이는 언어 처리의 보편적이고 기본적인 원리로 여겨지고 있다(조명한 외, 2003).

그러면 어떤 분석이 가장 우선할까? 단어들을 하나의 절로— 즉 또 다른 절의 가능성을 상정하지 않고—처리하는 것이 바로 단순한 구조를 이루는 분석이며, 이를 단순 구조 형성의 원리라고 부른다. 물론 2번을 이렇게 분석하면, 3번 문장과 같이 되는 경우에서 알 수 있듯이 오인에 빠지게 되고, 재분석이라는 처리 부담을 안게 될 것이다. 단순 구조 형성의 원리는 다음과 같은 두 가지의 구문분석 전략(parsing strategies)에 의해 실현될 수 있다. 첫째는, 마디(NP 혹은 VP와 같은)의 수를 최소로 하는 형태로 입력된 단어를 구절 구조에 부착하라는 최소 부착(minimal attachment)의 전략이다. 그리고 두 번째는, 문법적으로 허용된다면 새로운 항목(단어 혹은 구)을 현재 처리 중인 절이나 구에 부착하라는 늦은 종결(late closure) 전략이다. 영어를 포함한 대부분의 언어에서 통사 분석은 이 두 가지 전략을 따르는 것으로 알려져 있으며 한국어에도 역시 적용된다(Kim & Choi, in press).

최소 부착의 전략이 한국어 구문분석에도 사용된다는 실험 예를 간략히 살펴보자(늦은 종결에 관한 실험 예는 김영진(2001) 참조). Kim(2004)은 다음과 같은 두 문장을 읽을 때의 안구 운동을 비교하였다. 실험 결과 중의성이 해소되는 위치인 다섯 번째 어절—' 사실이' 와 '건축가를' —에서 차이가 나타났다. 4b 문장에서 더 긴 읽기 시간과 더 빈번한 안구의 회귀(regression)가 관찰되었다.

4a. 그 운전사가 청소부를 설득한 사실이 알려졌다.
4b. 그 운전사가 청소부를 설득한 건축가를 비판한다.

이상에서 다루어진 문장 이외에도 여러 다양한 중의 문장과 오인 문장에서 단어 읽기 시간이나 눈 고정 시간이 길어진다는 연구 결과가 보고되어 있다(김영진, 2001; 이정모, 이재호, 김영진, 1997; Mitchell, 1994). 보다 자세한 탐구를 원하는 독자는 영어에 대해서는 Frazier와 Clifton(1996)을 참조하고, 통사 처리 과정 전반에 걸친 논의는 김영진(1995, 2001)을 참조하기 바란다.

3) 의미 처리 과정

문장 처리 장치의 두 번째 요소는 의미 처리이다. 즉, 한 문장 속에 포함되어 있는 개별 단어의 의미와 통사 처리의 결과물인 통사 구조 정보를 결합하여 그 문장의 의미인 명제표상을 형성하는 과정이 필요하다. 명제표상의 형성이 이해 과정에서 중요하며, 실제 사람들이 문장에 대해 기억하는 것이 명제라는 많은 실험 증거가 있다. Kintsch와 Keenan(1973)은 명제를 형성하는 의미 처리 과정이 실제 문장이해 과정에서 일어남을 확인하기도 하였다. 이들은, 포함된 단어의 수는 동일하지만, 명제의 수는 서로 다른 문장들을 만든 후 각 문장들의 읽기 시간을 비교해 보았다. 결과는 적은 수의 명제를 포함하는 문장을 사람들이 훨씬 더 빨리 읽는 것으로 나왔다. 의미 처리가 용이하기에 신속히 읽을 수 있었던 것이다. 그리고 기억 속에 저장되는 것이 명제표상이라는 증거도 많다. Wanner(1974)는 다음과 같은 문장을 실험 참가자들에게 들려주었다.

5. When you score the results, do nothing to your correct answer but mark carefully those answers which are wrong.

그 후 위 문장과 유사하지만 어순을 바꾼 문장, 즉 'your correct' 를 'correct your' 로 바꾼 문장 혹은 'mark carefully' 를 'carefully mark' 로 바꾼 문장 등을 제시하고 원래 들었던 문장을 재인하도록 하였다. 의미의 변화를 가져오는 전자의 경우는 100% 정확하게, 들었던 문장과 그렇지 않은 문장을 구별할 수 있었지만, 의미의 변화를 가져오지 않는, 즉 동일한 명제표상이 형성되는 후자의 경우에는 정확 재인율이 우연 수준인 50%에 불과했다. 문장 이해의 결과물로 작업기억이나 장기기억에 저장되는 표상이 명제라는 사실을 잘 보여 주는 것이다. Ratcliff와 McKoon(1978)의 점화 실험에서도 같은 결과가 얻어졌다.

앞에서 의미 처리를 개별 단어의 의미와 통사 구조의 정보가 결합되어 일어나는 명제를 형성하는 과정이라고만 막연히 언급하였으나, 보다 구체적으로 설명할 필요가 있다. 명제란 술어(predicate)와 논항(arguments)으로 이루어지며, 다른 말로 논항 구조(argument structure)라고 한다. 논항 구조란 술어를 중심으로 개별 논항들이 어떤 역할을 하는가를 구체화하는 구조라고 할 수 있다. 예를 들어, '영수가 밥을 먹다' 의 경우, 단순하게 '먹다(영수, 밥)' 와 같은 명제로 나타낼 수도 있고, 보다 구체화한 다음과 같은 논항 구조로 나타낼 수도 있다. 위 예의 '영수' 나 '밥' 이 하는 역할을 격 역할(case role) 혹은 의미역 역할(thematic role)이라고 한다. 아직 일치된 이론적 입장이 있는 것은 아니지만, 대체로 의미역 역할의 종류를 행위자(Agent), 수납자(Recipient), 논제(Theme), 수동자(Patient) 등으로 분류하고 있다. 그러므로 의미 처리란 바로 개별 요소(단어 혹은 구)들이 술어와의 관계에서 갖는 의미역 역할을 구체화하고 이를 논항 구조로 형성하는 과정이라고 할 수 있다. 의미역 역할의 할당은 여러 정보에 근거할 수 있다. 한 단어의 의미 속성에 의존할 수도 있고(예를 들어, '밥' 은 생물이 아니기에 '행위자' 가 될 수 없다), 술어(동사, 형용사)와 관련된 세상 일반에 관계된 지식에 의해 결정될 수도 있다(예로, '주다' 라는 술어는 '누가 무엇을 누구에게' 라는 의미역 역할을 필요로 한다). 최근에 김영진과 우정희(2007)는 이러한 의미역 처리 과정도 앞서 통사 처리 과정에서 언급했던 증가 처리의 원리를 따른다는 증거를 발견하였다.

이 절의 논의를 끝내기 전에 짚고 넘어가야 할 것이 하나 있다. 우리는 지금까지 문장 처리의 두 하위 처리 과정인 통사 처리에 관해 먼저 설명하고, 다음으로 의미 처리 과정을 설명했다. 독자 중에는 이것을 마치 통사 처리가 먼저 일어나고, 이 처리가 다 끝난 후에야 의미 처리가 일어나는 것으로 이해하는 사람들이 있을지도 모르겠다. 하지만 이는 단순히 설명의 편리함을 위한 것이며, 실제 이 문제는 뜨거운 논쟁의 하나이다. 두 처리 중 어느 것이 선행하는가? 두 처리가 서로 상호작용하는가? 아니면 단원적인(modular) 독립 처리 체계인가? 상호작용한다면 그 기제는 무엇인가? 하지 않는다면 그 이유는 무엇이며, 증거가 있는가? 문장 처리 장치의 인지적 구성(cognitive architecture)에 관한 많은 의문을 제기할 수 있다. 흥미 있는 독자들은 앞서 언급한 Mitchell(1994)을 참고하기 바란다.

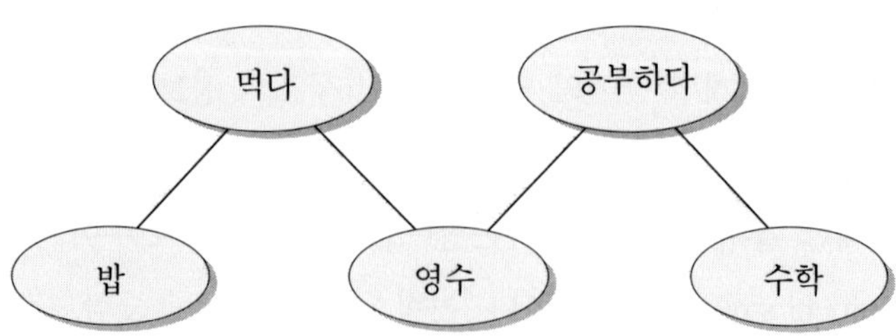

[그림 9-9] '영수가 밥을 먹고 수학을 공부한다' 의 논항 구조

5. 덩이글/말 이해 과정

지금까지는 단일 문장의 이해 과정에서 일어나는 내적 인지 과정에 관해서 설명했다. 하지만 우리가 일상생활에서 언어를 이해한다고 말하는 것은 여러 문장으로 구성된 교과서와 같은 덩이글이나 강연과 같은 덩이말을 이해한다는 의미다. 그러므로 언어 이해 과정을 이해하기 위해서는 개별 문장이 혹은 개별 문장에서 뽑아내어진 명제들이 어떻게 하나의 응집된(coherent) 표상으로 통합되는가를 알아야 한다. 응집된 표상이란 덩이글에 포함되어 있는 개별 명제들이 잘 정리되어 우리의 기억에 저장된다는 의미로 사용되는 것이다.

1) 연결된 명제표상 형성

대부분의 경우 덩이글/말에서 응집된 표상을 형성하는 과정은 어렵지 않은데, 왜냐하면 덩이글/말 자체에 이를 위한 단서가 있기 때문이다. 두 문장에 동일한 논항(즉, 명사)이 있거나, 동일한 논항을 지칭하는 대명사가 있으며, 이 두 문장이 이 공통참조(co-referent)를 중심으로 연결될 수 있기 때문이다. 다음이 구체적인 예이다.

6. 영수가 영희를 때렸다
7. 영희가(혹은 그녀가) 넘어졌다.

위의 예에서처럼 두 문장이 연이어 있는 경우는 문제가 없지만, 특히 대명사의 경우 두 문장이 떨어져 있으면 문제가 된다. 즉, 특정한 대명사가 지칭하는 명사가 몇 개의 문장 앞에 떨어져 있다면 이해를 어렵게 할 것이다. 이러한 추측은 실험을 통해서도 확인되었다. Clark과 Sengul(1979)은 대명사와 그 대명사와 공통참조를 이루는 명사가 나오는 문장의 거리를 변화시킨 후, 대명사가 포함된 문장의 읽기 시간을 측정하여 보았다. 결과는 거리가 멀어질수록 길게 나왔다. 비슷한 실험 결과가 Daneman과 Carpenter(1980)의 연구에서도 나왔다. 즉, 대명사와 공통참조를 이루는 명사가 멀리 떨어져 있을수록 대명사가 지칭하는 명사를 정확하게 찾지 못한다는 결과가 나온 것이다. 이들 결과는 덩이글/말 이해의 중요한 한 요소가 바로 공통참조를 통한 응집성 있는 표상 형성이라는 점을 잘 보여 주는 것이다. 하지만 위의 예와는 달리, 공통참조 명사를 갖고 있지 않은 경우에는 어떻게 될까? 다음의 예를 보자.

8-1. 영수는 소풍 가방을 차에서 꺼냈다.
9. 음료수가 미지근했다.

비록 두 문장이 공통참조 논항이 없음에도 불구하고 두 문장에 포함된 명제를 연결시킬 수 있을 것이다. 즉, '소풍 가방에 음료수가 들어 있었는데, 그것이 미지근해졌구나.' 라는 식으로의 추측이 가능하다. 이를 연결 추론(bridging inference)이라 부르는데, 글자 그대로 두 문장 혹은 명제를 연결하기 위한 추론이란 뜻이다. 이러한 추론이 가능한 것은 우리가 장기기억에 갖고 있는 세상에 관한 지식이 있기 때문이라고 할 수 있다. 세상에 관한 일반지식이나 특정한 영역(예: 과학)에 관한 지식이 문장들을 연결하여 하나의 응집된 표상을 형성하는 데 관여한다는 것을 알 수 있다. 지식이 동원되어 연결을 이루어야 한다면 위에서 언급한 것처럼 같은 명사가 반복되어 있는 경우보다 아무래도 처리가 어려워질 것이다. Haviland와 Clark(1974)은 위의 예(8-1)와 아래의 예(8-2)를 비교해 보았는데, 8-1의 조건에서 9의 문장을 읽는 시간이 훨씬 길었다.

8-2. 영수는 음료수를 차에서 꺼냈다.
9. 음료수가 미지근했다.

지금까지는 설명을 쉽게 하기 위해 두 문장으로 이루어진 예를 들었지만, 앞에서 한 설명은 더욱 긴 덩이글(문단, 단락 혹은 긴 지문)에도 적용될 수 있다. 다음 지문을 읽고 명제들을 뽑아낸 후 이를 연결시켜 보길 바란다. 다소 어렵게 느껴지겠지만 우리들 대부분이 할 수 있는 과제다.

이집트에서는 사람이 죽으면 친구들이 시체 주변에 돌을 쌓는다. 돌들이 시체를 잘 덮기 때문에 사막에 있는 동물들로부터 보호할 수 있다. 왕들은 죽기 전에 자신의 무덤으로 쓸 돌을 큰 언덕 높이로 미리 쌓아 놓는다. 이 돌무더기가 피라미드다. 이집트인들의 영광을 후세에 전하기 위해 만든 것이다. 실제로 오늘날 건축학도나 골동품 수집가들도 여전히 피리미드를 경외하고 있다.

우선 문장을 나누고 문장에서 명제들을 뽑아낸 후, 공통참조 논항과 연결 추론을 이용해 연결시켜 보면 된다. 그리고 이 연결을 선으로 표시해 그림처럼 표시해 보는 것이 좋을 것이다. 연결시켜 보면 나타나는 흥미로운 점은 이 명제들 간에 위계가 생긴다는 것이다. 즉, 어떤 명제는 가장 상층에 위치하고 나머지 명제들이 여기에 연결되고, 다시 다른 명제들이 여기에 연결되는 구조를 이루게 된다. 이러한 명제들의 위계적인 구조를 소형 구조(microstructure)라고 부른다(van Dijk & Kintsch, 1983). 〈표 9-4〉에 여러분이 참고할 수 있도록 위 지문의 4개 수준별 명제 예를 적어 놓았다.

표 9-4 피라미드 덩이글의 각 수준별 명제 예

수준	예
수준 1	친구들이 시체에 돌을 쌓는다, 이집트인이 죽다, 왕이 돌더미를 준비한다.
수준 2	돌더미는 높다, 돌더미가 무덤이다, 학도들이 경외한다.
수준 3	동물들은 사막에서 온다, 돌더미가 언덕 높이다, 학도들은 건축을 공부한다.
수준 4	후세에게 영광을 전한다, 영광은 이집트인에 대한 것이다.

〈표 9-4〉에는 명제 자체가 아니라 명제에 대응하는 일반 문장을 적어 놓았지만 여러분이 이해하는 데는 무리가 없을 것이다. 그러면 이렇게 명제들의 위계, 즉 상위에 위치하는 명제가 있고 하위에 위치하는 명제가 있다는 것이 무슨 의미가 있을까? 흥미로운 연구 결과는 위의 예와 같은 덩이글을 사람들에게 읽게 한 후 어느 정도 시간이 지나고 나서 덩이글의 내용을 회상해 보라고 하면, 상위에 위치한 명제들을 하위에 위치한 명제들보다 훨씬 잘 기억해 낸다는 것이다(Meyer, 1975). 이를 수준효과(level effect)라고 부른다. 그러면 또 다른 의문이 생길 것이다. 왜 상위 명제를 더 잘 기억해 낼까? 다시 〈표 9-4〉를 살펴보기 바란다. 수준 1에 있는 명제와 다른 수준에 있는 명제의 차이는 무엇일까? 수준 1에 있는 명제가 가장 중요한 혹은 가장 중심이 되는 명제이다. 그리고 다른 명제들은 이를 더 자세히 부연설명하는 부가정보이다. 여러분들은 고등학교 때 국어나 영어 시험에서 '지문 하나를 읽고

가장 중심이 되는 문장을 찾아라.' 라는 문제를 많이 접했을 것이다. 이 문제가 바로 여러분의 소형 구조 형성능력을 알아보기 위한 것이라고 할 수 있다. 이와 같이 덩이글 처리 과정에 관한 인지심리학 연구 결과는 국어나 영어의 독해 과정에 관해 의미 있는 시사를 줄 수 있다. 이에 관해서는 이 장 말미에 다시 논의하겠다.

2) 대형 구조의 형성

두 문장이 공통참조 논항이 없는 경우에도 지식에 근거한 연결 추론이 일어남을 설명하였다. 하지만 우리가 갖고 있는 지식은 이러한 연결 추론뿐만 아니라 실제로는 덩이글 처리 과정 전체에서 아주 중요한 역할을 한다. 심리학 논문을 예로 들자. 심리학 논문을 읽어 본 경험이 있거나 쓰는 법을 배운 사람은 논문이 서론, 방법, 결과, 논의의 네 부분으로 구성되어 있다는 것을 안다. 서론에는 연구의 필요성이나 목적이, 방법에는 실험의 절차가, 결과에는 실험을 통해 얻은 결과가 제시되어 있고, 논의에서는 실험을 통해 얻은 결과가 해석된다. 논문의 구성에 대한 이러한 지식은 논문의 전체 내용을 구조화하는 틀이 된다. 덩이글을 읽을 때 각 문장에서 명제를 뽑아 이를 연결하여 소형 구조를 형성한다고 앞에서 언급하였는데, 이보다 더 큰 단위의 조직화가 이루어질 수 있다. 이렇게 큰 단위의 구조를 대형 구조(macrostructure)라고 한다. 이 구조는 물론 심리학 논문에만 있는 것은 아니다. 오히려 대표적인 예는 우리가 어렸을 때부터 들어 온 이야기라고 할 수 있다. 이야기는 보통 하나 이상의 에피소드로 구성되며, 이 안에는 이야기의 시작, 전개, 문제 발생, 목표 설정, 해결 시도, 결과, 최종 종결 등의 내용이 포함된다. 즉, 이러한 구성요소들이 이야기를 하나의 응집된 전체로 짜 맞추는 대형 구조가 되는 것이다. 연구자들은, 이야기의 경우, 이러한 대형 구조를 이야기 문법(story grammar) 혹은 이야기 구조라고 부른다. 특정한 덩이글 양식에 관해 갖고 있는 지식이 대형 구조를 만들 수 있게 하는 것이다.

대형 구조는 적절한 배경지식의 통제하에 소형 구조 내의 명제, 즉 소형 명제(microproposition)로부터 만들어진다. 어떤 경우에는 소형 명제가 직접 대형 명제(macroproposition)가 될 수도 있지만, 다른 경우에는 생략, 일반화, 구성 등의 규칙에 의해 대형 명제가 만들어진다(van Dijk & Kintsch, 1983). 다른 명제의 선행조건이 되지 않는 명제를 생략하거나, 여러 명제를 포괄해 하나의 명제로 일반화하거나, 역시 여러 명제들을 새로운 명제를 구성해 대치하는 것이다. 소형 구조를 만드는 처리와 대형 구조를 만드는 처리는 기본적으로 같은 것이지만, 서로 독립적인 공간에서 이루어지는 것으로 생각된다. 단지 소형 처리는 문장 단위의 개별 명제에 의존하지만, 대형 처리는 대체적으로 문단 단위(혹은 절이나 장)의 대형 명제를 대상으로 한다. 소형 구조 및 대형 구조의 형성에 관한 여러 실험적 증거가 있다. 대표적인 예로 Vipond(1980)는 사람들에게 덩이글을 읽고 그 내용을 회상하도록 하였다. 그리고 그는 덩이글의 소형 처리와 대형 처리의 어려움을 조작하였다. 즉, 공통참조 논항이나 명제의 간격과 같은 소형 구조 형성에 영향을 끼치는 변인과, 대형 구조를 재조직화해야 되는 정도 등의 대형 구조 형성에 영향을 끼치는 변인을 다양하게 변화시킨 것이다. 그는 이들 조작이 회상에 영향을 끼친다는 사실을 발견하였으며, 이 결과는 소형 구조 및 대형 구조의 형성이 덩이글 처리에서 중요함을 확인시켜 주는 것이다.

앞에서 대형 구조는 덩이글 전체 내용을 구조화하는 틀이라고 언급하였는데, 그렇기 때문에 덩이글 처리 혹은 이해에 중요한 역할을 한다. 첫째, 덩이글 속에 포함된 여러 다른 세부적인 내용들이 하나의 응집성 있는 표상으로 형성될 수 있게 한다. 앞에서 예를 든 심리학 논문의 경우 “이런 목적으로, 이렇게 해서, 이런 결과를 얻었고, 이는 이런 의미가 있구나.”라는 식의 이해를 달성할 수 있는 것이다. 둘째, 대형 구조가 하나의 덩이글을 요약하는 바탕이 된다. 위의 예처럼 한 논문의 요지를 간결하게 요약할 수 있게 하는 것이다. 이러한 응집된 표상과 여기서 구성되는 요약은 덩이글 이해의 중요한 구성요소라고 할 수 있다. 여러분이 어떤 덩이글을 읽고 그 내용을 잘 요약할 수 있다면 그 덩이글을 이해했다고 말할 수 있는 것이다. 실제로 국어나 영어시험 문제에 자주 등장하는 것이 바로 요약인데, 어떤 지문을 읽고 그 요지에 해당하는 답안을 찾는 문제가 그 예라고 할 수 있다. 물론 지문이 짧으면 소형 명제의 상위 수준 명제로 충분할 수도 있지만, 여러 문단으로 복잡한 내용이 함께 들어가 있는 경우는 대형 구조를 잘 형성해야만 요약이 가능할 것이다.

3) 상황모형의 구축

덩이글 이해를 위해서는 응집된 명제의 연결과 대형 구조가 형성되어야 함을 앞에서 배웠다. 하지만 이것들로 충분할까? 최근의 인지과학 연구에서는 소형 구조/

대형 구조 외에 또 다른 표상이 필요함을 보여 주고 있다. 즉, 덩이글 이해를 위해서는 덩이글 자체에서 형성되는 명제표상 이외에 덩이글이 기술하고 있는 상황에 대한 내적 표상이 형성되어야 한다고 생각한다. 이러한 표상을 심성모형(mental model) 혹은 상황모형(situation model)이라고 부른다(Johnson-Laird, 1983; van Dijk & Kintsch, 1983). 자세한 설명을 하기 전에 우선 다음 지문을 읽어 보자.

> 만약 풍선들이 갑자기 튀어 올라가면 소리를 운반할 수 없을 것인데, 모든 것이 알맞은 층에서 멀리 떨어지게 때문이다. 닫힌 창문도 소리의 운반을 막을 것인데, 왜냐하면 대부분의 건물들은 방음이 잘되어 있기 때문이다. 모든 작동이 전류의 안정적인 흐름에 의존하는 것이기에 선의 중간이 잘라지면 문제를 일으킬 수 있다. 물론 그 사람이 소리를 지를 수도 있지만, 인간의 목소리는 그렇게 멀리 갈 수 있을 만큼 크지 않다. 끈이 장치를 부술 수 있는 부가적인 문제도 있다. 그러면 내용에 반주가 없게 된다. 거리가 짧은 게 최상의 상황이라는 것은 확실하다. 그러면 훨씬 잠재적인 문제가 적어질 것이다. 면대면의 만남이라면 잘못될 것들이 최소가 될 것이다.

여러분은 이 덩이글이 이해가 되는가? Bransford와 Johnson(1973)은 이 글을 사람들에게 읽도록 하고 이해 정도를 평정하고 회상도 시켰다. 여러분도 능히 예측할 수 있듯이 사람들은 거의 이해를 못했으며, 회상도 아주 저조하여 전체 내용의 26%만을 기억할 뿐이었다. 왜 이런 결과가 나왔을까? 어휘나 문장이 어려운 것이 아니기에 소형 구조가 형성되는 데는 문제가 없을 것이고, 비록 짧은 덩이글이지만 대형 구조 형성도 문제가 없어 보인다. 그럼에도 불구하고 이해가 어렵고 회상이 잘 안 되는 이유는 바로 이 글이 어떤 상황을 말하고 있는지를 머릿속에 그릴 수 없기 때문이다. 이 글은 한 남자가 한 여자에게 사랑의 세레나데를 부르려고 하는 상황을 묘사한 것이다. 다음 [그림 9-10]에 이 상황이 구체적으로 그려져 있다. 그림을 보고 다시 위의 예문을 읽어 보기 바란다. 이젠 이해가 될 것이다.

상황모형은 몇 가지 특성을 갖고 있다. 우선 상황모형은 덩이글 정보와 독자의 지식이 결합되어 구성되는 일종의 지식표상이다. 하지만 여러분이 기억 장에서 배웠을 도식(schema)과는 구별된다. 도식이 우리의 지식 구조에 이미 형성되어 있는 것이라면, 상황모형은 글을 읽으며 글이 지칭하는 상황에 관해 새롭게 형성되는 지식 구조인 것이다. 상황모형은 또한 많은 경우에 있어 지각적 표상 혹은 심상(imagery)의 형태를 가진다. 앞서 '머릿속에서 그린다' 라는 표현이 바로 이런 특성

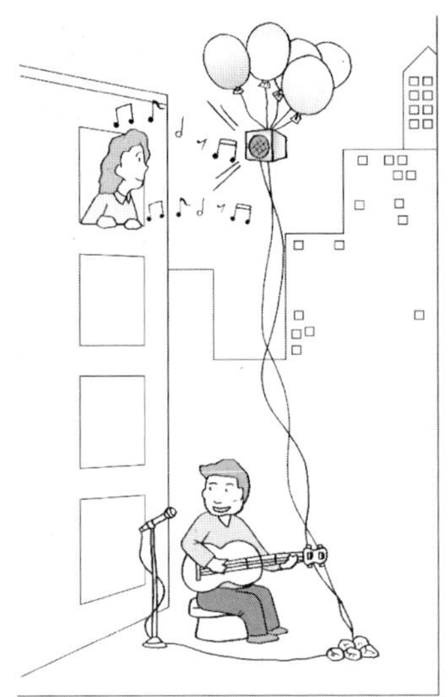

[그림 9-10] Bransford와 Johnson(1973)의 실험에 사용된 그림

을 나타내기 위한 것이다. 여러분도 그렇겠지만, 필자는 서양 중세를 배경으로 하는 소설을 읽다 보면 늘 왠지 명확하게 이해가 안 되는 느낌을 갖는 경우가 많다. 소설에서 기술되는 여러 대상이나 상황에 관한 지식이 부족하여 구체적인 모형을 만들어 내지 못하기 때문인 것이다. 추상적인 내용을 다루는 설명식 덩이글(expository text) 이해가 어려운 이유도 마찬가지로 설명할 수 있을 것이다.

4) 독해력과 가독성

우리는 지금까지 언어이해 과정에 관여하는 하위 처리 과정에 관해서 설명하였다. 통사 처리, 의미 처리, 소형 구조, 대형 구조의 형성 과정과 상황모형을 구축하는 과정을 배웠다. 여기서 이 책의 앞에서 배운 인지 혹은 기억처리체계의 문제와 관련지어 보자. 이러한 복잡한 언어이해의 하위 처리 과정들이 어디서 일어나는 것일까? 아마도 작업기억일 것이다. 작업기억은 외부에서 입력되는 정보와 장기기억에서 인출되는 정보가 저장되고, 이들에 대해 여러 인지적인 계산이나 작업이 수행되는 공간으로 개념화할 수 있다. 그런데 여러분이 또 알고 있는 것은 이 작업기억의 처리 용량 혹은 공간이 아주 제한적이라는 점이다. 즉, 처리와 저장의 용량에 제한이 있다. 그렇다면 어휘 처리, 통사 처리, 의미 처리, 소형 구조, 대형 구조, 상황모형 구축과 같은 여러 과정들이 어떻게 제한적인 공간에서 일어날 수 있을까?

작업기억의 제한에도 불구하고 여러 과정들이 신속하게 이루어질 수 있는 것은 처리의 자동화 때문이다. 이 책의 앞에서 배운 바와 같이 특정한 처리가 반복적인 훈련을 거치면 자동화된다. 자동화된 처리는 최소한의 작업기억 용량만을 필요로 한다. 앞에서 언급한 여러 언어이해의 하위 처리 과정들이 바로 자동화되어 있기에 작업기억의 제한을 극복할 수 있는 것이다. 하지만 이런 자동화의 정도에는 개인간에 혹은 상황에 따라 차이가 있다. 개별적인 처리들이 자동화되어 있으면 쉽게 이해를 달성할 수 있다. 이런 의미에서 언어이해를 일종의 인지적 기술(cognitive skill)이라고 할 수 있다. 테니스를 잘 치기 위해서는 여러 개별 기술이 숙달되어야 하고 이것들이 잘 통합되어야 하듯이, 언어이해도 하위 처리들이 숙달되고 잘 통합되어야 한다. 그리고 이런 숙달 정도에 의해 소위 말하는 독해력의 차이가 나타나는 것이다.

하지만 독해력이란 절대적인 척도가 아니다. 어떤 종류의 글을 읽느냐에 따라 달라진다. 여러분이 중학교 교과서를 읽는다면 이해에 문제가 없지만, 어려운 철학책을 읽는 경우는 문제가 달라진다. 즉, 덩이글을 읽는 사람과 덩이글 자체가 상호작용하는 것이다. 그러기에 덩이글 자체에 초점을 맞춰 이해의 용이성을 평가할 수도 있다. 이를 덩이글의 가독성(readability)이라고 부른다. 특정한 덩이글에 포함되어 있는 어려운 어휘의 수, 통사적인 중의성의 정도, 명제 연결에 요구되는 추론의 정도, 소형 구조 및 대형 구조 형성의 용이성, 관련 지식의 존재 여부 혹은 적절한 지식을 활성화시킬 수 있는 단서의 유무 등으로 덩이글의 가독성을 평가할 수 있다(Kintsch & Vipond, 1979). 만약 여러분이 이해가 쉬운 덩이글을 작문하고자 한다면 이러한 요인들을 적절하게 고려하여야 한다.

최광일(2007)은 이 장에서 배운 여러 인지과제들, 즉 어휘판단과제, 단어별 문장 읽기 과제, 덩이글 읽기 과제, 심성모형 형성 과제 등을 사용하고, 언어심리학적으로 중요한 여러 변인들(예: 단어 빈도, 문장 구조의 복잡성, 덩이글의 연결 어려움 및 모형 형성의 어려움 등)을 포함시켜, 대학생들의 독해력 혹은 독서 이해 과정의 개인차를 분석하였다. 보통 대학생 정도면 이미 숙달된 독해능력을 가지고 있을 것이라고 생각하기 쉬운데, 이 연구 결과는 대학생들도 상당한 독해력의 개인차가 있음을 보여 주고 있다. 특히, 이들 대학생들의 경우 덩이글 처리 수준(0.71)에서 가장 큰 개인차가 나타났으며, 그 다음이 문장이해 과정(0.57)에서의 개인차였다. 모형 형성의 수준(0.36)에서도, 그리고 심지어 단어 처리 수준(0.39)에서도 유의한 개인차를 보였다. 아울러 이 연구 결과는 이 장에서 여러분이 공부한 여러 인지과제와 변인들이, 사람들의 인지능력의 개인차를 밝히는 데 유용한 도구임을 확인시켜 주고 있다.

주요 용어 목록

가독성(readability)
공통참조(co-referent)
구 구조(phrase structure)
구문분석(parsing)
기능어(function words)
난독증(dyslexia)
논항 구조(argument structure)
늦은 종결(late closure) 전략
단어우월효과
단어이웃효과(word neighborhood effect)
대형 구조(macro structure)
대형 명제(macroproposition)
덩이글 이해
독해력
동시조율
동음어효과(homophone effect)
로고젠(logogen) 모형
말소리 분절
말소리 지각(speech perception)
명제표상
문장 문맥(sentential context)
범주적 지각(categorical perception)
변별특질(distinctive feature)
빈도효과(frequency effect)
상호작용 활성화 모형(interactive activation model)
상호작용적 모형
상황모형(situation model)
색이름
성대 진동 시작 시간(voice onset time)
소형 구조(micro structure)
소형 명제(microproposition)
수준효과(level effects)
양상 간 점화과제(cross-modal priming task)
어순(word order)
어휘점화효과(lexical priming effect)
언어결정론
언어능력(linguistic competence)
언어상대성 가설
언어수행(linguistic performance)
언어와 사고
언어특수성
연결 추론(bridging inference)
음소(phoneme)
음절(syllable)
의미 처리(semantic processes)
의미역 역할(thematic roles)
이야기 문법(story grammar)
인지구성(cognitive architecture)
인지보편성

자율적 모형
초점색(focal color)
친숙도효과
통사 처리(syntactic processes)
형태소(morpheme)
중의성(ambiguity)
최소부착(minimal attachment) 전략
코호트 모형(cohort model)
통사적 문맥(syntactic context)

읽을거리 ▶▶▶

조명한(1979). 언어심리학: 언어와 인지. 서울: 정음사.

조명한(1989). 언어심리학: 언어와 사고의 인지심리학. 서울: 민음사.

조명한 외(2003). 언어심리학 서울: 학지사.

Aitchison, J. (1987). *Words in the mind: an introduction to the mental lexicon* (2nd ed.) Oxford, UK: Blackwell. 임지룡, 윤희수 옮김(1993). 심리언어학: 머릿속 어휘사전의 신비를 찾아서. 대구: 경북대학교 출판부.

Miller, G. A. (1991). *The science of words*. New York: Freeman. 강범모 옮김(1998). 언어의 과학. 서울: 민음사.

Pinker, S. (1994). *The language instinct*. New York: William Morrow. 김한영, 문미선, 신효신 옮김(1998). 언어본능: 정신은 어떻게 언어를 창조하는가. 서울: 그린비.

Whitney, P. (1998). *Psychology of Language*. NY: Houghton Mifflin Company. 이승복, 한기선 옮김(1999). 언어심리학. 시그마프레스.

제10장

언어의 산출과 장애

1. 언어산출
2. 언어장애
3. 요약

제10장

언어의 산출과 장애

언어의 말글 정보가 청자의 기억에 응집적 표상을 구성하는 과정이 이해라고 하면, 화자의 기억에 표상된 의미적 표상을 말글의 정보로 표현하는 과정을 산출이라 한다. 언어가 지니고 있는 상징적 의미는 이해와 산출의 두 과정에 의해서 이루어진다. 두 과정이 연결고리처럼 순환하는 과정이 일어날 때 비로소 양자 간의 의사소통이 가능해진다. 앞 장에서 논의되었던 이해의 과정에 연결하여 이 장에서는 산출의 과정을 논의할 것이다.

언어의 산출 과정은 처리 방향에서 보면 이해 과정과 상반되며, 연구 방법에서도 차이가 있다(Carroll, 2004). 이해 과정은 참가자에게 자극을 제시하고 그에 대한 반응을 측정하면 된다. 자극의 조작이 가능하고 그 결과를 반응으로 확인할 수 있다. 반면에, 산출 과정은 언어 생성을 위한 생각이나 의도를 조작하기가 어렵다는 것이다. 단지 화자가 산출한 언어의 내용을 통해서 산출하고자 하는 사고의 내용과 일치하는지를 확인하는 과정만 가능하다. 산출 과정의 이러한 특성 때문에 초기의 산출 과정 연구는 주로 화자의 말실수(speech error) 자료를 분석하는 정도에 머물렀지만, 하지만 최근에 들어 말실수를 유도하는 방법을 적용한 실험적 방법이 적용되고, 뇌의 영상기법을 적용한 연구도 제안되면서 산출의 과정에 대한 연구가 활발해지고 있다.

언어는 정보를 단순히 이해하고 산출하는 과정에 더하여 심적 내용 자체를 표상하게 한다(Solso et al., 2005). 언어가 인지에 차지하는 비중이 증가하면서 뇌에는 언어만을 처리하는 영역이 만들어지게 되었고, 언어의 처리나 표상이 전문성을 가지면서 독립적인 처리체계를 구성할 가능성이 제기된 것이다. 뇌에서 언어가 정상적으로 처리되어야 이해와 산출의 과정도 가능하다. 그런데 언어 장애가 발생하는 경우가 있다. 특정 언어 장애가 특정 뇌의 영역에 연관되는지에 대한 연구는 언어의 손상을 치료하는 장면에도 중요하지만, 언어의 처리와 장애의 본질을 이해하는 데에도 중요한 정보를 제공해 준다.

이 장에서는 언어산출의 대표적인 두 가지 방식인 말하기와 글쓰기의 과정과 이론에 대한 논의를 전개할 것이며, 말하기와 글쓰기는 어떤 차이가 있는지에 대해서도 논의할 것이다. 그다음은 대뇌의 손상으로 인한 언어의 장애는 어떻게 나타는가에 대한 논의를 할 것이며, 언어의 대뇌반구의 기능 분화에 대해서도 살펴볼 것이다.

1. 언어산출

언어는 우리에게 복잡한 사고, 의식하지 못하는 의도, 미묘한 감정 등의 심적 내용을 효율적으로 표현하는 수단을 제공한다. 예를 들어, '나는 콜라를 마시고 싶다.' 는 생각을 상대방에게 전달하고자 한다고 가정하자. 만약 언어를 사용하지 않는다면 어떻게 이런 생각을 생성하고 표현하고 전달할 수 있을까? 우리가 알지 못하는 언어권에 여행을 갔다고 생각하면 쉽게 이해할 수 있을 것이다. 언어는 의사소통을 위한 가장 중요한 수단이 되지만, 언어 자체가 생각, 의도, 감정의 심적 내용을 직접적으로 반영하는 것은 아니다. 단지 언어는 표현된 상징 단서를 통해서 그 언어의 의미를 해석하게 하는 심적 과정을 수반하게 한다. 언어의 이해와 산출에서 생각이나 사고로의 전환이나 생각이나 사고의 표현이 중요한 요인이 된다. 더욱이 두 과정이 서로 연결되어야만 성공적인 의사소통이 가능해진다. 그러면 두 사람 간의 이해와 산출의 과정인 의사소통은 어떻게 일어나는 것인가?

1) 언어와 의사소통

자연적인 상황에서 두 사람 간의 의사소통은 매우 쉽게 일어나는 것처럼 보인다. 그러나 언어적 의사소통이 원활하게 진행되는 과정은 그렇게 간단하지만은 않다.

이를 위한 다양한 제약들이 필요하다. 두 사람이 의사소통하기 위해서는 시간과 공간을 공유해야 하는 것과 마찬가지로 공유된 심적 상황을 구성해야 한다. Grice (1975)는 원활한 의사소통을 위해서 **협동원리**(cooperative principle)가 필요하다는 주장을 하였다. 즉, 화자와 청자가 원활한 의사소통을 하고자 하면 상호협동적이어야 한다는 것이다. 협동원리는 다음의 네 가지의 규칙(maxims)을 지켜야 한다. 양(quantity), 질(quality), 관계(relation) 및 예절(manners)이 그것이다. 이들 제약을 지킴으로써 두 사람은 원활한 소통을 수행할 수 있다.

첫째, **양의 규칙**. 화자는 필요한 만큼의 정보를 말하여야 한다. 그 이상도 그 이하도 의사소통을 방해하거나 불편하게 만든다. 필요한 정보의 양은 대화의 맥락에 의존한다. 예를 들어, '나는 죽었다.' 라는 문장을 들었을 때 어떤 의미로 해석될 것인가? 이 문장은 문자적 의미를 해석하는 데는 어려움이 없지만 화용적 의미가 정확한지에 대해서는 의문이 있다. 만약 화자와 청자가 '게임' 을 하고 있다는 맥락 정보가 제공되면 이 문장의 의미가 쉽게 해석될 수 있다. 양의 원리가 적용되기 위해서는 **공통기반**(common ground)이 필요하다. 공통기반은 대화를 나누는 두 사람 간의 상호 전제, 믿음 및 지식을 말한다. 두 사람 간에 공유하는 공통기반의 정도가 높을수록 적은 양의 정보만으로도 의사소통이 가능하다.

둘째, **질의 규칙**. 화자는 청자에게 진실한 정보만을 말해야 한다. 화자가 말하는 정보는 사실적인 정보만을 담고 있어야 한다는 것이다. 만약 사실이 아닌 거짓 정보를 청자에게 제공한다면 협동원리를 위배하게 되며, 원활한 의사소통을 방해하게 된다.

셋째, **관계의 규칙**. 화자는 현재 진행 중인 대화에 적절한 정보만을 제공해야 한다. 예를 들어, 화자와 청자가 게임을 한다고 가정하자. 화자가 '어이구, 이제 죽었구나.' 라는 발화를 했을 때, 청자가 그 말을 받아 '이제, 약속한 영화를 보여 줘.' 라고 한 경우에는 '다시 한 번 하자.' 또는 '그래 오늘은 운이 없구나.' 등의 대화가 이어질 수 있다. 그러나 청자가 '우리 집 강아지가 집을 나갔다.' 라고 말했다면, 그 다음의 대화는 계속되기가 어렵다. 현재 진행되는 대화의 맥락에서 적절하지 않은 발화를 하였기 때문이다.

넷째, **예절의 규칙**. 화자는 명확하고 직접적인 언어를 사용해야 한다. 애매하고 모호한 정보를 말해서는 안 된다. 이 규칙은 발화의 내용에 사용되는 단어나 문장의 표현을 명확하게 사용해야 한다는 규칙이며, 그 내용을 전달하기 위해서는 예절을 지켜야 한다는 규칙이다.

Grice의 네 가지 규칙을 간략하게 살펴보았다. 이들 규칙은 우리가 의사소통을 하는 과정에서 자연적으로 사용되고 있는 규칙들이다. 이들 협동원리의 규칙은 언어의 자체 의미이기보다는 언어가 사용되는 **화용적 원리**(pragmatic principle)이다(Harley, 2001). Grice의 규칙이 원활하게 적용되기 위해서는 청자와 화자의 지식과 믿음 등이 공통기반으로 공유되어야 하며, 이 기반이 의사소통을 위한 화용적 혹은 상황적 맥락을 제공하게 된다. 여러분이 여행을 하다가 어떤 사람을 만났다고 가정하면 가장 먼저 상대방의 배경이 무엇인지를 알기를 원한다. 이름, 직업, 여행 목적 등의 정보를 교환하면서 화자와 청자는 협동원리에 기반을 둔 화용적 추론을 통하여 공통기반을 형성하게 된다. 언어의 화용적 의미는 언어의 통사나 의미에 기초한 의미를 넘어선다. 언어가 사용되는 맥락에서 발생하는 의미이며, 이들 화용적 의미가 종합되어야 비로소 언어에 대한 적절한 응집적 표상이 가능하게 된다.

2) 말하기

언어의 의사소통은 언어의 외현적 표현을 구성하기 위해서 선행되어야 하는 과정들이 있다. 화자의 마음을 언어로 변환하는 과정인 언어의 산출이다. 언어산출에는 두 가지 방식이 있다. 말의 형식으로 표현하는 말하기(speaking)와, 글의 형식으로 표현하는 글쓰기(writing)가 있다. 두 산출 과정에 대한 연구를 비교하면, 발생적으로 말하기가 글쓰기보다 먼저 출현하였지만 문명이 발달하면서 말하기에 못지않게 글쓰기의 비중이 증가하였고 컴퓨터나 인터넷에서는 말하기보다 글쓰기가 더 보편적으로 사용되고 있는 실정이다.

말하기, 즉 말산출의 과정에 대한 연구는 **말실수**(speech error)의 연구에서 시작되었다(Clark & Clark, 1977). 말실수의 근원은 정상인의 자연적 상황에서의 말실수, 실험적 유도 말실수 및 대뇌 손상 환자의 말실수 등에서 비롯된다. 말실수에서 얻어진 자료에서 말실수의 유형을 분류하고, 말실수의 유형에서 나타나는 규칙성에 대한 증거를 수집함으로써 말하기의 과정에 대한 이해와 말하기에 대한 이론이 제안되었다(Dell, 1986; Garrett, 1975; Levelt, 1989).

(1) 말실수 유형

말실수는 화자의 의도한 생각의 내용과 표현된 발화가 불일치하는 언어적 표현이 생성되는 현상을 말한다. 예를 들어, '나는 콜라를 마시고 싶다.' 라고 의도된 생각을 하였지만 발화된 표현은 '나는 사이다를 마시고 싶다.' 라고 하였을 때, '콜라' 가 '사이다' 로 대체되는 실수가 발생한 것이다. 말실수는 한 개인 내에서도 반복적으로 발생하지만 개인 간에도 공통적으로 발생하는 유형들이 있으며(Levelt, 1989), 자연적인 발화 속에서 일어나는 말실수는 말하기의 과정적 본질을 이해하는 데 유용한 자료를 제공하여 준다.

말실수의 대표적인 유형으로 스푸너리즘(spoonerism)이 있다. 이 오류는 교환오류의 일종으로써 W. A. Spooner(1844~1933)가 처음 명명하였는데, 하나 혹은 둘 이상의 단어에 있는 자음이나 모음이 서로 교환되는 말실수이다. 예를 들어, 'take a shower' 를 'shake a tower' 로 말하는 오류이다. 이 오류의 특징은 단어 간의 자음은 자음끼리 모음은 모음끼리 교환되며, 93%가 같은 절(clause) 내에서 발생한다고 알려졌다(Garrett, 1975).

사람들에게서 자주 발생하는 말실수 유형은 대략 8가지로 축약될 수 있다(Carroll, 2004, 〈표 10-1〉 참조). 교환은 두 단어의 위치가 뒤바뀌는 오류이다. 즉, 두 개의 언어 단위가 서로의 위치를 잘못 찾는 오류이다. 이 오류는 통사 구조에 어휘가 잘못 입력되는 오류에 해당된다. 대체는 의미나 음운 등의 속성이 비슷한 언어 단위로 교체되는 오류이며, 어휘 선택이 잘못되는 오류이다. 혼합은 두 개의 언어 단위가 한 단위로 섞여지는 오류이다. 이동은 다음 예에서 'decide' 에 있어야 할 's' 가 'hit' 에 가서 붙는 경우이다. 이는 한 단어의 어미가 다른 단어에 잘못 입력되

표 10-1 자연적 발화에서 생성되는 말실수 유형(Carroll, 2004, p. 189)

말실수 유형	발화 의도	발화 표현
교환(exchange)	(nose remodeled)	getting your model renosed
대체(substitution)	(heavy)	too light
혼합(blend)	(spanked + paddled)	spaddled
이동(shift)	(decides to hit it)	she decide to hits it
삭제(deletion)	(unintelligibly)	intelligibly
추가(addition)	(carefully enough)	clarefully enough
예견(anticipation)	(take my bike)	Bake my bike
보존(perseveration)	(tantrum)	pulled pantrum

는 형태소오류이다. 추가는 언어 단위의 분절이 더해지는 오류이며, 삭제는 언어 단위의 분절이 탈락하는 오류이다. 예견은 다음에 나타날 언어 단위의 분절을 이전에 제시되는 단어의 분절에 잘못 삽입하는 오류이다. 보존은 예견의 반대 오류인데, 이전에 제시된 분절이 다음 단위의 분절에 삽입되는 오류이다.

말실수의 유형은 다양하지만 이들이 지니는 공통점이 있다. Garrett(1975)에 따르면, 말실수는 네 가지 일반적 규칙 범주하에서 관찰된다고 하였다. 첫째, 말실수는 언어적으로 유사한 환경에서 발생한다. 한 단어의 초기 낱자는 다른 단어의 초기 낱자와 교환된다(예: 이동, 예견, 보존 오류). 둘째, 말실수는 언어 단위가 유사한 경우에 발생한다. 자음은 자음끼리 실수를 하지만 자음과 모음이 실수하는 경우는 드물다. 셋째, 말실수는 언어의 음운적 규칙에 일치되는 방식으로 일어난다. 특히 혼합 실수의 경우, 혼합된 단어는 발음이 가능한 비단어의 형태를 지니게 된다. 넷째, 말실수는 강조(stress)와 일치되는 방식으로 일어난다. 즉, 단어나 절에서 강조되는 단위들끼리 오류를 일으킨다. 말실수의 속성을 종합해 보면 말실수에는 일정한 규칙성을 지니며, 이 규칙성은 언어의 구조와 밀접한 연관되어 있다. 언어의 단위를 중심으로 분류하면 소리오류, 형태소오류, 단어오류로 분리될 수 있으며, 소리오류는 음소, 자음군, 모음군 오류로 세분될 수 있고, 형태소는 어근, 접두사, 접미사의 오류로 세분될 수 있다. 오류가 규칙적이라는 것은 곧 소리는 소리의 특성에 관련되어 오류가 발생한다는 것이며, 단어는 단어가 지니는 형태적 의미적 특성에 근거한 오류가 발생한다는 것이다. 말실수는 어휘의 구조와 문법적 구조가 체계적으로 영향을 미치고 있다(Eysenck & Keane, 2005).

국어의 말실수 연구는 언어학 연구가 있었지만(예: 권인한, 1987), 심리학 연구는 1990년 초에 성균관대학교의 심리학과에서 시작되었다. 고혜선과 이정모(2002)는 대학생을 대상으로 한 연구에서 한국어의 말실수에는 대체, 교환, 혼합, 추가 및 삭제 등이 나타남을 확인하였다. 한국어의 말실수 유형은 영어의 그것에 대부분 일치하였다. 그중에서도 대체오류가 다른 유형보다 발생 빈도가 가장 높았다. 대체오류는 의도된 단어가 다른 단어로 뒤바뀌는 현상이다. 단어의 대체 유형을 세분하여 본 결과, 의미와 음운이 모두 유사한 형태, 단어의 의미만 유사한 형태, 그리고 단어의 음운만 유사한 형태의 순으로 관찰되었다. 또한 문법 범주로 세분하여 보면 명사, 형용사, 부사의 순으로 관찰되었다(〈표 10-2〉). 반면에, 영어에서 나타났던 이동, 예견 및 보존 등의 오류는 국어에서는 관찰되지 않았다. 영어에서 관

표 10-2 우리말의 말실수에서 관찰된 대체오류의 유형들(고혜선과 이정모, 2002)

유형	발화 의도	발화 표현	품사
음운 유사	빨리하자 복사	빨리하자 복습	명사
	늦으면 땍땍거려	늙으면 땍땍거려	형용사
의미 유사	우리 학교에는 체중계 없나	우리 학교에는 몸무게 없나	명사
	춥지만 바람이 따뜻해서 괜찮아	춥지만 바람이 차서 괜찮아	형용사
의미/음운 유사	다시다는 역시 미원이죠?	다시마는 역시 미원이죠?	명사
	단풍잎은 너무 빨갛지?	단풍잎은 너무 파랗지?	형용사

찰된 이동, 예견 및 보존오류는 형태소나 낱자의 자모 수준에서 일어나는 오류이다. 국어의 대체오류 등은 음절이나 단어 수준에서 나타난 오류이다. 영어의 경우는 오류가 낱자, 형태소, 단어 수준에서 다양하게 나타났지만, 국어의 경우는 형태소나 단어 수준에 집약되었다. 이는 말하기의 과정이 언어 구조에 따라 다를 가능성을 시사한다.

(2) 말하기 과정과 이론

말하기 과정의 이론적 모형이 많은 연구자들에 의해서 제시되었다. 대표적인 이론으로는 Clark과 Clark(1977), Garrett(1975), Levelt(1989) 및 Dell(1986) 등을 들 수 있다. 그들의 이론적 모형은 말하기를 기술하는 용어나 방식은 달랐지만 전혀 상반되는 것은 아니었다. 예를 들어, Clark과 Clark(1977)은 언어산출을 계획과 수행으로 보았고, Grarett(1975)은 개념화, 형상화 및 조음화로 보았으며, Levelt(1989)는 메시지, 기능, 위치 발성으로 세분화하였고, Dell(1986)은 그 수준을 의미, 통사, 형태소, 음운으로 재개념화하였다. 이들 이론들은 말하기가 단계적으로 처리된다는 공통적 가정을 지니고 있다([그림 10-1] 참조).

이들 이론을 종합하여 보면, 말하기의 첫 단계는 **계획 단계**이며, 말하기가 일어나기 전 단계로 볼 수 있다. 화자가 청자에게 전달하고자 하는 사고, 의도 및 감정의 내용을 언어적 형태로 구체화하기 위한 단계인 것이다. 이 단계는 **개념화 단계**(Garrett, 1975) 혹은 **메시지 단계**(Levelt, 1989)로 불렸다. Levelt(1989)는 이 단계는 발화될 표상 내용이 구체적인 단어나 문장으로 형성되기 이전의 단계이며, 단지 개념적 수준에서 발화될 내용에 대한 전체적 의미를 구성하고, 표현을 순서화하는 계획을 수립하는 단계라고 하였다. 언어산출은 이 단계에서부터 시발하는 것은 분명하지만 어떤 메시지가 어떻게 심적으로 구성되는지를 객관적으로 관찰하기는 매우 어렵다. 어떤 이론에서도 이 단계에 대한 구체적 표상과 과정은 제시되지 않았다.

둘째 단계는 **형상화 단계**다(Garrett, 1975; Levelt, 1989). 이 단계는 의도된 생각인 메시지를 단어나 문장의 형태로 전환하는 과정이다. Levelt(1989)는 이 단계에는 기능(function) 수준과 위치(position) 수준의 두 하위 단계가 포함된다고 하였으며, Dell(1986)은 이를 통사 수준과 형태소 수준으로 개념화하였다. 형상화 단계의 하위 첫째 수준에서는 단어나 문장의 연속적인 발화의 윤곽이 만들어지며, 문법적 구조가 적용된다. 메시지에 해당하는 발화 내용에 대한 생성 계획이 포함되기는 하지만, 어떤 문장을 구체적으로 표상하는 단계는 아니다. 이 단계에서는 문장의 주어나 목적어에 해당하는 명사가 생성되며, 어떤 명사가 어떤 형용사와 연관되는가에 대한 계획을 수립한다. 이 수준은 단어의 의미가 계산되지만 특정한 단어가 선정되지는 않는다. 화자의 발화 내용인 개념적 구조를 언어적 구조로 전환하는 과정으로 볼 수 있다. 형상화 단계의 하위 둘째 수준은 전 단계의 추상적 표상은 사라지고, 문법적 구조에 해당하는 어휘적 정보를 선택하는 단계이다. 단어의 순서를 결정하기 위해서 구체적인 표상을 형성한다. 구체적 단어의 어근(예: 'love')과 접사(예: '-ed')가 선정된다. 이 단계를 수행하기 위해서는 **심성어휘집**(lemmas)의 어휘를 활성화해야 한다(Dell, 1986; Levelt, 1989). 이 단계를 수행하면서 문장의 표면적 구조가 형성된다.

셋째 단계는 **조음화 단계**다(Garrett, 1975; Levelt, 1989). 이 단계는 화자의 의도된 내용이 외현적 발화의 형태를 구성하는 마지막 단계이며, 조음과 음소(articulatory and phonetic) 수준의 처리가 주요 과정이 된다. 이 과정은 선택된 심성어휘집의 어휘에서 음운적 부호를 인출하고 구성한다. 그 결과는 조음이나 음소 계획이 되며, 아직은 외현적인 말소리로 구현된 상태는 아니지만 발음 계획에 대한 내적 표상에 해당한다. 흔히 내적 발성(internal speech)에 해당하는 단계다. 다시 말하면 말소리로 발화는 되지 않았지만 마음속에서 음운적으로 문장을 생성하는 과정이다.

말하기의 단계적 처리를 구체적인 예를 들어 기술하면 다음과 같다. 만약 '나는 콜라를 마시고 싶다.' 라는 표현을 하고 한다면 먼저 대화 상황이 구성되어야 하며, 그 상황에서 현재 자신의 무엇을 말하려는지를 결정해야 한다. 그리고 메시지 수준에서는 구체적 문장으로 표현되지는 않았지만 의도를 개념적으로 표상하며, 형상화 단계에서 어떤 문장으로 표현될 것인지가 분명해지기 시작한다. 먼저 문장의 구성요소인 주어, 목적어, 및 서술어(동사)의 순으로 자신의 의도된 생각을 나열하는 단계이며, 문장의 구성요소에 어떤 단어를 삽입할지를 결정한다. 단어를 삽입하기 위해서 어휘집에서 적절한 단어를 선정하며, 조사나 접미사와 같은 단어를 연결하는 기능어를 생성하게 된다. 조음화 단계에서는 그 문장을 어떤 발성으로 표현해야 할지가 결정된다. 각 단어를 구성하는 음운적 소리 정보가 내적으로 형성되는 과정이며, 이 단계에서 발성될 문장이 완성된다.

언어산출의 연구에서 가장 많은 연구가 이루어지고 있는 단계가 기능 수준과 위치 수준이 포함된 형상화 단계다. 이 단계가 중요한 것은 화자의 개념적 의도나 생각이 언어적 표현으로 전환되고 구성되는 과정이기 때문이다. 메시지 단계는 경험적으로 접근하기가 어렵기 때문이다. 이 단계의 과정이 어떻게 일어나는지에 따라서 이론적 입장이 나누어졌다. 첫째는 단원이론이며(modular theory; Levelt, 1989), 둘째는 상호작용이론이다(interactive theory; Dell, 1986). 두 이론은 말하기의 단계적 수준의 분류는 유사하지만, 말하기의 과정이 수행되는 단계들이 어떻게 작동하지에 대해서 상반된 입장을 지닌다. **단원이론**에서는 말하기의 과정이 구성된 단계들이 계열적이며 독립적으로 진행된다고 가정한다. 이 이론에 따르면, 처리는 상위 수준에서 하위 수준으로 계열적으로만 진행되기 때문에 이들 수준은 서로 독립적이라고 가정한다. 반면에 상호작용이론에 따르면, 산출의 단계들이 병렬적으로 처리된다고 가정한다. 한 단계의 처리가 시발되면 다른 단계의 처리도 동시에 처리된다는 것이다. 또한 각 단계는 한 단계의 처리 결과에 의존하여 처리가 시발되기보다는 처리되는 동안에 단계 간의 피드백이 가능하다는 예견을 한다. Levelt(2001)는 형상화 단계를 구체화하는 이론적 모형을 제시하였다. 어휘 선택과 형태 부호화 단계의 두 단계가 계열적이고 독립적으로 진행된다고 가정하였다([그림 10-1]).

반면에, Dell(1986)의 **상호작용이론**은 활성화 확산이론을 도입함으로써 과정에 대한 좀 더 명확한 설명과 가정을 제안하였다. 이 이론에 따르면, 위에 제시된 네 수준의 단계는 각기 다른 표상체계를 형성하고 있으며, 각 수준을 표상하는 체계는 연결망에 의해서 구성되며, 말하기가 일어나는 과정은 이들 심적 표상이 연결망(network)으로 활성화되며 확산되는 것이다. Dell(1986)은 각 수준의 처리 과정을 구체화하는 처리 기제를 가정하고 있다. 첫째로, 각 수준에는 **범주규칙**(category

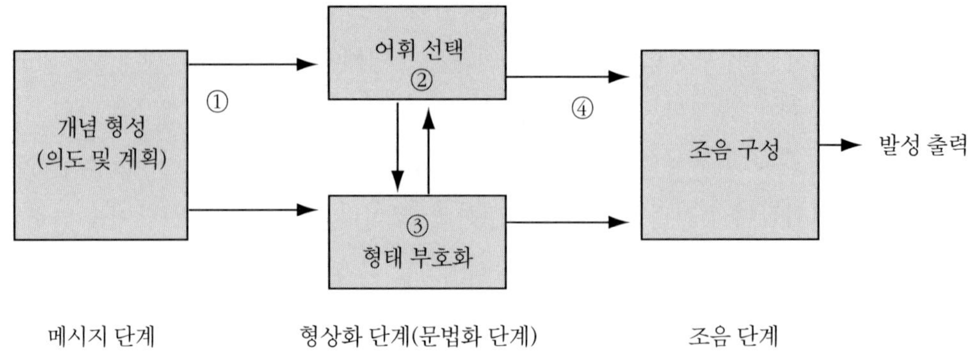

[그림 10-1] Bock와 Levelt(1994)의 언어산출모형

단원이론은 개념화 과정에서 어휘선택 과정과 형태부호화 과정을 계열적으로 진행한다고 예측하였으며(①→②→④), 상호작용이론은 개념화 과정에서 어휘선택과 형태부호화 과정이 병렬적으로 처리되면서 서로 상호작용한다고 예측하였다(①→②③→④).

rule)이 있다고 가정한다. 범주규칙은 각 단계에서 형성되는 표상에 어떤 항목이 포함되는지에 대한 제약을 가하게 된다. 예를 들어, 통사 수준에서의 범주규칙은 문장 내의 항목(예: '단어')의 통사적 범주(예: '명사' '동사' 등)를 구체화한다. 둘째, 어휘집을 가정한다. 여기에는 '개념' '단어' '형태소' 및 '음소'에 대한 마디가 연결망을 구성하고 있다. 한 마디가 활성화하면 연결된 모든 마디에 활성화가 전달된다. 셋째, **삽입규칙**(insertion rule)을 가정한다. 이 규칙은 각 수준의 표상에 어떤 항목을 선택할 것인지를 결정한다. 범주규칙에 만족하는 항목 중에서 가장 활성화 수준이 높은 항목을 선택하게 된다. 예를 들어, 통사 수준에서 동사 범주를 표상에 포함시키고자 할 때 동사 중에서 가장 활성화 수준이 높은 동사를 표상에 포함시킨다.

종합하면, 두 이론은 언어산출에 대해 서로 다르게 예견하고 있다. 단원이론은 '의미 → 통사 → 형태소 → 음운' 수준의 순으로 산출 과정이 일어난다고 예견한다. 한 수준의 처리가 일어나는 동안에는 다른 수준의 처리가 일어나지 않는다고 예견한다. 이에 반해서 상호작용이론은 '의미 = 통사 = 형태소 = 음운'이 동시적으로 처리가 일어나며, 한 수준의 처리가 다른 수준의 처리에 영향을 미칠 수 있다고 예견한다. 단원이론과 상호작용이론의 이론적 논쟁은 언어산출의 네 단계 중에서 형태소 수준, 즉 어휘 수준과 음운 수준의 처리 방식에 한정되었다(Eysenck & Keane, 2005). 단원이론을 지지하는 증거는 곧 말할 수 있을 듯 하면서도 단어가 정확히 생각나지 않는 현상인 **설단현상**(tip of the tongue)을 들 수 있다. 설단현상은 추상적 단어인 어휘집을 선택하는 과정이 일어나지 않으면 그 단어의 음운적 발성이 일어나지 않는 현상이다. 상호작용이론에 따라서 어휘 선택과 음운 처리가 병렬적으로 처리된다면 어휘 선택이 완전하지 않아도 음운 처리가 일어나야 한다(Eysenck, 2001; Levelt, 2001). 두 이론 중에 어떤 이론이 말하기 과정을 보다 적절하게 설명할 수 있는가?

(3) 한국어 말하기 연구

언어산출, 특히 말하기의 연구에서 말실수의 분석은 매우 중요한 위치를 차지하고 있으며, 보편적인 연구 방법이다. 말실수의 분석에 관한 서구의 연구들은 대체로 다음의 두 유형으로 구분된다. 첫째는 일상생활에서 자연발생적으로 일어나는 말실수를 관찰하는 방법이며, 둘째는 실험실에서 말실수를 유도하는 실험하는 방법이다. 자연적 말실수의 자료는 인위적인 조작이 없기 때문에 생태적 타당성이 높다고 보겠다. 그러나 문제점도 있다. 첫째, 자연적인 상황에서 일어나기 때문에 말실수가 발생할 때까지 기다려야 한다. 즉, 시간과 노력이 많이 요구된다. 둘째, 말하기의 과정을 연구하기 위해서는 실시간적 자료, 즉 반응 시간을 측정할 수 있어야 하지만, 자연적 말실수 자료만으로는 반응 시간을 측정할 수가 없다. 이러한 자연적 말실수가 지니는 제한점을 극복하기 위해서 실험실에서 인위적으로 말실수를 유도하는 방법을 사용하는 것이다(Harley, 2001). 즉, 말실수 유도 실험법이다.

연구의 시점과 연구의 범위로 보면 서구, 특히 영어권의 말실수 연구가 많지만, 한국어 말실수 자료에서 얻어진 말실수 유형이 영어권의 말실수 연구와 여러 부분에서 일치하였다(예: Carroll, 2004; Steinberg, Nagata, & Aline, 2001). 여기서는 한국어에서 얻어진 말실수 연구를 통해서 말실수의 두 이론에 대한 검증 연구를 소개하고자 한다. 고혜선(1993)은 대체오류가 세 가지 유형으로 분류됨을 관찰하였다. 음운유사오류, 의미유사오류 및 복합오류가 그것이었다. 첫째, 음운오류는 음운적으로 유사한 단어들 간의 산출에서 나타나는 오류이며, 음운 수준의 처리적 특성을 반영한다고 볼 수 있다. 둘째, 의미오류는 의미적으로 유사한 단어 간의 오류이며, 단어의 의미 수준의 처리적 특성을 반영한다고 볼 수 있다. 셋째, 복합오류는 의미와 음운이 서로 유사한 단어들에게서 나타나는 오류이며, 단어의 의미 수준과 음운 수준이 동시에 작용되는 처리적 특성을 반영한다고 볼 수 있다. Levelt(2001)는 말하기의 어휘 처리 과정의 두 단계 이론을 제안하였다. 이 이론에 따르면, 두 단계의 어

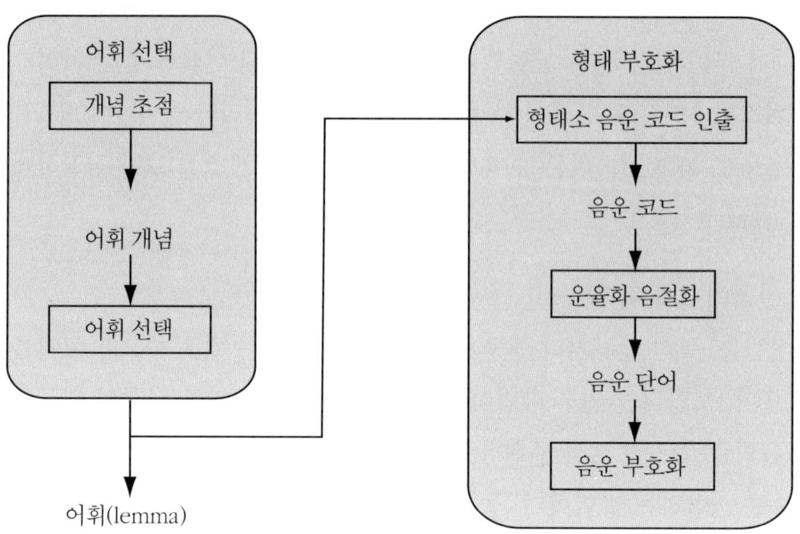

[그림 10-2] Levelt의 말하기의 어휘 처리 과정

휘선택과 세 단계의 형태 부호화가 있다. 두 단계는 계열적으로 처리된다고 보았다([그림 10-2]).

앞 절에서 논의된 말하기의 두 이론을 비교해 보자. 단원이론은 단어의 의미 처리가 일어난 다음에 음운 처리가 일어난다는 예측이 가능하다. 즉, 단어의 의미와 음운은 독립된 수준이기에 의미 수준의 처리가 일어나는 동안에는 음운 수준의 처리가 일어나지 않으며, 그 역도 성립한다고 할 수 있다. 즉, 의미나 음운의 오류가 독립적으로 발생할 수는 있지만 복합오류가 발생할 가능성은 매우 적다고 할 수 있다. 반면에, 상호작용이론은 단어의 의미와 음운이 병렬적으로 처리되며, 두 수준의 처리가 서로 영향을 줄 수 있고, 단어의 의미/음운의 복합오류가 나타날 가능성이 매우 높다고 할 수 있다. 상대적으로 단어의 의미나 음운의 오류가 독립적으로 발생할 가능성은 매우 낮다. 두 이론의 예견에 대한 의미, 음운 및 복합오류의 발생 확률은 〈표 10-3〉과 같이 표시할 수 있다.

고혜선(1993)은 세 종류의 오류 반응을 유도하기 위해서 다음과 같은 실험재료를 만들었다. 음운 유사 조건은 단어의 의미 범주는 다르지만 첫 발음이 같은(예: 'ㄱ'으로 시작되는) 그림들(음운 유사-예: 고무신, 고구마)이며, 의미 유사 조건은 단어의 범주(예: '네발짐승')는 같지만 발음이 다른(예: 'ㄱ'이 첫 소리가 아닌) 그림들(의미 유사-예: 너구리, 다람쥐)이며, 의미/음운 유사 조건은 단어의 의미범주(예: '네발짐

표 10-3 단원이론과 상호작용이론의 대체오류의 발생 확률 예측

단원이론	(의미오류 확률 + 음운오류 확률) > (복합오류 확률)
상호작용이론	(의미오류 확률 + 음운오류 확률) < (복합오류 확률)

* 여기서 복합오류는 의미/음운오류를 말한다.

승')가 같으면서 첫 발음도 같은(예: 'ㄱ') 그림들(의미/음운 유사 - 예: 개구리와 거북이)로 구성되었다.

고혜선(1993)은 실험실에서 말실수를 유도하기 위해서 말실수 연구에서 보편적으로 사용되고 있는 **그림명명과제**(picture naming task)를 사용하였다. 실험 절차는 한 그림(예: 강아지)을 컴퓨터 화면에 보여 준 다음, 참가자에게 그림의 이름을 말하게 한다. 반응은 그림이 컴퓨터에 나타난 시점부터 이름이 발성되는 시점까지의 지연시간이 되며, 그때 그림 이름을 무엇으로 명명했는지도 기록된다. 즉, 반응 시간과 반응오류를 측정하게 된다. 실험의 논리는 다음과 같다. 자연적인 상황에서 강아지를 보았을 때 '강아지' 라고 말하는 경우에 말실수가 발생할 가능성은 거의 없다. 그러나 만약 퀴즈 프로그램처럼 다른 사람보다 먼저 말해야 상금을 받을 수 있다고 한다면 말실수가 발생할 가능성은 높아질 것이다. 더욱이 실험자가 여러 대상 그림을 보여 주면서 반응을 빠르게 하라고 재촉하고, 그림을 많이 기억해야 한다고 제약을 가하게 되면 참가자는 말실수를 하게 될 가능성은 더 높아질 것이다. 실험자는 실험 조건별(즉, 음운, 의미, 복합(의미/음운) 조건)로 6개씩의 그림 세트를 만들었고, 한 세트씩 무선적인 순서로 참가자에게 제시하면서, 각 그림 세트가 제시되면 세트에 제시된 그림의 이름을 발성하게 하였다. 실제로 참가자는 그림이 제시된 후 제한된 시간 내에(예: 330ms, 약 1/3초) 빠른 속도로 그림의 이름을 말해야 하였다.

실험 결과 참가자는 그림의 의미와 전혀 다른 발성은 거의 없었다(예: 고무신 그림

표 10-4 고혜선(1993)의 연구에서 사용된 실험조건과 실험재료의 예

실험조건	내용	그림 예
음운 유사 조건	범주가 다르며, 첫소리 동일	고무신, 고구마···
의미 유사 조건	동일 범주이며, 소리가 다름	너구리, 다람쥐 ···
의미/음운 유사 조건	동일 범주이며, 첫소리 동일	개구리, 거북이 ···

을 보고, '강아지' 라고 발성). 음운 조건에 의한 발성오류는 9번 관찰되었고, 의미 조건에 의한 발성오류는 14번 관찰되었으며, 복합 조건에 의한 발성오류는 18번이 관찰되었다. 두 이론에서 예측한 오류 발생의 확률에 비추어 보면, 의미와 음운오류의 합(23번)이 복합오류(18번)보다 많았다. 이런 결과는 상호작용이론보다는 단원이론을 지지하는 것이다. 단원이론은 어휘의 의미가 음운을 선행한다고 예측하기 때문에 복합오류의 가능성은 예측되기 어렵다. 반면에, 상호작용이론에서는 의미와 음운 수준이 병렬적으로 일어나기에 두 수준의 처리가 혼합될 가능성이 높다. 의미와 음운 수준의 처리가 상호작용하기보다는 독립적인 처리를 한다고 결론지을 수 있었다.

그러나 고혜선의 연구는 이런 결론을 내리기 위해서는 제한점이 있었다. 첫째, 단원이론을 지지하기 위해서는 의미와 음운의 오류 수가 같아야 한다. 두 오류 수가 같아야 의미와 음운 처리가 독립적인 과정으로 일어난다는 결론을 내릴 수 있다. 둘째, 복합>의미>음운의 순으로 오류가 적었다. 복합이 음운이나 의미 각각보다 오류가 많은 것은 의미와 음운의 처리가 함께 일어날 가능성을 시사한다. 복합오류가 의미와 음운 처리를 포괄한다면 보면 전체적으로 의미가 음운보다는 오류가 많았다고 볼 수 있다. 이는 의미 수준의 유사성이 음운 수준의 유사성보다 말실수에 더 크게 작용할 가능성을 시사한다. 고혜선의 연구 결과는 두 이론을 독립적으로 지지하기보다는 오히려 두 이론의 통합을 요구한다. 즉, 어휘 선택의 의미 처리와 형태 부호화의 음운 처리가 점진적으로 작용하며, 두 단계의 처리가 순차적이면서도 상호의존적으로 작용할 가능성을 시사한다. 특히, 한국어의 말실수오류의 분석을 영어에 비교해 보면 국어는 대체오류가 형태소나 음운오류에 비해서 많이 발생하였고, 음운이나 음소 수준의 오류가 거의 나타나지 않았다(고혜선, 이정모, 2002). 이는 언어에 따라 말하기의 과정이 다를 가능성을 시사하는 것이다.

3) 글쓰기

많은 사람들이 신문, 잡지, 소설, 인터넷 등에서 글을 접하게 된다. 아침에 신문 기사를 읽고 있다고 가정해 보자. 여러분이 신문 기사를 읽는 데는 별 어려움 없을 것이다. 수십 장이나 되는 신문의 내용을 몇 분만 읽으면 전체의 내용을 이해할 수 있다. 반면에 자신이 글을 쓴다고 생각해 보자. 한 구절의 글을 쓰기 위해서 얼마나 많은 노력을 해야 하는지를 알 수 있다. 글쓰기도 말하기와 같이 사고, 의도, 감정을 언어적 표현으로 생성한다는 측면에서는 유사하지만 결과물은 매우 다른 것이다. 과연 글쓰기는 어떤 심적 과정에 의해서 수행되는가? 말하기와 글쓰기는 같은 과정인가 아니면 다른 과정인가? 그러면 둘 간의 차이는 무엇인가?

(1) 글쓰기 과정

글쓰기는 우선적으로 글쓴이의 목표에 따라 장기기억에서 정보를 인출하고 조직화하는 과정으로부터 시작되는 매우 복잡한 사고 과정이다(Eysenck & Keane, 2005). Hayes와 Flower(1980)에 따르면, 글쓰기 과정은 크게 계획하기(planning), 변환하기(translating), 되살펴보기(reviewing)의 세 과정으로 구성된다고 하였다. 계획하기는 생성하기, 조직하기, 목표설정의 하위 과정으로 구성되며, 어떤 글을 쓰는지(task environment)와 어떤 지식이 장기기억에 있는지에 영향을 받는다. 변환하기는 전체적인 쓰기 계획을 저자의 장기기억에서 인출된 정보의 의미에 해당하는 언어로 전환하는 과정이다. 이 과정을 문장생성(sentence generation) 과정이라고도 한다. 그리고 되살펴보기는 읽기와 교정하기의 과정으로 구성되는데, 이 과정은 변환 과정의 질을 높이는 기능을 한다. 이 과정을 수정(revision) 과정이라고도 한다. 일반적으로 '계획 단계→변환 단계→개관 단계'의 순으로 진행된다([그림 10-3]).

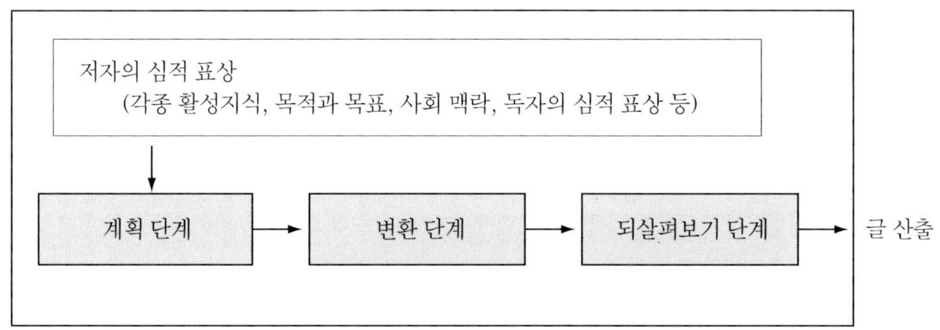

[그림 10-3] 글쓰기의 일반적 조망틀

글쓴이는 자신의 장기기억의 개념지식, 사회문화적 지식 및 전략적 지식을 사용하여 목적에 적절한 글위계를 구성하여 간다.

① 계획하기

어떤 글을 쓰려고 하든지 '무엇을 쓸 것인가?' '어떻게 쓸 것인가?' 에 대한 계획을 먼저 수립해야 한다. 이러한 계획을 수립하기 위해서는 적어도 세 가지 종류의 지식이 포함된다. 첫째는 장기기억에 저장된 개념지식이며, 이 지식은 목표글에 대한 의미적 지식을 제공한다. 둘째는 그 정보에 대한 사회문화적 지식이며, 이 지식은 글의 사회문화적 맥락 정보를 제공해 준다. 셋째는 두 지식을 통제하는 상위 지식이다(Eysenck & Keane, 2005 참조). 그리고 전략적 지식도 필요하다. 이 지식은 글의 목표 위계를 구성하여 글의 계획을 응집적으로 구성하게 한다(Hayes & Flower, 1986). 일반적으로 아동의 경우는 자신의 지식을 기억에 저장되어 연합된 순서에 의해 나열하는 전략을 사용하지만, 전문가는 이런 전략에 더하여 한 가지 질문을 추가한다. '어떻게 하면 좀 더 쉽게 쓸 수 있을까?' 라는 질문이다. 따라서 단순히 지식을 나열하는 전략에 더하여 지식을 전환하는 전략을 사용하며, 그 지식을 매우 융통적으로 사용한다(Hayes & Flower, 1986). 좋은 글을 계획하기 위해서는 일차적으로 지식이 풍부해야겠지만, 이보다는 계획을 위한 목표들을 위계적으로 구성하고, 상위 목표를 하위 목표로 세분화하는 기술을 습득해야 한다.

② 변환하기

글쓰기를 계획하는 과정과 실제 문장으로 표현하는 과정은 매우 다르다. 생각으로는 쉽게 쓸 수 있을 것 같은 보고서도 자신이 쓴 글에 스스로 실망하는 경우가 많고, 포기하는 경우도 생긴다. 이 과정이 글쓰기의 가장 중요한 부분이다. 변환하기에는 의미 만들기와 의미 표현하기의 과정이 포함된다(Haberlandt, 1997). 의미를 만들기 위해서는 먼저 자유롭게 생각들을 생성해야 한다. 그 생각들이 주제에 얼마나 유용한지를 제쳐 두고 다양한 생각들을 생성하게 한다. 이를 위해서는 다양한 관점에서 접근해야 하는데, 이 과정에는 유추(analogy)가 유용한 전략이 될 수 있다. 그다음 과정은 글로 표현하려고 표상한 기억의 내용을 구체적 문장으로 표현하는 과정이다. 전문가와 초심자는 이 과정에서도 매우 다른 양상을 보인다. 한 연구에 따르면, 두 사람 모두 자신이 글로 쓰려는 문장을 75% 정도 언어화할 수 있었지만, 한 문장의 길이는 전문가의 경우 11.2단어이지만 초보자는 7.3단어에 불과하였다는 것이다(Haberlandt, 1997). 좋은 글쓰기는 가능한 한 표현을 응집적으로 구성하는 과정을 요구할지도 모른다.

③ **되살펴보기**

이 단계는 문장으로 표현된 글을 교정하는 과정이다. 되살펴보기의 목표는 자신의 글이 얼마나 잘되었는지, 문제는 없는지 등을 살펴보는 것이다. 즉, 자신에 의해서 산출된 글에 대한 평가와 수정을 하는 과정이다. 한 연구에 따르면, 이 과정도 전문가와 초심가의 차이가 크게 드러났다. 글쓰기에 숙련된 사람은 자신의 글을 교정하는 비율이 34%에 달하지만 초보자는 12%에 그친다는 것이다. 더욱이 자신의 글에 대한 문제점을 찾아내는 비율도, 전문가는 74%인 반면에 초보자는 42% 정도에 불과하다. 그리고 교정을 하게 하면 전문가는 글 전체의 논의 명료성이나 구조에 초점을 두지만, 초보자는 개별 단어나 구 수준에서 교정한다는 차이점이 있다(Haberlandt, 1997).

언어산출 연구가 언어이해 연구에 비해서 어렵기 때문에 그 중요성에 비하면 연구 결과가 적다고 할 수 있다. 언어산출에서도 글쓰기가 말하기보다는 연구가 어렵다는 문제점이 있다. 그러한 이유로 인하여 말하기보다는 글쓰기에 대한 연구 결과가 적었다. 말하기 과정의 연구에서는 말실수를 분석하는 방법이 많이 사용되었지만, 글쓰기 과정을 연구하기 위해서는 **언어보고**(protocol analysis) 방법을 흔히 사용한다. 이 방법은 글쓰기를 시작하면서부터 글쓰기를 마칠 때까지 저자의 심적 변화를 언어로 보고하게 하고, 그 내용을 녹음하여 분석하는 방법이다. 이러한 방법은 지금까지 소개된 반응 시간 측정 같은 양적 방법이 아니라 사고의 내용에 대한 질적 방법에 해당한다. 분석 자료의 내용이 많을 뿐만 아니라 그 분석 과정도 매우 복잡한 것이 특징이다.

(2) 말과 글 산출의 차이점

말하기와 글쓰기 모두 언어를 산출하는 측면에서 산출자의 의도된 마음 내용을 언어적으로 표현한다는 측면에서는 유사하다. 이론가들은 두 과정 모두 복잡한 단계적 과정에 의해서 수행된다는 측면에서 공통점을 찾는다. 하지만 이러한 동일한 측면에도 불구하고 많은 차이점이 있다(Eysenck & Keane, 2005; Haberlandt, 1997 참조).

첫째, 말하기는 글쓰기에 비해서 자연스럽다. 역사적으로 인간이 언어를 사용하기 시작하면서 말이 글보다 먼저 만들어졌으며, 발달적인 측면에서도 말이 글보다 먼저 사용된다. 말을 배우는 것이 글을 배우는 것보다 쉬운 것도 자연성에서 두 체계가 다른 특징을 지니고 있음을 보여 준다.

둘째, 말하기는 글쓰기에 비해서 시간과 공간의 제약을 많이 받는다. 말하기는 주로 대화 상황에서 많이 직접 사용되기에 즉각적인 피드백이 가능하다. 반면에, 글쓰기는 시간과 공간의 제약을 상대적으로 덜 받는다. 즉각적인 피드백은 말하기와 글쓰기의 차이를 가져오는 중요한 제약이 된다.

셋째, 처리 과정상에서도 말하기는 글쓰기에 비해서 계획하는 과정이 매우 단순하다. 글쓰기의 경우는 말하기에 비해서 그 과정이 매우 복잡하고 많은 시간과 노력이 필요하게 된다.

넷째, 교정의 경우에도 마찬가지다. 말하기는 교정이 어렵지만, 글쓰기의 경우 교정하기가 쉽다. 이 특징은 말하기가 글쓰기에 비해서 시간과 공간의 제약을 많이 받기 때문에 발생한다.

다섯째, 말하기는 그 자체로 화자의 감정, 의도, 생각을 명확하게 표현할 수 있지만, 글쓰기는 말하기에 비해서 그것이 어렵다. 글 속에 그것을 표현하기 위해서 부가적인 언어적 표현을 추가해야 하는 특징을 지닌다.

말하기와 글쓰기는 이러한 차이가 있기에 과정적 측면에서 보면 서로 다른 체계로 간주될 수 있다. 말 언어는 일반적으로 구조에서 비형식적이고 의사소통을 즉시적으로 할 수 있는 정보들을 지니고 있다. 반면에, 글 언어는 구조에서 덜 형식적이지만 복잡하며, 피드백이 즉각적이지 않기에 글쓰기에 명확성이 요구된다. 대뇌 손상 환자의 경우에서 보아도 말하기와 글쓰기는 분명하게 해리되어 있다(Eysenck & Keane, 2005 참조).

최근에 들어 인터넷 언어가 발달하면서 그 양상은 매우 달라지고 있다. 인터넷 언어의 특징이 말하기보다 글쓰기가 우세하다는 것이다. 비록 화상을 통한 채팅도 가능하지만, 자판을 사용하는 글쓰기가 보편적인 수단이다. 인터넷을 통한 글쓰기는 일반 글쓰기처럼 시간의 제약을 받지 않기도 하지만, 글을 쓰면서 즉각적인 소통을 해야 하는 경우도 발생한다. 대화를 하면서 즉각적인 발화를 해야 하는 상황이 글쓰기에도 작용한 것이다. 이 경우에는 교정도 가능하지만, 오프라인 글쓰기에 비교할 바는 아니다. 인터넷 언어, 특히 글쓰기의 경우에 나타나는 또 다른 특징은 글 속에 말의 특성이 함께 작용된다는 것이다. 예를 들어, 이모티콘의 사용이 대표적이다. 축약어, 신조어, 외계어의 사용이 감정이나 의미를 전달을 훨씬 다양하게 만들고 있다. 인터넷 언어의 진화 과정은 글말 언어의 표상과 상징을 새롭게 탈바꿈시킬 것이다.

2. 언어장애

언어 기능은 뇌의 신경 과정에 의하여 가능하게 된다. 뇌에 손상이 없거나 유전적으로 이상이 없는 사람들의 경우는 태어나서 언어를 습득하여 언어를 말하고 이해하는 것이 자연스럽게 이루어진다. 따라서 사람들은 언어의 이해와 산출이 얼마나 복잡한 과정에 의하여 이루어지며, 뇌의 각 부분들이 어떤 중요한 역할을 하는지 의식하지 못한다. 그러나 일단 언어의 이해와 산출을 가능하게 하는 뇌의 어떤 부위가 손상되면 당연하고 자동적이었던 언어 기능에 장애가 발생한다. 예를 들어, 개별 단어를 말하는 것, 말소리를 분절하는 것, 말 속의 단어를 이해하는 것, 단어를 연결하여 문장으로 말을 산출하는 것, 문장의 의미를 이해하는 것 등에서 자동적이었던 정보처리가 어려워진다.

뇌의 부위들이 손상되었을 때에 일어나는 언어장애 현상에 대한 체계적 연구와 논의는 19세기에 Paul Broca 등의 연구에서 출발하였다. Broca 이후의 많은 연구들에 의하여 대뇌의 언어 중추의 특정 부위의 손상에 따른 언어의 이해와 산출에서의 장애 현상들의 특성이 규명되어 왔다. 이러한 장애들은 뇌의 어떤 부위가 어떤 언어적 기능을 담당하는가, 그리고 언어의 음운적 · 통사적 · 의미적 정보처리가 어떻게 일어나는가에 대하여 중요한 정보를 제공하였다. 언어장애의 대표적 증후로는 실어증과 난독증을 들 수 있다.

1) 언어장애의 초기 연구

1860년대에 프랑스의 의사였던 Broca는 오랫동안 아무 의미도 없는 'tan tan…'이나 간단한 욕설밖에 할 수 없었던 간질 환자가 사망한 후에 이 환자의 뇌를 해부한 결과 좌측 앞 아래쪽의 부분이 손상되어 있음을 발견하였다. 그 후에 Broca는 오른쪽 팔다리에 이상이 있는 환자들이 언어장애를 보이는 사례를 더 발견하게 되었고, 이를 바탕으로 하여 그는 언어를 담당하는 뇌 부위가 뇌의 좌반구이며, 특히 좌

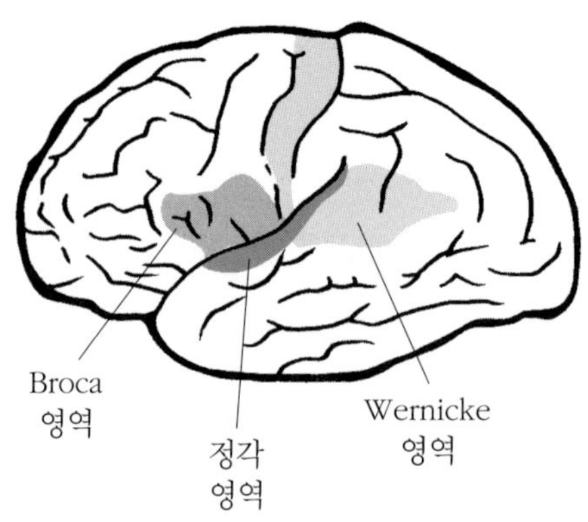

[그림 10-4] 뇌 측두엽의 언어 담당 부위

반구의 앞쪽, 즉 전두엽이 언어의 산출을 담당한다는 이론을 제기하였다. 이 부위가 브로카 영역이라고 불리는 좌측 뇌 앞쪽 아랫부분이다([그림 10-4]).

그 후에 Carl Wernicke는 브로카의 환자와는 달리, 말 이해에 문제가 있는 환자들을 발견하였다. 그는 뇌졸중 환자들 중에서 말은 유창하지만 의미가 통하지 않는 단어들의 연결이나 무의미 단어만을 말하면서 언어이해를 잘 못하는 환자들을 발견하였고, 이들이 사망한 후에 뇌 해부를 한 결과, 브로카 영역이 아니라 좌측 뇌반구의 측두엽 뒤쪽이 손상되어 있음을 발견하였다. 베르니케는 이 측두엽 부분이 단어의 청각적 기억을 담당하는 부분이라고 보고, 뇌손상으로 인한 언어장애 환자들이 이 부분에서 단어 관련 기억이 손상되기 때문에 언어의 이해 기능에 장애가 일어난다고 보았다. 이 영역은 베르니케 영역이라고 불렸다.

이어서 Lichtheim(1885)은 3개의 언어중추이론을 제기하였다. 그에 의하면, 베르니케 영역은 언어이해(청각) 중추로서 단어의 소리표상을 저장하고, 브로카 영역은 언어표현(구어) 중추로서 말소리를 계획하고 조직하는 기능을 하며, 이 둘의 연결통로 이외에 제3의 중추인 개념 중추(concept center)가 있어서 이 중추에는 대상에 대한 표상과 그에 대한 연상어들이 저장되어 있을 것이라고 보았다.

20세기 중반에 Geschwind는 이러한 연구에 기초하여 Wernicke-Lichtheim-Geschwind 모델, 즉 언어 기능의 뇌 연결적 국재화(associative localization) 모델을 제시하였다. 그는 Lichtheim의 개념 중추에 해당하는 것이 뇌의 두정엽의 각회(angular gyrus) 부위라고 보았다(Geschwind, 1972). 그에 의하면, 언어 관련 말소리는 청각 신경을 통해 측두엽의 일차청각피질로 전달되며, 이 신호는 뇌의 전두엽의 연합 영역(즉, 측두엽, 두정엽, 후두엽이 연결되는 부분)으로 보내지고, 여기에서 단어의 의미가 할당된다. 이 연합 영역에서 말소리 의미 정보가 측두엽의 베르니케 영역으로 전달되어 의미가 이해되고, 그곳을 거쳐서 브로카 영역으로 가게 되면 말소리를 산출할 수 있게 된다. Geschwind의 모형에 따라 말의 이해와 산출 과정을 다음과 같이 정리하여 볼 수 있다.

말 이해의 회로: [소리 자극] → [청각 기관] → [개념 중추] → [베르니케 영역] → 자극의 음운 정보에서부터 단어표상이 접근됨 → [궁형속] → [브로카 영역] → 문법적 특성이 저장되고 구문 구조가 부가됨 → [개념 중추] → 말 내용 이해가 이루어짐

말 산출의 회로: [개념 중추] → 개념이 활성화됨 → [베르니케 영역] → 음운표상이 생성됨 → [브로카 영역] → 산출 운동 행동이 계획됨

예를 들어, Geschwind(1967)는 뇌의 궁형속(arcuate fasciculus)이라는 연결통로가 손상되면, 말을 분명히 하며 언어를 이해할 수는 있음에도 불구하고 남의 말을 따라하지 못하고 대화를 잘 못하는 **전환실어증**(conduction aphasia)이 초래됨을 밝혔다. 이 모델이 타당하다면 뇌의 손상 부위와 언어장애의 유형이 쉽게 예측될 수

표 10-5 실어증의 유형과 뇌손상 부위 및 특성

실어증 유형	뇌손상 부위	증상	결 함
브로카 실어증	좌측 전두엽 하부	말을 더듬거림 말소리 분절이 잘 안 됨 이해는 비교적 온전함 기능어와 어미변화 이상	말 계획, 말 산출, 반복, 이름대기 장애
베르니케 실어증	좌측 측두엽 뒷부분	청각이해 잘 못함 말은 잘하나 음운적, 형태적, 의미적 오류	단어소리형태 표상 장애
전반적 실어증	언어 영역(전, 측두엽) 앞과 뒤쪽 대부분	모든 언어 기능 장애	모든 언어처리 구성 요소 손상
전환실어증	측, 두정영역 궁형속	반복과 자발적 말 장애	단어의 소리 형태가 말산출 기제와 단절

있다. 언어 기능 장애 현상들은 구체적으로 어떤 증상들을 보이며, 언어 기능과 관련된 뇌의 각 부위의 세부역할은 무엇인가? 그동안의 연구 결과의 요약이 〈표 10-5〉에 제시되어 있다.

2) 실어증 유형

(1) Broca 실어증: 표현실어증

표현실어증 환자들은 브로카 영역의 손상에 의해서 언어장애가 발생한다. 말 이해에서는 비록 단편적 의미적 소통이 가능하지만, 말 산출에서는 말의 속도가 느리고, 발음이 힘들며, 한 번에 한 단어 이상을 표현할 수 없다. 이 환자들은 일반적으로 말 분절이 잘 안 되고, 문법적 형태소들을 생략하고(예: 명사의 복수 어미 생략), 명사나 동사 같은 내용어(예: 명사, 동사)의 표현은 가능하지만 기능어(예: 관사, 접속사)의 표현은 불가능하다. 특히, 말하기나 글쓰기 모두에서 문법적인 관계를 표현하는 능력이 상실되는 특징을 보인다. 예를 들어, "병원에 들어와서 무엇을 했는가?" 하고 물으면, "Yes sure, Me go, er, uh, P. T. nine o' cot, speech…." 등의 반응을 보인다(Gardner, 1985, p. 61).

남기춘 등(1999)은 뇌출혈로 뇌수술을 받았던 실어증 환자를 대상으로 언어장애에 관한 연구를 실시하였다. 이 환자는 뇌수술을 받은 다음 언어를 이해하는 능력은 어느 정도 유지되었지만, 표현하는 능력은 '그런데' 라는 말만을 되풀이하는 수준이었으며, 단어나 짧은 문장을 따라하기가 가능하였으나 대상의 이름을 대기는 불가능하였다. 이 환자에게 '내 동생 ___ 빵 ____ 먹었다.' 와 같은 문장을 주고 빈칸을 채워 넣도록 한 결과, 정답이 50% 수준이었다. 또한 '대통령 ___ 전화를 받는다.' 나 '어머니가 어제 밥을 만드시 ___다.' 와 같은 문장을 주고 빈칸을 채워 넣게 한 결과, 주격 조사의 경우는 70%의 오류가 관찰되었고, 목적격 조사에서는 20%의 오류가 관찰되었으며, 시제 어미에서는 50%의 오류가 관찰되었다.

(2) Wernicke 실어증: 수용성 실어증

수용성 실어증은 뇌의 좌측 반구의 베르니케 영역의 손상으로 일어난다. 이 증상의 환자들은 듣는 말을 이해하지 못한다. 즉, 들어오는 말을 분절하지 못하고 긴 소리의 연속으로 생각하는 것이다. 심한 경우는 단어의 소리나 글자는 알아보고 읽고 따라하기는 하지만 그 의미를 전혀 모른다. 따라서 이 증후의 환자들은 언어 이해에 심한 이상이 생기며, 말은 유창하게 하지만 의미 없는 단어의 연결들인 말을 하는 경우가 흔하다. 문법적으로 맞는 것 같으나, 의미가 통하지 않는 말을 하는 것이다. 예를 들어, 어머니에 대하여 이야기하면서 다음과 같이 말한다. "Well this is … mother is away here working her work out o' here to get her better, but when she's looking, the two boys looking in the other part. One their small tile into her time here…". 또한 'chair' 라는 단어를 말하지 못하여 'shair' 'table' 'throne' 과 같이 발음이나 의미가 유사한 단어를 말하기도 한다.

(3) 다른 유형의 실어증과 난독증, 실서증

이 외에도 뇌 특정 부위와 주변 영역의 손상에 따라서 다양한 유형의 언어장애가 발생한다. 첫째 유형이 **전환실어증**이다. 브로카 영역과 베르니케 영역을 연결하는 신경통로인 궁형속이 손상되면 글과 말을 이해하고 산출하기는 하지만, 말을 따라하지 못하거나 반복하지 못하는 증상이 나타난다. Wernicke-Lichtheim-Geschwind의 모델에 의하면, 개념 중추와 베르니케 이해 중추의 연결이 손상되어 이해는 하지만 들은 말을 반복하지 못하는 것이다. 둘째 유형인 **시각적 실어증**(optic aphasia)은 한 번에 한 글자씩은 읽을 수 있으나, 단어 자체는 읽지 못하며, 셋째 유형인 **명칭실어증**(anomic aphasia)은 적합한 단어를 찾는 데에 장애가 있어서 특정 명사 대신 '그것' 등의 대용적 표현을 쓰게 된다. 넷째 유형은 **전반적 실어증**(global aphasia)인데, 뇌의 언어 담당 영역의 앞뒤 부분이 모두 손상되어 모든 언어처리 구성요소에 이상이 생겨 'hello' 와 같은 상투적 어구나 무의미 단어를 말할 수 있을 뿐, 이외에는 모든 언어 기능에 장애를 보인다(〈표 10-5〉).

언어장애의 다른 유형은 난독증 또는 실독증과 실서증이다. 후천적으로 습득된 **난독증**(難讀症, acquired dyslexia, 또는 실독증(失讀症, alexia))이라는 증상은 시각 기관에는 아무런 이상이 없는데, 두뇌 이상으로 인하여 일어나는 독서장애다. 난독증에도 여러 유형이 있는데, **심층난독증**(deep dyslexia)은 단어를 소리 중심으로 파악하는 것이 아니라 단어의 시각적 모양 중심으로 파악한다. 추상어(예: 평화, 통일)보다는 구체어(예: 사탕, 고기)를, 기능어(예: for, the)보다는 내용어(예: boy, girl)를, 비(非)단어(알파벳 조합으로는 가능한 조합이지만, 실제로 사용되는 단어가 아닌 조합, 예: mross, 도숟)보다는 실제 사용하는 단어를 더 잘 알아본다. **표층난독증**(surface dyslexia)은 소리 중심으로 단어를 파악하기에 영어의 불규칙 발음 단어 파악에 문제가 있다. 이 외에 실서증(失書症, agraphia 또는 dysgraphia)은 시각과 손에는 아무런 이상이 없는데 글을 못 쓰는 경우다. Geschwind 모형에 의하면, 이러한 증상은 뇌의 각회, 즉 시각 자극 정보와 언어 상징 정보를 연결하는 과정에서 중요한 역할을 하는 부위에 손상이 생겨서 뇌의 시각 중추와 언어 중추가 연결이 되지 않아서 일어난다.

3) 뇌손상과 심성어휘집

단어 또는 개념의 의미가 뇌 속에 어떠한 구조로 표상되는가 하는 것은 인지심리학 전반에 걸쳐 중요한 물음이다. 단어나 개념이 기억 속의 심성어휘집이라는 표상 구조 속에서 낱개의 마디로 표상되어 있으며, 이들이 일정한 형태의 의미 구조를 지니고 있을 가능성에 대하여 여러 이론적 모델이 제시되어 왔다. 그런데 과연 이러한 이론적 모델이 신경생물적인 근거가 있는 것인가 하는 물음을 던질 수 있다. 이러한 물음과 관련하여 뇌손상 환자들을 중심으로 탐구한 연구 결과들을 살펴보면 다음과 같다.

베르니케 실어증 환자들은 말 산출에서 의미착어증(paraphasia)이라는 증상을 보인다. '소' 라는 단어를 말하여야 하는데, 의미가 유사한 '말' 이라는 단어를 대신 사용하는 경우가 그 한 예다. 심층난독증 환자들도 이러한 혼동을 보인다. 진행성 의미기억상실증 환자는 말 그림을 보고 '동물' 이라고 잘못 범주화하거나 한다. 이러한 사례들은 개념과 어휘의 의미표상이 범주와 연상관계에 의하여 연결되어 있다는 증거가 된다.

흥미로운 사실의 하나는 뇌손상 환자들 중에는 특정 범주 개념은 정상적으로 처리하나, 다른 범주 개념은 비정상인 경우들이 있다. 어떤 환자에게 한 단어를 주고 그에 상응하는 대상을 가리키라고 하면, 인공물(무생물, 예: 책상)은 쉽게 가리키지만 생물(예: 돼지)은 잘 가리키지 못하는 사람이 있는 반면, 그 반대인 사례들도 있다(Warrington & McCarthy, 1983, 1987). PET 연구에 의하면, 이 두 경우에 서로 다른 뇌 부위가 활성화된다. 이는 개념의 지식이 범주 중심으로 표상되어 있다는 사실과, 지각적 의미 중심으로 단어를 처리할 경우와 기능적 의미 중심으로 단어를 처리하는 경우에 서로 다른 뇌 부위가 관여함을 시사해 준다.

Damasio 등(1996)은 뇌손상 환자들에게 여러 그림을 제시하고 그림이 무엇을 나타내는지 말하게 한 결과, 뇌의 좌측두엽 끝은 사람의 이름을 기억해 내는 것을, 좌하측두엽의 앞부분은 동물을 명명하는 것을, 측두엽의 또 다른 부위는 도구의 이름을 명명하는 것을 담당함을 발견하였다. 환자들 중에는 대상의 이름은 말하지 못하지만 그 대상이 지니고 있는 속성들(예: 색채, 모양 등)은 잘 말할 수 있는 경우들이 있었다. 이러한 현상은 심성어휘집이 나름대로 조직화된 구조를 지니고 있으며, 그 표상 구조가 기억심리학 모델들에서 제시된 바와 같이 음운 수준 표상, 어휘 수준 표상 및 의미 특질 수준 표상이 구분되어 있음을 시사해 준다. 실어증이란 이러한 심성어휘집과 관련된 뇌 부위의 손상에 의해 유발될 가능성이 큰 것이라고 볼 수 있다.

4) Wernicke-Lichtheim-Geschwind 모델의 문제점과 대안

실어증을 설명하는 고전적 이론인 Geschwind 등의 모형에 따르면, 브로카 영역이 손상되면 언어산출 결함이 일어나고, 베르니케 영역이 손상되면 언어이해의 결함이 일어난다. 이러한 설명은 브로카 영역 실어증 환자들이 말소리로 표현하지를 못하여서 그렇지, 언어표상 자체는 온전하다는 것을 전제로 한다.

(1) Geschwind 모델의 문제점

브로카 영역만이 언어 표현을 담당하는 영역인가 하는 데 대하여 후속 연구에 의하여 이의가 제기되었다. 브로카 영역이 손상되었는데도 말 산출 장애가 일어나지 않는 사람들의 경우나(Dronkers, 1996), 브로카 영역 이외의 영역이 손상되었는데도 말 산출 장애가 일어난다는 현상이 보고되었다(Caplan & Hildebrandt, 1988). PET 연구에 의하면, 말 산출할 때의 말소리 처리와 관련하여 분명히 브로카 영역이 관여됨은 드러나지만, 통사정보 처리 과정에서는 브로카 영역이 관여되지 않는 경우도 있다(Dronkers, 1996).

또한 베르니케가 주장한 바처럼 베르니케 영역만이 말 이해 중추인가에 대하여도 연구 결과들은 회의적이다. 후속 연구에 의하면, 베르니케 영역이 손상된 환자의 10% 정도는 언어장애를 보이지 않았으며, 베르니케 영역이 손상된 환자도 증상이 개선됨에 따라 말 이해를 잘할 수 있는 사례가 있었으며, 후측두엽 피질이 손상되거나 측두엽 언어 영역과 뇌의 다른 부분을 연결하는 백질이 손상된 경우에만 언어이해 장애가 나타나는 사례들이 보고되었다(Dronkers, 1996). PET 연구에 의하면, 베르니케 영역이 언어이해의 초기 단계인 말소리 분석에는 관여하지만, 복잡한 문법 이해 처리에는 베르니케의 앞뒤쪽 부근의 다른 영역이 오히려 관여함을 보여 주고 있다. 따라서 베르니케 영역 손상 자체가 독자적으로 언어이해 장애를 일으키기보다는 관련 다른 영역의 손상이 관여된다는 해석이, 그리고 실어증이라는 언어 기능 장애가 언어표상의 실패에서 기인한다고 하기보다는 어휘 접근이라든가 통사와 의미의 연결 등의 정보처리 과정에서 이상이 있어 발생하는 것임이 더 타당하다는 입장이 제기되고 있다(Zurif & Swinney, 1994).

(2) Geschwind 모델의 대안 처리 과정의 이상

실어증과 관련하여 계속 제기되는 물음은 특정 뇌 부위의 손상이 그 부위에 저장되어 있던 언어 관련 정보(예: 음운 정보, 단어 의미 정보, 문법 정보)의 표상(데이터베이스) 자체를 손상시켰는가, 아니면 저장되어 있던 정보를 처리하는 처리 과정에 이상을 초래하였는가 하는 물음이다. Wernicke 모형에 의하면, 베르니케 영역에 단어 음운 정보가 표상되어 저장되어 있고, 이 부위가 손상되면 이 표상이 손실되고 그로 인하여 언어이해 장애가 온다.

최근의 연구 결과들은 그러한 해석보다는 처리 과정의 이상에 더 무게를 실어 준다. 예를 들어, 단어와 비단어를 제시하면서 단어인가 아닌가를 판단하게 하였을 경우에, 실어증 환자들인데도 점화효과를 보인 사례들이 나타났다. 이는 그들의 뇌에서 단어의 의미 정보 표상이 손상되지 않았다는 증거이고, 다만 이를 접근하거나 활용하는 처리 과정에 문제가 있었음을 시사한다.

그러면 처리상의 이상이 처리 과정의 어느 시점에서 주로 작용하는가 하는 물음을 던질 수 있다. 기억표상에서 단어의 의미를 접근하는 단계인가, 아니면 접근 후 활용 · 통합하는 단계인가? 이에 대한 하나의 가능한 답은 다음과 같은 문장을 제시하고 어휘판단을 실시한 연구 결과에서 드러난다. 예를 들어, 실어증 환자에게 'The man planted the tree on the bank.' 와 같은 문장을 주고 어휘판단을 하게 한 결과, 목표 단어인 bank의 의미를 맥락에 맞게 제대로 처리하지 못하였다. 은행이라는 의미로 처리한 것이다. 이는 bank라는 단어의 의미는 손상되지 않고 접근하여 가동되었지만 맥락에 맞게 처리하지는 못하였음을 보여 주는 것이며, 따라서 언어 중추의 손상에 의하여 단어 의미표상 정보의 어휘 접근 단계에서 이상이 있다고 하기보다는 맥락적 어휘 통합 단계 처리 과정에서 이상이 있었음을 시사한다.

통사 정보 활용과 관련된 다른 한 실험의 예를 보자. 브로카 실어증 환자들의 언어 이해는 언어산출보다는 덜 손상이 일어나지만 문제가 있다. '소년이 사과를 먹었다.'는 문장과 같이 명사와 동사만 이해하면 의미상 무엇이 일어났는지를 짐작할 수 있는 경우의 문장, 즉 주어와 목적어를 뒤바꾸어서는 이해될 수 없는 문장(nonreversible sentences)은 제대로 이해하는데, 소년이 보고 있는 소녀는 키가 크다.' 라는 문장과 같이 주어와 목적어가 뒤바뀌어도 의미가 통할 수 있는 문장(reversible sentences)은 제대로 이해하지 못한다. 이 예문의 경우, 누가 누구를 보고 있는지를 이해하지 못하는 것이다. 또 다른 예에서 통사 이해에 심한 장애를 보이는 브로카 실어증 환자에게 문장과 그림을 주고 문장 내용과 그림의 합치성을 판단하게 한 실험에서, 실어증 환자들은 'The boy was kicked by the girl.' 과 같은 문장에서 누가 누구를 찼는지를 혼동하여 틀린 그림을 선택하곤 하였다. 두 명사가 의미적으로 주어와 목적어의 역할을 둘 다 할 수 있기에 주어와 목적어 구분을 잘 못하는 것이다. 그러나 그들은 다른 상황에서 문법적으로 맞는 문장들과 틀린 문장들을 주고 문법적으로 맞느냐 틀리냐를 판단하라고 하면 정확히 하였다. 즉, 문법적 · 통사적 지식은 손상되지 않았다는 것이며, 따라서 실어증의 경우 언어적 · 문법적 지식표상의 손상이 아니라 처리 과정의 이상으로 인하여 언어 수행에 이상이 발생하였을 가능성을 시사하는 것이다.

이상의 결과들은 실어증 환자의 언어장애가 언어 중추에 표상된 정보(데이터베이스)의 손실보다는 처리 과정의 이상으로 인하였을 가능성을 지지한다. 처리 과정의 결함으로 인하여 언어 정보를 가동시켜서 실시간적 정보처리 부담에 맞게 언어이해, 언어산출을 수행하는 데에 정상적인 속도로 수행하지 못하고 여러 언어장애 증상이 발생한 것이라고 볼 수 있을 것이다.

5) 좌우반구 언어 중추의 기능

이 책의 제2장에서 분할뇌 연구 결과 좌반구가 언어 기능을 담당하고 있음을 확인하였고, 위에서 기술한 대로 좌반구의 브로카 영역과 베르니케 영역, 대상회 등이 언어 중추 역할을 함이 논의되었다. 그러나 언어 중추 기능이 반드시 브로카 영역이나 베르니케 영역에 한하여 이루어지는 것은 아님을 지적하였다. 좌반구에 언어 중추가 있다고 하여 언어 처리가 오로지 브로카 영역, 베르니케 영역 및 대상회에 의하여서만 이루어지는 것이 아니며, 좌반구의 다른 부분과 우반구에 상당한 언어 기능이 있음이 연구 결과 밝혀졌다. 억양의 의미의 이해나 목소리의 변화에 들어 있는 감정적 의도의 해석, 분노, 비꼬임 등의 이해는 일차적 언어 중추 이외의 다른 이차적 언어 중추에서 이루어지며, 개인차가 상당히 있는 것 같다(Steinberg, Nagata, & Aline, 2001).

일반적으로 우반구가 언어 기능에 한계가 있음은 여러 연구에서 지적되었다. 그러나 우반구도 어느 정도 수준의 언어 처리를 한다는 증거들이 있다. 단어 수준의 의미 처리에 있어서, 심성어휘집이 주로 좌반구에 있지만 우반구에 있는 사람도 있음이 드러났다. 우반구의 심성어휘집은 시각적 특성 중심으로 접근될 가능성이 제기 되었다. 또한 좌반구는 특정 의미를 빨리 선택하여 연결하는 데 반하여, 우반구는 시간을 끌며 다른 대안적 의미를 활성화하고 유지시키는 처리와 관련된다고 볼 수 있다(Chiarello, 1991).

비록 통사적 정보 처리와 음운 정보 처리에서 우반구가 처리를 잘 못하지만, 우반구도 상당한 수준의 언어 정보 처리 기능을 수행함이 여러 연구에서 보고되고 있다. 좌우반구의 어느 하나만이 언어 처리 기능을 갖고 있기보다는, 일단 언어가 입력되면 양쪽 뇌반구가 모두 가동되며, 단지 각 뇌반구가 서로 다른 종류의 자극 특성에 초점을 맞추어 정보처리가 이루어지며, 다른 종류의 결과를 출력하는 차이일 뿐이라고 볼 수도 있다. Bihrle, Brownell, Powelson 및 Gardner(1986)의 연구에 의하면, 유머를 담은 세 개의 만화 컷을 제시한 후에 여러 다른 컷들을 제시하면서 마지막 네 번째 컷으로 어떤 것을 택하면 좋은가를 물은 결과, 우반구 손상자가 좌반구 손상자보다 훨씬 잘 못하기는 하였지만 이해의 오류에서 차이가 났다. 우반구 손상자는 앞의 세 개와 관련성이 적지만 유머가 있는 컷을 택한 반면, 좌반구 손상자는 앞의 내용과는 잘 연결되지만 유머가 없는 컷을 선택하였다. 우반구는 반전, 놀라움 탐지에 능한 반면, 좌반구는 일관성과 연결성 탐지에 능한 것 같다. 이러한 결과는 유머 이해에 양쪽 반구가 모두 작용함을 시사한다.

또한 좌반구는 개별 단어들을 연결하여 통사적, 의미적, 그리고 좁은 화용맥락적 정보처리를 하여 문장표상을 형성하는 기능을 주로 한다면, 우반구는 낱개 단어의 처리와 단어 간의 의미관계를 처리하는 데에 더 우세하다고 할 수 있다. Beeman (1998)에 의하면, 좌반구는 **초점 의미 처리**(focussed sematic coding) 중심으로 맥락적으로 적절한 단일 의미를 뽑아내는 기능을 주로 한다면, 우반구는 다소 관련성이 약한 다양한 의미를 가동시키는 성긴 의미 처리(coarse semantic coding) 중심의 처리를 한다고 할 수 있다. 후자는 각종 추론을 가능하게 하며 은유라든가, 글말의 전체적 구조 등을 이해하게 하는 바탕이 된다고 할 수 있다. 우반구 손상 환자가 이야기의 줄거리 이해 및 기억이나 해석, 추론, 통합, 타인의 생각의 이해 등에서 문제가 있다는 연구 결과(Stemmer & Joannett, 1998)는 이러한 가능성을 지지하여 준다.

정상적인 음운 처리, 형태소 처리, 통사 처리에 우반구가 크게 기여하지 못하는 것 같지만, 그것을 넘어서는 현상들에는 우반구의 역할이 큰 것 같다. 특히, 억양과 정서의 연결이나 통사적 연결의 문제라든가, 자구적 의미가 아닌 중다의미의 처리라든가, 유머, 조롱, 함의, 담화의 적절성, 대화자의 지식 등의 정보 처리에는 우반구의 관여가 크다고 하겠다(Obler & Gjerlow, 1999). 좌반구는 생득적이고 고도로 특수한 언어 기능(음운, 통사 부호화와 분석)을 소유한 반면, 우반구는 세상지식의 활용에 더 초점이 주어진 처리를 하는 것이며, 경험에 기초하여 보다 일반적인 목적(비언어적) 처리와 관련되어 있는 것 같다. 우반구는 맥락적 · 화용적 · 실용적 · 암묵적 의미 추론 기능과 사건들을 이야기적 구조로 짜 넣는 정보처리와 전체적 처리(Bever, 1980)에 더 우세한 것 같다.

3. 요약

언어의 산출은 의사소통의 한 부분이다. 말하기가 어떤 과정들로 구성되는지를 살펴보았고, 이들 과정이 단원적인지 상호작용적인지에 대한 이론적 논쟁이 있었다. 말실수의 연구와 한국어 말하기의 실험 연구를 통해서 어떤 입장이 지지되는지를 살펴보았다. 글쓰기는 어떤 과정으로 일어나는지를 계획하기, 변환하기, 되살펴보기 등으로 세분하여 살펴보았으며, 말하기와 글쓰기의 유사점과 차이점도 살펴보았다. 언어의 처리는 뇌에서 일어나며, 뇌의 손상에 의해서 다양한 언어장애가 발생하게 된다. 뇌의 손상에 의해서 발생하는 언어장애의 유형을 실어증, 난독증 및 실서증 중심으로 살펴보았다. 그리고 언어장애의 Geschwind의 이론, 문제점 및 대안 등을 살펴보았으며, 언어의 대뇌반구의 기능적 차이도 살펴보았다.

생각상자

색상 어휘의 위계적 구조

언어와 사고의 관계의 논란에 대한 가장 대표적인 연구가 색상 어휘의 수와 색상 지각의 영향에 관한 연구다. 색상의 어휘가 두 개인 언어와 색상 어휘의 수가 수백 개인 언어는 어떻게 다른가? 모든 언어가 생성되면서 각각의 언어에 고유한 색상 어휘가 생성되어 사용되는가? 색상은 물리적으로 빛의 파장에 의해서 결정된다. 우리가 지각할 수 있는 빛의 파장은 400~700nm 사이이다. 그 사이에는 파장의 길이에 따라서 수많은 스펙트럼이 존재한다. 그 스펙트럼을 어떻게 범주화하는지에 따라서 색채의 수가 결정될 수 있을 것이다. 색상의 언어는 어떻게 만들어지는가? 색상의 어휘 수와 색상의 색명에는 일정한 규칙이 있다는 것이다(Berlin & Kay, 1969).

색상의 색명이 둘인 언어와 수십 개인 언어의 차이는 무엇인가? 색상의 색명이 둘인 언어에서는 공통적으로 '검정과 흰색' 만 사용되며, 세 가지 색명을 사용하는 언어에서는 '검정' 과 '흰색' 에 '빨강' 이 추가되며, 다섯 가지 색명을 사용하는 언어에서는 '노랑' 과 '녹색' 이 더 추가된다는 것이다. 색명이 많아지게 되면 아래 그림에서 보이는 색명의 위계에 따라서 색상에 대한 색명 언어가 추가되는 경향을 보인다.

색상의 언어적 어휘는 어떻게 결정되는 것인가? 인간의 망막에는 간상체와 추상체가 존재한다. 간상체의 색상의 명암, 즉 밝기를 구분하며, 추상체는 색상의 파장에 따라 세 유형이 존재한다. 빨강을 나타내는 파장에 민감하게 반응하는 세포, 파랑에 민감하게 반응하는 세포, 녹색에 민감하게 반응하는 세포가 존재한다. 또한 반대색을

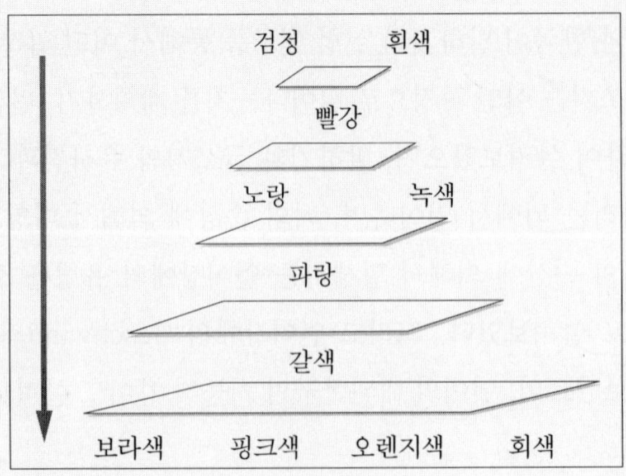

구분하는 세포들도 시상의 외측슬상핵에 존재한다. '검정-흰색' 빨강-녹색' '파랑-노랑' 의 반대색 쌍이 존재한다. 색상의 색명이 나타나는 순서는 생리적 민감성에 근거한 것임을 알 수 있다.

색채의 색명의 지각적 민감성은 지각체계의 연속적인 변화를 범주화하는 인지적 사고에 영향을 미치게 된다. 그러나 색명의 사용은 문화적 제약에 의해서 결정된다. 색채의 필요성이 많은 문화에서는 세분화된 색상 명칭을 사용하게 되었을 것이다. 이는 색채에 대한 지식 요인이 되며, 색명의 인지적 계산을 위한 비용을 줄여 줄 수 있다(Hunt & Agnoli, 1991). 색상 언어의 수가 색상 지각보다는 색상의 기억과 색상 관련 사고에는 영향을 미친다는 연구 결과들이 축적되고 있다(예: Eysenck & Kean, 2005; Lund, 2003).

주요 용어 목록

Geschwind 모델의 문제점
개념화 단계
공통기반(common ground)
그림명명과제(picture naming task)
글쓰기 과정
단원이론(modular theory)
말과 글 산출의 차이점
말실수 유형
말하기
베르니케(Wernicke) 실어증
복합오류
브로카(Broca) 영역
수용성 실어증
성긴 의미 처리(coarse semantic coding)
실서증(agraphia/dysgraphia)
심층난독증(deep dyslexia)
Wernicke-Lichtheim-Geschwind 모델
계획하기
관계의 규칙
글쓰기
난독증(acquired dyslexia)
되살펴보기
말실수 유도 실험법
말실수(speech error)
명칭실어증(anomic aphasia)
변환하기
브로카(Broca) 실어증
상호작용이론(interactive theory)
스푸너리즘(spoonerism)
시각적 실어증(optic aphasia)
실어증 유형
양의 규칙

어휘 접근
언어보고(protocol analysis) 방법
언어와 의사소통
예절의 규칙
의미오류
전반적 실어증(global aphasia)
조음화 단계
질의 규칙
표층난독증(surface dyslexia)
한국어 말하기 연구
형상화 단계
어휘 통합
언어산출
언어장애
음운오류
의미착어증(paraphasia)
전환실어증(conduction aphasia)
좌우반구
초점 의미 처리(focussed sematic coding)
표현 실어증
협동원리(cooperative principle)
화용적 원리(pragmatic principle)

읽을거리 ▶▶▶

언어의 산출과 장애에 대한 일반적 이해는 조명환 외(2003)의 『언어심리학』, Carroll (2004)의 『The Psychology of Language』(4th ed.), Harley(2001)의 『The Psychology of Language』(2nd ed.), Eysenck와 Keane(2005)의 『Cognitive psychology』(5th ed.)를 참고할 수 있다.

제11장

추리와 의사결정

1. 연역추리
2. 귀납추리
3. 판단
4. 의사결정
5. 요약

제11장

추리와 의사결정

지각, 기억 등을 다루면서 우리는 지식이 어떻게 표상되는지에 대해 알아보았고, 9장과 10장에서는 언어를 이해하고 산출할 때 이 지식들이 어떤 과정을 거쳐 활용되는지에 대해 알아보았다. 그런데 사람의 지식은 언어를 이해하고 산출할 때뿐만 아니라 주어진 정보들을 토대로 결론을 내리고 여러 대안들 중에서 하나를 선택하는 일련의 고등정신 과정에도 깊이 관여한다.

예를 들어, 아침에 일어났는데 머리도 아프고 목소리도 잠긴 경우 어떻게 상황을 파악하는지에 따라 다른 행동을 하게 된다. 어젯밤에 약간 춥게 잤기 때문에 감기가 시작하려는 초기 증상이라고 판단한다면 아스피린과 같은 약을 먹을 것이고, 어제 동창 모임에서 술을 많이 먹은 후유증이라고 판단한다면 얼큰한 해장국을 먹을 것이다. 이 예에서 아스피린을 먹는다는 결정은 감기에 걸린 것 같다는 판단과, 감기에는 아스피린을 먹는 것이 효과가 있다는 지식을 종합하여 추리하였기에 가능하다. 즉, 추리와 결정이라는 인지적 처리가 일어났기에 가능한 것이다. 이 장에서는 연역추리와 귀납추리, 판단, 그리고 의사결정의 문제에 대해 살펴본다.

1. 연역추리

다음 문제에 대해 생각해 보자.

예시 1

지영이는 선물을 고르기 위해 친구인 유진이에게 전화를 했다. 그랬더니 유진이가 자기는 전철역 앞이나 팬시점 앞에서 기다리고 있겠다고 말했다. 그런데 지영이가 전철역 앞에 가 보았더니 유진이가 없었다. 그럼 유진이는 어디에 있을까?

예시 2

전자제품 가게에서 계산기가 10개 없어진 사건이 일어났다. 경찰은 변변한 직장이 없는 김 모 씨를 용의자로 체포하였다. 사건이 일어난 것으로 추정되는 시각 김 씨의 알리바이를 입증하는 증거가 없는 데다가 김 씨 방에서 계산기가 10개 발견되었기 때문이었다. 정말 김 씨가 범인일까?

여러분은 예시 1에서는 유진이가 팬시점 앞에 있다고 확신하지만, 예시 2에서는 김 씨가 범인일 가능성은 농후하지만 범인이라고 단정할 수는 없다고 생각할 것이다. 이 두 경우 모두 주어진 정보들을 토대로 결론을 내린 것인데, 전자의 경우에는 결론이 확실하지만, 후자의 경우 결론이 불확실하다는 차이가 있다. 심리학자들은 이렇게 '결론에 도달하기 위해 주어진 정보(이를 논리학이나 심리학에서는 전제라고 부른다)를 변환시키는 제반 인지 과정들'을 추리(reasoning)라 부른다. 추리는 사고(thinking)와 동의어로 사용되기도 하지만, 사고에는 추리 이외에도 다양한 인지 과정들이 포함될 수 있기 때문에 추리는 사고의 하위 유형으로 간주된다. 추리를 포함한 사고는 우리 마음에서 아주 다양하게 일어나므로 심리학자들은 사고를 정의하고 이해하는 데 상당한 어려움을 겪고 있다. 그러나 많은 연구를 통해 사람들이 사고하는 방식은 논리학이나 통계학 등에서 가정하고 있는 형식적이고 규범적인 방식과는 다르다는 것을 알게 되었다.

앞의 예에서처럼 전제들을 토대로 결론을 내리는 인지 과정을 추리라 하는데, 추리는 다시 연역추리(deductive reasoning)와 귀납추리(inductive reasoning)의 두 가지 유형으로 구분된다. 연역추리와 귀납추리는 전제에서 도출되는 결론이 결정론적이냐 확률적이냐에 따라 다르다. 연역추리는 전제들이 참이면 결론은 항상 참인 추리로, 이런 추리를 연역적으로 타당한(deductively valid) 추리라 한다. 그러니까 전제들이 모두 참인데 결론은 참이 아닌 추리는 연역적으로 타당하지 않다. 예시 1에서 유진의 말(전제 1)과 지영의 말(전제 2)이 다 참이면 유진이 팬시점 앞에 있다는 결론은 참일 수밖에 없다. 반면에, 귀납추리는 전제들이 참이어도 결론은 참이 아닐 수 있는 추리다. 즉, 귀납추리의 결론은 참이라는 것이 보장되지 않는다. 예시 2에서 김 씨가 범인일 가능성은 있지만, 반드시 범인이라는 확신은 가질 수 없다. 팔아서 살림에 보태라며 친척에게서 계산기 10개를 받았을 수도 있는 것이다. 전제가 참이면 결론이 항상 참이라는 점에서 보면 일반적인 원리를 특수한 사례에 적용하는 추리는 연역추리의 예가 되고, 몇몇 사례에서 관찰된 것을 토대로 일반원리를 생성하는 추리는 귀납추리의 한 예라는 것을 알 수 있다. 연역추리와 귀납추리 모두 인간이 합리적이냐의 문제에 관심을 갖는 철학자, 논리학자, 심리학자들의 연구대상이 되어 왔지만, 그중에서도 연역추리에 대해 더 많은 연구가 진행되어 왔다.

주어진 전제들이 모두 참일 때 참이 되는 명제를 결론으로 찾는 추리가 연역추리인데, 여기서는 조건추리(conditional reasoning)와 삼단논법추리(syllogistic reasoning)에 대해 살펴본다.

연역추리를 이해할 때 중요한 점은 '타당하다'와 '사실이다'를 구분해야 한다는 점이다. 연역적으로 타당하다는 것은 결론에 있는 내용이 사실이냐에 의해 결정되는 것이 아니라 전제와 결론의 형식에 의해 결정된다. 즉, 전제와 결론에 사용된 양화사라든가, 전제와 결론에 사용된 논리접속사에 따라 결론이 타당한지가 결정된다. 그러나 앞으로 나오겠지만, 사람들은 결론이 연역적으로 타당한지의 문제를 결론이 사실적이냐로 혼동하는 경향이 매우 강하다.

1) 조건추리

진위를 판단할 수 있는 최소 단위를 명제라 하는데, 전제로 주어진 두 개 이상의 명제에서 연역적으로 타당한 결론을 내리는 추리를 명제추리(propositional reasoning)라 한다. 명제추리에서는 '철수가 키가 크다.'와 같이 명제가 한 개만 있는 단순명제가 사용되기도 하지만, 연접(conjunctive, 예: '철수는 키가 크고, 영희는 얼굴이 작다.'), 이접(disjunctive, '철수가 키가 크거나, 영희가 얼굴이 작다.'), 부정

(negation, '철수가 키가 크지 않다.'), 그리고 조건(conditional, '철수가 키가 크면 영희가 얼굴이 작다.')의 논리접속사(logical connectives)를 이용하여 두 개 이상의 단순명제들을 조합한 복합명제가 전제나 결론으로 사용될 수도 있다. 복합명제의 진릿값은 단순명제의 진릿값과 논리접속사에 의해 결정되는데, 논리접속사의 진릿값은 진리표적으로 정의된다.

표 11-1 접속사별 진릿값

p	q	연접	포함적 이접	배타적 이접	부정*	조건(함축)	조건(등가)
T**	T	T	T	F	F	T	T
T	F	F	T	T	F	F	F
F	T	F	T	T	T	T	F
F	F	F	F	F	T	T	T

* : 부정은 편의상 p에 대한 진릿값만 보여 줌.
** : T는 진, F는 거짓을 뜻함.

〈표 11-1〉을 보면 알 수 있듯이 연접은 두 개의 명제가 모두 참일 때에만 참이다. 이접에는 두 가지가 있는데, 포함적 이접(inclusive disjunctive)은 두 개의 명제 중 적어도 하나의 명제가 참일 때 참이 되며, 배타적 이접(exclusive disjunctive)은 두 개의 명제 중 하나의 명제만 참일 때 참이 된다. 부정은 명제의 진릿값이 반대가 되는 논리접속사이다. 조건명제는 'p이면 q이다.'의 형태를 취하는데, p와 q가 모두 참이거나, q의 진위와 상관없이 p가 거짓일 때 참이 된다. 'p이면 q이다'의 조건명제에서 p를 전건(antecedent), q를 후건(consequent)이라 부른다.

그럼 사람들은 진리표에 있는 것처럼 명제추리를 할까? 사람들이 연접, 이접, 부정이 포함된 명제추리를 수행하는 방식은 논리학이 가정하는 규범적인 체계와 크게 다르지 않다. 그러나 조건접속사가 사용된 조건추리를 수행하는 방식은 조건추리문제의 종류와 조건명제의 내용에 따라 사람들의 수행이 달라진다. 사람들이 어떻게 조건추리를 하는지에 대해 좀 더 알아보기로 한다.

사람들이 조건추리를 하는 양상을 알아보기 위해 흔히 사용하는 방법은 조건명제를 하나의 전제로 주고, 전건이나 후건의 진위에 관한 명제를 또 다른 전제로 주고서 결론을 내리게 하거나 특정 결론이 타당한지 판단하게 하는 방법을 사용한다.

따라서 조건추리에는 〈표 11-2〉에 있듯이 네 가지 추리문제가 있게 된다. 사람들이 논리학에서 가정하듯이 조건접속사를 함축의 논리로 이해하면 네 가지 조건추리문제 중 두 가지 문제에서만 연역적으로 타당한 결론이 있다. 즉, 조건명제와 전건의 긍정이 전제로 주어지는 긍정논법(modus ponens)에서는 후건의 긍정이 타당한 결론이 되며, 조건명제와 후건의 부정이 전제로 주어지는 부정논법(modus tollens)에서는 전건의 부정이 타당한 결론이 된다. 그러나 조건명제와 전건부정이 전제로 주어지는 전건부정추리문제, 그리고 조건명제와 후건긍정이 전제로 주어지는 후건긍정추리문제에는 타당한 결론이 없다.

그런데 사람들은 긍정논법은 아주 정확하게 추리하지만, 부정논법은 제대로 추리하지 못한다. 반면에, 논리적으로 타당한 결론이 없는 전건부정추리와 후건긍정추리에 대해서는 오류를 자주 범한다. 전건부정추리에서는 후건 부정을 타당한 결론으로 받아들이는 전건부정의 오류(fallacy of negating the antecedent)를, 그리고 후건긍정추리에서는 전건긍정을 타당한 결론으로 받아들이는 후건긍정의 오류(fallacy of affirming the consequent)를 범하는 경향이 있다(Taplin & Staudenmayer, 1973).

사람들이 전건부정오류와 후건긍정오류를 범한다는 것은 조건명제를 등가(material equivalence)로 이해하는 경향이 있다는 것을 시사한다(Taplin & Staudenmayer, 1973). 즉, 'p이면 q이다.' 의 조건문을 '오직 p일 때만 q이다.' 와 같은 쌍조건(biconditional) 절로 이해하는 경향이 있다는 것이다. 그러나 사람들이 부정논법을 수행하는 데 어려움을 겪는 현상은 조건명제를 등가의 논리로 이해한다고 가정해도 설명할 수 없다. 사람들이 부정논법을 수행하는 데 어려움을 느끼는

표 11-2 조건추리의 네 유형과 타당도 판단(Marcus & Rips, 1979 실험 1)

	긍정논법	부정논법	전건부정	후건긍정
전제 1	p이면 q이다	p이면 q이다	p이면 q이다	p이면 q이다
전제 2	p이다	q가 아니다	p가 아니다	q이다
결론	q이다	p가 아니다	q가 아니다	p이다
타당?	예	예	아니요	아니요
'예' 로 답한 비율(%)	99	62	31	29

데에 대한 설명은 뒤에서 다루기로 한다.

조건명제의 내용에 따라서도 사람들이 조건추리를 하는 양상은 크게 달라진다. 이것은 Wason(1966)이 고안한 선택과제를 통해서 아주 잘 드러난다. 선택과제란 조건명제의 전건이나 후건의 진위 중 하나만을 보여 주는 네 장의 카드 중에서 조건명제의 진위를 알아보려면 어떤 카드를 반드시 뒤집어 보아야 하는지 고르도록 하는 과제이다([그림 11-1]). 즉, 카드의 한 면에는 전건의 진위가, 그리고 다른 면에는 후건의 진위가 기록되어 있다고 실험 참가자에게 알려 주고, 조건문이 사실인지 아닌지 알려면 네 장의 카드 중에서 어떤 카드를 반드시 뒤집어 보아야 하는지 선택하게 하는 과제다. 선택과제의 묘미는 사람들이 어떤 카드를 고르는지를 보면 사람들이 어떻게 조건명제를 이해하는지, 그리고 반증(falsification)의 논리를 알고 있는지 알 수 있다는 점이다. 만약 조건명제를 함축으로 이해하고 반증의 논리를 안다면, 전건이 참인 카드와 후건이 거짓인 카드를 선택하게 된다. 전건이 거짓인 경우와 후건이 참인 경우에는 카드 뒷면의 내용에 관계없이 조건명제가 참이며, 전건이 참인 경우와 후건이 거짓인 경우에만 뒷면이 참이냐 거짓이냐에 따라 조건명제의 진릿값이 달라지기 때문이다(〈표 11-3〉).

놀랍게도 사람들이 선택하는 양상은 조건명제의 내용에 따라 아주 달랐다. '한 면이 모음이면 다른 면은 홀수다.' 와 같이 전건과 후건 간에 특별한 이유가 없는 임의적인 관계인 조건명제를 주고 [그림 11-1]의 네 카드를 주면, 모음(전건긍정)과 짝수(후건부정) 카드를 고르는 경우가 아주 적다. 그 대신 모음(전건긍정)과 홀수(후건

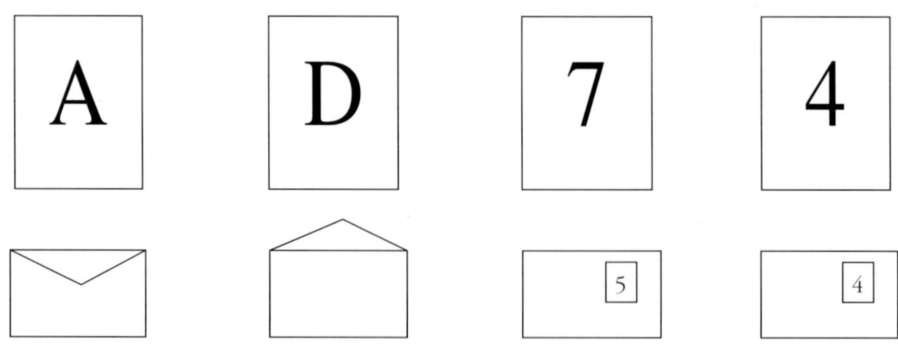

[그림 11-1] 선택과제의 예

윗줄은 '한 면이 모음이면 다른 면은 홀수다.' 라는 임의적인 내용의 조건명제가 사용될 때 주어진 네 장의 카드이고, 아랫줄은 '봉투 뒷면을 봉하면 앞면에 5펜스 우표를 붙여야 한다.' 라는 조건명제가 사용될 때 주어진 네 장의 카드이다.

표 11-3 '한 면이 모음이면 다른 면은 홀수다.' 문제에서 각 카드를 뒤집었을 때의 결과

고른 카드	반대쪽의 결과	규칙을 확증/반증하는가?
A	홀수	확증
A	짝수	반증
D	홀수	무관
D	짝수	무관
7	모음	확증
7	자음	무관
4	모음	반증
4	자음	무관

긍정) 카드를 선택하는 경우가 많았다. 전건긍정과 후건긍정 카드는 조건명제가 참인 경우에 해당되는데, 사람들이 이 두 카드를 많이 고른다는 것은 사람들이 자기의 가설을 지지하는 증거를 찾는 확증편파(confirmation bias)를 가졌기 때문으로 설명되기도 한다(Wason, 1966).

그러나 전건과 후건이 임의적인 관계가 아닐 때에는 조건명제의 내용에 따라 조건추리에서의 수행이 크게 달라졌다. 예컨대, 연구 당시 영국의 실험 참가자들에게 친숙한 우편규칙인 '봉투 뒷면을 봉하면 앞면에 5펜스 우표를 붙여야 한다.' 라는 조건명제를 주고 뒷면을 봉한 봉투, 뒷면을 봉하지 않은 봉투, 5펜스 우표를 붙인 봉투, 4펜스 우표를 붙인 봉투를 제시하였을 때에는 뒷면을 봉한 봉투(전건긍정)와 4펜스 붙인 봉투(후건부정)를 많이 선택하였다(Johnson-Laird, Legrenzi, & Legrenzi, 1972). 이와 같이 조건명제의 내용에 따라 조건추리 수행이 변하는 것을 내용효과(content effect)라 한다.

그렇다면 사람들은 어떻게 조건추리를 하는 것일까? 이에 대해 세 가지 유형의 설명이 제안되었다. 첫 번째 유형의 설명은 사람들이 논리학규칙과 유사한 심성추리규칙에 따라 추리한다는 설명이다(Braine, 1978; Rips, 1994). 이 유형의 설명을 규칙이론이라고 하는데, 규칙이론가들은 3단계 처리 과정을 제안하였다. 즉, 사람들이 추리규칙을 적용시킬 수 있도록 전제들을 부호로 변형시키는 단계, 부호화된 전제들에 추리규칙을 동원하여 부호화된 결론을 내리는 단계, 그리고 이 결론을 다시

전제에 있는 내용으로 대치시키는 3단계 처리 과정을 제안하였다. 아울러 규칙이론가들은 심성추리규칙에 기본적인 추리규칙만 들어 있다고 가정한다. 따라서 어떤 추리문제를 푸는 데 필요한 규칙이 기본추리규칙에 있으면 규칙을 불러와서 아주 쉽게 해결하지만, 필요한 규칙이 기본추리규칙에 없으면 기본추리규칙들을 이용해서 그 문제에 해당하는 규칙을 도출해서 추리문제를 해결한다고 본다.

규칙이론은 사람들이 긍정논법추리는 잘하고 부정논법추리에서는 어려움을 겪는 것을 이 논리로 설명한다. 규칙이론가들은 심성추리규칙에 긍정논법은 들어 있지만, 부정논법은 들어 있지 않다고 본다. 따라서 부정논법문제를 풀려면 기본추리규칙들을 이용해서 해결책을 찾아야 하기 때문에 긍정논법추리보다 추리의 단계가 더 많게 되고, 그 결과로 어려움을 느낀다고 설명한다. 그러나 규칙이론은 내용효과를 설명하는 데에는 문제가 있다. 3단계 처리 과정 중 두 번째 단계가 추리단계인데, 이 단계는 1단계에서 부호로 변형된 전제들에 추리규칙을 적용하기 때문에 추리문제의 형식이 같으면 조건명제의 내용과 무관하게 같은 결론을 산출하게 된다. 그런데 사람들은 조건명제의 내용에 따라 추리양상이 달라진다. 선택과제에서 후건부정 카드를 고르는 비율이 구체적인 문제와 임의적인 문제에서 아주 달랐는데, 규칙이론의 입장에서는 이를 설명하기 어렵다. 요약하자면, 규칙이론은 이론이 간결하며, 조건추리뿐만 아니라 다양한 추리문제에 적용될 수 있는 범용이론이라는 점이 매력적이지만 사람들의 추리양상, 특히 내용효과를 설명하는 데 미흡한 점이 있다.

두 번째 유형의 설명은 추리도식(reasoning schema)으로 설명하려는 입장이다(Cheng & Holyoak, 1985; Cosmides, 1989). 앞에 기술한 우표문제 외에도 음주 연령문제(예: 맥주를 마시려면 18세가 넘어야 한다) 등의 다양한 조건추리문제에서 사람들은 후건부정에 해당하는 카드를 선택하였다. 그래서 조건명제가 어떤 특징을 가질 때 내용효과가 얻어지느냐에 대해 여러 가지 주장이 제기되었다. 그중 가장 대표적인 주장이 Cheng과 Holyoak(1985)이 제안한 실용적 추리도식(pragmatic reasoning schema)에 의한다는 설명이다. Cheng과 Holyoak은 조건명제가 특정한 추리도식을 활성화시키는 경우에는 그 도식에 따라 추리한다고 본다. 예컨대, 어떤 행동을 하기 위해서는 허락을 받는 것이 필요하다고 해석되는 조건명제(예: 뒷면을 봉하려면 우표를 더 붙여야 한다. 맥주를 마시려면 성인이어야 한다)에 대해서는 허용도식(permission schema)이 적용되는데, 허용도식에 따르면 그 규칙이 맞는지 틀리는지 알아보기 위해서는 행동을 하는 경우와 허락을 안 받는 경우를 선택하게 된다고 본다. 허용도식을 주장하는 Cheng과 Holyoak과는 달리 Cosmides(1989)는 조건명제가 의무를 이행하지 않고 혜택만 보려는 사람을 잡아내는 내용, 즉 사회계약적인 관계를 다루는 경우에 내용효과가 얻어질 수 있다고 제안하였다. 따라서 활성화된 추리도식이 어떤 도식이냐에 따라 부정논법추리가 수월할 수도 있고, 전건부정의 오류를 범할 수도 있다. 추리도식에 의해 조건추리를 행한다는 설명은 내용효과를 잘 설명할 수 있다. 그러나 조건명제가 특정 도식을 활성화시키지 못하는 경우에는 어떻게 추리하는지, 그리고 부정논법이 왜 어려운지를 설명하기 어렵다는 한계를 갖는다.

세 번째 유형의 설명은 심성모형의 입장이다. 심성모형이란 문제와 관련된 중요 속성에서 대상들 간의 관계를 유지하는 마음속의 모형을 뜻한다(Johnson-Laird, 1983). 심성모형이론에서는 연역추리 과정을 3단계로 상정하는데, 이 중 두 번째 단계가 추리 단계이다. 즉, 1단계에서 사람들은 전제를 토대로 1차 심성모형(initial mental model)을 형성하고, 2단계에서는 1차 모형에 근거해서 잠정적인 결론을 내린다고 본다. 마지막 3단계 검증 단계에서는 잠정적으로 내린 결론에 위배되는 예가 있는지 조사해서 최종 결론을 내린다고 제안한다. 잠정적인 결론에 위배되는 사례가 없으면 그 결론은 타당하지만, 전제들은 충족시키지만 잠정적인 결론에 위배되는 사례가 있게 되면 기존 1차 모형에서 새 결론을 내리거나, 아니면 1차 심성모형을 수정해서 새 결론을 내려야 한다. 그러나 반증의 논리를 모르거나 시간이 충분하지 못한 경우, 3단계를 거치지 않고 2단계에서 내린 잠정적인 결론을 타당한 결론으로 받아들이는 성급한 추리를 할 수 있다.

3단계 처리를 주장하는 심성모형이론은 기존의 현상들뿐만 아니라 아래 기술된 관점효과도 잘 설명한다. 심성모형이론에서는 일반적으로 1차 심성모형에 후건부정의 경우는 잘 표상되지 않기 때문에 부정논법이 어렵다고 설명한다. 내용효과는 전제에서 어떤 1차 표상이 형성되는가의 문제로 설명하고 있다. 즉, 조건명제의 내용에 따라 전건과 후건 중 어느 부분(긍정과 부정)이 자발적으로 심성모형에 포함되는지가 다르기 때문에 내용효과가 나타나게 된다고 설명한다. 한 예로, Manktelow와 Over(1991)는 영국 참가자들에게 어떤 가게에서 손님들에게 '100파운드 이상 구매하면, 사은품을 준다.' 고 약속했다고 말해 주었다. 그리고 '100파운드 이상 구매' '100파운드 이하 구매' '사은품 받음' '사은품 못 받음' 이라는 네 장의 카드를 주고 고르게 하였다. 한 조건에서는 그 가게가 약속을 지키지 않을지도 모른다고 암시했는데, 이 경우에는 '100파운드 이상 구매'와 '사은품 못 받음'이라는 카드를 많이 골랐다. 그러나 손님 중에는 자격이 안 되어도 사은품을 받아 가는 사람이 있다고 암시했을 때에는 '100파운드 이하 구매'와 '사은품 받음'이라는 카드를 많이 골랐다. 판단하는 사람의 관점에 따라 선택과제에서의 수행이 달라지는 결과를 보고했는데, 이 결과는 관점에 따라 다른 심성모형이 형성된 때문으로 설명될 수 있다.

2) 삼단논법추리

삼단논법추리는 전제에서 직접 관련짓지 않았던 항목들 간의 관계에 대해 결론을 내리거나 주어진 결론이 연역적으로 타당한지 판단하는 추리인데, 전제와 결론에 양화사가 포함된 범주삼단논법(categorical syllogism)추리가 심리학 연구에서 많이 다루어져 왔다. 전형적인 범주삼단논법추리문제에서는 '모든(all)' '어떤(some)' '어떤 …는 아니다(some not)' '어느 …도 아니다(no)'의 네 종류의 양화사 중 하나를 이용하여 두 항목 간의 관계를 기술한 전제를 두 개 주고 이 두 전제에서 직접 연결되지 않았던 항목 간의 관계에 대해 추리한다.

범주삼단논법추리에서 전제에 어떤 양화사가 사용되었느냐, 전제에 항목들이 어떤 순서로 배열되었느냐에 따라 사람들이 내리는 결론의 양상이 달라진다. 또 결론이 그럴싸하냐에 따라 추리양상이 달라지며, 문화에 따라서도 차이가 있다. 각각에 대해 알아보기로 하자.

범주삼단논법추리에서는 두 전제에서 양화사가 어떤 순서로 사용되었느냐에 따라 타당한 결론은 달라진다. 그런데 사람들은 그것을 구분하지 못하는 경향이 있다. '어떤 A는 B이다. 모든 B는 C이다.'라는 두 개의 전제에 대해 '따라서 어떤 A는 C이다.'라는 결론은 타당하다. 이제 이 두 전제에서 양화사 '어떤'과 '모든'의 자리를 바꾸어 '모든 A는 B이다. 어떤 B는 C이다.'라고 바꾸면 타당한 결론이 없다. 즉, A와 C 간의 관계를 기술할 수 없다. 그런데도 사람들은 이 경우에도 '어떤 A는 C이다.'라는 타당하지 않은 결론을 내리는 경우가 많다. 두 전제에 어떤 양화사가 사용되었는지만 보고 결론을 내리는 경향이 있다는 것이다.

전제에서 항목의 배열 순서도 삼단논법추리에 영향을 미친다. 두 전제에서 공통적으로 나오는 중간 항(또는 매개항)을 B라 하고, 첫 번째 전제의 나머지 항을 A, 두 번째 전제의 나머지 항을 C라 한다면 두 전제는 (A-B, B-C), (B-A, C-B), (A-B, C-B), (B-A, B-C)의 네 가지 형상(figure) 중 하나를 취하게 된다. 그런데 형상에 따라 사람들이 내리는 결론의 형태와 타당한 결론을 내리는 정도가 다르다. 사람들은 첫 번째 형상에서는 '어떤 A는 C이다.' 와 같이 A-C의 순으로 결론을 내리는 경향이 있고, 두 번째 형상에서는 '어떤 C는 A이다.' 와 같이 C-A의 순으로 결론을 내리는 경향이 있다. 그러나 나머지 두 형상에서는 특별한 경향이 없다. 그리고 타당한 결론을 내리는 비율도 처음 두 형상에서 높게 나타난다(Johnson-Laird & Bara, 1984). 이처럼 두 전제에서 세 항목이 어떤 순서로 제시되느냐에 따라 추리양상과 추리의 정확도가 다른 것을 형상효과(figure effect)라 한다.

조건추리에서와 마찬가지로 범주삼단논법추리에서도 내용이 영향을 미친다. 특히, 결론이 그럴싸하냐가 영향을 준다. 범주삼단논법추리에서 사람들은 잠정적으로 내린 결론이 그럴싸하게 보이면 잠정적인 결론에 위배되는 사례가 없는지 살펴보지 않고 타당한 결론으로 받아들이는 경향이 있는데, 이를 그럴싸함효과(believability effect, belief bias)라 한다(Oakhill & Johnson-Laird, 1985). 예를 들어,

> 모든 프랑스 사람들은 포도주를 마신다.
> 포도주를 마시는 사람 중의 어떤 사람들은 미식가다.

라는 전제를 주면 '어떤 프랑스 사람들은 미식가다.' 를 타당한 결론으로 받아들이지만,

> 모든 프랑스 사람들은 포도주를 마신다.
> 포도주를 마시는 사람 중의 어떤 사람들은 이태리 사람이다.

라는 전제를 주면 위의 예와는 달리 '타당한 결론이 없다.' 는 결론을 많이 선택한다. 두 문제 모두 '모든 A는 B이다. 어떤 B는 C이다.' 라는 전제에 대해 '어떤 A는 C이다.' 라는 결론을 내렸지만 A, B, C에 어떤 내용이 들어가느냐에 따라 이 결론이 타당하냐는 판단이 달라진다. 이 현상을 놓고 Evans, Barston과 Pollard(1983)는 사람들이 항상 논리적으로 추리하는 것이 아니라 결론이 그럴싸하지 않은 경우에만 분

석적인 추리를 한다고 제안하였다.

문화에 따라서 분석적인 추리를 하는 정도가 다르기도 한다. 연역추리에서의 문화차에 대한 연구로는 원시부족을 대상으로 한 Scribner(1977)의 연구와 서양과 동양의 차이를 연구한 Nisbett(2003)의 연구를 들 수 있다. Scribner가 리베리아의 Kpelle 족을 대상으로 한 삼단논법추리 연구에서 기록된 대화를 보면 논리적 추론과 자기가 경험한 것을 혼동하는 것을 볼 수 있다.

전제 1: 수모나 사키가 종려술을 마시면 추장은 화를 낸다.
전제 2: 수모는 종려술을 마시지 않는다. 사키는 종려술을 마신다.
질문: 추장이 화가 났을까?

Kpelle 족(크): 그날 추장은 화를 내지 않았다.
실험자(실): 화를 내지 않았다고? 왜?
크: 왜냐하면 추장은 수모를 좋아하지 않기 때문이지.
실: 수모를 안 좋아한다고? 계속해 볼래.
크: 왜냐하면 수모는 술을 먹으면 주사가 있거든. 그래서 수모가 종려술을 먹으면 추장이 화를 내는 거야. 그렇지만 사키는 종려술을 먹어도 주사를 안 부려. 그냥 누워서 자거든. 그래서 사람들이 사키에게는 화를 안 내. 그렇지만 누가 술을 먹고 싸우거나 하면 추장은 그런 사람을 안 좋아하지.

이 예에서 보듯이 Kpelle 족은 형식적인 논리에 따르는 답을 하지 않고, 자기의 경험에 비추어 답을 하였다. 그렇지만 추장이 왜 수모에게는 화를 내고 사키에게는 화를 내지 않는지 그 추리 과정은 논리적이다. 즉, 형식적인 교육을 거의 받지 못한 이 부족민들은 이 문제가 연역추리라는 것을 이해하지 못하였다.

그러나 최근에 Nisbett 등이 수행한 연구에서는 형식적 교육을 받은 대학생의 경우에도 동양과 서양 사이에 분석적 추리를 하는 정도가 다르다는 것을 보고하였다. 한 예로, Norenzayan 등(2002)은 서양계 미국 대학생과 한국 대학생들에게 여러 가지 추리문제를 실시하여 한국 대학생들이 분석적 사고를 적게 하는 결과를 얻었다. 그럴싸함효과를 다룬 실험에서 미국 대학생들은 타당하고 그럴싸한 결론을 타당하다고 판단하는 정도에 비해 타당하지만 그럴싸하지 않은 결론을 타당하다고 판단하는 정도가 별로 낮지 않았지만, 한국 대학생은 그 정도가 훨씬 심했다. Evans 등

(1983)이 그럴싸함효과는 사람들이 선별적으로 분석적인 추리를 하기 때문이라고 했는데, 한국 대학생이 그럴싸함효과를 더 크게 보였다는 것은 한국 대학생들이 미국 대학생들보다 분석적인 추리를 덜 한다는 것을 의미할 수 있다. 이런 일련의 연구 결과들을 토대로 Nisbett(2003)은 『생각의 지도』라는 책에서 서양계 미국 대학생들은 논리에 의해 판단하는 경향이 강한 데 비해, 동양인들은 총체적이고 직관적인 처리를 하는 경향이 강하다고 해석하였다.

사람들은 어떤 방법으로 범주삼단논법추리를 할까? 가장 많이 언급되어 온 설명이 분위기 가설(atmosphere hypothesis)이다. 이 가설에 따르면, 전제에 포함된 양화사가 특정한 결론을 만들도록 분위기를 형성한다는 것이다(Woodworth & Sells, 1935). 양화사는 전칭양화사(모든, 어느 …도 아니다)와 특칭양화사(어떤, 어떤 …는 아니다), 긍정양화사(모든, 어떤)와 부정양화사(어떤 …는 아니다, 어느 …도 아니다)의 두 차원으로 나누어지는데, 여러 전제 중에 하나에서라도 특칭양화사가 사용되면 결론을 특칭으로, 그리고 여러 전제 중에 하나에서라도 부정양화사가 사용되면 결론을 부정으로 내리려는 분위기가 형성된다는 것이다. 분위기 가설에 따르는 수행은 엄밀한 의미에서 추리라고 보기는 어렵지만, 사람들이 내리는 결론의 양상은 상당부분 분위기 가설이 예상하는 바와 잘 부합된다. 그러나 분위기 가설의 가장 큰 문제점은 사람들이 많은 범주삼단논법추리문제에서 '타당한 결론이 없다.' 는 결론을 내리는 현상을 설명할 수 없다는 점이다. 형상효과도 분위기 가설로는 설명하기 어렵다.

범주삼단논법추리 과정에 대한 또 다른 설명은 전제들을 그림과 같은 방법을 이용해서 표상한 다음 이들을 조합해서 결론을 내린다는 설명이다. 즉, 벤다이어그램(Venn diagram)이나 오일러서클(Euler circle)과 같은 그림을 사용해서 전제를 표상하고 조합해서 결론을 생성하거나 그 진위를 판단한다는 설명이다. 그러나 이 방법은 두 개 이상의 전제가 주어질 때 경우의 수가 폭발적으로 증가할 수 있는데, 사람의 경우 작업기억의 용량이 제한되어 있기 때문에 모든 가능한 경우를 다 고려할 수 없다는 점에서 설명이론으로서 기본적인 한계를 가지고 있다. 아울러 형상효과, 그럴싸함효과 등도 쉽게 설명하지 못한다.

명제추리와 마찬가지로 삼단논법추리도 형식적인 추리규칙에 의해 일어난다고 제안하는 입장도 있다(Braine & Rumain, 1983; Rips, 1994). 즉, 내용에 상관없이 명제를 부호화한 다음 추리규칙에 따라 부호화된 결론을 도출한다는 것이다. 추리규칙에 의한 설명은 그 과정이 형식적인 체계를 따르는 것이어서 계산적으로 구현할 수 있으며, 여러 유형의 추리에 적용될 수 있다는 점에서 매력적이지만 아직까지는 그럴싸함효과, 형상효과, 전제에 사용된 양화사가 미치는 효과 등을 잘 설명하지 못한다.

이제까지 서술한 설명 중에서 여러 가지 현상들을 상대적으로 잘 설명하는 입장이 심성모형이론이다. 심성모형이론에서는 작업기억의 용량 제한이라는 제약하에서 사람들은 두 개의 전제를 토대로 구성한 심성모형에서 결론을 생성한다고 본다. 따라서 작업기억의 용량 제한 때문에 모든 가능한 경우 중 일부만이 심성모형에 포함되는 경우 타당하지 않은 결론을 내릴 가능성이 높다고 본다. 또 전제에서 두 개 이상의 심성모형이 만들어질 수 있고, 전제들을 통합하다 보면 여러 개의 심성모형이 가능할 수 있는데, 이 역시 작업기억의 용량 제한 때문에 추리에 영향을 미치게 된다고 본다. 실제로, 하나의 심성모형만 구성되는 추리문제가 두 개 이상의 모형이 구성되는 추리문제보다 용이하다는 것이 실험을 통해 검증되었다(Johnson-Laird & Bara, 1984; Johnson-Laird & Byrne, 1991). 아울러, 심성모형이론에서는 형상별로 두 개의 전제에서 구성되는 심성모형에서 두 말단항(위 예에서는 A와 C)의 상대적 접근성이 달라지기 때문에 형상효과가 나타난다고 설명한다. 즉, 심성모형이론이 지금까지 제안된 여러 이론 중에서는 가장 설명력이 좋다.

2. 귀납추리

연역추리에서는 연역적으로 타당한 결론을 내리지만 귀납추리에서는 확률적인 결론을 내린다. 여기에서는 여러 가지 유형의 귀납추리 중에서 가설검증, 유추에 의한 추론, 인과추론, 그리고 속성추론에 대해 간략히 다룬다.

1) 가설검증

귀납추리에서는 주어진 정보들을 토대로 확률적인 결론을 내린다. 이런 귀납추리에는 몇 개의 사례를 토대로 일반원리를 도출하는 추리도 포함되는데, 이에는 다시 귀납적 결론을 형성하는 가설형성 단계와 이 잠정적 결론이 맞는지 판단하는 가설검증 단계가 있을 수 있다. 실험적인 연구는 주로 가설검증 단계에 관해 진행되어 왔는데, 많은 연구에서 사람들은 가설을 검증할 때 그 가설을 반증하기보다 확증하려는 경향, 즉 확증편파(confirmation bias)가 강하게 작용하고 있다는 것이 보고되었다. 이와 같은 확증편파를 잘 보여 주는 연구가 Wason(1960)의 세 숫자 문제(이 문제는 2-4-6문제라고 불리기도 한다) 연구다.

Wason(1960)은 세 개의 숫자로 만들어진 하나의 숫자열(예를 들어, 2-4-6)을 실험 참가자에게 알려 주면서, 이 숫자열은 실험자가 임의로 정한 규칙에 의해 만들어진 세 개의 숫자로 만들어진 숫자열이라고 말해 준다. 이어서 실험 참가자에게 숫자열을 구성하는 규칙이 무엇인지 알아내라고 요구하였다. 그리고 실험이 진행되는 동안 실험 참가자가 세 개의 숫자로 구성된 숫자열과 그 숫자열을 구성한 이유를 말하면 실험자는 그 숫자열이 실험자의 규칙에 맞는지에 대해서 피드백을 주었다. 이런 과정이 반복되는 중에 실험 참가자가 숫자열을 구성한 규칙을 알아냈다고 생각하면 실험자에게 그 규칙을 말할 수 있는데, 실험자는 그 규칙이 맞는지 틀리는지에 대해 피드백을 주었다. 앞의 예에서 Wason이 정한 규칙은 '오름차순에 의한 숫자열'이었는데, 사람들은 이 규칙을 알아내는 데 어려움을 겪었다.

이 연구에서 Wason이 관심을 가졌던 것은 사람들이 어떻게 자기가 설정한 가설을 검증하는가 하는 부분이었다. 조건추리에 관한 선택과제에서도 언급되었듯이 가설을 확인하려면 반증의 논리를 사용하여야 한다. 특히, 귀납추리는 확률적인 추리이기 때문에 많은 수의 가설을 설정할 수 있어서 반증의 논리가 더욱 중요하다. 그런데 사람들이 자기의 잠정적인 가설을 검증하기 위해 제안한 예들은 거의 대부분 자기의 가설을 확증해 주는 것들이었다. 예를 들어, 세 숫자열의 구성규칙이 '앞수보다 2씩 증가하는 수열'이라고 생각했다면 이를 따르지 않는 예를 만들어서 확인해 보아야 하는데, 대부분의 사람들은 24-26-28과 같이 자기의 가설에 의해 구성될 수 있는 예를 만들어 피드백을 받으려 하였다. 이 결과는 사람들이 귀납추리를 할 때 반증의 논리를 별로 사용하지 않는다는 보여 주는 것이다. 그 대신 사람들이 귀납추리를 할 때 자기의 가설을 확증하기 위한 확증편파가 아주 강력하게 작용한다는 것을 보여 주는 것이다.

2) 유추

일상생활에서 널리 사용되는 귀납추리가 유추(reasoning by analogy)이다. 유추란 보다 친숙한 영역에서의 정보를 이용해서 덜 친숙한 영역의 문제를 추리하는 것인데, 자세한 내용은 제12장 문제해결에서 다루므로, 여기에서는 유추 과정을 간략하게 소개하도록 한다.

유추에 의한 추리 과정을 연구할 때 '바다 : 땅 = 수평선 : ____ ' 에서 빈칸에 해당되는 어휘를 고르거나 채워 넣는 언어유추 과제를 많이 이용한다. 언어유추과제에서 빈칸에 적합한 답을 찾으려면 첫 번째 쌍에서 두 단어 간의 관계를 찾아낸 다음, 이 관계를 두 번째 쌍에 적용하여야 한다(Sternberg, 1977). 따라서 그 항목들에 대해 얼마나 아는지, 첫 번째 쌍에서 관계성을 찾아내기가 얼마나 쉬운지, 두 번째 쌍에서 빈칸에 해당하는 항목들이 얼마나 많을 수 있는지, 그리고 이 항목들이 얼마나 쉽게 떠오르는지 등에 따라 난이도가 달라진다.

3) 인과추리

두 개 이상의 사건이 인과적이냐에 대한 판단도 사람들이 행하는 귀납추리 중의 하나이다. 인과추리는 사람들이 이미 일어난 일을 설명하거나, 앞으로 일어날 일을 예측할 때 그 근거가 되는 추리인데, Mill(1887)이 제안한 일치법(method of agreement)과 차이법(method of difference)이라는 인과성에 관한 규준(canon)은 아직도 널리 사용되고 있다. 이 규준들은 여러 개의 원인후보사상 중 어느 것을 원인사상으로 보느냐에 관한 기준인데, 일치법은 결과사상이 일어날 때 항상 존재하는 원인후보사상을 원인으로 귀납하는 방법이다. 특정 결과사상이 일어났을 때 어떤 원인후보사상들이 있었는지 목록을 만들어 보았는데, 특정 사건이 일어났을 때 하나의 원인후보사상만이 항상 있었다면 그 후보사상이 원인이라고 귀납하는 방법이다. 이 방법은 전염병의 원인을 밝혀내는 역학조사 등에서 아직도 많이 사용된다. 예컨대, 설사 증상을 보인 모든 환자들이 물을 끓여 먹지 않았다고 한다면 물을 끓이지 않은 것이 설사의 원인이라고 판단하는 방법이다. 차이법은 결과사상이 일어났던 경우와 결과사상이 일어나지 않았던 경우를 비교했을 때, 어떤 한 원인후보사상의 존재 여부만이 달랐다면 그 후보사상이 결과사상의 원인이라고 귀납하는 방법이다. 이 방법은 실험집단과 통제집단의 수행을 비교하는 실험 연구에서 사용하는 가설검증의 기본 논리라고 볼 수 있다.

그러나 일상생활에서는 결과사상과 원인사상의 조합이 확률적인 경우가 많다. 이런 경우 사람들은 가능한 원인사상과 결과사상이 같이 존재하거나 둘 다 없을 때에는 이들을 인과적으로 추리하는 경향이 있지만, 원인사상이나 결과사상 중 하나만 있는 경우에는 둘 사이에 인과적 관계가 없는 것으로 추리하는 경향이 있다(Schustack & Sternberg, 1981). 또한 사람들은 단순 상관관계를 인과관계로 잘못 추리하는 경향도 있으며, 하나의 사건에는 여러 개의 원인이 있을 수도 있는데, 일단 하나의 원인을 찾으면 더 이상 다른 원인을 찾으려 하지 않는 경향이 있다.

4) 범주 정보를 이용한 속성추론

일반적으로 우리가 어떤 대상을 안다고 해서 그 대상에 대해 모든 것을 알지는 못한다. 예를 들어, 철갑상어 알로 캐비아를 만든다는 것은 알아도, 철갑상어가 무엇을 먹고 사는지에 대해서는 모르는 경우가 많다. 그런데 철갑상어가 무엇을 먹고 사는지 알아야 하는 상황에 놓이게 되었다면 어떻게 할까? 아마도 철갑상어면 상어의 종류 중의 하나일 것이고, 상어는 다른 동물을 잡아먹는다고 생각하니까, 비교적 자신 있게 철갑상어도 다른 동물을 잡아먹을 것이라고 추론할 것이다. 이와 같이 어떤 대상이 특정 속성을 가지고 있는지에 대한 추론을 속성추론이라 하는데, 많은 경우 범주 정보를 이용해서 추론한다. 그러나 상위 범주가 어떤지를 보고 추론할 경우에도 상위 범주가 갖는 속성을 그 범주에 속한 사례들이 다 갖는 것은 아니기 때문에 이 추론은 확률적일 수밖에 없고, 그래서 귀납적인 추리가 된다. 그런데 사람들은 같은 수준의 범주나, 심지어는 하위 수준의 범주들을 참고해서도 추론한다. 이럴 경우 그 속성추론은 상위 범주를 참고했을 때보다도 더 확률적이게 된다. 다음 경우들을 살펴보자.

1. (a) 참새는 종자골이 있다. 따라서 제비는 종자골이 있다.
   (b) 참새는 종자골이 있다. 따라서 타조는 종자골이 있다.

2. (a) 참새는 종자골이 있다. 제비는 종자골이 있다. 따라서 모든 새는 종자골이

있다.

(b) 참새는 종자골이 있다. 타조는 종자골이 있다. 따라서 모든 새는 종자골이 있다.

대부분의 사람들은 1에서는 (a)의 결론이 (b)의 결론보다 더 그럴싸하다고 판단할 것이다. 즉, 보다 유사한 대상 간의 속성추론을 더 그럴싸하다고 판단하는 것으로, 유사성이 속성추론에서 큰 영향을 미친다는 것을 보여 준다.

한편, 2에서는 (a)의 결론보다 (b)의 결론이 더 그럴싸하다고 판단할 수 있는데, 이것은 아주 유사한 사례들인 참새와 제비가 특정 속성을 가질 때보다 덜 유사한 사례들인 참새와 타조가 특정 속성을 가질 때 다른 동물이 그 속성을 가질 확률을 높게 추론하는 것을 보여 준다. 즉, 전제들이 포함하는 범위가 더 넓으면 해당 속성추론이 더 그럴싸하게 판단된다는 것을 보여 준다. Osherson, Smith, Wilkie, Lopea와 Shafir(1990)는 이런 결과를 토대로 속성추론에 관한 유사성-포함모형(similarity-coverage model)을 제안하였다.

그러나 속성추론이 분류학적 범주 정보만을 토대로 일어나지는 않는다. Heit와 Rubinstein(1994)은 '종자골이 있느냐'와 같은 속성추론을 할 때는 분류학적 유사성이 큰 영향을 미치지만, 습성에 관한 추론을 할 때는 서식환경의 유사성이 더 큰 영향을 미친다는 것을 보여 주었다. 그리고 Proffit, Coley와 Medin(2000)은 문화나 전문성의 정도에 따라 서는 질병에의 저항력, 분포 정도 등 유사성이 아닌 다른 기준에 의해 속성추론의 강도가 달라진다는 것을 보여 주었다.

3. 판단

일상생활 속에서 우리는 어떤 사건이 일어날 확률이 얼마나 될지 판단하고, 또 두 개 이상의 대안 중에서 선택을 한다. 대안들 중에서 선택을 할 경우에는 주관적 효용(subjective utility)이 가장 큰 대안을 선택하는 것으로 가정할 수 있다. 따라서 어떤 사건이나 대상의 가능성을 다루는 판단 과정이나 두 개 이상의 대안 중에서 하나를 선택하는 의사결정 과정을 이해하려면 사람들이 어떻게 확률을 추정하는가의 문제와 주관적 효용의 성질이 밝혀져야 한다.

확률추정과 의사결정에 관해서는 통계학이나 경제학 등이 가정하는 규범적인 모형이 있다. 즉, 모든 가능한 경우를 고려해서 확률을 판단한다든가, 모든 대안의 효용을 계산한 다음 가장 효용이 큰 대안을 선택한다고 가정하는 모형들이 있다. 그러나 이런 규범모형(normative model)이 실제 행동과 일치하느냐는 별개의 문제이다. 필요한 정보들이 불충분하게 주어지거나 주어진 정보의 일부만을 고려한다면, 사람들은 규범모형이 예상하는 바와는 다른 선택을 할 수도 있다. 이 절에서는 확률 판단과 의사결정에 관한 규범모형과 실제 인간의 판단이나 선택에 관한 기술모형(descriptive model)에 대해 다룬다.

그럼 사람들은 어떻게 확률을 추정하는 것일까? 확률추정이나 문제해결을 하는 방법은 크게 연산법(algorithm)적 방법과 어림법(heuristic, 역자에 따라 발견법, 추단법, 간편법, 휴리스틱스 등으로도 번역한다)적 방법의 두 가지로 나누어 볼 수 있다. 연산법적 방법은 모든 가능한 경우를 다 고려해서 답을 찾는 방법으로, 옳은 답을 찾아낼 수는 있지만 모든 가능한 경우를 다 고려해야 하기 때문에 처리 부담이 매우 크다. 반면에, 어림법적 방법은 모든 경우를 고려하지 않고 그중 일부만을 고려하는 방법으로, 처리 부담을 줄여 주는 대신 옳은 답을 보장하지는 못한다. 확률추정에 관한 많은 연구에서는 사람들이 어림법적으로 확률이나 빈도를 추정한다는 것이 드러났다. 여기서는 사람들이 확률 추정에서 많이 사용하는 어림법, 그리고 확률과 관련된 다른 몇 가지 현상들에 대해 간략하게 다룬다.

1) 확률추정에 사용되는 어림법

(1) 대표성 어림법

대표성(representativeness) 어림법이란 사람들이 어떤 사건이나 대상이 일어나거나 특정 범주에 속할 확률을 추정할 때, 실제 확률을 계산하는 것이 아니라 그 사건이나 대상이 얼마나 대표적인지를 가지고 확률을 추정하는 방법이다. 예를 들어, 동전을 여섯 번 던졌을 때 앞면-뒷면-앞면-앞면-뒷면-앞면의 순서일 확률과 앞면-앞면-앞면-앞면-뒷면-앞면의 순서일 확률을 추정하게 하면 대부분의 사람들은 첫 번째 경우의 확률을 더 높게 추정한다. 동전의 앞면이 나오느냐 뒷면이 나오느냐는 바로 전에 동전을 던졌을 때 어느 면이 나왔느냐와는 상관없이 반반이다(즉, 무선적이다). 따라서 순서가 정해진 경우, n번을 던져 특정 순서로 나올 확률은

$(1/2)^n$으로 일정하다. 그런데도 사람들은 앞면 뒷면이 번갈아 나오는 것이 어느 한 쪽 면만 계속 나오는 것보다 더 무선적인 것처럼 잘못 생각해서, 위와 같은 오류를 범한다. 이와 비슷한 예가 소위 도박사의 오류(gambler' s fallacy)다. 주사위 던지기에서 몇 판을 계속 잃은 사람은 다음 판에 자기가 이길 확률이 높다고 생각하는 오류를 범한다.

확률추정을 할 사건이 전집에 대해 얼마나 대표적인가에 의존해서 확률추정을 하다 보면 기저율(base rate)을 감안하지 않는 일이 일어나서 통계적인 확률과는 상반되는 추정을 하기도 한다(Kahneman & Tversky, 1973). 다음에 나오는 생각상자는 기저율을 무시하고 대표성 어림법에 의해 판단하는 전형적인 예를 보여 준다. 또한 사람들은 특정한 일화를 아주 잘 알고 있을 때에도 대표성 어림법을 많이 사용한다. 예를 들어, 흡연과 폐암과의 관계에 대한 통계치를 보고는 "내가 아는 아무개는 줄담배인데도 90까지 살았다."라는 식의 반박을 편다면 이는 기저율을 무시하고 대표성 어림법을 쓴 셈인데, Nisbett과 Ross(1980)는 이런 논증을 '아무개' 논증('man-who' argument)이라 하였다.

(2) 가용성 어림법

우리는 종종 그 사례들이 얼마나 쉽게 많이 머리에 떠오르는지에 의해서도 확률을 추정한다. 이는 가용성 어림법(availability heuristic)에 의해 확률을 추정하는 것이다(Tversky & Kahneman, 1973). 예를 들어, 영어에서 첫 번째 글자가 r인 단어와 세 번째 글자가 r인 단어 중 어느 것이 더 많을지 추정하게 하면 사람들은 첫 번째 글자가 r인 단어가 더 많다고 답한다. 그러나 실제로는 후자가 3배 정도 많다. 이는 어떤 경우가 더 쉽게 혹은 더 많이 생각나느냐, 즉 얼마나 가용한가에 의해 사람들이 확률을 추정하기 때문으로 볼 수 있다.

주변에서 형제간에 서로 자기가 집안일을 더 많이 했노라고 다투는 경우를 종종 볼 수 있는데, 이는 자기가 일한 것은 잘 기억되지만 다른 형제가 일하는 것은 잘 기억나지 않기 때문에 비롯되었을 수 있다. 이 형제들은 가용성 어림법을 사용한 탓에 형제간에 분란이 생긴 셈이다. 정체가 심한 도로에서 옆 차선이 더 잘 빠지는 것 같아 차선을 변경하고 나서 보면 원래 차선이 더 잘 빠지는 것처럼 보여 후회하는 경우가 많은데, 이 중 상당수는 가용성 어림법에 현혹되어 생긴 후회일 가능성이 많다. 내가 추월한 차들은 곧 시야에서 사라지지만 나를 추월한 차는 계속 내 시야에 머무르니 이런 후회를 하기 쉽다.

가용성 어림법을 가장 잘 보여 주는 예가 결합오류(conjunction fallacy)이다. 사람들은 단일 사건의 확률보다 두 사건이 결합된 경우의 확률을 더 높게 추정하는 경우가 있다. 두 사건이 함께 일어날 확률은 두 사건 중 어느 한 사건의 확률보다 클 수 없다. 그런데도 사람들은 결합사상의 확률을 단일사건의 확률보다 더 높게 추정하는 오류를 범하기도 한다(Tversky & Kahneman, 1973). 예를 들어, 대학생들에게 2,000단어로 된 글 속에 ing로 끝나는 일곱 글자로 된 단어의 개수와 여섯 번째 글자가 n인 일곱 글자로 된 단어의 개수를 추정하게 하였더니, ing로 끝나는 단어가 더 많다고 추정하였다.

(3) 기준점과 조정

Tversky와 Kahneman(1973)이 제안하는 또 다른 어림법이 기준점과 조정(anchoring and adjustment) 어림법이다. 예를 들어, 한 집단의 사람들에게는 8×7×6×5×4×3×2×1의 문제를 주고 답이 얼마나 될지 추정하게 하고, 다른 집단의 사람들에게는 1×2×3×4×5×6×7×8이 문제를 주고 답을 추정하게 하였더니, 8로 시작하는 경우에 훨씬 더 큰 값으로 추정하였다. 이러한 결과는 사람들이 처음 시작한 값, 즉 기준점에서부터 조정해 나가는 어림법을 쓰기 때문으로 볼 수 있다.

2) 확률추정과 관련된 다른 현상들

확률이란 어떤 사건이 일어날 가능성을 0과 1 사이의 값으로 표현하는 것인데, 사람들은 어떤 사건이 참일 때 특정 사건이 참일 확률인 조건확률(conditional probability)을 이해하는 데 애를 먹는다. 특히, 사후 조건확률을 이해하는 데 애를 먹는다. 이에 대해 좀 더 알아보자.

Bayes(1958/1764)의 정리에 따르면 사후 조건확률을 구하는 공식은 다음과 같다.

$$p(A|B) = \frac{p(B|A)\,p(A)}{p(B)}$$

말로 기술하면, B라는 증거가 있을 때 A일 조건확률[P(A|B)]은 A이면서 B인 확

률[P(A and B)]을 B인 확률[P(B)]로 나누면 된다. 여기에서 A이면서 B인 확률[P(A and B)]은 A의 확률[P(A)]과 A일 때 B를 보이는 조건확률[P(B|A)]을 곱하면 된다. 구체적인 예를 들어 보자.

어떤 40대 여자가 유방 촬영을 해서 양성(B)으로 나왔을 때 이 여자가 유방암(A)일 사후조건확률[P(A|B)]은 얼마일까? 이것은 촬영에서 양성으로 나온 사람[P(B)] 중에서 유방암이며 촬영에서 양성으로 나온 사람[P(A and B)]의 비율을 계산하면 된다. 그럼 촬영에서 양성으로 나온 사람[P(B)]은 어떤 사람일까? 유방암이며 양성으로 나온 사람들[P(A and B)]과, 유방암이 아니면서 양성으로 나온 사람들[P(not-A and B)]이 촬영에서 양성으로 나온 사람들이다. 이제 각각의 경우를 계산해 보자. 유방암이며 양성으로 나올 확률은 유방암 환자의 확률과 유방암인 사람이 양성인 조건확률을 곱하면 된다. 즉, P(A) * P(B|A)를 하면 된다. 이제 유방암이 아니면서 양성으로 나올 조건확률을 구해 보자. 이 확률은 유방암이 아닐 확률[1- 유방암일 확률]과 유방암이 아닌 사람이 양성으로 나오는 조건확률을 곱하면 된다[P(not-A) * P(B|not-A)].

구체적인 수치를 가지고 실습을 해 보자. 40대 여자가 유방암일 확률을 .05, 유방암인 사람이 촬영에서 양성으로 나올 확률을 .80, 그리고 유방암이 아닌 사람이 촬영에서 양성으로 나올 확률을 .20이라 하면, 사진에서 양성으로 나왔을 때 유방암일 조건확률은 .17이 된다. 이는 보통 사람들이 예상하는 것보다 훨씬 작다(Baron, 1994). 이 예에서는 유방암인 사람이 극소수라는 사실을 간과하고 유방암인 사람이 양성으로 나타나는 확률에 크게 좌우되다 보니, 베이스(Bayes)의 정리에서 나오는 추정치보다 훨씬 높게 사후 조건확률을 추정하게 된다.

이 예에서 보듯이 사람들의 사후 조건확률 추정은 틀리는 경우가 많다. 이처럼 사람들이 베이스의 정리 문제를 잘 풀지 못하는 것을 근거로 사람들이 확률적 사고를 잘하지 못한다고 보는 경향이 강했으나, 최근에 진화적인 관점을 받아들이는 심리학자들은 이와는 다른 주장을 한다. 예를 들어, Giegerenzer와 Hoffrage(1995)는 이런 현상은 문제가 익숙하지 않은 형태로 주어졌기 때문에 나타난 현상이지, 사람들이 사후 조건확률 추정을 못하는 것은 아니라고 주장한다. 즉, 확률이라는 익숙하지 않은 형태로 정보가 주어져서 확률 판단에 애를 먹었을 뿐이라고 주장한다. 실제 이들의 연구에서 '1,000명 중에 몇 명이겠는가?' 라는 익숙한 형태로 물었을 때에는 베이스의 정리와 같이 복잡한 확률적 판단도 잘할 수 있었다.

생각상자

다음을 읽고 답해 보자.

1. 인구통계 자료에서 6명의 자녀를 둔 가정을 모두 찾아보았다. 그 결과 남아와 여아의 출생 순서가 정확하게 '남, 여, 남, 여, 여, 남' 인 가정이 모두 72가구였다. 그럼 이 조사에서 남녀 아동의 출생 순서가 '남, 여, 남, 남, 남, 남' 인 가구 수는 얼마나 되겠는가?

2. 올해 31세인 미스 김은 독신이고, 조리 있게 말을 하고, 아주 똑똑하다. 대학에서 그녀는 철학을 전공하였는데, 남녀 차별과 사회정의에 대단히 관심이 많았으며, 호주제 폐지 시위에 적극적으로 참가하기도 하였다. 다음의 세 진술을 가능성이 높은 것부터 순서를 매겨 보라.
   (1) 미스 김은 여성 운동에 적극적이다.
   (2) 미스 김은 은행의 출납직원이다.
   (3) 미스 김은 여성 운동에 적극적인 은행의 출납직원이다.

1번 문제에서 72가구보다 적은 수를 제시하였다면, 대표성 어림법을 사용한 탓에 도박사의 오류를 범한 셈이다. 첫 번째 유형의 확률이나 두 번째 유형의 확률은 모두 $(1/2)^6$인 1/64이다.

2번 문제에서 순서를 1, 3, 2로 매겼다면 결합오류에 빠진 것이다. 실제 실험에서도 약 85%의 실험 참가자들이 이 순서로 답하였다. 결합오류에는 가용성 어림법뿐만 아니라 대표성 어림법도 영향을 미친다.

이 밖에도 사람들은 확률추정에서 틀린 추정을 많이 한다. 사람들은 실제로는 두 사건 간에 아무런 상관이 없는데도 단지 상관이 있다고 생각하기 때문에 오류를 범하기도 한다. 이를 착각상관(illusory correlation)이라 하는데, Chapman과 Chapman(1967)은 임상전문가들이 특정한 정신과적 장애와 인물화 검사(Draw-a-person test)에서 그린 그림의 특징 간에 상관이 있다고 답하는 것을 보고하였다. 그러나 실제로는 특정 장애와 인물화의 특성 간에 상관은 없었다. 심지어, 대학생에게 그림과 진단명을 무선적으로 짝지어서 둘 간에 상관이 없게 만든 자료를 보여 줘도 진단명과 그림 간에 상관이 있다고 보고하였다.

우리가 자주 경험하는 또 다른 오류가 과잉확신(overconfidence)이다. 사람들은 자기의 판단이나 지식 등에 대해 실제보다 과장되게 평가하는 경향이 있다. Fischoff, Slovic과 Lichtenstein(1977)은 사람들에게 '압생트(absinthe)는 (a) 음료이다, (b) 보석이다' 와 같은 문제를 주고 답하게 한 다음, 자기의 답이 정답일 확률을 추정하게 하였는데, 사람들은 실제의 정확도보다 자기의 답을 더 정확한 것으로 판단하였다. 한 예로, 사람들이 자기의 답이 100% 정확하다고 답한 경우 실제 정답률은 겨우 80%에 불과하기도 하였다(참고로 압상뜨는 음료다).

확률판단과 관련된 또 다른 편파는 후판단편파(hindsight bias)다. 우리가 어떤 사건을 회고하다 보면 어떤 결과가 나타날 징조 같은 것을 사후에 알 수 있다. 즉, 사건 전에는 알 수 없었던 징조 같은 것을 결과를 알고 난 다음에는 쉽게 알 수 있는데, 이것이 판단에 오류를 불러일으키기도 한다. 후판단편파는 성공가능성 등에 대한 판단에서 잘 드러난다. 결과를 알기 전에는 성공 실패를 거의 예상하지 못한 문제인데도 결과를 알려 주고 나서 성공가능성이 얼마였을 것 같다고 생각했는지 추정하게 하면 마치 알고 있었던 것처럼 아주 높다고 대답한다. 그래서 후판단편파를 영어로 knew-it-all-along effect라고 부르기도 한다.

4. 의사결정

사람들이 두 가지 이상의 대안 중에서 하나를 고르는 의사결정을 할 때에는 각 대안 중에서 가장 득이 될 것 같은 대안을 선택할 것이라고 예상할 수 있다. 이 절에서는 모든 것을 이상적으로 가정하고 의사결정을 기술하는 규범모형과 실제 사람들의 수행에 관한 기술모형에 대해 살펴본다.

1) 규범모형: 주관적 효용이론과 다요소 효용이론

의사결정에 관한 초기 이론들은 사람들이 의사결정에 필요한 모든 정보를 가지고 있고, 이 정보를 모두 사용하여 합리적인 결정을 한다고 가정하였다. 따라서 초기 이론가들은 여러 가지 대안 중에서 가치를 극대화하는 방안을 선택하는 규범모형을 찾아내려 하였다. 주로 경제학자나 통계학자들이 이런 연구를 하였는데, 이들은 대안별로 기댓값을 구한 다음 가장 기댓값이 큰 대안을 선택하는 모형을 제안하였다. 여기서 각 대안의 기댓값은 그 대안을 택할 때 일어날 수 있는 여러 가지 결과사상들의 확률과 그 결과사상들의 가치를 곱한 것을 합한 것으로 정의하였다. 그런데 기댓값은 금전적 가치만을 다루기 때문에 그 적용범위가 제한될 수밖에 없다. 그래서 이후 심리학자와 경제학자들은 가치(value) 대신 효용(utility)이라는 새로운 개념을 도입하였다. 아울러, 효용은 돈의 액수와 같은 객관적인 기준이 있는 것이 아니기 때문에 주관적 효용이라는 개념을 사용하였다.

의사결정에 관한 고전적인 규범모형인 주관적 효용이론(subjective utility theory)에서는 어떤 대안을 선택할 경우 여러 가지 가능한 결과가 있을 수 있는데(예컨대, 복권을 사면 당첨될 수도 있고, 당첨이 안 될 수도 있다), 이 결과들의 긍정적 효용과 부정적 효용을 더한 순효용이 가장 큰 대안을 선택할 것이라고 본다. 예를 들어, 두 가지 복권 중에서 어느 것을 사야 할지 고른다면 각 복권마다 당첨될 때의 긍정적 효용과 낙첨될 때의 부정적 효용을 합한 순효용이 큰 대안, 즉

$$EU = \sum_{i} P(i)\ U(i)$$

($EU =$ 기대효용, $P_i =$ 각 결과의 주관적 확률, $U_i =$ 각 결과의 주관적 효용)

가 최대인 대안을 선택하는 것이 최적의 선택이라고 본다.

그런데 우리가 의사결정을 하다 보면 각각의 대안들이 여러 가지 결과를 가질 뿐만 아니라 여러 속성에서 다른 효용을 갖는 것을 볼 수 있다. 전공을 고를 때를 생각해 보자. 전공을 고를 때는 취업 전망, 흥미, 공부 부담 등 여러 속성을 따지게 된다. 이와 같이 각 대안에 대해 여러 가지 속성을 고려하는 경우에 적용되는 규범이론이 다요소 효용이론(multiattribute theory: MAUT)이다.

다요소 효용이론에서 각 대안의 효용을 구하는 절차는 다음과 같다. 먼저, 의사 결정할 때 고려하는 독립적인 요소(혹은 차원)들을 확정하고, 각 요소들의 상대적인 비중을 반영하는 가중치를 정한다. 이어서 대안별로 요소별 효용을 구한다. 즉, 대안별로 그 대안에서 특정 요소의 효용을 계산한 다음 거기에 그 요소의 가중치를 곱한다. 이렇게 대안별로 요소별 효용이 구해지면 이를 합해서 대안별 순효용을 구한다. 마

지막으로, 여러 대안 중에서 순효용이 가장 큰 대안을 선택한다. 이런 복잡한 절차를 밟아야 하는 다요소 효용이론이 적용되기 위해서는 위에 열거한 절차들이 수량적으로 표현될 수 있어야 하고, 아울러 여러 요소들을 다 고려할 수 있어야 한다.

2) 기술모형: 사람들은 어떻게 의사결정을 할까?

주관적 효용이론이나 다요소 효용이론은 훌륭한 규범이론이지만, 사람들은 이 이론이 예상하는 대로 의사결정하지는 않는다. 주관적 효용이론이 요구하는 대로 의사결정을 하려면 여러 대안들의 효용을 다 계산한 다음 선택해야 한다. 그러나 사람들에게는 시간제한, 작업기억의 용량제한과 같은 제한요소들이 있기 때문에 그대로 따르기는 어렵다. 이런 이유에서 노벨경제학상을 받은 Simon(1957)은 사람들이 제한된 범위 안에서 합리적(제한된 합리성, bounded rationality)이라는 주장을 하고 있다.

여러 가지 제약 때문에 사람들은 나름대로의 간편한 방식을 사용하게 되는데, Simon은 사람들이 최소만족(satisficing)이라는 어림법을 사용한다고 제안하였다. 최소만족 어림법이란 사람들이 어느 정도 만족할 만한 대안, 즉 자기가 생각하고 있는 최소한의 기준을 넘어서는 대안을 찾게 되면 다른 대안들을 더 이상 고려하지 않고 그 대안을 선택하는 어림법이다.

대안별로 여러 요인을 감안해야 하는 경우에는 규범이론을 따르기가 더 어렵다. 작업기억의 용량제한 때문에 다요소 효용이론이 요구하는 절차를 따르는 것이 쉽지 않다. 이런 경우에 사람들은 요인별로 대안들을 줄여 나가는 요인별 제거법(elimination by aspects)이라는 어림법을 사용하기도 한다(Tversky, 1972). 예를 들어, 차를 사는 경우 가격, 승차감, 유지비 등 여러 요인을 따져 보게 되는데, 여러 종류의 차를 놓고 고르는 경우에는 모든 요인들을 다 감안하기 어렵다. 이 경우에 가격을 기준으로 상당수의 후보 차종을 탈락시키고, 그다음에는 승차감을 가지고 남은 차 중에서 대상을 좁혀 나가는 방법으로 차를 고른다면 요인별 제거법에 따라 선택한 것이다. 이 예에서 보듯이 요인별 제거법은 처리의 부담을 줄여 주는 이점을 갖는다. 물론 어림법인 만큼 최적의 선택을 보장하지는 못한다. 아무리 다른 요인들이 훌륭하다 하더라도 우선순위가 앞선 요인에서 기준에 미달되어 제외되면 더 이상 고려 대상이 되지 못한다.

사람들이 의사결정을 할 때 작업기억의 부담과 같은 제약 요인이 없는데도 규범이론이 예상하는 것과는 다른 선택을 하는 경우도 많다. 규범모형에서는 대안들이 어떻게 기술되느냐와 같은 차이는 선택에 영향을 미치지 않는다고 가정한다. 그렇지만 어떤 선택을 요구하느냐, 어떻게 대안들이 기술되느냐에 따라 선택이 달라지기도 한다. 어떤 선택을 요구하느냐에 따라 속성들의 중요성이 달라져서 역설적인 결과를 보여 주기도 한다. Shafir(1993)는 부모의 수입, 건강, 사회활동, 아이와의 관계 등에 대해 알려 주고, 한 집단의 대학생들에게는 부모 중 누구에게 아이의 양육권을 주어야 하는지 고르게 하고, 다른 집단의 대학생들에게는 누구에게 양육권을 주면 안 되는지 고르게 하였다. 부모 A는 모든 면에서 평범하게 기술하였고, 부모 B는 일부 속성(예, 수입)은 매력적으로, 그리고 일부 속성(예: 출장 빈도)은 부정적으로 기술하였다. 양육권을 줄 사람을 고르게 했을 때 64%가 B를 선택했고, 양육권을 주지 말아야 할 사람을 고르게 했을 때는 55%가 B를 선택했다. 양육권을 줄 때는 매력적인 정보가 영향을 미치고, 양육권을 주지 말아야 할 사람을 고르게 할 때는 부정적인 정보가 더 큰 영향을 미쳐서 이런 역설적인 결과가 나오게 된 것으로 볼 수 있다.

어떻게 문제를 기술하느냐, 즉 의사결정이 손해와 이득 중 어떤 틀에서 이루어지느냐에 따라서도 의사결정이 달라지는데, Tversky와 Kahneman(1981)은 이를 틀효과(framing effect)라 하였다. 한 연구에서 이들은 다음과 같이 실험하였다. 600명이 사망할 것으로 예상되는 새로운 전염병에 대비해서 두 개의 대비책이 제안되었는데, 예산 때문에 하나만 선택해야 한다고 배경을 설명하였다. 이어서 두 대비책의 효과를 기술한 다음 선택하게 하였다. 대비책 1은 확실하게 200명의 생명을 구하는 안이고, 대비책 2는 1/3의 확률로는 600명 모두의 생명을 구하고 2/3의 확률로는 아무도 구하지 못하는 안이라고 알려 주고 고르게 하면, 72%의 사람들이 확실하게 200명의 생명을 구하는 대비책 1을 선택하였다. 그러나 똑같은 문제를 주고 죽는 사람의 수로 기술하면 이와는 반대되는 일이 일어났다. 대비책 3을 실시하면 확실하게 400명이 죽고, 대비책 4를 실시하면 1/3의 확률로는 아무도 죽지 않고 2/3의 확률로는 600명이 죽는다고 알려 주고 고르게 했더니, 78%의 사람들이 대비책 4를 선택했다. 4개 대비책의 기댓값은 같은데도 몇 명이 사느냐의 틀(대비책 1과 2)로 보느냐 아니면 몇 명이 죽느냐의 틀(대비책 3과 4)로 보느냐에 따라 사람들의 선택은 반대 양상을 보였다. 이는 사람들이 이득으로 보이는 상황에서는 도박적인 대안을 피하고, 손해로 여겨지는 상황에서는 도박적인 대안을 택하는 경향이 있는 것으로 해석되는데, Kahneman과 Tversky(1979)는 전망이론(prospect theory)을 통해서 이런 현상들을 설명하고 있다. 전망이론에서는 사람들이 이득보다 손해에 더 민감하고, 이득과 손해는 참조점을 기준으로 평가되며, 이득과 손해 모두 효용이 체감적인 관계를 갖는 것으로 가정한다. 앞의 실험에서 600명이 사는 경우의 효용은 200명이 사는 것의 효용의 3배가 안 된다. 따라서 1/3의 확률로 600명이 사는 대비책 2의 효용은 200명이 확실하게 사는 대비책 1의 효용보다 작게 된다. 따라서 대비책 1을 선택하는 결과를 설명할 수 있다.

지금까지 살펴본 바대로 사람들의 추리와 확률판단, 의사결정은 규범모형이 예상하는 것과는 다른 현상들을 많이 보여 주고 있다. 그렇다고 해서 사람들이 비합리적인 것은 결코 아니다. 규범모형은 사람들이 이상적인 상황에서 판단한다고 가정했을 때의 수행을 예상하지만, 실제 수행에서는 작업기억의 용량제한과 같은 여러 가지 제약이 있다는 점을 간과해서는 안 될 것이다.

5. 요약

인간의 사고는 현란할 정도로 다양하게 일어나기 때문에 심리학자들은 사고를 정의하는 데 상당한 어려움을 겪고 있다. 이 장에서는 인간의 사고 중에서 추리와 의사결정에 관한 심리학 연구들을 간략하게 소개하였다. 추리의 경우에는 명제추리와 삼단논법추리로 대표되는 연역추리와, 가설검증으로 대표되는 귀납추리에 대한 문제를 소개하였다. 전통적으로 인간의 사고는 논리적이라는 전제하에 인간은 어떻게 사고해야 하는가 하는 규범적 이론들이 제기되어 왔다. 그러나 근자에는 인간의 사고가 논리학과는 무관하다는(nonlogical) 입장에서 인간 사고의 특성을 밝히려는 연구들이 많이 수행되었다(비논리적(illogical)이라는 표현과 논리무관(nonlogical)이라는 용어를 구분하는 것이 중요하다).

판단과 의사결정의 경우에도 전통적으로는 규범모형이 많이 제기되어 왔으나, 근자에는 불확실한 상황하에서 실제로 사람들이 확률을 판단하고 의사결정하는 과정에서 일어나는 많은 심리적 현상들을 밝히려는 연구들이 진행되어 왔다. 이 장에서는 확률판단에 사용되는 대표적인 어림법(발견법, 추단법)들을 소개하고, 의사결정 과정에서 영향을 미칠 수 있는 심리적 요인들을 간략하게 소개하였다.

주요 용어 목록

가설검증(hypothesis testing)
내용효과(content effect)
베이스의 정리(Bayes' theorem)
선택과제(selection task)
어림법(발견법, 추단법, heuristic)
유추(analogy)
제한된 합리성(bounded rationality)
귀납추리(inductive reasoning)
명제추리(propositional reasoning)
삼단논법추리(syllogistic reasoning)
속성추리(property induction)
연역추리(deductive reasoning)
인과추리(causal reasoning)
주관적 효용(subjective utility)

읽을거리 ▶▶▶

추리와 의사결정을 포함한 인간의 사고 과정에 관심이 있는 독자는 이영애가 1992년에 번역한 『인간사고의 심리학(*The Psychology of Human Thought*)』(R. Sternberg 지음, 교문사)을 읽어 볼 것을 권한다. 또한 이정모, 조혜자가 1991년에 번역한 『컴퓨터와 마음(*The Computer and The Mind*)』(필립 존스 레어드 지음, 민음사)의 제4부도 읽어 보기 바란다. 보다 최근 연구에 대해서는 이정모(2001)의 『인지심리학: 형성사 · 개념적 기초 · 조망』을 읽어 보기 바란다. 동양과 서양의 차이에 대해서는 최인철이 2004년에 번역한 『생각의 지도(*The Geography of Thought*)』(리처드 니스벳 지음, 김영사)를 읽어 보기 바란다.

제12장

문제해결과 전문성

1. 문제해결을 어떤 심적 과정으로 생각해야 하는가?
2. 검색의 구현-수단목표분석
3. 산출체계로 구현되는 수단목표분석법
4. 전문가와 초보자의 문제해결
5. 문제해결의 주요 효과
6. 문제해결의 두 접근: 상징 접근과 연결주의 접근
7. 문제해결과 학습의 관계
8. 요약

제12장

문제해결과 전문성

1. 문제해결을 어떤 심적 과정으로 생각해야 하는가?

일상적으로 우리는 다양한 문제를 풀면서 살고 있다. 차로 출근하는 한 회사원이 자주 이용하는 도로에 심한 체증이 있다는 방송을 들으면, 다른 여러 도로 중에서 한 도로를 택한다. 응용문제를 푸는 학생이 그와 비슷한 예제를 생각해 낼 수 있다면, 그 예제의 해법을 새 문제에 적용하여 푼다. 이와 비슷하게, 어떤 사건이 발생했을 때 사람들은 그 사건과 닮은꼴인 과거의 사건을 생각하여 새 사건의 원인을 이해하고, 그 사건이 앞으로 어떻게 될 것인지 예측한다. 아파트를 구입하려는 주부는 현재 동원할 수 있는 액수와 구입에 필요한 액수의 차이를 메울 수 있는 방법들을 생각해 낸다. 바둑을 두는 사람은 현재의 판세에서 자신이 쓸 수에 대해 상대가 어떤 수로 나올 것인지를 내다보고 어떤 위치에 포석한다.

이 예들은 우리가 매일 풀고 있는 문제들의 몇몇 예에 지나지 않지만, 해당 문제의 해결에 필요한 지식의 정도에서 또 문제해결에 관여하는 정보처리 특성에 있어 구분된다. 회사원의 경우 자기 집(출발지)에서 회사(목적지)에 이르는 여러 루트에 관한 사전지식을 이용해서 그중 하나를 택한다. 최단거리를 최단시간 내에 이동했을 때 그의 출근문제가 만족스럽게 해결된다. 학생의 경우, 응용문제와 비슷한 예제를 회상한다 함은 응용문제의 구조를 약호화하고, 예제의 해법을 응용문제 해결에 전이시킨 것이다. 그 학생이 적절한 예제를 생각해서 응용문제를 잘 풀었다면,

예제와 응용문제가 공통적으로 가지고 있는 추상적인 지식 구조가 학습된다. 문제를 풀려면 현재의 문제 상태와 목표 상태 간의 차이를 줄일 수 있는 조작자(operator), 더 쉽게 말하자면 행위를 찾아야 한다. 여기서 조작자란 한 상태를 다른 상태로 바꾸려 할 때 필요한 계산 또는 조작을 가하는 행위를 말한다. 은행에서 융자를 받거나, 친지로부터 돈을 빌리거나, 당장 입주하지 않고 전세를 놓는 것 등은 바로 이러한 차이를 줄일 수 있는 조작자이다. 이와 달리 바둑의 경우, 판의 형세를 파악하여 가장 좋은 수를 택한다.

지금의 예들은 문제해결에서 그 구체적인 과정이나 동원되는 표상의 특성에서 다르다. 그러나 문제해결을 출발 상태에서 목표 상태로 가는 길을 찾는 과정으로 보는 점에서는 일치한다. 학습심리학은 문제해결을 시행착오 과정(Thorndike, 1898)으로 보았다. 굶은 고양이가 갇혀 있는 상자로부터 빠져나와 목표인 고기를 먹으려면 빠져나오는 도구 역할을 하는 어떤 행동을 시행착오적으로 찾아내야 한다. 형태주의 심리학은 문제해결을 상황을 재구조화하는 과정(restructuring process)으로 보았다. 배고픈 침팬지가 천장에 매달린 바나나를 따먹으려면 여러 짧은 막대를 단순한 나뭇가지로 보지 말고, 이들을 연결해서 바나나에 이를 수 있는 긴 막대로 구조화해야 한다. 문제해결을 출발 상태와 목표 상태를 포함하는 문제공간을 검색하는 과정으로 보는 입장(Newell & Simon, 1972)은 문제해결에 관한 여러 입장들이 제안한 과정들을 더욱 명료하게 만든다.

문제해결을 시행착오 과정으로 보면, 어떤 해결에 이르는 반응이 어떻게 강해지고, 그렇지 않은 반응은 약해지는지가 주요 분석 대상이다. 문제해결을 재구조화로 볼 경우, 문제 상황에 관한 표상 구조가 어떤 요인 때문에 다시 구성되는지가 분석의 대상이 된다. 문제해결을 검색 과정으로 보는 정보처리 접근은 문제 상태, 조작자, 문제 공간 및 검색이라는 개념을 중요하게 여긴다. 문제를 풀기 시작하는 어떤 초기 상태에서 몇몇 중간 상태를 거쳐 목표를 만족시키는 최종 상태에 이르게 된다. [그림 12-1]은 하노이 탑 문제와 그 문제 공간을 나타낸다. 이 문제는 왼쪽 막대에 놓여 있는 세 원반을 오른쪽 막대로 모두 옮기기를 요구한다. 원반은 한 번에 하나씩 옮길 수 있으며, 직경이 큰 원반이 작은 원반 아래에 있을 수 없다. 이러한 제약(constraint)에 따라 이 문제를 풀어야 하는데, 여기서 원반과 막대로 구성된 형상이 바로 어느 시점의 문제 상태다. 조작자란 한 문제 상태를 다른 상태로 바꾸는 행위를 말한다. 하노이 탑의 경우, 원반들의 이동이 바로 조작자이다. 두 가지 제약을

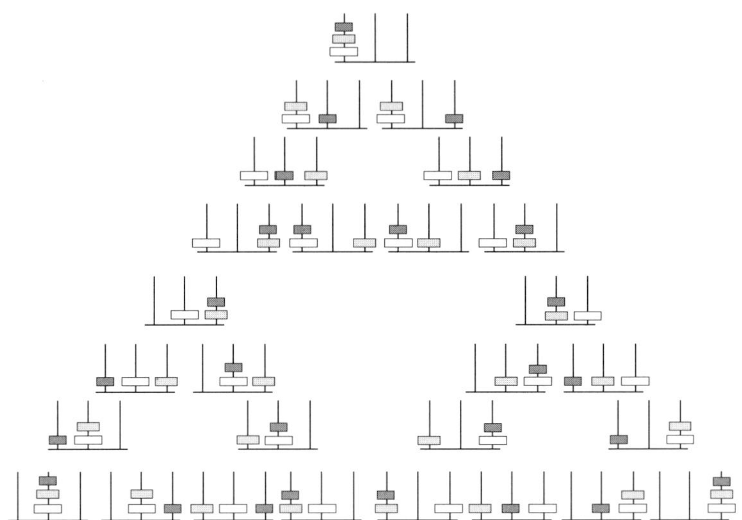

[그림 12-1] 하노이 탑 문제와 그 문제 공간

이 그림의 제일 위가 출발 상태이고 바닥의 오른쪽 또는 왼쪽이 해결 상태이다. 출발 상태에서 해결 상태 사이에 7개의 이동이 있어야 한다. 적합한 조작자를 찾지 못하면 10개의 이동으로 이 문제를 푼다.

따르면서 조작자를 적용해야 하므로 조작자를 적용할 수 있는 사전 조건과 적용한 후의 효과에 관한 표상이 있어야 한다. 이 때문에 문제 상태와 조작자가 함께 문제 공간을 이루게 된다. 한 조작자 또는 여러 조작자를 어떤 문제 상태에 적용하면 새로운 상태가 나오고, 이 새 상태에 다시 조작자를 적용하여 또 다른 상태가 나오게 된다. [그림 12-1]은 원반이 세 개인 하노이 탑 문제의 모든 문제 상태를 나타낸다. 문제 공간이라는 개념에서 보면 문제해결은 바로 검색 과정이다. 즉, 현재의 문제 상태와 최종 목표 상태 사이에 있는 공간을 이동하면서 적절한 조작자를 찾는 검색 과정이 바로 문제해결이다.

문제해결을 문제 공간에서 조작자를 찾는 과정으로 보는 정보처리 접근은 시행착오적 관점이나 재구조화 관점에 비해 해결 과정을 더 명료하게 만들고, 더 체계적인 특징을 갖고 있다. 시행착오적 행위는 현재 문제 상태와 목표 상태의 차이를 줄이는 체계적인 행위로 대체되고, 재구조화는 문제 공간의 현재 상태에 적절한 조작자를 적용했을 때 국소적인 문제 상태들이 달라지는 것으로 간주된다. 이러한 분석에 따르면, 문제해결에 대한 현재의 정보처리 접근은 행동주의적 시각과 형태주의적 시각을 모두 포함하면서 더 체계적이고 더 명료하게 목표를 구현하고 있다.

문제해결을 문제 상태에 관한 문제해결자의 표상, 그가 쓰는 조작자, 그리고 문제해결 방법으로 규정할 때 그가 택할 행동을 자세히 예측하고, 이에 대한 시뮬레이션 프로그램을 만들 수 있다.

2. 검색의 구현-수단목표분석

어떤 문제를 풀 때 사람들은 목표 상태와 비슷한 문제 상태를 만드는 조작자를 찾는다. 사람들은 목표에서 멀어지는 상태를 초래하는 조작자를 택하지 않는다. 새 아파트를 구입하려는 주부의 경우, 은행에서 융자받기와 전세 놓기의 두 행위 중에서 목표 액수와 유사한 준비금을 마련하는 행위를 택할 것이다. 즉, 사람들은 현재 상태와 목표 상태의 차이를 줄이는 조작자를 찾는다. 이것을 차이감소라 부른다. 사람들은 또한 하위목표를 만든다. 하노이 탑의 문제를 풀 때 큰 원반을 다른 막대로 옮기려 한다고 하자. 그런데 큰 원반 위에 그보다 직경이 작은 원반이 있을 경우, 먼저 이 원반을 두 막대 중 하나로 옮긴 후 큰 원반을 옮기는 조작자를 쓸 수 있다. 이 경우 작은 원반을 먼저 옮기는 목표를 하위목표 설정(subgoaling)이라 부른다.

차이 감소와 하위목표 설정으로 이루어진 것이 바로 수단목표분석(means-ends-analysis)이다. [그림 12-2]는 수단목표분석에서 현 문제 상태를 목표 상태로 바꾸는 목표와 차이를 줄이는 목표가 어떻게 달성되는지를 보여 준다. 문제해결의 기본은 해당 문제를 푸는 사람이 현 상태와 목표 상태 간의 가장 큰 차이를 찾고, 이 차이를 줄이는 데 있다. 하노이 탑의 예를 들면, 가장 큰 원반이 제 위치에 있지 않은 것이 가장 큰 차이다. 이 문제를 푸는 사람은 이러한 차이를 줄일 수 있는 조작자를 찾아야 한다. 적합한 조작자를 찾아 적용할 수 있으면 문제를 계속 풀 수 있다. 그러나 다른 원반이 가로막고 있으면 이 조건을 없애기 위해 새 하위목표를 만들어야 한다. 예를 들어, 큰 원반 위의 작은 원반 옮기기를 하위목표로 만들고, 이 목표를 실행할 수 있는 조작자를 찾아야 한다. 이 분석은 수단목표분석법에 세 가지 핵심 과정이 있음을 보여 준다. 즉, 가장 큰 차이를 제거시킬 일에 주목하기, 이 차이를 줄이는 조작자를 택하기, 그리고 이 조작자를 적용할 조건이 없으면 사전조건을 하위목표로 만들기의 과정이다.

사람들은 문제를 풀 때 현재 상태와 목표 상태의 차이를 줄이는 조작자를 찾는다.

흐름도 I 목표: 현상태를 목표 상태로 변형

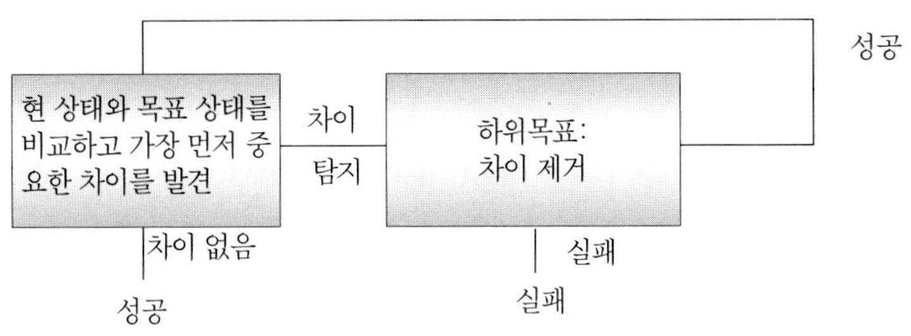

흐름도 II 목표: 차이 제거

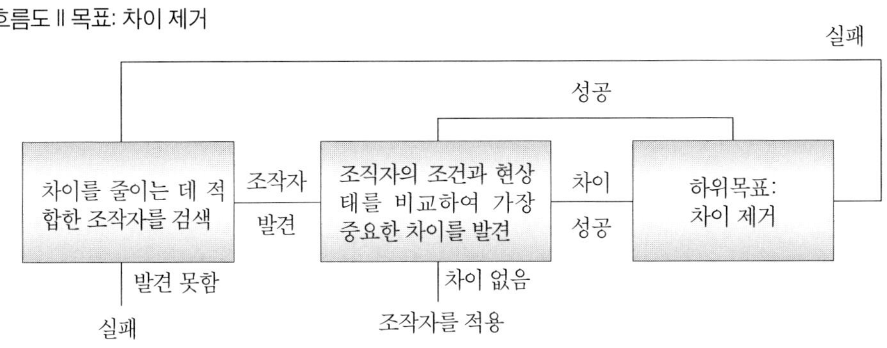

[그림 12-2] 수단목표분석의 적용

때로는 이러한 차이 감소 조작자를 찾지 못하기 때문에 다음 문제 상태로 넘어가지 못하거나, 문제가 풀리지 않는 수가 있다. 가장 좋은 예가 바로 선교사-야만인 문제이다. 이 문제는 세 명의 선교사와 세 명의 야만인이 작은 배를 이용해서 강 한 쪽에서 다른 쪽으로 이동하는 경로를 찾는 문제이다. 이 문제에는 두 가지 제약이 있다. 즉, 배에는 두 사람까지 탈 수 있고, 강 어느 쪽에서든지 야만인이 선교사보다 그 수가 많으면 선교사를 잡아먹는다(Thomas, 1974). 이 문제를 어떻게 풀어야 할까? [그림 12-3]은 바로 이 문제에서 여러 문제 상태를 나타낸다. 이 문제는 11개의 문제 상태들로 구성되어 있으며, 한 문제 상태에서 다른 문제 상태로 넘어가는 조작자를 찾아야 한다. [그림 12-4]는 사람들이 이 문제를 풀 때 한 상태에서 다른 상태로 정확히 이동하는 데 필요한 조작자를 찾는 시간을 초 단위로 측정한 결과이다. 그림을 보면 사람들은 문제 상태 6에서 문제 상태 7로 이동할 때 특히 긴 반응 시간을 보였다. 그 주된 이유는 바로 수단목표분석법의 핵심 특성인 차이 감소 때문이다. 문제 상태 6에 있는 사람들은 가능한 한 이 상태와 목표 상태 간의 차이를 감소시키는 조작자를 찾으려 할 것이다. 그러나 실제로는 오히려 목표 상태에서 멀어지는, 즉

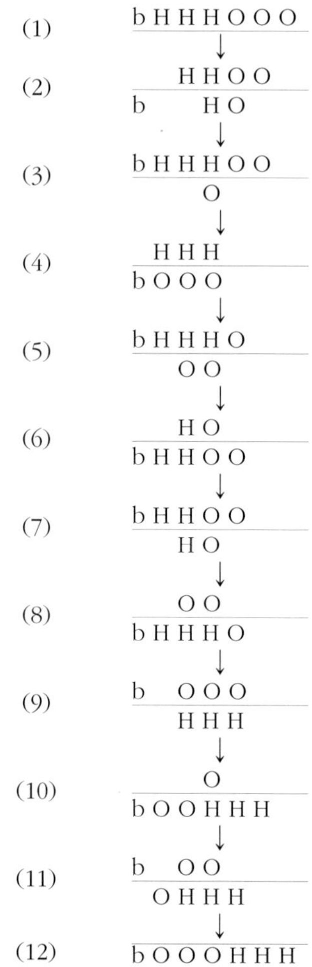

[그림 12-3] 선교사(H)와 야만인(O) 문제의 문제 공간

이 그림의 각 문제 상태에서 수평선 위는 출발지점의 상태를, 아래는 목표지점의 상태를, b는 배를 나타낸다.

차이가 커지는 조작자를 찾아야 한다. 즉, 야만인과 선교사 각각 1명씩을 출발지로 다시 보내야 한다. 이때 여러 조작자들을 생각하고 평가해서 차이 감소와 역행하는 가장 그럴듯하지 않는 조작자를 찾아 문제 상태를 바꾸어야 한다. 선교사-야만인 문제의 해결 과정을 분석해 보면, 사람들이 많이 사용하는 수단목표분석에 때때로 재빠르고 정확한 해결을 지연시키는 비용이 숨어 있음을 알게 된다.

수단목표분석법은 하노이 탑과 같은 수수께끼, 수학문제, 그리고 일상생활의 문제해결에 많이 적용되고 있다(Anderson, 1993). 비록 문제에 대한 표상이 빈약해서

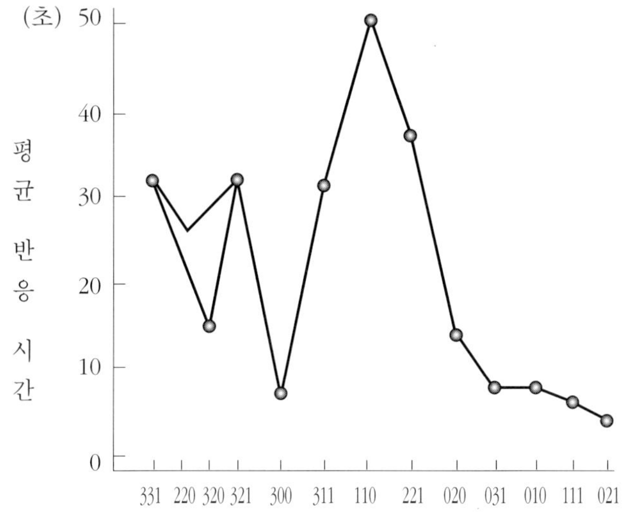

[그림 12-4] 선교사와 야만인 문제의 각 상태의 반응 시간

이 그림에서 X축의 311과 100은 [그림 12-3]에서 상태 (6)과 (7)에 해당한다.

어려움을 겪지만, 아동들도 수단목표분석법으로 여러 문제를 푼다. 계통발생학적으로 볼 때, 침팬지의 문제해결도 수단목표분석법을 따르는 것으로 보인다. 즉, 도구의 제작과 수단목표분석법은 밀접한 관계에 있다. 도구는 그것이 막대이든 또 다른 무엇이든 어떤 목표에 가까워지게 하는 수단이기 때문이다.

다양한 문제에 적용되는 수단목표분석법은 지능적인 검색에 관해 몇 가지 중요한 점을 시사한다(Holyoak, 1985). 첫째, 목표에 관한 분명한 지식이 이 분석법을 주도한다. 따라서 해결책이 분명한 문제들에 적용된다. 둘째, 초기 목표는 당면한 문제를 작은 단위로 쪼개는 일련의 하위목표들을 산출한다. 셋째, 이 방법은 재귀적으로 사용된다. 즉, 한 하위목표가 만들어지면 이때 수단목표분석법을 그 하위목표에 적용한다.

3. 산출체계로 구현되는 수단목표분석법

수단목표분석법으로 문제 공간을 다루는 작업은 추상적 수준에서 일어난다. 실제로 이 과정을 구현하기 위해서 어떤 표상 양식과 처리 과정이 필요한가? Newell

(1973)은 산출체계(production system)라는 형식모형을 제안하였다. 이 체계에서 행동은 순차적으로 규칙의 지배를 받는다. 한 산출체계의 핵심 성분은 조건-행위(만일, 그러면)의 형식을 갖춘 여러 산출규칙들이다. 즉, 산출은 그 적용가능성을 결정하는 조건과 이 조건이 맞을 때 발생하는 행위로 구성된 조작자이다. 예를 들면, 다음과 같다.

P1. 만일 목표가 현재 상태 S와 목표 상태 G의 차이 O를 줄이는 것이라면, 그러면 적절한 조작자 O를 찾고, 이를 적용하는 하위목표를 만들라.
P2. 만일 조작자 O를 S에 적용하는 것이 목표인데, O를 적용하는 데 필요한 조건 C가 만족되지 않는다면, 그러면 S를 수정해서 C를 만족시킬 하위목표를 정하라.
P3. 만일 S에 조작자 O를 적용하는 것이 목표라면, 그러면 적용하라.

산출규칙을 롤러에 페인트를 묻혀 벽을 칠하는, 일상적인 예에 적용하면 다음과 같다.

만일 당신이 롤러를 갖고 있고
페인트가 있으며
칠해야 하는 벽이 있고
그 벽이 크며
당신의 목표가 그 표면을 칠하는 것이라면
그러면 롤러에 페인트를 묻혀 그 표면에 굴리면
그 표면이 칠해질 것으로 기대할 수 있다.

각 산출규칙에서 '만일' 에 해당하는 부분은 조작자가 요구되는 조건을, '그러면' 부분은 택할 행위를 명세한다. 산출규칙의 조건 부분을 보면, 위의 예에서 처음의 넷은 조작자(여기서는 칠하기)를 적용하는 데 필요한 사전조건들이며, 나머지 하나는 그 조작자가 적용되는 목표다. 이처럼 목표를 제한하면 검색에 제약이 가해진다. 즉, 이 규칙은 적절한 목표가 있을 때만 고려될 수 있다.

산출체계에서 다음의 세 단계가 순환적으로 진행된다.

1. 산출규칙의 조건을 현재 작업기억에서 활성화된 내용(예를 들어, 문제의 현재 상

태에 관한 표상)과 맞추어 본다.

2. 만일 한 가지 이상의 규칙들과 맞으면 갈등 해소 절차가 맞는 규칙 중 하나를 택한다.
3. 선택된 규칙이 점화하고, 이에 따라 어떤 행위를 취한다.
4. 1단계로 다시 돌아간다.

산출에는 두 부류가 있다. 하나는 일반 범주이고, 다른 하나는 지각검사로 부르는 특수 범주다. 일반 범주의 산출조건은 보통 작업기억의 내용을 검토한다. 일반 산출에서는 조건 부분에 있는 검사가 만족스러우면 행위 부분이 실행된다. 이 때 행위는 동작, 어떤 지각검사의 수행, 장기기억으로부터 인출 또는 작업기억의 내용을 바꾸는 행위 등이다. 한 산출의 조건 부분은 여러 기본 검사들의 접합을, 행위 부분은 순차적인 여러 기본 행위들을 포함할 수 있다.

Anderson(1983)의 ACT*(Adaptive Control of Thought) 이론은 문제해결이 근본적으로 수단목표 문제해결 구조에서 이루어짐을 가정한다. 이 이론은 특히 문제해결에 관여하는 절차지식이 조건-행위의 쌍으로 이루어진 산출규칙으로 약호화됨을 강조한다. 이 산출규칙은 학습되고, 그 강도가 증가하고, 그리고 유추에 의한 문제해결에도 적용된다. 이러한 입장에서 문제해결과 학습은 밀접하게 관련된다. 현재 문제해결 연구의 추세는 문제해결과 학습을 구분하지 않고, 이 둘을 관련시켜 연구하는 경향이다. 이 경향은 특히 전문가의 문제해결과 유추에 의한 문제해결에서 두드러지게 나타난다.

4. 전문가와 초보자의 문제해결

전문가는 수천 내지 수만 시간을 해당 분야의 지식 습득과 그 활용에 바친 사람들이다. 초보자는 한 분야의 과목을 한 학기 이수한 사람으로 간주된다. 전문가와 초보자가 같은 문제를 풀 때 드러내는 다양한 차이들은 문제해결 배후의 표상 구조, 사용되는 조작자의 종류나 방략 등을 이해하는 데 중요한 실마리를 제공하고 있다.

이 문제를 실험적으로 다룬 선두 주자는 De Groot(1965)이다. 그는 서양장기의 고수가 하수에 비해 어떤 인지 특성에서 뛰어난지를 알려고, 고수들이 어떤 수

(move)를 택할 때 자신의 생각을 소리내어 말하도록 요구하였다. 이들의 자연스러운 언어보고를 분석한 결과, 고수와 하수가 한 수를 택할 때 어떤 점에서 차이가 있는지 알게 되었다. De Groot의 분석은 고수가 하수에 비해 탁월한 추론능력이나 수단목표분석 능력을 가지고 있음을 보여 주지 않는다. 고수는 하수에 비해 오히려 적은 수를 생각하고 있지만, 좋은 수를 고려하는 데 많은 시간을 들이는 반면, 하수는 좋은 수를 탐색하지 못하면서 시간을 많이 보냈다. 즉, 고수는 문제 공간을 광범하게 검색하지 않고, 가장 좋은 수를 매우 빨리 고려한다.

서양장기의 고수와 하수의 정보처리 특성 차이는 Chase와 Simon(1973)의 실험에서 더 구체적으로 밝혀졌다. 이들은 실제 장기 게임의 중간 부분에서 판의 형세를 여러 급수의 사람들에게 짧은 시간 동안 보여 준 다음 복기하도록 하였다. 이 실험에서 급수가 높을수록 정확하게 복기하는 수가 증가하였다. 이 결과를 놓고 장기 고수의 기억이 탁월하다는 결론을 내릴 수 있다. 그러나 장기판에 말들이 무선적으로 배열된 것을 짧게 보여 주고 복기하게 하였을 때, 오히려 급수가 낮은 사람들이 더 정확하게 복기할 수 있었다. 이러한 연구 및 관련 실험들을 바탕으로 Chase와 Simon은 고수들이 실제의 장기 게임에서 발생하는 판 형세들에 해당하는, 의미 있는 지각 단위(즉, 청크)들을 많이 학습하였다고 주장하였다. 고수들은 광범한 장기 지식을 이용하여 장기판의 새 형세가 과거에 경험했던 상황의 한 예임을 재빨리 알아본다.

Chi, Feltovich, 그리고 Glaser(1981)는 전문가-초보자의 문제해결 차이를 다르게 접근하였다. 이들은 전문가와 초보자들에게 여러 물리문제들을 제시하고, 이들을 유사성에 따라 묶도록 하였다. [그림 12-5]에서 알 수 있듯이, 전문가들은 원리와 같은 심층 구조를 중심으로 문제들을 묶은 반면, 초보자들은 문제들 간의 피상적인 유사성을 중심으로 묶었다. 전문가들은 도표가 다름에도 불구하고 두 문제가 모두 에너지 보존의 법칙으로 풀린다고 생각한 반면, 초보자들은 두 문제가 심층 구조에서 다르지만 모두 '경사면' 문제로 생각하였다. Chi 등에 의하면, 전문가는 문제들을 주요 범주로 묶을 수 있는 도식을 광범하게 학습한 것으로 보인다. 나중에 다시 보겠지만, 전문가가 문제들 간의 구조유사성에, 초보자들은 표면유사성에 각기 더 비중을 두고 있다는 결과는 유추에 의한 문제해결을 이해할 때에도 고려해야 한다.

전문가와 초보자의 문제해결 방식의 차이에 관한 이러한 초기 연구의 주목되는

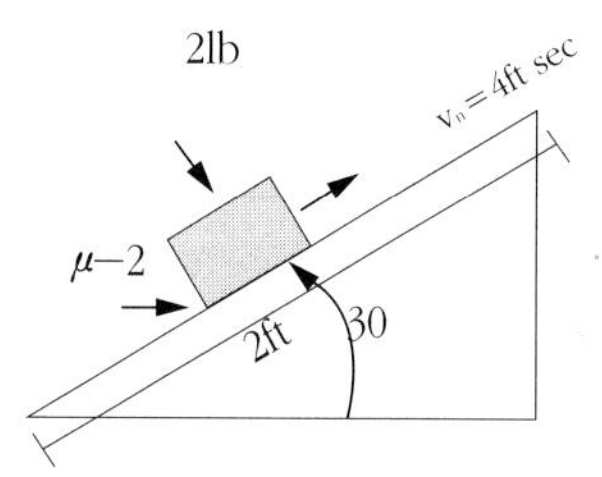

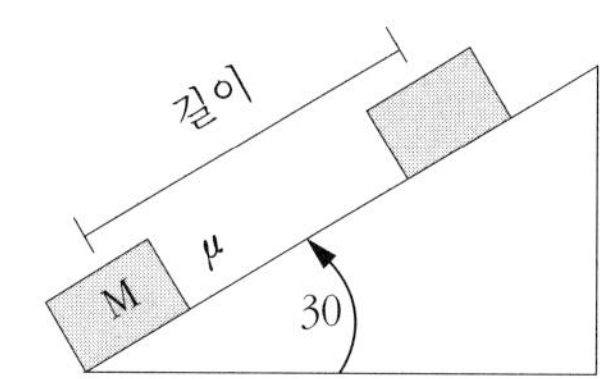

초보자 1: "이것은 경사면의 블록을 다뤄."
초보자 2: "경사문제, 마찰계수."
초보자 3: "각진 경사면의 블록."

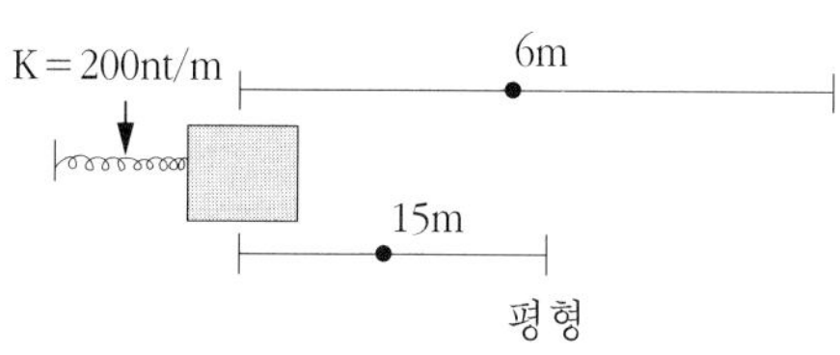

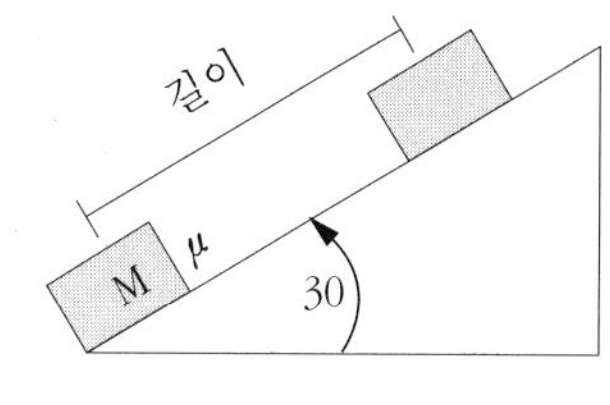

전문가 1: "에너지 보존."
전문가 2: "일-에너지 정리: 이들을 직접 풀 수 있어."
전문가 3: "이것은 에너지를 고려하면 돼, 에너지 보존원리를 모르면 문제를 풀 수 없어."

[그림 12-5] 초보자와 전문가가 각기 비슷하다고 묶은 물리문제들의 예

결과에 힘입어 이후 이 문제에 관한 광범한 실험 연구가 계속되었다. VanLehn(1989)이 정리한 몇몇 주요 결과들은 다음과 같다. ① 전문가는 초보자보다 문제를 더 빨리 풀지만, 속도가 강조되지 않으면 비슷하다. ② 전문가는 초보자보다 문제를 더 정확하게 해결한다. ③ 전문가는 문제의 난이도를 비교적 정확하게 평가하며, 자신의 검색 과정을 긴밀하게 감찰한다. ④ 전문가는 문제들을 원리 중심으로, 초보자는 표면 특징을 중심으로 분류한다. ⑤ 전문가는 초보자보다 문제와 그 해결책에 관한 일화기억이 뛰어나다. ⑥ 전문가는 초보자와는 다른 지식 구조를 갖고 있다. ⑦ 전문가는 문제들을 도식 중심으로 이해하며, 더 큰 의미 단위(즉, 청크)로 약호화한다. 전문가와 초보자가 같은 상황을 보더라도, 전문가는 청크를 많이 가지고 있으므로 제한된 시간 내에 초보자보다 더 많이 본다(전문가와 초보자의 문제해결에 관한 정보처리 연구들의 개관은 이영애, 1986을 참고할 것).

5. 문제해결의 주요 효과

문제해결 연구자들은 그 해결에 사전지식이 많이 필요한 문제(예: 수학, 물리문제)와 그렇지 않은 문제(예: 하노이 탑, 선교사와 야만인)들을 사람들에게 주고 풀도록 한다. 이때 해결의 정확성이나 속도를 측정하거나, 문제를 풀고 있는 중 생각나는 것을 크게 소리내어 말하도록 요구하거나, 많은 문제들을 제시하고 이를 비슷한 것들끼리 묶거나, 한 문제를 푼 다음 이 문제와 표면 구조 또는 심층 구조에서 유사한 문제를 제시하고 앞 문제의 해결이 조작자의 선택 등에서 나중 문제의 해결에 어떤 영향을 주는지, 즉 전이효과를 검토한다.

이런 다양한 방법을 이용해서 사람들의 문제해결을 다룬 연구들을 개관하면서 VanLehn(1989)은 문제해결에 관한 여러 현상들을 앞서 이미 정리한 전문가-초보자의 차이효과, 연습효과, 동형구조효과 및 전이효과로 정리하였다. 여기서 연습효과란 문제를 계속 풀어 감에 따라 사람들이 사용하는 규칙에 관한 언어보고가 감소하거나, 선교사-야만인 문제처럼 사전지식이 별로 필요 없는 문제의 경우 전혀 틀리지 않고 두 번 연속으로 정확히 푸는 데 3.6회만 연습하면 되는 것 등을 말한다. 이러한 연습효과 배후에 여러 기제가 개재하고 있음이 분명하며, 이 효과는 문제해결과 학습이 밀접한 관계에 있음을 보여 준다.

동형구조효과란 두 문제가 표면적으로는 다르지만 심층 구조는 같을 때 문제에 따라 해결의 난이도가 같거나 상당히 달라짐을 말한다. 예를 들어, 선교사와 야만인의 문제를 사람과 꼬마 요정으로 바꾸어 제시하더라도 해결시간이나 이동 패턴에서 별다른 영향이 없다. 반면, 이 문제를 질투심 많은 세 남편과 세 아내 문제로 바꾸고, 강의 어느 쪽에서든 남편은 자기 아내가 없으면 불안해한다는 새 제약을 주면, 두 문제는 그 심층 구조에서는 같지만 나중의 문제가 더 긴 해결 시간을 요한다. 앞서 살펴본 하노이 탑 문제의 예를 들어 보자. 세 원반일 경우 이 문제의 해결에 평균 1.83분이 소요된다. 이 문제를 마귀-이동 또는 마귀-변형 문제로 바꿀 수 있는데, 각 문제는 다음과 같다(Hayes & Simon, 1977).

(마귀-이동 문제) 다섯 손을 가진 외계 마귀 세 마리가 각각 한 개의 수정공을 가지고 있다. 양자역학의 특이성 때문에 마귀와 공의 크기가 소, 중, 그리고 대로 정확히 똑

같게 되었다. 작은 마귀는 큰 공을, 중간 마귀는 작은 공을, 큰 마귀는 중간 크기의 공을 각각 가지고 있다. 이러한 상황은 이 마귀들이 절묘하게 발전시킨 대칭 개념에 위배되므로 한 마귀에서 다른 마귀로 공을 이동시켜 각 마귀가 자기 몸 크기에 맞는 공을 가지려 한다. 이 문제를 풀 때 마귀의 세계에도 예의가 있어 다음을 따라야 한다. 즉, ① 한 번에 공 하나씩만 옮길 수 있다. ② 만약 어떤 마귀가 두 공을 갖고 있을 때 그 중 큰 것만 다른 마귀에게 줄 수 있다. ③ 자기 것보다 큰 공을 가진 마귀에게 공을 줄 수 없다. 마귀들은 어떤 순서로 공을 이동시켜 이 문제를 풀 수 있는가?

(마귀-변형 문제) 다섯 손을 가진 외계 마귀 세 마리가 각각 한 개의 수정공을 갖고 있다. 양자역학의 특이성 때문에 마귀와 공의 크기가 소, 중, 그리고 대로 정확히 똑같게 되었다. 작은 마귀는 큰 공을, 중간 마귀는 작은 공을, 큰 마귀는 중간 크기의 공을 각각 가지고 있다. 이러한 상황은 이 마귀들이 절묘하게 발전시킨 대칭 개념에 위배되므로 공의 크기를 줄이거나 크게 만들어 각 마귀가 자기 몸 크기에 맞는 공을 가지려고 한다. 이 문제를 풀 때 마귀의 세계에도 예법이 있어 다음을 따라야 한다. 즉, ① 한 번에 공 하나를 변형시킬 수 있다. ② 만약 두 공이 같은 크기라면 더 큰 마귀가 갖고 있는 공의 크기를 바꿀 수 있다. ③ 자기보다 더 큰 마귀가 가진 공과 같은 크기의 공으로 바꿀 수 없다. 마귀들은 어떤 변형 순서로 이 문제를 풀 수 있는가?

Hayes와 Simon(1977)의 실험에 의하면, 마귀-이동 문제는 그 해결에 평균 14분, 마귀-변형 문제는 평균 30분이 소요된다. 이는 앞서 언급한 하노이 탑 문제를 해결하는 데 2분 정도가 소요된다는 사실에 비추어 놀랍다. Kotovsky, Hayes, 그리고 Simon(1985)은 일련의 실험을 통해 동형 구조인 문제들이 그 해결에서 이처럼 큰 차이를 보이는 이유가 작업기억의 처리 부담 때문임을 시사하는 결과를 얻었다. 하노이 탑의 경우, 원반의 이동과 관련해서 정보를 기억에 저장할 필요가 없다. 마귀 문제의 경우, 마귀나 공의 크기에서 변형 정보가 작업기억에 저장되어야 하므로, 이에 따른 부담 때문에 문제 상태들 간의 이동이 느려진다.

전이효과는 앞서 잠깐 언급하였지만, 문제들 간의 유사성이 어떤 효과를 미치는지를 검토하는 과정에서 밝혀졌다. 예를 들어, 선교사-야만인 문제를 푼 다음, 이 문제와 같은 구조를 가지고 있으나 그 표면 이야기가 다른 문제, 즉 질투심이 많은 남편-아내의 문제를 풀도록 하면 사람들은 잘 풀지 못한다. 선교사-야만인 문제와는 달리 이 문제에는 강 어느 쪽이건 남편과 아내는 같은 쪽에 있어야 한다는 제약이 있다. 다른 말로 하면 남편과 아내는 항상 강의 같은 쪽에 있어야 한다. 반면, 질투심 많은 남편-아내 문제를 푼 다음, 선교사-야만인 문제를 풀도록 하면 사람들은 잘 푼다. 이 효과를 비대칭적 전이효과(asymmetric transfer effect)라 한다.

전이효과는 문제해결 중 유추에 의한 문제해결에서 매우 중요한 문제다. 유추란 어떤 문제를 풀어야 할 때 그 문제와 비슷한, 이미 잘 알고 있는 문제를 생각해 내고, 새 문제와 옛 문제의 구조 성분들을 사상(mapping)한 다음, 옛 문제의 해법을 새 문제에 적용해서 새 문제를 푸는 것을 말한다. 예를 들어, Dunker(1945)의 유명한 종양문제를 알아보자.

> 의사인 당신이 위에 악성 종양을 가진 한 환자를 다룬다고 가정하라. 환자를 수술하기가 불가능하지만, 종양이 없어지지 않으면 환자가 사망한다. 종양의 파괴에 쓸 수 있는 방사선이 있다. 이 방사선이 충분히 높은 강도로 종양에 한 번 도달할 수 있으면, 그 종양은 파괴될 것이다. 불행히도, 이러한 강도의 방사선은 종양으로 가는 도중에 건강한 조직들을 또한 파괴한다. 낮은 강도에서는 그 방사선이 건강한 조직에는 무해하나, 종양에 아무런 영향을 주지 못한다. 방사선으로 종양을 파괴하면서 동시에 건강한 조직의 파괴를 피하려면 어떤 절차를 써야 하는가? (Anderson, 1980, 이영애 역)

이 문제의 가장 좋은 해답은 광선을 여러 갈래의 약한 광선으로 나누고, 종양에서 이들이 모이게 하는 조작자다. Dunker의 실험 대상자인 대학생들 중 10% 미만이 이렇게 문제를 풀었다. Gick과 Holyoak(1980)은 종양문제를 제시하기 전 대학생들에게 다음과 같은 이야기를 제시하였다.

> 튼튼한 요새에 살고 있는 독재자가 조그만 나라를 다스리고 있었다. 이 요새는 그 나라의 한가운데 있는데, 농장과 마을로 둘러싸여 있었다. 여러 갈래로 난 도로가 시골에서 요새로 이어져 있었다. 반란군의 한 장군은 이 요새를 함락시키기로 작정하였다. 그는 반란군 모두가 공격하면 그 요새가 함락되리라는 것을 알고 있었다. 한쪽 길머리에 군대를 집결시키고 전면 공격을 준비했다. 그러나 장군은 독재자가 길마다 지뢰를 파묻어 둔 것을 그때서야 알았다. 독재자가 자기의 군대와 일군을 요새의 여기저기로 이동시킬 필요가 있었으므로 지뢰들은 적은 무리의 사람들이 안전하게 통과하도록 장치되어 있었다. 그러나 큰 힘이 가해지면 지뢰들이 폭파될 수도 있었다. 이렇게 되면 도로가 날아갈 뿐만 아니라, 인근 마을도 파괴될 것이다. 따라서 그 요새를 함락시키는 것은 불가능해 보였다. 그러나 장군은 간단한 묘안을 짜내었다. 군대를 소대로 나누고 각 소대를 각각의 길머리에 배치했다. 준비가 다 되었을 때, 신호를 보내면 길을 따라

행군해 오도록 지시했다. 각 소대는 계속 행군하여 전 군대가 동시에 요새에 도달하여 집결하게 했다. 이러한 방식으로 장군은 요새를 함락시키고 독재자를 무너뜨릴 수 있었다(Gick & Holyoak, 1980, 이영애 역).

요새 이야기를 읽은 대학생의 30%만이 종양문제를 풀었다. 요새 이야기를 이용해서 종양문제를 풀라는 힌트를 주었을 경우, 70%가 표적인 종양문제를 풀었다. 요새 이야기를 바탕으로 종양문제를 풀려면 '요새 - 종양' '군대 - 광선' '소대 - 약한 광선' 으로 두 이야기의 성분들이 사상되어야 '군대를 여러 소대로 나누어 요새를 공격하듯이, 강한 광선을 여러 갈래의 약한 광선으로 나누어 종양을 제거한다.' 는 유추에 의한 해결을 내놓을 수 있다.

문제해결의 한 핵심 분야는 바로 유추에 의한 문제해결이다. 유추가 중요한 까닭은 앞서 살펴본 것과 같은 한 영역 내의 문제들 간의 전이가 아니라(예를 들어, 수학 문제들 간에) 전혀 다른 영역들 간에 문제해결의 전이 여부를 밝히기 때문이다. 또한 유추에 의한 문제해결은 문제해결 전반에 대한 새로운 접근인 연결주의(connectionism)로 다루어지고 있기 때문에 대단히 중요하다.

6. 문제해결의 두 접근: 상징 접근과 연결주의 접근

1980년대 중반부터 인지심리학 분야는 그동안 이 분야를 지배해 왔던 상징 접근(symbolic approach)과 여러 차원에서 비교되는 연결주의 접근(connectionistic approach)의 도전을 받게 되었다. Newell과 Simon(1972)의 기념비적인 문제해결 연구가 바로 상징 접근을 대표한다. 산출체계를 사용하는 Anderson(1983)의 ACT* 가 상징 접근의 좋은 예이다. 그의 이론은 조건과 행위 쌍을 기술하는 명제표상으로 산출체계를 구현하고 있다. 상징 접근은 인간의 사고가 필연적으로 상징적 심성활동이라고 주장하며, 각 지식은 장기기억의 해당 위치에 정확하게 표상되어 있다고 본다. 예를 들어, 의미기억에 각 상징에 해당하는 마디(node)가 저장되어 있고, 이 마디들이 서로 연결되어 구조를 이루고 있다고 가정한다. 연결주의 접근은 인간의 사고가 상징적 심성활동 이하의 수준에서, 더 구체적으로는 신경원과 그들의 관계를 모사하는 수준에서 연구되어야 한다고 주장한다. 연결주의 접근은 지식이 여러 처리 단위들 간의 흥분적 · 억제적 연결 패턴으로 표상되어 있다고 본다. 상징 접근은 정보처리 흐름을 제어하는 중앙집행기를 가정하는 반면, 연결주의 접근은 이런 것을 가정하지 않고, 여러 처리 단위들에 걸쳐 분산된 처리를 가정한다. 따라서 상징 접근은 순차적인 정보처리에 의한 판단을, 연결주의 접근은 처리 단위들 간의 연결에 제한을 가하는 제약을 만족시키는 정보처리를 강조한다. 상징 접근에서 문제해결이란 문제에 관한 분명한 표상을 만들고(문제 공간), 여기서 출발 상태에서 목표 상태로 이르는 경로를 검색하면 된다. 연결주의 접근에서는 여러 단위들로 구성된 망 조직을 재구조화하는 과정에서 문제의 해결이 자연스럽게 가능해진다.

상징 접근은 출발 상태, 목표 상태, 조작자 등이 잘 정의되어 있는 문제의 해결에 매우 적합하다. 반면, 연결주의 접근은 잘 정의되지 않는 문제(예: 종양문제)나 창의적인 문제의 해결을 잘 설명한다. 연결주의 접근은 현재 Holyoak과 Thagard(1995)의 노력에 의해 유추에 의한 문제해결 과정을 이해하고 설명하는 데 크게 기여하였다. 여기서 주목할 것은 상징 접근과 연결주의 중 어느 한 접근이 유추나 다른 문제해결을 충분히 설명하지 못한다는 점이다. 연결주의 접근은 상징 접근의 가정 일부를 받아들여, 일종의 혼합모형을 택하고 있다.

Holyoak과 Thagard(1989, 1995)의 모형은 낯선 문제(표적 유사물)를 이와 비슷한 낯익은 문제(바탕 유사물)를 이용해서 풀어야 할 때 이 둘 간의 최적 사상(mapping)을 찾기 위해 상호작용적 연결망에서 병렬제약만족을 사용한다고 가정한다. 이 모형에는 유사성, 구조 및 목적의 세 제약이 있고, 이를 만족시키는 방향으로 마디와 그들 간의 연결이 활성화될 때 문제가 풀린다. 두 문제의 성분들 간의 표면적 또는 심층적 유사성이 있어야 하고, 성분들은 구조적으로 일대일의 대응관계에 있어야 하며, 유추를 사용하는 목적이 또한 특정 마디를 활성화 또는 억제시킨다. 이러한 제약이 만족되어야 하는 이유는 두 문제의 성분들이 많을수록 그들 간의 사상가능성이 엄청나게 증가하고, 따라서 이러한 계산 부담을 감소시켜야 하기 때문이다.

Holyoak과 Thagard의 모형에서 요소(즉, node)들은 무엇과 무엇이 짝이 되는지, 어떤 행위를 택해야 하는지 또는 문제 상황이 무엇인지에 관한 가설들이다([그림 12-6]).

따라서 요소들은 명제표상으로, 즉 상징 접근이 강조하는 표상이다. 요소들 간의 관계는 억제적 또는 흥분적 연결과 그 강도로 표시된다. 이 모형은 정보처리의 단위인 마디 수준에서는 상징 접근의 표상 방식을 택하고, 마디들 간의 연결문제는

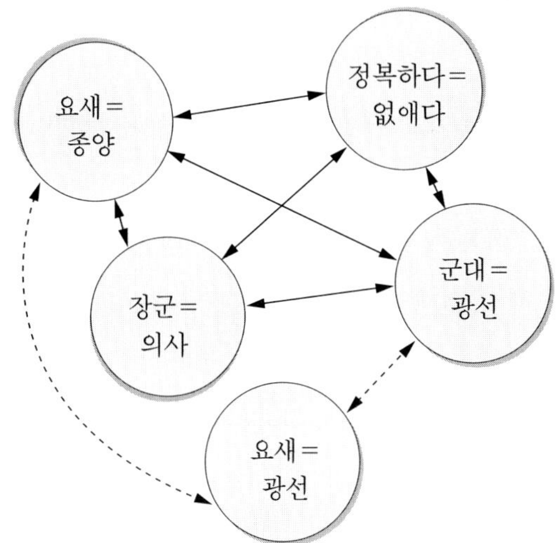

[그림 12-6] 요새문제와 종양문제 간의 유추에 의한 사상을 찾는 병렬제약만족

이 그림에서 각 원은 상징적인 마디를, 점선은 억제적 연결을, 실선은 흥분적 연결을 나타낸다. 〈요새 = 광선〉 마디는 〈요새 = 종양〉 마디와 〈군대 = 광선〉 마디의 억제를 받아 결과적으로 유추에 의한 문제의 해결에 아무런 영향을 주지 못한다.

연결주의의 표상 방식을 택한다. 예를 들어, 요새(바탕 유사물)와 종양문제(표적 유사물)의 경우, 〈독재자 = 종양〉 마디와 〈군대 = 광선〉 마디 간에, 〈정복하다 = 없애다〉 마디와 〈군대 = 광선〉 마디 간에, 〈장군 = 의사〉 마디와 〈정복하다 = 없애다〉 마디 간에 각기 흥분적 연결이 있고, 〈요새 =광선〉 마디와 〈군대 = 광선〉 마디 간에 억제적 연결이 있다. 여기서 각 마디, 예를 들어 〈독재자 = 종양〉은 독재자가 종양이라는 가설을 장기기억의 한 위치에 표상한다. 이 예에서 〈정복하다 = 없애다〉, 〈군대 = 광선〉과 같은 마디의 형성이 유사성 제약을 따른다. '정복하다' 와 '없애다' 는 그 의미가 비슷하며, '군대' 와 '광선' 은 힘이라는 차원에서 비슷하기 때문이다. 〈군대 =광선〉 마디가 형성되면 일대일의 구조제약 때문에 〈요새 = 광선〉과 같은 마디는 형성되기 힘들고, 또 이 마디와 다른 마디의 연결은 억제된다. 목적제약은 종양문제를 해결할 수 있는 방향으로 유추사상이 진행되도록 한다. 이 제약이 〈군대 = 광선〉 마디를 상대적으로 더 활성화시켜 '군대를 나누듯이 광선을 여러 갈래로 나눈다.' 는 안정된 해결을 가능하게 한다.

표적 유사물과 바탕 유사물이 제시되어 마디와 그들의 연결로 이루어진 망이 구성되면, 여러 마디들의 활성화 수준이 어떤 안정 상태에 달할 때까지 처리가 계속

된다. 활성화된 어떤 다른 마디와 흥분적 연결관계에 있는 마디는 흥분을 받고, 활성화된 마디와 억제적 연결관계에 있는 마디는 그 활성화 수준이 떨어진다. 이 과정에서 앞서 언급한 유사성, 구조 및 목적의 세 제약이 병렬적으로 만족되는 방향으로 처리가 진행된다. 결국, 그 활성화가 어느 수준에 넘어서는 마디들은 바탕 유사물과 표적 유사물 간의 최적 대응을 나타내는 것으로 간주된다.

유추로 문제를 풀 때 병렬제약만족(parallel constraint satisfaction)에 의해서 사상 단계의 계산 부담을 자연스럽게 줄이는 이 모형은 인지실험과 시뮬레이션 실험으로 그 가정의 타당성이 검토되고 있다. Holyoak와 Thargard(1995)의 이 모형 외에도 상징 접근을 택하면서 순차적인 정보처리 단계를 강조하는 유추모형으로 Forbus, Gentner, 그리고 Law(1995)의 모형, 유추 문제해결에서 작업기억의 제약을 중요하게 여기는 Keane, Ledgeway, 그리고 Duff(1994)의 모형이 있다. 이 세 모형은 모두 그 표상과 처리 과정에 관한 가정이 다르다. 최근의 연구 경향은 인지심리학 실험 결과에 바탕을 둔 이 세 모형이 여러 유추효과를 상대적으로 어떻게 더 잘 설명하는지를 검증하는 시뮬레이션 연구가 활발하다(유추에 관한 두 접근의 자세한 개관은 이영애, 1997을 참조).

7. 문제해결과 학습의 관계

문제해결에 관한 연결주의 접근과 여러 실험 결과들을 개관할 때 일관되게 드러나는 한 주제는 문제해결과 학습의 상호작용이다. 문제해결의 주요 효과 중에 연습효과, 전이효과, 그리고 전문가와 초보자의 차이 등은 모두 문제해결과 학습이 밀접한 관계에 있음을 보여 준다. 특히, 문제해결에 관한 연결주의 접근은 처리 단위들의 활성화 및 흥분적 또는 억제적 연결 강도의 변화에 있어서 학습의 역할을 중요하게 여긴다. 이는 종전처럼 문제해결과 학습을 별개의 독립적인 인지 과정으로 보는 시각에 문제가 있음을 지적한다.

사전지식이 별로 필요하지 않는 문제(예: 선교사와 야만인 강 건너기)도 학습을 되풀이하면 그 해결이 촉진된다. 여기에는 여러 기제가 기여한다(VanLehn, 1989). 조율(tuning), 청킹(chunking), 절차화(proceduralization), 증강(strengthening), 그리고 규칙 귀납(rule induction)이 문제의 해결을 학습할 때 관여한다. 조율은 조작자를 어림짐작으로 택하는 추단(heuristic)을 수정하는 과정을 말한다. 조율은 어떤 조작자들을 적용하려 할 때 그 조건이 일반적인지를 따져 그 조작자를 적용할 수 있는 조건을 넓히거나 제한하는 것을 말한다. 청킹은 연결된 여러 산출체계들을 계속 사용하면서 조건 쪽에는 읽은 모든 정보를 배치하고, 행위 쪽에는 수정된 모든 정보를 함께 모아 한 산출체계를 새로 만드는 것이다. 청킹에 의해 몇몇 소규모의 산출들 각각이 해냈던 작업을 단 한 번에 하는 새 산출이 생긴다. 절차화는 Anderson(1983)의 ACT* 모형이 사용하는 학습 기제이다. 이 기제는 서술지식(declarative knowledge)을 절차지식(procedural knowledge)으로 바꾸기를 표상한다. 증강은 한 조작자가 성공적으로 문제 상태를 바꾸었을 때 그 강도가 늘어난다. 증강 때문에 문제해결에 있어 한 조작자를 다른 조작자보다 더 선호한다. 선교사와 야만인의 강 건너기 문제에서 출발지점으로 다시 사람들을 더 많이 보내는 조작자가 문제를 성공적으로 해결하게 했으므로 이 조작자가 사용될 확률이 증가한다. 규칙 귀납은 어떤 두 조작자를 번갈아 적용할 때 사람들이 그 패턴을 인식하고 이를 기술하는 규칙을 만드는 것이다. 수단목표분석법을 사용해서 문제를 풀 경우에 규칙 귀납과 같은 학습 기제가 작용할 가능성은 적다.

문제해결과 학습의 관계는 이미 언급한 것처럼 유추전이(analogical transfer)에서도 중요하다. 유추로 표적문제를 성공적으로 풀었을 때 어떻게 될까? 여러 연구자들(예: Holyoak & Thagard, 1989, 1995; Ross & Kennedy, 1990)은 성공적인 유추전이는 곧 어떤 추상적 도식을 학습하게 한다고 제안하였다. Gick과 Holyoak(1983)은 종양문제(표적 유사물)를 제시하기 전, 낯익은 문제(바탕 유사물)를 두 개 연속으로 제시하여 종양문제를 풀게 한 조건과, 한 바탕 유사물만 제시한 후 풀게 한 조건을 만들고, 두 조건이 종양문제의 해결에 어떤 차이를 보이는지 검토하였다. 두 개의 바탕 유사물을 제시받은 사람들은 바탕 유사물 한 개를 받은 사람들보다 힌트가 있건 없건 종양문제를 더 잘 풀었다. 이 결과는 비슷한 두 개의 바탕 유사물을 풀면 명료한 해결도식(solution schema)이 형성되고, 이것이 유추전이를 촉진시키는 것으로 해석되었다. 이 결과를 초래한 것으로 믿어지는 해결도식은 '만약 갑이 을을 극복하기를 원하는데, 병이 그 사이에 있어 방해된다면, 갑을 나누어 시도해 볼 수 있다.' 와 같은 것이다. 여기서 갑은 요새문제에서는 군대, 종양문제에서는 강한 광선이고, 을은 각기 독재자, 종양이며, 병은 좁은 길, 건강한 조직에 해당한다.

유추에 의한 문제해결의 결과로 추상적 해결도식이 학습됨을 보여 주는 증거는 다소 갈등적이다. 앞의 연구들 이외에 Bassok과 Holyoak(1989)은 가속도문제의 해결에 필요한 방정식을 배운 학생들이 그 구조가 같은 대수문제를 풀 때 생각하는 것을 소리내어 보고하도록(think aloud) 하였다. 학생들은 유추 때문에 추상적인 도식을 학습하였음을 시사하는 증거를 보였다. 그러나 Reed(1989)는 소리내어 말하는 과제를 사용하지 않고, 비슷한 문제들의 개념들을 분명하게 짝짓는 과제를 사용해서 추상적 도식이 형성되는지를 알아보았다. 구조가 같은 문제들을 학생들이 비교하도록 요구하였지만, 또 대수문제의 해결 원리를 언급했지만, 최종 문제의 해결에서 별다른 이득이 없었다. 과학개념의 유추학습을 연구한 Donnelly와 McDaniel(1993)도 유추에 의한 개념학습이 추상적인 도식의 형성과 무관함을 시사하는 결과를 얻었다.

유추에 의한 추상적 문제해결 도식의 학습을 둘러싼 연구들은 대체로 도식의 형성을 지지하는 증거를 보고하고 있다. 그러나 앞서 개관된 연구들을 비교해 보면, 도식의 형성을 시사하는 연구들은 문제를 해결하면서 소리를 내거나 글로 보고하게 하는 과제를 사용한 반면, 도식의 학습을 부정하는 연구들은 개념의 비교와 같은 직접적인 조작을 가했다. 앞 연구의 결과들은 부분적으로는 실험자의 요구대로 참여자들이 행동하였기 때문일 수 있다. 이 결과를 자연스럽고 자동적인 도식의 학습으로 보기 힘들다.

8. 요약

문제해결을 정보처리 과정으로 보는 연구들은 상징 접근과 연결주의 접근에 의해 주도되고 있다. 이 접근들은 문제해결 과정과 그 표상을 가정할 때 큰 차이를 보인다. 상징 접근은 문제 공간에서 검색 과정으로, 연결주의 접근은 병렬제약만족으로 해결 과정을 다르게 본다. 상징 접근은 문제 공간에서 출발 상태와 목표 상태, 상태들을 바꾸는 조작자 등이 명료한 문제의 해결 과정을 설명할 때, 연결주의 접근은 명료하지 않은 문제의 해결을 설명할 때 각각 장점을 보인다.

사람들은 수단목표분석으로 수수께끼, 수학문제 또는 일상생활문제를 해결한다. 이 분석은 한 문제 상태와 목표 상태의 가장 큰 차이를 줄이는 일을 주목하고, 그 차이를 줄이는 조작자를 택하며, 조작자를 적용할 조건이 없으면 그 사전조건으로 하위목표를 만드는 세 요소로 구성된다. 수단목표분석은 산출체계모형에서 형식적으로 구현된다. 이 분석은 현 문제 상태와 목표 상태의 차이를 줄이기를 강조하므로 강 건너기 문제처럼 그 해결을 지연시키기도 한다.

문제해결 연구들은 전문가-초보자의 차이효과, 연습효과, 동형구조효과 및 전이효과를 주요 효과로 밝혀내었다. 전문가와 초보자는 문제의 이해, 산출 계획의 구성 등에서 현저한 차이를 보인다. 연습효과는 문제해결과 학습이 독립적이지 않고 밀접한 관계에 있음을 보여 준다. 동형구조효과와 전이효과는 문제들 간의 표면유사성이나 구조유사성에 따라 해결의 난이도가 달라짐을 보여 준다. 전이효과는 유추에 의한 문제해결의 여러 과정들을 밝힐 때 중요하다.

한 문제의 해결이 사전지식을 많이 요구하든 하지 않든 간에 문제해결과 학습은 밀접하게 관련된다. 유사한 문제들을 반복해서 풀 때 관여하는 학습 기제와 추상적 도식의 정체에 관한 연구가 활발히 진행되고 있다. 유추에 의한 과학 개념의 학습이나 문제해결 과정을 좀 더 정확히 이해하고 설명하려면 학습 과정에 관한 새로운 접근이 필요하다.

주요 용어 목록

ACT(Adaptive Control of Thought)
문제 공간
산출규칙
선교사-야만인 강 건너기 문제
연결주의 접근(connectionistic approach)
청킹(chunking)
검색 유추
문제 상태
상징 접근(symbolic approach)
수단목표분석(means-ends-analysis)
종양문제
하노이 탑 문제

읽을거리 ▶▶▶

문제해결에 대한 정보처리 접근을 깊이 있게 다룬 다음의 책들을 추천한다. Ian Robertson의 책은 문제해결을 문제표상과 과정, 유추문제해결, 학습과 전문가의 발달로 나누어 잘 설명하고 있다. Holyoak과 Thagard의 책은 유추를 창의적 문제해결을 연결시킨 훌륭한 책이다. 이 책은 연결주의 접근이 유추에 적용되는 과정을 자세히 소개한다.

J. Anderson 지음, 이영애 옮김(2000). 인지심리학 및 그 응용. 서울: 이화여대 출판부.

R. Sternberg 지음, 이영애 옮김(1992). 인간사고의 심리학. 파주: 교문사.

Holyoak, K. J., & Thagard, P. (1995). *Mental leaps: Analogy in creative thought*. MIT Press.

Ian Robertson, S. (2001). *Problem solving*. Psychology Press.

제13장

지능과 창의성

1. 지능의 개념과 관련된 논의들
2. 지능에 대한 경험적 연구법: 심리측정 접근과 인지적 접근
3. 포괄적 지능이론
4. 창의성
5. 요약

제13장

지능과 창의성

종 내의 개체들은 서로 다르다. 색깔, 크기, 힘과 같은 신체적 특징뿐만 아니라 정서적 · 인지적 특성에서도 차이를 보인다. 이런 차이는 장구한 진화의 흐름에서 종 전체의 생존가능성을 높여 왔다. 한 종 내의 개체가 갖고 있는 특질이 다양할수록 환경의 변화에 대처하여 종의 생존가능성이 높아진다. 인간도 예외가 아니다. 사람들은 서로 다르다. 심지어 쌍둥이조차도 그들에 대해 잘 알고 있는 부모에게만큼은 생김새나 성격 면에서 뚜렷한 차이가 나타난다. 개인차는 인간을 포함하여 모든 유기체가 피할 수 없는 하나의 현실이다. 우리의 과제는 이 개인차를 '어떻게 이해하고 적절하게 활용할 것인가?' 이다.

개인차 연구에서 가장 실제적이고 대중화된 개념은 지능검사이다. 누구나 한 번쯤은 지능검사를 받은 적이 있고, 그 결과인 지능지수는 우리의 전반적인 지능을 알려 준다고 들어 왔다. 하지만 지능검사나 지능지수와 같은 개념은 지능에 대한 충분한 이해에 근거하여 만들어진 것이 아니라 실제 장면에서 필요하기 때문에 고안된 검사일 뿐이다. 최초의 지능검사인 Binet-Simon 검사는 정상아와 학습부진아를 구분하기 위해 개발되었다. 물론 구분의 목적은 학습부진아에게 적절한 학습 환경을 제공하기 위해서였다. 이후 군대 또는 병원과 같은 장면에서 운영의 효율성이나 진단을 위해 지적 능력에 따른 선별이 요구되었다. 이를 위한 다양한 검사들이 만들어졌고, 이들은 선별이나 선발이 요구되는 장면에서 유용하게 활용되었다. 지능검사는, 임상 장면에서 일반적인 관찰이나 면접에 의해 포착되지 않는 장애를 드러낸다. 즉, 일상적인 대화나 생활에는 전혀 지장이 없는 것처럼 보이지만, 뇌손상이나 심리적 장애로 인한 지적 결함을 드러내 준다. 지능검사는 또한 학교 장면에서 학습능력을 분류할 수 있게 해 준다. 이 역할은 특히 학습부진아의 진단과 판별에서 두드러지며, 영재아 판별도 관행적으로 지능검사 점수에 의존한다.

하지만 지능검사의 효율성과 지능에 대한 개념적 이해는 별개의 문제다. 지적 행동의 범위가 다양할 뿐만 아니라 이들을 어떻게 통합해야 하는지에 대한 논리와 그 근거가 없기 때문이다. 그렇다면 지능이란 무엇인가?

오늘날 지능에 대한 사전적 정의는 배우고 이해할 수 있는 능력 또는 새롭거나 복잡한 상황에 대처할 수 있는 능력으로 정의한다(Webster' s New Collegiate Dictionary). 대부분의 연구자들은 지능을 이보다 포괄적으로 정의하는데, 종종 사고 과정을 통칭한다(Anderson, 1985; Carroll, 1993). 사고 과정을 통칭하는 또 다른 표현으로는 인지(cognition)가 있다. 인지는 어원상 지식 습득을 가리키지만, 지식 습득은 물론 지식의 저장과 활용까지 포괄하기 때문이다. 재미있는 점은 지능 연구자들은 인지에 대한 이해를 역설하는데, 인지연구자들은 거꾸로 지능의 중요성을 강조하고 있다는 것이다. Spearman(1923)의 『지능의 본질과 인지 원리』, Carroll(1993)의 『인간의 인지적 능력들: 요인분석 연구에 대한 개관』은 지능 연구자들이 얼마만큼 인지에 관심이 많았는지를 드러내 준다. 거꾸로, Anderson(1985)은 인지심리학은 지능의 성질과 그 과정을 탐구하는 분야로, Luger(1994)는 인지과학을 지능적 시스템에 대한 과학으로 각각 특징짓고 있다.

지능을 다루면서 창의성을 부각시키는 것은 어찌 보면 당연해 보인다. 창의성이야말로 지능의 진수처럼 보이기 때문이다. 실제로, 창의적 지능이라는 말이 그리 낯설게 들리지 않는다. 그렇지만 창의성 개념의 모호성과 측정의 문제점 때문에 창의성이 지능과 구별되는 하나의 구인인지에 대해 전문가들조차 의견이 분분한 상황이다. 하지만 생존을 위한 경쟁이 심해지고 삶의 질이 부각되면서 창의성에 대한 관심과 연구가 활발해지고 있다.

심리학 내에서 지능과 창의성 연구를 주도해 온 분야는 단연 심리측정(psychometric) 접근법이다. 이 접근법에서는 심리검사나 그 밖의 과제를 사용하여 지능이나 창의성을 비교 · 측정하고, 이를 병원이나 교육기관과 같은 실제적 장면에서 활용하는 데 치중해 왔다. 측정의 효용성은 제한된 범위 내에서 인정되고 있지만, 측정의 타당성 문제는 항상 논란을 일으키고 있다. 지능과 창의성에 대한 최근 연구는 검사 중심의 전통적 심리측정 접근법에서 탈피하여 새로운 주제와 다양한 접근법을 보여 주고 있다. 이 분야에 대한 연구는 인지심리학의 연구 범위를 확장하는 동시에, 지능과 창의성에 대한 개념적 이해를 높여 준다는 점에서 중요하다.

1. 지능 개념과 관련된 논의들

지능 또는 지능적이란 말은 일상생활에서 자주 쓰인다. 이들은 어떤 특정한 말이나 행동을 가리킬 때도 있고(예: 지능적인 거짓말), 어떤 사람의 비교적 지속적인 행동 성향(예: 지능적인 사람)을 가리키기도 한다. 성향으로서의 지능은 보통 '머리가 좋다(또는 나쁘다)' 로 표현된다. 하지만 어떤 대상에 성향을 귀속시킬 때는 신중해져야 한다. 성향 자체가 직접 관찰되는 것이 아니라, 행동 수준에서 관찰된 자료를 바탕으로 추론을 통해 귀속되기 때문이다. 이 추론에 충분한 근거가 없으면 성향을 상정하는 것은 동어반복에 지나지 않아 순환논의에 빠지게 된다. 공부를 잘하는 친구는 머리가 좋기 때문으로 설명할 수 있는 것 같지만, 머리가 좋은 것은 어떻게 아는가에 대한 대답으로 다시 공부를 잘한다는 사실을 언급하게 되는 것이 그 예이다. 불행히도 지능과 관련하여 대부분의 사람들은 실제로 이런 순환논법의 오류를 범하고 있다. 즉, 우리가 쉽게 경험할 수 있는 지적인 능력 면에서의 개인차는 타고난 지능 때문이고, 지능검사 점수는 바로 그 능력을 반영한다고 생각한다. 하지만 이런 통속적 견해는 과학에서는 받아들일 수 없다.

성향으로서의 지능을 정당화하려면, 지능에 대한 조작적 정의와 함께 다양한 수렴적 타당화(converging validity)가 필요하다. 문제는 지능적 행동의 범위가 다양하고 이를 설명하는 방식도 다양하다는 것이다. 지능 연구의 대략적인 범위와 과제를 설정하기 위해 그중 몇 가지 측면을 살펴보면 다음과 같다.

우선 현재 인지심리학에서 연구되고 있는 여러 인지적 능력의 특성과 그 기제가 밝혀져야 한다. 지능 연구자들은 지능을 '추상적 사고를 수행하는 능력' '새로운 장면에 대한 적응력' '능력을 획득하는 능력' 또는 '적응하는 것을 학습하는 능력' 으로 정의한다. 이런 정의는 1921년에 지능 연구자들을 대상으로 한 설문조사로부터 얻어진 것이다. 1986년에 수행된 유사한 연구에서는, 이들에 추가하여 상위인지(metacognition), 즉 자신의 인지능력을 평가하고 점검하며 통제하는 능력이 추가되었다. Sternberg와 그의 동료들에 의한 비교문화연구에서는 문화에 따라서는 대인기술(social skills)이 강조되기도 했지만, 인지적 능력이 강조되는 것은 어느 정도 보편적임을 보여 준다(Sternberg & Kaufman, 1998).

인공지능 연구는 어떤 시스템에 지능을 귀속시킬 수 있는지에 대한 문제를 제기한다. 디지털 컴퓨터의 등장으로 시작된 인공지능 연구에서는 지능을 일정한 조건하에서 다른 유기체를 잠재적으로 속일 수 있는 능력으로 정의한다. 이 정의는 Turing(1950)의 사고실험인 모방게임에서 제안되었다. 이 게임에는 세 참여자가 필요하다. 갑은 사람이고, 을은 컴퓨터이며, 병은 갑과 을을 직접 볼 수 없는 방에서 어느 쪽이 사람이고 어느 쪽이 컴퓨터인지를 판단하려는 사람이다. 병은 양쪽으로부터 질문을 하고 답변을 들을 수 있는데, 만일 을이 사람처럼 반응하여 병을 혼란에 빠뜨릴 수 있으면 컴퓨터에도 지능을 부여해야 한다는 것이다. 후속 연구자들은 실제로 제한된 범위 내에서 사람처럼 행동할 수 있는 프로그램을 개발해 내었다. 하지만 지능에 대한 Turing의 견해에 대해 반대하는 주장도 만만치 않다. Block(1981)은 어떤 행동을 지능적이게 하는 것은 그 행동의 결과뿐만 아니라 행동을 산출하는 내적 정보처리 특성에 근거해야 한다고 주장한다. 모방게임에서 대화를 통해 나타나는 언어적 지능은 사실 컴퓨터 자신의 지능이기보다는 프로그래머의 지능이기 때문이다. 따라서 이들은 컴퓨터에 지능이 부여되려면 적절한 반응을 내놓는 것뿐만 아니라, 지능이 산출되는 인과적 조건도 외부로부터가 아니라 내부로부터 설정되어야 한다고 주장한다. 이 문제와 관련된 논쟁은 아직도 계속되고 있는데, 이를 통해 이해나 통찰과 같은 지능의 핵심 특징이 순전히 계산(calculation)으로 환원될 수 있는지, 만일 그렇지 않으면 계산이 아닌 심적 과정이 무엇인지가 밝혀지게 될 것이다.

지능에 대한 논의에서 다루어져야 할 또 다른 문제는 진화론적 · 상황적 제약을 고려해야 한다는 것이다. 인지과학의 전통적 접근법에서는 마음에 대한 수학적 · 형식적 수준에서의 분석을 중요시하였다. 하지만 마음이 다루어야 할 문제의 본성이 무엇인가에 대한 해답을 진화적인 맥락에서 찾아야 한다고 주장하는 일군의 학자들이 등장하였다(Cosmides, 1989). 진화적인 입장을 취하게 되면 진화생물학에서의 자료들을 활용할 수 있을 뿐만 아니라 진화에 대한 지식을 바탕으로 인지적 이론의 가능성을 점검할 수 있다는 장점이 있다. 실제로, 이런 입장을 취하는 지능이론이 마키아벨리적 지능 가설(the hypothesis of Machiavellian intelligence)이다(Byrne

& Whiten, 1988). 이 가설에 따르면, 지능은 사회적 집단을 이루어 살게 되면서 비롯된 복잡성의 문제 때문에 진화하게 되었다는 것이다. 즉, 사회구성이 복잡해짐에 따라 다른 성원들과의 협동과 경쟁의 압력이 점차 커지게 되고, 이로 인해 지능이 발달되었다는 것이다. 마키아벨리적 지능은 성적 · 공격적 및 다른 정서적 충동을 통제하고, 자신의 움직임을 계획하고, 다른 존재의 움직임을 예상하며, 음식이나 성적인 동반자를 독점할 수 있도록 다른 존재를 속일 수 있는 능력을 포함한다. Cosmides(1989)는 한걸음 더 나아가 사회적 지능뿐만 아니라 사고와 추론과 같은 지능의 핵심적 특징도 진화의 산물이라고 주장한다. 이 급진적 주장은 논란거리이지만, 지능이나 마음을 연구할 때 사용되는 과제나 지능이론의 판단 기준으로, 진화적 제약이 중요하다는 것을 부각시켰다.

한편, 상황인지(situated cognition)를 강조하는 일군의 학자들은 상황과 맥락이 문제해결이나 학습에서 차지하는 영향을 강조한다. 지능적 행동은 한 개인의 인지적 표상에만 의존하는 것이 아니라 도구나, 환경단서 아니면 다른 사람과의 상호작용에 의존함을 강조한다. 그 예로, 덧셈이나 뺄셈을 잘못하는 사람도 파티에서 케이크를 공평하게 나눌 수 있고, 거스름돈을 주고받는 데 전혀 문제가 없다. 아이들도 자신이 잘 풀지 못하는 문제에 봉착했을 때 혼자 고민하는 대신 눈짓이나 그 밖의 방식으로 적절한 도움을 요청할 수 있다.

이 외에도 더 많은 요인들을 고려해야겠지만, 위에서 언급된 내용을 모두 통합하는 것만으로도 얼마나 어려운지를 느낄 수 있을 것이다. 현재로서는 지능을, 특정한 환경과 문화가 제공하는 정보를 적절하고 효율적으로 습득하고 활용하는 능력으로 정리해 두고 지금까지 어떤 연구가 이루어졌는지 살펴보자.

2. 지능에 대한 경험적 연구법: 심리측정 접근과 인지적 접근

지능 연구는 지능의 본질에 대해서보다는 측정을 중심으로 이루어져 왔다. 지능을 측정하는 방법과 측정의 목적에 따라 지능연구법을 나누자면 심리측정 접근과 인지적 접근으로 대별할 수 있다. 심리측정 접근은 주로 표준화된 검사를 통해 개인차를 드러내는 데 주 목적이 있다. 심리측정 접근의 기본 가정은 인간의 정신능력은 몇 개의 요인을 통해 파악되고 비교될 수 있다는 것이다. 이 요인들은 요인분석을 통해 발견되는데, 관찰된 변수들을 잠재 변수들로 묶어 주는 통계학적 기법이다. 인지적 접근에서는, 인지심리학에서 고안된 과제와 이 과제에 대한 정보처리모형에 근거하여 수행을 분석하고, 이 수행 수준과 기존의 지능검사와의 상관을 통해 연구를 진행한다. 전자가 주로 지능의 구조를 밝히는 데 전념한 데 비해, 후자는 주로 지능적 행동이 어떤 과정을 통해 일어나며, 개인차는 어떤 하위 과정에서 비롯되는지를 알아보고자 한다.

1) 지능의 구조: 심리측정 접근

지능에 대한 연구를 주도해 온 것은 심리측정 접근으로, 지능의 이론보다는 지능검사의 개발에 치중해 왔다. 지능검사는 여러 과제들에 대한 수행분석으로 이루어지는데, 주요 과제는 공간지각력, 언어능력, 계산능력, 반응 속도 및 기억력 등이다. 심리측정 접근을 취하는 연구자들은 이들 과제에 대한 수행 수준을 통계적으로 분석하여 지능의 구조를 드러내고자 하였다. 전형적인 통계분석은 상관관계와 이들을 바탕으로 한 요인분석이나 클러스터 분석(cluster analysis)이다.

가정된 요인의 수와 요인 구조의 형태에 따라 지능의 구조에 대한 서로 다른 이론들이 등장하게 되었다. 예를 들어, Spearman은 검사들 간에 높은 정적 상관에 주목하여, 모든 지적 활동에 공통으로 작용하는 일반요인(g)이 있다고 가정하였다. 이에 반해 Thurstone은 다요인분석법을 창안하였고, 이를 통해 일반요인은 없고 7개의 특수요인만 있다고 주장하였다. 지능이 하나의 일반요인이 아니라 특수요인들의 복합체라고 주장하는 연구자들 내에서도 어떤 특수인자가 있는지, 몇 개인지에 대해 서로 다른 이론을 제시하였다(Guilford(1982)는 150개의 요인을 주장한다). 이 둘을 절충하여, 여러 특수요인들이 있지만 이들 중 어떤 요인들은 제한된 영역 내에서의 일반요인으로 묶어 준 이론이 위계모형이다. Vernon, Jensen과 Horn, Carroll 등의 이론이 이 범주에 속하는 대표적 이론들이다(이들 및 관련된 참고문헌을 위해서는 하대현, 1996; 황정규, 1984; Carroll, 1993을 참조).

radex 모형도 위계모형의 하나로 볼 수 있지만, 다차원척도법을 사용하여 검사들을 세 차원에서 유사성에 따라 거리로 표상한다(Snow, Kyllonen, & Marshaleck, 1984). [그림 13-1]에서 나타나듯이 중앙에는 Raven의 순서행렬검사가 있고, 여기서 멀어질수록 특수한 검사들이 표상되어 있다. 내용에 따라 언어, 공간 및 상징-수

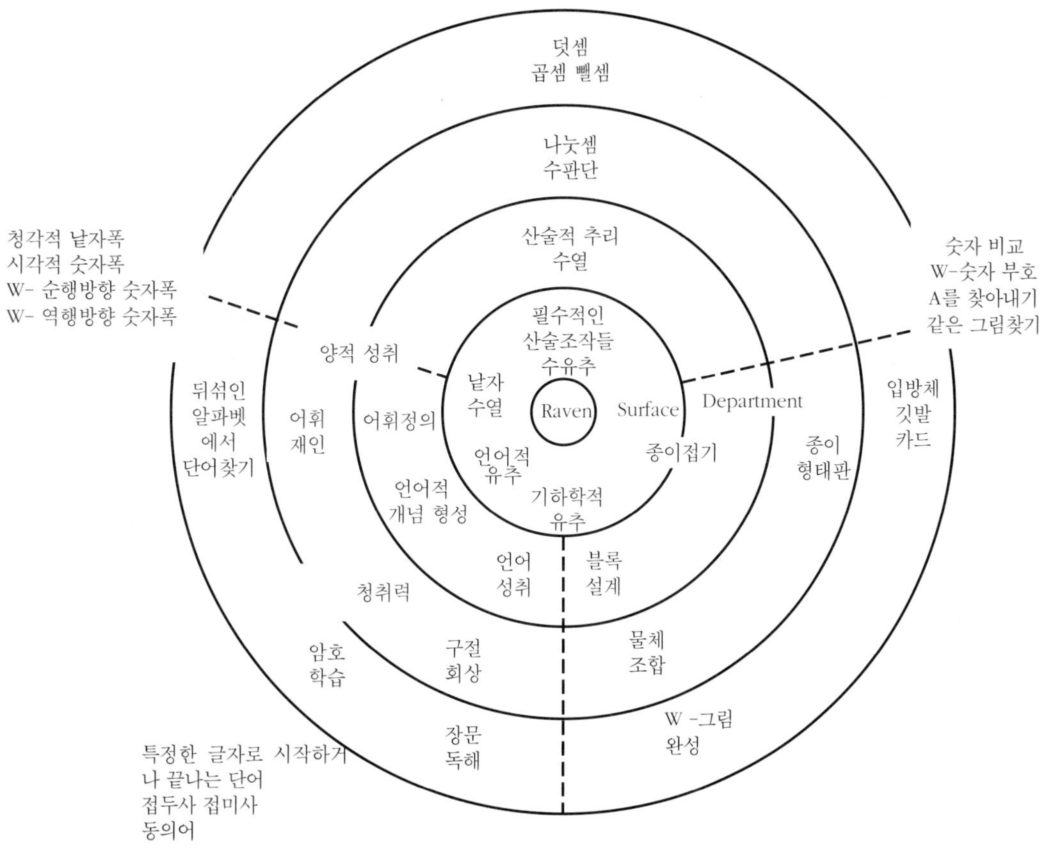

[그림 13-1] 가설적인 radex 지도

원주를 따라 내용이 원의 중심에서 멀어질수록 더 세부적인 검사가 배열되어 있다. W는 Wechsler 지능검사 척도이다(Snow, Kyllonen, & Marshaleck, 1984으로부터 변형).

리 영역으로 세분되며, 영역 내에서 상관이 높은 검사들은 가까이에 놓여 있다.

위계적이든 다차원적이든 심리측정 접근에서는 요인분석을 통해 행동 수준에서의 차이를 설명하고자 한다. 이 기법은 상위 수준의 변인을 찾아내도록 해 주지만, 요인 설정에 대한 어떤 제약이 없다는 문제가 있다. 이 때문에 서로 다른 이론적 근거에서 다른 요인이 상정될 경우, 이들 간의 직접적 비교가 쉽지 않다. 따라서 이론 간의 우열을 가리기가 어렵고, 어떤 논쟁이 결론에 도달하지 못하고 정체되기 쉬웠다. 심리측정 접근의 또 다른 문제는 개인차를 발견할 수는 있지만 왜 그런 차이가 생기는지에 대해서는 아무런 정보를 제공하지 않는다는 점이다. 지능적 행동이 어떤 구조에서 어떤 과정을 통해 이루어지는지에 대한 연구는 인지심리학의 등장과 더불어 활발해졌다.

2) 지능의 과정: 인지적 접근

인지심리학이 지능의 성질과 과정을 탐구로 특징지어짐에도 불구하고 실제로 지능을 본격적으로 다루는 연구는 그리 많지 않다. 그 이유는 지능에 대한 논의는 곧 인지에 대한 일반이론을 필요로 하는데, 이것이 현재 수준에서는 가능하지 않다는 것을 연구자들이 잘 알고 있기 때문이다. 이 때문에 인지심리학자들은 지능의 여러 하위 과정들을 분석하는 일에 전념하였다.

지능의 과정을 밝히기 위한 인지심리학의 기본 분석 단위는 정보처리 성분(component)이다. 성분이란 약호화, 비교, 판단 등과 같은 초보적인 정보처리 과정을 가리킨다. 과제가 단순할수록 과제 수행에 필요한 성분을 확인하기 쉽기 때문에, 초기의 연구자들은 단순반응과제 또는 선택반응과제를 사용하였다. 반응 시간이 빠르고 정확할수록 지능이 높을 것으로 기대되었지만, 지능과 반응 속도의 상관이나 지능과 반응정확성의 상관은 그리 높지 않았다. 최근의 검사 시간(inspection time) 연구가 지능과의 높은 상관을 보여 주고 있다. 검사 시간 연구법에서 사용되는 과제는, 인접한 두 수직선을 제시한 다음 차례로 지우고 어느 것이 더 큰지를 판단하는 데 걸리는 시간을 측정하는데, 지능이 높을수록 반응 시간도 빠르다. 보다 직접적으로 신경전달 속도를 측정하는 방법도 등장하였다. 특정한 자극판을 보여준 다음 뇌파를 측정하여 N70파에서 P100파가 나오는 데 걸리는 시간을 측정하였다. 이들을 통해 어느 정도 높은 지능과의 상관을 얻고 있기는 하지만 그리 만족스러운 정도는 아니다.

비교적 단순한 과제에서의 반응 시간 속도와 지능 간의 연구 대신에 더 복잡한 인지과제에서의 수행과 지능 간의 상관에 대한 연구는 Hunt(1978)와 그의 동료들에 의해 이루어졌다. 이들은 언어지능 점수가 높은 학생과 낮은 학생을 두 집단으로 구분한 다음, 이들 간에 어떤 성분에서 차이가 나는지를 규정하려 하였다. 이들은 이 차이를, 장기기억에 저장되어 있는 어휘 정보에의 근접속도에 있다고 보고, 이를 검증하기 위해 '동일-상이' 판단과제를 이용하였다. 피험자들은 두 알파벳이 같은지 다른지를 판단하는데, 그 기준은 모양인 경우도 있었고 발음인 경우도 있었다. 이 과제를 통해 Hunt 등은 모양이 같은 두 낱자(AA)가 같다고 판단하는 데 걸리는 시간에서는 차이가 없었지만, 모양은 다르지만 이름이 같은 두 낱자(Aa)가 같다고 판단하는 데 걸리는 시간은 지능이 높은 사람이 더 빠르다는 것을 발견하였다. 이들은 또한 작업기억에서는 항목을 조작하는 능력에 있어서도 차이가 있음을 알아보기 위해 S. Sternberg가 고안한 기억검색과제를 변형하여 활용하였다. 이 과제에서는 낱자들이 차례로 하나씩 제시되었는데, 마지막 화면에 표적 낱자가 나타나거나 나타나지 않았다. 피험자는 제시된 낱자들 중 표적 낱자가 있었는지 없었는지를 가능한 한 빨리 판단하도록 지시받았다. 기억해야 할 항목의 수가 증가함에 따라 반응 시간이 선형적으로 증가하였는데, 언어능력이 뛰어난 사람은 60ms, 그렇지 못한 사람은 80ms의 기울기로 차이가 있음을 발견하였다. 요컨대, Hunt 등은 언어지능검사 점수에서의 차이는 관련된 인지 과제에서의 차이로 설명될 수 있음을 보여 주었다.

Hunt 등의 연구는 언어지능검사 점수와 언어지능과 관련된 인지과제 간에 상관을 보여 주기는 했지만, 이들과 관련된 처리 과정들이 어떤 식으로 진행되며, 또한 서로 독립적인 과정인지에 대해서는 시사하는 바가 없었다. 처리 단계의 계열성과 독립성을 확보하는 S. Sternberg의 가산요인법(additive factor method)을 지능검사과제에 적용하고자 한 연구는 R. Sternberg에 의해 이루어졌다. R. Sternberg의 인지적 성분 이론에서는 특정 지능검사의 정보처리 성분을 분리하여 독립적으로 측정한 다음, 이들로부터의 실제 수행을 예측하고자 하였다. 유추과제를 중심으로 그의 이론을 살펴보면 다음과 같다. 유추과제에서는 단어나 도형, 아니면 그림을 이용하여 더 그럴듯한 유추관계 또는 항목을 찾게 한다. 예를 들면, ㅏ : ㅑ = ㅗ : ㅛ와 ㅓ : ㅕ = ㅡ : ㅣ가 주어진 경우 전자가 후자보다 더 그럴듯하고, 고양이 : 쥐 = 개 : ?에 대한 선택으로 닭과 소가 주어진 경우 닭이 더 그럴듯한 유추로 판단된다. Sternberg는 이들 유추과제에 관여하는 성분들로 약호화, 관계추리, 대응관계의 적용, 정당화 및 반응을 상정하였다. 그리고 각 단계에 걸리는 시간을 각각 독립적으로 추정하고, 논리적으로 가능한 모형을 설정한 다음, 이 가운데 실제 수행과 가장 잘 들어맞는 모형을 찾아내었다. 이 모형에서 추리와 대응관계의 적용 성분에 걸리는 시간과 심리측정검사의 귀납추리능력 간에는 유의미한 부적 상관이 관찰되었다. 즉, 귀납추리검사 점수가 높은 사람은 추리와 대응관계에 걸리는 시간이 짧았다. 그렇지만 약호화와 귀납추리검사 점수 간에는 어떤 상관이 발견되지 않았다.

이 접근법은 유추에 대한 많은 새로운 사실을 알게 해 주었지만, 지능 연구법으로서의 한계도 함께 보여 주었다. 우선 어떤 지능검사과제들은 너무 복잡하여 가산요인법이 적용되기 힘들다. 가산요인법을 적용하려면 설정된 각 성분이 통계적으로 서로 독립적임이 입증되어야 하는데, 성분의 수가 많아질수록 검증될 관계의 수가 기하급수적으로 증가하기 때문이다. 또 다른 문제는 전체 반응 시간 중 R. Sternberg가 설정한 단계로 설명되는 부분이 작을 뿐만 아니라, 특히 유추과제의 핵심인 추리 부분에서의 설명량은 너무 작다는 점이다.[1)]

보다 최근의 인지성분적 지능 연구는 가산적 방법론보다는 컴퓨터 모사에 더 큰 비중을 두고 있다. 그 예는 Capenter, Just와 Shell(1990)의 연구에서 볼 수 있다. 이들은 Raven의 순서행렬검사(Raven Progressive Matrices Test, [그림 13-2] 참조)에서 높은 점수를 받은 집단과 낮은 점수를 받은 집단을 구분하였다. 그리고 각 집단의 피험자들이 보이는 수행 특성을 언어적 보고와 응시 패턴 및 오류를 통해 분석하였다. 이를 바탕으로 두 집단의 수행이 산출규칙(production rule)으로 모사되었는데, 낮은 점수를 받은 집단의 수행은 FAIRAVEN으로, 높은 점수를 받은 집단은 BETTERAVEN으로 명명되었다. BETTERAVEN은 기본적으로 FAIRAVEN의 기능

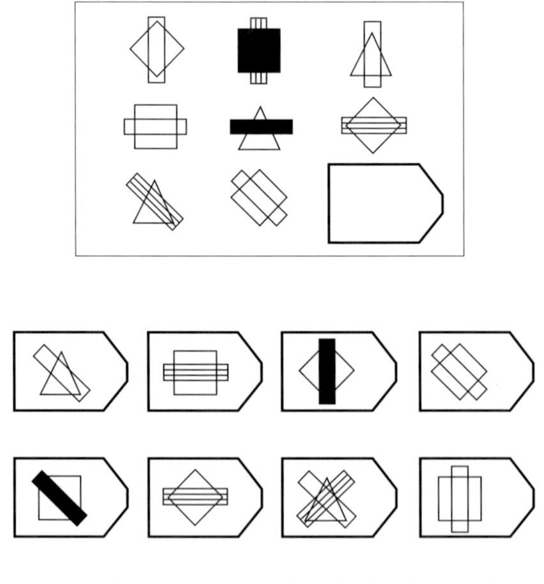

[그림 13-2] Raven의 순서행렬검사의 한 예

1) 지능과 작업기억의 관계에 대한 중요한 연구로 Kyllonen과 Christal(1990)을 들 수 있다. 이들은 추리과제, 작업기억용량검사, 일반지식검사 및 처리속도검사의 네 유목에 속하는 하위 검사들을 만들어, 이들 간의 상관도를 알아보았다. 네 연구를 통해 작업기억능력과 추리능력 간의 상관이 .8~.9로 매우 높음을 발견하였다.

을 향상시킨 프로그램이다. 이들은 모두 문제를 처리할 수 있는 단위로 분해하고 그 일을 하나씩 처리하는 능력을 갖고 있다. 하지만 BETTERAVEN은 FAIRAVEN보다 작업기억 내에서 최종 목적과 그 목적을 이루기 위한 중간 목적 간의 우선순위를 설정하는 능력, 자극에 대한 지각적 분석력 및 규칙을 찾아내거나 일반화하는 능력이 더 뛰어났다.

Carpenter 등의 연구는 자신들의 이론과 함께 그 가능성을 컴퓨터 프로그램을 통해 구현했다는 점에서 주목할 만하지만, 인간의 수행과는 아직은 큰 차이가 있다. 우선 그림들 간의 개념적 관계 자체는 컴퓨터가 찾아내는 것이 아니라 프로그래머에 의해 미리 제공되었고, 지시문이나 해결 전략도 프로그래머에 의해 조직화되었다. 과제 자체를 어떻게 이해하고 그 과제를 풀기 위해 어떤 정보들이 어떻게 활용되는가에 대한 이해는 문제해결에서 핵심적인 부분인데, 아직은 인간의 통찰에 의지하고 있다.

3. 포괄적 지능이론

최근의 지능 연구자들은 지능검사를 통한 지능 연구를 탈피하고자 한다. 지능검사는 학업성적을 어느 정도는 예언해 주기는 하지만, 지능의 다른 측면들에 대해서는 아무런 설명을 제시하지 못하기 때문이다. 지능의 범위를 확장하려는 노력은 Gardner의 다지능이론과 Sternberg의 삼위일체이론에서 볼 수 있다. Gardner는 신경생리학적 제약을 특히 강조하고, Sternberg는 상황적 · 문화적 제약을 강조한다.

1) Gardner의 이론

Gardner는 지능의 개념이 지능검사와 동일시되어 너무 편협하게 정의되고 있음을 비판한다. 그는 선다형 위주의 측정방식 대신에 생물학적 및 문화적 시각에서 지적 능력을 분석하여 이론화하였다. 그의 이론은 정보처리론의 주요 가정인 마음의 단원적 구성 원리를 지능에 적용한 것으로 볼 수 있다. 지능에 대한 그의 기본 입장은 『마음의 틀』에 대한 재판 서문에 잘 나타나 있다. “마음은 여러 가지 내용을 다룰 수 있는 능력이 있지만, 한 내용을 다루는 능력은 다른 내용을 다루는 능력과 무관하다. 다른 말로, 천재는 특정한 내용에만 한정되어 있는 것이며, 모든 인간은 하나의 전체적인 일반적 능력에 다양하게 의존하는 것이 아니라 여러 가지 다양하고 특수한 지능을 표현하도록 진화되어 왔다.” 그는 이들 특수한 지능을 분리해 내기 위한 지침을 제공하는데, 그 지침은 다음의 여덟 가지다. 두뇌 손상에 의한 사라지는 능력, 천재나 천치와 같이 특별히 걸출하거나 특별히 결함이 있는 어떤 능력, 음악적 지능으로 음색에 대한 예민성과 같이 자명한 핵심 조작들이 있고, 이들을 담당하는 신경 구조의 발견, 걸출한 능력을 가진 사람들의 특별한 발달사, 진화적 유동성과 진화적 역사성, 실험심리과제로부터의 도움, 심리측정학으로부터의 도움, 상징체계에 있어서 자극에 대한 예민성 등이다. 이들 자료를 바탕으로 그는 일곱 개의 지능을 구분하였다. 언어적, 음악적, 논리-수리적, 공간적, 신체-운동감각적, 대인적, 그리고 자신에 관한 지능이 그들이다.

Gardner의 이론은 지능에 대해 폭넓은 관점을 취해야 할 당위성이나 가능성을 보여 주기는 했지만, 과연 지능의 이론으로 볼 수 있는가에 대해 비판받고 있다. 우선 ‘마음(곧 지능)은 여러 가지 내용을 다룰 수 있는 능력’으로 보는 견해는 지나치게 포괄적이다. 그가 나눈 일곱 가지 지능이 과연 지능의 ‘여러 가지 내용’을 다 포괄하고 있으며, 이들 능력이 서로 독립적인지 아니면 임의적 나열인지를 결정할 수 없다. 또 다른 문제는 Gardner가 주로 사용하는 면담이나 평가를 통한 지능의 측정보다 더 객관적인 검사가 필요하다는 것이다. 이 문제가 해결될 때 다른 이론과의 비교나 어떤 경험적 주장들을 평가할 수 있게 될 것이다.

2) Sternberg의 삼위일체이론

Sternberg는 종래의 지능 연구는 현실 생활과 무관하고, 또한 지적 행동이 관찰되는 상황을 참작하지 않는 실험과제를 중심으로 연구되어 왔음을 지적한다. 더욱이 이들 연구에 사용된 과제들이 왜 선정되었는지에 대한 이론적 정당화 작업도 이루어지지 않았다는 사실도 문제삼는다. 이 때문에 그는 종래의 지능이론은 실생활과 무관하고 단편적인 능력을 측정하고 있다고 비판한다. 그의 삼위일체이론은 이와 같은 문제점들을 극복하기 위해 지능의 세 근원, 즉 한 개인이 처한 상황, 그 개인이 특정한 과제를 경험한 정도 및 그 과제에 대한 인지적 처리 방식을 종합적으로 고려할 것을 주장하였다. 이 세 근원은 삼위일체이론의 세 하위이론(subtheory)인

상황하위이론, 경험하위이론, 그리고 요소하위이론을 구성한다.

상황하위이론에서는 현실세계 환경에 대한 지능의 적응적 측면을 다룬다. 지능의 적응적 측면은, 개인의 생활과 관련된 현실세계의 환경에서 자신의 목적을 달성하기 위해 그 환경에 적응하거나 다른 환경을 선택하거나, 아니면 그 환경을 자신이 의도하는 방향으로 조성해 가는 능력으로 특징지어진다. 이 능력은 정의 자체가 포괄적일 뿐만 아니라, 사회문화적 환경(자유방임적 사회 대 권위주의적 사회)에 따라 아니면 같은 환경이라도 연령(아이 대 어른)에 따라 다르게 표출되기 때문에, 일반적으로 정의하기 어렵다. 사실 이런 문제 때문에 지능을 다룰 때 상황이 고려되어야 한다는 점이 진작 인식되었지만, 이에 대한 진지한 논의가 회피되어 왔다. 하지만 삼위일체이론은 다시금 상황에 대한 고려를 강조한다. 상황적 변인을 포착하기 위한 한 방법은 어떤 특정한 사회문화적 환경 내부의 사람들이 암묵적으로나마 공유하는 지능 개념을 조사하는 것이다. 실제로, Sternberg와 그의 동료들은 이 방법을 통해 '암묵적(implicit) 지능이론' 을 발견해 내고, 이들이 실제 장면에서 활용되고 있다는 증거를 얻었다.

경험하위이론에서는 과제의 친숙도에 따라 나타나는 지능을 명시한다. 친숙도는 한편으로는 과제가 얼마만큼 새로운가와, 다른 한편으로는 얼마만큼 빨리 자동화되는가에 의해 영향을 받는다. 기존의 연구가 새로운 과제에 얼마만큼 빨리 적응하는가를 중시한 데 비해, 경험하위이론에서는 어떤 과제를 얼마만큼 빨리 자동화할 수 있는가도 포함시킨다. 경험하위이론은, 지능적 행동은 비교적 새로운 과제에서, 그리고 복잡한 처리 과정의 일부가 자동화하는 과정에서 가장 잘 나타난다고 주장한다.

요소하위이론은 지적인 행동이 이루어지는 과정을 정신 구조와 기제들을 요소를 통해 명시한다. 여기서 요소란 내적 표상에 작용하는 기초적인 정보처리 과정을 가리킨다. 이 요소는 메타 요소, 수행 요소, 지식-습득 요소로 세분된다. 메타 요소는 심적 통제 과정을 포괄하는데, 그 대표적 기능은 문제 설정, 문제해결 전략의 선택, 주의력(attentional resource)의 할당, 문제해결의 감시 및 나중에 외부로부터의 피드백을 고려하여 평가하는 능력을 통칭한다. 수행 요소는 메타 요소가 수립한 계획을 집행하는데, 구체적으로는 자극 입력을 부호화하고 여러 입력들을 결합하거나 비교하는 능력을 가리킨다. 지식-습득 요소는 새로운 지식을 습득할 때 사용되는 과정으로, 관련된 정보만을 가려내는 선별적 부호화, 여러 정보들을 내적으로 통일된 방식으로 결합시키는 선별적 결합 및 새로운 정보를 이전의 정보와 비교하는 선별적 비교능력을 포함한다.

이상의 이론에 대해, Humphreys(1984)는 Sternberg 이론이 지능과 관련된 여러 측면에 대한 나열식 종합에 불과하다고 비판한다. 하위이론과 관련된 개념이나 실증적 연구도 여러 문제점을 보여 준다. 우선 경험하위이론에서 중요한 역할을 하는 자동화 개념은 그 자체로 분명하지 않고 상대적인 의미로 사용된다. 또한 자동화 능력이 지능과 관련된다는 증거가 아직 없다. 요소하위이론에서의 핵심 요소인 부호화 결합 비교능력은 그 자체로 정의되기보다는 보기를 통해 예시되는 정도다. 적절한 정보만을 선별해 내는 능력이 어떻게 가능한지에 대해서는 아무런 설명이 없는데, 이 부분이야말로 지적 행동의 발현이라 할 수 있다. Sternberg는 자신의 이론에 입각한 삼위일체 지능검사를 개발하였지만, 전통적 검사와 크게 다르지 않다고 평가된다.

인지심리학에서 앞으로의 지능 연구는, 여러 이론들을 비교 검증할 수 있는 측정 방법을 개발하는 한편, 나열식 이상의 개념적 통합을 추구하는 방향으로 진행될 것으로 보인다. 이와 함께 생물학적 접근법의 적극적인 활용이 기대된다. 뇌에서의 글루코오스 신진대사율을 통해 지능을 연구하는 방법이 그 한 예이지만, 뇌의 작용을 연구할 수 있는 기법이 발견되면 이들은 곧 지능 연구의 도구가 될 수 있다는 점에서 지속적인 발전이 기대된다. 생물학적 접근과 기존 연구 간의 상관도는 낮은데, 그 이유를 밝히는 것도 흥미 있는 주제가 될 것이다.

지능검사는 실제 장면에서의 역할이나 중요성에도 불구하고 그 한계 또한 명백하기 때문에 지능검사를 대신하거나 보완할 수 있는 도구를 개발하기 위한 노력은 지속될 전망이다. 하지만 지능의 개념을 다른 영역으로 확장하는 일은 신중해야 하며, 마음에 대한 이론적 이해틀과 병행되어야 한다. 이 일이 쉽지 않은 것은 다른 영역에서 다루어지는 문제들이 지능의 개념에 비해 더 잘 정의된 문제가 아니라는 점이다. 이런 맥락에서 한동안 미국보다 한국에서 더 큰 바람을 일으켰던 정서지능에 대해 조심스럽게 살펴볼 필요가 있다. 전문가들은(한국심리학회, 1997, 겨울, 심포지엄의 '정서지능의 이해' 를 참조) 이 개념에 대해 아직 회의적인데, 틀린 개념이기 때문이어서가 아니라 그에 대한 증거가 아직은 미약하기 때문이다.

4. 창의성

창의성 또는 창의적이란 말은 새로운 것을 만들어 내는 능력과 관련하여 쓰인다. 사회가 급속도로 변화되고 복잡해지면서, 그리고 경쟁적이 되면서 새로운 것에 대한 수요는 폭발적으로 증가하고 있다. 이 능력을 가리키는 말은 쓰이는 장면에 따라 조금씩 다른데, 예술활동과 관련될 때는 창의성 또는 창조성(originality)으로 불리고, 과학적 탐구의 장면에서는 발견(discovery)으로, 그리고 제품이나 기술의 개발과 관련해서는 발명(invention) 또는 혁신(innovation)이라는 말로 불린다. 이들이 모두 같은 과정을 지칭하는지는 확실하지 않지만, 이들의 차이보다는 공통점을 부각시키는 맥락에서 이들을 모두 창의성으로 통칭하기로 하겠다.

새롭다고 해서 곧 창의적인 것은 결코 아니다. 새로운 것들 중에서 그 영향력이나 효용성에 있어 뛰어난 것들에 붙여지는 일종의 찬사다. 이 찬사는 어떤 경우에는 창의적인 성취(즉, 구체적인 아이디어나 제품 등)를 가리키기도 하지만, 지능에서처럼 어떤 개인의 성향, 즉 천재성을 가리키기도 한다. 이 견해에 따른 창의성 연구는 심리측정 접근법에서 주로 다루어졌다. 하지만 창의성에 대한 이와 같은 전통은, 이 절의 후반부에서 논의될 여러 변화로 큰 도전을 받고 있다. 교육 및 예술심리학자들, 과학 및 기술의 발전을 역사적으로 연구하는 학자들은 물론 인지과학자들은 창의성을 신비한 영감과 결부짓지 않는다. 그 대신 창의적 사고 과정 자체는 일상적인 사고와 크게 다르지 않지만 그 결과가 특별하기 때문에 창의적인 사고로 간주될 뿐이라고 주장한다. 창의성에 대한 논의에 앞서 지능과 창의성의 관계에 대해서 알아보자.

1) 지능과 창의성의 관계

방법론이나 주요 개념만 보면 창의성 연구는 지능 연구와 상당히 유사하다. 그럼에도 불구하고 지능 연구자들은 창의성 연구자들이 충분한 증거가 없이 논의를 전개한다고 못마땅해한다. 이런 상황에도 불구하고 창의성 연구자들은 지능과의 관계를 통해 창의성을 규정하고자 노력해 왔다. 문제는 그 관계를 규정하는 방식이 너무 다양하다는 것이다. Haensly와 Reynolds(1989)는 창의성을 지능의 일부분으로 보는 견해와 지능을 창의성의 일부분으로 보는 견해를 소개한 다음, 이 둘을 통합하여 창의성과 지능을 동일한 개념으로 보는 모형을 제안하였다. Sternberg와 O'Hara(2000)는 여기에 네 가지를 추가해 다섯 가지로 세분하였다. 창의성은 지능의 한 진부분집합(subset), 창의성이 지능의 상위집합(superset), 지능과 창의성은 서로 다르지만 많은 부분 중첩된다는 견해(overlapping), 그리고 지능과 창의성은 서로 완전히 무관하다는 견해(disjoint set)가 그것이다. 놀라운 것은 이들 각각을 지지하는 이론가와 함께 나름대로의 근거가 있다는 것이다. 이 중 중첩 견해와 서로 무관하다는 견해를 소개하면 다음과 같다.

지능과 창의성이 서로 별개의 개념이지만 중첩되는 부분이 있다고 보는 견해는 연구자들 간에 가장 보편적인 견해일 것이다. 이 견해를 지지하는 연구는 Berkeley 대학교의 성격연구소(The Institute of Personality Assessment and Research: IPAR)에서 수행된 연구다. 이 연구소에서는 창의적인 사람과 지능적인 사람 간의 성격특성의 차이를 연구하였다. 높은 독창성을 보이지만 낮은 지능을 보이는 사람과 낮은 독창성을 보이지만 높은 지능을 가진 사람들 간에 성격 특성의 차이가 있음이 관찰되었다. 전자의 사람들은 정서적 · 공격적이며, 의존적 · 냉소적 등의 특성을 보이는 데 반해, 후자의 사람들은 부드럽고 낙천적이며 즐겁고 이타적인 특성을 보인다는 것이다. 또 다른 연구는 Sternberg(1985)의 암묵적 이론에서 볼 수 있다. 가설적인 사람에 대한 서술된 내용을 바탕으로 그 사람의 지능과 창의성을 평정하게 했을 때 이들 평정 간의 상관이 r =.69로 비교적 높지만 완전히 일치하지 않는다.

한편, 두 개념을 전혀 별개로 보는 이론가들은 대개 심리측정적 전통에 따르면서 창의성을 연구하는 학자들이다(Getzels & Jackson, 1962; Torrance, 1988; Wallach & Kogan, 1965). 이 중 Wallach와 Kogan(1965)은 초등학생 5학년 학생 151명을 대상으로 10가지 지능검사와 5가지 창의성검사를 실시하고 이들 간의 상관을 조사하였다. 창의성검사 간의 상관은 .41, 지능검사 점수 간의 상관은 .51로 비교적 높았지만, 창의성과 지능점수 간의 상관은 .09로 낮았음을 보고하였다. 또한 추가분석에서 지능과 창의성검사 점수를 각각 높고 낮음으로 구분하여 높은 지능-높은 창의성, 높은 지능-낮은 창의성, 낮은 지능-높은 창의성, 낮은 지능-낮은 창의성의 4집단으로 나누었을 때 이들 간의 행동적 · 성격적 특성에서 차이가 있음을 발견하였다.

한편, 인지심리학자인 Ericsson과 그의 동료들(1996; Ericsson, Krampe, & Tesch-

Roemer, 1993)도 심리측정학자들과는 전혀 다른 이유에서 창의성과 지능이 별개의 구인이라고 주장하였다. Ericsson의 핵심 주장은 지능은 훈련의 영향을 거의 받지 않는 능력이지만, 창의성은 적어도 10년 이상의 훈련이 있어야 나타나는 훈련 결과라는 것이다. 심지어, Mozart도 자신만의 독창적인 작품을 작곡하기 시작한 것은 신동 소리를 듣던 나이가 아니라 청소년기인 것을 고려하면, 창의성은 전문성의 산물로 보아야 한다는 것이다. 이 주장의 실용성은, 전문성에 대한 경험적 연구가 인지심리학 내에 더 많이 축적되어 있다는 것과, 전문성은 영역특수적으로 나타나기 때문에 그 과정을 상대적으로 추적하기 용이하다는 점이다. 더욱이, 창의성 연구의 중요한 배경이 국가는 물론 기업 간의 치열한 경쟁임을 고려할 때, 전문성 개발이 창의성 개발보다 더 효과적인 인적 자원 개발 전략일 수 있다. 물론 모든 전문가가 창의적이지는 않다. Hatano와 Inagaki(1986)는, 전문가를 빠르고 정확하게 과제를 수행하는 '판에 박힌 전문가' 와, 유연하고 혁신적이며 창의적 역량을 나타내는 '적응적 전문가' 의 두 유형으로 구분하였다. 창의성 연구의 목적 중의 하나는 적응적 전문가를 양성하는 것이다. 지금으로서는 지능과 창의성의 관계는 이처럼 다양할 뿐만 아니라 지식, 전문성 등과도 중첩되는 부분이 있음을 지적해 두자.

2) 개인의 성향으로서의 창의성

개인의 성향으로서의 창의성은 오랜 전통을 갖고 있다. 예술가들의 창작활동은 어떤 기교나 이성에 의하기보다는 '신적인 힘' 에 의해 인도되는 영감에 의해 이루어진다는 견해는 이미 플라톤에 의해 피력되었다. 이런 영감은 긴장이 풀렸을 때 잘 떠오르는 것 같은 일화가 많은데, 이는 수학자나 과학자의 발견의 경우에도 해당되는 것 같다. Archimedes는 목욕을 하던 중에, Kubla Khan을 쓴 Coleridge 벤젠의 분자 구조를 밝힌 Kekule는 꿈을 꾸거나 몽롱한 상태에 있을 때 영감을 얻었다고 전해진다.

예술가들에 대한 일화 중 영감이 떠오른 순간만큼 자주 이야기되는 것은 이들의 기행이나 광기이다. 전기적 자료를 근거로 한 천재들의 정신병 발병률은 일관되게 정상인들 보다 높다. 또한 창의적인 사람들에 대한 MMPI와 같은 성격검사 결과는 신경증 또는 정신병 환자들과 비슷한 패턴을 보여 준다. 정신 병환자들의 사고에서 두드러지는 특징은 과일반화 또는 과포괄성이다. 이들은 한 개념이 갖는 정상적인 경계선을 잘 유지하지 못한다. 이들은 지각적인 속성이나 그 밖의 어떤 특징에 근거하여 독특하면서도 단순하게 사고한다. 이런 점에서 이들의 사고는 심적인 재구성을 수반하는 창의적 사고 과정과 연결된다. Koetsler(1964)는 창의적 사고의 이런 특성을 이중연합(bisociation)이라고 표현하였다. 이중연합이란 전에는 별개로 다루어진 개념들 사이에 새로운 연결고리를 만들어 내어 묶어 주는 과정을 가리킨다. 물론 정신병 환자가 창의적인 사고를 잘한다는 것은 아니다. 다만 창의성과 정신병은 기본적으로는 같은 줄기에서 비롯되지만, 어떤 결정적인 작은 차이 때문에 빚어진 엄청나게 다른 결과로 볼 수 있다는 것이다.

광기까지는 아니라도, 창의적인 사람들이 자신이 종사하는 분야에 대한 강한 열정을 갖고 있음은 잘 알려져 있다. 창의적인 사람들은 외적인 압력이나 보상보다는 일 자체에 대한 자신의 흥미나 성취감에 의해 동기화된다. 강한 내적 동기가 없이 노력만 가지고는 창의적인 산물을 만들어 내기 어렵다. 자기가 진정 좋아하는 일을 할 때, 그리고 그 분야에 대한 기본적인 지식이 충분할 때 창의적이 될 수 있다.

3) 창의성의 측정

적어도 미국의 경우, 1960년대부터 창의적 작업환경과 창의적인 잠재력을 가진 연구자를 조기에 찾아내기 위해 창의성 연구에 몰두해 왔다(Taylor, 1988). 그 결과 수백 개에 이르는 검사가 개발되었고 이들 검사를 유목화하는 방법도 다양하다. 여기서는 창의성검사를 주도해 온 확산적 사고력검사 중 가장 널리 사용되는 TTCT(Torrance Tests of Creative Thinking)를 먼저 보고, 창의적 인물에 대한 검사를 중심으로 소개하도록 하겠다.

TTCT는 서술형 개방형 문제로 언어검사와 도형검사로 구성되어 있다. 언어검사에서는 질문하기, 원인을 추측하기, 결과를 추측하기, 제품을 향상시키기, 색다르게 활용하기(unusual uses)와 다르게 질문하고 가정해 보기의 여섯 가지 활동을 수행하게 하고, 그 결과를 유창성, 독창성, 융통성의 세 차원에서 채점한다. 도형 검사에서는 그림 구성, 그림 완성, 선/원의 세 활동을 수행하게 하고, 그 결과를 유창성, 독창성, 정교성, 제목의 추상성 및 대충 끝내지 않고 끝까지 최선을 다하기 등에 따라 채점한다. 도형검사는 단지 그림만 그리게 하는 것이 아니라 이야기를 만들어 내고 제목을 붙이게 하는데, 이들에 대한 분석은 13가지의 창의적 장점들(이야기의 명료성, 불완전한 그림들의 통합, 그리고 공상력 등)에 따라 채점되었다. 확산적 사고력검사가 지난 몇십 년간 창의성 연구에서 핵심적인 역할을 해 왔지만, 최근에는 문제발견능력이나 평가능력 등이 부각되고 있다. TTCT를 포함한 확산적 사고력검사의 신뢰도나 다른 검사와의 동시타당도는 .7 이상으로 비교적 높다. 그렇지만 확산적 사고력검사 점수는 훈련에 의해 증진될 수 있으며, 실생활에서의 타당도가 낮다는 문제점이 있다. Busse와 Mansfield(1980)는 실제 과학자들을 대상으로 그들의 성취도와 특이한 용도 검사 점수 간에 상관이 없음을 발견하였다. 예언타당도를 평가할 만한 종단적 연구가 충분히 이루어지지 않은 상태이지만, 그리 높지 않다는 결과가 더 많다.

창의적인 인물에 대한 검사는 개인 생활사, 성격 및 동기와 태도 영역으로 나뉜다. 개인 생활사에서는 가족 배경, 지적 · 문화적 성향, 관심 영역의 폭 등을 알아보는 알파 자전적 검사와 자기노력, 부모의 노력, 사회적 참여와 사회적 경험 및 독립성 훈련 등을 측정하는 일상적 경험 설문지(Life Experience Inventory), 그리고 지난 1년 동안 음악회 혹은 과학 캠프에 몇 번이나 갔는지 등을 묻는 창의적 활동 체크리스트 등이 있다. 자서전적 검사의 신뢰도도 TTCT만큼 높고 예언타당도도 .6 정도로 비교적 높으며, 특히 Busse와 Mansfield(1980)의 연구에서 실제로 창의적인 사람과의 상관이 가장 높았다. 성격과 관련된 검사에서는 상상력, 호기심, 독립심, 모호함에 대한 참을성, 여러 가지 생각을 동시에 할 수 있는 능력 등이 측정되지만, 실제 타당도가 낮다. 동기와 태도에 대한 검사들도 타당도가 낮기는 마찬가지다.

창의성검사도 지능검사와 마찬가지로 필요에 의해 만들어져 왔다. 신뢰도는 물론 동시타당도나 내용타당도와 같은 심리측정적 속성도 중요하지만, 최종적인 유용성은 예언타당도임을 고려한다면 현재로는 더 많은 종단적 연구가 필요한 상태라고 할 수 있다. 이와 함께 창의적 성취를 이루기 위해서는 창의성 외에도 높은 내적인 동기, 확신, 타협하지 않는 고집 등의 성격 변인, 사회문화적 내지는 교육적 환경 변인, 그리고 지능과 지식 수준과 같은 인지적 변인들이 커다란 영향을 준다는 것을 지적할 필요가 있다(Eysenck, 1994; Sternberg & Lubart, 1995). 이들을 포괄하는 개념적 모형이 등장하고 있지만, 이에 걸맞은 창의성의 측정이 어떤 식으로 이루어질지는 앞으로의 연구과제다.

4) 주요 연구 방법과 발견들

창의성 연구는 오랫동안 심리측정적 연구자들에 의해 검사와 관련하여 발전해 왔다. 앞에서 본 심리측정적 연구는 여전히 핵심적인 역할을 하고 있지만, 실험적 접근과 사례 연구 및 역사측정적 연구도 활발해지고 있다. 실험적 접근법에서는 어떤 조작을 통해 창의적 산물을 만들어 내는 데 영향을 줄 수 있는지에 대해 연구한다.

창의적 산물을 만들어 내는 가장 간단한 방법은 창의적인 산물을 만들라고 지시를 주는 것이다. 다른 전략과 마찬가지로 능력이 떨어지는 피험자 집단들일수록 지시에 의한 효과가 커짐이 발견되었다. 창의적인 산물을 만들게 지시했을 때 만들어지는 산물은 기존 지식에 크게 영향을 받는다. 대표적인 증거는 구조화된 상상력(structured imagination)에서 볼 수 있다(Ward, 1994). 〈E.T.〉와 같은 공상과학영화에 나오는 외계인들의 생김새를 분석해 보면, 이상하게 생기기는 했지만 일관적으로 관찰되는 특징이 있다. 수나 크기, 형태 등은 여러 가지로 다르지만, 머리와 다리, 그리고 눈 등의 기관이 있고 대개는 좌우 동형이다. 이런 구조화된 패턴은 실제 피험자들을 상대로 상상의 대상을 그리게 했을 때도 그대로 관찰된다. 흥미로운 점은 창의적 산출물의 사례를 제시했을 경우 오히려 동조효과(conformity effect)가 나타나 창의성에 방해를 준다는 연구도 있다(Smith, Ward, & Schmacher, 1993).

사례 연구에서는 창의적인 사람의 실제 작업 과정을 추적한다. Gruber의 진화체계이론(Gruber, 1988)에 따르면 창의적인 사람은 독특하고, 발달적 변화는 다양하며, 그 사람 자체를 하나의 진화하는 체계로 본다. 이 접근법에서는 창의적 개인이 구체적으로 무엇을 하는지를 밝히고자 하는데, 믿음체계, 해결하고자 하는 문제, 접근 방식의 발전 및 가치 등의 세부내용을 명세하고자 한다. Gardner와 그의 동료들도(Policastro & Gardner, 1999) 창의적인 인물들에 대한 사례 연구를 수행해 왔는데, 이들을 바탕으로 일반화를 시도하고 있다. 창의적인 행동으로 문제해결, 이론 구성, 예술작품, 연주, 안무와 같은 수행예술, 그리고 간디와 같이 상당한 위험이 수반되는 수행(high-stake performance) 등으로 나누며, 창의적인 사람도 달인(master), 창작가(maker), 내성가 및 영향을 끼치는 사람 등으로 나누었다. 한편, Csikszentmihalyi(1996)는 현존하는 창의적 인물들에 대한 구조화된 인터뷰를 통해 창의적 과정과 삶에 대한 중요한 자료를 수집하였다. 특기할 만한 내용은 창의적인 사람들이 자신의 성취와 관련하여 '운이 좋았다'고 언급한 사람들이 적지 않았다는 사실이다. 물론 창의적인 사람들이 창의적인 업적과 함께 겸손이라는 미덕까지 갖추었다고 볼 수도 있지만, 많은 준비된 사람 가운데 몇몇 사람만이 결정적인 해결책을 발견하는 경우가 실제로 많은 것을 고려하면, '운'으로 밖에 돌릴 수 없는 상황적 요소를 무시할 수 없는 것처럼 보인다.

사례 연구가 창의적인 사람을 개별적으로 연구하는 데 반해, 역사측정적 접근에서는 창의적인 사람들의 여러 심리적 특성은 물론 사회문화적 요인들의 영향을 탐구한다. 이 분야의 독보적인 연구자는 Simonton(1999, 1997)인데, 그의 역사측정 연구법은 역사적으로 유명한 개인을 대상으로 하여 창의적 행동에 대한 법칙 정립적 가설을 세우고 이를 양적으로 분석하는 접근법으로 정의한다. 가족 서열, 지적 조숙성, 아동기에 부모 상실, 정규 교육 연한 등의 요인이 창의적 성취에 어떤 영향을 주는지를 밝혀주었으며, 또 창의적인 사람들이 연령 변화에 따른 생산성 패턴을 보이는지와(Simonton, 1997), 그 밖에 문화적 · 사회적 · 경제적 · 정치적 요인 등과 같은 거시적 요인이 창의성에 어떤 영향을 미치는지에 대해서도 밝혀 주었다(Simonton, 1999). 그렇지만 아인슈타인이나 피카소 혹은 세잔느와 같이 그 누구도 그들의 창의적 성취에 대해 이론을 제기하지 않는 사람들에 대한 이런 분석 결과가 이해의 차원을 넘어 활용 면에서 얼마만큼 효과가 있을지에 대해서는 또 다른 연구가 이루어져야 할 것이다.

사례 연구와 역사측정적 접근은 역사적으로 유명한 구체적인 인물을 다루는 점에서 일치한다. 그들에 대한 구체적인 분석 방법은 다르지만, 수렴되는 결과는 창의성을 더 이상 한 개인의 능력으로서가 아니라 사회문화적 환경과 같은 거시적 체계 속에서 이루어지는 복잡하고도 역동적인 과정으로 본다는 것이다(Csikszentmihalyi, 1996; Sawyer, 2006; Simonton, 1999, 2007). 창의성에 대한 사회문화적 모형은 세 성분으로 구성된다. 새로운 생각이나 산물을 만들어 내는 개인, 새로운 생각이나 산물을 선택하는 전문가 집단 혹은 분야(field), 그리고 선택된 생각이나 산물을 유지하고 전파하여 그 분야의 사람들에게 전형적인 예들을 내면화시키는 영역(domain)이 그것이다. 이 모형의 강점은 왜 특정한 시기에 특정한 지역에서 창의적 성취가 이루어졌는지는 물론, 특히 과학적 성취 영역에서 발견되는 빈익빈 부익부 현상을 사회학적 과정으로 설명한다. 그 핵심은 개인적인 능력에서 큰 차이가 없더라도 연구시설이나 연구인력을 사용할 수 있는 기회가 제한되어 있기에, 결과적으로 소수의 연구자가 대부분의 주요 발견을 해낼 뿐만 아니라 그들의 논문만이 반복적으로 인용된다는 것이다. 이런 사회문화적 과정이 논리적으로만 진행되지 않는 부분이 있기에, 창의적 성취를 이룬 사람들이 자신의 업적을 '운'으로 돌리는지도 모른다.

5) 창의적 과정에 대한 모형들

다른 많은 사고 과정과 마찬가지로 창의적 사고 과정도 시간상에서 진행된다. 이 진행 과정을 더 단순한 조작이나 과정으로 분석하는 모형은 오래전부터 제안되어 왔다. 대표적인 예가 Wallas가 제안한 준비 → 부화 → 통찰 → 검증의 4단계로 이루어진 창의적 문제해결모형이다. 하지만 후속 연구들은 Wallas의 단선적 모형을 비판하고, 창의적 과정을 끊임없는 순환과 동시적 처리가 일어나는 복잡한 과정으로 특징지었다(Weisberg, 1986).

Finke, Ward 및 Smith(1992)는 기존 지식을 바탕으로 당면한 필요를 충족시키려는 노력인 창의적 과정을 두 순환적 국면으로 설명한다. 하나는 기존의 아이디어들의 조합이나 변용을 통해 새로운 아이디어를 떠올리는 국면이고, 다른 하나는 이 아이디어가 창의적일 가능성을 평가하는 국면이다. 새로운 아이디어를 떠올리고 이를 평가하는 과정은 어떤 의미에서 유기체의 진화 과정과 유사하다. 부모로부터 물려받은 유전자들이 무선으로 조합되어 살아남을 수 있는 수보다 훨씬 더 많은 자손들이 태어나게 되고, 이들 중 환경에 적응할 수 있는 개체들만이 살아남게 된다. 마찬가지로, 우리가 떠올리는 모든 아이디어들이 다 창의적인 것은 아니고 극히 일부분만이 창의적이다.

더 복잡한 모형이 Mumford와 그의 동료들에 의해 제안되었다(Mumford et al., 1991). [그림 13-3]에서 보듯이, 이 모형은 문제 구성, 정보 약호화, 범주 검색, 최적 범주의 명세, 최적 범주의 조합과 재구성, 아이디어 평가, 구현, 점검의 단계로 되어 있다. 단계마다 피드백 루프가 있고 마지막 과정인 점검은 다시 문제 구성으로 이어지는 순환적 모형이다.

Mumford와 그의 동료들은 각 단계가 창의적 산물을 만드는 데 영향을 끼침을 입증하는 일련의 연구를 수행하였다. 한 예로, Baughman과 Mumford(1995)는 조합과 재조직화 과정이 수행의 질과 독창성을 높인다는 것을 보이기 위해 다음과 같은

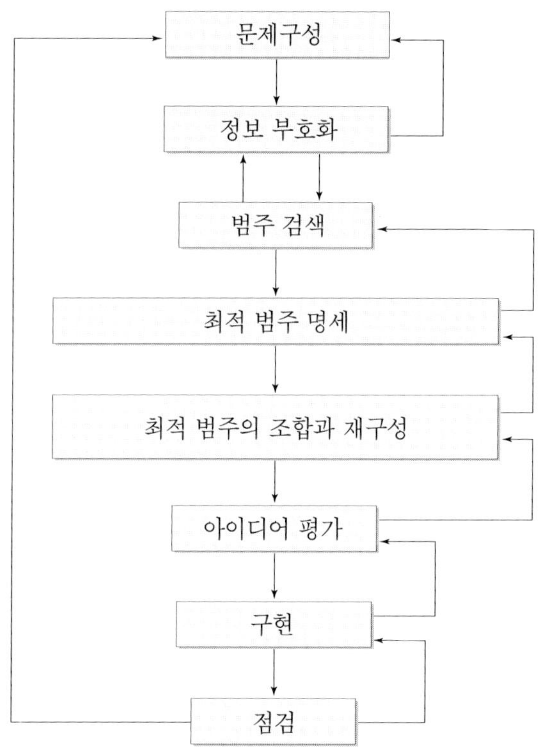

[그림 13-3] Mumford 등의 모형에서의 주요 과정과 이들 간의 가설적 관계

출처: Mumford et al., 1991, p. 106.

연구를 수행하였다. 피험자에게 제시된 3개의 단어 목록을 결합하여 하나의 새로운 범주를 만들고 이름을 붙이도록 하였다. 제시된 목록은 서로 관련이 있거나(목록 1: 목재, 시멘트, 석재, 파이버글래스, 목록 2: 침대 머리, 매트리스, 베개, 침대 상판, 목록 3: 옷장, 스탠드, 침대, 서랍장) 관련이 없었다(목록 1: 의자, 긴 의자, 등, 그림, 목록 2: 타이어, 좌석, 바퀴, 브레이크, 목록 3: 화성, 목성, 지구, 금성). 새로운 이름을 붙인 다음 그 범주에 속하는 다른 사례를 열거하게 하되, 실험집단은 각 목록에 대한 전형적인 세부특징을 나열하게 하거나(세부특징 검색 조건), 각 목록이 다른 목록에는 없는 특징을 열거하게 하거나(세부특징 사상 조건), 검색과 사상을 모두 시행하게 한 집단으로 나누었다. 피험자들의 반응을 전문가들이 평정하여 그 독창성과 적절성(quality)을 평가하게 하였다. 그 결과 새롭게 만든 범주의 적절성은 관련이 있는 목록일 경우 더 좋았고, 검색이나 사상과 같이 각 목록에 친숙하게 하는 조작이 가해질 경우 만들어진 새로운 범주의 적절성이나 독창성이 높아짐을 발견하였다.

Mumford 등의 모형은 창의적 사고와 관련된 최근의 연구에서 밝혀진 여러 하위 과정이 망라되어 있는 만큼, 앞으로 이 분야의 연구에서 중요한 역할을 할 것으로 보인다. 하지만 이들의 모형이 일반적 문제해결 과정과 얼마만큼 차별화될 수 있는지와, 지능이 기여하는 부분을 제외했을 때의 설명력이 얼마만큼 되는지에 대한 연구가 선행되어야 한다.

6) 창의성 향상 기법들

창의성을 높이기 위한 기법들은 오랫동안 많은 연구자들에 의해 제안되어 왔다. 창의적 기법은 지시를 통해 개인별로 아니면 집단을 대상으로 직접 가르쳐지거나, 문제해결 접근을 통해 간접적으로 가르쳐져 왔다. 창의적 문제해결법(creative problem solving: CPS)은 Treffinger(Treffinger, 1995; Isaksen & Treffinger, 1987) 등에

생각상자

지능을 높일 수 있는가?

이 문제는 우리가 지능을 어떻게 정의하는가에 따라 다르게 대답될 수 있다. 만일 지능이 선천적으로 타고난 고정불변의 능력이라면 지능을 높일 수 없음은 자명하다. 그렇다면 훈련이나 좋은 성장환경을 제공하여 지능검사 점수를 높일 수 있는가? 이에 대해 Eysenck(1994)는 효과가 학교장면이나 지능검사에서 단기적으로 나타날 수 있지만, 장기적으로는 큰 효과가 없다고 주장한다. 다만 아이들에게 비타민과 미네랄을 충분히 제공하였을 때는 4점에서 11점까지 유의미한 증가가 있었다고 한다. 하지만 사고 과정을 연구하는 인지심리학자들은 사고력을 일종의 기술로 보고 적절한 훈련을 통하면 사고력을 증가시킬 수 있다고 주장한다(김영채, 1998). 이 문제는 '도' 아니면 '모' 식으로 대답될 수 없다. 사고력 훈련 프로그램은 많지만, 이들에 대한 평가가 긍정적이지 않기 때문이다. 학습부진아에게는 효과가 있는 학습 기술 및 사고 기술을 정상 아동에게 가르쳤을 때는 그 효과가 미미했다. 이미 그렇게 하고 있어서일 가능성이 높다. 어떤 대상에게 어떤 내용을 어떻게 가르치는지에 따라 지능을 높일 수는 있을 것 같다. 하지만 이 효과가 얼마나 지속되고 또 다른 영역이나 장면에까지 확장될 수 있을지는 앞으로 연구되어야 할 과제다.

의해 제안된 프로그램으로 문제에 대한 이해, 아이디어 산출, 행동을 위한 계획 짜기의 세 성분을 주축으로 한다. 각 성분은 다시 몇 개의 하위 단계로 나뉘는데, 문제 이해를 위한 세 하위 단계로는 관심 영역의 발견(mess-finding), 자료 발견(data-finding), 문제 발견(problem-finding) 단계가 있고, 아이디어 생성은 가능한 한 많이 만들어 낸 다음 그 가운데 가장 유망해 보이는 대안을 선택하는 활동을 포함하며, 행동을 위한 계획에서는 해결-발견(solution-finding)과 수용-발견(acceptance-finding) 단계가 있다. 수용-발견 단계에서는 가능한 해결책을 지지하거나 반대하는 모든 항목들을 종합적으로 평가하여 실천을 위한 구체적 계획을 수립하는 단계이다.

CPS 모형은 각 단계 내에서 다시 발산적 국면과 수렴적 국면을 나누고 각 국면과 관련된 일련의 활동들을 수행하도록 훈련시킨다. 구체적으로 자료 발견 단계의 발산적 국면에서는 육하 질문 기법을 통해 자료 생성을 자극하도록 하고, 수렴적 국면에서는 생성된 자료들 가운데 적절성, 명료성 및 흥미롭고 참신한 느낌을 주는 자료를 골라내는 소위 히트 기법을 사용하도록 훈련한다. 모형 자체는 앞에서 본 Mumford와 그의 동료들의 모형과 비슷하다. 차이점은 각 단계 자체에 대한 입증보다는 각 단계를 훈련시킬 수 있는 구체적인 기법과 활동에 집중하고 있다.

생각상자

아이들은 어른보다 더 창의적인가?

어린이의 눈으로 보는 세상을 다루는 프로그램을 시청하다 보면 어린이들의 직관이 참 순진하면서 창의적이라는 생각을 누구나 하게 된다. 하늘을 날아가는 고래와 물고기 그림, 도저히 지구상의 생물이라고 할 수 없는 기괴한 동물 그림 등은 그중 몇몇 예에 불과하다. 그렇다면 정말 아이들은 창의적인데 나이가 들면서 그 능력이 개발되지 않기 때문에 사라져 버리는 것일까? Kamiloff-Smith(1994)에 따르면, 그림이나 언어 등으로 표현되는 아이들의 창의성은 많은 경우 의도적이지 않다고 한다. 있어야 할 부분이 빠진 것은 아직 그 대상에 대한 지식을 표현할 만큼 지식이 충분해서가 아니라고 한다. 의도적으로 부분을 생략하거나 추가하는 것, 식물의 특성이 동물의 특성에 적용되는 것과 같은 범주 간 속성 조합은 일정한 발달적 순서에 따른다고 한다. 따라서 아이들의 창의성은 의도적이기보다는 상대적 무지에서 오는 변화를 어른들이 창의적으로 해석하기 때문일 수 있다.

Sternberg와 Williams(1996)는 창의성을 증진시키기 위해 8영역에 걸쳐 25가지 방법을 제시하였다. 전제로는 창의성을 모사하고 자기효능감을 키우기, 기본적 기법에서는 가정에 질문 던지기, 문제를 정의하고 재정의하기, 아이디어 산출을 장려하기 및 아이디어를 접목시키기, 교사들을 위한 지침으로는 창의적 사고를 위한 시간을 할애하기, 창의성을 가르치고 평가하기, 창의적 아이디어나 산물을 보상하기, 방해물을 피하기 위해서는 어느 정도의 위험은 감수하도록 격려하기, 모호함을 참기, 실수를 허락하기, 장벽을 확인하고 헤쳐가기를 제안한다. 또한 더 복잡한 기법을 추가하기에는 자기책임감을 가르치고 자기규제를 강화하며 만족을 지연시키기가 있고, 역할모형을 사용하기에는 창의적인 사람들의 프로파일을 사용하고, 창의적 협동을 증진시키며, 다른 견해를 상상해 보기를, 환경을 탐색하기에는 환경적 조건을 알아보고, 흥미를 발견하며, 자극적인 환경을 추구하며, 마지막으로 장기적인 안목을 기르기 위해서는 창의적으로 성장하고 창의성을 전파하는 방법을 제안하였다. 하나하나가 좋은 제안이지만 그만큼 사용하기 어렵다. 너무 많아 오히려 언제 무엇을 어떻게 써야 할지 혼돈스럽기 때문이다. 인지심리학이 기여할 부분은 이들 각각의 기법이나 지침이 실제로 얼마나 효과가 있고 또 언제 어떻게 사용해야 하는지를 경험적으로 밝히는 작업이라 하겠다.

5. 요약

지능과 창의성에 대한 인지심리학적 연구는 비교적 최근이라 할 수 있다. 지능에 대한 이해는 인지심리학의 궁극적 목적인 마음에 대한 과학적 이해를 의미한다. 그 동안 지능과 창의성의 연구는 주로 심리측정접근법에 의해 이루어져 왔지만, 현재에는 심리측정접근법과 인지적 접근이 점차 협력할 뿐만 아니라 진화적 접근, 그리고 사회문화적 접근법도 적극적으로 모색되고 있다. 이런 발달은 개인차를 더 이상 무선적인 변량으로서가 아니라 다양한 접근법을 요하는 복잡하고 흥미로운 현상임을 보여 준다. 지능과 창의성에 대한 연구는 교육 제도는 물론 사회 구조에 큰 영향을 준다. 지능 연구 결과가 인종차별의 근거로 악용된 것은 그 대표적인 예이다. 그동안의 연구는 우리가 갖고 있던 지능과 창의성에 대한 많은 통념과 편견이 근거가 없음을 밝혀주었다. 앞으로의 연구는 인접 개념들 간의 관련성을 명료히 하면서, 경험적인 자료에 근거하지만 단편적인 특성이 아니라 통합적인 개념틀을 구성하는 방향으로 전개될 것으로 예상된다.

주요 용어 목록

radex 모형
Raven의 순서행렬검사(Raven Progressive Matrices Test)
Torrance의 확산적 사고력검사
다중지능
마키아벨리적 지능이론(the hypothesis of Machiavellian intelligence)
지능의 삼위일체이론
창의적 문제해결법(creative problem solving: CPS)
구조화된 상상력(structured imagination)
동조효과(conformity effect)

읽을거리 ▶▶▶

지능에 대한 서적은 몇 가지가 있다. 『타고난 지능 만들어지는 지능』(Scientific American, 1998, 이한음, 표정훈 공역, 궁리, 2001), 『다중지능』(Gardner, 1999, 문용린 역, 김영사, 2001), 『지능이란 무엇인가』(Sternber & Detterman, 1986, 하대현, 배미란, 윤미선 편역, 상조사, 1998). 창의성 관련 서적은 교육학적인 관점에서 쓰인 『창의성에의 초대』(임선하, 교보문고, 1993), 『창의학』(전경원, 학문사, 2000) 등이 있다.

제14장

인지심리학의 응용

1. 공학심리학
2. HCI와 사이버공간
3. 인지학습과학

제14장

인지심리학의 응용: 공학심리학, HCI, 사이버공간 및 인지학습과학

1. 공학심리학

1) 공학심리학의 소개

이 책의 앞 장들에서 소개된 인지심리학의 여러 이론과 실험 결과들이 현실 세계에 어떻게 응용될 수 있을지의 문제는 비단 인지심리학에 국한된 문제는 아니며, 다양한 심리학 연구 영역에서 활동하고 있는 사람들의 주된 관심사이기도 하다. 인지심리학 영역에서 밝혀진 인간의 정보처리 및 수행과 관련된 기본적 원리나 사실들을 현실 세계의 문제해결에 어떻게 응용할 수 있는지를 이해하기 위해, 우리가 일상생활에서 흔히 봉착하거나, 혹은 경우에 따라 심각한 결과를 초래하는 다음의 예시들을 먼저 고려해 보자.

[예시 1]

어느 할머니는 두 가지의 문제에 봉착했다. 의사가 처방해 준 약병을 잘 살펴보았지만 추천 복용량을 열거해 놓은 깨알같이 작은 글씨뿐만 아니라, 그 아래 빨간색으로 표시된 경고 문구조차 읽을 수 없었다. 이것이 첫 번째 문제였다. 그러나 아이러니컬하게도, 복용량이나 경고 문구를 제대로 읽지 못해 발생할 수도 있었던 사고는 두 번째 문제 덕분에 발생하지 않았다. 두 번째 문제는 '아동이 열지 못하도록' 만든 병마개를 열기에는 그 노인의 손동작이 정교하지 못했고, 힘도 부족하였다는 것이다.

[예시 2]

자동응답 전화 시스템을 통해 급하게 전화 메시지를 듣고자 했던 어느 불쌍한 고객은 정말 비협조적인 자동응답 시스템에 대고 자신이 혼자 열심히 '말하고' 있음을 깨달았다. 인내심을 갖고 긴 선택 메시지 항목들을 끝까지 들었지만, 실수로 엉뚱한 선택 버튼을 누르고 말았다. 더 기가 막혔던 것은 자신이 원했던 메시지를 다시 찾기 위해서는 어떻게 되돌아가야 하는지 전혀 알 수 없었고, 다만 한 가지 가능한 방법은 전화를 끊고 처음부터 다시 이 긴 과정을 반복하는 것이었다.

[예시 3]

1979년에 500명 이상의 목숨을 앗아간 비극적 사고가 Canary 군도의 Tenerife 공항에서 발생하였다. 두 점보 여객기 중 하나였던 KLM 747은, 활주로 한쪽 끝에서 엔진을 점화한 채 이륙을 기다리고 있었다. 이 항공기의 조종사는 나쁜 시계(poor visibility)가 더 나빠지지 전에, 그리고 공항이 폐쇄되기 전에 이륙하고자 서두르고 있었다. 한편, 이때 다른 여객기(Pan American)가 KLM기가 이륙을 대기하고 있던 것과 같은 활주로에 착륙하여, 다른 출구로 나가기 위해 이동하고 있었다. 공항 관제사는 KLM 조종사에게 "오케이, 이륙을 잠시 미루고 있으면, 내가 이륙 시기를 알려 주겠다."라고 지시하였다. 그러나 불행하게도 완전하지 못했던 무선통신과, 빨리 이륙하고자 하는 조종사의 극단적인 욕구 때문에, 그 조종사는 이 메시지에서 단지 "오케이…… 이륙(Okay… Take off)"이란 말만 분명히 들을 수 있었다. 이륙이 시도되었고, KLM기는 같은 활주로에서 움직이고 있었던 Pan American 747기와 충돌하고 말았다.

[예시 4]

1987년 어느 날, 미 해군 순항함 USS Vincennes호는 일촉즉발의 전운이 감도는 페르시아 만을 순찰하고 있었다. 그때 레이더에 한 비행물체가 접근해 오고 있는 것 같은 '모호한' 정보가 제시되었다. 배에 장착된 레이더 시스템 디스플레이들의 특성상, 레이더를 감시하는 승무원은 그 비행기가 상승하는지 혹은 하강하는지의 여부를 판단하는 것은 매우 힘들었다. 비행기가 하강하고 있다고 잘못 진단한 승무원은 그 비행기가 접근 중인 적기일 것이라고 일차적으로 식별하였다. 생명이 위협받는 상황에서 행동을 취할 시간이 매우 짧다는 것과, 사람들(배에 있던 사람들과 접근 중인 비행기의 조종사) 사이의 의사소통의 단절, 그리고 적대적 상황에 의해 파생된 승무원의 기대 등이 결합되어, 함장으로 하여금 접근 중인 비행기에 미사일을 발사하도록 하는 결정을 내리게 하였다. 불행하게도, 그 비행기는 실제로는 이란 민간 항공기였으며, 피격 당시 상승하고 있는 상태였다.

이러한 예시들은 모두 인간이 갖는 한계 및 인간-시스템 상호작용 과정에서 발생할 수 있는 문제들을 보여 준다. 이러한 문제들의 본질은 인간과 시스템 사이의 상호작용 과정을 좀 더 쪼개어 봄으로써 자세하게 살펴볼 수 있으며, 여기에는 앞 장들에서 밝힌 인간의 정보처리 특성에 대한 이해가 필수적이다. 공학심리학(engineering psychology)은 인지심리학을 포함한 기초 심리학적 연구를 통해 얻어진 결과물들을 현실 문제에 어떻게 응용할 수 있을지를 주로 다루는 학문 분야다. 인지심리학의 응용 영역으로서 공학심리학이 갖는 특성을 살펴보기 위해 이 절에서는 정보처리 접근에 기초하여 인간의 지각, 인지, 그리고 반응 단계들에 포함된 몇 가지 기본적 과정들에 대해 간략히 기술하고, 인간 정보처리체계의 이러한 특징을 실제의 시스템 설계에 어떻게 응용할 수 있는지 모색하고자 한다.

2) 인간 정보처리 시스템의 개관

매일 우리는 다양한 목적들을 달성하고 성공적으로 적응하기 위해 환경으로부터 주어지는 엄청난 양의 정보를 처리해야 한다. 이러한 정보처리 과정을 이해하기 위해서는 인지(cognition)라고 일반적으로 알려진 사람들의 지각과 사고에 대한 기본적 기제들에 대한 이해가 필수적이다. 연구자들이 인간 정보처리 시스템에 대해 연구할 때, 그들은 종종 정보처리를 3개 내지 4개의 단계들로 묶는다. 한 예로, Kantowitz(1989)는 세 개의 단계들을 제안하였다. ① 지각 단계(perceptual stage)에서는 여러 감각 기관들을 통해 정보를 가져와서(감각), 그것의 의미를 기억 속의 지식과 비교한다(지각); ② 인지 단계(cognitive stage)는 중추적인 혹은 사고(thought) 단계로서, 이 단계에서 우리는 새로운 정보를 현재의 목표나 기억과 비교하고 정보를 전달하며, 추론과 문제해결을 하고, 반응을 고려한다; ③ 그리고 행위 단계(action stage)에서는 뇌가 반응을 선택해서 행동을 위한 운동 신호를 조율하거나 전달해 준다. 정보처리 접근은 정보처리자로서의 인간이 보이는 수행을 체계화하고 이해하는 데 유용하며, 나아가 인간 요인을 고려한 공학적 설계를 인도하는 데도 매우 많이 사용되고 있다. 여기서는 정보처리 접근에 기초하여 인간의 지각, 인지, 그리고 반응 단계들에 포함된 몇 가지 기본적 과정들에 대해 간략히 기술하고, 인간 정보처리체계의 이러한 특징을 실제의 시스템 설계에 어떻게 응용할 수 있는지 알아본다([그림 14-1]).

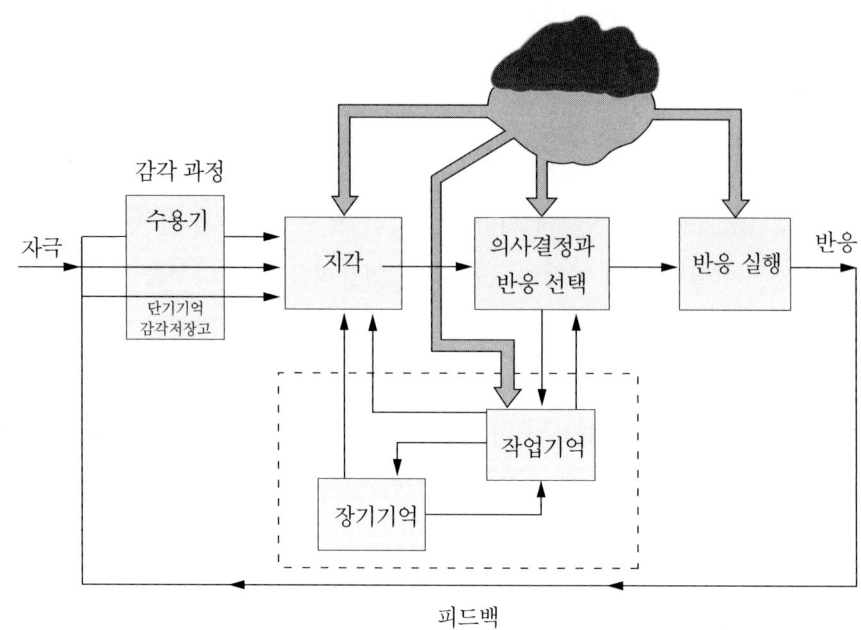

[그림 14-1] 인간 정보처리모형의 도해

(1) 지각

지각적 재인(perceptual recognition)은 정보를 범주화하기 위해 머릿속에 저장되어 있는 지식과 들어오는 자극 정보를 비교하는 처리 과정이다. 여기에서는 지각적 재인 과정 중 ① 세부특징 분석을 통한 지각 과정과, ② 상향처리와 하향처리 과정의 특징을 살펴본 후, 이러한 특징이 시스템 설계에 어떻게 응용되는지 알아본다.

① 세부특징 분석

복잡한 자극은 구성 요소 혹은 세부특징들(features)로 쪼개질 수 있다. 자극에 의미를 부여하기 위해서는 그 자극의 세부특징들이 개별적으로 분석되고, 장기기억 속에 저장되어 있는 세부특징들과 비교된 다음, 저장되어 있는 형태 중 어느 것이 가장 잘 맞는지를 결정하여 최적의 대응이 이루어지는 대상을 재인한다. 예를 들어, 이 책의 앞 장에서 기술된 세부특징분석모형에 따르면, 낱자 A에 대한 시각 자극들은 '/' '\', 그리고 '-'와 같은 세부특징들로 나누어질 수 있고(A의 윗부분에 있는 '각'도 역시 세부특징으로 생각할 수 있다), 우리는 이러한 세부특징들을 머릿속에 이미 저장되어 있는 지식과 비교한다. 만일 지금 보고 있는 A의 세부특징들이 다른 낱자에 비해 A에 대해 저장되어 있는 기억 세부특징들에 더 많이 가깝다면, 우리는 그 낱자를 대문자 A라고 재인한다. 글자뿐만 아니라 대상물에 대한 지각도 유사한 방식으로 이루어진다(예를 들어, 'geon'을 통한 대상물 재인, Biederman, 1987).

공학심리학적 관점에서 이러한 세부특징 분석의 특징은 인쇄물로 된 디스플레이의 설계에 대해 몇 가지 시사점들이 준다. 기본적으로 대상이 갖는 세부특징들을 분석할 수 있어야 한다. [예시 1]에서 살펴본 바와 같이 글자가 너무 작아 가시성(visibility)이 떨어지는 글자는 분석 자체가 불가능할 것이다. 둘째, 재인의 정확성 및 속도는 디스플레이 속의 세부특징들이 기억 속의 세부특징이나 단위들과 부합되는 형태일 때 최대가 될 것이다. 예를 들어, 자극이 갖는 세부특징들은 기억 속의 인쇄된 단어들에 대한 세부특징들과 서로 부합할 때 더 빠르고 쉽게 지각될 것이다. 셋째, 일반적으로 디스플레이에는 생략된 단어보다는 전체 단어가 사용되어야 한다. 마지막으로, 단어들 사이 혹은 임의적인 낱자나 숫자 사이의 공백은 지각을 정확하게 하는 데 매우 중요하다. 특히, 임의적인 문자와 숫자열이 제시된다면 자동차의 번호판과 같은 경우처럼 이들을 세 개 내지 네 개로 군집화(chunk)하는 것이 가장 효율적이다.

② 상향처리 및 하향처리

자극이 갖는 감각 정보의 질(quality)에 영향을 주로 받아 정보가 처리되는 경우를 상향처리라고 부른다. 예를 들어, 시력의 상실은 상향처리를 저하시키는 요인인 반면, 자극이 갖는 높은 대비 민감도는 상향처리의 향상을 가져오는 것으로 기술할 수 있을 것이다. 상향처리와는 다른 방식을 취하면서도, 정보처리에 똑같은 중요성을 갖는 것이 있는데, 이것을 하향처리라고 부른다. 하향처리는 주로 관찰자의 기대나 환경적 맥락과 같은 요인에 의해 발생한다. 예를 들어, [예시 3]에서 이륙하고자 하는 조종사의 기대나 욕구가 명료하게 들리지 않은 메시지 내용을 오해하도록 한 것이나, [예시 4]에서 레이더 탐지병이 불충분한 레이더 정보를 통해 민간 항공기를 적기(특히, 전투기)로 잘못 판단하도록 한 것 등은 하향처리의 예라고 할 수 있다(물론 하향처리로 인한 정보처리가 모두 왜곡되는 것은 아니다). 하나의 감각 패턴이 상이한 환경 아래에서 다른 대상으로 재인될 수도 있는 것은 하향처리의 영향 때문이다. 하향처리와 상향처리는 동시에, 그리고 자동적으로 일어난다. 하향처리와 상향처리는 종종 서로 교환관계(trade-offs)에 있다. 자극의 질이 좋으면 상향처리가 우세할 것이다. 자극의 질이 저하됨에 따라 더 많은 하향처리가 높은 수준을 유지하게 할 수 있도록 맥락이나 중복의 증가가 필요해질 것이다. 하향처리와 상향처리의 상대적인 영향은 텍스트 디스플레이나 아이콘 혹은 다른 자극들의 설계에 중요하다.

상향처리이든 하향처리이든 어느 한쪽에 지나치게 치우치는 것은 효율적이지 못하다. 예를 들어, 상향처리를 위해 자극의 질을 높이고자 한다면 때로는 비경제적인 디스플레이의 설계가 될 가능성이 있는 반면, 지나치게 하향처리에 의존하고자 한다면 정보의 왜곡이 발생할 수 있다. 따라서 이 두 가지 처리방식 사이의 득실관계를 평가하는 것이 중요하다.

(2) 작업기억

정보가 일단 재인되면, 정보는 (일종의 자동적인 자극-반응 연합으로) 직접 반응을 이끌어 내거나, 더 처리되기 위해 작업기억(working memory) 속으로 들어간다. 작업기억은 임시적인 마음의 작업대라고 볼 수 있는데, 여기에서 정보들은 변형되고, 다른 처리들에 의해 영향을 받게 된다. 작업기억과 관련하여 인지심리학에서 확고하게 밝혀진 것들 중의 하나는, 작업기억은 이것이 처리할 수 있는 정보의 용량과 저장 시간에 한계가 있다는 점이다. 예를 들어, 연구자들은 작업기억의 용량(capacity)은 정보의 7±2군집(chunks) 정도이고, 지속 시간은 아무리 길어야 30초를 넘지 못한다고 한다. 따라서 디스플레이 설계에서도 이러한 인지적 한계들이 고려되어야 하는데, 몇 가지 중요한 방안들은 다음과 같다.

첫째, 과제를 수행할 때, 인간 오퍼레이터가 작업기억 속에 유지하고 있어야 하는 시간과 용량(문자나 숫자의 수)을 모두 최소화해야 한다. 한 예로, 버튼 누름식 전화기가 이전의 다이얼식 전화기보다 더 좋은 이유 중의 한 가지는 전자가 후자에 비해 전화번호를 작업기억 속에 저장해야 하는 시간을 더 짧게 해 줄 수 있기 때문이다.

둘째, 작업기억 속에서 유지될 수 있는 재료의 수를 증가시켜 장기기억으로의 전이가 더 많이 될 수 있게 하는 방법으로 군집화(chunking)를 적절히 사용해야 한다. 군집화를 사용할 때는 군집당 3개 내지 4개로 항목을 하나의 군집으로 하는 것이 바람직하고, 군집화된 항목들이 의미를 갖도록 하는 것이 좋다(예를 들어, '800-

663-5900' 과 같은 숫자만으로 구성된 번호보다는 문자를 사용한 '800-GET-HELP' 의 형태가 작업기억에 부담을 더 줄여 주고, 나중에 기억하기가 더 용이하다). 마지막으로, 많은 정보를 처리해야 할 경우에는 모든 정보를 시각적으로만 혹은 청각적으로만 제시하는 것보다 상이한 자원을 통해 정보를 분산시킴으로써(예를 들어, 청각 정보와 시각 정보를 같이 이용하는 것) 정보처리가 더 많이 촉진될 수 있다.

(3) 장기기억

우리는 정보를 즉시 사용하기 위해 작업기억 속에 항상 정보를 유지하고 있어야 한다. 그러나 추후에 정보를 사용하기 위해서는 정보를 저장하고 인출할 수 있는 기제도 요구된다. 이러한 기제는 장기기억(long-term memory) 혹은 장기 저장이라고 불린다. 학습(learning)은 정보를 장기기억 속에 저장하는 과정이며, 학습을 촉진하기 위한 특수한 절차들이 설계되었을 때, 이 절차를 훈련(training)이라고 부른다. 앞에서 살펴본 작업기억의 기능이 주로 정보를 좀 더 처리하고 이들을 장기기억으로 전이시키는 것이라면, 장기기억의 역할은 저장되어 있던 기억 내용들을 인출하는 것이다. 장기기억에서의 문제는 대개의 경우 이러한 인출의 실패에 기인한다.

그렇다면 장기기억으로부터의 빈약한 인출 때문에 생길 수 있는 문제, 에러, 사고, 그리고 불편함을 사람들이 겪지 않도록 하기 위해 우리는 환경이나 시스템을 어떻게 설계해야 하는가? 첫째 사용 빈도와 최신성을 증가시키기 위해 정보를 정기적으로 사용하도록 해야 한다. 둘째, 장기기억의 부담을 감소시킬 수 있는 한 가지 방법은 제어장치, 디스플레이, 상징 그리고 조작 절차와 같은 것들을 포함하여 환경이나 장비를 표준화하는 것이다. 셋째, 과제가 자주 수행되는 것이 아니거나 과제를 정확히 수행하는 것이 매우 중요할 때, 설계자들은 컴퓨터를 통해 제시해 주거나, 아니면 종이에 인쇄하여 제시하는 방법 등으로 기억 보조수단들을 제공해 주어야 한다. 넷째, 장기기억으로부터 빈약한 인출 때문에 수행 과정 중에 에러가 발생했을 때에는 에러로부터 쉽게 탈출하거나 회복될 수 있도록 해야 한다. 예를 들어, [예시 2]의 전화 사용자와 같이 수행의 특정 단계에서 에러가 발생했을 경우 바로 이전 단계로 되돌아갈 수 있도록 한다면 처음부터 다시 수행을 반복하는 수고는 덜어 줄 수 있을 것이다.

(4) 의사결정

① 의사결정의 본질

우리는 일상생활에서 거의 매일 의사결정과제를 수행하게 된다. 예를 들어, 점심에 무엇을 먹을 것인지를 결정하는 것과 같은 비교적 단순하고 심각하지 않은 문제에서부터, 거대한 공장의 제어실 디스플레이를 통해 제공되는 정보를 통해 공장에 어떤 오류가 있는지를 진단하는 것과 같은 복잡하고 중요한 문제에 이르기까지 우리가 일상생활에서 의사결정해야 하는 것들은 그 중요도나 복잡성에서 매우 다양하다. 의사결정을 통해 최종적인 인간 수행이 선택되고 수행되며, 이러한 수행의 결과를 통해 주어진 과제 수행의 전반적 질이 결정된다는 점에서 의사결정과제는 인간 정보처리 과정에서 매우 중요한 요소이며, 인지심리학에서 중요하게 다루어지는 주제 중의 하나가 되어 왔다.

대부분의 연구자들은 첫째, 수많은 선택 중에서 한 가지를 선택하고, 둘째, 그러한 선택에 대해 사용할 수 있는 어느 정도의 유용한 정보가 있으며, 셋째, 처리 시간이 비교적 길고(1초 이상), 넷째, 그 선택이 불확실성과 연합되어 있을 때(즉, 어느 선택이 최선의 선택인지 분명하지 않을 경우), 그 과제를 의사결정이라고 한다. 인지심리학의 응용 영역에서 자주 연구되는 의사결정의 사례들은 의학적 진단 및 치료와 결부된 선택, 조종사의 비행 판단, 배심원의 의사결정, 인적 혹은 장비 자원의 할당, 처리 제어, 기계적 혹은 전기적 시스템에서의 진단 과정, 소비자 행동, 그리고 위험 감수 혹은 안전 보호 장구를 착용할 것인지를 결정하는 것과 같은 안전 관련 행동들이다.

② 의사결정 과정

이렇게 의사결정과제들은 매우 다양하지만, 이러한 과제들을 수행할 때 사용되는 기본적인 인지 활동의 유형들은 모두 서로 유사한 것으로 보인다(Cook & Woods, 1994; Wickens & Hollands, 2003). 즉, 의사결정은 일반적으로 첫째, 의사결정에 필요한 정보들을 환경으로부터 수집하고 통합하여(단서 수용 및 통합), 둘째, 그러한 정보들의 의미가 무엇인지에 대한 하나 이상의 가설 혹은 추측들을 생성하고(가설 생성), 셋째, 이렇게 생성된 다양한 가설들이 얼마나 정확한 것인지 평가하여 그중에서 가장 유력한 가설을 선택한 다음(가설 평가 및 선택), 넷째, 이를 토대로 한 가지 이상의 대안적 행위들이 생성하는(행위들의 생성과 선택) 과정들을 통해 이루어진다고 할 수 있다.

③ 의사결정에서의 발견법

우리가 일상생활에서 흔히 경험할 수 있듯이, 의사결정은 때로 매우 어렵고 복잡한 과제임이 분명하다. 의사결정을 이렇게 어렵게 하는 요인들은 매우 다양하다. 예를 들어, 의사결정에 사용될 수 있는 정보가 거의 없거나 잘못된 정보가 제공된 경우, 의사결정을 하는 데 너무 시간이 촉박하거나 주어진 정보를 처리하는 데 인지적으로 부하가 높은 경우, 정보 단서들이 역동적으로 변화하는 경우, 목표들 사이의 갈등, 그리고 너무 새롭고 특수한 상황의 발생으로 인해 기존의 지식을 적용할 수 없거나 기억으로부터 지식을 인출하지 못하는 경우 등에서는 의사결정을 하기가 매우 힘들 것이다(Cook & Woods, 1994). 이러한 모든 요인들은 대부분 인간의 인지능력의 한계와 밀접하게 관련되어 있다. 이 때문에 사람들은 인지적 발견법(heuristics)이라고 불리는 대체적으로 매우 강력하고 효율적이기는 하지만, 최상의 해결책이라는 것을 항상 보장할 수는 없는 손쉬운 사고방식을 취하기도 한다. 불행하게도, 발견법들은 의사결정을 매우 단순화하는 경향이 있기 때문에 때로 편파나 잘못된 지각을 이끌기도 한다.

위에서 언급한 일반적인 의사결정 과정을 토대로 사람들이 사용하는 발견법들을 살펴보면, 먼저 의사결정에 필요한 정보(혹은 단서)를 획득하고 사용하는 과정에서 사람들은 일반적으로 제한된 수의 단서들에 대해서만 주의를 기울이고, 처음에 받아들였던 소수의 정보 단서들에 대해서는 다른 정보 단서들에 비해 평균치보다 더 큰 비중을 두며, 이에 따라 후속 단서들에 대해서는 평균보다 과소한 비중을 줄 뿐만 아니라, 때로는 완전히 무시하는 경향을 보이기도 한다. 또한 지각적으로 현저한 단서들에 대해 더 많은 주의를 주고 신뢰할 수 없는 단서들에 대해 과다한 비중을 주기도 한다.

가설을 생성하는 단계에서 사람들은 작업기억의 한계성 때문에 한 번에 겨우 몇 개의 가설들만을 고려할 수 있고, 가장 최근에 고려했거나 혹은 가장 빈번하게 고려했던 가설들을 가장 쉽게 인출하며, 주어진 정보에 비추어 가장 전형적인 특징을 대표하는 것이라고 여겨지는 가설을 생성하고(예를 들어, 아랫배가 아프다고 호소하는 환자들에 대해 의사는 맹장염이라고 쉽게 판단할 수 있지만, 사실은 그렇지 않을 수도 있다.), 자신이 생성한 가설에 대해 그 가설이 맞을 것이라고 너무 믿는 쪽으로 편파를 보이기도 한다.

또한 일단 가설을 생성하여 선택하면 사람들은 추가적인 단서들의 활용을 소홀히 하는 경향을 보이고—이것을 기능적 고착(functional fixedness) 또는 인지적 터널화(cognitive tunneling)라고 부른다—자신이 사용하는 가설을 반증할 수 있는 정보가 더 중요한 것임에도 불구하고, 이러한 반증적 정보보다는 자신의 가설을 확증해 주는 정보들만 찾는 경향을 보인다. 이러한 가설을 토대로 필요한 행위를 선택하는 과정에서도 소수의 행위만을 인출한다거나, 쉽게 인출 가능한 혹은 행위의 결과가 즉각적으로 관찰될 수 있는 행위들을 더 빈번하게 인출하는 경향과 같은 편파를 보인다.

④ 의사결정 향상 방안들

앞에서 우리는 사람들이 의사결정 과정의 많은 부분에서 종종 어려움과 편파를 보인다는 것을 지적하였다. 사람들이 의사결정에서 종종 좋지 못한 수행을 보인다는 것은, 바꾸어 말하면 사람들이 더 나은 의사결정을 할 수 있도록 우리가 도와주어야 한다는 것을 시사하는 것이다. 사람들의 의사결정 수행을 도와줄 수 있는 방안들은 위에서 언급한 인지심리학 영역에서의 연구 결과들이 중요한 기초 자료로 사용될 수 있는데, 이들은 대개 인간이 갖는 인지적 한계를 극복할 수 있도록 하는 데 초점이 맞추어져 있다.

인간이 갖는 인지적 한계 때문에 의사결정의 질이 떨어진다면, 가장 일차적인 의사결정 지원 방안은 인간이 사용하는 시스템들을 인간의 능력 범위 안에서 사용 가능하도록 재설계하는 것이다. 예를 들어, 낙하산을 언제 펴야 할지를 알려 주는 장치나, 특정 고도 이하에서도 낙하자가 낙하산을 펴지 않을 경우(혹은 펴지지 않는 경우) 자동적으로 보조 낙하산이 펴지도록 하는 장치 등은 낙하산을 이용한 낙하와 같은 스트레스가 매우 높은 상황하에서 사람들의 의사결정을 도와줄 수 있다.

이러한 시스템 재설계를 통한 의사결정 지원 방안이 도움이 되는 것은 사실이지만, 여러 가능한 상황에서 최선의 의사결정 수행을 보일 수 있도록 사람들을 훈련시키는 것도 때로는 매우 효율적일 수 있다. 이러한 훈련 내용 중에는 사람들에게 주어진 의사결정 문제 상황이 갖는 제약이 무엇인지 제대로 파악하도록 하거나, 의사결정에 다양한 편향이 있을 수 있다는 것 등을 인식시키거나, 혹은 사람들의 수행에 이해하기 쉽고 즉각적인 피드백을 제공하는 것 등이 포함될 수 있다. 이러한 훈련을 통해 사람들이 사용하는 발견법이나 편파를 어느 정도 극복할 수 있다.

사람들의 의사결정을 도와줄 수 있는 좀 더 적극적인 방법은 의사결정 보조수단들을 사용하는 것이다. 의사결정 보조수단들에는 첫째, 사람들이 특정한 의사결정의 가능한 결과들, 확률 그리고 대안적 행위들의 활용가능성에 대한 목록들을 사용할 수 있도록 해 주는 의사결정표, 둘째, 의사결정 과정과 이에 따른 결과가 순차적으로 제시되는 의사결정 순서도, 그리고 셋째, 한 가지 이상의 전문가 지식을 컴퓨터에 저장하여 사용자가 자문을 구했을 때 이에 대한 해답을 제공해 줄 수 있는 형태로 설계되어 있는 전문가 시스템 등이 포함된다.

(5) 수동제어

대부분의 인간-기계 상호작용에서 공통적인 과제 중의 하나는 공간상에 어떤 실체를 위치시키는 것이다. 이러한 과제들의 예들로는 스크린상의 특정 지점으로 커서를 이동시킨다거나, 어떤 대상과 접촉하기 위해 로봇 팔을 이용하여 접근한다거나, 혹은 새로운 주파수를 맞추기 위해 라디오의 다이얼을 움직이거나 설정하는 것 등이 포함될 수 있다. 일반적으로 이러한 공간적 과제들은 위치조정(positioning)과제 혹은 가리키기(pointing)과제들이라고 불린다(Baber, 1997). 마우스나 조이스틱과 같은 다양한 종류의 제어장치들이 그와 같은 과제의 수행을 위해 사용될 수 있다.

제어되는 실체(흔히 커서라고 불림)를 목적지(흔히 타깃이라고 불림)까지 이동시키는 과제(pointing task)의 기초가 되는 인간 수행 기술의 본질을 이해하는 데 Fitts의 법칙(Fitts, 1954)이라고 알려진 모델이 유용하게 사용될 수 있는데, 이 모델을 수식으로 표현하면 다음과 같다.

$$MT = a + b \log_2(2A/W)$$

MT : 운동시간(movement time)

A : 운동의 진폭(또는 출발점에서 표적 사이의 거리)

W : 표적의 너비(또는 요구되는 정확성의 정도)

이 법칙을 풀어서 말하면 동작 시간은 $(2A/W)$의 로그함수와 선형적인 관계가 있다는 것인데, 다시 말해서 요구되는 운동의 거리가 커질수록 운동 시간이 길어지거나 표적 도달의 정확성이 떨어진다.[1] 특히, $\log_2(2A/W)$는 동작의 난이도 지수(index of difficulty)라고도 불린다.

Fitts 법칙은 어떤 제어장치들을 사용하여 스크린상에 있는 표적으로 커서를 이동시키는 것과 같이(예를 들어, 마우스를 이용하여 컴퓨터 메뉴의 특정 항목 위치에 커서를 옮겨다 놓는 것; Card, English, & Burr, 1978) 손을 사용하여 표적까지 도달하는 신체적 동작을 설명하는 데 잘 적용된다. 뿐만 아니라, 이 모델은 발을 특정한 페달로 이동시키는 것과 같은 비교적 세밀함을 요구하지 않는 동작들이나(Drury, 1975), 현미경을 보면서 조립하거나 조작하는 것과 같이 매우 세밀함을 요구하는 동작들(Langolf, Chaffin, & Foulke, 1976)에도 적용이 가능하다. 이러한 일반화 가능성 때문에 Fitts의 법칙은 다양한 상황에서 키보드 형태나 표적의 크기를 달리했을 때 발생할 수 있는 비용을 설계자들이 예언하게 할 수 있다는 점에서 매우 큰 가치를 가진다(Card, Moran, & Newell, 1983).

① 제어 행위에 영향을 주는 요인들

사람들이 외부 환경으로부터 정보를 받아들이고 처리한 후 그 정보의 내용에 따라 최종적으로 어떤 행위를 수행하게 된다. 정보처리 모델에 비추어 본다면, 제어란 행위의 선택과 실행을 포함하며, 여기에 제대로 제어 반응이 실행되었는지를 알 수 있도록 해 주는 피드백의 제공이 수반된다. 하나의 반응 혹은 행위가 얼마나 어려운 것인지 혹은 그것들이 얼마나 빠르게 실행될 수 있는지는 몇 가지 변인들에 의해 영향을 받는데(Wickens, 1992), 그중에서 의사결정의 복잡성, 기대, 부합성, 속도-정확성 교환, 그리고 피드백 등이 시스템 설계와 관련하여 특히 중요하게 다루어지는 변인들이다.

의사결정 복잡성 하나의 행위가 선택되는 데 소요되는 속도는, 주어진 맥락 안에서 선택될 수 있는 가능한 대안들의 수에 의해 강하게 영향을 받는다. 예를 들어, 단지 두 가지의 대안 중에서 한 가지만을 선택해야 하는 모스 부호 오퍼레이터의 각

1) Fitts의 법칙을 더 쉽게 설명하기 위해 다음 상황을 실습해 보라. 볼펜을 종이 위에 손바닥으로 크게 잡고 3cm 간격에 큰 점을 찍은 뒤에 매우 빠르게 볼펜을 양쪽 점 사이를 왔다 갔다 찍어 보고, 이번에는 10cm 간격의 두 점을 빠르게 찍어 보라. 찍혀진 점들이 원래 찍어 둔 표적점으로부터 얼마나 떨어져서 분포하는지를 보면 10cm 간격의 경우 더 넓게 분포함을 알 수 있다. 이번에는 매우 정확하게 점을 찍으려고 노력해 보라. 10cm 조건에서 동작의 시간이 훨씬 더 오래 걸림을 알 수 있다.

행위는, 26개의 알파벳 중에서 한 가지를 선택해야 하는 타이피스트의 각 행위들보다 훨씬 단순한 선택을 하게 되고, 이에 따라 모스 부호 오퍼레이터는 주어진 시간 안에 훨씬 더 많은 키 입력 횟수를 보일 수 있다. 공학심리학자들은 의사결정의 복잡성에 따른 반응 선택 시간의 차이를 반응 시간에 대한 Hick-Hyman 법칙으로 설명하고자 하였다.

그러나 단순한 의사결정을 하도록 설계된 시스템이 더 우수하다는 것을 의미하는 것은 아니다. 실제로, 사용자에 의해 전달되어야 하는 특정한 양의 정보가 있다면, 다수의 단순한 의사결정을 하는 것보다는 소수의 복잡한 의사결정을 하는 것이 일반적으로 더 효율적이다(이것은 의사결정 복잡성의 이점이라고 불린다. Wickens & Hollands, 2003). 예를 들어, 타이피스트는 모스 부호 오퍼레이터에 비해 같은 메시지를 더 빠르게 전달할 수 있고, 다수의 주 메뉴 속에 소수의 명령어들이 있는(즉, 넓고-얕은 구조) 컴퓨터 메뉴 시스템이, 소수의 주 메뉴 속에 다수의 명령어들이 제시되도록 되어 있는(즉, 좁고-깊은 구조) 메뉴 시스템보다 더 효율적이다.

반응 기대 우리는 기대되는 정보를 더욱 빠르게 (그리고 정확하게) 지각한다. 마찬가지 방식으로, 우리는 수행이 기대되지 않는 행위들에 비해 수행이 기대되는 행위들을 더 빠르고 정확하게 선택한다. 예를 들어, 우리는 고속도로에서 앞서 달려가고 있는 자동차가 특별한 이유 없이 갑작스럽게 멈출 것이라고는 기대하지 않는다. 만일 고속도로에서 앞차가 갑자기 멈추어 섰다면, 교차로의 신호등이 황색등으로 바뀌었을 때(이러한 상황은 항상 기대 가능하다) 브레이크를 밟는 속도보다 더 느리게 브레이크를 밟게 된다.

자극-반응 부합성 자극-반응 부합성(혹은 디스플레이-제어 부합성)은 제어장치의 위치 및 제어 반응의 동작과, 이러한 제어와 관련된 자극 혹은 디스플레이의 위치 및 동작 사이의 관련성을 설명하는 개념이다. 일반적으로 자극과 반응 사이의 부합성이 높을수록 사용자의 수행효율성이 증가한다. 예를 들어, 제어장치는 제어되고 있는 대상 혹은 그러한 대상을 나타내 주는 디스플레이와 서로 근접하도록 위치해야 하고, 제어장치가 움직이는 방향과 디스플레이상의 지시계가 움직이는 방향(혹은 시스템 자체가 움직이는 방향은)은 서로 일치해야 한다.

속도-정확성 교환 만일 우리가 어떤 행위를 매우 빠르게 실행하고자 한다면 에러를 유발할 가능성은 더 커진다. 반면에, 에러를 범하지 않는 것이 중요하여 매우 조심스럽게 행위를 수행하고자 한다면 그 행위의 수행 속도는 느려질 것이다. 따라서 이러한 두 가지 사례에서는 속도와 정확성 사이에 부적인 상관관계 혹은 교환관계(trade-offs)가 있다고 할 수 있으며, 이러한 교환관계는 대개의 경우 사용자의 수행 방략 때문에 발생한다.

피드백 우리가 취하는 대부분의 제어나 행위들은 시스템이 제어장치들에 의해 반응하였다는 것을 나타내 주는 어떤 형태의 피드백과 연합되어 있다. 예를 들어, 자동차의 속도계는 가속기 제어에 대한 시각적 피드백을 제공해 준다. 그러나 좋은 제어장치의 설계가 되기 위해서는 제어 상태 자체에 대한 좀 더 직접적인 피드백의 제공도 또한 고려해야 한다. 이러한 직접적인 피드백에는 촉각적(예를 들어, 버튼이 눌러졌을 때의 느낌이나, 레버를 움직였을 때의 저항력)인 것뿐만 아니라 청각적(스위치의 딸깍 하는 소리 혹은 전화 버튼을 눌렀을 때 나는 삡 소리) 혹은 시각적(스위치 옆에 부착되어 장치가 켜져 있음을 보여 주는 'on' 표시 혹은 누름 버튼이 눌러졌다는 것을 나타내 주는 분명하고도 특징적인 시각적 표시들)인 것들이 모두 포함될 수 있다.

3) 공학심리학의 응용 사례들

사례 1: 도로 설계

인간은 3차원의 세계를 항행하고 조작하는데, 대개 이러한 행위들은 매우 정확하고 자동적으로 이루어진다. 3차원 공간에서 우리 자신과 대상들 사이의 거리(그리고 대상들 사이의 거리) 혹은 공간 속에서 우리 자신의 항행 속도를 판단하기 위해서는, 우리에게 사물들이 시간에 따라 어떻게 변화하는지를 알려 줄 수 있는 단서(cues)들이 요구된다. 이러한 단서들 중에는 인간의 시감각체계의 생리적 구조와 연결 상태에 따라 본래부터 정해져 있는 것들도 있지만(예를 들어, 서로 다른 거리에 있는 대상에 초점을 맞추기 위한 안구 수정체의 조절, 하나의 이미지가 두 눈의 망막 위에서 일치하는 부위에 맺히도록 하는 안구의 수렴, 그리고 한 대상이 관찰자로부터 가깝게 위치해 있을수록, 각각의 안구에 의해 수용되는 대상의 모양의 상이한 정도에 따라 입체감을 경험하게 하는 양안 부등), 좀 더 멀리 떨어져 있는 대상이나 표면에 대한 깊이 거리의 판단은, 때로는 회화적(pictorial) 단서들이라고 불리는 것에도 의존한다.

이러한 회화적 단서들에는 직선 조망(쭉 뻗어 있는 도로처럼 좀 더 먼 지점으로 뻗어 있는 평행선들의 수렴), 상대적 크기(만일 두 개의 같은 크기를 갖는 대상들이 있다면, 더 작은 대상이 더 멀리 있을 것이라는 지식에 바탕을 둔 단서), 중첩(더 가까이 있는 대상들은 더 멀리 있는 대상들의 윤곽을 가리는 경향), 음영(3차원 대상들은 비춰지는 빛에 의해 그림자를 만들고, 자신들의 표면에도 밝은 부분과 어두운 부분을 차별적으로 만드는 경향), 그리고 표면결 밀도(더 조밀한 표면결은 더 멀리 떨어져 있는 경험을 제공) 등이 포함된다. 이러한 단서들은 화가들이 그림에 깊이감을 주기 위해 사용하는 단서들의 종류이기 때문에 그렇게 불린다. 회화적 단서들은 과거 경험에 바탕을 두기 때문에 하향처리의 영향을 더 많이 갖는 경향이 있다.

이러한 단서들은 모두 3차원 공간에서의 우리의 위치나 운동에 대한 매우 풍부한 감각을 제공해 준다. 그러나 이러한 단서들에 의해 깊이 지각이 왜곡될 수 있다. 이러한 것은 때로는 위험한 상황에 이르기도 한다. 예를 들어, 야간에 혹은 표면결이 없는 눈 덮인 곳의 상공을 비행하는 조종사는 지상에 대해 자신의 위치가 어디인지 알려 줄 수 있는 시각 단서들을 갖고 있지 못하기 때문에, 좀 더 정확한 비행계기들에 의해 필요한 정보가 제공되어야 한다.

그러나 연구자들을 이러한 왜곡을 현명하게 이점으로 바꾸어 놓기도 한다. 이러한 사례가 스코틀랜드에 있는 어느 한 원형 교차로(traffic circle)의 재설계다(Denton, 1980). 운전자들은 원형 교차로에 들어왔을 때, 과속을 하는 경향을 보였고, 그 결과 이 지점에서의 사고율이 매우 높았다. Denton은 [그림 14-2]에서 보이는 것처럼, 도로 위에 간격이 점점 더 좁혀지는 선들을 그려 놓음으로써 운전자의 지각 시스템을 속이는 방식으로 이 문제에 대한 해결책을 제시하였다. 회전 로터리에 일정한 운전 속도(물론 과속으로) 접근함에 따라 운전자들은 자동차가 지나가는 표면결 흐름이 더 빨라지고 있다는 것을(가속 중인 것으로 지각됨) 경험할 것이다. 많은 지각적 측면들이 거의 자동적 방식으로 처리되기 때문에, 운전자들은 지각된 가속에 반응하기 위해 본능적으로 브레이크를 밟을 것이고, 그 결과 바람직한 안전 속도에 더 가까운 운전 속도로 달리게 만든다. 이것은 실제로 도로에 선을 그려 놓은 다음에 운전 행동과 관련하여 관찰된 효과이며, 회전식 교차로에서의 사망사고율을 상당히 줄였을 뿐만 아니라, 몇 년 동안이나 이 결과가 유지되었다.

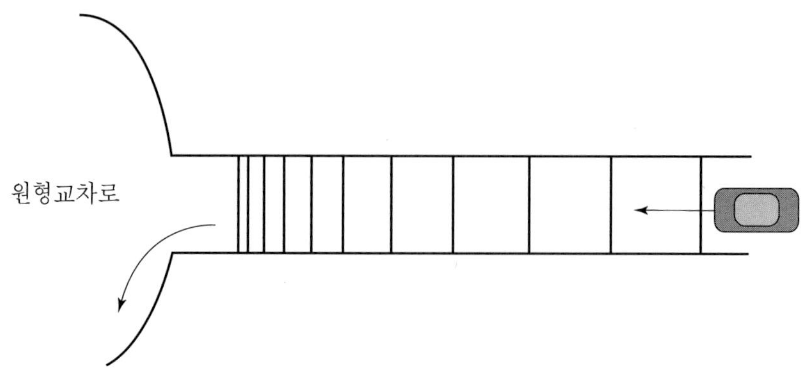

[그림 14-2] 원형 교차로에 접근하는 자동차의 운전 속도를 줄이기 위해 Denton(1980)이 사용한 기법

자동차는 오른쪽에서 왼쪽으로 접근한다. 그림에서는 자동차가 원형 교차로에서 왼쪽으로 회전하는 것으로 보이는데, 이것은 스코틀랜드에서는 자동차의 핸들이 오른쪽에 부착되어 있고, 따라서 우리나라와는 반대로 자동차가 좌측통행하기 때문이다.

사례 2: 디스플레이 설계

실제 세계에서의 많은 시스템들은 매우 복잡하게 구성되어 있다. 전형적인 핵 반응로가 제대로 작동하는 데 필수적인 변인들의(따라서 오퍼레이터들이 반드시 감시해야 하는 변인들) 수는 최소한 35개 정도이고, 항공기가 매우 정규적인 작동을 하는 상황에서도 조종사들이 꼭 감시해야 할 변인들은 최소한 7개는 된다고 여겨진다. 따라서 중다 디스플레이의 설계에서 중요한 문제는 이러한 디스플레이들을 어떻게 구성해야 하는가의 문제이다.

중다 디스플레이 문제를 해결하기 위해 매우 효과적인 방법 중의 하나는 형상 디스플레이를 이용하는 것이다. 때때로 원자료에 관한 중다 디스플레이들은 감시과제에 필요한 어떤 속성들이 원래 변인값들의 조합으로부터 출현될 수 있는 공간이나 형태로 배열될 수 있다. 이러한 디스플레이의 한 가지 사례가 [그림 14-3a]에서 보이고 있는데, 이것은 Cole(1986)에 의해 개발된 환자의 호흡 감시용 디스플레이이다. 각각의 직사각형에서 높이는 호흡의 깊이를, 그리고 너비는 호흡의 비율을 나타낸다. 따라서 직사각형의 전체 넓이는 환자가 흡입한 전체 산소량(오른쪽)과 인공호흡기가 제공한 전체 산소량(왼쪽)을 나타낸다는 것을 알 수 있는데, 왜냐하면 산소량=호흡률×호흡의 깊이이고, 직사각형의 면적 = 높이×너비이기 때문이다.

따라서 이러한 디스플레이는 출현 속성(emergent feature)이라고 불리는 것을 만들어 내는 방식으로 형상화된(configured) 것이다. 즉, 원래 변인들이 형상화된 결과 원래의 변인들(이 경우에는 깊이와 비율)에는 존재하지 않았던 또 다른 속성이 출현하여, 수행되어야 하는 과제와 더 직접적으로 관련되고 또한 통합적인 형태로 새로운 변인(이 경우 직사각형의 넓이 혹은 환자가 호흡한 전체 산소량)의 변화에 대한 정보를 제공해 준다. 또한 그림에서 직사각형의 모양을 통해 지각될 수 있는 두 번째의 출현 속성이 있다는 것도 주목하기 바란다. 즉, 직사각형의 모양을 통해 환자가

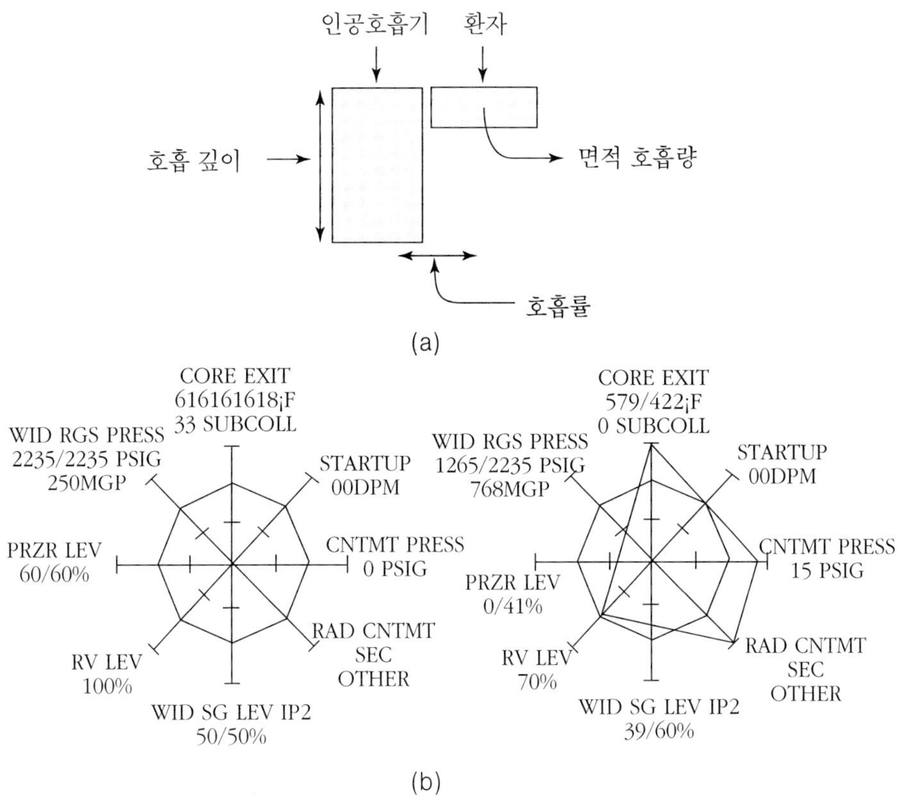

[그림 14-3] 형상 디스플레이의 예

(a) 형상적 호흡 감시 디스플레이(출처: developed by Cole, W. (1986). *Medical Cognitive Graphics*. Proceedings of CHI. Human Factors in Computing Systems. New York: Association for Computing Machinery). (b) 원자력 발전소에서의 주요 안전 변인들을 감시하기 위한 통합적 '바퀴살형(spoke)' 혹은 '극성(polar)' 디스플레이. 왼쪽: 정상 작동, 오른쪽: 냉각수 부족 사고 발생 시에 제시되는 형태(출처: Woods, D. D., Wise, J., & Hanes, L. (1981). *An Evaluation of Nuclear Power Plant Safety Parameter Display Systems*. Proceedings of the 25th Annual Meeting of the Human Factors Society, p. 111. Santa Monica, CA: Human Factors Society).

얕고 빠른 호흡을 하고 있는지, 아니면 깊고 느린 호흡을 하고 있는지(즉, 호흡의 유형이 어떠한지)를 알 수 있다.

[그림 14-3b]에서 보이는 또 다른 예는 원자력 발전소의 통제실에서 사용되는 안전 파라미터 감시용 디스플레이로서 Woods, Wise, 그리고 Hanes(1981)에 의해 개발된 것이다. 여기서 8개의 주요 안전 파라미터들은 하나의 팔각형으로 형상화되도록 배열되었는데, 이러한 안전 파라미터들이 모두 정상적인 안전 범위 안에 있으면 전체적으로 대칭성이라고 하는 새로운 출현 속성을 쉽게 지각할 수 있게 되어 있다. 더구나 일종의 시스템 오류의 결과에 의해 파라미터들이 정상적인 값들에서 멀어지게 되면, 다각형의 찌그러진 형태가 작동 오류의 본질에 대한 독특한 신호를 보내 주게 된다.

사례 3: 운전자 보조 시스템 설계

운전자들은 비교적 복잡한 중다과제를 수행해야 한다. 뿐만 아니라 다양한 요인들에 의해 교통사고에 노출될 위험도 항상 존재한다. 이 때문에 운전자를 보호하고 운전을 도울 수 있는 좀 더 적극적인 노력이 시도되었는데, 그중 대표적인 것이 차량항법 시스템이다. 이러한 차량항법 시스템의 설계에도 기존의 심리학 영역에서 밝혀진 이론이나 연구 결과가 적용되는데, 여기에서는 추돌경고 시스템과 도로안내 시스템에 대해 기술하고자 한다.

추돌경고 시스템 자동차 사고 중에 가장 빈번한 것 중의 하나는 추돌 사고이다. 이러한 추돌 사고는 운전자의 부주의, 안전거리 미확보 혹은 운전자의 속도 추정능력에서의 결함과 같은 많은 요인들에 의해 발생한다. 이 때문에 운전 중 운전자에게 추돌의 위험을 알려 주거나, 선행 차량의 거동을 신속하고 정확하게 파악할 수 있는 보조 수단이 개발되었다. 예를 들어, 1985년 9월 1일 이후 만들어진 모든 미국 자동차에는 뒤 유리 중앙에 설치된 정지등(center high mounted stop lamps)을 부착하도록 하기도 하였다. 이것은 추돌사고가 발생했을 때의 사망자 수를 감소시켰을 뿐만 아니라(Digges, Nicholson, & Rouse, 1985), 추돌사고가 50~60%까지 감소될 수 있음을 보여 주었다(Kahane, 1989).

이러한 노력뿐만 아니라 좀 더 적극적으로 운전자의 추돌회피행동을 도울 수 있는 시스템이 있는데, 추돌방지 시스템(front to rear end collision avoidance system)

이나 추돌경고 시스템(front to rear end collision warning system) 등이 여기에 해당한다. 추돌방지 시스템과 추돌경고 시스템은 그 개념상 약간의 차이가 있다. 즉, 전자의 경우는 자동차가 앞 차와의 거리를 계산하여 위험 범위 안에 있을 때 자동차가 스스로 브레이크를 작동시키는 방식을 취하는 반면, 후자의 경우는 말 그대로 운전자에게 위험 상황을 경고만 해 주고 차량의 통제는 운전자가 스스로 판단하도록 한다. 이 두 가지 시스템의 효과성에 대해서는 아직 논란의 여지가 있지만, 전자의 경우 앞 차와의 거리를 계산하는 센서가 부정확할 경우, 실제로 위험하지 않은 상황에서 브레이크가 작동됨으로써 운전자를 당황하게 할 수 있다는 단점이 있다(따라서 운전자들이 이렇게 자동화된 시스템에 대해 불신을 갖는 결과를 초래할 수 있다). 이러한 이유로 운전자에게 차량 통제의 선택을 주는 추돌경고 시스템에 대한 연구가 많이 이루어졌다. 예를 들어, Lee, McGehee, Dingus 및 Wilson(1997)과 이재식(2002)은 [그림 14-4]에 보이는 것과 같은 시각적 추돌경고 디스플레이와 청각적 경고 디스플레이의 형태를 체계적으로 변화하여 운전자들에게 제시한 후, 추돌위험 가능 상황에서 운전자의 추돌회피 효율성에 이러한 시스템이 얼마나 도움이 되는지 검토하였다.

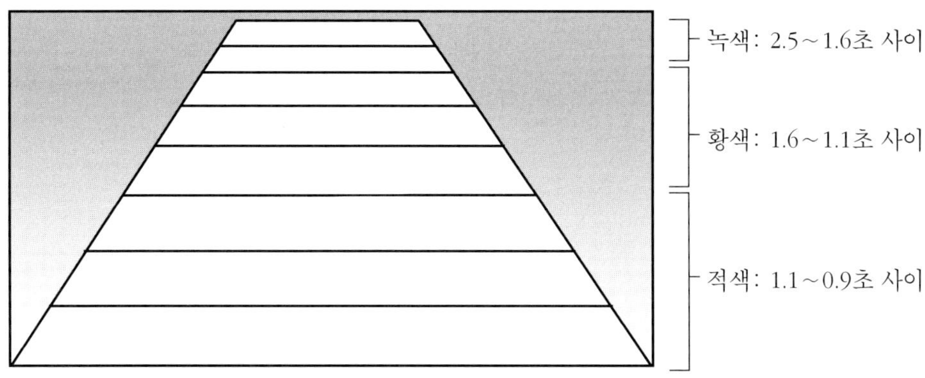

[그림 14-4] 실험에 사용된 시각적 추돌경고 시스템

앞 차량과의 거리가 가까울수록 세 가지 색으로 구성된 디스플레이의 막대가 점등된다. 그림의 우측에 제시된 시간은 앞 차와의 상대적 거리를 시간으로 환산한 것이다.

도로안내 시스템　최근 들어 운전자를 돕기 위한 한 가지 중요한 수단으로 도로안내 시스템(일반적으로 내비게이션 시스템이라고 알려져 있다)이 많이 사용되고 있다. 이러한 시스템을 설계하는 데 고려해야 하는 것 중 하나는 항행 방향을 어떻게 제시하여 줄 것인가의 문제이다. 예를 들어, 차가 움직이고 있는 방향을 디스플레이에서 항상 위쪽으로 하든지(head-up), 아니면 일반적인 지도에서 그러한 것처럼 북쪽을 항상 위쪽 방향(north-up)으로 하는 것이다. 진행 방향을 위쪽으로 하는 것과 북쪽을 위쪽으로 하는 것과 관련된 가장 중요한 문제는 어느 형태가 운전자의 더 빠르고 정확한 해석을 유도하는가 하는 문제일 것이다.

진행 방향과 상관없이 디스플레이의 위쪽이 항상 북쪽을 가리키도록 제시한다면, 남쪽으로 운전하고 있는 운전자는 제시된 지도를 마음속으로 180도 회전시켜서 이해해야 한다. 이 경우 요구되는 부가적인 과제(즉, 지도의 정신적 회전)가 더 많은 주의와 정보처리 시간을 요구하고, 또한 전반적으로 더 많은 실수를 야기한다(Dingus, Antin, Hulse, & Wierwille, 1989).

이러한 연구 결과는 심리학 영역에서 이미 오래전에 입증된 사실이다. 예를 들어, Cooper와 Shepard(1973)는 수직으로부터 각도를 달리하여 회전시킨 형태를 갖는 낱자 자극들을 사용하여 심적 회전(mental rotation)에 따른 피험자들의 수행을 비교하였다. 피험자들은 낱자 자극들 중 하나를 제시받고, 그 자극이 정상인지 뒤

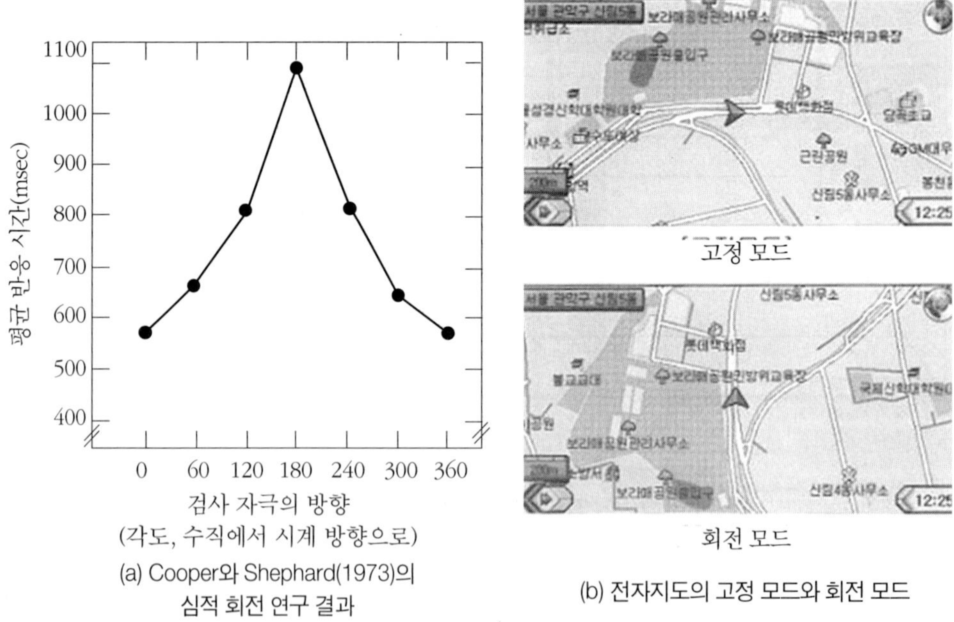

(a) Cooper와 Shephard(1973)의 심적 회전 연구 결과

(b) 전자지도의 고정 모드와 회전 모드

[그림 14-5] 차량의 도로안내 시스템의 설계에 적용된 Cooper와 Shephard(1973)의 심적 회전 연구 결과(a)와 자동적으로 차량의 진행 방향을 위쪽에 제시되도록 설계된 도로안내 시스템의 일례(b)

집어진 'R'인지를 판단해야 했다. 그 결과 수직으로부터 방향 이탈의 함수로서 낱자가 정상인지를 판단하는 데 걸린 시간은 수직에서 180도로 이탈함에 따라 증가하였다([그림 14-5a]). 이 결과는 자극이 화면상 수직까지 회전된 다음, 그것이 정상인지 뒤집어진 것인지 판단하기까지 심적 회전 과정이 일어남을 시사한다.

따라서 [그림 14-5b]의 회전 모드와 같이 진행 방향이 항상 위쪽으로 제시되는 도로안내 시스템의 이점은 분명해 보인다. 즉, 운전자들은 진행 방향에 따라 일일이 항행 정보를 정신적으로 회전시키지 않아도 된다는 점이다.

사례 4: 지각조직화와 부합성 원리를 계기판과 제어판에 적용

형태주의 심리학자들은 시각장의 여러 대상들이 전주의적으로 집단화하여 새로운 전체적 특성을 가지는 점에 주목했다. 이러한 특징을 이용하면 디스플레이나 계기판의 패널이 효율적으로 배치되어 조작이나 감시를 용이하게 해 준다. 그 한 예가 [그림 14-6]이다. 이 그림에서 왼쪽의 계기판은 지각조직화가 잘되도록 배열되어 있어 계기판의 침이 정상에서 벗어나 있는지 아닌지를 탐지하는 것이 용이하지만, 오른쪽의 그림은 개개의 계기판을 일일이 검사해야만 하도록 배열되어 있어 비효율적이고 오퍼레이터의 작업부하를 가중시킨다.

기기를 조작하는 여러 가지 상황에서 고려할 점은 기기의 조작 스위치와 그 기기의 조작의 결과가 나타나는 부위나 계기 패널이다. 따라서 조작 스위치의 작동원리(예를 들어 누름 스위치, 회전 스위치, 젖힘 스위치 등의 유형 및 조작 방향)와 계기판이나 작동기의 운동 방향이나 그 위치의 설계는 오퍼레이터의 조작을 용이하게 하도록

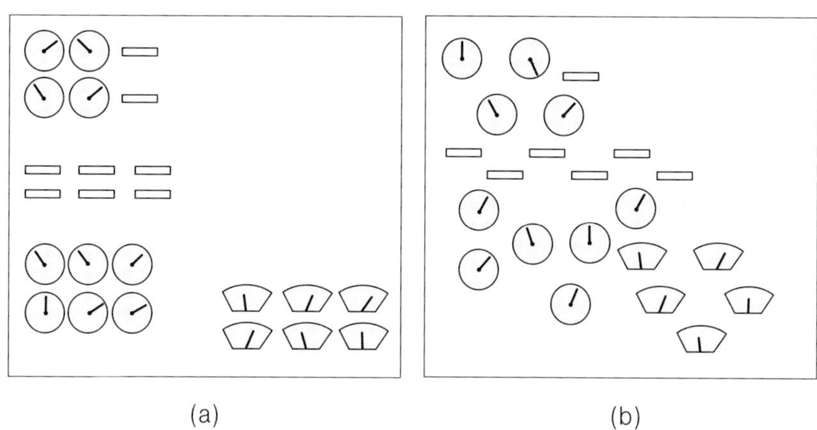

(a) (b)

[그림 14-6] 디스플레이 체제화를 이용한 계기판의 배열(a)과 무선적인 배열(b)

설계되어야 한다. 이는 인지심리학에서의 자극-반응 부합성의 원리에 따르는 것으로서, 자극과 반응의 양상이나 방향 또는 위치가 일치할수록 정보처리는 더 정확하고 빠르게 진행된다. 이 자극-반응 부합성은 다시 위치부합과 동작부합으로 나눠진다. 위치부합을 따르도록 가스스토브의 제어장치를 배열한 것이 [그림 14-7]의 (a)이다. 그러나 조작의 위험성을 높이거나 실제적 설계상의 난점이 있기 때문에 [그림 14-7]의 (d)처럼 시각적 연결로 문제를 해결하거나 (c)처럼 타협하는 배열이 나온다.

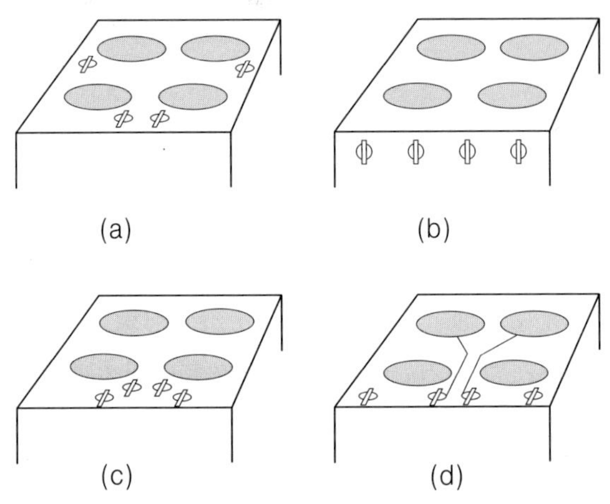

[그림 14-7] 위치부합에 따른 가스스토브의 제어기 배열

a) 병치원리에 따름　　b) 전통적 배열로서 혼동을 초래
c) a, b의 타협　　d) 시각적 연결로 부합성 문제를 해결

4) 맺는 말

지금까지 인지심리학의 다양한 영역에서 얻어진 연구 결과들을 산업 및 공학 장면에서 응용하기 위해 발전된 공학심리학을 소개하였다. 그다음, 인간-기계 상호작용 시스템의 설계 과정에서 인간 요인 및 공학심리학적인 정보가 어떤 과정을 통해 고려되는지를 살펴보고, 공학심리학적 관련을 가진 인간 정보처리 과정의 여러 측면을 살펴보았다. 마지막으로, 지각 및 인지심리학적 원리에 입각한 공학 시스템이 제반 설계(예: 도로, 차량, 계기판, 제어실 등)에 어떻게 적용되지를 사례로서 소개하였다.

모든 정보가 디지털 세계로 변환되고 현실의 여러 요소들은 가상적으로 표현되기 시작하고 있다. 그 결과 디지털/가상세계와 인간이 오랜 세월 동안 진화하고 적응해 온 물리적 세계와의 괴리는 점차 확대되고 있다. 이러한 괴리를 줄이는 것이 정보기술사회의 중요한 과제가 되고 있다. 이에 인지심리학과 인지공학은 핵심적인 역할을 하게 될 것이다. 인지공학적 연구는 단순히 인지심리학의 응용을 넘어서서, 새로운 자연으로서의 인공환경과 인간의 관계를 모색하는 출발점이 될 수 있을 것이다.

2. HCI와 사이버공간

1) HCI와 인지공학

인지심리학과 공학심리학이 현대 산업문명에 크게 기여하고 있음을 보여 주는 영역 중의 하나가 HCI(Human-Computer Interaction)다. 컴퓨터(시스템)가 우리 삶과 일에 불가분의 관계에 놓이게 된 지금, 인간은 컴퓨터를 통해서 일하고, 컴퓨터와 대화하는 시간이 점점 늘고 있다. 컴퓨터와 인간 사이에 벌어지는 여러 가지 사건(명령, 디스플레이, 해석 등)을 인간-컴퓨터 상호작용(HCI)이라고 한다. 요즘에는 컴퓨터를 기계의 대표로 보아, 인간과 기계 일반의 상호작용을 HCI라고 부르고 있다. HCI 연구는 특히 컴퓨터의 소프트웨어 시스템을 인간이 쉽게 이해하고 조작하게 함으로써 수행의 효율성을 높이는 방향으로 진행되어 왔다. 나아가 초보자나 아동 혹은 노약자나 장애인과 같이 특수 집단의 수행을 보조하기 위한 소프트웨어 혹은 하드웨어 설계에도 관심을 가져 왔다. 여기에서 알 수 있듯이 올바른 HCI 연구는 사용자인 인간의 특성을 충분히 고려하여 최적의 인간-컴퓨터 상호작용을 가능하게 하는 것이다. 예컨대, 윈도우 운영체제와 아이콘은 DOS 운영체제에서 이해하기 어려웠던 여러 조작들을 직관적으로, 시각적으로 파악할 수 있게 하여 많은 사람들을 컴맹에서 탈출시켜 주었다. 윈도우의 아이콘처럼 그래픽과 사용자의 상호작용을 다루는 분야는 HCI의 한 영역으로서 GUI(graphics-user interaction)라고 한다.

HCI 연구는 컴퓨터 사용과 관련하여 인간의 지각과 인지 기능에 대한 체계적인 검토와 응용을 필요로 한다. 이와 관련된 심리학 영역 중 하나는 바로 인지공학(cognitive engineering)이다. 인지공학은 공학심리학의 한 분야로서, 특히 인지심리학적 원리와 발견들을 인간의 수행 향상을 위해 응용하고자 한다. HCI와 더불어 인지공학은 디지털 기기나 소프트웨어와 같이 첨단적인 제품의 설계에 중요한 역할을 한다. 예컨대, 디지털 기기의 메뉴(시스템)를 어떻게 구성하느냐에 따라 제품의 사용편리성은 크게 달라질 것이고, 마찬가지로 사용자가 체감하는 제품의 성능이나 제품의 만족도도 영향을 받게 된다. 메뉴는 단지 적당한 크기로 혹은 다른 제품과 비슷하게 만들면 되는 것이 아니라, 사용자(사람)의 인지적 처리용량, 주의의 특성, 기억의 한계와 특성 등을 적절히 고려해서 설계해야 하는 과학적인 안내도인 것이다. 이처럼 제품이나 물건의 사용을 더 과학적으로 발전시키는 데에 인지공학의 의의가 있다.

2) 사용자 인터페이스와 사용성

컴퓨터로 대표되는 많은 첨단 제품들은 사용자가 직접 일하는 것이 아니라, 사용자가 현재 상태를 파악하고 제품에 어떤 명령이나 조작을 가함으로써 일을 하게 되어 있다. 예컨대, 컴퓨터의 모니터나 자판, 디지털 기기의 액정화면이나 조작단추가 사용자가 제품을 접하게 되는 영역인 것이다. 이처럼 사용자가 제품을 만나게 되는 접면이 바로 사용자 인터페이스(user interface)이다. 사용자 인터페이스는 사용자와 시스템(제품) 간의 상호작용이 원활하게 이루어지도록 돕는 디자인, 장치나 소프트웨어다. 흔히 사용자는 시스템과 직접 만나는 것이 아니라 인터페이스를 통해서 만나므로, 사용자 인터페이스가 곧 시스템(제품)인 것으로 혼동하기도 한다.

성능이 동일한 시스템일지라도 사용자 인터페이스가 좋은가 나쁜가에 따라 제품의 효용이나 만족도는 크게 달라질 수 있다. 예컨대, PC에서 DOS 명령어체계와 윈도우 메뉴체계는 인터페이스 설계에 따라 일이 얼마나 쉬워질 수 있는지를 보여준다. 다른 세부적 예를 들면, 디지털 기기의 리셋 혹은 메뉴 단추가 잘못 배치되어 실수로 누르기 쉽게 되어 있으면 하던 일이 중도에 삭제되어 버리는 오류를 자주 범하게 될 것이다. 그리고 메뉴체계가 너무 복잡하거나 일관성이 없어서, 잘 기억되지도 않아 쓸 때마다 설명서를 봐야 한다면 그 제품은 곧 한구석으로 밀려나게 될 것이다.

그뿐만 아니라 사용자 인터페이스의 특성에 따라 상호작용의 양식과 그 밖의 여러 측면이 달라진다. 다이얼식 전화기와 요즘의 단추식 전화기를 비교해 보면 전화를 거는 방법은 물론, 전화번호를 기억하는 방식과 인기 있는 전화번호까지도 다르다. 특히, 휴대폰이 널리 쓰임에 따라 이제는 전화번호를 기억하려고 하지도 않게 되었다. 그러므로 사용자 인터페이스 디자인을 어떻게 하느냐는 매우 중요한 문제이며, 과학적 · 공학적 검토의 대상이 될 수 있다(Simon, 1969). 생산비 절감을 위해 혹은 수리하기 쉽게 설계를 할 수도 있을 것이며, 아니면 오로지 멋지게 보이도록 디자인할 수도 있을 것이다. 그러나 보통 사람이 자주 사용하거나 혹은 지각이나 행동에 불편을 겪는 사람들이 사용하는 제품들의 경우에는 사용하기에 좋은 사용자 인터페이스의 설계가 특히 중요하다.

이처럼 제품을 다룰 때 발생하는 여러 문제들과 영향들을 종합하여, 특히 사용자가 시스템을 얼마나 잘/편리하게 사용할 수 있는가의 측면을 가리켜 사용[편의]성(usability)이라고 한다. 즉, 사용성은 사용자 인터페이스의 성능을 나타내는 지표라고 볼 수 있다. 제품의 성능이 아무리 우수하여도, 사용성이 낮은 제품은 제 성능을 발휘할 수 없다. 자동 카메라의 화질이 수동 카메라에 비해 떨어지는 경우가 많아도 자동 카메라가 인기가 있는 이유는 '겨냥하고 찍는다' 라는 두 단계의 간단한 조작만을 요구하기 때문이다. 사용성 문제는 산업생산성과도 관련이 높다. Wickens,

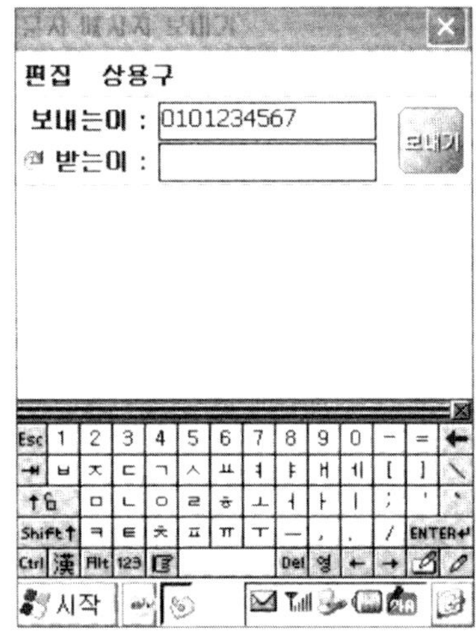

[그림 14-8] PDA에서 문자메시지를 보내기 위한 인터페이스의 예

화면에 떠 있는 키보드의 문자를 펜(스타일러스)으로 찍어서 글자를 입력해야 한다. 키보드에서 보이지 않는 문자는 변환 키를 사용해서 입력할 수 있다. 이 방식은 과연 편리한 것인가?

Gordon 및 Liu(2001)에 따르면, 사용상 오류의 46%가 사용성이 낮게 설계된 소프트웨어 때문에 발생할 수 있다. 오류 자체 외에도 그것을 발견하고 수정하는 데 드는 비용과 그때의 스트레스를 생각해 보라.

사용성의 구체적 기준에 대한 여러 가지 주장이 제안되어 왔는데, 그중 간단한 편이고 널리 사용되는 사용성의 기준은 Nielsen(1993)이 제안한 것에 기초한 것이다.

- 학습용이성(learnability): 특히, 사용 초기에 사용법을 배우기 쉬워야 한다. 그러나 초기 학습용이성이 높다고 해서 장기적인 수행효율성이 언제나 높은 것은 아니다. 소위 한 손가락으로 타자하는 독수리 타법은 처음에 쉽게 배울 수 있으나, 아무리 열심히 연습해도 양손을 써서 타자하는 속도를 따라갈 수는 없다.
- 효율성(efficiency): 사용법을 제대로 학습한 다음에 사용자가 보일 수 있는 수행의 정도를 말한다. 숙련된 타자수는 1분에 500타 정도를 칠 수 있다. 여기에서 양손 타자의 효율성이 독수리 타법보다 우위에 서게 된다.
- 기억용이성(memorability): 가끔씩 사용하는 제품이나 소프트웨어의 경우, 종종 사용법이 생각이 나지 않아 곤란을 겪는다. 이런 일이 생기지 않으려면 사용법이 잘 기억될 수 있어야 할 것이다. 자주 사용하는 제품의 사용법은 잘 잊히지 않으므로 기억용이성은 자주 사용하지 않으나, 한 번씩 꼭 써야 하는 제품에 더 중요한 문제다.
- 오류관용성(error tolerance): 기본적으로 오류가 적게 발생하도록 만들어야 되겠지만, 불가피하게 오류가 발생할 가능성이 있다면, 오류로 빚어진 결과가 돌이킬 수 없다면 치명적일 것이다. 그러므로 오류의 발생을 쉽게 알아차릴 수 있고, 오류를 쉽게 복구할 수 있어야 한다. 예컨대, 윈도우의 '휴지통'은 잘못 삭제한 파일을 쉽게 복구할 수 있게 한다.
- 만족도(satisfaction): 사용자가 제품이나 시스템을 사용함으로 인해 즐거워하고 만족하는 정도로서 특히 오락, 홈쇼핑 등과 관련해서 중요하다.

이와 같은 기준에서 사용성이 높은 인터페이스(혹은 시스템)를 디자인하기 위해서는 사용자 특성, 사용자가 수행할 과제 및 사용자의 조작 과정들에 대한 분석이 선행되어야 한다. 예컨대, 전화 걸기라는 과제의 경우, 사용자의 연령, 사용 경험의 정도, 시력, 단축키나 기능에 대한 기억력 혹은 휴대폰의 연락처 검색(조작)의 수행

능력, 단추 누르기에서 운동통제능력 등에 따라 과제의 난이도뿐만 아니라 과제 수행에 개입하는 구체적 인지 과정과 결과물이 달라질 것이다.

사용자 인터페이스를 설계(디자인)하고 사용성을 평가하는 데에 여러 인지공학적 방법론이 제안되어 왔다. 그중 몇 가지를 살펴보면 다음과 같다.

- 참여적 디자인(participatory design) 수법: 사용자(의 활동)에 대한 모형을 충분히 정확히 세우기 어려운 경우, 시스템의 디자인 과정 중에 사용자의 필요와 의견을 수집하여 이를 디자인 작업에 피드백하는 것이다. 이런 과정을 통해 사용자 활동에 대해 더 정교한 모형을 얻을 가능성도 있다.
- 인지적 시찰법(cognitive walkthrough): 사용자들이 친숙하지 않은 디자인의 시스템을 이리저리 탐색할 때, 맞닥뜨리게 되는 시스템의 여러 측면들과 이에 대한 사용자의 대응들을 분석한다. 이 기법을 통해 시스템의 학습용이성이나 발생 가능한 오류 등을 밝힐 수 있다.
- 편의적 평가법(heuristic evaluation) 혹은 사용성 검열법(usability inspection): 일단의 전문 분석가들이 나름대로의 가이드라인 혹은 평가 목록에 따라 사용성을 평가하는 것을 말한다. 이 방법은 간편하고 비용이 적게 드나, 상호관련성 및 심층적 문제점이 간과될 수 있다.
- 프로토타이핑(prototyping) 방법: 시스템의 (부분적) 견본이라 할 수 있는 프로토타입(prototype)을 제작하여 현장에서 혹은 모의 장면에서 시험하는 것이다. 이 방법은 디자인의 문제점을 발견하고 해결하기 위해서 혹은 최종 디자인을 전반적으로 평가하기 위해서 사용될 수 있다.
- 실험법(experimentation): 보통 여러 가지의 대표적 상황을 설정하여, 여러 종류의 프로토타입에 대한 수행과 사용성 등을 실험적으로 비교한다. 가장 엄밀하고 신뢰할 수 있는 방법이나, 실험의 수행과 결과 분석에 많은 비용과 노력을 필요로 한다.

앞에서 언급한 여러 수법들은 조합되어 사용될 수 있으며, 디자인 과정 자체가 병행적으로 혹은 순환적으로 전개될 수 있다. 또한 여러 사람이 협동작업하는 시스템 혹은 대규모의 시스템 등의 시험은 실험법으로 접근하기 어려우며, 다른 수법을 통해서도 충분한 평가를 내리기 어렵다. 이런 경우에는 실제 상황인 현장에서의 예

생각상자

홈페이지 디자인의 가이드라인

HCI나 사용자 인터페이스에 대해 가장 손쉽게 실습해 보는 방법 중 하나는 자신의 홈페이지를 직접 디자인해 보는 일이다. 이것이 힘들다면, 지금 사용되고 있는 홈페이지에 대한 사용성을 평가해 보자. 홈페이지 디자인에는 디자이너(혹은 홈페이지 주인)나 방문자의 요구와 기대, 화면에 대한 지각 및 주의 측면, 콘텐츠를 통한 정보 전달과 조직의 문제, 그리고 이해와 기억의 문제 등 인지심리학적인 주요 주제들이 관련되어 있다. 앞으로 사이버공간을 항행할 때 이런 점들을 눈여겨보면서 장단점을 평가해 보고, 더 좋은 대안을 제시해 보라.

웹디자인을 잘하기 위해서는 위에서 언급한 여러 인지 요인들을 고려해서 사용자의 지각, 인지 과정이 효과적이고 즐거운 일이 되도록 하는 것이다. Jacob Nielson은 웹 디자인을 잘하는 데에 도움이 되는 여러 편의법(heuristics)들과 웹디자인에서 저지르기 쉬운 실수들을 지적하였다. 좋은 웹페이지를 디자인하는 데에 아래를 참고하기 바란다.

1. 웹 사용성의 발견법(heuristics)
- 시스템 상태의 가시성: 현재 일어나는 일과 행동에 대한 피드백을 주라.
- 시스템과 실세계의 대응: 사용자의 언어로, 자연스러운 표현과 논리적 순서로 표시하라.
- 사용자 통제와 자유: 잘못 선택했을 때의 취소 또는 되돌아가기를 가능하게 하라.
- 일관성과 표준: 타이틀, 버튼, 헤더 등의 내용, 형식, 모양을 통일하라.
- 오류 방지: 오류를 사전에 방지하는 것이 사후 메시지보다 중요하다.
- 회상보다는 재인을: 대상이나 옵션을 계속 제시하여 기억부담을 줄인다.
- 사용상의 유연성과 효율성: 자주 쓰는 것은 쉽게 선택할 수 있게 하라(예: 북마크).
- 심미성과 최소 디자인: 중요한 것, 결론부터 제시하고, 사소한 정보는 링크로 처리하라.
- 에러를 진단하고 회복하는 도움말: 에러 코드 대신 자연어로 서술하고, 해결책을 제시하라.
- 도움말과 지침서: 해당 페이지에 적절하게 통합된 도움말을 주라.

2. 웹디자인에서 10가지 실수
- 프레임 사용: 사용자 정신모형을 와해시킨다.
- 최신 기법의 남용: 시스템이 자주 다운되거나 사용자들이 당황하게 된다.
- 움직이는 텍스트: 주의가 분산되고, 가독성이 떨어진다.
- 복잡한 주소(URL): 현 문서 위치와 현 문서의 정보를 알 수 없다.
- 고립된(orphan) 페이지: 홈페이지나 이전 페이지와의 연결 상실로 미궁에 빠진다.
- 긴 스크롤 페이지: 대략 10%의 사용자만이 스크롤바를 사용한다.
- 항행 보조의 결여: 사이트맵과 검색 기능을 제공하거나, back, home 등의 핫키 사용하라.
- 비표준적 링크/색깔: 표준적인 것을 사용하거나, 적어도 일관성을 지켜라.
- 철 지난 정보: 접속 안 되는 링크나 시효가 끝난 정보 등을 제거하라.
- 너무 긴 다운로드 시간: 10~15초가 지나면 사용자들은 따분해지고 다른 데로 간다.

비 시험이 필수적이다.

일반적으로 쉽게 적용할 수 있는 방법은 사용자 인터페이스의 디자인 가이드라인에 의존하는 것이다. 일반적인 디자인 가이드라인들이 여러 연구자들에 의해 제안되었다(Norman, 1988; Nielsen, 1993; Shneiderman, 1992). 가이드라인은 여러 장면에서 타당한 것으로 인정된 지침들을 말하지만, 가이드라인의 구체적 내용 혹은 항목들은 응용 장면에 따라 조정되거나 추가 혹은 제거될 수 있다(특히, 웹과 관련된 가이드라인의 예를 생각상자에서 확인해 보라).

제품 혹은 디자인의 사용성을 측정하기 위해 수행 측정, 행동 관찰, 생리적 반응 수집, 질문지 조사나 면접 등 다양한 방법들이 사용된다. 사용성의 정도는 집단에 따라 달라진다. 예컨대, 전자제품의 사용성에 대한 평가는 노인집단과 청년집단 간에 차이가 날 것이고, 마찬가지로 보통 사용자와 마니아 간에도 차이가 날 것이다. 그리고 사용성의 한 요인을 향상시키기 위해서는 다른 요인을 희생해야 하는 경우가 많다. 예컨대, 학습용이성과 효율성의 관계가 그렇다. 이를 위해서는 초보자 모드와 숙련자/전문가 모드를 구별하거나, 혹은 사용자의 수준에 적응적으로 대처하는 시스템의 개발을 고려할 필요가 있다. 이처럼 올바른 사용성 평가 및 사용자 인터페이스 디자인을 위해서는 사용자 집단(즉, 인간)의 특성, 작업 혹은 과제의 성질 및 시스템의 요구사항 등에 대한 분석과 종합적 연구를 필요로 한다. 이 중 앞의 두

요소, 즉 인간과 과제의 특성에 대한 이해에 특히 인지공학 혹은 인지심리학적인 연구가 핵심적인 역할을 한다.

3) 인지공학/HCI의 모형들

앞에서 사용성을 제고하고 좋은 사용자 인터페이스를 만드는 데에 중요하다고 생각되는 몇 가지 사항들을 살펴보았다. 이런 문제들을 포괄적으로 검토할 수 있게 도와주는 것이 바로 모형들이다. 인지모형들이 인간의 인지 과정을 모형화하기 위한 것이라면, 인지공학의 모형들은 인간과 시스템의 상호작용을 모형화하기 위한 것이다. 아래에 언급하는 모형들은 모두 인지심리학적 연구에 기초를 두고 인간과 시스템의 상호작용을 이해하고자 한다.

(1) GOMS 모형

GOMS 모형은 과제 수행을 목표(Goals), 조작(Operators), 방법(Methods), 선택규칙(Selection Rules)의 네 부분으로 분석하여 본다(Card, Moran, & Newell, 1983). 목표는 사용자가 달성하고자 하는 최종 상태를 가리키고, 조작은 사용자가 과제를 수행하기 위해 할 수 있는 행위를 가리키고, 방법은 조작들의 순서를 가리키고, 선택규칙은 방법의 선택이 필요할 때 적용된다. 문서편집기에서 문장을 복사하는 것('목표')은 여러 키의 '조작', 여러 복사 '방법' 들 중 적당한 것을 '선택' 하는 부분들로 분석된다. 'GOMS' 의 각 부분들이 잘 알려져 있을 때에는 GOMS 모형은 좋은 예측을 할 수 있으나, 잘 알려져 있지 않거나 사용자가 숙련되지 않은 경우에는 예측이 잘 들어맞지 않는다. 타자수준모형(keystroke-level model)은 GOMS 모형에서 더 나아가, 과제 수행의 방법을 성분들로 쪼개고, 각 성분들의 수행에 걸리는 시간을 계산하여 수행을 예측하고자 한다(Card et al., 1983). 이 모형은 타자 수행을 모형화하는 데에 대표적으로 응용되었다.

(2) 정신모형

정신모형(mental models)은 시스템에 대해서 심리적으로 모형화하는 방식을 말한다. 여러분은 자동판매기가 어떻게 작동하는가에 대한 나름대로의 이해(정신 모형)를 가지고 있다. 시스템과의 접촉 혹은 설명서 등을 통해서 사용자는 정신모형을 발달시키고, 이 정신모형은 또한 시스템과의 상호작용에 영향을 준다. 우리는 에어

컨의 설정 온도가 낮을수록 더 차가운 바람이 나올 것이라는(사실은 그렇지 않다) 정신모형을 가지고 있기 때문에, 곧잘 온도 설정 단추를 매우 낮게 돌려놓는다(Norman, 1988). 그러므로 적절한 정신모형을 갖(도록 하)는 것은 설계자와 사용자 모두에게 중요하다. 정신모형에 대한 연구는 사용자들이 시스템이나 그 부분에 대해 어떻게 개념화하는가에 관심을 불러일으켰다. 이런 개념화는 특히 소프트웨어 개발에 크게 기여하였다(예: desktop, windows, folder 등의 비유).

(3) 행위의 7단계 모형

행위의 7단계 모형은 상호작용이 크게 두 가지, 실행 및 평가의 국면을 가지며, 7단계로 파악될 수 있다고 주장한다. 그 단계들은 다음과 같다.

1. 목표 설정

〈행위 실행 국면의 3 단계〉

2. 의도의 형성
3. 행위 순서의 명세화
4. 행위의 실행

〈결과 평가 국면의 3 단계〉

5. 시스템 상태의 지각
6. 상태의 해석
7. 목표나 의도의 관점에서 시스템 상태의 평가

실행 국면과 평가 국면에서 물리적 시스템과 인간(심리적 목표) 사이에는 간격이 존재하는데, 이 간격을 잘 이어주는 시스템이 좋은 시스템이다. 이를 위해서는 행위의 각 단계에 요청되는 측면들을 시스템이 잘 지원해야 한다. 예컨대, 5단계와 관련해서 컴퓨터의 실행 단추를 눌렀는데, 화면이 바뀐 채로 아무 변화가 없다면 프로그램이 처리 중인지 멈춘 상태로 있는지를 구별할 수 없을 것이다.

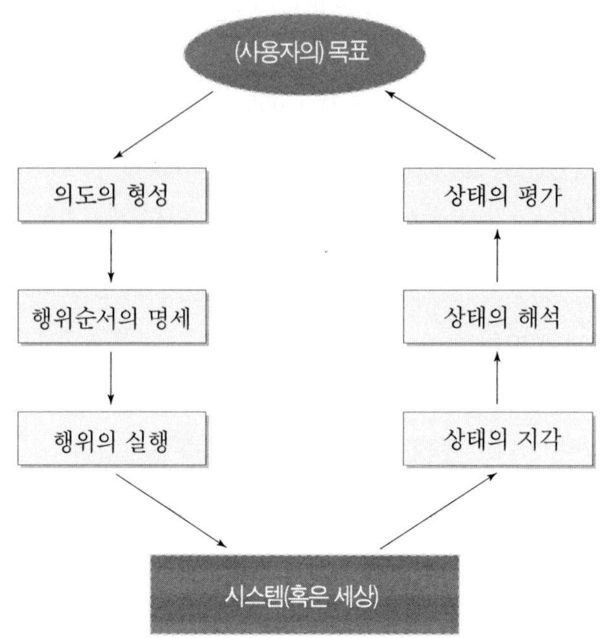

[그림 14-9] Norman의 행위의 7단계 모형

4) 사이버공간과 인지

이전의 PC는 개인용 계산기였다면, 지금의 PC는 네트워크에 접속을 하기 위한 도구가 되었다. 인터넷(internet)으로 사람들은 뉴스를 읽고, 다른 사람들과 대화하고, 흥미 있는 글이나 동영상을 검색하고, 자신의 이야기를 인터넷 사이트에 올린다. 사람들이 인터넷에 접속하여 경험하는 세계는 물리적 공간의 세계가 아니라, 콘텐츠(contents)라고 하는 문서나 멀티미디어 자료와 이들을 서로 연결시키는 링크들의 망으로 이루어진 공간인데, 이를 사이버공간(cyberspace 혹은 가상공간)이라고 한다. 사이버공간은 콘텐츠를 생산하고 공유하는 사용자집단들, 즉 네티즌의 접속에 의해 탄생하고 유지되는 공간이다.

이제 인터넷 혹은 사이버공간은 흥미로운 상상의 공간 이상의 사회, 경제, 문화적 중요성을 갖고 있다. 우리의 삶과 일의 많은 부분이 네트워크 속에서 이루어지고 있으며, 많은 경제활동이 사이버공간을 기반으로 해서 벌어지고 있다. 정보 검색이 중요한 일과가 되고 있으며, 이야기, 음악, 영화 등이 사이버공간에서 생산 · 유통되고 있으며, 물품 구매나 업무 관리 등 점차 더 많은 업무가 사이버공간에서 수행되고 있다. 컴퓨터의 시스템이나 여러 소프트웨어들은 사용자(네티즌)가 사이버공간과 만나는 것을 도와주는 일종의 사용자 인터페이스라고 볼 수 있다. 그러므로 사이버 공간과 인간의 상호작용에 대한 연구가 HCI의 확장으로서 의의를 갖게 된다.

사이버공간은 비록 공간이란 말이 붙었지만, 실재공간과 본질적으로 구별되는 여러 특징을 갖고 있다(〈표 14-1〉 참조). 예컨대, 사이버공간에서는 시·공간적 제약이 거의 없으며, 공간(주소)과 그곳에 전시되어 있는 콘텐츠들 간에는 매우 임의적이고 일시적인 관계만이 설정되어 있어 언제든 바뀔 수 있다. 또한 아직까지는 사이버공간은 주로 언어적 공간이다. 장차 그래픽이나 가상현실을 이용한 표현 체제로 발전할 가능성이 있지만, 아직까지 많은 정보와 공간의 구조가 문자나 기호들로 표시되고 있기 때문이다. 사이버공간에서는 구조와 정보의 특성으로 인해 매우 짧은 시간 동안 매우 많은 정보가 탐색될 수 있는데, 이는 사용자에게 매우 높은 정보부하를 낳는다. 또한 인간에게 지속적인 현실감을 주는 원천이 되는 감각운동적 정보가 사이버공간에서는 많이 교환되지 않기 때문에, 사이버공간에서는 방향감 상실이 빈번하게 발생할 수 있고, 심지어는 중독적으로 몰입하는 일도 벌어질 수 있다.

사이버공간을 이동하는 것을 웹 서핑(surfing) 혹은 웹 내비게이션(navigation)이라고 하는데, 특히 웹에서 정보를 탐색할 목적으로 하는 활동은 정보 검색(information search)이라고 부른다. 사이버공간에서는 필요 없는 혹은 중요하지 않은 정보가 넘쳐 나기도 하는 반면, 정작 중요한 정보는 찾을 수 없는 경우가 종종 있다. 자연 생태계에서 화려한 색깔로 벌레를 유혹하는 꽃처럼, 사이버공간에서도 네티즌을 유혹하는 메시지나 그래픽으로 치장한 덫이 있다. 여기에 빠진 네티즌은 사이버공간의 여기저기를 기웃거리다가, 결국 유용한 아무것도 얻지 못하게 되거나(미술관문제라 함), 출발점을 찾지 못하고 방향감 상실에 빠지기도 한다.

사이버공간의 탐색(surfing 혹은 navigation)에 중요한 영향을 미치는 다른 요인은 콘텐츠들의 연결관계, 즉 공간의 구조다. 예컨대, 메뉴(혹은 폴더) 구조를 생각해 보자. 원하는 명령이나 문서를 찾기 위해 사용자는 출발점으로부터 여러 단계의 선택을 거쳐야 한다. 만일 첫 단계에서 잘못 선택했다면 그 이하의 단계에서의 선택은 모두 가치가 없다. 이처럼 선택해야 할 단계를 문제 공간의 깊이라고 하며, 각 단계에서 선택해야 하는 옵션(선택지)의 수를 문제 공간의 폭이라고 한다. 경험적 연구들은 탐색 공간의 전체 크기가 같을 경우, 각 수준에서 대안의 수가 적으나 여러 위

표 14-1 가상공간과 실재공간의 특성 비교

구분	실재공간	가상공간(현재)	가상공간 탐색의 특성
공간 구조	2차원(부분적 3차원), 연속적	망(연결관계), 단절적	감각운동 단서의 제한
시간성	장기간	즉시 혹은 무시간성	
공간의 변별	장면, 물체, 주변 단서	제목, 그림, 페이지의 조직	
감각	시각, 신체감각, 청각 등	주로 시각	
운동	필수적, 대근육 동작	손동작	
현시점의 시야	중첩된 장면, 사건	2차원 레이아웃(문자, 그래픽)	언어정보 위주
탐색 경로	길, 적절한 공간	링크, 웹 주소	
탐색 안내	이정표, 지도, 소박한 기하학	링크의 제목, 사이트 맵	
언어 정보량	많지 않음(이정표, 간판 등)	매우 많음(제목, 콘텐츠 등)	
탐색모형	인지도(정신모형) 장면-장면 연합	링크(망) 구조 페이지-페이지 연합	높은 인지 부하
모형의 복잡성	비교적 낮다	비교적 높다	
주된 인지 활동	장면, 상황 지각	언어정보 해독	
판단 내용	목표지점과의 근접성	탐색 의도의 충족, 재미	
탐색 활동과 내용의 결합	밀접하다(여러 단서의 통합)	약하다	
이동의 제한	고정적(차단, 출입금지 등)	가변적(링크 누락, 통신체증)	이동 예측 곤란
이동시간 결정인	거리, 장애물	링크 수, 접속자 수, 망 대역폭, 시스템 성능	
이동의 단축	제한적	거의 무제한	
정확이동 결정인	지도, 이정표의 정확성, 사전지식	링크의 정확성, 단축성, 정보	
오류의 종류	거리, 방향 판단	방향감 상실, 틀린 또는 무관한 링크 선택	위치 설정 곤란
오류의 수정	정 위치 파악(이정표, 지도)	출발점으로 되돌아가기 (역진 링크, 시작페이지)	

출처: 박창호(2004).

계 수준을 갖는 구조(깊은 구조)보다 각 수준에서 대안의 수는 많으나 위계 수준의 수가 적은 구조(폭넓은 구조)에서 탐색을 더 잘한다는 것을 보여 준다(임춘성 외, 1998). 각 수준의 항목이 6개 이하이고 최대 5개 이하의 수준으로 된 메뉴 시스템에서 메뉴 수준의 수가 작을수록 검색 수행이 가장 좋을 것으로 예상된다(오창영, 정찬섭, 1998).

문제는 이렇게 폭넓은 구조로 한정짓기에는 대부분의 특정 가상공간(사이트)의 규모가 너무 방대하다는 것이다. 방대한 웹페이지들을 적절히 조직할 필요가 있는데, 웹페이지의 대분류가 이런 기능을 담당한다. 대분류는 그 아래에 있는 하위 분류들의 의미를 종합적으로 대표하면서, 또한 서로 잘 구별되는 것이 좋을 것이다(Markman, 1989 참조). 그러나 소위 포털 사이트, 쇼핑몰, 대기업의 홈페이지, 규모가 큰 커뮤니티 사이트 등은 너무 많은 수의 대분류명을 가지고 있으며, 검색엔진조차도 대분류의 구성이 제각각이어서(이란주, 최경화, 1997) 웹페이지들의 조직화가 안정적으로 지각되기가 어렵다. 그뿐 아니라 분류의 기준이 사용자 관점이 아니라 설계자 관점이나 편의성 위주로 되어 있는 것도 문제이다. 웹페이지의 분류 혹은 조직화가 사용자의 이해 방식에 들어맞을 때, 특히 한 항목이 여러 분류에 중복 소속되도록 할 때 정보 검색이 더 잘될 것이다(박창호, 염성숙, 이정모, 2000). 주관적 분류 구조는 훈련 또는 경험에 따라 점점 더 효과적인 것으로 발달할 것이다(신현정, 이재식, 도경수, 1998).

이상과 같이 가상공간 탐색에서 빚어질 수 있는 문제점들을 극복하기 위해서는 탐색이 더 전략적인 특성을 띠어야 한다(박창호, 이종구, 김영진, 곽호완, 이정모, 1998). 이를 위해서는 주의 및 기억과 같은 인지능력의 전략적 통제가 필요하다.

탐색자와 웹페이지 중 어느 쪽이 더 강력한 통제권을 갖는가에 의해 탐색의 실제의 탐색 경과가 결정된다. 왜냐하면 사용자의 탐색 의도가 체계적이고 일관성 있게 전개되지 않는 경우도 많지만, 웹페이지의 특성이 일방적으로 탐색 방향을 결정짓지도 않기 때문이다. 사용자는 유혹적 콘텐츠에 저항하면서도 그 가운데에서 탐색의 단서나 표적을 찾아야 하는데, 이를 위해서는 탐색 목적의 상기와 탐색 과정에 대한 감시(monitor)가 필요하다(Trudel & Payne, 1995, 1996). 결국 사용자의 주의통제(넓게는 인지통제)능력이 탐색자를 목표로 인도하는 것이다.

5) 사이버공간의 의사소통과 협동작업

사람들과의 관계는 의사소통의 망과 방식을 통해 잘 파악되며, 이것은 문명사회에서 고도로 발달되었다. 사이버공간은 새로운 의사소통의 장을 열고 새로운 방식을 시험함으로써 사회에 큰 충격을 주었다. 예컨대, 인터넷 토론방이나 게시판에서는 이전에는 불가능하였던 연령, 계층과 지역을 넘나드는 의견교환이 벌어지고 있으며, 다양한 가치관과 관심을 갖고 있는 소집단들이 소위 커뮤니티를 형성하면서 새로운 문화적 지층을 형성하고 있다. 그런 점에서 사이버공간은 열린 대화의 공간이라 할 수 있다. 여기에는 네티즌의 익명성은 물론, 사이버공간의 비실재(현실)성과 비동기성이 크게 기여하는 것으로 보인다.

사이버공간에서의 대화는 대면(face-to-face) 대화와 비교할 때, 여러 면에서 제한되고 지체되는 형태를 띤다. 예컨대, 상대방의 모습이나 표정을 볼 수 없고, 표현수단도 문자나 기호의 입력으로 한정되어 있고, 또한 그 내용은 쉽게 공개되거나 복사될 수 있다. 반면에, 이런 제한은 요식 행위를 줄이고, 정보의 보존을 쉽게 하며, 또한 쉽게 여러 곳으로 정보 전달을 할 수 있게 한다.

문자를 통해서 전달할 수 있는 정보의 양은 생각보다 제한되어 있는 경우가 많다. 특히, 전반적 인상이나 분위기 등은 글로 잘 묘사되지 않는 경우가 있다. 이런 점을 보완하기 위해 사람들은 감정 전달을 위해 이모티콘(emoticon)을 개발하기도 하였는데, 이것은 실제 감각 경험이 제한된 문자를 이용한 채팅에서 사람들 간의 교류를 촉진시키는 것으로 밝혀졌다(Rivera et al., 1996). 그리고 화상통신이나 가상현실 기법을 발달시켜 대화의 현장성을 높이고자 하였다.

사이버공간에서의 의사소통과 직결되는 중요한 응용문제는 사이버공간을 통한 협동작업문제다. 한 곳에 모여서 해야 했던 일들이 이제는 각지에 흩어져 있어도 사이버공간을 통해 함께 일할 수 있게 된 것이다. 예컨대, 물건의 디자인과 필요한 재료의 구매와 제품의 조립, 배달, 고객 서비스 등이 전국 각지에 흩어져 있더라도 작업이 무리 없이 연동되어 수행될 수 있게 되었다. 이런 점을 잘 보여 주는 것 중의 하나가 바로 은행 업무이다. 한 지점이나 자동출입금기(ATM) 혹은 인터넷 계정에서 입금된 돈은 전국의 각 지점에서뿐만 아니라 인터넷으로 연결된 어디에서나 그 흐름이 파악되고, 은행원이나 예금주는 원격으로 떨어져 있어도 아무 문제없이 필요한 일을 할 수 있는 것이다. 이런 원격 협동작업이 원활하게 수행되기 위해서는 여러 부문의 작업이 표준화되어야 하고, 또한 각 단위 작업들이 체계적으로 분할되고 조직될 수 있어야 한다. 여기에서 사용자들이 사이버공간에서 대화하고 협동작업하는 특성을 연구하고, 이런 일을 효과적으로 지원하는 시스템을 개발하는 데에 이를 응용할 필요가 생긴다.

협동작업은 인지심리학적으로 볼 때 분산인지(distributed cognition)라는 틀로 이해된다(Hutchins, 1990). 대표적으로 PC와 같이 주변에 놓은 여러 물건들은 물리적 대상일 뿐만 아니라 정보를 담고 있는 매개체다. 마찬가지로 특히 한 팀을 이루어 함께 일하는 다른 사람(대원)은 과제에 대한 정보와 지식을 나와 함께 공유하고, 과제 수행에서 함께 상호작용하는 사회적 환경을 구성한다. 그런 점에서 어떤 상황(장면) 속에 있는 사물(인공물)이나 사람은 단순한 객체가 아니라 나의 인지를 공유하고 있는 존재이며, 다른 말로 표현하면 나의 인지는 사물과 사람들(특히, 팀원) 사이에 분산되어 있는 것이다. 분산인지라는 개념 틀은 사이버공간의 협동작업에서 사이버공간의 특성과 팀원들과의 지식과 정보의 공유 및 상호작용을 이해하는 데에 유용한 출발점을 제공해 준다. 인간의 정보처리는 언제나 절대적 기준이나 목표에 맞추어 실행되는 것이 아니라 상황에 맞게 동적으로 변하며, 관련된 정보가 분산되어 있음으로 해서 정보처리의 과부하를 줄이고 의사소통의 필요성과 효율성이 높아지게 된다. 예컨대, 내일 아침에 가져가려고 미리 챙겨서 문간에 둔 가방은 나의 기억을 분담함으로써 기억 부담을 줄여 주는 것이다.

6) 온라인게임

온라인게임도 사이버공간의 특징을 잘 보여 준다. 어떤 온라인게임은 옛날의 PC나 콘솔(TV에 연결하는 게임 장치)로 하던 것을 인터넷으로 그 위치를 옮긴 것에 불과하지만, 소위 MUD(Multi-User Dungeon) 게임은 사이버공간의 등장과 더불어 비로소 구현될 수 있는 온라인게임이다. 왜냐하면 익명의 다수 게이머가 사이버공간에 있는 게임 환경에 동시 접속하여, 각자 자신의 캐릭터를 통해 게임에 참여하는 형태이기 때문이다. 여러 캐릭터 및 게임의 기본 배경을 묶는 게임 환경(사이버공간)은 흔히 기본 스토리를 가지고 있다. 예컨대, 대표적인 온라인게임인 스타크래프트, 리니지, 삼국지 등은 종족 간의 전쟁 등을 모티브로 삼고 있다. 이때 각 캐릭터의 역할은 실사회의 권력과 전투와 재정, 인간관계 등을 흉내(시뮬레이션)내는 방식으로 게이머의 상상력을 자극한다.

컴퓨터의 처리능력도 좋아지고 많은 디지털 자료들이 축적되면서 온라인게임의 그래픽도 더욱 정교해지고 있으며, 게임 캐릭터의 시뮬레이션도 더욱 사실적이 되고 있다. 앞으로 더욱 기술이 발전하여 가상현실(virtual reality) 기법이 제대로 적용된다면 게임 환경은 흡사 실재 환경인 것으로 착각될 수도 있을 것이다. 온라인게임과 같은 흥미성 사이버공간에서 중요한 문제는 몰입(flow)이다. 몰입은 행위의 주체와 객체가 잘 구별되지 않을 정도로 행위 자체에 빠져드는 경험과 그 상태를 말한다. 온라인게임의 끊임없는 시청각적 자극과 피드백, 넓은 화면, 계속 전개되는 스토리 구조 등은 시각적 · 청각적 · 인지적으로 몰입 상태에 빠져들게 하기 쉽다. 이런 상태에서는 인지적 터널화가 발생하여 이 순간에 경험하는 것 이외에 대해서 지각, 인지 기능이 매우 제한되기 쉽다. 이런 과정이 사이버공간에서의 중독 현상을 불러올 수 있다.

온라인게임 중독은 이제 주요한 사회문제가 되어 있으며, 학업과 사회활동의 장애가 되고 있다. 다른 한편으로 보면, 몰입은 사이버공간과 사용자가 유리되는 것이 아니라 사이버공간의 실재감을 체득하고 효과적으로 적응하는 데에 필요한 상태이다. 그러므로 사이버공간에서 몰입을 적절하게 통제하기 위한 연구가 필요하다.

7) 맺는 말

컴퓨터와 네트워크는 우리 환경과 생활에 주요한 동반자가 되어 가고 있다. 인간이 더 뛰어난 성취를 하고, 더 만족스러운 삶을 추구하는 데에 컴퓨터로 대표되는 시스템은 중요한 몫을 차지하고 있다. 이와 더불어 우리의 일과 삶의 방식에도 많은 변화가 벌어지고 있다. 컴퓨터를 비롯한 여러 디지털 기기들이 사람과 더불어 서로 영향을 주면서 함께 발전해 나가고 있다(이정모, 이건효, 이재호, 2004). HCI의 'C'는 각종 디지털 기기는 물론 전통적 기계장치들을 포함한 인공환경 혹은 시스템을 대표한다고 볼 수 있다. 인지공학은 이런 인공환경 혹은 시스템과 인지의 상호작용을 연구하는 분야라고 말할 수 있다. 인지공학적 연구는 정보기술사회에서 인간이 효과적으로 적응하고 협동하고 기능하는 방법을 연구하는 데에 핵심적인 역할을 하게 될 것이다. 그리고 인지공학적 연구는 단순히 인지심리학의 응용을 넘어서서, 새로운 자연으로서의 인공 환경과 인간의 관계를 모색하는 출발점이 될 수 있을 것이다.

3. 인지학습과학

현대인에게 학습은 매우 중요한 문제가 되었다. 새로운 지식과 기술이 계속 생산되고 사회가 끊임없이 발전하는 이 시대에 적응하기 위해서는 연령에 불문하고 지속적인 학습-재학습이 필요하게 되었다. 과거에 학습 연구를 주도한 동물학습 연구는 조건형성 및 연합학습을 기초로 하여 환경에 적응하는 행동의 학습을 규명하는 데에 기여를 하였지만, 연합학습 이상의 고등학습을 설명하는 데에는 많은 어려움이 있었다. 그 결과 연구의 관점은 학습 과정에 개입하는 인지 과정 및 학습자가 가지고 있는 인지적 틀을 분석하고자 하는, 인지심리학적 방향성을 띠게 되었다. 즉, 인지심리학이 연구하는 지각, 주의, 기억, 이해와 사고 등의 인지 과정으로 인간 학습을 연구하고자 한다. 학습문제를 보는 스펙트럼에서 학습의 인지 과정을 중심으로 보는 관점을 인지학습과학(cognitive learning science)이라고 부를 수 있다. 즉, 인지학습과학은 인지심리학을 기초로 하여 인간 학습의 문제를 연구하고, 또한 실제 문제로 응용하고자 하는 노력이다.

1) 학습기술

다양한 학습부진의 원인들이 있지만, 우리가 노력을 해서 개선할 수 있는 것 중의 하나는 효과적인 학습기술을 갖는 것이다. 학습자가 학습 장면에서 사용하는 여러 인지적 활동(혹은 기술)을 학습기술(learning skill)이라고 한다. 연구자에 따라 다양한 학습기술들이 열거되지만(변영계, 김석우, 2003; Devine, 1987), 대체로 읽기, 청취하기, 쓰기, 과제 해결 등은 공통된다. 이런 학습기술의 배후에는 주의 통제, 작업기억, (장기)기억, 이해, 문제해결 등의 인지 과정이 개입한다. 인지학습과학은 이러한 인지 과정들이 어떻게 작용하여 학습의 효과를 낳는지, 학습자의 특성은 어떤 영향을 미치는지, 그리고 효과적 학습의 원리들을 구체적 학습 장면에 어떻게 적용할 것인지 등에 관심을 가진다.

최근의 학습과학 연구는 개인의 특성을 고려하고 과학적으로 입증된 올바른 전략을 채택하면 학습의 증진이 있음을 보여 주었다(Metcalfe, 2006). 예컨대, 시각적 인지, 언어적 인지학습 양식(learning style)에 따라 알맞은 절차나 교재 종류를 선택하는 것이 좋다(도경수, 황혜란, 2006; Solomon & Felder, 2006). 과제 요구에 알맞게 주의를 통제할 수 있는 능력은 학습 수준을 결정짓는 주요한 변수다. 작업기억의 용량이 높을수록 효과적인 독서와 문장 이해가 가능해진다. 또한 적절한 어려움을 갖는 학습 재료가 더 장기적으로 지속적인 학습효과를 낳는다(Bjork & Linn, 2006). 정답만을 요구하는 문제해결보다 문제의 다양한 측면을 탐색하는 것이 학습에 더 효과적이다. 그리고 문제해결 절차만을 가르쳐 주는 것보다는 해결 절차와 예제를 주는 것이 문제해결에 효과가 있었다(Reed & Bolstad, 1991). 이상의 사례들은 학습이 개인의 능력에만 좌우되는 성질의 것이 아니라 과학적 연구를 통해 개선될 수 있음을 잘 보여 준다.

현대의 교수(instruction)는 학습자 중심으로 발전하고 있다(Mayer, 1999). 장차 학습자 맞춤식의 교수 기법이 발전하게 될 것이라고 예상된다. 학습자에게 적합한 교수 및 학습기술을 적용하기 위해서는 인지 기능과 학습기술에 대한 여러 방면의 진단 혹은 검사가 필요하다. 예컨대, 학습부진이 주의력의 문제인지, 기억의 문제인지 등을 구별하여야 한다. 그러므로 개별적으로 학습 전략과 기술을 지도하는 전문가의 필요성이 높아지고 있다.

2) 기억력 증진과 오기억

기억에 관한 인지심리학적 연구들은 기억할 재료에 적절한 노력을 기울이면 기억이 향상될 수 있음을 보이고 있다. 기억에 관한 연구에서 보듯이, 기억 재료의 정교화(elaboration)는 기억 내용을 구체화시킬 뿐만 아니라 여러 가지의 기억 단서를 생성함으로써 기억에 도움을 준다. 그리고 이와 관련된 기억 재료의 독특성(distinctiveness)은 기억의 중요 변수이다. 참신하거나 기괴한(bizarre) 심상이 기억에 효과적인 이유도 여기에서 찾을 수 있다. 조직화(organization)도 여러 기억 항목들 간의 연관성을 생성함으로써 혹은 기존 지식 구조에 기억 재료를 연관시킴으로써 기억에 효과적이다. 이러한 원리들은 다양한 기억술(mnemonics) 기법에 응용되어 있다.

초등학교 동창생의 얼굴을 알아보는 것처럼 경험 혹은 학습은 장기적인 효과를 낳는다. Bahrick과 Hall(1991)은 간단한 수학문제를 가지고 이것을 연구하였는데, 성장기적인 기억에 결정적인 것은 가장 최근에 학습한 후 경과한 기간, 즉 파지 기간이었으며, 그 다음으로 학습량, 되뇌기(rehearsal)의 양이었다. 여기에서 되뇌기량은 졸업 후 수학과 관련된 활동에 종사한 정도를 말한다. 학습량이 중요하다는 것은 초기 학습 때에 일정 수준 이상의 과학습(overlearning)이 효과가 있다는 뜻이다. 이러한 원리는 외국어 어휘의 학습이나 전공 개념이나 주요 사실의 학습에도 적용되는 것으로 보인다.

기억은 학습에서뿐만 아니라 건망증의 예에서 보듯이 일상생활에서도 중요한 문제다. 그리고 수사기관에서 목격자의 증언을 수집하는 경우나, 법정에서 목격자나 피해자가 증언하는 경우처럼 법률적으로도 중요한 문제이다. 이는 기억의 실패나 오기억(false memory)의 문제로 본격적으로 검토되기도 한다. 수사기관에서는 목격자의 회상을 촉진하기 위해 인지적 면담(cognitive interview) 기법을 개발하여 효과를 보기도 하였다(Fisher, Geiselman, & Amador, 1989). 목격자가 피의자를 식별해야 하는 문제는 기억문제를 첨예하게 드러낸다. 피의자와 함께 비교되는가, 피의자가 어떻게 선정되느냐와 관련하여 인종, 빈부, 성별, 친숙성 등 여러 요소가 목격자의 판단에 영향을 줄 수 있기 때문이다. 그리고 목격자의 진술을 참고로 하여 몽타주를 만드는 과정에도 여러 가지 오류가 빚어지기 때문에 적절한 교정을 하여 더 정확한 몽타주를 만드는 것도 흥미로운 문제다. 또한 어린이의 증언에서 오기억이 발생할 가능성이 없는가도 심각한 주제가 된다.

3) 언어학습

외국어 학습의 경우도 마찬가지이겠지만, 아이들에게 한글을 어떻게 가르칠 것인가 하는 문제는 많은 인지심리학적 연구를 필요로 한다. 한때 글자(낱자)별로 읽기를 가르칠 것인가, 아니면 단어별로 읽기를 가르칠 것인가가 논쟁거리가 되었다. 어떤 경우이든 글을 읽기 위해서는 글자(낱자)라는 개체를 인식할 수 있어야 하고, 이것과 발음의 대응관계를 파악하여야 한다. 이런 지식을 음운자각(phonemic awareness)이라고 한다. 한글의 경우 낱자와 발음의 대응관계가 비교적 쉬운 편이어서, 성인이 되어 글자를 읽는 데에 어려움을 겪는 비율은 높지 않다. 그러나 철자법을 정확히 지키는 데에 어려움을 겪는 사람들이 많은 것도 사실이다. 글자(낱자)별 학습을 통해 발음하기의 원리를 추출하고, 이를 전체 단어에서의 통합(예: 연음, 구개음화)을 꾀하는 절충적 학습이 필요한 것으로 보인다.

언어학습에서 중요한 활동이 읽기(독서)이다. 단순히 글자를 발음하는 것만으로는 읽기가 완성되지 않는다. 흔히 말하는 속독술은 이런 점에서 요점을 빗나가는 경우가 많다. 읽기는 단어의 의미를 파악하고, 이를 문장 속에서 통합하여, 문장의 의미를 해독하고, 나아가 글월의 맥락 속에서 현재 읽는 내용의 의미, 유관성과 중요성 등을 파악하는 것을 필요로 한다. 이러한 활동에는 주의능력과 작업기억의 용량, 어휘지식과 읽는 주제와 관련된 배경지식 등이 주요하게 개입한다. 한국인의 문맹률은 세계적으로 낮은 편에 속하지만, 문서의 의미를 제대로 해독해 내는 능력은 OECD 국가 중 비교적 떨어진다는 보고가 있다. 이것은 제대로 읽기 위한 체계적 학습이 어릴 때부터 이루어져야 함을 시사한다. 읽기 및 읽기의 지도 방안에 대한 과학적인 연구는 학업 수준을 향상시키고 지식 기반의 사회를 만드는 데에 매우 중요한 과제이다.

4) 이러닝

현재 국내에서 십수 개의 사이버대학이 운영되고 있으며, 일반 대학에서도 여러 개의 강좌들이 사이버(가상)강좌로 운영되고 있다. 이처럼 교수와 학습을 인터넷 혹은 사이버공간에 응용한 형태를 '이러닝(e-learning)'이라고 한다. 이러닝은 기존의 원격교육(예: 방송대학)을 포섭하여, 기존의 캠퍼스 기반의 교육 시스템에 대한 대안으로 등장하고 있다. 그뿐만 아니라 사내교육이나 연수, 고객 지원 등에도 유용하게 응용되고 있다.

초창기의 이러닝은 기존의 교재 텍스트를 인터넷 상의 텍스트로 옮겨 놓는 수준이었으며, 사이버공간의 장점을 충분히 활용하지 못하였다. 사이버공간에서는 링크를 이용하여 텍스트의 어느 지점에서 링크된 다른 텍스트나 멀티미디어 자료로 이동할 수 있는 하이퍼텍스트(hypertext)를 구현할 수 있다. 하이퍼텍스트의 링크는 여러 자료를 손쉽게 열람하고 통합할 수 있게 하는 이점이 있는 반면, 여러 개의 자료 화면이 크기나 위치가 제한된 컴퓨터 모니터로 구현되어야 한다는 한계를 갖고 있다. 하이퍼텍스트가 학습에 효과적이라고 하는 연구가 있는 반면(예: Mills, 1996), 하이퍼텍스트의 이점은 순서에 따라 논리적으로 이해를 하여야 하는 성질의 텍스트 이해에는 도움이 되지 않고 오히려 방해가 된다는 연구도 있다(Woodhead, 1991). 그러나 책처럼 접거나 구부릴 수 있는 디스플레이가 실용화된다면, 하이퍼텍스트는 더 많은 장점을 갖게 될 것이다. 사이버공간과 하이퍼텍스트 구조가 널리 사용된다면, 인간이 정보를 처리하는 전반적 양식에도 큰 변화가 올 것이며, 지식을 전달하는 전통적 방식으로서 책의 구조와 기능도 크게 달라져야 할 것이다.

이러닝이 효과를 갖기 위해서는 학습자를 이러닝에 참여시키는 것이 필요하다. 강의실에서 하는 대면 상황의 학습보다 이러닝에서 학습자는 학습 시간, 장소 및 학습 재료 등에서 더 많은 재량권을 갖고 있는데, 이는 적극적이지 않은 학습자에게는 더 많은 부담을 지우는 것이 된다. 그리고 학습자 특성을 고려하지 않고 누구에게나 동일한 재료가 동일한 방식으로 제공되는 획일성은 흥미를 떨어뜨리는 요인이 될 수 있다. 학습자를 이러닝에 적극적으로 끌어들이기 위해서는 학습 양식에 따라 학습 재료를 여러 가지 형태로 제시하거나, 적절한 보상 시스템을 적용하거나(예: 포인트 혹은 마일리지 제도), 엔터테인먼트 요소를 도입하거나(예: 에듀테인먼트), 주체로서 참여하도록 하거나(예: 소집단/커뮤니티 구성), 공동의 장을 마련하여(예: 게시판) 학습자의 기호나 특성에 맞는 다양한 참여 방식을 개발할 필요가 있다.

사이버공간의 발달은 이러닝에도 큰 변화를 줄 것이다. 예컨대, 사이버공간에서 구현할 수 있는 가상현실성이 더욱 실감나게 된다면 사이버 도우미가 학습을 지도하게 할 수 있을 것이다. 그리고 텍스트를 읽는 것과 같은 상징이나 기호를 통한 학습보다 가상적으로 구현된 사건이나 활동을 체험함으로써 학습하게 될 것이다(현실세계에서 시뮬레이터를 통한 체험은 좋은 학습효과를 낳고 있다).

5) 인지 기능의 진단과 인지 재활

인간 인지의 여러 하위 기능들이 각각 잘 작동하고 서로 잘 협조하는 경우에 우리는 일상적인 과제의 대부분을 무리 없이 처리해 낼 수 있다. 그 반대도 마찬가지이다. 그런데 사고의 후유증으로 인지적인 실패를 경험하게 되면(예: 얼굴이 기억나지 않는다) 인지의 어떤 기능에 문제가 있음을 알아차리게 된다. 어느 인지 기능에 문제가 있는가를 검사하는 것이 인지 기능의 진단이다. 인지 기능의 장애는 주로 두뇌의 신경 조직이나 기능의 이상에서 발생하는 것으로 보인다. 이때 장애를, 연습의 부족으로 능숙하지 못한 것과는 구별하여야 한다. 신경인지심리검사는 여러 개의 검사집(예: Nebraska 신경심리검사)을 통하여 인지 기능 장애의 종류를 구별하고자 한다. 최근에는 fMRI와 같이 뇌영상촬영법이 발달하면서 신경인지 연구에 도움을 주고 있다. 인지 기능 장애와 이와 관련된 뇌 영역의 연구는 장애의 근본 원인과 인지 기능의 상호관계를 파악하는 데에 도움을 줄 수 있다.

인지 기능 장애는 시간이 지나면서 어느 정도 회복될 수도 있지만 더 적극적인 노력이 필요하다. 즉, 장애에 대한 정확한 진단이 내려지면, 기능 회복을 위한 적극적인 인지 재활 훈련이 회복 시기를 단축시키기도 하고, 후유증을 더 감소시켜 준다(장애로 인한 스트레스나 우울증도 줄여 줄 것이다). 인지 재활 훈련은 병원 장면에서 간헐적으로 시도되고 있는 형편이다. 더 효과적인 재활 훈련 기법을 개발하기 위해 체계적인 연구가 필요하다.

어린이들은 특별한 이유가 없어도 주의장애(예: ADHD), 독서장애, 학습장애 등을 보일 수 있다. 이러한 영역에서도 아동의 학습과 학교생활 적응을 도와주기 위해 인지 기능의 진단과 재활 프로그램의 적용이 필요하다.

우리 사회는 이른바 고령화 사회로 진입하고 있다. 이것은 국민의 평균수명이 증가한다는 것을 가리키기도 하지만, 앞으로 고령 인구의 노동력 활용과 사회 참여가 절실하다는 것을 함축한다. 고령이 되면 감각지각 기능에서 뚜렷한 감퇴가 보일 뿐만 아니라, 주의력 및 기억력도 현저하게 떨어진다(박태진, 2004; 정혜선, 2004). 고령 인구의 사회활동을 촉진하고 전업과 재적응을 지원하기 위해서, 감퇴된 인지 기능을 보조하는 기구들의 개발과, 더불어 인지 기능의 노화를 감소시키고 또는 인지 기능을 재활하는 여러 방법이 동원될 필요가 있다. 앞으로 이러한 연구들이 크게 발전할 것으로 예상된다.

6) 맺는 말

이상에서 인지학습과학으로 파악할 수 있는 몇 영역들을 살펴보았다. 평균수명이 80세 이상으로 증가하게 되고, 노인이 되어서도 사회활동 및 생산활동을 해야 되는 미래사회에서 학습의 문제는 요람에서 무덤에 이르기까지 평생 생활화해야 될 문제가 된다. 그러므로 다양한 학습 요구, 즉 학습자의 연령이나 유형, 학습 목표, 학습 재료, 학습 기관에 따라 다양한 학습 형태를 개발할 필요가 있으며, 이에 인지심리학은 중요한 역할을 할 것으로 기대된다.

주요 용어 목록

Fitts의 법칙
HCI(Human-Computer Interaction)
과학습(overlearning)
기억술(mnemonics)
발견법(heuristics)
사용성(usability)
사이버공간(가상공간, cyberspace)
세부특징(features)
언어학습
웹(web)
이러닝(e-learning)
인지재활
자극-반응 부합성
장기기억(long-term memory)
지온(geon)
학습기술(learning skill)
형상 디스플레이
GOMS 모형
공학심리학(engineering psychology)
기능적 고착(functional fixedness)
난이도 지수(index of difficulty)
분산인지(distributed cognition)
사용자 인터페이스(user interface)
상향처리
속도-정확성 교환
온라인게임(on-line game)
의사결정
인지공학(cognitive engineering)
인지학습과학(cognitive learning science)
작업기억(working memory)
정신모형(mental models)
하향처리
행위의 7단계 모형
훈련(training)

읽을거리 ▶▶▶

더 자세한 공학심리학의 세부영역에 관해 공부하고 싶은 사람은 곽호완, 김영진, 박창호, 남종호, 이재식 옮김의 『공학심리학』(제3판, 2003, 시그마프레스), 이재식, 김점룡 옮김의 『인간공학』(2008, 시그마프레스), 박창호 등의 『인지공학심리학』(2007, 시그마프레스)를 참고하기 바란다. 이 책에서는 지각, 주의, 의사결정, 처리제어 및 시스템 디자인에 관한 상세한 내용을 담고 있다.

홈페이지(http://bh.knu.ac.kr/~kwak/)에는 공학심리학 및 관련 지각심리학에 관한 여러 인터넷 문서 및 연결 링크가 소개되어 있고, 온라인으로 실시하는 인터넷 홈페이지의 사용성 평가 설문 페이지가 있다. 부가하여, 심리학의 이해 및 지각심리학 과목에 대한 가상강좌를 개설하여 초보적인 이러닝 시스템의 모습을 보여 주고 있다. 더 자세하고 풍부한 인터넷 사용성 연구에 관한 정보는 Jakob Nielsen의 홈페이지를 참고하기 바란다

(http://www.useit.com/alertbox/).

이창우, 김영진, 박창호 옮김(1996, 학지사)의 『디자인과 인간심리』에서는 일상인을 대상으로 비교적 평이한 용어와 내용으로 상품의 디자인에 관한 D. Norman의 응용인지심리학적 견해를 기술하고 있다. 산업디자인, 시각디자인 등을 전공하는 학생들에게 권하고 싶은 책이다.

인지공학연구회 옮김(1998, 학지사)의 『생각 있는 디자인』은 D. Norman의 또 다른 책을 번역한 책으로서, 인지심리학에 대한 평이한 설명과 함께 현대적 인공물에 대해 인간의 적응적 사고 과정이 어떻게 변화해야 하며, 인공물은 원칙적으로 어떻게 디자인되어야 하는가를 보여 준다.

사이버공간에 대한 인지심리학적 연구는 아직은 체계적으로 이루어지 못한 실정이다. 그러나 황상민, 한규석 편저(1999, 박영사)의 『사이버공간의 심리』는 인터넷과 더불어 도래한 새로운 환경으로서의 사이버공간의 특성과 그 안에서의 사람들의 활동들을 소개하고, 심리학의 새로운 개척지로서 사이버공간을 소개하고 있다. 이러닝에 대한 더 자세한 소개를 원하는 사람은 유영만 옮김의 『e-러닝』(2001, 물푸레)을 참고하기 바란다.

참고문헌

강은주(2007). 신경 활성화 연구의 원리와 최근 동향. 대한핵의학회지, 41(2), 172-180.

강은주, 이정모(2000). 두뇌 기능 지도화와 정보 처리 과정 이해. 전자공학회지, 27(7), 75-87.

고혜선(1993). 의미 및 음운 유사성과 처리 부담이 말의 산출 실수에 미치는 영향. 미발간 성균관대학교 대학원 석사학위 청구논문.

고혜선, 이정모(2002). 한국어의 의미 및 음운정보가 말산출 과정에 미치는 효과: 실험실에서 유도된 말 실수 연구. 한국심리학회지: 실험 및 인지, 14, 445-462.

곽호완, 곽지은, 김수진, 이정모(2000). 국내 웹 사이트 디자인의 사용성 조사: 설문조사 및 발견평가. 인지과학, 11(1), 33-45.

권인한(1987). 음운론적 기제의 심리적 실제성에 대한 연구. 국어연구, 76.

김민식, 정찬섭(1989). 한글의 자모구성 형태에 따른 자모 및 글자 인식. 인지과학, 1, 27-75.

김영진(1995). 한국어 관계절 문장의 이해과정과 구조. 인지과학, 6(2), 5-22.

_____ (2001). 한국어 문장처리과정의 보편성과 특수성. 한국심리학회지: 실험 및 인지, 13(4), 339-359.

김영진, 우정희(2007). 한국어 동사의 의미역 정보처리 과정. 인지과학, 18, 1-22.

김정오(1995). 기억실험: 과제유형 및 과제분석. 정신건강연구, 제14집, 104-115. 한양대학교 정신건강연구소.

김정오(2005). 오류의 심리과정. 한국 심리학회지: 실험, 17(3), 245-263.

김정오, 김재갑(1992). 한글 단어재인에 있어서 글자 처리와 낱자의 지각. 한국 심리학회지 실험 및 인지, 4, 36-51.

도경수, 신현정, 이재식, 최양규(1998). 문서편집기 pull-down menu 배열방식과 명령어 탐지의 효율성. 인지과학, 9(4), 61-74.

도경수, 황혜란(2006). 멀티미디어 학습에서 인지 양식과 제시 순서가 파지와 이해에 미치는 영향. 인지과학, 17(3), 253.

박창호(2004). 가상공간 탐색의 인지과정. 한국심리학회지: 실험, 16(4), 403-420.

박창호, 곽호완, 김성일, 김영진, 김진우, 이건효, 이재식, 이종구, 한광희, 황상민(2007). 인지공학심리학: 인간-시스템 상호작용의 이해. 서울: 시그마프레스.

박창호, 박민규, 이정모(1998). 가이드라인이 인터넷 정보검색 수행에 미치는 영향. 한국심리학회지: 실험 및 인지, 10(2), 135-151.

박창호, 염성숙, 이정모(2000). 사용자 중심의 홈페이지 분류 체계가 분류 검색에 미치는 효과. 인지과학, 11(1), 47-65.

박창호, 이종구, 김영진, 곽호완, 이정모(1998). 인터넷의 정보검색에서 탐색학습과 사용자의 전략. 인지과학, 9(4), 17-32.

박태진(1985). Script 지식의 구조. 교육연구, 11, 55-78.

_____(1993). 기억과 주의의 관계: 주의수준이 암묵기억과 외현기억에 미치는 영향. 한국심리학회지: 실험 및 인지, 5, 102-123.

_____(1995). 단어조각완성 점화에서 지각적 처리와 개념적 처리의 해리: 단어조각 노출시간과 완성시간이 교차양상점화, 처리수준, 생성효과에 미치는 영향. 한국심리학회지: 실험 및 인지, 7, 31-56.

_____(2002). 인간 기억의 암묵적 인출과 외현적 인출의 인지신경심리학. 한국심리학회지: 실험 및 인지, 14, 267-290.

_____(2003). 한국어 단어의 주관적 빈도 추정치 및 단어 재인에 미치는 빈도 효과. 한국심리학회지: 실험, 15(2), 349-366.

_____(2004). 노화의 인지신경기전. 한국심리학회지: 실험, 16(3), 317-336.

_____(2006). 한국어 어휘특성들이 기억폭에 미치는 효과. 인지과학, 17, 15-27.

박희경(2001). 기억이론과 신경생리학적 자료. 한국심리학회지: 일반, 20, 129-150.

변영계, 김석우(2003). 학습기술. 서울: 학지사.

신현정(2000). 개념과 범주화(대우학술총서 496). 서울: 아카넷.

신현정, 이재식, 도경수(1998). 훈련에 따른 문서편집기 명령에 대한 지식구조의 변화. 인지과학, 9(4), 49-60.

양병환, 백기청, 이정모, 박희경, 김정오, 박태진, 강봉균, 정민환, 손현, 강연욱, 조연규(2001). 기억(한양대학교 정신건강연구소 총서 2집). 서울: 하나의학사.

이병택, 김경중, 조명한(1996). 읽기폭에 따르는 언어처리의 개인차: 작업기억과 언어이해. 한국심리학회지: 실험 및 인지, 8, 59-85.

이재식(2002). 추돌 경고시스템의 정보 제공방식에 따른 운전자의 추돌 회피 행동 및 주관적 평가에 관한 연구. 한국심리학회지: 산업 및 조직, 15, 125-146.

이정모(1995). 기억이론 개관. 정신건강연구, 제14집, 68-103. 한양대학교 정신건강연구소.

_____(2001). 인지심리학: 형성사, 개념적 기초, 조망. 서울: 아카넷.

_____(2008). 인지과학: 학제적 수렴의 원리와 응용. 서울: 성균관대학교 출판부.

이정모, 방희정(1996). 기억 표상의 이론적 모형. 이정모 편. 인지심리학의 제 문제 (I): 인지과학적 연관(pp. 199-221). 서울: 성원사.

이정모, 이건효, 이재호(2004). 사이버 인지심리학의 개념적 재구성: 인공물과 인지의 공진화. 한국심리학회지: 실험, 16(4), 365-391.

이정모, 이재호, 김영진(1997). 한국어 이해와 산출의 심리적 과정. 인지과학, 7(2), 113-154.

이정모, 이재호 공편(1998). 인지심리학의 제 문제 (I): 인지과학적 연관. 서울: 성원사.

임춘성, 김진우, 한광희, 이승창, 유병곤, 박준아(1998). 사이버 쇼핑몰에서 표과적인 정보탐색을 위한 사용자 인터페이스 디자인에 관한 연구. 인지과학, 9(4), 33-47.

정혜선(2004). 노화가 학습능력에 미치는 영향. 한국심리학회지: 실험, 16(4), 435-450.

조명한 외 11인(2003). 언어심리학. 서울: 학지사.

최광일(2007). 독서이해력의 개인차: 인지과제 수행과 안구운동 패턴. 미발간 아주대학교 박사학위 청구논문.

하대현(1996). 인간 지능이론과 연구의 최근 동향과 과제. 교육심리연구, 10(1), 127-161.

한광희(1996). 신경망적 접근. 이정모 편. 인지심리학의 제 문제 (I): 인지과학적 연관 (pp. 85-113). 서울: 성원사.

황정규(1984). 인간의 지능. 서울: 민음사.

Anderson, J. (1985). *Cognitive psychology and its implications*. New York: W.H. Freeman.

__________ (2004). *Cognitive psychology and its implications* (6th ed.). NY: Worth Publishers.

Anderson, J. R. (1976). *Language, memory, and thought*. Hillsdale, NJ: Erlbaum.

__________ (1978). Arguments concerning representation for mental imagery. *Psychological Review, 85*, 249-277.

__________ (1983). *The architecture of cognition*. Cambridge, MA: Harvard University Press.

__________ (1990). *The adaptive character of thought*. Hillsdale, NJ: Erlbaum.

__________ (1993). *Rules of the mind*. Hillsdale, NJ: Erlbaum.

__________ (1993). *Rules of the mind*. Hillsdale: LEA.

Anderson, J. R., & Ross, B. H. (1980). Evidence against a semantic-episodic distinction. *Journal of Experimental Psychology: Human Learning and Memory, 6*, 441-466.

Anderson, S. J., & Conway, M. A. (1993). Investigating the structure of autobiographical memories. *Journal of Experimental Psychology: Learning, Memory and Cognition, 19*, 1178-1196.

Anglin, J. M. (1977). *Word, object, and conceptual development*. New York: Norton.

Armstrong, S., Gleitman, L. R., & Gleitman, H. (1983). What most concepts might not be. *Cognition, 13,* 263-308.

Atkinson, R. C., & Shiffrin, R. M. (1968). Human memory: A proposed system and its control processes, In W. K. Spence & J. T. Spence (Eds.), *The psychology of learning and motivation: Advances in research and theory* (Vol. 2, pp. 89-195). New York: Academic Press.

Awh, E., Jonides, J., Smith, E. E., Schumacher, E. H., Koeppe, R. A., & Katz, S. (1996). Dissociation of storage and rehearsal in verbal working memory. *Psychological Science, 7,* 25-31.

Baddeley, A. (1992). Working memory. *Science, 255,* 556-559.

__________ (1998). *Human memory: Theory and practice* (rev. ed.). Needham Heights, MA: Allyn and Bacon.

Baddeley, A. D., & Hitch, G. (1974). Working memory. In G. H. Bower (Ed.), *The psychology of learning and motivation* (Vol. 8, pp. 47-89). New York: Academic Press.

Baddeley, A. D., Lewis, V. F. J., & Vallar, G. (1984). Exploring the articulatory loop. *Quarterly Journal of Experimental Psychology, 36,* 233-252.

Bahrick, H. P., & Hall, L. K. (1991). Lifetime maintenance of high school mathematics content. *Journal of Experimental Psychology: General, 120,* 20-33.

Banich, M. (2004). *Cognitive neuroscience and neuropsychology* (2nd ed.). Boston, Houghton Mifflin.

Banks, W. P., & Krajicek, D. (1991). Perception. *Annual Review of Psychology, 42,* 305-331.

Barber, C. (1997). *Beyond the Desktop.* San Diago, CA: Academic Press.

Baron, J. (1994). *Thinking and deciding* (2nd ed.). Cambridge: Cambridge University Press.

Barsalou, L. W. (1983). Ad hoc categories. *Memory and Cognition, 11,* 211-227.

__________ (1992). *Cognitive Psychology: An overview for cognitive scientists.* Hillsdale, NJ: Erlbaum.

Bartlett, F. C. (1932). *Remembering: A study in experimental and social psychology.* New York: Macmillan.

Baughman, W. A., & Mumford, M. D. (1995). Process-analytic models of creative capacities: Operations influencing the combination-and-reorganization process. *Creativity Research Journal, 8,* 37-62.

Bayes, T. (1958). An essay towards solving a problem in the doctrine of chances. *Biometrika, 45,* 293-315. (Original work published in 1764.)

Beeman, M. (1998). Coarse semantic coding and discourse comprehension. In M.

Beeman & C. Chiarello (Eds.), *Right hemisphere language comprehension: Perspectives from cognitive neuroscience* (pp. 255–284). Mahwa, NJ: Lawrence Erlbaum Associates.

Behrmann, M., Moscovitch, M., & Winocur, G. (1994). Intact visual imagery and impaired visual perception in a patient with visual agnosia. *Journal of Experimental Psychology: Human Perception and Performance, 30*, 1068–1087.

Berlin, B., & Kay, P. (1969). *Basic color terms: Their universality and evolution*. Berkeley and Los Angeles: University of California Press.

Bever, T. G. (1980). Broca and Lashley were right: Cerebral dominance is an accident of growth. In D. Caplan (Ed.), *Biological processes of mental processes* (pp. 186–230). Cambridge, MA: MIT Press.

Biederman, I. (1987). Recognition-by-components: A theory of human image understanding. *Psychological Review, 94,* 115–147.

Biederman, I., & Gerhardstein, P. C. (1993). Recognizing depth-rotated objects: Evidence and conditions for three-dimensional viewpoint invariance. *Journal of Experimental Psychology: Human Perception and Performance, 19*, 1162–1182.

Bihrle, A. M., Brownell, H. H., Powelson, J. A., & Gardner, H. (1986). Comprehension of humorous and nonhumorous materials by the left and right brain-damaged patients. *Brain and Cognition, 5*, 399–411.

Bjork, R. A., & Linn, M. C. (Mar., 2006). The science of learning and the learning of science. *APS Observer, 19* (3). http://www.psychologicalscience. org/observer 사이트에서 인출.

Blake, R., & Sekuler, R. (2006). *Perception* (5th ed.). New York: McGraw-Hill.

Blanchard, H. E., McConkie, G. W., Zola, D., & Wolverton, G. S. (1984). Time course of visual information utilization during fixations in reading. *Journal of Experimental Psychology: Human Perception and Performance, 10*, 75–89.

Blaxton, T. A. (1989). Investigating dissociations among memory measures: Support for a transfer-appropriate processing framework. *Journal of Experimental Psychology: Learning, Memory, and Cognition, 15*, 657–668.

Block, N. (1981). Psychologism and behaviorism. *The Philosophical Review, 90,* 5–43.

Bock, K., & Levelt, W. J. M. (1994). Language production: Grammatical encoding. In M. A. Gernsbacher (Ed.), *Handbook of psycholinguistics* (pp. 945–984). San Diego: Academic Press.

Bower, G. H. (1970). Imagery as a relational organizer in associative learning. *Journal of Verbal Learning and Verbal Behavior, 9*, 529–533.

Bower, G. H., Black, J. B., & Turner, T. F. (1979). Scripts in memory for text. *Cognitive*

Psychology, 11, 177-220.

Bower, G. H., Clark, M., Winzenz, D., & Lesgold, A. (1969). Hierarchical retrieval schemes in recall of categorized word lists. *Journal of Verbal Learning and Verbal Behavior, 8*, 323-343.

Braine, M. D. S. (1978). On the relation between the natural logic of reasoning and standard logic. *Psychological Review, 85*, 1-21.

Braine, M. D. S., & Rumain, B. (1983). logical reasoning. In J. H. Flavell & E. M. Markman (Eds.), *Handbook of Child Psychology: Vol. 3. Cognitive Development*. New York: Wiley.

Bransford, J. D., & Franks, J. J. (1971). The abstraction of linguistic ideas: A review. *Cognition, 1,* 211-250.

Bransford, J. D., & Johnson, M. K. (1973). Considerations of some problems of comprehension. In W. Chase (Ed.), *Visual information processing*. NY: Academic Press.

Brewer, W. F., & Treyens, J. C. (1981). Role of schemata in memory for places. *Cognitive Psychology, 13,* 207-230.

Broadbent, D. E. (1958). *Perception and Communication*. London: Pergamon Press.

Brooks, L. (1968). Spatial and verbal components of the act of recall. *Canadian Journal of Psychology, 22*, 349-368.

Brown, J. A. (1958). Some tests of the decay theory of immediate memory. *Quarterly Journal of Experimental Psychology, 10*, 12-21.

Brown, R., & Kulik, J. (1977). Flashbulb memories. *Cognition, 5*, 73-99.

Bruce, V., & Young, A. (1998). *In the eye of the beholder*. New York: Oxford University Press.

Bruce, V., Burton, A. M., Hanna, E., Healey, P., Mason, O., Coombes, A., Fright, R., & Linney, A. (1993). Sex discrimination: How do we tell the difference between male and female faces. *Perception, 22*, 131-152.

Bruner, J. S., Goodnow, J., & Austin, G. (1956). *A study of thinking*. New York: John Wiley.

Bussé, T. V., & Mansfield, R. S. (1980). Theories of the creative process: A review and perspective. *Journal of Creative Behavior, 14*, 91-103.

Byrne, R., & Whiten, A. (1988). *Marchiavellian intelligence: Social expertise and the evolution of intellect in monkeys, apes, and humans*. Oxford: Clandon Press.

Calvert, G. A., Brammer, M. J., Bullmore, E. T., Campbell, R., Iversen, S. D., & David, A. S. (1999). Response amplification in sensory-specific cortices during crossmodal binding. *Neuroreport, 10*, 2619-2623.

Capenter, P. A., Just, M. A., & Shel, P. (1990). What one intelligence test measures: A theoretical account of the processing in the Raven Progressive Matrices test. *Psychological Review, 97,* 404-431.

Caplan, D., & Hildbrandt, N. (1988). *Disorders of syntactic comprehension.* Cambridge, MA: MIT Press.

Card, S. K., English, W. K., & Burr, B. J. (1978). Evaluation of mouse, rate-controlled isometric joystick, step keys, and task keys for text selection on a CRT. *Ergonomics, 21,* 601-613.

Card, S. K., Moran, T. P., & Newell, A. (1983). *The psychology of human-computer interactions.* Hillsdale, NJ: Erlbaum.

Carrier, M., & Pashler, H. E. (1996). The attention demands of memory retrieval. *Journal of Experimental Psychology: Learning, Memory and Cognition, 21,* 1339-1348.

Carroll, D. W. (2004). *Psychology of language* (4th ed.). CA: Brooks/Cole.

Carroll, J. (1993). *Human cognitive abilities. A survey of factor-analytic studies.* UK: Cambridge University Press.

Cave, C. B., & Kosslyn, S. M. (1993). The role of parts and spatial relations in object identification. *Perception, 22,* 229-248.

Ceci, S. J., Huffman, M. L. C., Smith, E., & Loftus, E. F. (1994). Repeatedly thinking about a non-event: Source misattributions among preschoolers. *Consciousness and Cognition, 3,* 388-407.

Chapman, L. J., & Chapman, J. P. (1967). Genesis of popular but erroneous psychodiagnostic observations. *Journal of Abnormal Psychology, 72,* 193-204.

Chase, W. G., & Simon, H. A. (1973). Perception in chess. *Cognitive Psychology, 4,* 55-81.

______________________ (1973). The mind' s eye in chess. In W. G. Chase (Ed.), *Visual information processing* (pp. 215-281). New York: Academic Press.

Cheng, P. W., & Holyoak, K. J. (1985). Pragmatic reasoning schemas. *Cognitive Psychology, 17,* 391-416.

Chi, M. T. H., Feltovich, P. J., & Glaser, R. (1981). Categorization and representation of physics problems by experts and novices. *Cognitive Science, 5,* 121-152.

Chiarello, C. (1991). Interpretation of word meanings by the cerebral hemispheres: One is enough: In P. J. Schwaneenflugel (Ed.), *The psychology of word meaning* (pp. 251-278). Hillsdale, NJ: Erlbaum.

Choi, S. H., Na, D. L., Kang, E., Lee, K. M., Lee, S. W., & Na, D. K. (2001). Functional magnetic resonance imaging during pantomiming gestures. *Experimental Brain*

Research, 139, 311-317.

Christianson, S.-Å. (1989). Flashbulb memories: Special, but not so special. *Memory and Cognition, 17,* 435-443.

Christianson, S.-Å., & Hubinette, B. (1993). Hands up! A study of witnesses' emotional reactions and memories associated with bank robberies. *Applied Cognitive Psychology, 7,* 365-379.

Christianson, S.-Å., & Loftus, E. F. (1991). Remembering emotional events: The fate of detailed information. *Cognition & Emotion, 5*, 81-108.

Christianson, S.-Å., & Loftus, E. F., Hoffman, H., & Loftus, G. R. (1991). Eye fixations and memory for emotional events. *Journal of Experimental Psychology: Learning, Memory, and Cognition, 17*, 693-701.

Christoff, K., Prabhakaran, V., Dorfman, J., Zhao, Z., Kroger, J. K., Holyoak, K. J., & Gabrieli, J. D. E. (2001). Rostrolateral prefrontal cortex involvement in relational integration during reasoning. *NeuroImage, 14*, 1136-1149.

Clapin, H., Staines, P., & Slezak, P. (2004). *Representation in mind: New approaches to mental representation*. Amsterdam, The Netherlands: Elsevier.

Clark, H. H., & Clark, E. V. (1977). *Psychology and language.* NY: Harcourt Brace Jovanovich.

Clark, H. H., & Sengul, C. J. (1979). In search of referents for nouns and pronouns. *Memory & Cognition, 7,* 33-41.

Cohen, N. J. (1984). Preserved learning capacity in amnesia: Evidence for multiple memory systems. In L. Squire & N. Butters (Eds.), *Neuropsychology of memory.* New York: Guilford Press.

Cole, W. G. (1986). *Medical cognitive graphs. Proceedings of the ACM-SICCHI: Human factors in Computing Systems* (pp. 91-95). New York: Association for Computing Machinery.

Colle, H. A., & Welsh, A. (1976). Acoustic masking in primary memory. *Journal of Verbal Learning and Verbal Behavior, 15,* 17-32.

Collins, A. M., & Loftus, E. F. (1975). A spreading activation theory of semantic processing. *Psychological Review, 82*, 407-428.

Collins, A. M., & Quillian, M. R. (1969). Retrieval time from semantic memory. *Journal of Verbal Learning and Verbal Behavior, 8,* 240-247.

__________________ (1972). Experiments on semantic memory and language comprehension. In L. W. Gregg (Ed.), *Cognition in learning and memory.* NY: Wiley.

Coltheart, M., Davelaar, E., Jonasson, J. T., & Besner, D. (1977). Access to the internal lexicon. In S. Dornic (Ed.), *Attention and performance VI* (pp. 535-555). Hillsdale, NJ: Erlbaum.

Conrad, R. (1964) Acoustic confusions in immediate memory. *British Journal of Psychology, 55*, 75-84.

Cook, R. I., & Woods, D. D. (1994). Operating at the sharp end: The complexity of human error. In M. S. Bogner (ed.), *Human error in medicine* (pp. 255-301). Hillsdale, NJ: Erlbaum.

Cooper, L. A. (1975). Mental rotation of random two-dimensional shapes. *Cognitive Psychology, 7*, 20-43.

____________(1976). Demonstration of a mental analog of an external rotation. *Perception & Psychophysics, 19*, 296-302.

Cooper, L. A., & Shepard, R. N. (1973). Chronometric studies of the rotation of mental images. In W. G. Chase (Eds.), V*isual information processing* (pp. 75-176). New York: Academic Press.

____________________ (1973). The time required to prepare for a rotated stimulus. *Memory & Cognition, 1*, 246-250.

____________________ (1975). Mental transformations in the identification of left and right hands. *Journal of Experimental Psychology: Human Perception and Performance, 1*, 48-56.

Corcoran, D. W. J. (1971). *Pattern Recognition*. Harmondsworth: Penguin.

Cosmides, L. (1989). The logic of social exchange: Has natural selection shaped how humans reason? Studies with the Wason selection task. *Cognition, 31*, 181-276.

Csikszentmihalyi, M. (1996) *Creativity*. Haperperennial.

D' Esposito, M., Postle, B. R., Ballard, D., & Lease, J. (1999). Maintenance versus manipulation of information held in working memory: an event-related fMRI study. *Brain & Cognition, 41*, 66-86.

Damasio, H., Grawobski, T. J., Tranel, D., Hichwa, R. D., & Damasio, A. R. (1996). A neural basis of lexical retrieval. *Nature, 380*, 499-505.

Daneman, M., & Carpenter, P. A. (1980). Individual differences in working memory and reading. *Journal of Verbal Learning and Verbal Behavior, 19*, 450-466.

de Groot, A. D. (1965). *Thought and choice in chess*. The Hague: Mouton.

Dell, G. S. (1986). A spreading activation theory of retrieval in sentence production. *Psychological Review, 93*, 283-321.

Denton, G. G. (1980). The influence of visual pattern on perceived speed, *Perception, 9*, 393-402.

DeSchepper, B., & Treisman, A. (1996). Visual memory for novel shapes: Implicit coding without attention. *Journal of Experimental Psychology: Learning, Memory and Cognition, 22,* 27-47.

Desimone, R., Albright, T. D., Gross, C. G., & Bruce, C. J. (1984). Stimulus-selective responses of inferior temporal neurons in the macaque. *Journal of Neuroscience, 4,* 2051-2062.

Devine, T. G. (1987). *Teaching study skills.* Boston: Allyn and Bacon, Inc.

Dierks, T., Linden, D. E. J., Jandl, M., Formisano, E., Goebel, R., Lanfermann, H., & Singer, W. (1999). Activation of Heschl' s gyrus during auditory hallucinations. *Neuron, 22,* 615-621.

Digges, K., Nicholson, R., & Rouse, E. (1985). *The technical base for center high mounted stop lamp.* Report 851240, SAE. Annapolis, MD.

Dingus, T. A., Antin, J. F., Hulse, M. C., & Wierwille, W. W. (1989). Attentional demand requirements of an automobile moving-map navigation system. *Transportation Research, 23A,* 301-315.

Donnelly, C. M., & McDaniel, M. A. (1993). Use of analogy in learning scientific concepts. *Journal of Experimental Psychology: Learning, Memory and Cognition, 19,* 975-987.

Dronkers, N. (1996). A new brain region for coordinating speech articulation. *Nature, 384,* 159-161.

Duncker, K. (1945). On problem-solving (L. S. Lees, Trans) *Psychological Monographs, 58*(270).

Drury, C. (1975). Application to Fitts' Law to foot pedal design. *Human Factors, 17,* 368-373.

Easterbrook, J. A. (1959). The effect of emotion on cue utilization and the organization of behavior. *Psychological Review, 66,* 183-201.

Einstein, G. O., & McDaniel, M. A. (1990). Normal aging and prospective memory. *Journal of Experimental Psychology: Learning, Memory, and Cognition, 16,* 717-726.

Einstein, G. O., McDaniel, M. A., Richardson, S. L., Guynn, M. J., & Cunfer, A. R. (1995). Aging and prospective memory: Examining the influences of self-initiated retrieval. *Journal of Experimental Psychology: Learning, Memory, and Cognition, 21,* 996-1007.

Ellis, H. C. (1973). Stimulus encoding processes in human learning and memory. In G. H. Bower (Ed.), *The psychology of learning and motivation* (Vol. 7). NY: Academic Press.

Ericsson, K. A., Krampe, R. T., & Tesch-Roemer, C. (1993). The role of deliberate practice in the acquisition of expert performance. *Psychological Review, 100*, 363-406.

Evans, J. St. B. T., Barston, J. L., & Pollard, P. (1983). On the conflict between logic and belief in syllogistic reasoning. *Memory & Cognition, 11*, 295-306.

Eysenck, H. (1994). *Test your IQ*. Penguin Books.

Eysenck, M. W. (2001). *Principles of cognitive psychology* (2nd ed.). Hove, UK: Psychology Press.

Eysenck, M. W., & Keane, M. T. (2005). *Cognitive psychology: A student's handbook* (5th ed.). Hove, UK: Psychology Press.

Farah, M. J. (1988). Is visual imagery really visual? Overlooked evidence from neuropsychology. *Psychological Review, 95*, 307-317.

__________ (1990). *Visual agnosia: Disorders of object recognition and what they tell us about normal vision*. Cambridge, MA: MIT Press.

__________ (2000). *Cognitive neuroscience of vision*. MA: Blackwell Publisher.

Farah, M. J., Peronnet, F., Gonon, M. A., & Girard, M. H. (1988). Electrophysiological evidence for a shared representational medium for visual images and percepts. *Journal of Experimental Psychology: General, 117*, 248-257.

Finke, R. A. (1989). *Principles of mental imagery*. Cambridge, MA: MIT Press.

Finke, R. A., Ward, T. B., & Smith, S. M. (1992). *Creative cognition: Theory, research, and applications*. Cambridge, MA: MIT Press.

Fischoff, B., Slovic, P., & Lichtenstein, S. (1977). Knowing with certainty: The appropriateness of extreme confidence. *Journal of Experimental Psychology: Human Perception and Performance, 3*, 552-564.

Fisher, R. P., Geiselman, R. E., & Amador, M. (1989). Field test of the cognitive interview: Enhancing the recollection of actual victims and witness of crime. *Journal of Applied Psychology, 74*, 722-727.

Fitts, P. M. (1954). The information capacity of the human motor system in controlling the amplitude of movement, *Journal of Experimental psychology, 47*, 381-389.

Fitzgerald, J. M. (1988). Vivid memories and the reminiscence phenomenon: The role of a self narrative. *Human Development, 31*, 261-273.

Fletcher, P. C., & Henson, R. N. (2001). Frontal lobes and human memory: insights from functional neuroimaging. *Brain, 124*, 849-881.

Fodor, J. A. (1981). *Representations: Philosophical essays on the foundations of cognitive science*. Great Britain: Harvester.

__________ (1983). *The modularity of mind*. Cambridge, MA: MIT Press.

Forbus, K. D., & Law, K. (1996). MAC/FAC: A model of similarity-based retrieval.

Cognitive Science, 19, 141–206.

Frazier, L., & Clifton, C. (1996). *Construal.* Cambridge, MA: Erlbaum.

Friedenberg, J., & Silverman, G. (2006). *Cognitive science: An introduction to the study of mind.* Thousand Oaks: CA, Sage Publications.

Fromkin, V. A. (1971). The non-anomalous nature of anomalous utterances. *Language, 51,* 696–719.

Galambos, J. A., & Rips, L. J. (1982). Memory for routines. *Journal of Verbal Learning and Verbal Behavior, 21*, 260–281.

Gardner, H. (1985). *The mind's new science.* New York: Basic Books.

Garrett, M. F. (1975). The analysis of sentence production. In G. H. Bower (Ed.), *The psychology of learning and motivation* (Vol. 9, pp. 133–177). NY: Academic Press.

Gauthier, I., & Tarr, M. J. (1997). Becoming a Greeble expert: exploring the face recognition mechanism. *Vision Research*, *37*, 1673–1682.

Gauthier, I., Skudlarski, P., Gore, J. C., & Anderson, A. W. (2000). Expertise for cars and birds recruits brain areas involved in face recognition. *Nature Neuroscience, 3*(2), 191–197.

Gauthier, I., Tarr, M. J., Anderson, A. W., Skudlarski, P., & Gore, J. C. (1999). Activation of the middle fusiform face area increases with expertise in recognizing novel objects. *Nature Neuroscience, 2,* 568–573.

Gazzaniga, M. S., Ivry, R. B., & Mangun, G. R. (2002). *Cognitive neuroscience: the biology of the mind* (2nd ed.). New York, Norton.

Gelman, S. A., & Hirschfeld, L. A. (1999). How biological is essentialism? In D. L. Medin & S. Atran (Eds.), *Folkbiology.* Cambridge, MS: Bradford.

Gelman, S. A., & Markman, E. M. (1986). Categories and induction in young children, *Cognition, 23,* 183–209.

Gelman, S. A., & Wellman, H. M. (1991). Insides and essence: Early understandings of the non-obvious. *Cognition, 38*, 213–244.

Gelman, S. A., Coley, J. D., & Gottfried, G. M. (1994). Essentialist beliefs in children: The acquisition of concepts and theories. In L. A. Hirschfeld & S. A. Gelman (Eds.), *Mapping the mind: Domain specificity in cognition and culture.* New York: Cambridge University Press.

Geschwind, N. (1972). Language and brain. *Scienctific American, 226*, 76–83.

Getzels, J., & Jackson, P. W. (1962). *Creativity and intelligence: Explorations with gifted students.* New York: Wiley.

Gibson, E. J., Schapiro, F., & Yonas, A. (1968). Confusion matrices for graphic patterns obtained with a latency measure. In *The analysis of reading skill: A program of basic and applied research* (Final Report, Project No. 5-1213). Ithaca, NY: Cornell University and U. S. Office of Education.

Gick, M. L., & Holyoak, K. J. (1980). Analogical problem solving. *Cognitive Psychology, 12,* 306-355.

Gigerenzer, G., & Hoffrage, U. (1995). How to improve Bayesian reasoning without instruction: Frequency formats. *Psychological Review, 102,* 684-704.

Glanzer, M., & Cunitz, A. R. (1966). Two storage mechanisms in free recall. *Journal of Verbal Learning and Verbal Behavior, 5,* 351-360.

Goldman-Rakic, P. C. (1996). Regional and cellular fraction of working memory. *Proc. Natl. Acad. Sci. USA, 93,* 13473-13480.

Goldstein, E. B. (2005). *Cognitive psychology: Connecting mind, research, and everyday experience.* California: Thomson.

____________ (2007). *Sensation and perception* (7th ed.). Pacific Grove, CA: Brooks/Cole.

Goodman, N. (1972). *Problems and projects.* Indianapolis: Bobbs Merill.

Gordon, R. G., Jr. (Ed.) (2005). *Ethnologue: Languages of the World, Fifteenth edition.* Dallas, Tex: SIL International. Online version: http://www.ethnologue.com/.

Goschke, T., & Kuhl, J. (1993). Representation of intentions: persisting activation in memory. *Journal of Experimental Psychology: Learning, Memory and Cognition, 19,* 1211-1226.

Graf, P., Squire, L. R., & Mandler, G. (1984). The information that amnesic patients do not forget: *Journal of Experimental Psychology: Learning, Memory, and Cognition, 10,* 164-178.

Grainger, J., O' Regan, J. K., Jacobs, A. M., & Segui, J. (1989). On the role of competing word units in visual word recognition: The neighborhood frequency effect. *Perception & Psychophysics, 45,* 189-195.

Greenberg, J. H. (1963). Some universals of grammar with particular reference to the order of meaningful elements. In J. H. Greenberg (Ed.), *Universals of language* (pp. 58-90). Cambridge, Mass: MIT Press.

Gregory, R. L. (1972). *Eye and brain: The psychology of seeing* (3rd ed.). London: Weidenfeld & Nicolson.

Grice, H. P. (1975). Logic and communication. In P. Cole & J. L. Morgan (Eds.), *Syntax and semantics* (pp. 41-58). NY: Seminar Press.

Gruber, H. E. (1988). The evolving systems approach to creative work. *Creativity Research Journal, 1,* 27-51.

Gumperz, J. J., & Levinson, S. C. (Eds.) (1996). *Rethinking linguistic relativity*. NY: Cambridge Univ. Press.

Haberlandt, K. (1997). *Cognitive psychology* (2nd ed.). Boston: Allyn and Bacon.

Harley, T. A. (2001). *The psychology of language: From data to theory* (2nd ed.). UK: Psychology Press.

Harre, R., & Gillet, G. (1994). *The discursive mind*. London: Sage.

Hartley, J., & Homa, D. (1981). Abstraction of stylistic concepts. *Journal of Experimental Psychology: Learning, Memory, and Cognition, 7*, 33–46.

Hatano, G., & Inagaki, K. (1986). Two courses of expertise. In H. Stevenson, H. Azuma, & K. Hakuta (Eds.), *Child development and education in Japan* (pp. 262–272). San Francisco: Freeman.

Haviland, S. E., & Clark, H. H. (1974). What' s new? Acquiring new information as a process in comprehension. *Journal of Verbal Learning and Verbal Behavior, 13*, 512–521.

Hayes, J. R., & Flower, L. (1980). Identifying the organization of writing processes. In L. Gregg & E. R. Steinberg (Eds.), *Cognitive processes in writing* (pp. 3–30). Hillsdale, NJ: Erlbaum.

Hayes, J. R., & Simon, H. A. (1997). Psychological Differences Between Problem Isomorphs. In Castellan, N. J., Pisoni, D. B. & Potts, G. R. (eds.). *Cognitive theory*. Erlbaum.

Heansly, P. A., & Reynolds, C. R. (1989). Creativity and Intelligence. In J. A. Glover, R. R. Ronning, & C. R. Reynolds (Eds.). *Handbook of Intelligence*. Plenum Press.

Heit, E., & Rubinstein, J. (1994). Similarity and property effects in inductive reasoning. *Journal of Experimental Psychology: Learning, Memory, and Cognition, 20*, 411–422.

Heuer, F., & Reisberg, D. (1990) Vivid memories of emotional events: The accuracy of remembered minutiae. *Memory & Cognition, 18*, 496–506.

Hockett, P. C. (1960). The origins of speech. *Scientific American, 203*, 89–96.

Hoffman, J. E., & Subramaniam, B. (1995). Saccadic eye movements and visual selective attention. *Perception & Psychology, 57*, 787–795.

Holtgraves, T. M. (2002). *Language as social action: Social psychology and language use*. Hillsdale, NJ: Erlbaum.

Holyoak, K. J. (1985). The pragmatics of analogical transfer. In G. H. Bower (Ed.), *The psychology of learning and motivation, 19*, 59–87. New York: Academic Press.

Holyoak, K. J., & Thagard, P. (1989). A computational model of analogical problem solving. In S. Vosniadou & A. Ortony (eds.), *Similarity and analogical reasoning* (pp. 242-166). Cambridge: Cambridge University Press.

__________ (1995). *Mental leaps: The analogical scientist.* Cambridge, MA: MIT.

Hoosain, R., & Salili, F. (1988). Language differences, working memory, and mathematical ability. In M .M. Gruneberg, P. E. Morris, & R. N. Sykes (Eds.), *Practical aspects of memory: Current research and issues, Vol, 2: Clinical and educational implications* (pp. 512-517). Chichester: Wiley.

Horton, M. S., & Markman, E. M. (1980). Developmental differences in the acquisition of basic and superordinate categories. *Child Development, 51,* 708-719.

Hubel, D. H., & Wiesel, T. N. (1962). Receptive fields, binocular interaction and functional architecture in the cat' s visual cortex. *Journal of Physiology (Lond.), 166,* 106-154.

__________ (1965). Receptive fields and functional architecture in two nonstriate visual areas (18 and 19) of the cat. *Journal of Neurophysiology, 28,* 229-289.

Humphreys, L. G. (1984). A rose is not a rose: A rival view of intelligence. Comment on R. J. Sternberg' s "Toward a triarchic theory of human intelligence." *The Behavioral and Brain Sciences, 7,* 292-293.

Hunt, E., & Agnoli, F. (1991). The Whorfian hypothesis: A cognitive psychology perspective. *Psychological Review, 98,* 377-389.

Intons-Peterson, M. J. (1983). Imagery paradigms: How vulnerable are they to experimenters' expectations? *Journal of Experimental Psychology: Human Perception and Performance, 9*, 394-412.

Isaksen, S. G., & Treffinger, D. G. (1987). *Creative Problem Solving: The basic course.* Buffalo, NY: Berly Ltd.

Jacoby, L. L. (1983). Perceptual enhancement: Persistent effects of an experience. *Journal of Experimental Psychology: Learning, Memory, and Cognition, 9*, 21-38.

__________ (1983). Remembering the data: Analyzing interactive processes in reading. *Journal of Verbal Learning and Verbal Behavior, 22,* 485-508.

James, W. (1890). *The principles of psychology (Vol. 1).* New York: Henry Holt & Co. (Reprinted, 1981, Harvard University Press.)

Johnson-Laird, P. N. (1983). *Mental models.* Cambridge: Cambridge University Press.

Johnson-Laird, P. N., & Bara, B. G. (1984). Syllogistic inference. *Cognition, 16*, 1-62.

Johnson-Laird, P. N., & Byrne, R. M. J. (1991). *Deduction.* Hillsdale, NJ: Erlbaum.

Johnson-Laird, P. N., Legrenzi, P., & Legrenzi, M. S. (1972). Reasoning and a sense of reality. *British Journal of Psychology, 63*, 395–400.

Jolicoeur, P., Gluck, M., & Kosslyn, S. M. (1984). Pictures and names: Making the connection. *Cognitive Psychology, 19,* 31–53.

Kahane, C. J. (1989). *An evaluation of center high mounted stop lamps on 1987 data* (DOT HS 807 442). Washington, DC: National Highway Traffic Safety Administration.

Kahneman, D., & Tversky, A. (1973). On the psychology of prediction. *Psychological Review, 80,* 237–251.

__________ (1979). Prospect theory: An analysis of decision making under risk. *Econometrica, 47*, 263–291.

Kalat, J. W. (2004). *Biological Psychology* (8th ed.). Belmont, Thomson, Wadsworth.

Kang, E., Lee, D. S., Kang, H., Hwang, C. H., Oh, S-H., Kim, C-S., Chung, J-K., & Lee, M. C. (2006). The neural correlates of cross-modal interaction in speech perception during a semantic decision task on sentences: A PET study. *NeuroImage, 32,* 423–431.

Kantowitz, B. H. (1989). The role of human information processing models in system development. *Proceedings of the Human Factors Society 33rd Annual Meeting* (pp. 1059–1063). Danta Monica, CA: Human Factors Society.

Kanwisher, N., McDermoff, J., & Chun, M. M. (1997). The fusiform face area: a module in human extrastriate cortex specialized for face perception. *Journal of Neuroscience, 17,* 4302–4311.

Kanwisher, N., Woods, R., Iacoboni, M., & Mozziotta, J. C. (1997). A locus in human extrastriate cortex for visual shape analysis. *J. Cogn. Neurosci, 9*, 133–142.

Kay, J., & Ellis, A. W. (1987). A cognitive neuropsychological case study of anomia: Implications for psychological models of word retieval. *Brain, 110,* 613–629.

Keane, M. T., Ledgeway, T., & Duff, S. (1994). Constrains on analogical mapping: A comparison of three models. *Cognitive Science, 18,* 387–438.

Keil, F. C. (1989). *Concepts, kinds, and cognitive development.* Cambridge, Mass.: MIT Press.

Kendal, E., Schwartz, J. H., & Jessell, T. M. (2000). *Principles of neural science* (4th ed., pp. 782–800). New York: McGraw-Hill.

Keppel, G., & Underwood, B. J. (1962). Proactive inhibition in short-term retention of single items. *Journal of Verbal Learning and Verbal Behavior, 1*, 153–161.

Kerr, N. H. (1983). The role of vision in “visual imagery” experiments: Evidence from the congenitally blind. *Journal of Experimental Psychology: General, 112*, 265–277.

Kim, Young & Choi, Kwangill (in press). *Korean sentence processing.*

Kim, Youngjin (2004). Resolving grammatical marking ambiguities of Korean: An Eye-tracking study. *Korean Journal of Cognitive Science, 15*(4), 49-59.

Kinney, G. C., Marsetta, M., & Showman, D. J. (1966). *Studies in display symbol legibility, part XII.* The legibility of alphanumeric symbols for digitalized television. Bedford, MA: Mitre Corp.

Kintsch, W., & Keenan, J. (1973). Reading rate and retention as a function of the number of propositions in the base structure of sentences. *Cognitive Psychology, 5,* 257-274.

Kintsch, W., & Vipond, D. (1979). Reading comprehension and readability in educational practice and psychological theory. In L. G. Nilsson (Ed.), *Perspectives on memory research* (pp. 329-365). Hillsdale, NJ: Erlbaum.

Klüver, H., & Bucy, P. C. (1939). Preliminary analysis of functions of the temporal lobes in monkeys. *Archives of Neurology and Psychiatry, 42*, 979-1000.

Kolb, B., & Whishaw, I. Q. (2005). *An introduction to brain and behavior* (2nd eds.). New York: Worth Publisher.

Kolers, P. A. (1976). Reading a year later. *Journal of Experimental Psychology: Human Learning and Memory, 2,* 554-565.

Kosslyn, S. M. (1973). Scanning visual images: Some structural implications. *Perception & Psychophysics, 14*, 90-94.

____________ (1976). Can imagery be distinguished from other forms of internal representation: Evidence from studies of information retrieval times. *Memory & Cognition, 4,* 291-297.

Kosslyn, S. M., Ball, T., & Reiser, B. J. (1978). Visual images preserve metric spatial information: Evidence from studies of image scanning. *Journal of Experimental Psychology: Human Perception and Performance, 4*, 47-60.

Kosslyn, S. M., Reiser, B. J., Farah, M. J., & Fliegel, S. L. (1983). Generating visual images: Units and relations. *Journal of Experimental Psychology: General, 112,* 278-303.

Kosslyn, S. M., Thompson, W. L., Kim, I. J., & Alpert, N. M. (1995). Topographical representations of mental images in primary visual cortex. *Nature, 378*, 496-498.

Kotovsky, K., Hayes, J. R., & Simon, H. A. (1985). Why are some problems hard? Evidence from the Tower of Hanoi. *Cognitive Psychology, 17,* 248-294.

Kreiman, G., Koch, C., & Fried, I. (2000b). Imagery neurons in the human brain. *Nature, 408*, 357-361.

Kunda, Z., Miller, D. T., & Claire, T. (1990). Combining social concepts: The role of causal reasoning. *Cognitive Science, 14,* 551–577.

LaBerge, D. (1995). *Attentional processing*. Cambridge, MA: Harvard.

Labov, W. (1973). The boundaries of words and their meanings. In C. J. N. Bailey & R. W. Shuy (Eds.), *New ways of analyzing variation in English* (pp. 340–373). Washington, DC: Georgetown University Press.

Langolf, C. D., Chaffin, D. B., & Foulke, S. A. (1976). An investigation of Fitts' Law using a wide range of movement amplitude. *Journal of Motor Behavior, 8*, 113–128.

Laurienti, P. J., Burdette, J. H., Wallace, M. T., Yen, Y. F., Field, A. S., & Stein, B. E. (2002). Deactivation of sensory-specific cortex by cross-modal stimuli. *Journal of Cognitive Neuroscience, 14*, 420–429.

LeBihan, D., Turner, R., Zeffiro, T. A., Cuenod, A., Jezzard, P., & Bonnerdot, V. (1993). Activation of human primary visual cortex during visual recall: A magnetic resonance imaging study. *Proceedings of the National Academy of Sciences, USA, 90*, 11802–11805.

Levelt, W. J. M. (1989). *Speaking: From intention to articulation*. Cambridge, Mass.: MIT Press.

_____________ (2001). Spoken word production: A theory of lexical access. *Proceedings of the National Academy of Sciences, 98*, 13464–13471.

Logie, R. H., Zucco, G., & Baddeley, A. D. (1990). Interference with visual short-term memory. *Acta Psychologica, 75*, 55–74.

Luger, G. F. (1994). *Cognitive science*. San Diego: Academic Press.

Lund, N. (2003). *Language and thought*. Hove, UK: Routledge.

Manktelow, K. I., & Over, D. E. (1991). Social roles and utilities in reasoning with deontic conditionals. *Cognition, 39*, 85–105.

Marcus, S. L., & Rips, L. J. (1979). Conditional reasoning. *Journal of Verbal Learning and Verbal Behavior, 18,* 199–203.

Margolis, E., & Laurence, S. (1999). *Concepts: Core readings*. Cambridge, MA: MIT Press.

Marr, D. (1982). *Vision*. San Francisco: W. H. Freeman.

Marsolek, C. J., Kosslyn, S. M., & Squire, L. R. (1992). Form specific visual priming in the right cerebral hemisphere. *Journal of Experimental Psychology: Learning, Memory, and Cognition, 18*, 492–508.

Matlin, M. W. (2004). 인지심리학(6판, 민윤기 외 공역, 2007). 서울: 박학사.

Mayer, R. E. (1999). Instructional technology. In F. T. Durso (Ed.), *Handbook of Applied Cognition*. Chichester, Wiley & Sons.

Maylor, E. A. (1990). Age and prospective memory. *The Quarterly Journal of Experimental Psychology, 42A,* 471-493.

McClelland, J. L., & Rumelhart, D. E. (1981). An interactive activation model of context effects in letter perception: Part I. An account of basic findings. *Psychological Review, 88,* 375-407.

McCloskey, M., & Glucksberg, S. (1978). Decision processes in verifying category membership statements: Implications for models of semantic memory. *Cognitive Psychology, 11,* 1-37.

McCloskey, M., Wible, C. G., & Cohen, N. J. (1998). Is there a special flashbulb mechanism? *Journal of Experimental Psychology: General, 117,* 171-181.

Meacham, J. A., & Kushner, S. (1980). Anxiety, prospective remembering, and performance of planned actions. *Journal of General Psychology, 103,* 203-209.

Medin, D. L., & Shoben, E. J. (1988). context and structure in conceptual combination. *Cognitive Psychology, 20,* 158-190.

Medin, D. L., & Ortony, A. (1989). Psychological essentialism. In S. Vosniadou & A. Ortony (Eds.), *Similarity and analogical reasoning.* New York: Cambridge University Press.

Medin, D. L., & Schaffer, M. M. (1978). Context theory of classification learning. *Psychological Review, 85,* 207-238.

Mervis, C. B., & Crisafi, M. A. (1982). Order of acquisition of subordinate, basic, and superordinate level categories. *Child Development, 53,* 258-266.

Metcalfe, J. (Mar., 2006). Principles of Cognitive Science in Education. *APS Observer, 19* (3). http://www.psychologi calscience.org/observer 사이트에서 인출.

Metzler, J., & Shepard, R. N. (1974). Transformational studies of the internal representations of three dimensional objects. In R. I. Solso (Ed.), *Theories of cognitive psychology: The Loyola Symposium.* Hillsdale, NJ: Erlbaum.

Meyer, D. E. (1975). The organization of prose and its effect on memory. Amsterdam: North Holland Publishing.

Meyer, D. E., & Schvaneveldt, R. W. (1976). Meaning, memory structure, and mental process. *Science, 192,* 27-33.

Mill, J. S. (1887). *A system of logic.* New York: Harper & Brothers.

Miller, G. A. (1956). the magical number seven, plus or minus two: Some limits on our capacity for processing Information. *Psychological review, 63,* 81-97.

Miller, G. A., & McNeill, D. (1969). Psycholinguistics. In G. Lindzey & E. Aronson (Eds.), *The handbook of social psychology* (Vol. 3, pp. 666-794). Reading, MA: Addison-Wesley.

Mills, M. E. (1996). Using a local Web browser as a multimedia platform for lecture and presentation support. *Behavior Research Methods, Instruments, & Computers, 28* (2), 177–178.

Minsky, M. (1975). A framework for the representation of knowledge. In P. Winston (Ed.), *The psychology of computer vision*. New York: McGraw–Hill.

Mitchell, D. C. (1994). Sentence parsing. In M. A. Gernsbacher (Eds.), *Handbook of psycholinguistics*. San Diego, CA: Academic Press.

Moray, N. (1959). Attention in dichotic listening: Affective cues and the influence of instructions. *Quarterly of Experimental Psychology, 11,* 56–60.

Morris, C., Bransford, J. D., & Franks, J. J. (1977). Levels of processing versus transfer appropriate processing. *Journal of Verbal Learning & Verbal Behavior, 16,* 519–533.

Mumford, M. D., Mobley, M. I., Uhlman, C. E., Reiter–Palmon, R., & Doares, L. M. (1991). Process analytic models of creative capacities. *Creativity Research Journal, 9,* 63–76.

Murphy, G. L. (1988). Comprehending complex concepts. *Cognitive Science, 12,* 529–562.

________________ (1990). Noun phrase interpretation and conceptual combination. *Journal of Memory and Language, 29,* 259–288.

Murphy, G. L., & Brownell, H. H. (1985). Category differentiation in object recognition: Typicality constraints on the basic category advantage. *Journal of Experimental Psychology: Learning, Memory, and Cognition, 11,* 70–84.

Murphy, G. L., & Medin, D. L. (1985). The role of theories in conceptual coherence. *Psychological Review, 92,* 289–316.

Murphy, G. L., & Wisniewski, E. J. (1989). Feature correlations in conceptual representations. In G. Tiberghien (Ed.), *Advances in cognitive science,* 23–45. Chichester, England: Ellis Horwood.

Neisser, U. (1963). Decision time without reaction time: Experiments in visual search. *American Journal of Psychology, 76,* 376–385.

_________ (1967). *Cognitive psychology*. New York: Appleton–Century–Crofts.

_________ (1982). Snapshots or benchmarks? In U. Neisser (Ed.), *Memory observed: Remembering in natural contexts*. San Francisco, CA: Freeman.

Newell, A. (1973). You can' t play 20 questions with nature and win: Projective comments on the papers of this symposium. In W. G. Chase (Ed.), *Visual information processing* (pp. 283–310). New York: Academic Press.

Newell, A., & Simon, H. A. (1972). *Human problem solving*. Englewood Cliffs, NJ:

Prentice-Hall.

Newell, A., Shaw, J. C., & Simon, H. A. (1958). Elements of a theory of human problem solving. *Psychological Review, 65,* 151-166.

Newman, W. M., & Lamming, M. G. (1995). *Interactive system design.* Addison-Wesley.

Nielsen, J. (1993). *Usability engineering.* Academic.

Nisbett, R. E. (2003). *The geography of though: How asians and westerners think differently …. and why.* NY: Free Press.

Nisbett, R. E., & Ross, L. (1980). *Human inference: Strategies and shortcomings of social judgment.* Englewood Cliffs, NJ: Prentice-Hall.

Norenzayan, A., Smith, E. E., Kim, B. J., & Nisbett, R. E. (2002). cultural preferences for formal versus intuitive reasoning. *Cognitive Science, 26,* 653-684.

Norman, D. A. (1988). 디자인과 인간심리 [원저는 1986년에 출간]. 서울: 학지사.

Nosofsky, R. M. (1992). Exemplars, prototypes, and similarity rules. In A. Healy, S. Kosslyn, & R. Shiffrin (Eds.), *Essays in honor of William K. Estes, Vol. 1.* Hillsdale, NJ: Erlbaum.

Oakhill, J. V., & Johnson-Laird, P. N. (1985). The effects of belief on the spontaneous production of syllogistic conclusions. *Quarterly Journal of Experimental Psychology, 37A,* 553-569.

Obler, L. K., & Gjerlow, K. (1999). *Language and the brain.* Cambridge: Cambridge University Press.

Osherson, D. N., Smith, E. E., Wilkie, O., Lopez, A., & Shafir, E. (1990). Category-based induction. *Psychological Review, 97,* 185-200.

Ostergaard, A. L. (1999). Priming effects in amnesia: Now you see them, now you don't. *Journal of the International Neurological Society, 5,* 175-190.

Ostergaard, A. L., & Jernigan, T. L. (1993). Are word priming and explicit memory mediated by different brain structures? In P. Graf & M. E. J. Masson (Eds.), *Implicit memory: New directions in cognition, development, and neuropsychology* (pp. 327-349). Hillsdale, NJ: Erlbaum.

Owen, A. M., McMillan, K. M., Laird, A. R., & Bullmore, E. (2005). N-back working memory paradigm: A meta-analysis of normative functional neuroimaging studies. *Human Brain Mapping, 25,* 46-59.

Paivio, A. (1963). Learning of adjective-noun paired associates as a function of adjective-noun word order and noun abstractness. *Canadian Journal of Psychology, 17,* 370-379.

________ (1969). Mental imagery in associative learning and memory. *Psychological*

Review, 76, 241-263.

________ (1971). *Imagery and verbal processes.* New York: Holt, Rinehart, & Winston.

________ (1986). *Mental representations: A dual coding approach.* New York: Oxford University Press.

Palmer, S. E. (1978). Fundamental aspects of cognitive representation. In E. Rosch & B. B. Lloyd (Eds.), *Cognition and categorization.* Hillsdale, NJ: LEA.

Pashler, H. E. (1998). *The psychology of attention.* Cambridge, MA: MIT Prees.

Pashler, H. E., & Johnston, J. C. (1989). Interference between temporally over-lapping tasks: Chronometric evidence for central postponement with or without response grouping. Quarterly *Journal of Experimental Psychology, 41A,* 19-45.

Perfect, T. J., & Askew, C. (1994). Print adverts: Not remembered but memorable. *Applied Cognitive Psychology, 8*, 693-703.

Peterson, L. R., & Peterson, M. J. (1959). Short-term retention of Individual items. *Journal of Experimental Psychology, 58*, 193-198.

Pinker, S. (1980). Mental imagery and the third dimension. *Journal of Experimental Psychology: General, 109,* 354-371.

________ (1984). Visual cognition: An introduction. *Cognition, 18,* 1-63.

________ (1994). *The language instinct.* New York, NY: William Morrow.

________ (1997). *How the mind works.* New York: Norton & Company.

Plaut, D. C., McClelland, J. L., Seidenberg, M. S., & Patterson, K. (1996). Understanding normal and impaired word reading: Computational principles in quasi-regular domains. *Psychological Review, 103,* 56-115.

Policastro, E., & Gardner, H. (1999). From case studies to robust generalizations: An approach to the study of creativity. In R. J. Sternberg (Ed.), *Handbook of creativity.* Cambridge: Cambridge University Press.

Posner, M. I., & Keele, S. W. (1968). On the genesis of abstract ideas. *Journal of Experimental Psychology, 77,* 353-363.

__________________________ (1970). Retention of abstract ideas. *Journal of Experimental Psychology, 83,* 304-308.

Posner, M. I., & Peterson, S. E. (1990). The attention system of the human brain. *Annual Review of Neuroscience, 13,* 25-42.

Posner, M. I., & Raichle, M. E. (1994). *Images of mind.* New York: Freeman.

Proffitt, J. B., Coley, D., & Medin, D. L. (2000). Expertise and category-based induction. *Journal of Experimental Psychology: Learning, Memory, and Cognition, 26,* 811-828.

Pylyshyn, Z. (1973). What the mind' s eye tells the mind' s brain: A critique of mental imagery. *Psychological Bulletin, 80*, 1-24.

__________ (1981). The imagery debate: Analogue media versus tacit knowledge. *Psychological Review, 88*, 16-45.

Rains, G. D. (2002). *Principles of human neuropsychology*. Boston, McGraw Hill.

Ramirez-Esparza, N., Gosling, S. D., Benet-Martinez, V., Potter, J. P., & Pennebaker, J. W. (2006). Do bilinguals have two personalities? A special case of cultural frame switching. *Journal of Research in Personality, 40*, 99-120.

Ratcliff, R., & McKoon, G. (1978). Priming in item recognition. *Journal of Verbal Learning and Verbal Behavior, 17*, 403-417.

Rauschecker, J. P. (1995). Compensatory plasticity and sensory substitution in the cerebral cortex. *Trends Neurosci, 18*, 36-43.

Reason, J. T. (1979). Actions not as planned: The price of automatisation. In G. Underwood & R. Stevens (Eds.), *Aspects of consciousness, Vol. 1*. London: Academic Press.

__________ (1984). Lapses of attention. In R. Parasuraman & R. Davies (Eds.), *Varieties of attention*. New York: Cambridge University Press.

Reder, L. M., & Ross, B. H. (1983). Integrated knowledge in different tasks: The role of retrieval strategy on fan effects. *Journal of Experimental Psychology: Learning, Memory, and Cognition, 9*, 55-72.

Reed, S. K. (2006). 인지심리학: 이론과 적용(7판, 박권생 역, 2006). 서울: 시그마프레스.

Reed, S. K., & Bolstad, C. A. (1991). Use of examples and procedures in problem solving. *Journal of Experimental Psychology: Learning, Memory, and Cognition, 17*, 753-766.

Reicher, G. M. (1969). Perceptual recognition as a function of meaningfulness of stimuli material. *Journal of Experimental Psychology, 81*, 275-280.

Revelle, W., & Loftus, D. A. (1992). The implications of arousal effects for the study of affect and memory. In S. Christianson (Ed.), *The Handbook of emotion and memory: Research and theory* (pp. 113-149). Hillsdale, NJ: Lawrence Erlbaum Associates.

Rips, L. J. (1989). Similarity, typicality, and categorization. In S. Vosniadou & A. Ortony (Eds.), *Similarity and analogical reasoning*, 21-59. New York: Cambridge University Press.

________ (1994). *The psychology of proof*. Cambridge, MA: MIT Press.

Rips, L. J., Shoben, E. J., & Smith, E. E. (1973). Semantic distance and the verification of semantic relations. *Journal of Verbal Learning and Verbal Behavior, 12*, 1-20.

Rock, I., & Gutman, D. (1981). The effect of inattention on from perception. *Journal of*

Experimental Psychology: Human Perception and Performance, 7, 275-285.

Roediger, H. L., III. (1990). Implicit memory: A commentary. *Bulletin of the Psychonomic Society, 28,* 373-380.

Roediger, H. L., III, & Blaxton, T. A. (1987). Effects of varying modality, surface features, and retention interval on priming in word-fragment completion. *Memory & Cognition, 15,* 379-388.

Rosch, E. (1973). Natural categories. *Cognitive psychology, 4,* 328-350.

________ (1973). On the internal structure of perceptual and semantic categories. In T. E. Moore (Ed.), *Cognitive development and the acquisition of language.* New York: Academic Press.

________ (1975). Cognitive representations of semantic categories. *Journal of Experimental Psychology, 104,* 192-233.

Rosch, E., & Mervis, C. B. (1975). Family resemblances: Studies in the internal structure of categories. *Cognitive Psychology, 7,* 573-605.

Rosch, E., Mervis, C. B., Gray, W., Johnson, D., & Boyes-Braem, P. (1976). Basic objects in natural categories. *Cognitive Psychology, 8,* 382-439.

Roth, E., & Shoben, E. (1983). The effect of context on the structure of categories. *Cognitive Psychology, 15,* 346-378.

Rubin, D. C., Wetzler, S. E., & Nebes, R. D. (1986). Autobiographical memory across the life span. In D. C. Rubin (Ed.), *Autobiographical memory.* Cambridge: Cambridge University Press.

Rumelhart, D. E. (1980). Schemata: The building blocks of cognition. In R. J. Spiro, B. C. Bruce, & W. F. Brewer (Eds.), *Theoretical issues in reading comprehension.* Hillsdale, NJ: Erlbaum.

Rumelhart, D. E., McClelland, J. L., & The PDP Research Group (Eds.) (1986). *Parallel distributed processing: Vol. 1-3.* Cambridge, MA: MIT Press.

Rundus, D. (1971). Analysis of rehearsal processes in free recall. *Journal of Experimental Psychology, 89,* 63-77.

Sawyer, K. (2006). *Explaining creativity.* Oxford University Press.

Schacter, D. L. (1996). *Searching for memory: The brain, the mind, and the past.* New York: Basic Books.

___________ (2001). *The seven sins of memory: How the mind forgets and remembers.* Boston, MA: Houghton Mifflin.

Schacter, D. L., & Cooper, L. A. (1993). Implicit and explicit memory for novel visual objects: Structure and function. *Journal of Experimental Psychology: Learning, Memory, and Cognition, 19,* 995-1009.

Schacter, D. L., Cooper, L. A., Delaney, S. M., Peterson, M. A., & Tharan, M. (1991). Implicit memory for possible and impossible objects. Constraints on the construction of structural descriptions. *Journal of Experimental Psychology: Learning, Memory, and Cognition, 17,* 3-19.

Schank, R. C., & Abelson, R. (1977). *Scrips, plants, goals and understanding.* Hillsdale, NJ: Erlbaum.

Schneiderman, B. (1992). *Designing the user interface* (2nd ed.). Addison Wesley.

Schustack, M. W., & Sternberg, R. J. (1981). Evaluation of evidence in causal inference. *Journal of Experimental Psychology: General, 110,* 101-120.

Schwartz, S. (1974). Arousal and recall: Effects of noise on two retrieval strategies. *Journal of Experimental Psychology, 102,* 896-898.

Scribner, S. (1977). Modes of thinking and ways of speaking: Culture and logic reconsidered. In P. N. Johnson-Laird & P. C. Wason (Eds.), *Thinking: Readings in cognitive science* (pp. 483-500). Cambridge: Cambridge University Press.

Selfridge, O. G. (1959). *Pandermonium: A paradigm for learning.* In Symposium on the mechanization of thought processes (pp. 513-526). London: HM Stationery Office.

Shafir, E. (1993). Choosing versus rejecting: Why some options are both better and worse than others. *Memory & Cognition, 21,* 546-556.

Shallice, T., & Warrington, E. K. (1970). Independent functioning of verbal memory stores: A neuropsychological study. *Quarterly Journal of Experimental Psychology, 22,* 261-273.

Sheingold, K., & Tenney, Y. J. (1982). Memory for a salient childhood event. In U. Neisser (Ed.), *Memory observed: Remembering in natural contexts.* San Francisco, CA: Freeman.

Shepard, M., Findlay, J. M., & Hockey, R. J. (1986). The relationship between eye movements and spatial attention. *Quarterly Journal of Experimental Psychology, 38A,* 475-491.

Shepard, R. N., & Metzler, J. (1971). Mental rotation of three dimensional objects. *Science, 171,* 701-703.

Shin, H. J., & Nosofsky, R. M. (1992). Similarity-scaling studies of dot-pattern classification and recognition. *Journal of Experimental Psychology: General, 121,* 278-304.

Simon, H. A. (1957). *Administrative behavior* (2nd ed.). Totowa, NJ: Littlefield, Adams.

Simonton, D. K. (1997). Creative productivity: A predictive and explanatory model of career trajectories and Landmamarks. *Psychological Review, 104,* 66-89.

______________ (1999). Creativity from a historiometric perspective. In R. J. Sternberg (Ed.), *Handbook of creativity*. Cambridge: Cambridge University Press.

______________ (2007). *Creativity: Specialized expertise or general cognitive processes?* in M. J. Roberts (Ed.), Integrating the mind. Psychology Press.

Sinha, P., & Poggio, T. (1996). I think I know that face... *Nature, 384*, 404.

Slamecka, N. J., & Graf, P. (1978). The generation effect: Delineation of a phenomenon. *Journal of Experimental Psychology: Human Learning and Memory, 4,* 592-604.

Smith, E. E., & Jonides, J. (1999) Storage and executive processes in the frontal lobes. *Science, 283,* 1657-1661.

Smith, E. E., & Medin, D. L. (1981). *Categories and concepts.* Cambridge, Mass: Harvard University Press.

Smith, E. E., Shoben, E. J., & Rips, L. J. (1974). Structure and process in semantic memory: A featural model for semantic decision. *Psychological Bulletin, 94,* 387-407.

Smith, E. R., Fazio, R. H., & Cejka, M. A. (1996). Accessible attitudes influence categorization of multiple categorizable objects. *Journal of Personality and Social Psychology, 71,* 888-898.

Smith, S. M., Ward, T. B., & Schmacher, J. S. (1993). Constraining effect of examples in a creative generation task. *Memory & Cognition, 21,* 837-847.

Snow, R. E., Kyllonen, P. C., & Marshaleck, B. (1984). The topography of ability and learning correlations. In R. J., Sterrnberg (Ed.), *Advances in the psychology of human intelligence* (Vol. 2, pp. 47-104).

Solomon, B. A., & Felder, R. M. (2006). *Index of learning styles* (ILS). http://www.ncsu.edu/felder-public/ILSpage.html 사이트에서 추출.

Solso, R. L., MacLin, M. K., & MacLin, O. H. (2005). *Cognitive psychology* (7th ed.). Boston: Allyn and Bacon.

Spearman, C. (1923). *The nature of intelligence and the principles of cognition.* London: Macmillan.

Sperling, G. (1960). The information available in brief visual presentations. *Psychological Monographs, 74* (Whole No. 48).

Squire, L. R. (1993). The organization of declarative and nondeclarative memory. In T. Ono, L. R. Squire, M. E. Raichle, D. I. Perrett, & M. Fukuda (Eds.), *Brain mechanism of perception and memory: From neuron to behavior* (pp. 219-227). New York: Oxford University Press.

Steinberg, D. D., Nagata, H., & Aline, D. P. (2001). *Psycholinguistics: Language, mind, and world* (2nd ed.). London: Pearson Education Limited.

Stemmer, B., & Joanett, Y. (1998). The interpretation of the narrative discourse of brain-damaged individuals within the framework of a multilevel discourse model. In M. Baeeman & C. Chiarello (Eds.), *Right hemisphere language comprehension: Perspectives from cognitive neuroscience* (pp. 329-348). Mahwa, NJ: Lawrence Erlbaum Associates.

Sternberg, R. J. (1977). *Intelligence, information processing, and analogical reasoning: The componential analysis of human abilities*. Hillsdale, NJ: Erlbaum.

__________ (1985). *Beyond IQ: A triarchic theory of human intelligence*. New York: Cambridge University Press.

Sternberg, R. J., & Kaufman, J. (1998). Human abilities, *Annual Review of Psychology, 49*, 479-502.

Sternberg, R. J., & Lubart, T. I. (1995). Defying the crowd. New York: Free Press. *How to develop student creativity*. Alexandria, VA: Association of Supervision and Curriculum Development.

Sternberg, R. J., & O' Hara, L. A. (2000). Intelligence and Creativity. In R. J. Sternberg (Ed.), *Handbook of Intelligence*. Cambridge: Cambridge University Press.

Sternberg, R. J., & Williams, E. E. (1996). *How to develop student creativity*. Alexandria, VA: Association of Supervision and Curriculum Development.

Sternberg, S. (1966). High-speed scanning in human memory. *Science, 153*, 652-654.

__________ (1969). The discovery of processing stages: Extensions of Donder' s method. In W. G. Koster (Ed.), Attention and performance Ⅱ. *Acta Psychologica, 30*, 276-315.

__________ (1975). Memory scanning: New findings and current controversies. *Quarterly Journal of Experimental Psychology, 27*, 1-32.

Tanaka, J., & Farah, M. J. (1993). Parts and wholes in face recognition. *Quarterly Journal of Experimental Psychology, 46A*, 225-245.

Tanaka, J., & Taylor, M. (1991). Object categories and expertise: Is the basic level in the eye of the beholder? *Cognitive Psychology, 23*, 457-482.

Taplin, J. E., & Staudenmayer, H. (1973). Interpretation of abstract conditional sentences in deductive reasoning. *Journal of Verbal Learning and Verbal Behavior, 12*, 530-542.

Taylor, C. W. (1988). Various approach to and definitions of creativity. In R. J. Sternberg (Ed.), *The nature of creativity: Contemporary psychological perspective* (pp. 43-75). Cambridge University Press.

Thomas, J. C. (1974). An analysis of behavior in the Hobbits-Orcs program. *Cognitive*

Psychology, 6, 257-269.

Thompson, P. (1980). Margaret Thatcher: A new Illusion? *Perception, 9,* 483-484.

Torrance, E. P. (1988). The nature of creativity as manifest in its testing. In R. J. Sternberg (Ed.), *The nature of creativity: Contemporary psychological perspective* (pp. 43-75). Cambridge University Press.

Townsend, J. T. (1971). A note on the identifiability of parallel and serial processes. *Perception and Psychophysics, 10,* 161-163.

Treffinger, D. J. (1995). Creative problem solving: Overview and educational implications. *Educational Psychology Review, 7,* 301-312.

Treisman, A. (1960). Contextual cues in selective listening. *Quarterly of Experimental Psychology, 12,* 242-248.

Treisman, A., & DeSchepper, B. (1996). Object tokens, attention and visual memory. In T. Inui and J. L. McClelland (Eds.), *Attention and performance XIV* (pp. 15-46). Cambridge, MA: MIT Press.

Treisman, A., & Gormican, S. (1988). Feature analysis in early vision: Evidence from search asymmetries. *Psychological Review, 95,* 15-48.

Tulving, E. (1972). Episodic and semantic memory. In E. Tulving & W. Donaldson (Eds.), *Organization of memory* (pp. 381-403). New York: Academic Press.

__________ (1983). *Elements of episodic memory.* Oxford, England: Clarendon.

Tulving, E., & Schacter, D. L. (1990). Priming and human memory systems. *Science, 247,* 301-305.

Turning, A. (1950). Computing machinery and intelligence. *Mind, 59,* 433-460.

Tversky, A. (1972). Elimination by aspects: A theory of choice. *Psychological Review, 79,* 281-299.

Tversky, A., & Kahneman, D. (1973). Availability: A heuristic for judging frequency and probability. *Cognitive Psychology, 5,* 207-232.

__________________________ (1981). The framing of decisions and the psychology of choice. *Science, 211,* 453-458.

Van Dijk, T. A., Kintsch, W. (1983). *Strategies of discourse comprehension.* NY: Academic Press.

VanLehn, K. (1989). Problem solving and cognitive skill acquisition. In M. I. Posner (Ed.), *Foundations of cognitive science* (pp. 527-580). Cambridge: MIT Press.

Wagenaar, W. A., & Groeneweg, J. (1988). The memory of concentration camp survivors. *Applied Cognitive Psychology, 4,* 77-87.

Walker, E. L. (1958). Action decrement and its relation to learning. *Psychological Review, 65,* 129-142.

Wallach, M. A., & Kogan, N. (1965). *Models of thinking in young children*. New York: Holt, Rinehart & Winston.

Wanner, E. (1974). *On remembering, forgetting, and understanding sentences*. The Hague: Mouton.

Ward, T. B. (1994). Structured imagination: The role of conceptual structure in exemplar generation. *Cognitive Psychology, 27*, 1-40.

Warrington, E. K., & McCarthy, R. (1983). Category specific access dysphasia. *Brain, 106*, 859-878.

________________ (1987). Categories of knowledge: Further fractionation and an attempted integration. *Brain, 110*, 1273-1296.

Warrington, E. K., & Weiskrantz, L. (1968). New method of testing long-term retention with special reference to amnesic patients. *Nature, 217*, 972-974.

________________ (1970). Amnesic syndrome: Consolidation or retrieval? *Nature, 228*, 629-630.

Wason, P. C. (1960). On the failure to eliminate hypotheses in a conceptual task. *Quarterly Journal of Experimental Psychology, 12*, 129-140.

______ (1966). Reasoning. In B. Foss (Ed.), *New horizons in psychology*. Harmondsworth: Penguin.

Waugh, N. C., & Norman, D. A. (1965). Primary memory. *Psychological Review, 72*, 89-104.

Weisberg, R. W. (1986). *Creativity: Genius and othermyths*. New York: Freeman.

Welker, R. L. (1982). Abstraction of themes from melodic variation. *Journal of Experimental Psychology: Human Perception and Performance, 8*, 435-447.

Whorf, B. (1956). *Language, Thought & Reality*. Cambridge, MA: MIT Press.

Wickens, C. D. (1992). *Engineering Psychology and Human Performance* (2nd ed.). New York: Harpercollins.

Wickens, C. D., & Hollands, J. G. (2003). 공학심리학(곽호완, 김영진, 박창호, 남종호, 이재식 공역) [원저는 2000년에 출간]. *Engineering Psychology and Human Performance* (3rd ed.). Prentice Hall.

Wickens, C. D., Gordon, S. E., & Liu, Y. (2001). 인간공학(이재식 역) [원저는 1998년에 출간]. 서울: 시그마프레스.

Wickens, D. D. (1972). Characteristics of word encoding. In A. W. Melton & E. Martin (Eds.), *Coding processes in human memory* (pp. 191-215). New York: Winston.

Wilkins, A. J., & Baddeley, A. D. (1978). Remembering to recall in everyday life: An approach to absentmindedness. In M. M. Gruneberg, P. E. Morris, & R. N. Sykes (Eds.), *Practical aspects of memory*. London: Academic Press.

Wilson, H. R., & Bergen, J. R. (1979). A four mechanism model for threshold spatial vision. *Vision Research, 19,* 19-32.

Wilson, H. R., & Giese, S. C. (1977). Threshold visibility of frequency gradient patterns. *Vision Research, 17,* 1177-1190.

Wilson, M., & Emmorey, K. (1998). A "word-length effect" for sign-language: further evidence for the role of language in structuring working memory. *Memory and Cognition, 26*, 584-590.

Wittgenstein, L. (1953). *Philosophical Investigations.* Trans. by G. E. M. Anscombe. Oxford: Basic Blackwell.

Wollen, K. A., Weber, A., & Lowry, D. H. (1972). Bizarreness versus interaction of mental images as determinants of learning. *Cognitive Psychology, 3*, 518-523.

Woodhead, N. (1991). *Hypertext and Hypermedia: Theory and Applications.* Seoul: Sigma Press.

Woods, D., Wise, J., & Hanes, L. (1981). An evaluation of nuclear power plant safety parameter display systems. *International Journal of Man-Machine Studies, 21,* 229-244.

Woodworth, R. S., & Sells, S. B. (1935). An atmosphere effect in formal syllogistic reasoning. *Journal of Experimental Psychology, 18,* 451-460.

Yerkes, R. M., & Dodson, J. D. (1908). The relation of strength of stimulus to rapidity of habit-information. *Journal of Comparative Neurology of Psychology, 18*, 459-482.

Yin, R. K. (1969). Looking at upside-down faces. *Journal of experimental Psychology, 81,* 41-145.

Zatorre, R. J., Evans, A. C., Meyer, E., & Gjedde, A. (1992). Lateralization of phonetic and pitch discrimination in speech processing. *Science, 256*, 846-849.

Zatorre, R. J., Meyer, E., Gjedde, A., & Evans, A. C. (1995). PET studies of phonetic processing of speech: Review, replicaiton, and reanalysis. *Cerebral Cortex, 6,* 21-30.

Zurif, E. B., & Swinney, D. (1994). The nueropsychology of language. In M. A. Gernsbacher (Ed.), *Handbook of psycholinguistics* (pp. 1055-1074). New York: Academic Press.

찾아보기

《인 명》

《내 용》

저자 소개

◈ 이정모(1, 2, 10장)
Queen' s University 심리학과(박사)
현재 성균관대학교 심리학과/인지과학과정 교수

〈저서 및 역서〉
인지과학: 학제적 수렴의 원리와 응용
인지심리학: 형성사, 개념적 기초, 조망
인지심리학의 제문제(II): 언어와 인지(공저)
컴퓨터와 마음: 인지과학이란 무엇인가(공역)

◈ 강은주(2장)
University of Illinois at Urbana-Champaign 심리학과(박사)
현재 강원대학교 심리학과 조교수

〈논문〉
Alteration of functional neuroanatomy of simple object memory in medial temporal lobe epilepsy patients
The neural correlates of cross-model interaction in speech perception during a semantic task on sentences: A PET study

◈ 김민식(3장)
Vanderbilt University 심리학과(박사)
현재 연세대학교 심리학과/인지과학과정 교수

〈저서 및 역서〉
인지과학: 마음 · 언어 · 기계(공저)
심리학 실험법(공역)
인지심리학(공역)

◈ 감기택(3장)
연세대학교 심리학과(박사)
현재 강원대학교 심리학과 교수

〈역서 및 논문〉
심리학 실험법(공역)
Depth capture by kinetic depth and by stereopsis
상의 대응문제해결에 미치는 밝기 대비의 영향

◈ 김정오(4장)
University of Rochester 심리학과(박사)
현재 서울대학교 심리학과 교수

〈논문〉
부적 반복효과에 관한 반응편중설의 타당성 검토
색채 자극에 대한 사람의 정동반응구조의 측정
주의가 암묵형태기억과 명료형태기억의 표상형성에 미치는 영향

◈ 박태진(5, 8장)
서울대학교 심리학과(박사)
현재 전남대학교 심리학과 교수

〈논문〉
간격효과의 부호화 기전에 대한 ERP 연구
단어, 그림 및 추상패턴의 일화적 부호화 기전: event-related fMRI 연구
암묵기억과 어휘처리의 관계
인출 시 주의의 분할과 집중이 재인과 단어완성에 미치는 효과
한자표기 단어의 독서에서 음운론적 약호화에 관한 연구
형태 특유 표상: 철자점화의 반구 비대칭성

◈ 김성일(6장)
Utah State University(박사)
현재 고려대학교 교육학과 교수

〈논문〉
Inference: A cause of story interestingness
The advantage of first mention in Korean: The temporal contributions of syntactic, semantic, and pragmatic factors

The role of prior knowledge and elaboration in text comprehension and memory: A comparison of self-generated elaboration and text-provided elaboration
글 이해과정에서 흥미의 역할
지각적 과제와 의미적 과제에서의 그림자극과 단어 자극의 점화효과

◈ **신현정(7장)**
Indiana University(박사)
현재 부산대학교 심리학과 교수

〈역서〉
시각심리학(공역)
심리학의 오해(역)
역동적 기억(역)
인지심리학: 신경회로망적 접근(역)

◈ **이광오(9장)**
Hokkaido University(박사)
현재 영남대학교 심리학과 교수

〈저서 및 논문〉
인간의 언어정보처리: 언어이해의 인지과학(공저)
한국어 음절의 내부구조: 각운인가 음절체인가?
한글 글자열의 음독과 음운규칙

◈ **김영진(9장)**
Kent State University 심리학과(박사)
현재 아주대학교 심리학과 교수

〈논문〉
The effects of case marking information on Korean sentence processing
한국어 문장처리 과정의 보편성과 특수성

◈ **이재호(10장)**
고려대학교 대학원 심리학과(박사)
현재 계명대학교 심리학과 교수

〈저서 및 역서〉
인지심리학의 제문제 II: 언어와 인지(공저)
현대 심리학 이해(2판, 공저)
현대 심리학 입문(공저)
언어와 사고(공역)

◈ **도경수(11장)**
Princeton University(박사)
현재 성균관대학교 심리학과 교수

〈논문〉
Memory impairment in methamphetamine dependent patients
전제와 결론의 이유의 일관성이 속성 추론에 미치는 효과
풍경 그림에서 전형적인 정보의 삭제 방법이 오기억에 미치는 영향

◈ **이영애(12장)**
University of Rochester 심리학과(박사)
현재 이화여자대학교 심리학과 교수

〈역서 및 논문〉
불확실한 상황에서의 판단: 추단법과 편향(역)
Activation of phonological codes during eye fixation in reading
유비사고

◈ **박주용(13장)**
UCLA 심리학과(박사)
현재 세종대학교 교육학과 부교수

〈논문〉
Determinants of repetition blindness
Negative priming for spatial location
인과추리
창의성

◈ **곽호완(14장)**
Johns Hopkins University(박사)
현재 경북대학교 심리학과 부교수

〈역서 및 논문〉
공학심리학: 시스템설계와 인간수행(공역)
생각하는 디자인: 인간심리에 맞는 디자인(공역)
Inhibitory and facilitatory components of orienting attention to locations and to features
Time courses of the negative and positive repetition effects

◈ **박창호(14장)**
서울대학교 심리학과(박사)
현재 전북대학교 심리학과 부교수

〈저 · 역서 및 논문〉
인지공학심리학(공저)
공학심리학과 인간수행(공역)
디자인과 인간심리(공역)
사용자 중심의 홈페이지 분류체계가 분류 검색에 미치는 효과
인터페이스 디자인과 사용성

◈ **이재식(14장)**
The University of Iowa 철학박사(Ph.D.)
현재 부산대학교 심리학과 교수

〈저 · 역서 및 논문〉
실험실 환경과 안전관리(편저)
공학심리학(공역)
인간공학(역)
교통 갈등상황 재현을 위한 운전 시뮬레이션 및 운전자 행동 분석 진단 시스템 개발
운전 시뮬레이션을 이용한 운전자의 추돌 회피 행동에 관한 연구(2000)
추돌 경고시스템의 정보 제공방식에 따른 운전자의 추돌회피행동 및 주관적 평가에 관한 연구

<3판>
인지심리학

1999년 4월 28일 1판 1쇄 발행
2003년 2월 25일 2판 1쇄 발행
2008년 4월 20일 2판 8쇄 발행
2009년 1월 15일 3판 1쇄 발행
2022년 8월 10일 3판 15쇄 발행

지은이 • 이정모 · 강은주 · 김민식 · 감기택 · 김정오 · 박태진
김성일 · 신현정 · 이광오 · 김영진 · 이재호 · 도경수
이영애 · 박주용 · 곽호완 · 박창호 · 이재식

펴낸이 • 김 진 환
펴낸곳 • (주) 학지사
04031 서울특별시 마포구 양화로 15길 20 마인드월드빌딩 5층
대표전화 • 02) 330-5114 팩스 • 02) 324-2345
등록번호 • 제313-2006-000265호

홈페이지 • http://www.hakjisa.co.kr
페이스북 • https://www.facebook.com/hakjisabook

ISBN 978-89-93510-03-4 93180

정가 22,000원

저자와의 협약으로 인지는 생략합니다.
파본은 구입처에서 교환하여 드립니다.